História da Cidade

Título do original italiano: *Storia della Città*
Gius. Laterza Figli & S.p.A., Roma – Bari. 6ª edição, 1982.

Supervisão   J. Guinsburg

Tradução   Silvia Mazza
Revisão da tradução   Anita Di Marco

Coordenação de texto   Luiz Henrique Soares e Elen Durando
Revisão de texto da 1ª edição   Geraldo Gerson de Souza
Revisão de texto   Margarida Goldsztajn
Revisão de legendas   Marcio Honorio de Godoy

Projeto gráfico e capa   Sergio Kon
Produção   Ricardo W. Neves, Sergio Kon, Lia N. Marques

IMAGEM DA CAPA   Egon Schiele, *Krumau – Crescent of Houses* (*The Small City* v), detalhe.
Óleo sobre tela, 1915.

HISTÓRIA DA CIDADE

Leonardo Benevolo

Dados Internacionais de Catalogação na Publicação (CIP)
(Câmara Brasileira do Livro, SP, Brasil)

Benevolo, Leonardo, 1923-2017
História da cidade / Leonardo Benevolo ; [tradução Silvia Mazza ; revisão da tradução Anita Di Marco]. -- 7. ed. -- São Paulo : Perspectiva, 2019.

Título original: Storia della città.
Bibliografia.
ISBN 978-85-273-1146-5

1. Arte municipal - História 2. Cidades e vilas - História I. Título.

19-23727   CDD-307.7609

Índices para catálogo sistemático:
1. História da cidade 307.7609

Cibele Maria Dias - Bibliotecária - CRB-8/9427

7ª edição revisada – 2ª reimpressão

Direitos reservados em língua portuguesa à
EDITORA PERSPECTIVA LTDA.

Alameda Santos, 1909, cj. 22
01419-100 SãoPaulo SP Brasil
Tel.: (55 11) 3885-8388
www.editoraperspectiva.com.br
2023

SUMÁRIO

INTRODUÇÃO
11

1 O AMBIENTE PRÉ-HISTÓRICO E A ORIGEM DA CIDADE
15

2 A ORIGEM DA CIDADE NO ORIENTE PRÓXIMO
27

3 A CIDADE NO EXTREMO ORIENTE
63

4 A CIDADE LIVRE NA GRÉCIA
91

5 ROMA: A CIDADE E O IMPÉRIO MUNDIAL
153
- 208 As Estradas e as Pontes
- 210 Os Aquedutos
- 215 As Linhas Fortificadas
- 218 A Colonização dos Territórios Agrícolas
- 222 As Novas Cidades

6 AS CIDADES MUÇULMANAS
255

7 AS CIDADES EUROPEIAS DA IDADE MÉDIA
289

- 298   O Desenvolvimento das Cidades-Estado
- 301   A Colonização do Território Agrícola
- 333   Veneza
- 363   Bruges
- 379   Bolonha
- 398   Nurembergue
- 419   Florença
- 453   As Novas Cidades na Idade Média

8 A CULTURA ARTÍSTICA DA RENASCENÇA
473

9 AS CIDADES ITALIANAS NA RENASCENÇA
501

- 502   Pienza
- 506   Urbino
- 516   Ferrara
- 523   Roma

10 A COLONIZAÇÃO EUROPEIA NO MUNDO
557

11 AS CAPITAIS DA EUROPA BARROCA
595

595	Paris
617	Viena
624	Turim
630	Nápoles
635	Amsterdã
643	Londres

12 O AMBIENTE DA REVOLUÇÃO INDUSTRIAL
655

13 A CIDADE PÓS-LIBERAL
681

14 A CIDADE MODERNA
733

15 A SITUAÇÃO DE HOJE
775

776	Amsterdã
792	Londres e as Cidades Novas Inglesas
828	O Terceiro Mundo e os Assentamentos Marginais

BIBLIOGRAFIA
861

INTRODUÇÃO

Este livro é um relato elementar da história do ambiente construído por meio de um texto breve e uma farta coletânea de ilustrações.

Grande parte do material aqui reunido deriva do curso de desenho ministrado no Ensino Médio – publicado recentemente pela mesma editora –, uma tentativa de formular uma educação de base sobre o ambiente físico, dirigido a estudantes que ainda não escolheram sua profissão futura. Os programas vigentes nas escolas italianas só permitem essa tentativa no Ensino Médio, utilizando-se de uma matéria tradicional (o desenho) equidistante dos diversos interesses especializados (o artístico e o técnico) que, ao contrário, são exclusivos nas escolas com outro tipo de orientação. Contudo, a exigência dessa educação de base vale para todos os cidadãos, que deveriam aprender a compreender – sistemática e historicamente – o ambiente físico em que vivem: a ler e escrever o mundo dos objetos materiais, além do mundo dos discursos, de modo a poder discuti-lo, modificá-lo e não apenas suportá-lo passivamente.

Pensamos, portanto, em reunir os volumes históricos do curso de desenho – dedicados à Antiguidade clássica, à Idade Média, à Era Moderna e à Contemporânea – num único volume destinado a um público mais amplo de leitores não profissionais. As limitações próprias de um curso escolar não subsistem aqui, já que foi possível enriquecer o material original com uma série de documentos sobre outras cidades mais longínquas no tempo e no espaço, de modo a oferecer um quadro mais completo e sistemático do desenvolvimento urbano nos vários países.

Mesmo com essa complementação, esse livro mantém um fio condutor único, isto é, o nascimento e as transformações do ambiente urbano na Europa e no Oriente, e leva em conta os acontecimentos nas outras áreas – no Extremo Oriente, na África e nas Américas – somente com relação ao acontecimento europeu: descreve as cidades das populações autóctones encontradas pelos europeus e as construídas em consequência da colonização e da hegemonia mundial europeia.

Com relação à área euro-asiática, justifica-se a escolha da cidade como paradigma e forma dominante do ambiente construído. Foi precisamente aí que nasceu a ideia da cidade como estabelecimento mais completo e integrado, que contém e justifica todos os estabelecimentos menores – bairros, edifícios etc. – como partes ou esboços parciais. Todavia, a cidade permanece como criação histórica particular; ela não existiu desde sempre, mas teve início num dado momento da evolução social e pode acabar, ou ser radicalmente transformada, num outro momento. Não existe por uma necessidade natural, mas uma necessidade histórica, que tem um início e pode ter um fim.

É importante, portanto, explicar a origem da cidade no mundo antigo e também, na medida do possível, o seu destino no momento atual. Para fazê-lo, devemos lembrar em poucas palavras as grandes mudanças da organização produtiva, que transformaram a vida cotidiana dos homens e provocaram, a cada vez, um salto no desenvolvimento demográfico.

1. O homem apareceu na face da terra há, talvez, 500.000 anos e, durante um tempo muito longo (que, em geologia, corresponde ao período Pleistocênico), viveu coletando seu alimento e procurando abrigo no ambiente natural, sem modificá-lo de forma profunda e permanente. A essa época, os arqueólogos dão o nome de Paleolítico (pedra antiga), que compreende mais de 95% da aventura total do homem; ainda hoje, algumas sociedades isoladas, nas selvas e nos desertos, vivem na Idade da Pedra.

2. Há cerca de 10.000 anos – após o degelo glacial, a última transformação profunda do ambiente natural, que assinala a passagem do Pleistoceno para o Holoceno – os habitantes da faixa temperada aprenderam a produzir seu alimento, cultivando plantas e criando animais, e organizaram estabelecimentos estáveis – as primeiras aldeias – nas proximidades dos locais de trabalho. É a época Neolítica (pedra nova) que, para muitos povos, se prolonga até o encontro com a colonização europeia (para os maoris da Nova Zelândia, até o início do século passado).

3. Há cerca de 5.000 anos, nas planícies de aluvião do Oriente Próximo, algumas aldeias se transformaram em cidades; os produtores de alimento são persuadidos ou obrigados a produzir um excedente a fim de manter uma população de especialistas: artesãos, mercadores, guerreiros e sacerdotes, que residem num assentamento mais complexo, a cidade, e dali controlam o campo. Essa organização social requer a invenção da escrita; daí começa, de fato, a civilização e a história escrita, em contraposição à Pré-História. De agora em diante, todos os acontecimentos históricos sucessivos dependem da quantidade e da distribuição desse excedente.

Os estudiosos distinguem a Idade do Bronze, na qual os metais usados para os instrumentos e as armas são raros e dispendiosos, sendo reservados, portanto, a uma classe dirigente restrita que absorve todo o excedente disponível, mas que, pelo seu consumo limitado, também limita o crescimento dos habitantes e da produção; e a Idade do Ferro, que se inicia por volta de 1200 a.C. com a difusão de um instrumental metálico mais econômico, da escrita alfabética e da moeda

INTRODUÇÃO

cunhada, ampliando assim a classe dirigente e permitindo um novo aumento da população. As civilizações greco-romana e chinesa desenvolvem essa organização em duas grandes áreas unitárias – a Bacia Mediterrânica e a zona temperada da Ásia Oriental –, mas passam por uma série de crises e retrocessos entre os séculos v e xv.

4. Outras transformações históricas – a civilização feudal e a civilização burguesa – preparam o próximo salto histórico: o desenvolvimento da produção com os métodos científicos, que caracteriza nossa civilização industrial, em todos os continentes. O excedente assim produzido, crescente e ilimitado, não é reservado necessariamente a uma minoria dirigente, mas pode ser distribuído para a maioria e, teoricamente, para toda a população, que pode crescer sem obstáculos econômicos, até atingir ou ultrapassar os limites de equilíbrio do ambiente natural. Nessa nova situação, como iremos ver, a cidade (sede das classes dominantes) ainda se contrapõe ao campo (sede das classes subalternas), mas esse dualismo não é mais inevitável e pode ser superado. Dessa possibilidade nasce a ideia de um novo organismo, completo em si mesmo, como a cidade antiga (chamado, portanto, com o mesmo nome), mas estendido a todo o território habitado: a cidade moderna.

Nesse arco histórico completo, examinaremos as transformações do ambiente físico, que é influenciado por todos os outros fatos da vida civil e, por sua vez, os influencia de várias maneiras.

1 A vida dos homens primitivos, numa ilustração do *Tratado de Vitrúvio*, editado na França em 1547.

O AMBIENTE PRÉ-HISTÓRICO E A ORIGEM DA CIDADE

Mal podemos imaginar, de maneira aproximada, o mundo em que viveram, por dezenas de milhares de gerações, os homens paleolíticos. O ambiente construído não passava de uma modificação superficial do ambiente natural, imenso e hostil, no qual o homem começou a se mover: o abrigo era uma cavidade natural ou um refúgio de peles sobre uma estrutura simples de madeira; nesse ínterim, as últimas grandes transformações geológicas estavam ainda formando o ambiente natural que hoje, na breve perspectiva de nossa história, nos parece estabilizado e imóvel. Os antigos ilustradores procuraram inventar, sem documentos, a cena da vida dos homens primitivos (Fig. 1).

Os arqueólogos modernos, escavando e estudando os vestígios materiais dos primeiros homens, nos oferecem uma imagem mais realista, embora mais confusa. Os artefatos descobertos nas escavações e que documentam os assentamentos mais antigos são, sobretudo, resíduos da atividade humana: sobras de alimentos, fragmentos provenientes do trabalho das pedras e da madeira e, entre eles, produtos acabados, usados e depois abandonados ou enterrados. A distribuição desses objetos no entorno do núcleo da fogueira – sinal específico da presença do homem, que aprendera a usar o fogo – indica um conjunto unitário, que podemos chamar de habitação primitiva (Figs. 4, 5, 8 e 9).

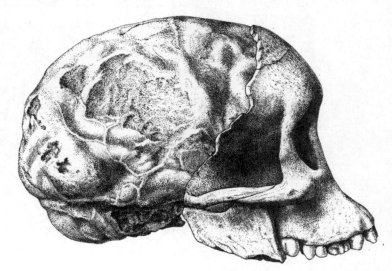

2 O crânio de um antepassado do homem (o Australopithecus) que viveu há cerca de três milhões de anos na África Meridional. Atrás dos ossos da parte anterior, o molde do cérebro.

3 Os lugares onde foram encontrados os restos do homem primitivo e o provável caminho de sua propagação, reconstruído por Leakey e Lewin.

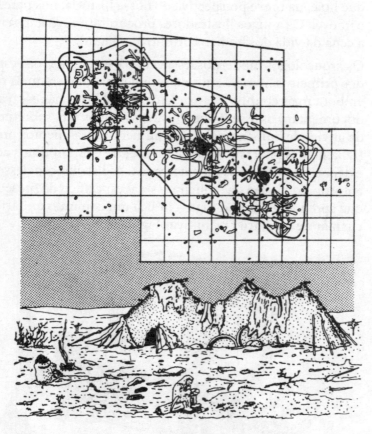

4 Uma habitação do período paleolítico recente na Ucrânia.

O AMBIENTE PRÉ-HISTÓRICO E A ORIGEM DA CIDADE

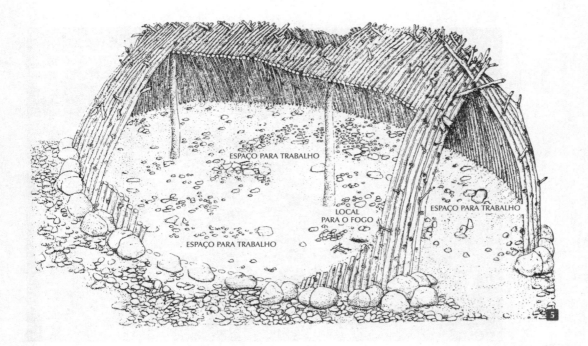

5 Uma habitação paleolítica descoberta no sítio arqueológico de Terra Amata, nos arredores de Nice, **6** e uma pedra lascada encontrada por seus moradores e recomposta pelos arqueólogos. É a primeira obra de edificação até agora conhecida, que remonta há cerca de trezentos mil anos.

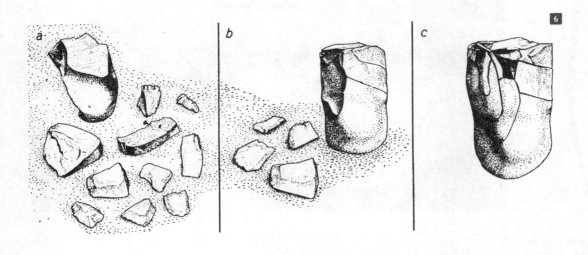

7 Quatro utensílios de osso do período paleolítico encontrados na Europa Setentrional.

Restos de acampamentos do período paleolítico em Ahrensburg-Holstein, na Alemanha Setentrional: **8** um acampamento de inverno e **9** um de verão.

O AMBIENTE PRÉ-HISTÓRICO E A ORIGEM DA CIDADE

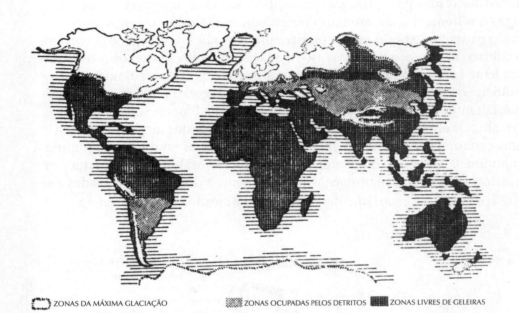

▭ ZONAS DA MÁXIMA GLACIAÇÃO ▦ ZONAS OCUPADAS PELOS DETRITOS ▩ ZONAS LIVRES DE GELEIRAS

10 O mundo na época glacial, com as zonas ocupadas pelas geleiras e seus detritos.

11 12 Modelo em terracota de uma cabana neolítica em Popúdnia, na Ucrânia; percebem-se o pórtico, o forno, os recipientes para o trigo, um estrado em forma de cruz e a mó (cerca de 2000 a.C.).

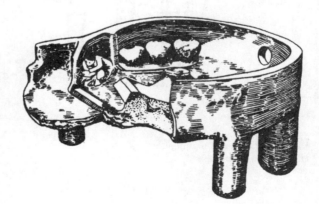

O ambiente das sociedades neolíticas não é apenas um abrigo na natureza, mas um fragmento de natureza transformado segundo um projeto humano: compreende os terrenos cultivados para produzir, e não apenas para apropriar-se do alimento; os abrigos dos homens e dos animais domésticos; os depósitos do alimento produzido para uma estação inteira ou para um período mais longo; os utensílios para o cultivo, a criação, a defesa, a ornamentação e o culto. Podemos reconstruir esse ambiente com certa precisão porque os arqueólogos escavaram núcleos mais numerosos, maiores e já organizados de forma regular: podemos completar as partes faltantes e reconstruir o projeto segundo o qual foram construídos (Figs. 12-20). Os etnólogos estudam, então, as sociedades que ainda hoje vivem com uma economia e um instrumental neolítico nas zonas marginais do mundo contemporâneo. Podemos confrontar suas aldeias com as do passado: pertencem a uma história diferente que prossegue paralelamente à dos povos civilizados e se encontra com essa, necessariamente, no mundo unificado atual (Figs. 21-22).

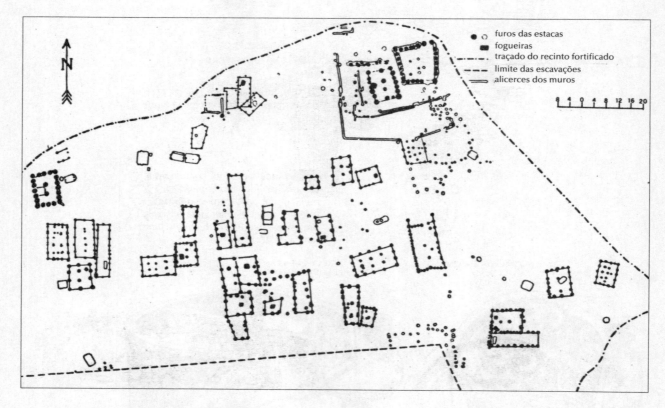

13 Planta da aldeia neolítica de Hallstatt, na Alemanha.

O AMBIENTE PRÉ-HISTÓRICO E A ORIGEM DA CIDADE

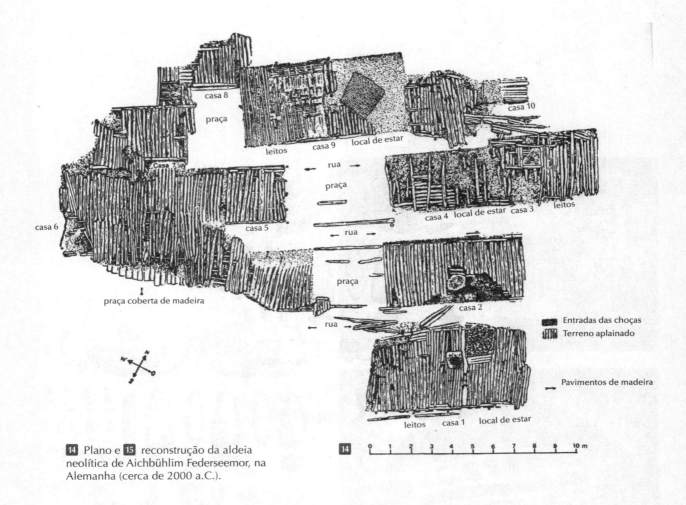

14 Plano e **15** reconstrução da aldeia neolítica de Aichbühlim Federseemor, na Alemanha (cerca de 2000 a.C.).

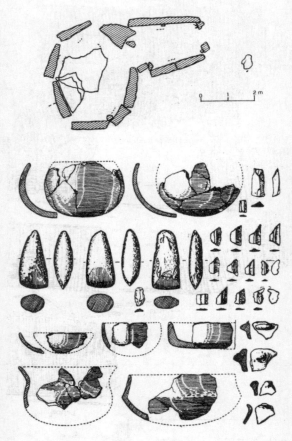

17 18 Dois grafites de Val Camonica – de idade pré-romana – com figuras de habitações de madeira.

16 Plano de uma tumba neolítica no Alentejo, na Espanha, com seus ornamentos fúnebres; vasos e instrumentos de corte, em escala a 1/5 do natural; objetos de sílex, em escala a 2/5 do natural (cerca de 1500 a.C.).

O AMBIENTE PRÉ-HISTÓRICO E A ORIGEM DA CIDADE

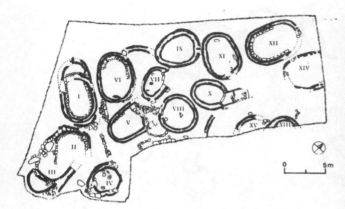

19 Planta da aldeia de Montagnola em Filicudi, uma das Ilhas Eólias (cerca de 1500 a.C.).

20 Alicerces de cabanas neolíticas ovais em San Giovenale, nas proximidades de Roma.

21 Uma aldeia indígena na Flórida; gravura de Teodoro de Bry, de cerca de 1590 d.C.

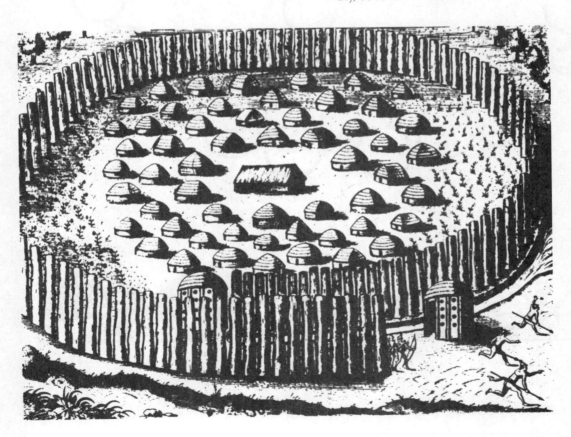

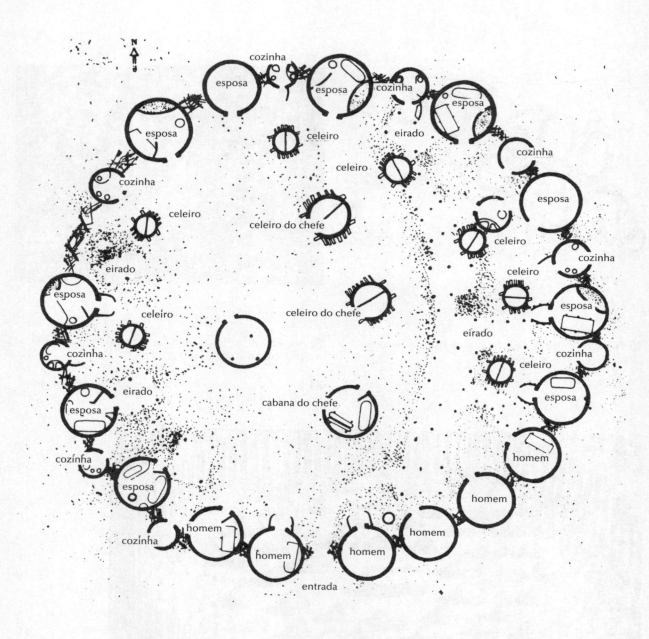

22 Uma aldeia contemporânea em Camarões (África).

O AMBIENTE PRÉ-HISTÓRICO E A ORIGEM DA CIDADE

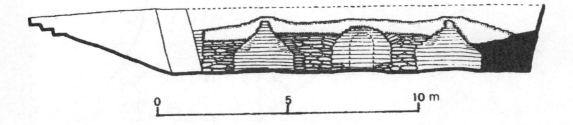

23 Ur: corte de uma tumba e **24** joias de ouro encontradas em um enxoval fúnebre.

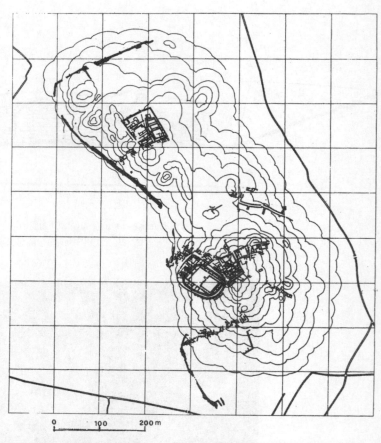

25 A cidade de Hafaga e **26** seu templo principal.

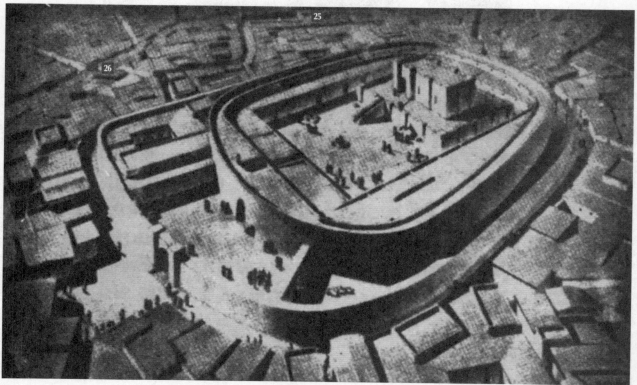

A ORIGEM DA CIDADE NO ORIENTE PRÓXIMO

A cidade – local de um núcleo equipado, diferenciado e, ao mesmo tempo privilegiado, sede da autoridade – nasce da aldeia, mas não é apenas uma aldeia que cresceu. Como vimos, ela se forma quando as indústrias e os serviços já não são executados pelas pessoas que cultivam a terra, mas por outras que não têm essa obrigação e que são mantidas pelas primeiras com o excedente do produto total.

Nasce, assim, o contraste entre dois grupos sociais: dominantes e subalternos; mas, nesse meio tempo, as indústrias e os serviços já podem se desenvolver através da especialização, e a produção agrícola pode crescer utilizando esses serviços e esses instrumentos. A sociedade torna-se capaz de evoluir e projetar a sua evolução.

27 28 Casas na aldeia neolítica de Hacilar, na Turquia (cerca de 5000 a.C.). Toda casa compreende um amplo vão, sustentado por colunas de madeira e dividido por tabiques leves. A escada à direita leva a um andar superior, destinado talvez a servir de água-furtada ou terraço.

28

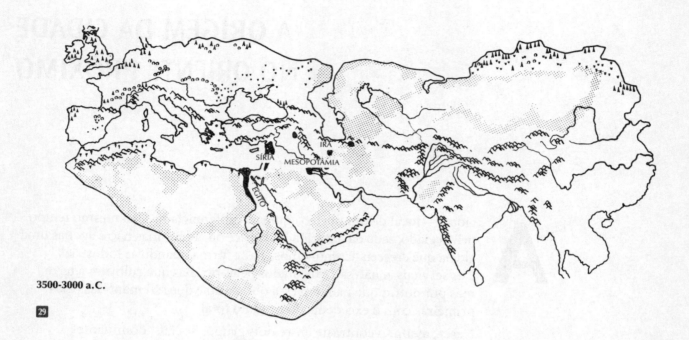

3500-3000 a.C.

29

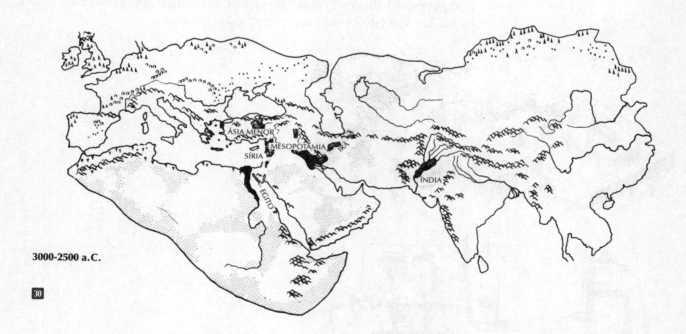

3000-2500 a.C.

30

A ORIGEM DA CIDADE NO ORIENTE PRÓXIMO

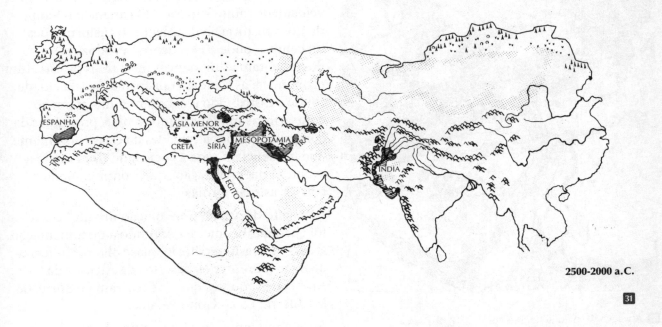

2500-2000 a.C.

31

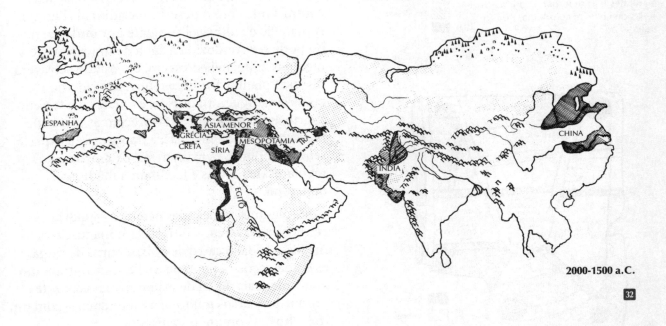

2000-1500 a.C.

32

29-32 O desenvolvimento da civilização urbana de 3500 a 1500 a.C.

33 A vegetação natural do Oriente Próximo, após o fim da era glacial e antes da colonização agrícola. Os oásis ao longo do curso dos rios Nilo, Tigre e Eufrates irão se tornar as primeiras sedes da civilização urbana, no IV milênio a.C.

- Coníferas
- Florestas mistas
- Sempre-verdes, bosques
- Semiárido, estepes
- Semideserto
- Oásis e rios

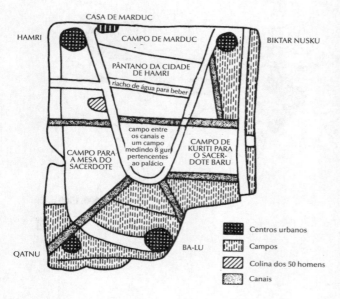

34 Uma tabuinha de argila suméria encontrada em Nipur, com a planta de um território agrícola.

- Centros urbanos
- Campos
- Colina dos 50 homens
- Canais

A cidade, centro motor dessa evolução, não só é maior do que a aldeia, mas se transforma com velocidade muito superior. Ela assinala o tempo da nova história civil: as lentas transformações do campo (onde o excedente é produzido) documentam as mudanças mais raras da estrutura econômica; as rápidas transformações da cidade (onde é distribuído o excedente) mostram, ao contrário, as mudanças muito mais profundas da composição e das atividades da classe dominante, que influenciam toda a sociedade. Tem início a aventura da "civilização" que, continuamente, corrige as suas formas.

Esse salto decisivo (a "revolução urbana", como foi chamado) começa – segundo a documentação atual – no vasto território quase plano, em forma de meia lua, entre os desertos da África e da Arábia e os montes que os encerram ao norte, do Mediterrâneo ao Golfo Pérsico.

Após a mudança de clima no fim da era glacial, essa zona se cobre de uma vegetação desigual, mais rala do que as florestas setentrionais, mas contrastante com o deserto meridional (Fig. 33). A planície é cultivável somente por onde passa ou pode ser conduzida a água de um rio ou de uma nascente; nela crescem, em estado selvagem, diversas plantas frutíferas (oliveira, videira, tamareira, figueira); os rios, os mares e o terreno aberto às comunicações favorecem as trocas de mercadorias e de notícias; à noite, os céus, quase sempre serenos, permitem ver os movimentos regulares dos astros e facilitam a medição do tempo.

Aqui, algumas sociedades neolíticas – que já conhecem os cereais cultiváveis, o manuseio dos metais, a roda, o carro de bois, o burro de carga, as embarcações a remo ou a vela – encontram um ambiente mais difícil de explorar, mas capaz de produzir recursos muito mais abundantes, com um trabalho em comum organizado.

O cultivo dos cereais e das árvores frutíferas, nos ricos e úmidos terrenos, proporciona colheitas excepcionais e ainda pode ser ampliado,

A ORIGEM DA CIDADE NO ORIENTE PRÓXIMO

melhorando e irrigando terrenos cada vez maiores. Parte dos víveres pode ser acumulada para trocas comerciais e grandes trabalhos coletivos. Começa, assim, a espiral da nova economia: o aumento da produção agrícola, a concentração do excedente nas cidades e ainda o aumento de população e de produtos, garantido pelo domínio técnico e militar da cidade sobre o campo.

Na Mesopotâmia – a planície aluvial banhada pelo Tigre e pelo Eufrates – o excedente se concentra nas mãos dos governantes das cidades, representantes do deus local; nessa qualidade, recebem os rendimentos de parte das terras comuns, a maior parte dos despojos de guerra e administram essas riquezas, acumulando provisões alimentares para toda a população, fabricando ou importando os utensílios de pedra e de metal para o trabalho e para a guerra, registrando as informações e os números que dirigem a vida da comunidade. Essa organização deixa seus sinais no terreno: os canais que distribuem água nas terras recuperadas e permitem transportar para toda parte, mesmo de longe, os produtos e as matérias-primas; as muralhas do entorno, que individualizam a área da cidade e a defendem dos inimigos; os armazéns, com sua provisão de placas de argila escritas em caracteres cuneiformes; os templos dos deuses, que se erguem sobre o nível uniforme da planície com seus terraços; e as pirâmides em degraus. Essas obras e as casas das pessoas comuns são construídas de tijolos e argila, como ainda hoje no Oriente Próximo; o tempo faz com que desmoronem e acaba por incorporá-las novamente ao terreno, mas assim o terreno conserva, camada por camada, os vestígios dos artefatos construídos em cada período histórico e, entre esses, as preciosas placas de argila com as crônicas escritas que, a partir de 3000 a.C., temos condições de ler com segurança; assim, as escavações arqueológicas permitem reconstruir, passo a passo, a formação e as vicissitudes das cidades mais antigas construídas pelo homem, do IV milênio a.C. em diante.

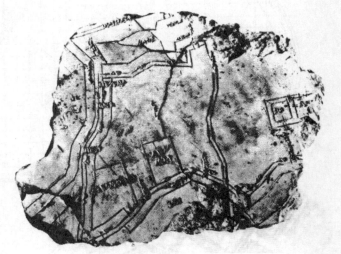

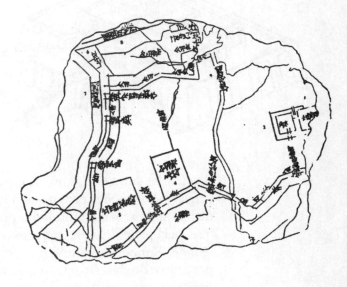

35 36 Outra tabuinha suméria com a planta da cidade de Nipur (cerca de 1500 a.C.).

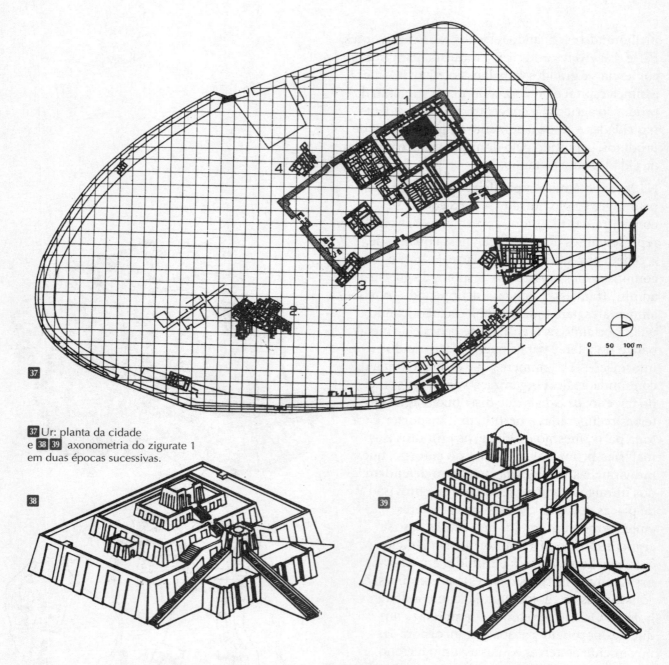

37 Ur: planta da cidade
e **38 39** axonometria do zigurate 1
em duas épocas sucessivas.

As cidades sumerianas, no início do III milênio a.C., já são muito grandes – Ur (Figs. 37-44) mede cerca de cem hectares – e abrigam várias dezenas de milhares de habitantes. São circundadas por uma muralha e um fosso que as defendem e que, pela primeira vez, excluem o ambiente aberto natural do ambiente fechado da cidade. Também o campo no entorno é transformado pelo homem: em lugar do pântano e do deserto, encontramos uma paisagem artificial de campos, pastagens e pomares, percorrida pelos canais de irrigação. Na cidade, os templos se distinguem das casas comuns em função de sua maior dimensão e altura: compreendem de fato, além do santuário e da torre-observatório (zigurate), oficinas, armazéns, lojas onde vivem e trabalham diversas categorias de especialistas.

A ORIGEM DA CIDADE NO ORIENTE PRÓXIMO

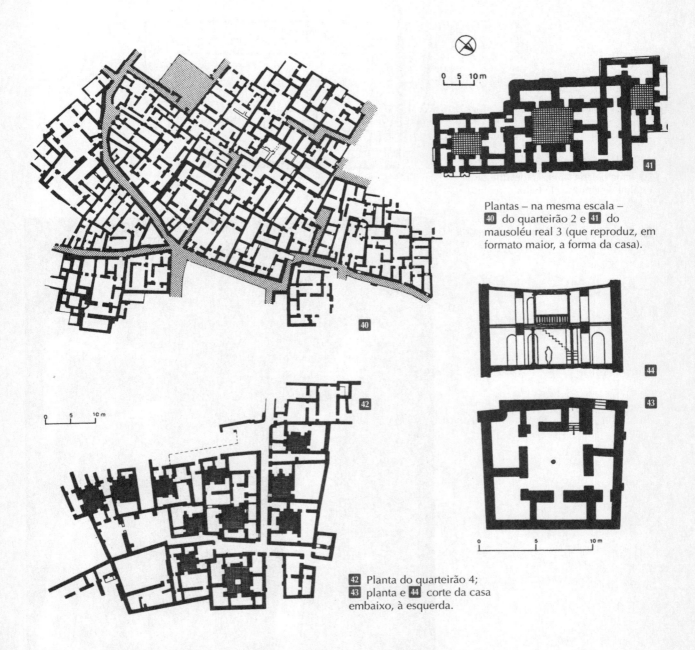

Plantas – na mesma escala – 40 do quarteirão 2 e 41 do mausoléu real 3 (que reproduz, em formato maior, a forma da casa).

42 Planta do quarteirão 4; 43 planta e 44 corte da casa embaixo, à esquerda.

O terreno da cidade já é dividido em propriedades individuais entre os cidadãos, ao passo que o campo é administrado em comum, por conta das divindades. Em Lagash, o campo é repartido entre umas vinte divindades; uma dessas possui cerca de 3250 hectares, três quartos dos quais atribuídos em lotes a famílias individuais, um quarto cultivado por assalariados, por arrendatários (que pagam um sétimo ou um oitavo do produto) ou pelo trabalho gratuito dos outros camponeses. Em seu templo, trabalham 21 padeiros auxiliados por 27 escravas, 25 cervejeiros com 6 escravos, 40 mulheres encarregadas do preparo da lã, fiandeiras, tecelãs, um ferreiro, além dos funcionários, dos escribas e dos sacerdotes.

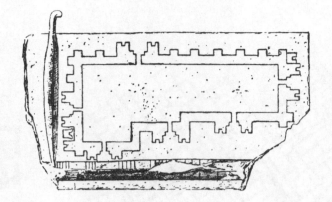

45 Uma cidade suméria (detalhe da estátua de Gudeia, de Tello: cerca de 2000 a.C.).

46 Estátua de uma personagem suméria de Tell Asmar.

A ORIGEM DA CIDADE NO ORIENTE PRÓXIMO

47 Fabricação de tijolos de argila amassados com palha e cozidos ao sol, utilizados no Oriente desde os tempos mais antigos até hoje. Depois, os tijolos são assentados, formando as paredes, recobertos com nova camada de argila e formam um produto que se adapta a todas as formas, mas que pode se degradar pela ação das intempéries; portanto, só tem durabilidade se submetido à manutenção contínua.

48 Aspecto de uma aldeia construída com os tijolos da figura anterior que existe e funciona na Pérsia moderna, nos arredores de Xiraz, mas é análoga a Ur e às outras cidades antigas ilustradas neste capítulo.

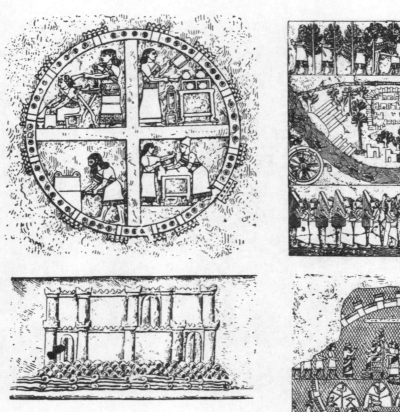

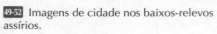 Imagens de cidade nos baixos-relevos assírios.

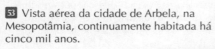 Vista aérea da cidade de Arbela, na Mesopotâmia, continuamente habitada há cinco mil anos.

A ORIGEM DA CIDADE NO ORIENTE PRÓXIMO

Até meados do III milênio, as cidades da Mesopotâmia formam outros tantos Estados independentes, que lutam entre si para repartir a planície, então completamente colonizada, irrigada pelos dois rios. Esses conflitos limitam o desenvolvimento econômico e só terminam quando o chefe de uma cidade adquire tal poder que impõe seu domínio sobre toda a região. O primeiro fundador de um império estável (durante cerca de um século, por volta de 2500) é Sargão da Acádia; mais tarde, sua tentativa é repetida pelos reis sumérios de Ur, por Hamurabi da Babilônia, pelos reis assírios e persas. As consequências físicas de seus feitos são:

1. A fundação de novas cidades residenciais, onde a estrutura dominante não é o templo, mas o palácio do rei: a cidade-palácio de Sargão II nos arredores de Nínive (Figs. 55-61) e, mais tarde, os palácios-cidade dos reis persas, Pasárgada e Persépolis.

2. A ampliação de algumas cidades, que se tornam capitais de um império, e onde se concentram não só o poder político, mas também o intercâmbio comercial e o instrumental de um mundo muito maior: Nínive, Babilônia. São as primeiras supercidades, as metrópoles de dimensões comparáveis às modernas que, durante muito tempo, permaneceram como símbolos e protótipos de toda grande concentração humana, com seus méritos e defeitos.

Babilônia, a capital de Hamurabi, planejada por volta de 2000 a.C., é um grande retângulo de 2500 por 1500 metros, dividido em duas metades pelo Eufrates (Figs. 64-69). A superfície contida pelas muralhas é de cerca de quatrocentos hectares, e outra muralha mais extensa compreende quase o dobro da área; mas toda a cidade, e não somente os templos e os palácios, parece traçada com regularidade geométrica: as ruas são retas e de largura constante, e as muralhas são recortadas em ângulo reto. Desaparece, assim, a distinção entre os monumentos e as zonas habitadas pelas pessoas comuns; a cidade é formada por uma série de recintos – os mais externos abertos a todos, os mais internos reservados aos reis e aos sacerdotes. Esses personagens frequentam as divindades – como se pode ver nas esculturas – e têm, portanto, um domínio absoluto sobre as coisas desse mundo. As casas particulares – como a ilustrada na fig. 63 – reproduzem em pequena escala a forma dos templos e dos palácios, com pátios internos e as muralhas estriadas.

54 Cabeça de bronze de um rei assírio, talvez Sargão I, de Nínive (cerca de 2500 a.C.).

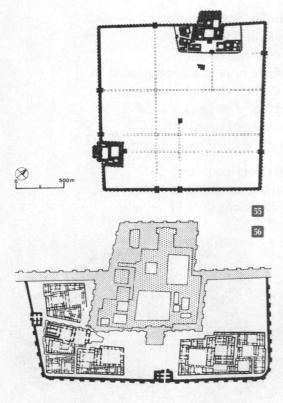

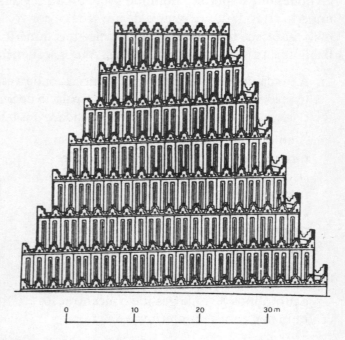

Khorsabad, a nova cidade fundada por Sargão II nos arredores de Nínive (721-705 a.C.); 55 planimetria geral e 56 planta da cidadela, com as casas senhoriais ao redor do palácio do rei.

57 O zigurate anexo ao palácio de Sargão II.

58 Vista do alto da cidadela de Khorsabad.

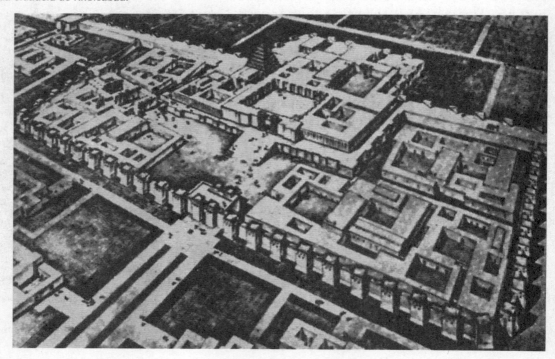

A ORIGEM DA CIDADE NO ORIENTE PRÓXIMO

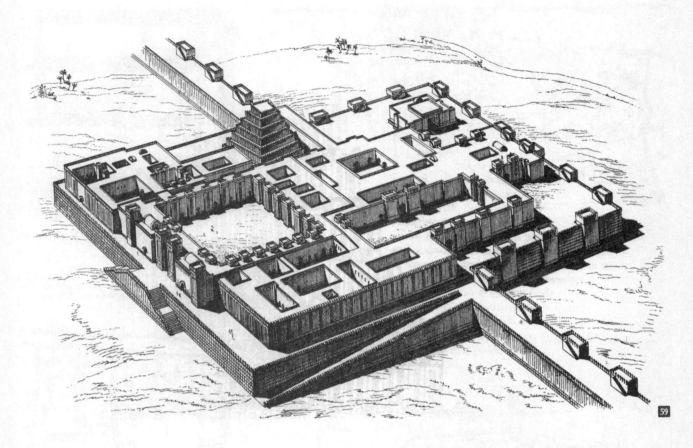

O palácio de Sargão II em Khorsabad. **59** Vista do alto, num desenho do final do século XIX; **60** planta geral; **61** vista do alto do zigurate.

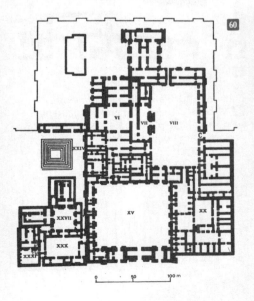

62 Uma cidade conquistada por Sargão II, num baixo-relevo do palácio de Khorsabad.

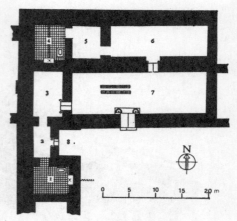

63 O apartamento particular no palácio assírio de Arslan Tash, na Síria:

1, 2 e 3: primeiro quarto de dormir, com quarto de vestir e banho; **4, 5 e 6**: segundo quarto de dormir, com quarto de vestir e banho; **7**: sala de recepção e de estar; **8**: lugar do guardião.

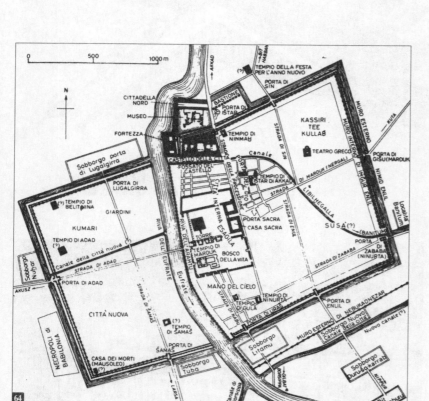

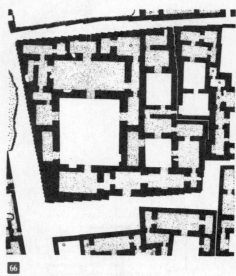

Babilônia. **64** Planta do núcleo interno; **65** vista do castelo (os chamados "jardins suspensos"); **66** planta e **67** vista de uma casa nos arredores do templo de Istar.

A ORIGEM DA CIDADE NO ORIENTE PRÓXIMO

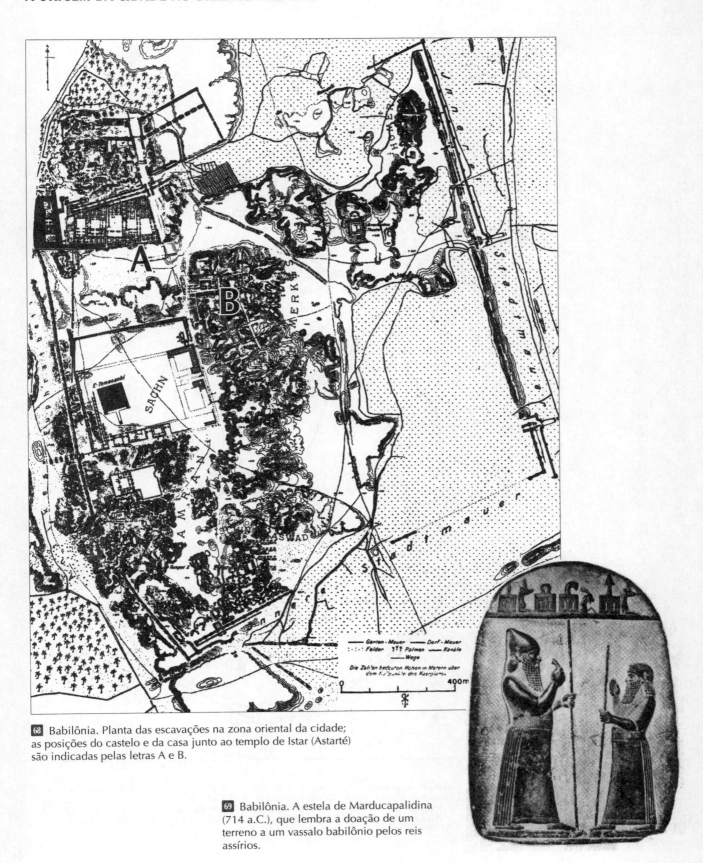

68 Babilônia. Planta das escavações na zona oriental da cidade; as posições do castelo e da casa junto ao templo de Istar (Astarté) são indicadas pelas letras A e B.

69 Babilônia. A estela de Marducapalidina (714 a.C.), que lembra a doação de um terreno a um vassalo babilônio pelos reis assírios.

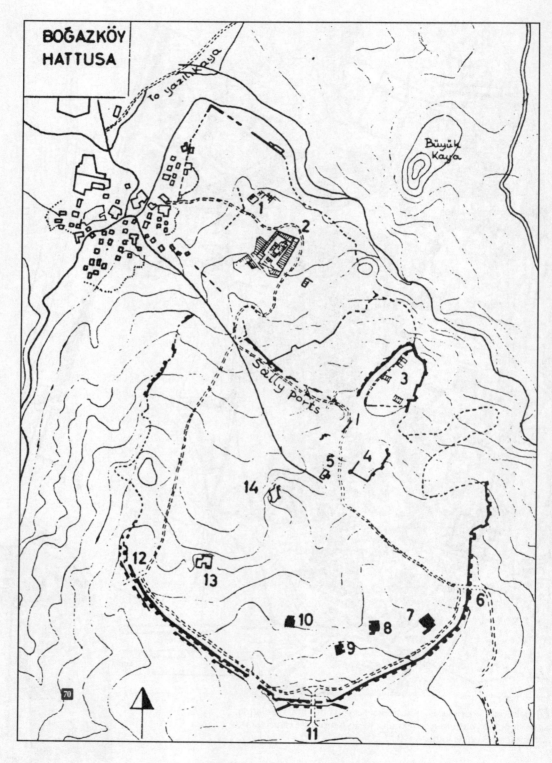

70 Planta da cidade de Hatusa, capital do reino dos hititas, **71** e do templo principal.

1. O assentamento mais antigo (cerca de 1900 a.C.); **2.** O templo do deus Hati e da deusa Arina (cerca de 1200 a.C.); **3.** A cidadela principal (1300-1200 a.C.); **4.** A cidadela meridional, ainda não escavada (1200 a.C.); **5.** Um castelo (1200 a.C.); **6.** A porta real (1400 a.C.); **7-10.** Templos (cerca de 1200 a.C.); **11.** A porta da Esfinge (1400 a.C.); **12.** A porta do Leão (1400 a.C.); **13.** O castelo novo (1200 a.C.); **14.** O castelo amarelo (1200 a.C.)

A ORIGEM DA CIDADE NO ORIENTE PRÓXIMO

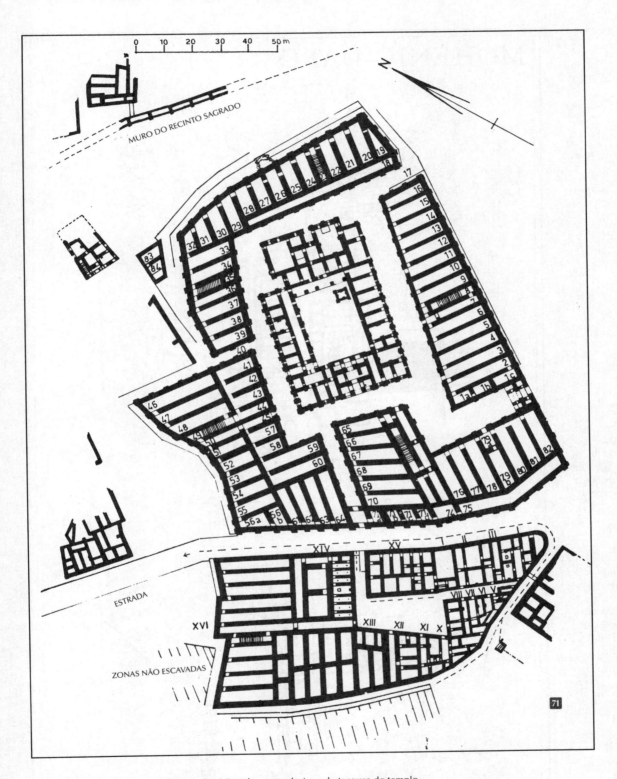

As câmaras numeradas de 1 a 84 são os depósitos das mercadorias e do tesouro do templo, em torno do santuário central. Ao sul do templo foi escavada uma porção do tecido urbano, que compreende 14 grupos de ambientes – indicados com algarismos romanos – ao redor de um pátio central; tratava-se, talvez, de habitações ou de oficinas do pessoal do templo que compreendia 18 padres, 29 músicos, 19 escribas de placas de argila, 33 escribas de tabuletas de madeira, 35 adivinhos, 10 cantores (o elenco pode ser conferido numa placa encontrada no grupo XIV).

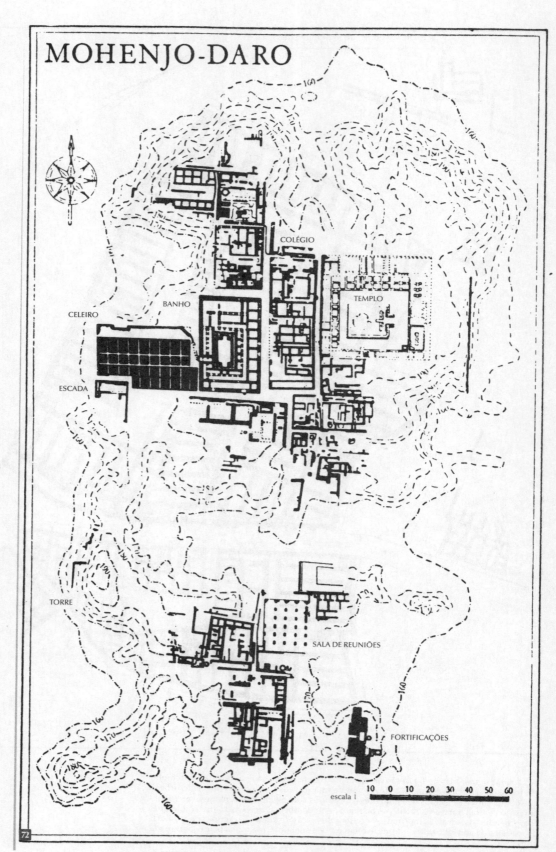

72 Planta da cidadela de Mohenjo-Daro, no vale do Indo (III milênio a.C.). **73** Uma rua e **74** uma estátua de uma personagem real.

75 Planta de um bairro residencial de Mohenjo-Daro. Aqui também as casas são organizadas ao redor de um pátio central.

A ORIGEM DA CIDADE NO ORIENTE PRÓXIMO

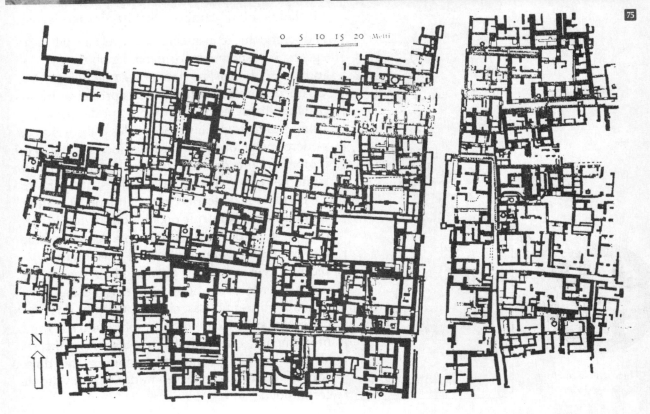

76 As pirâmides de Gizé na paisagem do deserto.

77 Mapa do Egito antigo.

78 O hieróglifo egípcio que indica a cidade.

No Egito, a origem da civilização urbana não pode ser estudada como na Mesopotâmia: os estabelecimentos mais antigos foram eliminados pelas enchentes anuais do Nilo, e as grandes cidades mais recentes, como Mênfis e Tebas, se caracterizam por monumentos de pedra, tumbas e templos, não pelas casas e pelos palácios nivelados sob os campos e habitações modernas.

A documentação arqueológica revela a civilização egípcia já plenamente formada depois da unificação do país, no final do IV milênio a.C. Os documentos encontrados nas primeiras tumbas reais explicam que o soberano no poder havia conquistado as aldeias precedentes e absorvido os poderes mágicos das divindades locais. Ele não é o representante de um deus, como os governantes sumérios, mas é ele mesmo um deus, que garante a fecundidade da terra e, especialmente, a grande inundação do Nilo, que ocorre com regularidade num período determinado do ano. Assim, o faraó tem o domínio completo sobre o país inteiro e recebe um excedente de produtos bem maior que o dos sacerdotes asiáticos. Com esses recursos, constrói obras públicas, cidades, templos dos deuses locais e nacionais, mas sobretudo sua tumba monumental, que simboliza a sua sobrevivência além da morte e garante, com a conservação do seu corpo, a continuação de seu poder em proveito da comunidade.

A ORIGEM DA CIDADE NO ORIENTE PRÓXIMO

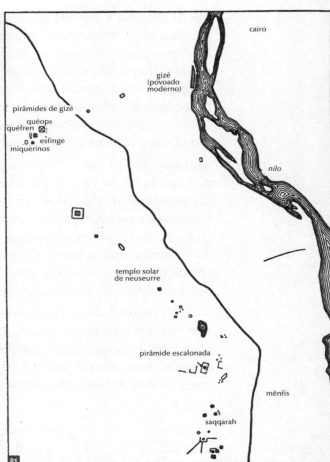

79 80 As pirâmides de Gizé: vista aérea e um desenho que as reconstituiu há uns cem anos.

81 Mapa da zona de Mênfis.

No III milênio, à medida que o Egito se torna mais populoso e rico, essas tumbas ganham mais imponência, embora sua forma externa permaneça bastante simples, a de uma pirâmide quadrangular. A maior, a de Quéops da IV dinastia, mede 225 metros de comprimento e quase 150 metros de altura; é um dos símbolos mais impressionantes que o homem deixou na superfície terrestre e, segundo uma tradição lembrada por Heródoto a que os estudiosos modernos costumam dar crédito, exigiu o trabalho de 100.000 pessoas durante vinte anos. Como se coloca semelhante obra na paisagem habitada no vale inferior do Nilo?

Sabemos que Menés, o primeiro faraó, funda a cidade de Mênfis nas proximidades do vértice do delta e cerca-a com um "muro branco". O templo da divindade local, Ptah, não fica na cidade, mas "ao sul do muro"; ao redor, nas fímbrias do deserto, surgem as pirâmides dos reis das primeiras quatro dinastias (Figs. 79-84) e os templos solares da quinta (Figs. 87-88). A forma de conjunto do estabelecimento permanece desconhecida, e não é fácil imaginar a relação entre esses monumentos colossais e os locais de habitação dos vivos, com certeza bastante diferente da relação entre templo e cidade na Mesopotâmia.

No Egito, sobretudo nos primeiros tempos, não encontramos uma ligação, mas um contraste entre essas duas realidades, realçado de todas as maneiras possíveis. Os monumentos não formam o centro da cidade, mas são dispostos *de per se* como uma cidade independente, divina e eterna, que domina e torna insignificante a cidade transitória dos homens. A cidade divina é construída

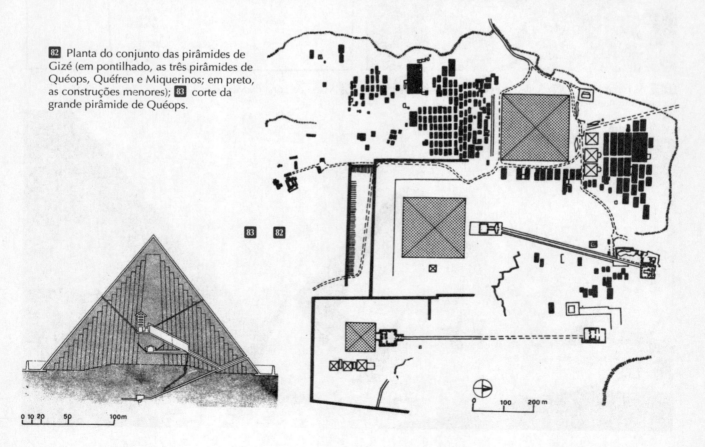

82 Planta do conjunto das pirâmides de Gizé (em pontilhado, as três pirâmides de Quéops, Quéfren e Miquerinos; em preto, as construções menores); **83** corte da grande pirâmide de Quéops.

A ORIGEM DA CIDADE NO ORIENTE PRÓXIMO

84 Vista de uma aresta da grande pirâmide de Quéops.

85 Cabeça colossal de um faraó da III dinastia (cerca de 2750 a.C.)

de pedra para permanecer imutável no curso do tempo; é povoada de formas geométricas simples: prismas, pirâmides, obeliscos ou estátuas gigantescas como a Grande Esfinge, que não têm relação com as proporções humanas e, pela grandeza, se aproximam dos elementos da paisagem natural; é habitada pelos mortos, que repousam cercados de todo o necessário para a vida eterna, mas é feita para ser vista de longe, como o fundo sempre presente da cidade dos vivos. Essa, ao contrário, é construída de tijolos, inclusive os palácios dos faraós no poder; será logo arruinada e permanece como morada temporária, a ser abandonada mais cedo ou mais tarde. Uma parte significativa da população – os operários empregados na construção das pirâmides e dos templos, com suas famílias – tinha de morar nos acampamentos, encontrados pelos arqueólogos junto aos grandes monumentos, e que eram abandonados tão logo terminasse o trabalho (Figs. 90 e 92-95).

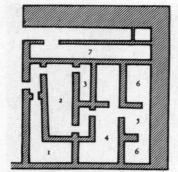

86 Planta de uma casa da IV dinastia em Gizé (cerca de 2600 a.C.).

1. Entrada; 2. Pátio; 3. Despensa; 4. Sala; 5. Vestíbulo; 6. Quarto; 7. Depósito

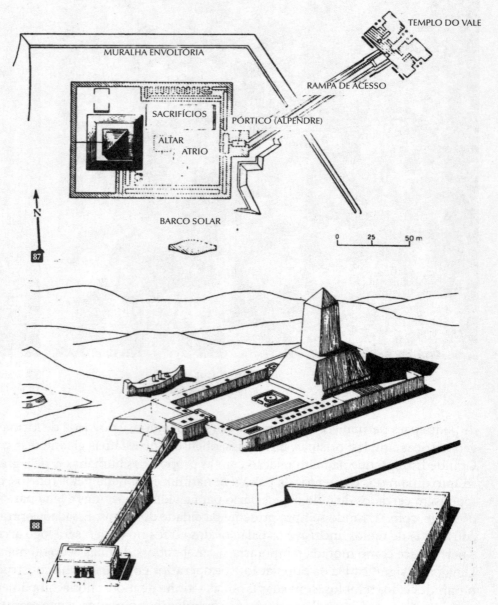

O templo solar de Horus em Abusir, da V dinastia (cerca de 2500 a.C.): **87** planta e **88** vista reconstituidora.

A ORIGEM DA CIDADE NO ORIENTE PRÓXIMO

89 Modelo de um barco de transporte, encontrado numa tumba da XII dinastia (cerca de 1800 a.C.).

90 A aldeia de El Lahun, realizada por Sesóstris II (cerca de 1800 a.C.) para os operários destinados à construção de uma pirâmide. Planta do conjunto e de uma casa típica.

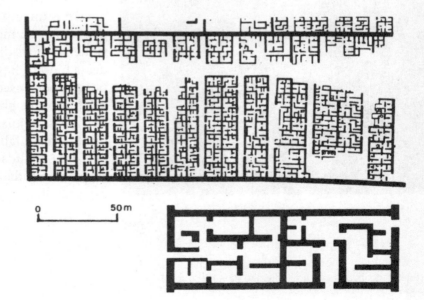

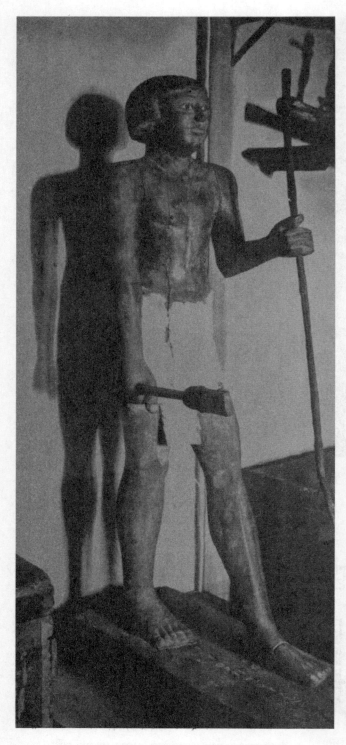

91 Estátua de madeira de um indivíduo da XII dinastia (cerca de 1800 a.C.).

Por outros aspectos, a cidade divina – a única que podemos ver e estudar hoje – é uma cópia fiel da cidade humana, onde todos os personagens e os objetos da vida cotidiana são reproduzidos e mantidos imutáveis. As maravilhosas esculturas reproduzem com realismo as fisionomias dos modelos e os imobilizam, numa tentativa de encerrar para sempre também os aspectos fugazes da vida (Figs. 85 e 91).

Esse intuito de construir uma cópia perfeita e estável da vida humana – de acumular os recursos no além, em vez de acumulá-los no mundo presente – não prossegue sempre com a mesma intensidade. A economia assim orientada entra em crise em meados do III milênio; quando ela se reorganiza – sob o Médio Império, no II milênio a.C. –, o contraste entre os dois mundos parece atenuado e as duas cidades separadas tendem a se fundir numa única cidade.

A capital do Médio Império, Tebas, ainda está dividida em dois setores: o povoado, na margem direita do Nilo, e a necrópole, nos vales da margem esquerda (Fig. 97); mas agora os edifícios dominantes são os grandes templos construídos na cidade dos vivos – Karnak, Luxor (Figs. 98-102); as tumbas estão escondidas nas rochas (Figs. 103-104) e permanecem visíveis somente os templos de acesso, semelhantes aos anteriores (Figs. 112-113). Entre esses marcos monumentais devemos imaginar as habitações e os arrabaldes, que abrigam uma sociedade mais variada, onde a riqueza é mais difundida. O faraó ocupa o cume dessa hierarquia social e seu poder se manifesta porque pode escolher, para seus palácios ou sua tumba, os produtos mais ricos e acabados; as roupas, as joias e os móveis encontrados nas tumbas reais, fabricados com um trabalho de altíssima qualidade, fazem pensar numa produção ampla e abundante, da qual foram selecionados esses objetos.

A ORIGEM DA CIDADE NO ORIENTE PRÓXIMO

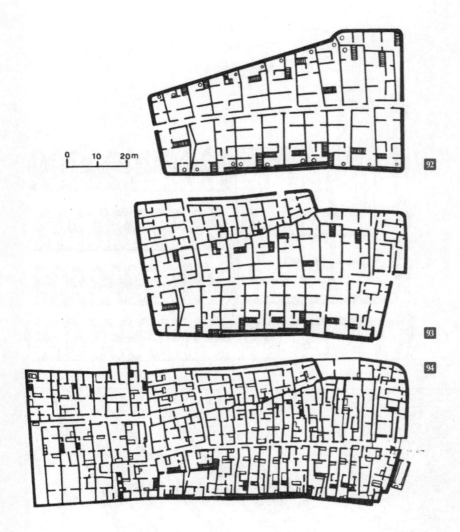

A aldeia de Deir-el-Medina, construída por Tutmósis I (cerca de 1400 a.C.) para os operários do vale dos Reis nas proximidades de Tebas e ampliada em seguida. 92-94 Planimetrias e 95 desenhos de uma casa típica.

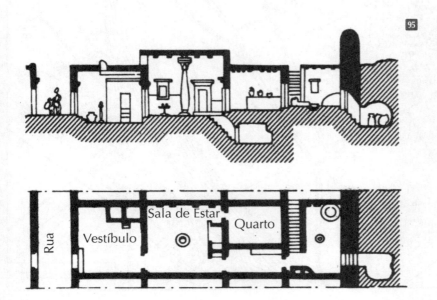

96 Um baixo-relevo do Império Médio que representa o transporte de uma estátua colossal sobre um carro sem rodas.

97 Planimetria geral da zona de Tebas. Os templos na margem direita do Nilo, as tumbas na margem esquerda.

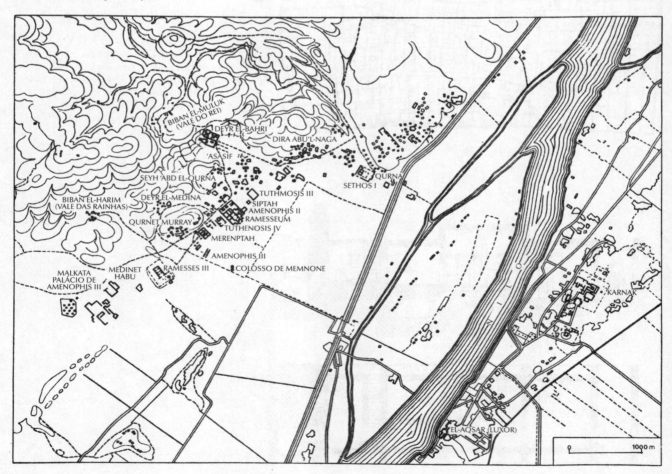

A ORIGEM DA CIDADE NO ORIENTE PRÓXIMO

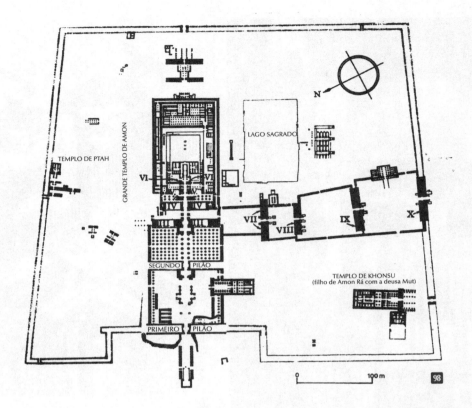

Os templos de Karnak em Tebas: 98 planimetria geral, 99 planta e corte do templo de Khonsu. Os algarismos romanos indicam os dez pares de pilares.

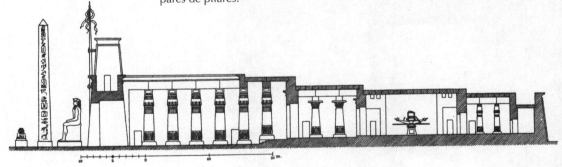

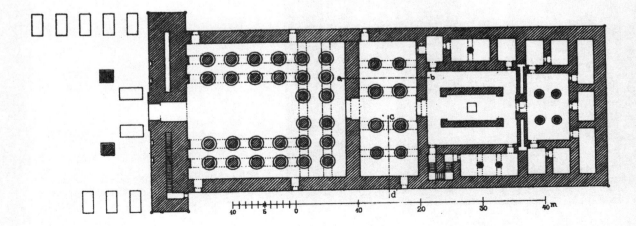

100 101 Detalhes da grande sala das colunas do templo de Amon em Karnak, entre o segundo e o terceiro pilares.

A ORIGEM DA CIDADE NO ORIENTE PRÓXIMO

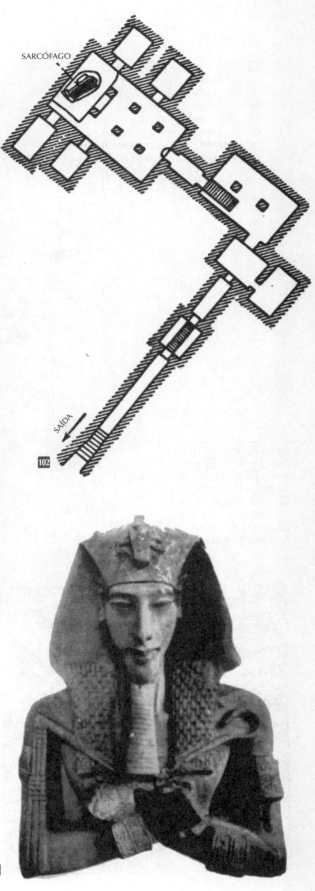

102 Planta da tumba de Amenotep II (cerca de 1380 a.C.) no vale dos Reis, e **103** um detalhe das pinturas nas paredes: o faraó com a deusa Hátor.

104 Uma estátua de Amenotep IV, em que o personagem real é retratado com realismo incomum.

105 Planimetria de Tel-el-Amarna, a nova capital fundada por Amenotep IV (cerca de 1370-1350 a.C.) e abandonada depois de breve período. Esta cidade foi mais bem escavada e estudada que as outras cidades egípcias; os palácios, templos e casas são estreitamente ligados entre si e formam para nós um quadro mais compreensível.

Tel-el-Amarna, detalhes do bairro central: **106** planta geral; **107** planta do palácio ao longo da estrada real; **108** vista da ponte entre o palácio e a casa do rei; **109** planta da casa do funcionário Nakht.

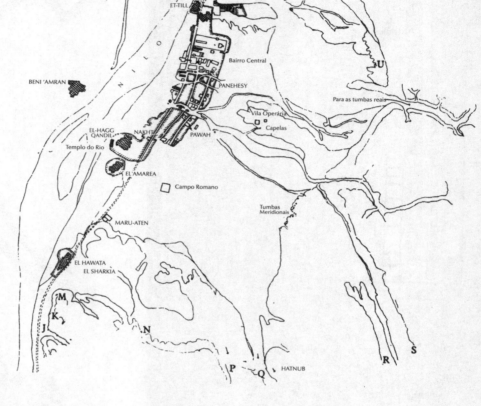

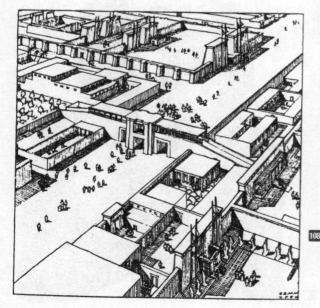

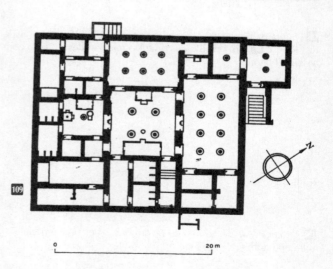

A ORIGEM DA CIDADE NO ORIENTE PRÓXIMO

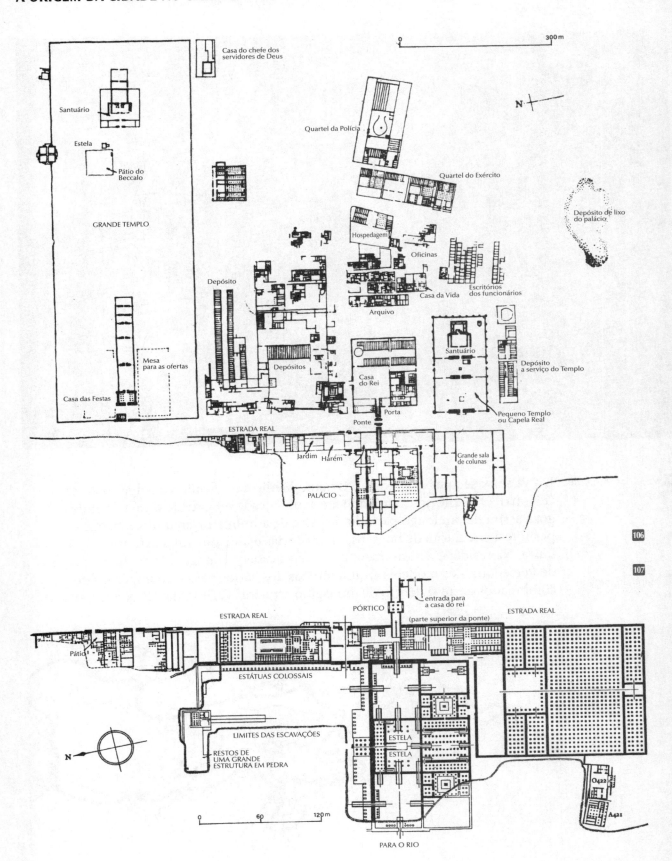

110 Vista das ruínas de Persépolis.

111 Mapa do império persa.

Do VI ao IV séculos a.C., todo o Oriente Médio é unificado no Império Persa (Fig. 111). O território examinado até aqui – desde o Egito até o vale do Indo – goza assim de um longo período de paz e de administração uniforme, que permite a circulação de homens, mercadorias e ideias de uma extremidade à outra. Na residência monumental dos reis persas – conhecida pelo nome grego de Persépolis – os modelos arquitetônicos dos vários países do império são combinados entre si dentro de um rígido esquema cerimonial (Figs. 110, 112-114).

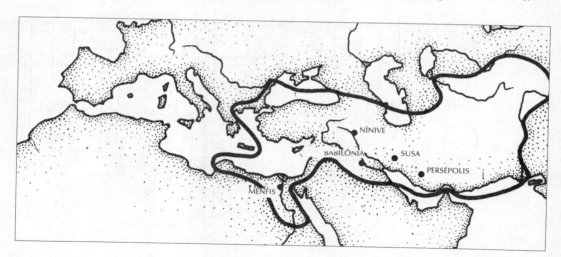

A ORIGEM DA CIDADE NO ORIENTE PRÓXIMO

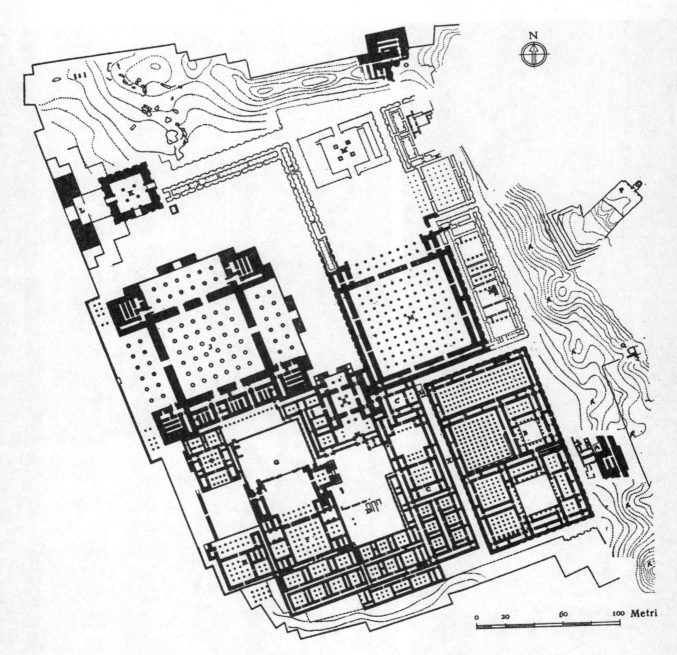

A. Fortificações orientais
B. Tesouro
C. Harém
D. Edifício em ruínas
E. Entrada monumental
F. Palácio de Xerxes
G. Edifício em ruínas
H. Palácio não identificado
I. Palácio de Dario I
J. Sala de audiência de Dario I
K. Vestíbulo de Xerxes
L. Escadaria para o terraço
M. Sala do trono de Xerxes
N. Outros edifícios parcialmente escavados
O. Fortificações setentrionais
P. Tumba real
Q. Cisterna
X. Rua entre o harém e o tesouro

112 Mapa do conjunto monumental de Persépolis.

113 Uma decoração no palácio de Dario I.

114 As tumbas dos reis persas, esculpidas na parede rochosa de Naksh-i-Rustam, nos arredores de Persépolis.

A CIDADE
NO EXTREMO ORIENTE

No Extremo Oriente – Índia, Indochina, China e ilhas próximas – a civilização urbana começa um pouco mais tarde do que na zona compreendida entre o Mediterrâneo e o Golfo Pérsico, isto é, por volta do II milênio a.C. A ocorrência da diferenciação social e da formação dos grandes Estados repete-se em grandes linhas, mas com características especiais, que derivam do ambiente geográfico, das opções econômicas da agricultura primitiva e das tendências culturais.

Trata-se de territórios tropicais, mais quentes do que os precedentes, isolados do resto da Ásia pelas montanhas do Himalaia e regados pelos rios que descem daquelas montanhas. Os rios, impetuosos e inconstantes devido ao clima das monções, foram canalizados e permitiram irrigar as planícies, adequadas ao assentamento de uma população numerosa. No I milênio a.C., a pesquisa das culturas mais rendosas levou à seleção quase que exclusiva do arroz, que cresce na água e não requer rotação com outras culturas, mas somente um minucioso controle dos reabastecimentos hídricos. Os montes circundantes permanecem não cultivados e habitados por nômades não civilizados; assim, o ambiente humano continua caracterizado por uma oposição fundamental: ao norte, as montanhas hostis e desconhecidas, de onde vêm os ventos frios, os inimigos e os animais selvagens; ao sul, a planície cultivada e o mar, onde o sol dá seu calor e onde se desenvolvem as atividades civis.

Essa organização econômica, rígida e sem margem de manobra, tende a perpetuar-se no local, favorecendo a formação de grandes Estados unitários, como no Egito, pois concentra nas mãos dos soberanos e da classe dirigente um enorme excedente que serve, em primeiro lugar, para garantir as condições de sobrevivência geral. A relação entre poder, prosperidade e virtude domina assim a cultura oriental desde o início. O poder justifica-se caso assegure a paz e a harmonia social, isto é, a mediação entre os princípios opostos do *yin* e do *yang* (o frio e o calor, a sombra e a luz, o descanso e a atividade). No campo dos assentamentos humanos, o poder deve garantir o justo equilíbrio entre o norte e o sul, manter à distância os perigos que vêm do norte, refrear as águas que descem dos altiplanos e transformá-las em elemento da vida no sul.

Nesse sistema, a cidade ocupa um lugar dominante, impregnando-se de grande quantidade de significados utilitários e simbólicos. É a sede do poder, sendo, portanto, o órgão onde se dá a mediação entre os opostos, que regula e representa todo o território. A ordem latente no universo torna-se aqui uma ordem visível, geométrica e arquitetônica. Os eixos de simetria ligam a cidade aos pontos cardeais, isto é, ao universo celeste; as muralhas imprimem-lhe uma forma regular e a defendem dos inimigos; a multiplicidade dos espaços e dos edifícios revela a complexidade das funções civis e religiosas, com seu minucioso cerimonial.

Essa tradição cultural, que se forma no I milênio, é codificada na China após a unificação do império no século III a.C. e permanece praticamente a mesma

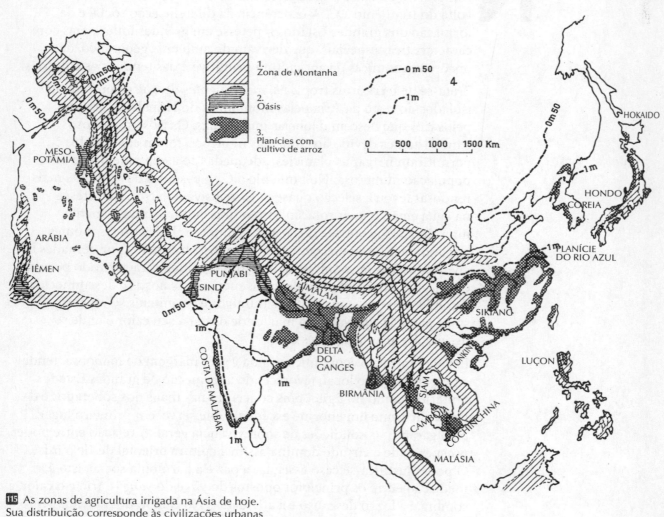

115 As zonas de agricultura irrigada na Ásia de hoje. Sua distribuição corresponde às civilizações urbanas primitivas. As duas linhas tracejadas assinalam os limites das precipitações anuais de 0,5 a 1 metro.

A ORIGEM DA CIDADE NO ORIENTE PRÓXIMO

em toda a história posterior, apesar das crises e revoluções políticas e religiosas. As invasões externas – e, em particular, a dos mongóis no século XIII – não interrompem sua continuidade, mas retardam o progresso técnico e econômico das sociedades orientais, exatamente quando as sociedades europeias – que ficaram à margem do império de Gêngis Khan – iniciam seu desenvolvimento, que conduzirá à revolução científica e industrial. Por isso, as cidades orientais podem ser apresentadas brevemente num capítulo único, desde a Pré-História até o encontro com a colonização europeia.

As normas urbanísticas e construtivas – como muitos outros elementos da civilização chinesa – formam-se na era Chu (1050-250 a.C.), são codificadas no final desse período, quando nasce o império unitário, e são transmitidas com continuidade por todo o período sucessivo, até a época moderna.

116   Uma aldeia agrícola japonesa atual, com seus arrozais. Em preto, as casas; em tracejado diagonal, as hortas; em tracejado horizontal, os viveiros ao longo do rio; em pontilhado denso, as culturas secas; em pontilhado esparso, os arrozais; em pequenos círculos, os arvoredos.

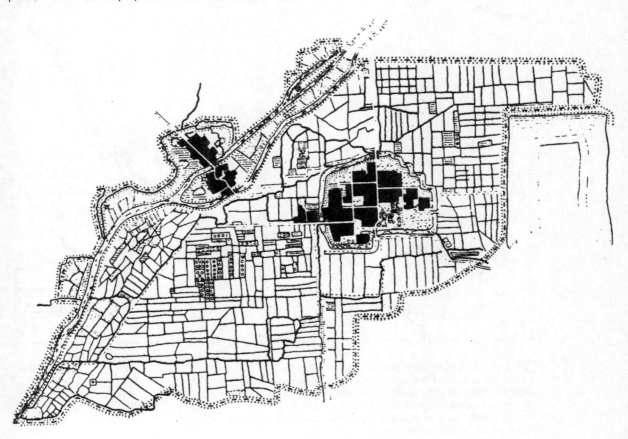

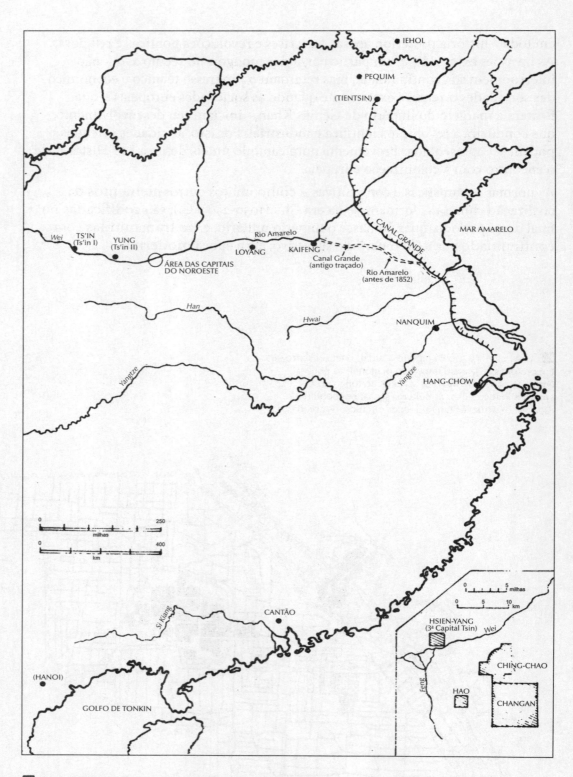

117 Mapa da China, com as principais cidades e as grandes obras públicas imperiais: a muralha que defende a fronteira setentrional e o canal que liga as planícies costeiras. Tanto a muralha quanto o canal têm milhares de quilômetros de comprimento e são as mais gigantescas obras construídas pelo homem antes da idade industrial.

A ORIGEM DA CIDADE NO ORIENTE PRÓXIMO

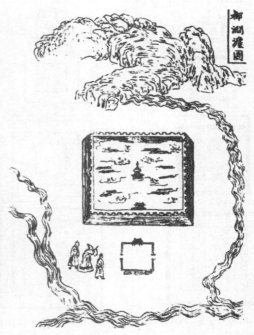

118 Um terreno de rizicultura na China Central. Vista aérea.

119 Uma vista da Grande Muralha, iniciada pela dinastia Tsin no século III a.C.

120 Desenho simbólico da cidade chinesa. Ao norte o dragão, que representa as montanhas; ao sul, a água, manancial da vida.

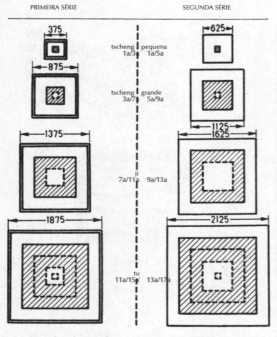

Primeira série (coluna da esquerda)
Tscheng pequena 1/3 li (530 a 1590 m)
Tscheng grande 3/7 li (1590 a 3710 m)
Ji 7/11 li (3710 a 5830 m)
Tu 11/15 li (5830 a 7950 m)

Segunda série (coluna da direita)
Tscheng pequena 1/5 li (530 a 2650 m)
Tscheng grande 5/9 li (2650 a 4770 m)
Ji 9/13 li (4770 a 6890 m)
Tu 13/17 li (6890 a 9010 m)

121 As duas séries de cidades de dimensões normatizadas. O módulo **a** equivale a um *li*, isto é, a 530 metros. Cada cidade é caracterizada pelas duas medidas do perímetro interno e externo; o lado é indicado em metros.

122 Planta da cidade de Chang-an, capital da dinastia Tang. Ao centro, o recinto imperial.

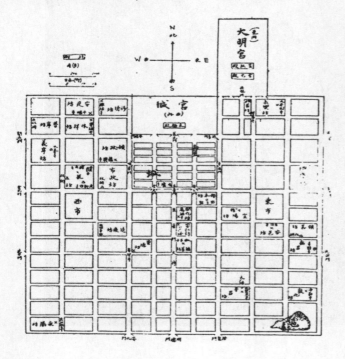

As cidades chinesas, estritamente ligadas ao território agrícola, começam como cidades-refúgio, destinadas à residência estável da classe dirigente (sacerdotes, guerreiros e técnicos), sendo capazes de acolher temporariamente a população camponesa do distrito circundante. Devem ter, portanto, dois anéis de muralhas: um interno, que encerra a cidade habitada verdadeira e própria, e um externo, que circunda um espaço vazio de hortas e pomares. Essas cidades se distinguem, segundo sua grandeza, em três categorias, denominadas com três nomes diferentes: *tscheng, ji* e *tu*.

As regras para seu planejamento são descritas pelo literato Meng-Tsi (372-289 a.C.). A unidade de medida urbanística é o *li*, que corresponde a mais ou menos 530 metros. Na cidade *tscheng* menor, a muralha interna tem um perímetro de 1 *li* e a externa de 3 *li*; ela pode se tornar o núcleo de uma cidade *tscheng* maior, com o cinturão interno de muros de 3 *li* e o externo de 7 *li*; essa pode formar o núcleo de uma cidade *ji* (com o cinturão interno de 7 *li* e o externo de 11 *li*), e essa última pode constituir o núcleo de uma cidade *tu* (com o cinturão interno de 11 *li* e o externo de 14 *li*). Consegue-se outra série paralela, partindo-se de uma cidade *tscheng* pequena com o cinturão interno de 1 *li* e o externo de 5 *li*; obtém-se, desse modo, a tabela da Fig. 121, que diz respeito às cidades de medida usual: as capitais podem ser muito maiores, de até 100 *li* de perímetro externo (Figs. 122-124).

A cidade *tscheng* com perímetro externo de 7 *li* pode conter 3200 habitantes, e atende a um território agrícola com 32 aldeias, que mede mais ou menos 12x12 quilômetros; desse modo, de cada ponto do território é possível chegar a pé na cidade, com um percurso máximo de uma hora e meia. As capitais imperiais maiores, Chang-An, Hang-Chu e Pequim, alcançaram e talvez superaram o total de um milhão de habitantes. A orientação permanece sempre rigorosamente ligada aos pontos cardeais.

As normas para a construção das casas também permanecem fixas desde o período Han até

A ORIGEM DA CIDADE NO ORIENTE PRÓXIMO

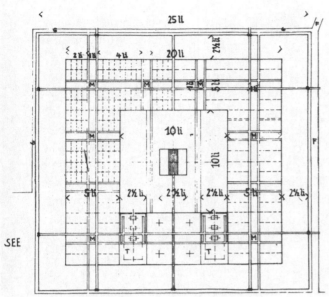

M Mercado; T Templos; G Fosso; F Rio
Ao centro, o recinto com o Palácio Imperial

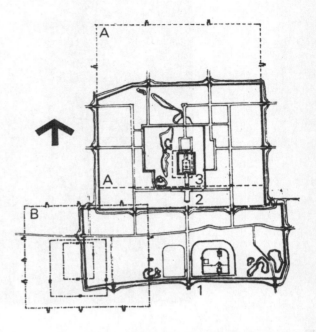

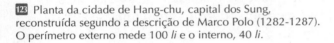 Planta da cidade de Hang-chu, capital dos Sung, reconstruída segundo a descrição de Marco Polo (1282-1287). O perímetro externo mede 100 *li* e o interno, 40 *li*.

 Planta da cidade de Cantão, do livro de J. Nieuhoff, *Descriptio legationis batavicae*, 1668.

Planta da cidade de Pequim, capital dos Yuan. Em tracejado, o contorno da cidade precedente (Yentsching, B) e o da nova capital edificada por Kublai Khan (A). A cidade atual compreende a cidade tártara (1), a cidade chinesa (2) e a cidade proibida, com a residência imperial (3).

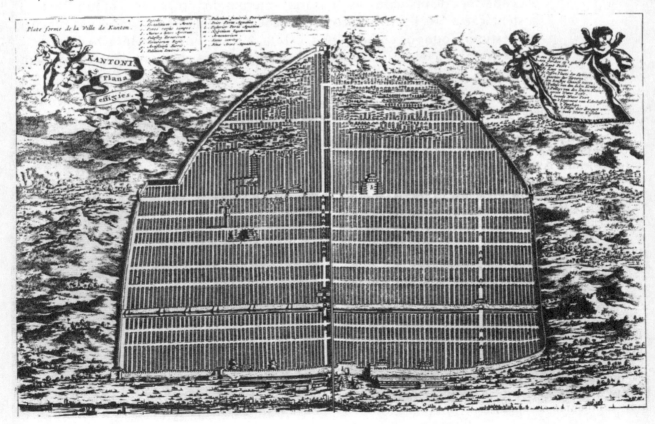

126 Uma lápide de pedra de uma tumba do período Han (202a.C.-220 d.C.), com a representação de um edifício.

os tempos recentes. A casa é um recinto análogo à cidade, vinculada à mesma orientação e, habitualmente, acessível pelo sul. Todos os ambientes se abrem sobre um ou mais pátios internos, quadrados ou retangulares, de modo a realizar a desejada alternância de sombra e de sol (*yin* e *yang*). Os elementos construtivos principais e fixos são os perimetrais (a plataforma de base, as paredes externas e a cobertura de madeira); as divisórias internas de tijolos não têm função de sustentação e são, portanto, móveis, para acompanhar as mudanças das funções domésticas. Todos os edifícios têm, habitualmente, um só pavimento, sendo bastante baixa a densidade populacional nas cidades chinesas: não mais de cem habitantes por hectare.

As casas se desenvolvem a partir de ruas de largura moderada (Fig. 128), sobre as quais se abrem somente as portas de entrada e as altas janelas de alguns ambientes secundários.

127 Três exemplos de casas chinesas com pátio.

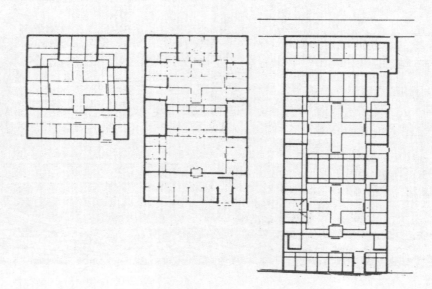

A ORIGEM DA CIDADE NO ORIENTE PRÓXIMO

128 Uma rua secundária, com uma série de casas com pátio (Pequim).

129 O pátio interno de uma casa chinesa (Pequim).

130 Planta e cortes de uma casa chinesa com pátio (a terceira das três representadas na página anterior; escala 1:500). Trata-se de uma casa burguesa do século XVII, em Pequim, hoje transformada – quase sem modificações – em casa de repouso para idosos. As letras se referem ao uso original dos ambientes.

A. Porta de entrada
B. Quartos externos para os hóspedes
C. Segunda porta
D. Quartos internos para os hóspedes
E. Ambientes laterais
F. Corpo da estrutura principal
G. Serviços

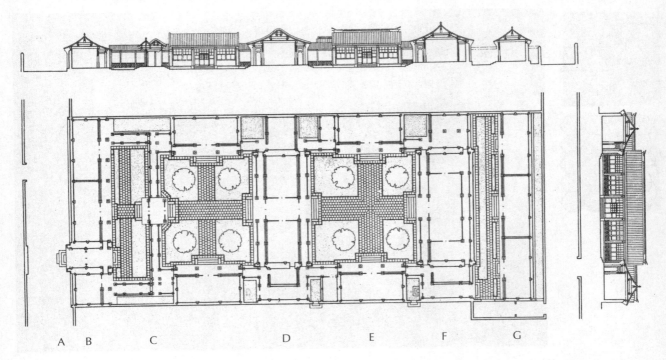

A. Entrada pelo sul; B. Entrada pelo norte; C. Pátio; D. Vestíbulo com terraço; E. Pátio; F. Rochas artificiais com caverna; G. Passagem coberta; H. Pátio da biblioteca; I. Porta para a galeria sobre o lago; J. Pavilhão do Vazio Acumulado; K. Galeria sobre o lago; L. Passagem coberta; M, N, O. Salas de dois pavimentos de altura; P. Entrada para o jardim da casa; Q. Sala da Barreira de Nuvens; R. Sala com pátio fechado; S. Área cultivada; T. Sala pequena sobre a água; U. Galerias cobertas com o necessário para escrever em ambiente isolado; V. Pavilhão das Nuvens e da Lua; W. Sala com terraço; X. Estúdio; Y. Cisterna; Z. Sala de onde se olham os Pinheiros e as Pinturas.

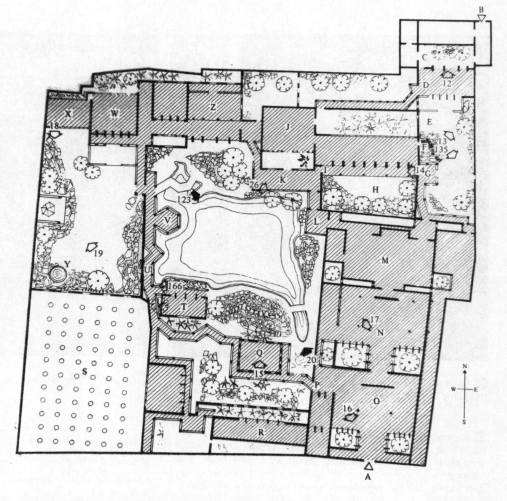

131-133 O Jardim do Mestre das Redes de Pesca em Su-chow, iniciado em 1140 d.C.

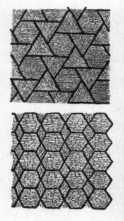

A ORIGEM DA CIDADE NO ORIENTE PRÓXIMO

134 O jardim do literato setecentista Yuan Mei, representado em uma gravura do século XIX.

Fora da cidade, a casa chinesa pode interpenetrar-se com a natureza. Os ambientes individuais ou grupos de ambientes conservam uma forma regular e simétrica, mas o conjunto se torna irregular para aderir às características do local e, com os meios da arquitetura, recria a complexidade do cenário natural. A jardinagem converte-se no quadro vinculador das obras arquitetônicas.

Nos grandes conjuntos monumentais e, especialmente, nos palácios do imperador – suprema autoridade religiosa e civil – as duas regras tradicionais de projeto aparecem muitas vezes combinadas entre si. Os edifícios destinados às cerimônias públicas são rigidamente agrupados ao redor do eixo de simetria, que vai do sul ao norte, e o eixo se torna um percurso impressionante, através de uma sucessão de pátios fechados. Os edifícios e os espaços para a vida privada apresentam-se incorporados ao jardim paisagístico, que foge de toda regra geométrica e desequilibra, à direita ou à esquerda, a composição geral.
Esta se constitui, assim, uma recapitulação de todo o ambiente cósmico, com sua alternância de regularidade e irregularidade.

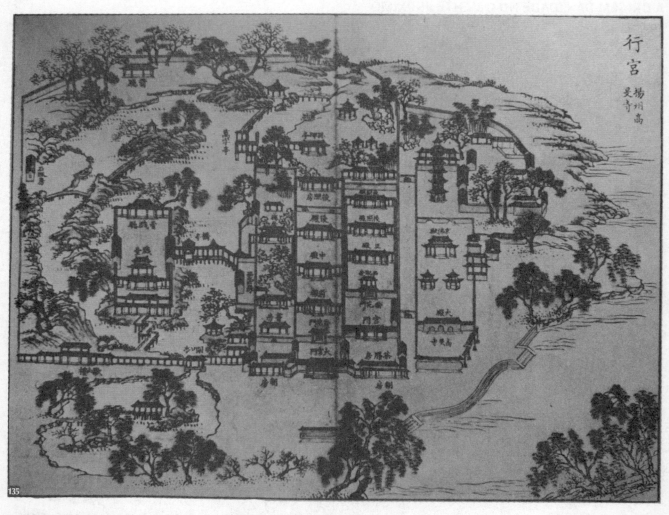

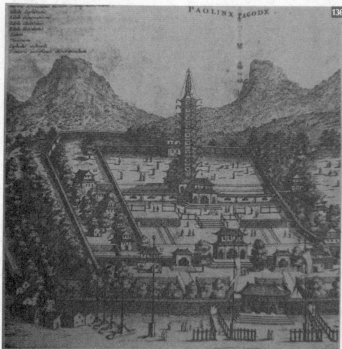

135 Vista de um convento budista em Hang-chow, usado como residência imperial durante as viagens para o sul. O edifício compreende uma parte formal e simétrica (a série de pátios à direita) e uma parte informal (o jardim à esquerda).

136 Um templo budista em Nanquim, representado em uma gravura europeia do século XVIII.

137 Pintura do século XVIII que representa uma audiência no Palácio Imperial de Pequim e **138** vista atual de um dos recintos com a multidão de visitantes modernos.

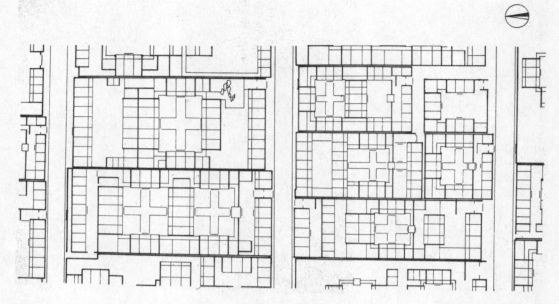

139 O tecido urbano de Pequim, em uma planta europeia de 1829, e **140** uma porção desse tecido, formado por casas térreas justapostas com pátio.

No centro, a Cidade Imperial, que compreende o recinto formal do palácio (a Cidade Proibida) e os jardins informais.

1. A Cidade Proibida ou Purpúrea
2. A Cidade Imperial
3. A Cidade Tártara ou Interna
4. A Cidade Chinesa ou Externa

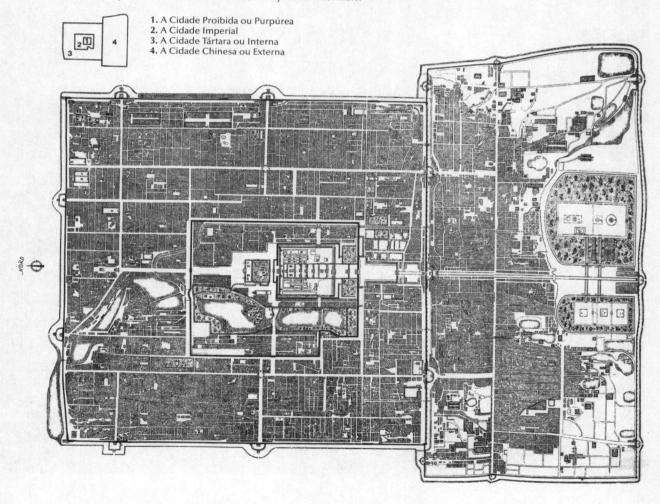

A ORIGEM DA CIDADE NO ORIENTE PRÓXIMO

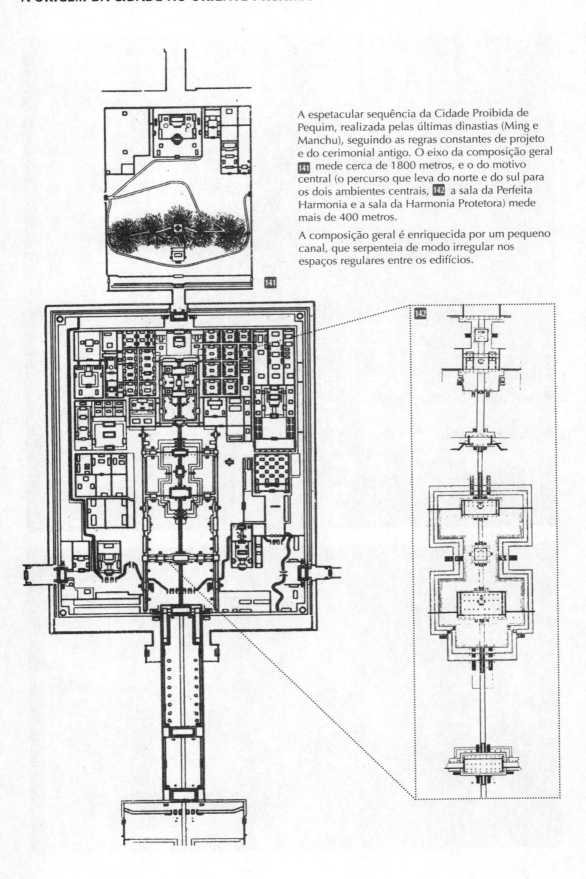

A espetacular sequência da Cidade Proibida de Pequim, realizada pelas últimas dinastias (Ming e Manchu), seguindo as regras constantes de projeto e do cerimonial antigo. O eixo da composição geral 141 mede cerca de 1800 metros, e o do motivo central (o percurso que leva do norte e do sul para os dois ambientes centrais, 142 a sala da Perfeita Harmonia e a sala da Harmonia Protetora) mede mais de 400 metros.

A composição geral é enriquecida por um pequeno canal, que serpenteia de modo irregular nos espaços regulares entre os edifícios.

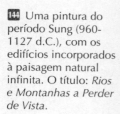 143 O Templo do Céu, em Pequim. Os edifícios monumentais em madeira são perpetuamente reconstruídos, respeitando-se o modelo original.

144 Uma pintura do período Sung (960-1127 d.C.), com os edifícios incorporados à paisagem natural infinita. O título: *Rios e Montanhas a Perder de Vista*.

A ORIGEM DA CIDADE NO ORIENTE PRÓXIMO

145 Um parapeito de rochas cimentadas no parque Chung Shan, nos arredores de Pequim.

148 Uma vista dos jardins do Palácio de Verão. Os edifícios, incendiados em 1860 pelos europeus, foram reconstruídos na segunda metade do século XIX.

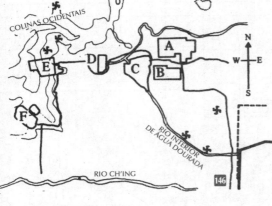

A Yuan Ming Yuan
B Chang Chun Yuan
C I Ho Yuan
D Parque da Fonte de Jade
E Parque Hsiang Shan
F Pa-ta-chu

146 Quadro de união dos parques próximos de Pequim e **147** planta do parque I Ho Yuan ("Palácio de Verão"), construído na segunda metade do século XVIII.

A Entrada
B Touro de bronze
C Ponte dos Dezessete Arcos
D Ilha do Rei Dragão
E Pontes sobre o dique
F Ponte do Círculo de Jade
G Lago Kun Ming
H Nave de mármore
I Ancoradouro dos navios reais
J Lagos posteriores
K Colina da Longevidade
L Sala do Buda
M Pavilhão do Júbilo e da Agricultura
N Hsieh Chu Yuan (jardim do Harmonioso Interesse)

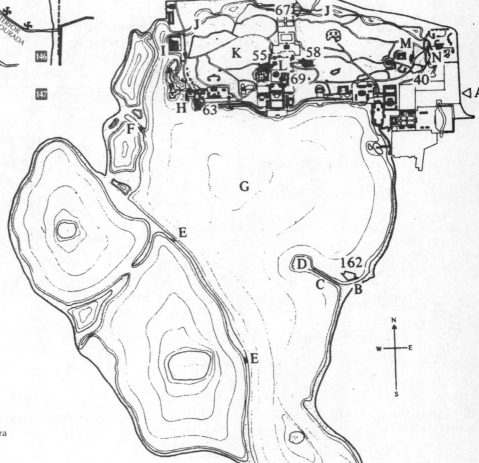

O quadro geográfico do Japão – com a falta de grandes espaços planos e rios navegáveis – exclui, nos primeiros tempos, a presença de grandes cidades. Mas depois da unificação do país, no final do século III a.C., surge a exigência de uma cidade capital, projetada conforme as regras chinesas codificadas nos períodos Han e Tang. Do século VI ao VIII d.C., uma série dessas cidades foi fundada a curta distância na região Yamato (Figs. 149-158). A arquitetura utiliza os modelos chineses, com características originais de simplificação geométrica e desenvoltura.

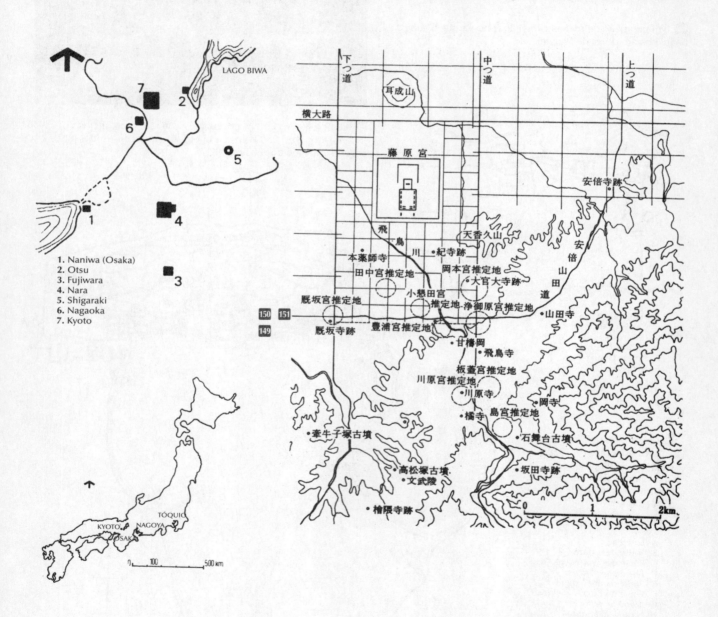

1. Naniwa (Osaka)
2. Otsu
3. Fujiwara
4. Nara
5. Shigaraki
6. Nagaoka
7. Kyoto

149 Mapa do Japão central 150 com os locais das antigas capitais. 151 Mapa de Fujiwara, a capital fundada em 694 d.C. pela imperatriz Jito.

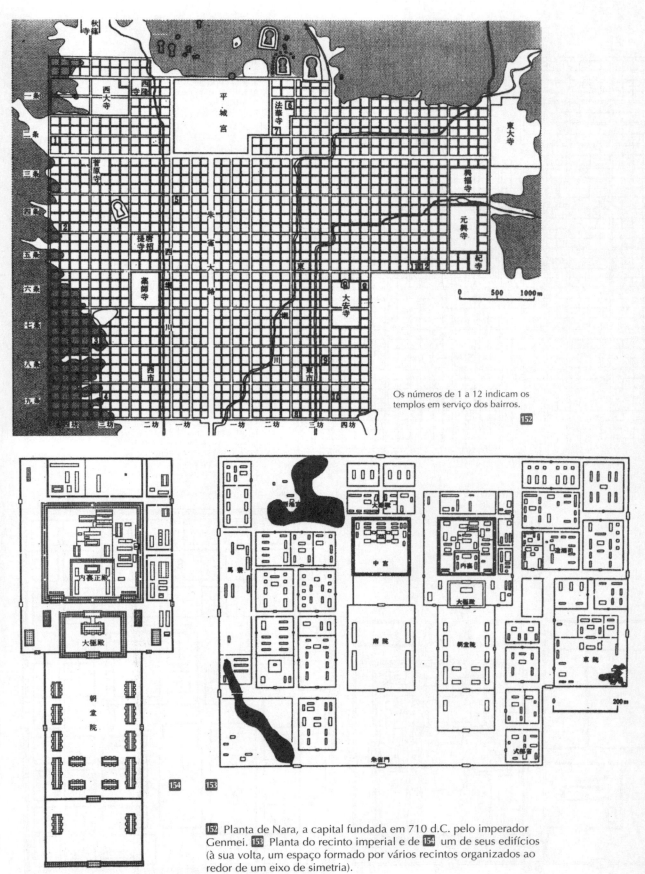

Os números de 1 a 12 indicam os templos em serviço dos bairros.

152 Planta de Nara, a capital fundada em 710 d.C. pelo imperador Genmei. 153 Planta do recinto imperial e de 154 um de seus edifícios (à sua volta, um espaço formado por vários recintos organizados ao redor de um eixo de simetria).

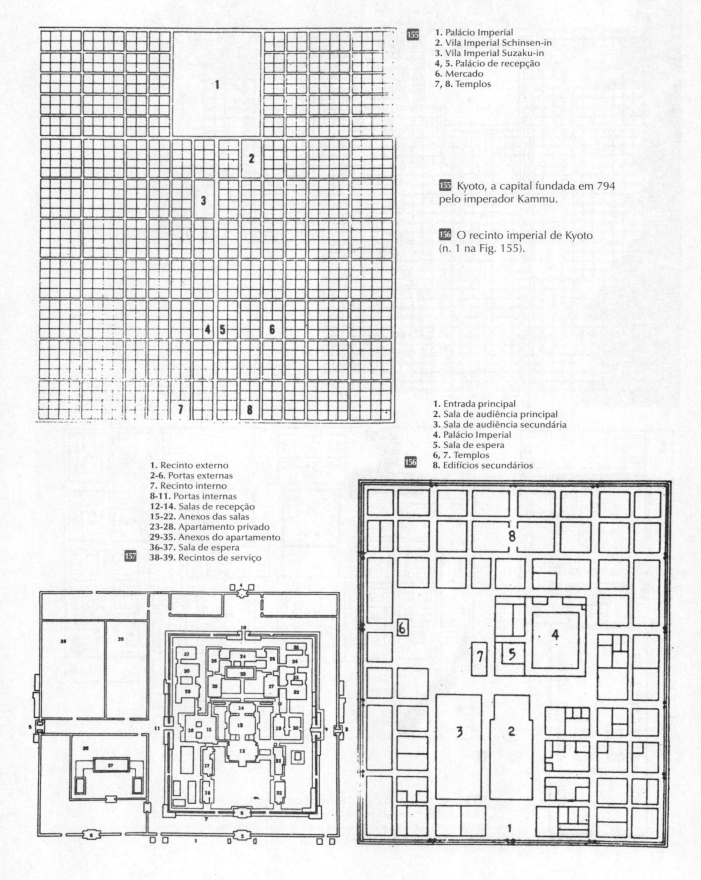

155
1. Palácio Imperial
2. Vila Imperial Schinsen-in
3. Vila Imperial Suzaku-in
4, 5. Palácio de recepção
6. Mercado
7, 8. Templos

155 Kyoto, a capital fundada em 794 pelo imperador Kammu.

156 O recinto imperial de Kyoto (n. 1 na Fig. 155).

1. Entrada principal
2. Sala de audiência principal
3. Sala de audiência secundária
4. Palácio Imperial
5. Sala de espera
6, 7. Templos
8. Edifícios secundários

1. Recinto externo
2-6. Portas externas
7. Recinto interno
8-11. Portas internas
12-14. Salas de recepção
15-22. Anexos das salas
23-28. Apartamento privado
29-35. Anexos do apartamento
36-37. Sala de espera
38-39. Recintos de serviço

A ORIGEM DA CIDADE NO ORIENTE PRÓXIMO

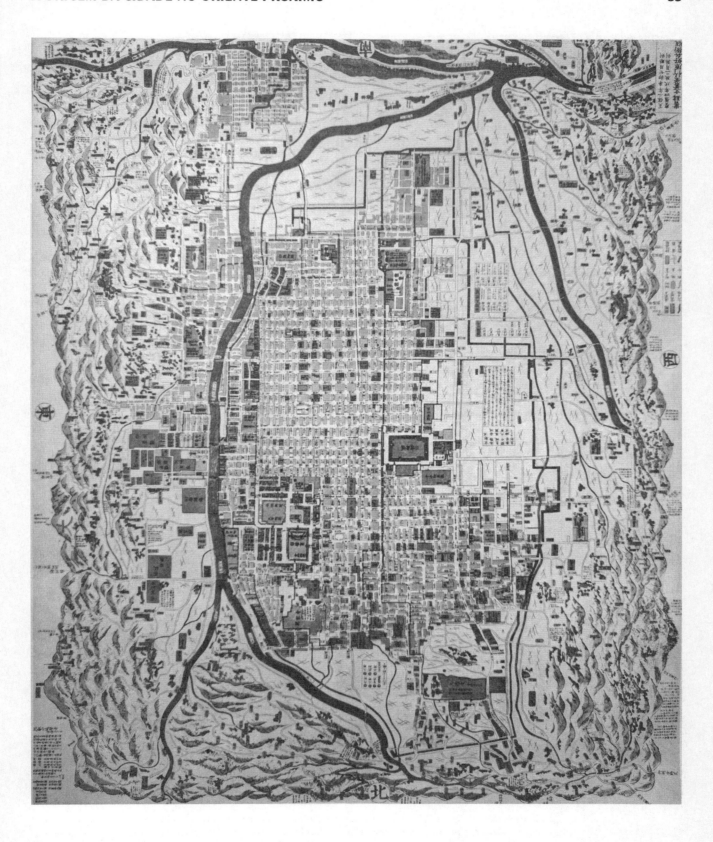

157 Planta do Palácio Imperial de Kyoto (n. 4 na Fig. 156).

84

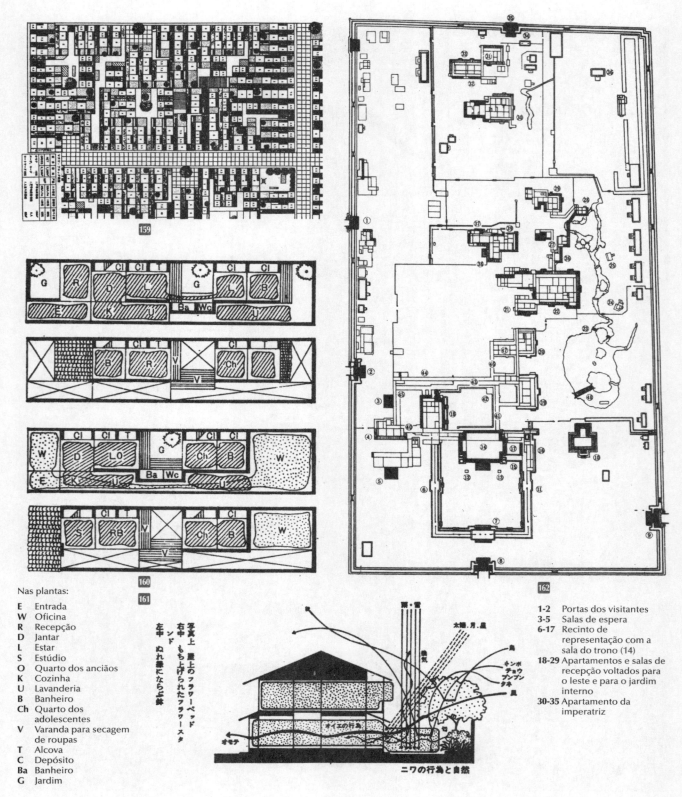

Nas plantas:

- E Entrada
- W Oficina
- R Recepção
- D Jantar
- L Estar
- S Estúdio
- O Quarto dos anciãos
- K Cozinha
- U Lavanderia
- B Banheiro
- Ch Quarto dos adolescentes
- V Varanda para secagem de roupas
- T Alcova
- C Depósito
- Ba Banheiro
- G Jardim

1-2 Portas dos visitantes
3-5 Salas de espera
6-17 Recinto de representação com a sala do trono (14)
18-29 Apartamentos e salas de recepção voltados para o leste e para o jardim interno
30-35 Apartamento da imperatriz

158 Planta de Kyoto no século XIX. A cidade ocupa apenas uma parte do reticulado e perdeu a regularidade original. O novo recinto do Palácio Imperial, fundado em 1331, e reconstruído várias vezes, encontra-se na zona nordeste, faceando o recinto do palácio do século XVI do xogum residente em Edo.

A ORIGEM DA CIDADE NO ORIENTE PRÓXIMO

159 Um trecho do tecido residencial de Kyoto, que obstrui os grandes edifícios isolados originais.
160 161 Cada casa é flanqueada por uma faixa de jardim, que restabelece também nestas condições a relação interior-exterior.
162 163 164 O Palácio Imperial de Kyoto, da maneira em que se apresenta hoje depois da última reconstrução de 1855, que reproduz as estruturas mais antigas. O modelo simétrico derivado da China foi modificado e tornado mais livre, segundo a abordagem original da arte japonesa.

Nas residências e nos templos suburbanos, imersos na natureza, a arquitetura japonesa alcança os resultados mais originais e requintados. Essas composições (Figs. 165-169) são reguladas por duas normas complementares: a liberdade informal do paisagismo (que precede e influencia os jardins ingleses do século XVIII) e a constância do ângulo reto nos edifícios, baseados no módulo planimétrico e altimétrico do tatame (cerca de 0,90 x 1,80 metros).

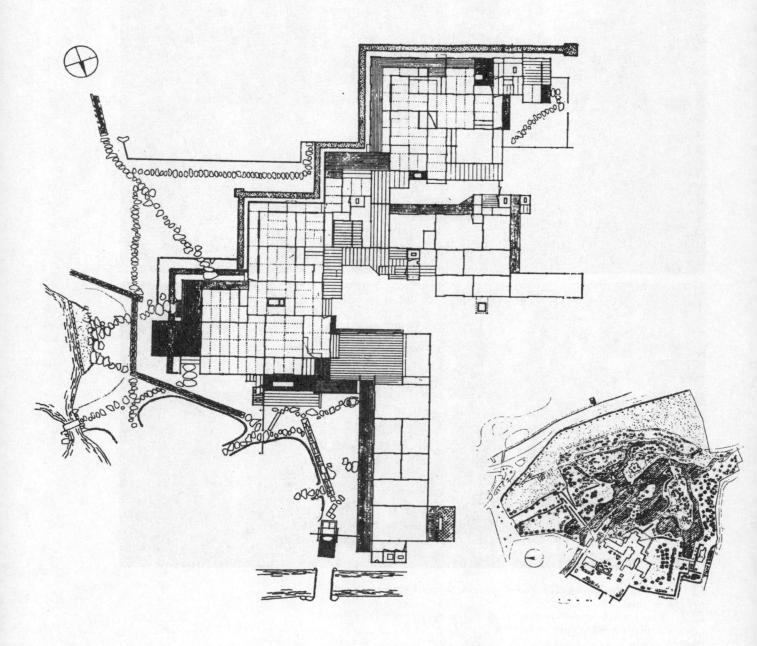

165 Planta da Vila Imperial de Katsura, nos arredores de Kyoto, construída no século XVII.

A ORIGEM DA CIDADE NO ORIENTE PRÓXIMO

Três vistas da Vila Imperial de Katsura: 166 uma interna e 167 168 duas externas.

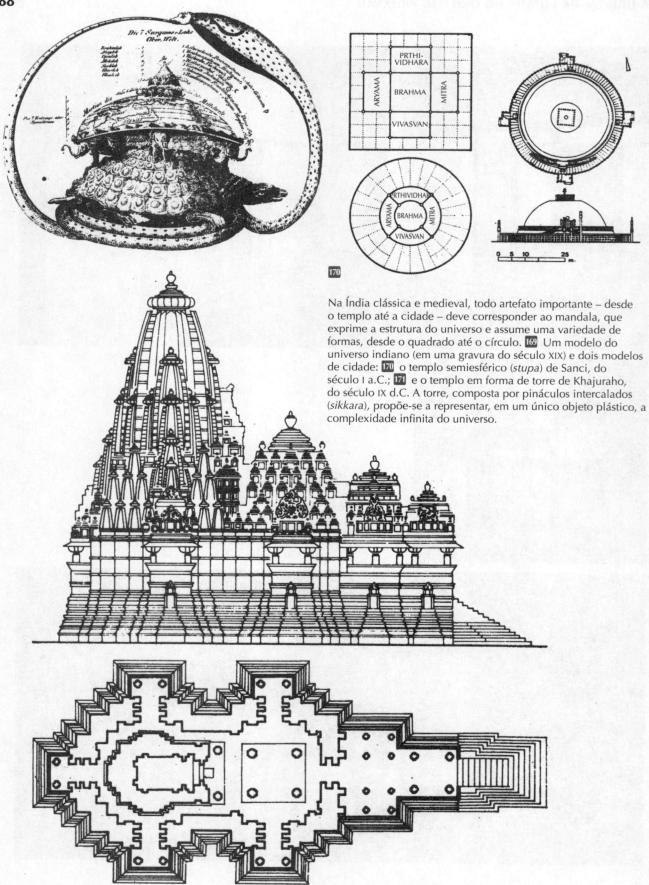

Na Índia clássica e medieval, todo artefato importante – desde o templo até a cidade – deve corresponder ao mandala, que exprime a estrutura do universo e assume uma variedade de formas, desde o quadrado até o círculo. 169 Um modelo do universo indiano (em uma gravura do século XIX) e dois modelos de cidade: 170 o templo semiesférico (*stupa*) de Sanci, do século I a.C.; 171 e o templo em forma de torre de Khajuraho, do século IX d.C. A torre, composta por pináculos intercalados (*sikkara*), propõe-se a representar, em um único objeto plástico, a complexidade infinita do universo.

A ORIGEM DA CIDADE NO ORIENTE PRÓXIMO

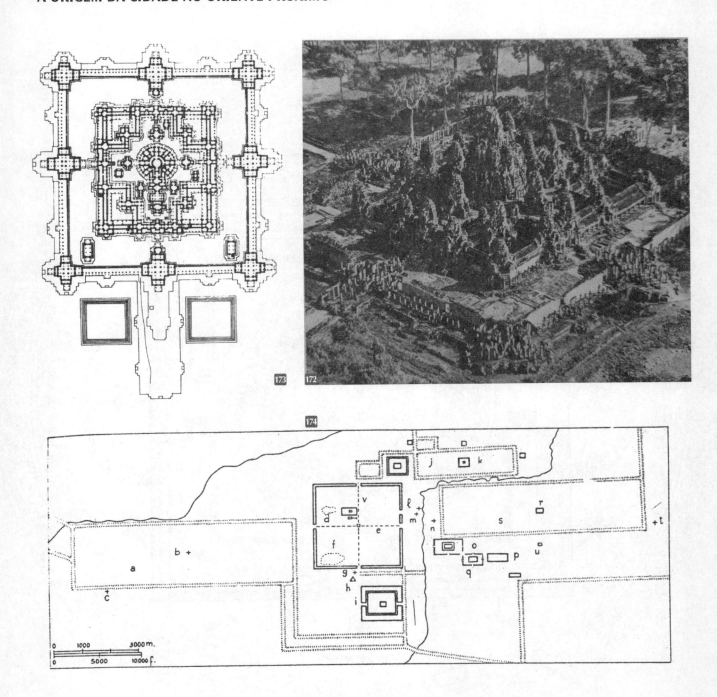

172 Vista aérea e **173** planta de Bayon, templo-montanha construído pelo imperador Jayavarman VII (1181-1220) em Angkor, no Camboja.

174 Planta do conjunto cerimonial de Angkor. Em tracejado, o limite das antigas bacias de água. Ao centro do recinto principal (Angkor Thom) situa-se o templo de Bayon.

175 Mandala indiano que combina, em um único desenho, o quadrado (o "palácio") e o círculo (o ambiente cósmico). O palácio tem quatro portas que olham para os quatro pontos cardeais.

A CIDADE LIVRE NA GRÉCIA

Na Idade do Bronze, a Grécia se encontra na periferia do mundo civil; a região montanhosa e desigual não se presta à formação de um grande Estado e é dividida num grande número de pequenos principados independentes. Em cada um deles, a partir de uma fortaleza construída num ponto elevado, uma família guerreira domina um pequeno território aberto para o mar.

Esses Estados são bastante ricos enquanto participam do intenso comércio marítimo do II milênio e aplicam-se a várias espécies de indústria; os tesouros encontrados nas tumbas reais de Micenas e de Tirinto documentam o modesto excedente acumulado por uma classe dominante restrita. Mas o esgotamento da economia do bronze e as invasões dos bárbaros pelo norte, no início da Idade do Ferro, truncam essa civilização e fazem as cidades regredir por alguns séculos, quase ao nível da autarquia neolítica.

176 Uma escultura grega arcaica no Museu Nacional de Atenas.

O desenvolvimento subsequente tira proveito das inovações típicas da nova economia: o ferro, o alfabeto, a moeda cunhada; a posição geográfica favorável ao comércio marítimo e a falta de instituições provenientes da Idade do Bronze permitem desenvolver as possibilidades desses instrumentos numa direção original.

A cidade principesca se transforma na *polis* aristocrática ou democrática; a economia hierárquica tradicional se torna a nova economia monetária que, após o século IV, irá estender-se a toda a bacia oriental do Mediterrâneo. Nesse ambiente forma-se uma nova cultura que, ainda hoje, permanece na base da nossa tradição intelectual.

É necessário recordar sucintamente a organização da *polis*, a cidade-Estado, que tornou possíveis os extraordinários resultados da literatura, da ciência e da arte.

Na origem há uma colina, onde se refugiam os habitantes do campo para defender-se dos inimigos; mais tarde, o povoado se estende pela planície vizinha e, geralmente, é fortificado por um cinturão de muralhas. Distingue-se então a cidade alta (a *acrópole*, onde ficam os templos dos deuses e onde os habitantes das cidades ainda podem refugiar-se para uma última defesa) e a cidade baixa (a *astu*, onde se desenvolvem o comércio e as relações civis); mas ambas são partes de um único organismo, pois a comunidade da cidade funciona como um todo único, qualquer que seja seu regime político.

Os órgãos necessários a esse funcionamento são:

1. O lar comum, consagrado ao deus protetor da cidade, onde se oferecem os sacrifícios, se realizam os banquetes rituais e se recebem os hóspedes estrangeiros. Na origem, era o lar, o centro do palácio do rei; depois se torna um lugar simbólico, anexo ao edifício onde residem os primeiros dignitários da cidade (os *prítanes*) e se chama *pritaneu*. Compreende um altar com um fosso cheio de brasas, uma cozinha e uma ou mais salas de refeição. O fogo deve ser mantido sempre aceso e, ao partir para fundar uma nova colônia, os emigrantes tomam do lar da pátria o fogo que deve arder no pritaneu da nova cidade.

2. O conselho (*boulé*) dos nobres ou dos funcionários que representam a assembleia dos cidadãos e mandam seus representantes ao pritaneu. Reúne-se numa sala coberta que se chama *bouleutêrion*.

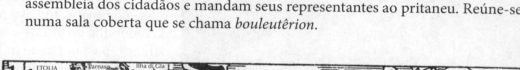

177 O mundo egeu.

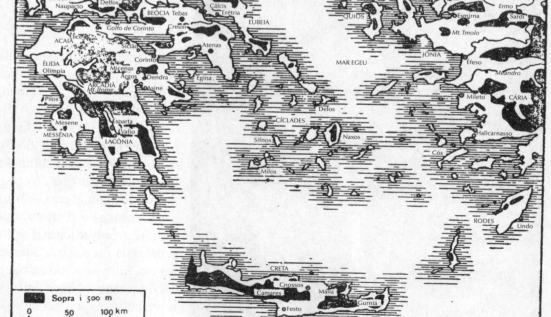

A CIDADE LIVRE NA GRÉCIA

3. A assembleia dos cidadãos (*ágora*) que se reúnem para ouvir as decisões dos chefes ou para deliberar. O local de reunião é usualmente a praça do mercado (que também se chama ágora) ou então, nas cidades maiores, é um local ao ar livre expressamente adaptado para tal (em Atenas, a colina Pnyx). Nas cidades democráticas, o pritaneu e o bouleutêrion se encontram nas proximidades da ágora.

Cada cidade domina um território maior ou menor, do qual retira seus meios de vida. Aqui podem existir centros habitados menores, que mantêm certa autonomia e suas próprias assembleias, mas um único pritaneu e um único bouleutêrion na cidade capital. O território é limitado pelas montanhas e compreende quase sempre um porto (a certa distância da cidade, porque essa geralmente se encontra longe da costa, para não se expor ao ataque dos piratas); as comunicações com o mundo exterior se realizam, principalmente, por via marítima.

Esse território pode ser aumentado pelas conquistas ou pelos acordos entre cidades limítrofes. Esparta chega a dominar quase a metade do Peloponeso, isto é, 8.400 km²; Atenas possui a Ática e a Ilha de Salamina, ao todo 2.650 km². Entre as colônias sicilianas, Siracusa chega a ter 4.700 km² e Agrigento, 4.300 km². Mas as outras cidades têm um território muito menor e, por vezes, bastante pequeno: Tebas tem cerca de 1.000 km² e Corinto, 880 km². Entre as menores ilhas, algumas têm uma única cidade (Égina, 85 km²; Naxos e Samos, cerca de 450 km²). Mas entre as maiores somente Rodes (1.460 km²) chega a unificar suas três cidades no fim do século V; Lesbos (1.740 km²) está dividida em cinco cidades; Creta (8.600 km²) compreende mais de cinquenta.

178 Uma moeda da cidade de Naxos com as figuras de Dionísio e de Sileno.

A população (excluídos os escravos e os estrangeiros) é sempre reduzida, não só pela pobreza dos recursos, mas por uma opção política: quando cresce além de certo limite, organiza-se uma expedição para formar uma colônia longínqua. No tempo de Péricles, Atenas tem cerca de 40.000 habitantes e somente três outras cidades, Siracusa, Agrigento e Argos, superam os 20.000. No século IV, Siracusa concentra forçadamente as populações das cidades conquistadas e chega então a cerca de 50.000 habitantes (Fig. 278). Não passam de quinze as cidades com cerca de 10.000 habitantes (esse número é considerado normal para uma grande cidade, e os teóricos aconselham a não o superar); Esparta, na época das Guerras Persas, tem cerca de 8.000 habitantes; Égina, rica e famosa, tem apenas 2.000.

Essa medida não é considerada um obstáculo, mas, antes, a condição necessária para um desenvolvimento organizado da vida civil. A população deve ser suficientemente numerosa para formar um exército na guerra, mas não tanto que impeça o funcionamento da assembleia, isto é, que permita aos cidadãos conhecerem-se entre si e escolherem seus magistrados. Se ficar reduzida demais, é de se temer a carência de homens; se crescer demais, não é mais uma comunidade ordenada, mas uma massa inerte, que não pode governar-se por si mesma.
Os gregos se distinguem dos bárbaros do Oriente porque vivem como homens em cidades proporcionais, não como escravos em enormes multidões. Têm

consciência de sua civilização comum, porém não aspiram à unificação política, porque sua superioridade depende justamente do conceito da *polis*, onde se realiza a liberdade coletiva do corpo social (a liberdade individual pode existir, mas não é indispensável).

A pátria – como diz a palavra, que herdamos dos gregos – é a habitação comum dos descendentes de um único chefe de família, de um mesmo pai. O patriotismo é um sentimento tão intenso porque seu objeto é limitado e concreto:

> Um pequeno território, nas encostas de uma montanha, atravessado por um riacho, escavado por alguma baía. De todos os lados, a poucos

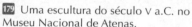
179 Uma escultura do século V a.C. no Museu Nacional de Atenas.

A CIDADE LIVRE NA GRÉCIA

quilômetros de distância, uma elevação do terreno serve de limite. Basta subir à acrópole para abarcá-lo por inteiro com um olhar. É a terra sagrada da pátria: o recinto da família; as tumbas dos antepassados; os campos cujos proprietários são todos conhecidos; a montanha onde se vai cortar lenha, levar os rebanhos a pastar ou apanhar o mel; os templos onde se assiste aos sacrifícios; a acrópole aonde se vai em procissão. Mesmo a menor cidade é aquela pela qual Heitor corre ao encontro da morte; os espartanos consideram honroso "cair na primeira fila"; os combatentes de Salamina se lançam à abordagem cantando o peã; e Sócrates bebe a cicuta para não desobedecer à lei (G. Glotz, Introdução, *A Cidade Grega* [1928], tradução italiana, Turim, 1955, § III).

180 Um templo do século V a.C. (o templo de Netuno em Pesto [Paestum]).

Analisemos agora o organismo da cidade. O novo caráter da convivência civil se revela por quatro fatos:

1. A cidade é um todo único, onde não existem zonas fechadas e independentes. Pode ser circundada por muralhas, mas não subdividida em recintos secundários, como as cidades orientais já examinadas. As casas de moradia são todas do mesmo tipo e diferem pelo tamanho, não pela estrutura arquitetônica; são distribuídas livremente na cidade e não formam bairros reservados a classes ou a estirpes diversas.

    Em algumas áreas intencionalmente equipadas – a ágora, o teatro – toda a população, ou grande parte dela, pode reunir-se e reconhecer-se como uma comunidade orgânica.

2. O espaço da cidade se divide em três zonas: as áreas privadas ocupadas pelas casas de moradia; as áreas sagradas – os recintos com os templos dos deuses; e as áreas públicas, destinadas às reuniões políticas, ao comércio, ao teatro, aos jogos desportivos etc. O Estado, que personifica os interesses gerais da comunidade, administra diretamente as áreas públicas, intervém nas áreas sagradas e nas particulares. As diferenças de função entre esses três tipos de área predominam nitidamente sobre qualquer outra diferença tradicional ou

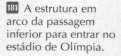
181 A estrutura em arco da passagem inferior para entrar no estádio de Olímpia.

A CIDADE LIVRE NA GRÉCIA

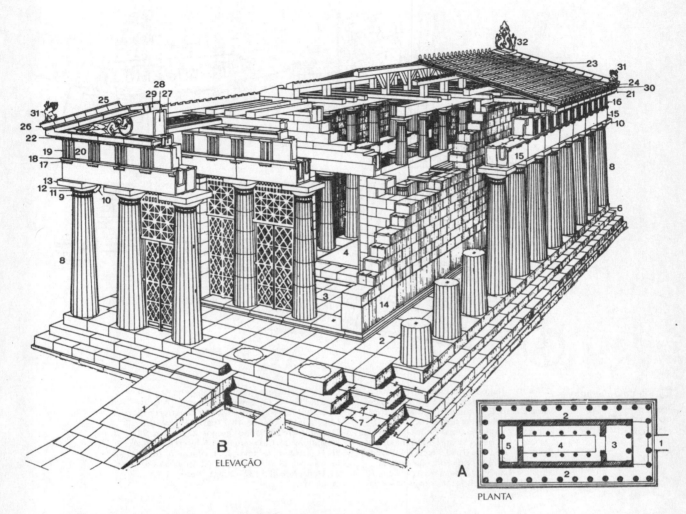

1. Rampa; **2.** Perístase; **3.** Vestíbulo (pronau ou propileu); **4.** Cela; **5.** Opistódomo. **6.** Estilóbata; **7.** Colchetes; **8.** Fuste de coluna; **9.** Colarinho; **10.** Capitel; **11.** Armilas; **12.** Equino; **13.** Ábaco; **14.** Ortóstatos; **15.** Arquitrave; **16.** Friso; **17.** Régua e gotas; **18.** Listel; **19.** Tríglifo; **20.** Métopa; **21.** Recesso para gotejamento; **22.** Mútulos com gotas; **23.** Telhado; **24.** Telhas do beiral; **25.** Frontão; **26.** Nicho do frontão; **27.** Cornija horizontal; **28.** Tímpano; **29.** Cornija oblíqua; **30.** Antefixas; **31.** Acrotério angular; **32.** Acrotério terminal.

182 183 A estrutura em arquitraves de um templo dórico grego do século V a.C. Cada parte, embora secundária, tem um nome e uma configuração estável.

de fato. No panorama da cidade, os templos se destacam, porém, mais pela qualidade do que por seu tamanho. Surgem em posição dominante, afastados dos outros edifícios, e seguem alguns modelos simples e rigorosos – a ordem dórica, a ordem jônica – aperfeiçoados em muitas repetições sucessivas; são realizados com um sistema construtivo deliberadamente simples – muros e colunas de pedra, que sustentam as arquitraves e as traves de cobertura (Fig. 182) – de modo que as exigências técnicas impeçam, o menos possível, o controle da forma (outros sistemas construtivos mais complicados, como os arcos – Fig. 181 – são reservados aos edifícios menos importantes).

3. A cidade, no seu conjunto, forma um organismo artificial inserido no ambiente natural e ligado a esse ambiente por uma relação delicada; respeita as linhas gerais da paisagem natural que, em muitos pontos significativos, é deixada

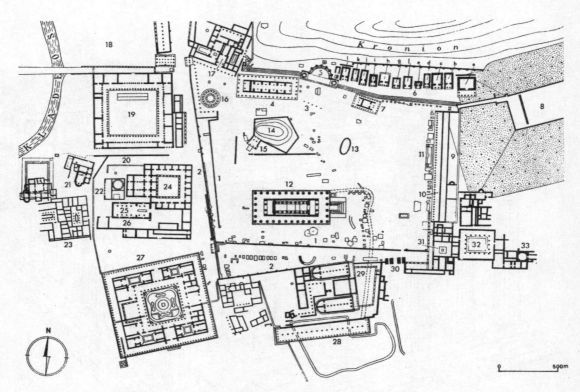

184 Planta do recinto sagrado de Olímpia, no fim da idade clássica.

1. Muros gregos do Altis; **2.** Muros romanos do Altis; **3.** Povoado heládico; **4.** Templo de Hera e Zeus; **5.** Ninfeu de Herodes Ático; **6.** Terraço dos *thesauroi* (tesouros); a) Gela; b) Mergara; c) Metaponto; d) Selinunte; e) Altar de Gê; f) Cirene; g) Sibaris; h) Bizâncio; i) Epidauro; j) Samos (?); k) Siracusa; l) Sicião; **7.** Metroon (templo dedicado a uma deusa-mãe); **8.** Estádio; **9.** Antiga *stoa* (pórtico); **10.** *Stoa* de Echos; **11.** Rodapé com as bases das colunas de sustentação das estátuas de Arsínoe e de Ptolomeu; **12.** Templo de Zeus; **13.** Altar de Zeus (?); **14.** Pelopêion; **15.** Muro do terraço; **16.** Filipêion; **17.** Pritaneu; **18.** Ginásio; **19.** Palestra; **20.** Theokolêion; **21.** Banhos gregos; **22.** Termas; **23.** Hospitium; **24.** Casa romana; **25.** Igreja bizantina; **26.** Ergastêrion de Fídias; **27.** Leonidaion; **28.** *Stoa* meridional; **29.** Bouleutêrion; **30.** Entrada neroniana; **31.** Hellanodikêion; **32.** Casa de Nero; **33.** Casa do octógono.

intacta, interpreta-a e integra-a como objetos arquitetônicos. A regularidade dos templos (que têm uma planta perfeitamente simétrica e um acabamento igual de todos os lados devido à sucessão das colunas) é quase sempre compensada pela irregularidade da organização do entorno, que se reduz depois na desordem da paisagem natural (Figs. 184-191). A medida desse equilíbrio entre natureza e arte dá a cada cidade um caráter individual e reconhecível.

4. O organismo da cidade se desenvolve no tempo, mas, de certo momento em diante, alcança uma disposição estável, que é preferível não perturbar com modificações parciais. O crescimento da população não produz uma ampliação gradual, mas a adição de outro organismo equivalente ou mesmo maior que o primitivo (chama-se *paleópolis*, a cidade velha, e *neópolis*, a cidade nova: Fig. 250), ou então a separação de uma colônia em uma região longínqua.

Justamente por essas quatro características – unidade, articulação, equilíbrio com a natureza e limite de crescimento – a cidade grega vale, doravante, como um modelo universal; dá à ideia da convivência humana uma fisionomia precisa e duradoura no tempo.

A CIDADE LIVRE NA GRÉCIA

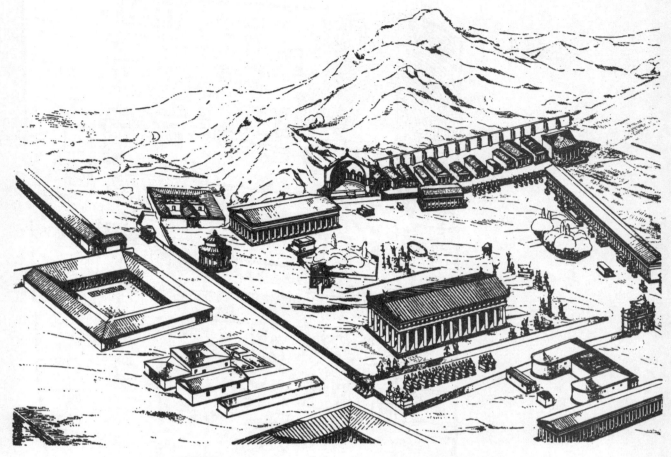

185 Reconstrução do recinto sagrado de Olímpia.

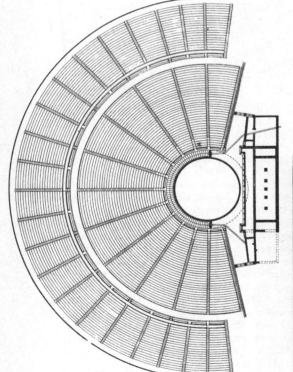

186 Planta e 187 vista do teatro de Epidauro, o mais bem conservado dos teatros gregos.

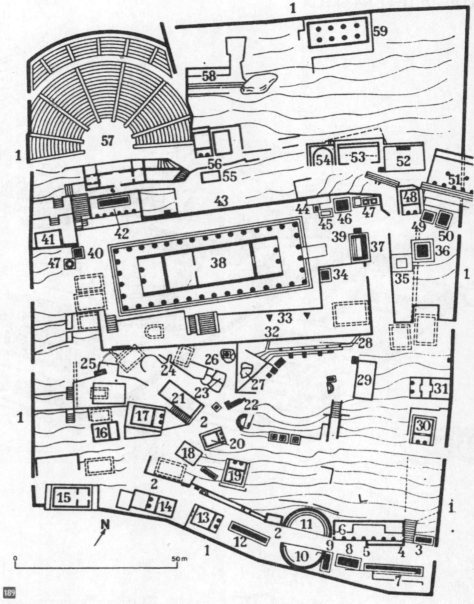

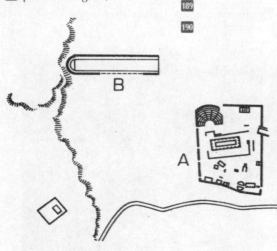

189 Delfos. Planta do recinto sagrado de Apolo (A e B na
190 planimetria geral).

1. Muralha circundante; 2. Via Sacra; 3. Touro dos corcirenses; 4. Base dos árcades; 5. Estátua de Filopemén; 6. Êxedra dos *nauarchoi* (comandantes); 7. Ex-voto da batalha de Maratona; ex-voto dos argivos; 8. Os Sete de Tebas; 9. Cavalo; 10. Os epígonos; 11. Os reis de Argos; 12. Base dos tarentinos; *thesauroi*; 13. De Sicião; 14. De Sifnos; 15. De Tebas; 16. De Potideia; 17. De Atenas; 18. De Siracusa; 19. O chamado eólico; 20. De Cnidos; 21. Bouleutêrion; 22. Base dos beócios; 23. Rocha da Sibila; 24. Têmeno de Gê; 25. Asclepêion ou têmeno das musas; 26. Esfinge de Naxos; 27. Rocha de Latona; 28. Pórtico dos atenienses; 29. *Thesauros* (Tesouro) de Corinto; 30. Tesouro de Cirene; 31. Pritaneu; 32. Muro poligonal e área em terraços; 33. Ex-voto dos messênios; 34. Monumento de Emílio Paulo; 35. Trípode de Plateia; 36. Carro dos ródios; 37. Altar de Quios; 38. Templo de Apolo; 39. Monumento de Eumene; 40. Donário de Córcira; 41. Tesouro (?); 42. Caça de Alexandre; 43. Muros de sustentação; 44. Monumento de Prúsias; 45. Monumento de Aristaineta; 46. Donário dos focenses; 47. Donário de Siracusa; 48. Tesouro de Acanto; 49. Estátua de Átalo; 50. Estátua de Eumene; 51. *Stoa* de Átalo; 52. Têmeno de Neoptólemo; 53. Monumento de Daoco; 54. Êxedra; 55. Têmeno de Posseidon; 56. Têmeno de Dionísio; 57. Teatro; 58. Pórtico do teatro; 59. *Lesche* de Cnidos.

A CIDADE LIVRE NA GRÉCIA

190 Vista e **191** planta do estádio de Delfos.

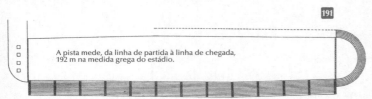

A pista mede, da linha de partida à linha de chegada, 192 m na medida grega do estádio.

192 Um disco de bronze conservado no Museu de Olímpia (a peça tem as mesmas medidas e o mesmo peso do atual: 22 cm de diâmetro e cerca de 2 kg); **193** um arremessador de disco representado em uma ânfora ática do início do século V a.C.

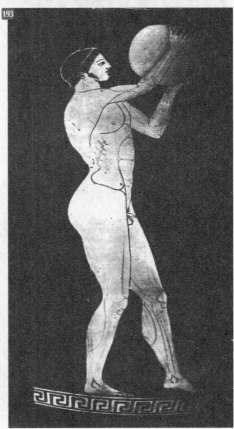

194 O sítio de Atenas; desenho de Le Corbusier.

195 Uma moeda ateniense, o didracma de prata, com a cabeça de Atenas e a coruja.

A CIDADE LIVRE NA GRÉCIA

Examinemos agora o exemplo da cidade grega mais ilustre, Atenas.

O local onde surge Atenas é a planície central da Ática, circundada por uma série de montes: a oeste – o Egaleu; ao norte – o Parnaso; a leste – o Pentélico e o Himeto; e, ao sul, por uma costa entrecortada; mas entre os montes existem amplas passagens que permitem a comunicação com as outras partes da região e, pelos desembarcadouros marinhos, chega-se facilmente às ilhas próximas de Salamina e Égina e, mais além, às Cíclades.

A planície é recortada por dois pequenos rios, o Cefiso e o Ilissos, entre os quais há uma série de colinas: do Licabeto, da Acrópole, do Areópago, a colina das Ninfas, a Pnyx, do Museu. A Acrópole, 156 metros acima do mar, é a única que oferece segurança graças às suas encostas íngremes e ao espaço suficiente em sua plataforma final; foi a sede dos primeiros habitantes da cidade e permaneceu o centro visível e organizador da grande metrópole subsequente, que Heródoto chama de "cidade em forma de roda".

A grande Atenas se formou quando os habitantes dos centros menores da Ática foram persuadidos ou obrigados – por Teseu, segundo a lenda – a se concentrar em torno da Acrópole. O centro da nova aglomeração é a depressão quase plana ao norte da Acrópole e do Areópago, onde se forma a Ágora. Sobre a colina do Areópago se instala o tribunal; alguns importantes santuários, como os de Dionísio e de Zeus Olímpico, ficam na vertente sul, onde talvez os primeiros bairros da expansão tenham se formado na encosta mais exposta. Nasce assim um organismo diferenciado, onde cada elemento da natureza e da tradição é utilizado para uma função específica. A cidade, por outro lado, existe justamente para unificar muitos serviços diferenciados; é o centro político, comercial, religioso e o local de refúgio de uma população bastante esparsa pelo território.

Para cada uma das funções da cidade, aos poucos, constroem-se e aperfeiçoam-se equipamentos monumentais. No centro da Acrópole, que agora se torna uma área sagrada, constrói-se, entre o século VII e o início do VI, um grande templo. Em 556 a.C. são instituídas as festas Panateneias e se organiza a via sacra que, do Dípilo, atravessa a Ágora em diagonal e sobe até a Acrópole pela entrada ocidental. Pisístrato e seus sucessores constroem o primeiro anel de muralhas (que compreende uma área de sessenta hectares), os primeiros edifícios monumentais ao redor da Ágora, o aqueduto que leva água do Ilissos para a cidade, e fazem o planejamento inicial do teatro de Dionísio, no declive sul da Acrópole. No tempo de Clístenes, regulariza-se a colina Pnyx para as reuniões da assembleia, constitui-se o Bouleutêrion na Ágora e inicia-se sobre a Acrópole um segundo templo monumental, paralelo ao precedente, que será englobado no Pártenon de Péricles.

Já rica e equipada, a cidade é destruída em 479 a.C. pela invasão persa. Logo depois, Temístocles manda construir uma nova e maior cinta de muralhas (cerca de 250 hectares), eleva os edifícios da Ágora e equipa o Pireu como novo porto comercial e militar. No tempo de Péricles, a Acrópole é praticamente refeita: constroem-se o Pártenon (447-438 a.C.); o Propileu (437-432 a.C.); o templo de Atena Niké (cerca de 430-420 a.C.) e, mais tarde, o Erectêion (421-405 a.C.). A cidade se expande para fora dos muros de Temístocles e tende a transformar-se

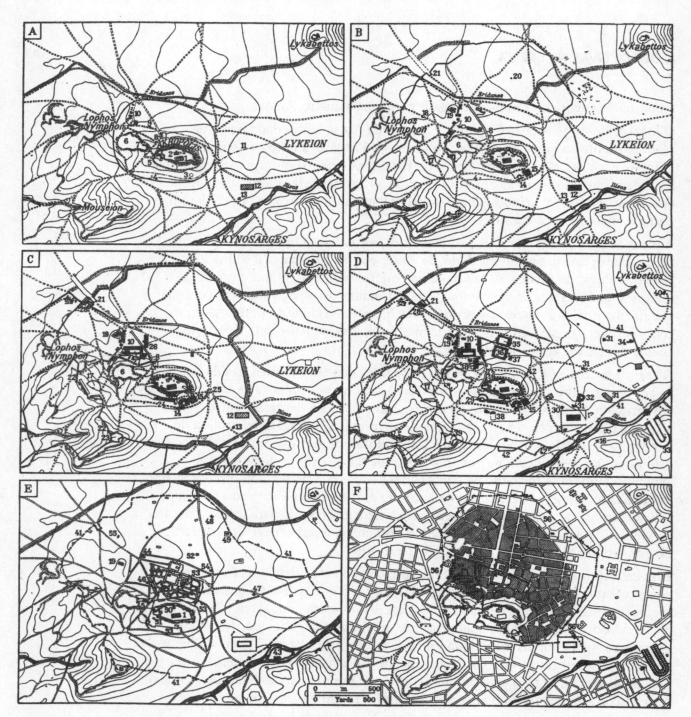

196 O desenvolvimento da cidade de Atenas em seis épocas sucessivas:

A) Idade clássica, com indicação do suposto traçado das muralhas do século VI; **B)** Idade clássica, com indicação da de Temístocles; **C)** Idade helenística, com indicação dos "diateichisma" (muralha de fechamento, após a demolição dos "longos muros" entre Atenas e Pireu; **D)** Idade romana, com indicação da ampliação das muralhas de Adriano e das internas, do fim da Idade Antiga; **E)** Idade medieval, com indicação dos restos das muralhas antigas, e das do período franco (as chamadas muralhas de Valeriano), que fecham o bairro medieval [53]; **F)** Idade moderna, com indicação das muralhas turcas, posteriores ao século V [56] e da zona de desenvolvimento da cidade até o século XIX, em pontilhado sobre o traçado de época recente. Monumentos isolados que aparecem em diversos mapas:

1. Pártenon, depois Panagia Theotokos Ateniotissa (nos séculos V e VI); **2.** Templo de Atena Polias; **3.** Santuário de Dionísio; **4.** Santuário das Ninfas; **5.** Enneapilon; **6.** Areópago; **7.** Semnai; **8.** Eleusino; **9.** Enneácrounos; **10.** Ágora; **11.** Aqueduto de Pisistrato; **12.** Olimpíeon; **13.** Pition; **14.** Teatro de Dionísio; **15.** Odeão de Péricles; **16.** Templo de Deméter e Coré; **17.** Pnyx; **18.** Templo de Ártemis; **19.** Heféstion, depois São Jorge (nos séculos V e VI); **20.** Altar de Zeus e de Atena Fratria; **21.** Dípilo; **22.** *Diateichisma* do primeiro helenismo; **23.** Presídio dos macedônios; **24.** *Stoa* de Eumenes; **25.** Monumento corégico de Lisícrates; **26.** *Stoa* de Átalo; **27.** *Stoa* do meio; **28.** Pompêion; **29.** Odeão de Herodes Ático; **30.** Porta em arco de Adriano; **31.** Termas; **32.** Ginásio; **33.** Estádio; **34.** Casa com jardim; **35.** Biblioteca de Adriano; **36.** Ágora romana; **37.** Agoranômion e torre dos ventos; **38.** *Skholê*; **39.** Monumento de Antíoco Filopapo; **40.** Cisterna hidráulica de Adriano; **41.** Muralhas de Adriano; **42.** Muralhas do final da Antiguidade; **43.** Basílica do bispo Leônidas; **44.** São Filipe; **45.** São Dionísio (Areopagita); **46.** Santos Apóstolos; **47.** Sotira Likodimou; **48.** Santos Teodoros; **49.** São Jorge; **50.** Hagia Triada, antigo Erectêion; **51.** Santos Anjos, antigo Propileu; **52.** Kapnikarea; **53.** Muros francos; **54.** Panagia Gorgoepikoos (Pequena Metrópole; hoje, São Eleutério); **55.** Santos Anjos; **56.** Muralhas turcas.

A CIDADE LIVRE NA GRÉCIA

num organismo territorial mais complexo; é traçada a alameda retilínea – *dromus* – que, do Dípilo, leva à Academia, e são construídas as "longas muralhas" que ligam a cidade ao porto de Pireu, planejado por Hipódamo com um plano geométrico nacional. Cléon retifica o perímetro dos muros de Temístocles para aumentar as defesas da cidade a oeste. Dá-se uma forma arquitetônica mais completa ao teatro de Dionísio, onde toda a população de Atenas pode se reunir a fim de ouvir as tragédias de Ésquilo, Sófocles e Eurípedes e as comédias de Aristófanes (Figs. 216-218).

Essa reordenação, que Atenas se dá enquanto permanece livre e poderosa, não corresponde a um projeto regular e definitivo: é composta por uma série de obras que corrigem, gradualmente, o quadro geral e se inserem com discrição na paisagem originária, mas tem, igualmente, uma extraordinária unidade, que deriva da coerência e do senso de responsabilidade de todos aqueles que contribuíram para realizá-la: os governantes, os projetistas e os trabalhadores manuais. Estamos habituados a distinguir arquiteturas, esculturas, pinturas, objetos de ornamentação, mas aqui não podemos manter separadas as várias coisas.

Mesmo em plena cidade, as ruas, as muralhas, os edifícios monumentais, não escondem os desníveis e as alterações do terreno; as rochas e os patamares ásperos afloram em muitos lugares em estado natural ou então são cortados e nivelados respeitosamente (Figs. 197-198). Os edifícios antigos e arruinados são, muitas vezes, conservados e incorporados aos novos. Desse modo, a natureza e a história são mantidas presentes e formam a base do novo cenário da cidade. Sobre essa base

197 Atenas, o cume do Areópago.

nascem os novos elementos: estátuas grandes como edifícios (por exemplo, a Atena Prômacos de bronze sobre a Acrópole que, do mar, os navegantes viam brilhar) e edifícios, pequenos ou grandes, construídos de mármore pentélico, acabados como esculturas e coloridos como pinturas.

Nos monumentos da Acrópole (Figs. 199-215), não se pode dizer onde termina a arquitetura e onde começam os ornamentos; colunas, capitéis, bases e cornijas são esculturas complicadas, repetidas todas iguais (Fig. 214); os frisos e as estátuas dos frontões criam cenas figurativas diferentes, mas feitas com os mesmos materiais e trabalhadas com o mesmo refinamento. Num caso – no pórtico das Cariátides do Erectêion – seis colunas são substituídas por seis estátuas idênticas (Fig. 215). Todas essas peças foram preparadas nos ateliês e, em seguida, montadas no local; por isso, a precisão técnica e as diferenças admissíveis de medida (tolerância, se diz hoje) são iguais em ambos os casos: os fustes de coluna, os elementos das cornijas, as pedras dos muros e as lajes de cobertura (muros de mármore, traves e coberturas de mármore) são ligados

198 Atenas, vista da Acrópole a partir da Pnyx.

A CIDADE LIVRE NA GRÉCIA

entre si milimetricamente (Fig. 210). Na cela do Pártenon, então, a estátua mais venerada, a Atena Pártenos, de Fídias, é uma grande estrutura de madeira revestida de ouro e de marfim, com a minúcia de uma obra de ourivesaria.

Assim, a presença do homem na natureza torna-se evidente pela qualidade, não pela quantidade; o cenário urbano – como o organismo político da cidade- -Estado – permanece uma construção na medida do homem, circundada e dominada pelos elementos da natureza não mensurável. Mas o homem, com seu trabalho, pode melhorar essa construção até imitar a perfeição da natureza e pode estabelecer, como na natureza, uma continuidade rigorosa entre as partes e o todo. O conjunto dos monumentos no topo da Acrópole pode ser visto de todos os lados da cidade e, de longe, os templos revelam sua estrutura simples e racional; depois, ao aproximar-se, descobrem-se as articulações secundárias, os elementos arquitetônicos repetidos (colunas, bases, capitéis) e os detalhes esculturais mais minuciosos, avivados pelas cores: um mundo de formas coerentes e ligadas entre si, da grande à pequena escala.

199 Atenas, vista da Acrópole do lado oeste.

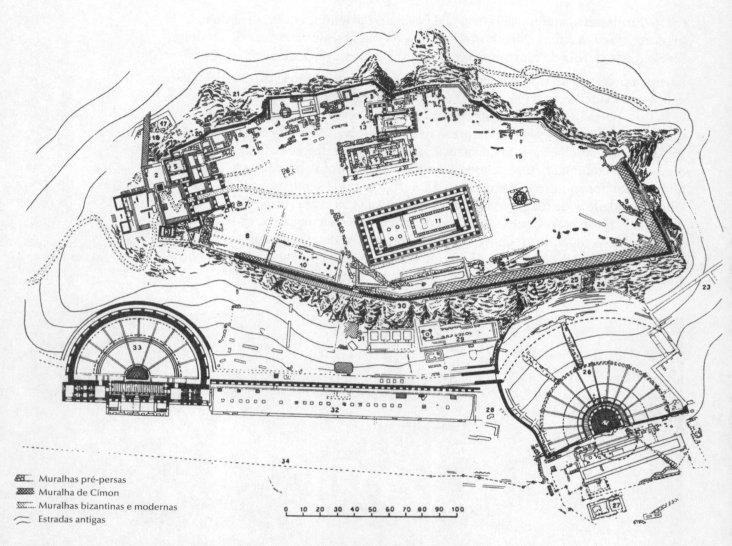

- ━━ Muralhas pré-persas
- ▓▓ Muralha de Címon
- ▨▨ Muralhas bizantinas e modernas
- ⌒ Estradas antigas

200 Planta da Acrópole de Atenas.

1. Porta Beulé; 2. Monumento de Agripa; 3. Templo de Atena Niké; 4. Propileu; 5. Pinacoteca; 6. Estátua de Atena Prômacos; 7. Santuário de Atena Higéia; 8. Brauronêion (Santuário de Ártemis Brauronia); 9. Muro arcaico; 10. Calcoteca; 11. Pártenos; 12. Templo arcaico de Atena; 13. Oliveira sagrada; 14. Erectêion; 15. Altar de Zeus Polieu; 16. Templo de Roma e de Augusto; 17. Esplanada de Clepsidra; 18. Clepsidra; 19. Santuário de Apolo; 20. Gruta de Pã; 21. Aglaurêion (Santuário de Aglauro); 22. Santuário de Afrodite; 23. Muros de sustentação sobre o odeão de Péricles; 24. Monumento de Trasilo; 25. Monumentos corégicos; 26. Teatro de Dionísio; 27. Templo novo de Dionísio; 28. Monumento de Nícias; 29. Asclepêion; 30. Grutas com restos pré-históricos; 31. Fonte; 32. *Stoa* de Eumene; 33. Odeão de Herodes Ático; 34. Aqueduto.

Na página ao lado:

201 Turistas em visita às ruínas do Pártenon.
202 As ruínas do Propileu.
203 As ruínas do Erectêion.

A CIDADE LIVRE NA GRÉCIA

110

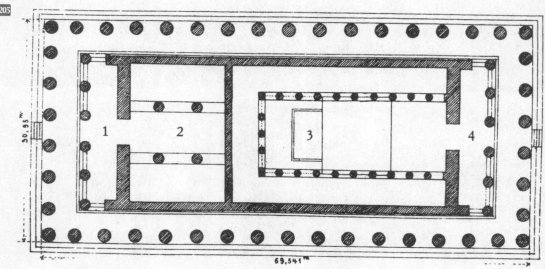

204 Planta e 205 fachada oriental do Pártenon.

1. Pórtico posterior; 2. Pártenon; 3. Estátua de Atena Pártenos; 4. Pórtico anterior.

A CIDADE LIVRE NA GRÉCIA

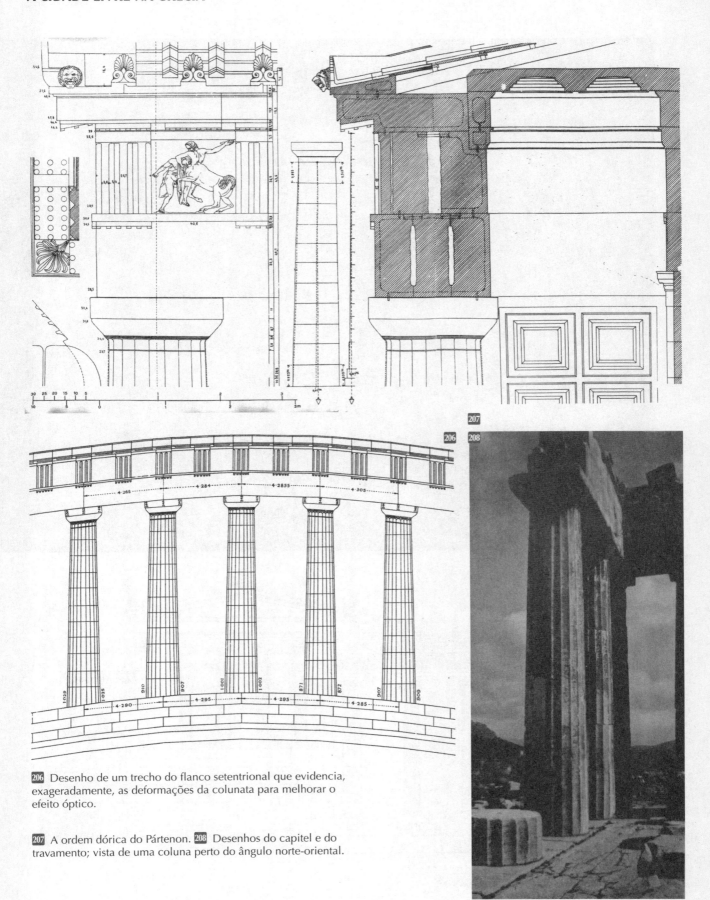

206 Desenho de um trecho do flanco setentrional que evidencia, exageradamente, as deformações da colunata para melhorar o efeito óptico.

207 A ordem dórica do Pártenon. **208** Desenhos do capitel e do travamento; vista de uma coluna perto do ângulo norte-oriental.

209 Os mármores do frontão oriental do Pártenon, conservados no Museu Britânico.

211 Elevação oeste do Erectêion.

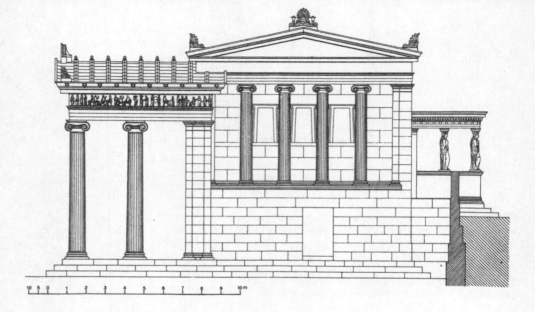

A CIDADE LIVRE NA GRÉCIA

113

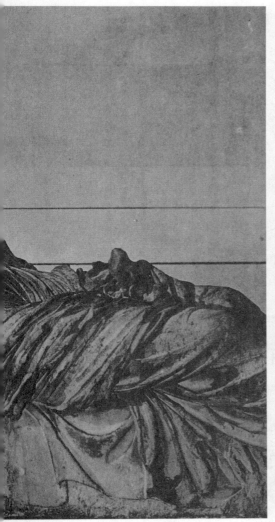

210 A base de uma das colunas do Pártenon.

212 Vista reconstrutiva da Acrópole (o Erectêion está à esquerda, o Pártenon à direita).

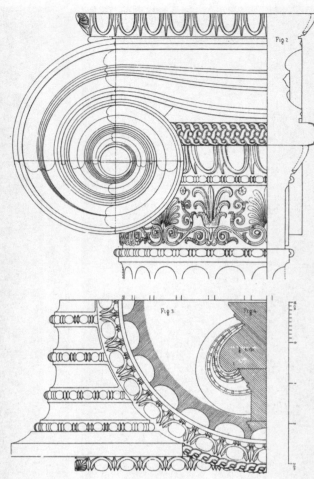

213 214 Desenhos de um capitel do pórtico setentrional do Erectêion.

215 Uma das cariátides que sustentam o pórtico meridional do Erectêion.

A CIDADE LIVRE NA GRÉCIA

O teatro de Dionísio em Atenas. 216 Duas vistas do estado atual, 217 a planta e 218 duas fichas de ingresso ao teatro, conservadas no museu numismático de Atenas.

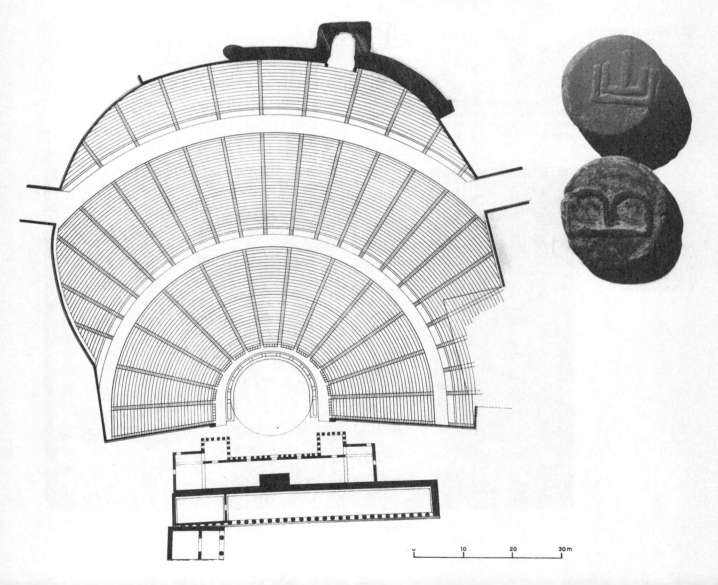

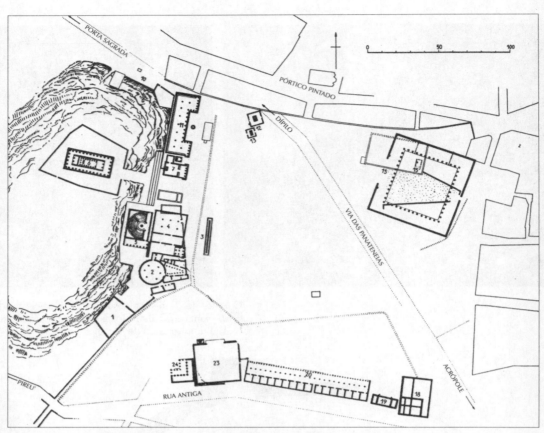

219 Planta da Ágora de Atenas, em 300 a.C.

1. O chamado Strategêion; 2. Tolo; 3. Recinto dos heróis epônimos; 4. Metroon; 5. Bouleutêrion; 6. Heféstion; 7. Templo de Apolo Patroos; 10. *Horos* (marco) do Cerâmico; 11. *Stoa* de Zeus Eleutério (Basileu) (?); 12. Altar dos Doze Deuses; 13. Recinto; 15. Peristilo; 15'. Tribunal; 18. Casa da Moeda; 19. Fonte sudeste; 20. *Stoa* sul; 23. A chamada Heliaia (tribunal); 24. Fonte sudoeste.

221 Vista da Ágora de Atenas na época romana.

A – Acrópole
S – *Stoa*
O – Odeão
T – Templos
C – Bouleutêrion

A CIDADE LIVRE NA GRÉCIA

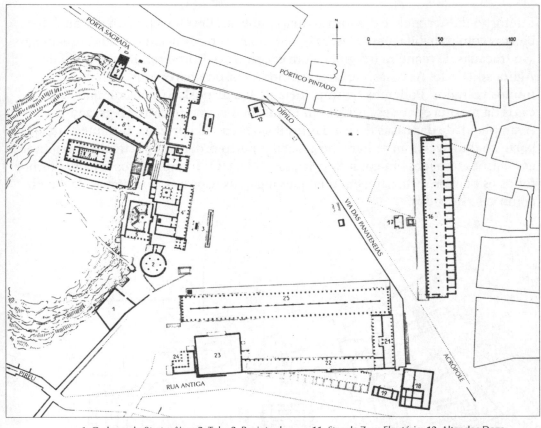

220 Planta da Ágora de Atenas em fins da época helenística.

1. O chamado Strategêion; 2. Tolo; 3. Recinto dos heróis epônimos; 4. Pórtico do Metroon; 5. Bouleutêrion; 6. Heféstion; 7. Templo de Apolo Patroos; 8. Edifício helenístico; 9. Templo de Afrodite Urânia; 10. *Horos* (marco) do Cerâmico; 11. *Stoa* de Zeus Eleutério; 12. Altar dos Doze Deuses; 16. *Stoa* de Átalo; 17. Bema; 18. Casa da Moeda; 19. Ninfeu; 21. *Stoa* leste; 22. *Stoa* sul; 23. A chamada Heliaia; 24. Fonte sudoeste; 25. *Stoa* do meio.

222 Dois óstracos, isto é, fragmentos de barro usados nas votações para o exílio (ostracismo) de Temístocles e de Aristides.

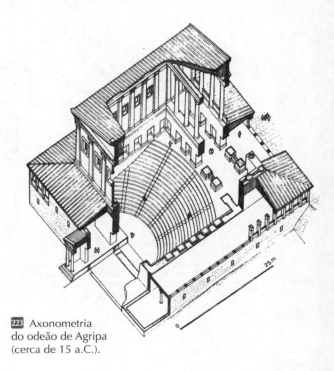

223 Axonometria do odeão de Agripa (cerca de 15 a.C.).

Em torno da Acrópole e das outras áreas públicas, devemos imaginar o anel dos bairros com as habitações (Figs. 225-228). As ruas reconhecidas pelos arqueólogos são traçadas de maneira irregular, com exceção do dromo retilíneo que vai da Ágora ao Dípilo. As casas, certamente modestas, desapareceram sem deixar muitos vestígios. Podemos ter uma ideia de sua disposição, considerando as casas da mesma época escavadas em Delos, no bairro do teatro (Figs. 229-231). A simplicidade das casas deriva das limitações da vida privada; durante a maior parte do dia vive-se ao ar livre, no espaço público ordenado e articulado segundo as decisões tomadas em comum pela assembleia. Os monumentos espalhados por todos os bairros recordam, em qualquer lugar, os usos e as cerimônias da cidade como casa de todos.

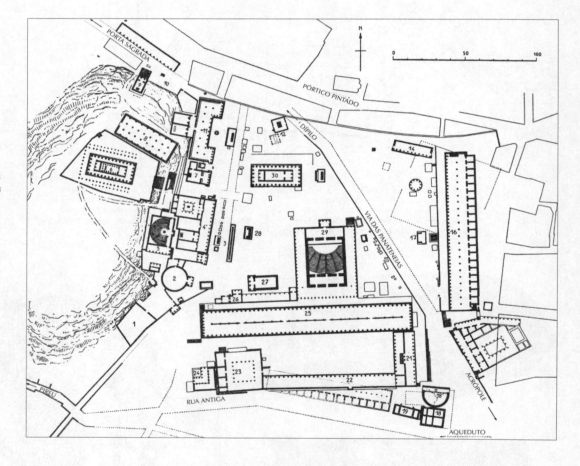

224 Planta da Ágora de Atenas na época romana.

1. O chamado Strategêion; **2.** Tolo; **3.** Recinto dos heróis epônimos; **4.** Pórtico do Metroon; **5.** Bouleutêrion; **6.** Heféstion; **7.** Templo de Apolo Patroos; **8.** Edifício helenístico; **9.** Templo de Afrodite Urânia; **10.** *Horos* (marco) do Cerâmico; **11.** *Stoa* de Zeus Eleutério; **12.** Altar dos Doze Deuses; **14.** *Stoa* nordeste; **16.** *Stoa* de Átalo; **17.** Bema; **18.** Casa da Moeda; **18'.** Ninfeu; **19.** Fonte sudeste; **21.** *Stoa* leste; **22.** *Stoa* sul; **23.** A chamada Heliaia; **24.** Fonte sudoeste; **25.** *Stoa* do meio; **26.** Instituições cívicas; **27.** Templo romano; **28.** Altar (de Zeus Agoraios?); **29.** Odeão de Agripa; **30.** Templo de Ares.

A CIDADE LIVRE NA GRÉCIA

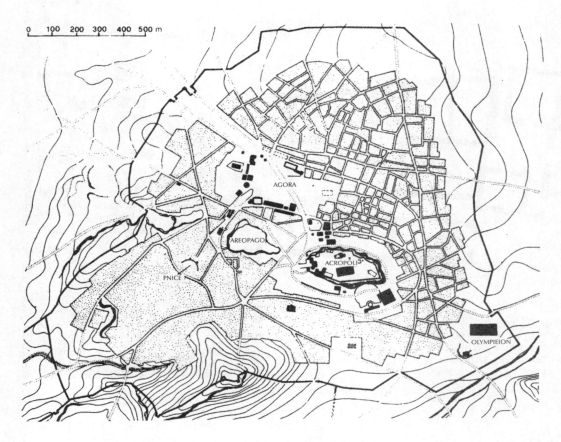

225 Planta aproximada de Atenas nos tempos de Péricles, com os bairros residenciais (em pontilhado) distribuídos ao redor dos edifícios públicos (em preto).

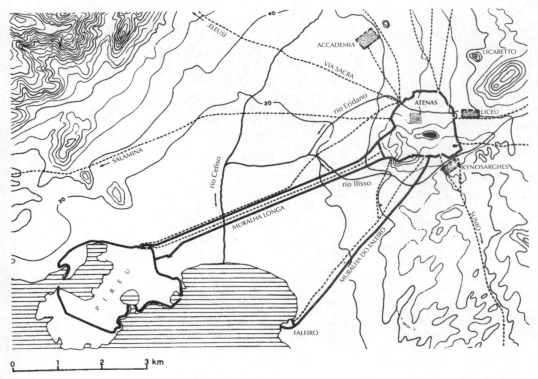

226 A grande Atenas do século V a.C., com as longas muralhas que ligam a cidade ao porto de Pireu.

227 A estrutura de um muro de mármore sobre a Acrópole de Atenas.

228 Planta de duas casas atenienses do século V a.C.

229 O bairro do porto em Delos; as casas escavadas são dos séculos III e II a.C., e correspondem a um tipo difundido em todas as cidades gregas do século IV em diante. Demóstenes escreve que as primeiras casas deste gênero, com o pátio em pórtico, eram construídas na periferia de Atenas por volta da metade do século IV.

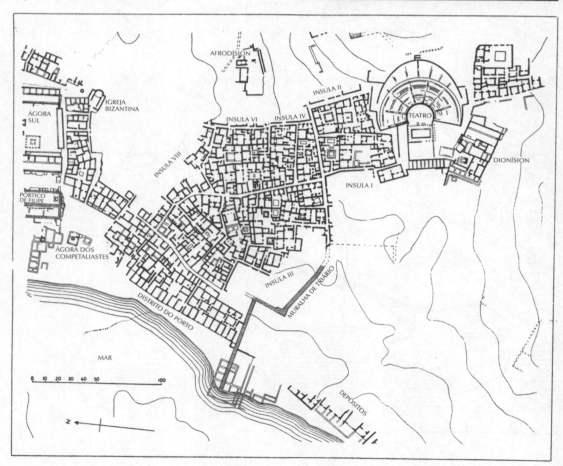

A CIDADE LIVRE NA GRÉCIA

121

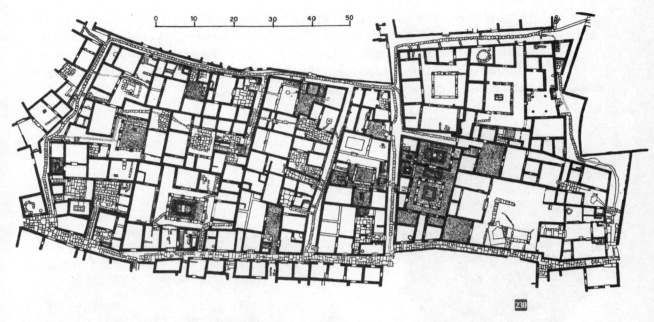

230 As *insulae* I, II, IV e VI em Delos, e
231 duas casas da ínsula II.

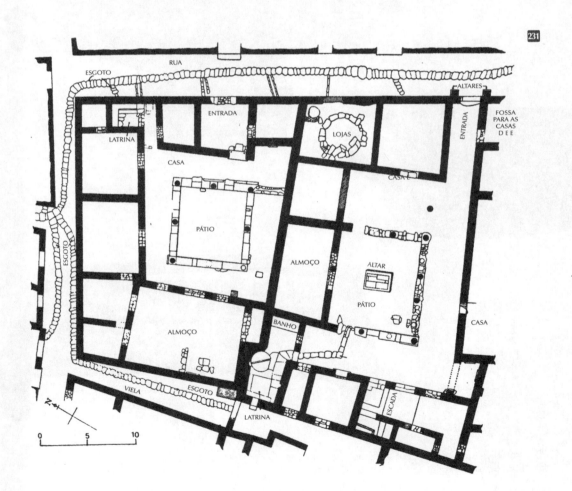

Os utensílios para a vida cotidiana, conservados no museu da Ágora de Atenas, dão uma ideia da simplicidade da vida privada na cidade de Péricles e de Fídias (Figs. 232-240). A riqueza de Atenas alimenta mais o consumo público do que os costumes individuais; desse modo, os adornos das casas são escassos e não muito caros.

Quatro objetos de cozinha em terracota: 232 uma panela com fornilho, 233 uma grelha, 234 um forno, 235 uma terrina.

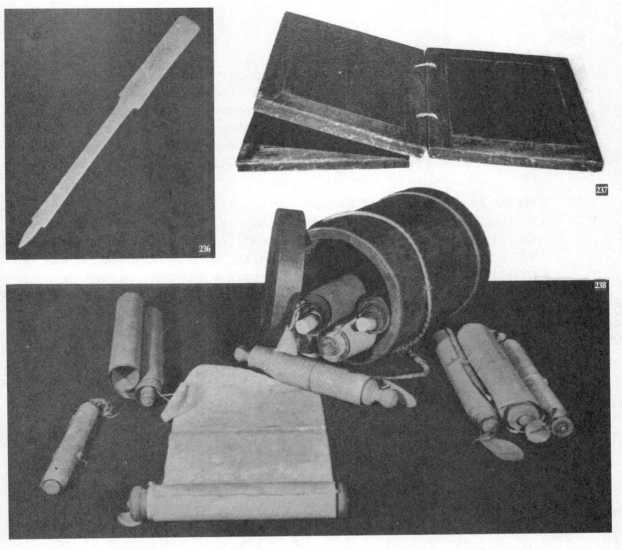

Três objetos para escrever: 236 o estilete, 237 as tabuinhas enceradas e 238 os rolos de papiro conservados em uma custódia de madeira (em uso desde o século IV a.C.).

239 Os *aliossi* (ossos do pé das cabras) e os dados, usados para os jogos; 240 o *amis* (um vaso de terracota que substitui a latrina).

Mais tarde Atenas se expande a leste na planície para além do Olimpêion (Templo de Zeus Olímpico), e a Acrópole se encontra no centro exato da figura urbana, que não mudará apesar das numerosas adições helenísticas e romanas: os dois novos pórticos da Ágora; o pórtico de Eumene ao sul da Acrópole; a nova Ágora romana; os odeões de Agripa e de Herodes Ático; a biblioteca; e, por fim, a "Cidade de Adriano", isto é, a organização espacial definitiva da expansão oriental, com o novo Olimpêion, a palestra e as termas (Fig. 241).

No fim do período clássico, a grande Atenas cai em ruínas e a parte povoada se restringe a uma pequena zona central em torno da Acrópole e da Ágora romana. Essa pequena Atenas permanece, desde então, uma cidadezinha secundária até 1827, quando termina o domínio turco (Figs. 242- 243). Em 1834, Atenas é escolhida capital da Grécia moderna e começa a se expandir desordenadamente,

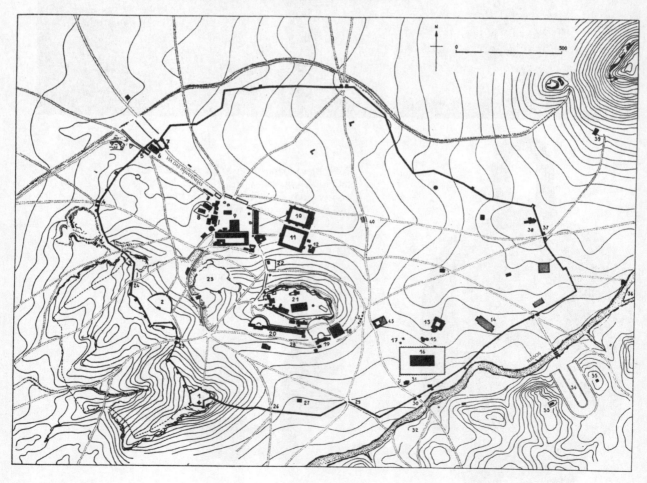

241 Planta de Atenas no fim da idade clássica.

1. Monumento de Filopapo; **2.** Pnyx; **3.** Colina das ninfas; **4.** Porta do Pireu; **5.** Porta Sagrada; **6.** Pompêion; **7.** Dípilon; **8.** Heféstion; **9.** Ágora; **10.** Biblioteca de Adriano; **11.** Ágora romana; **12.** O chamado Agoranômion e Torre dos Ventos; **13.** Palestra ao norte do Olimpêion; **14.** Termas do Zapeion; **15.** Terma do Olimpêion; **16.** Olimpêion; **17.** Arco de Adriano; **18.** Odeão de Péricles; **19.** Santuário de Dionísio Eleutério; **20.** A chamada *stoa* de Eumene; **21.** Acrópole; **22.** Eleusínio; **23.** Areópago; **24.** Demiai pilai; **25.** Porta nas proximidades de Agios Dimitrios; **26.** Porto de Falero; **27.** Edifício com *oecus corinthius* (pórtico coríntio); **28.** Sala em ábside do século III d.C.; **29.** Porta Diomeia; **30.** Porta Icária; **31.** Pítion; **32.** Cinosarge; **33.** Tychéion; **34.** Estádio; **35.** Tumba de Herodes Ático; **36.** Santuário de Pancrates e Palainos; **37.** Porta Diocareia (?); **38.** Casa com mosaicos; **39.** Cisterna do aqueduto de Adriano; **40.** Edifício em ábside; **41.** Porta de Acarnes; **42.** Via dos Trípodes e monumento de Lisícrates; **43.** Pórtico romano.

A CIDADE LIVRE NA GRÉCIA

deixando livres somente as alturas – a Acrópole, as colinas do sudoeste, o Licabeto –, mas atingindo o Pireu e preenchendo toda a planície, desde o sopé das montanhas até o mar.

A Acrópole, a Ágora e os grupos dos monumentos principais são hoje zonas arqueológicas fechadas, onde prosseguem as escavações. Recentemente, houve também a proposta de liberar grande parte da área da cidade antiga, demolindo os bairros mais antigos ao norte da Acrópole. A imagem da Atenas histórica pode ser reconstruída visitando as ruínas e os museus; os templos da Acrópole, ainda bem visíveis a partir de todos os locais da cidade, recordam com sugestiva evidência um dos lugares capitais da história humana, mas flutuam como que perdidos numa triste e caótica cidade do Terceiro Mundo que, com a antiga, tem em comum somente o nome (Figs. 245-248).

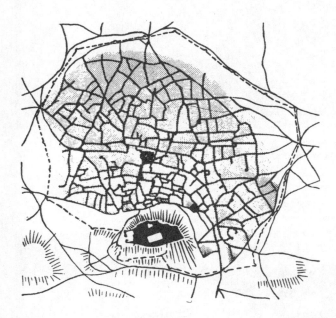

242 Planta de Atenas no fim da dominação turca (na mesma escala da figura anterior) e 243 vista da cidade, por ocasião da fundação do novo Estado (1835).

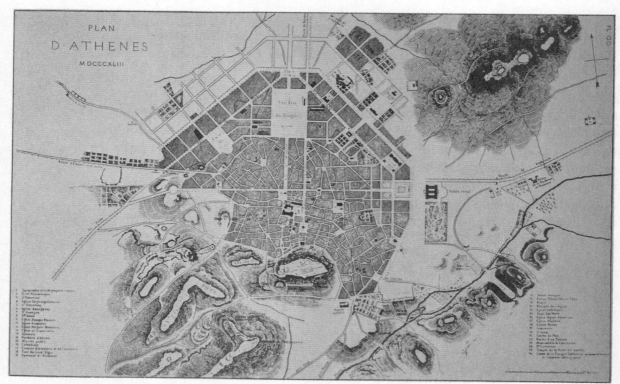

244 Planta da nova Atenas em 1842, depois do plano regulador de Leo von Klenze. A cidade ainda se encontra – toda ela – ao norte da Acrópole.

245 O Estádio de Herodes Ático em Atenas, reconstruído em 1895 para as primeiras Olimpíadas modernas.

A CIDADE LIVRE NA GRÉCIA

246 Acima, o tecido urbano da Atenas moderna; ao fundo, distinguem-se as colinas da Acrópole e do Licabeto.

Abaixo, os monumentos da Acrópole na moldura das construções atuais; 247 à esquerda, o Propileu, o Pártenon, o odeão de Herodes Ático e, ao fundo, o Licabeto; 248 à direita, o Pártenon, o Erectêion e, ao fundo, a colina Pnyx.

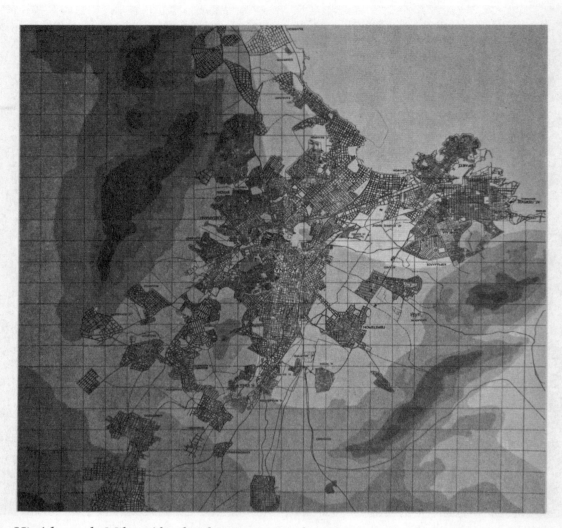

249 Planta da nova Atenas em 1950 (desde então, a cidade dobrou sua população). Cf. Fig. 226.

Hipódamo de Mileto é lembrado, por Aristóteles, como o autor de uma teoria política ("Imaginou uma cidade de dez mil habitantes, dividida em três classes, uma composta de artesãos, outra de agricultores, a terceira de guerreiros; o território deveria ser igualmente dividido em três partes, uma consagrada aos deuses, uma pública e uma reservada às propriedades individuais") e como inventor da "divisão regular da cidade" (*Política*, II, 1267b). Como já foi dito, projetou a nova organização espacial do Pireu e talvez os planos de outras cidades: Mileto e Rodes.

Essas cidades – e outras fundadas na mesma época, no Oriente e no Ocidente: Olinto, Agrigento, Pesto, Nápoles, Pompeia – são traçadas segundo um desenho geométrico, que é uma regra racional, aplicada da escala do edifício à escala da cidade, como nas grandes capitais asiáticas da Idade do Bronze (já vimos Babilônia às p. 39, 41 e 42). Todavia, é uma regra nova, que não compromete, mas antes confirma e torna sistemáticas as características da cidade grega, relacionadas à p. 78.

As ruas são traçadas em ângulo reto, com poucas vias principais no sentido do comprimento, que dividem a cidade em faixas paralelas, e um número maior de vias secundárias transversais; as larguras das ruas são sempre modestas, sem pretensões monumentais (de 5 a 10 metros as principais, de 3 a 5 metros as secundárias). Daí

A CIDADE LIVRE NA GRÉCIA

resulta uma grade de quarteirões retangulares e uniformes, que pode variar nos casos concretos para adaptar-se ao terreno e a outras exigências específicas; a dimensão menor desses quarteirões – isto é, a distância entre duas vias secundárias – é a necessária para uma ou duas casas individuais (frequentemente 30-35 metros); a dimensão maior – isto é, a distância entre duas ruas principais – é a apropriada para uma fileira ininterrupta de casas (de 50 metros a cerca de 300 metros). As áreas especializadas, civis e religiosas, não comandam o resto da composição, mas se adaptam à grade comum e muitas vezes são dispostas em um ou mais quarteirões normais; desse modo, as ruas principais não entram em tais áreas e correm tangentes. O perímetro da cidade não segue uma figura regular, e os lotes terminam de maneira irregular perto dos obstáculos naturais, como os montes e a costa. As muralhas não seguem rente aos lotes, mas unem as alturas mais defensáveis, mesmo a certa distância do povoado, razão pela qual têm, costumeiramente, um traçado todo irregular.

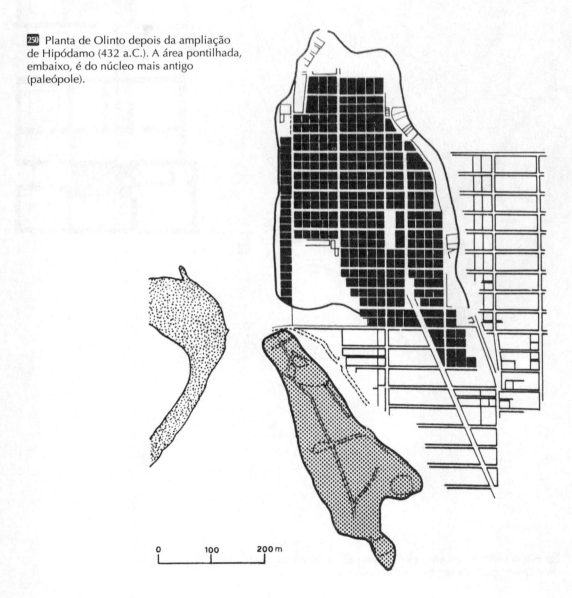

250 Planta de Olinto depois da ampliação de Hipódamo (432 a.C.). A área pontilhada, embaixo, é do núcleo mais antigo (paleópole).

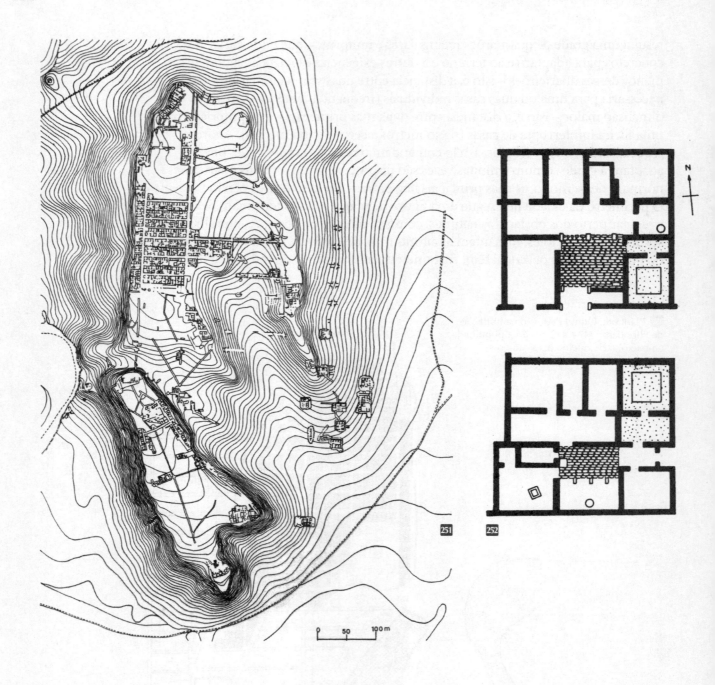

251 Planta geral das escavações de Olinto; 252 à direita, as plantas de duas casas típicas da ampliação de Hipódamo.

A CIDADE LIVRE NA GRÉCIA

A constância da grade – fixada pelas exigências das casas, não pelas exigências excepcionais dos templos e dos palácios – confirma a unidade do organismo urbano e a uniformidade de todas as áreas e das propriedades particulares perante a regra comum, imposta pelo poder público. A elasticidade da relação entre os lados dos lotes retangulares permite que cada cidade seja diferente das outras, não vinculada a um modelo único. A complicação do perímetro e a distância que as muralhas mantêm dos quarteirões respeitam o equilíbrio entre a natureza e a obra do homem e diminuem, em grande escala, o contraste entre a cidade e a paisagem (Figs. 251-276).

Desse modo, a "regularidade" não é forçada até comprometer a hierarquia entre o homem e o mundo; permite conceber e padronizar a cidade, mesmo quando essa é grande, e permite aumentar em certa medida uma cidade já formada. Essas possibilidades serão exploradas mais tarde no período helenístico.

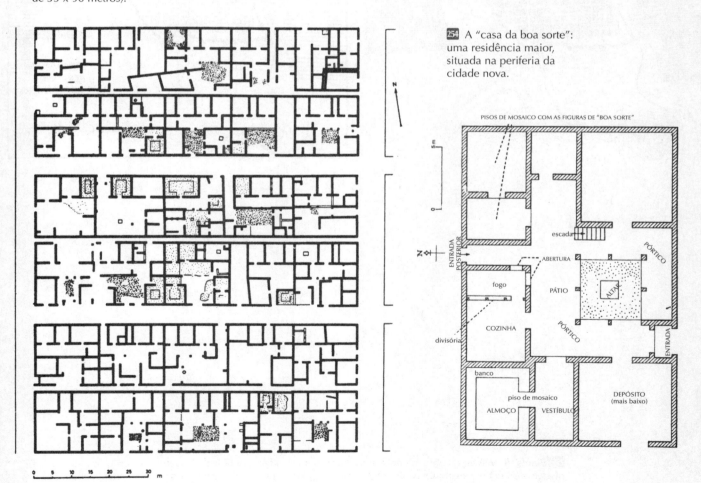

253 Três conjuntos da ampliação de Olinto, que medem 120 x 300 pés (cerca de 35 x 90 metros).

254 A "casa da boa sorte": uma residência maior, situada na periferia da cidade nova.

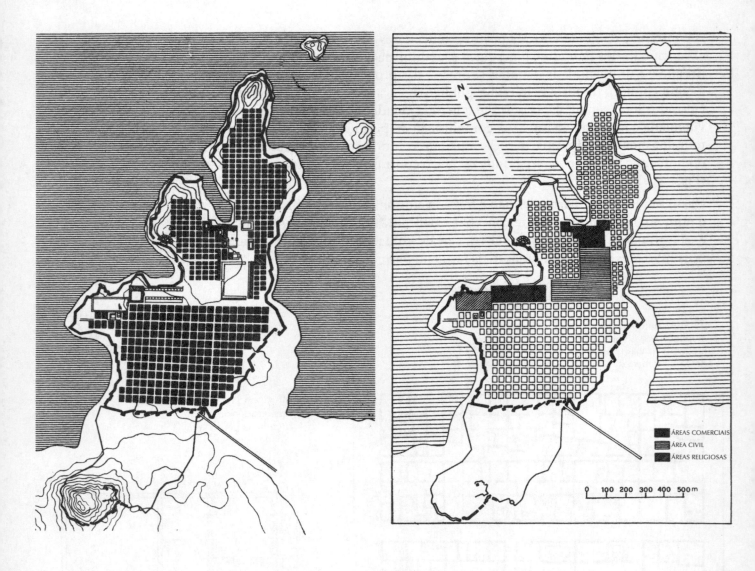

255 Planta de Mileto, organizada no século V a.C. por Hipódamo depois das Guerras Persas; os quarteirões medem 100 x 175 pés (cerca de 30 x 52 metros). 256 A figura à direita indica a divisão da cidade em zonas.

A CIDADE LIVRE NA GRÉCIA

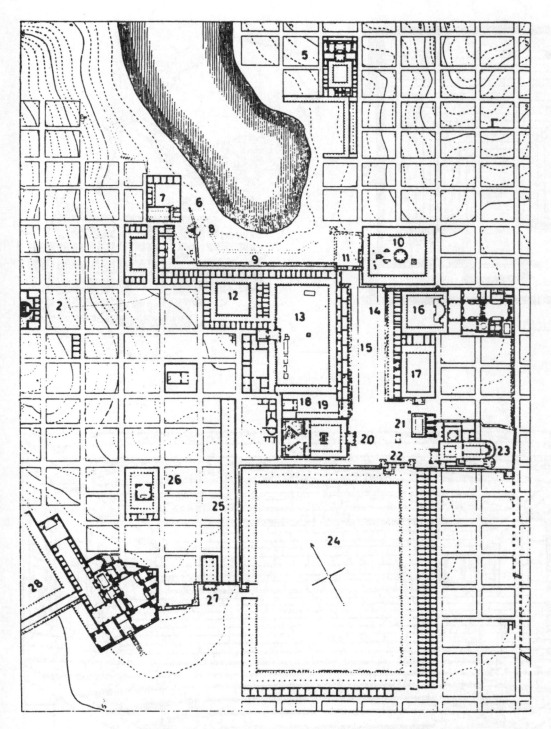

1. Teatro; 2. Herôon (santuário ou monumento funerário erigido em homenagem a um herói); 3-4. Duas estátuas de leões; 5. Termas romanas; 6. Pequeno monumento do porto; 7. Sinagoga; 8. Grande monumento do porto; 9. Pórtico do porto; 10. Delfínio (santuário de Apolo); 11. Porta do porto; 12. Pequeno mercado; 13. Ágora setentrional; 14. Pórtico jônico; 15. Rua da procissão; 16. Termas de Cápito (governador romano do século I. d.C.); 17. Ginásio; 18. Templo de Asclépio; 19. Santuário do culto imperial (?); 20. Bouleutêrion; 21. Ninfeu; 22. Porto setentrional; 23. Igreja cristã do século V d.C.; 24. Ágora meridional; 25. Armazéns/depósitos; 26. Herôon romano; 27. Templo de Serápis; 28. Termas de Faustina.

257 Planta do centro cívico de Mileto.

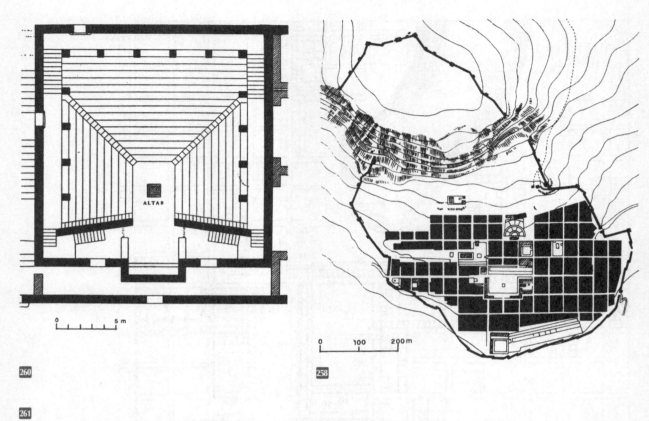

260

258

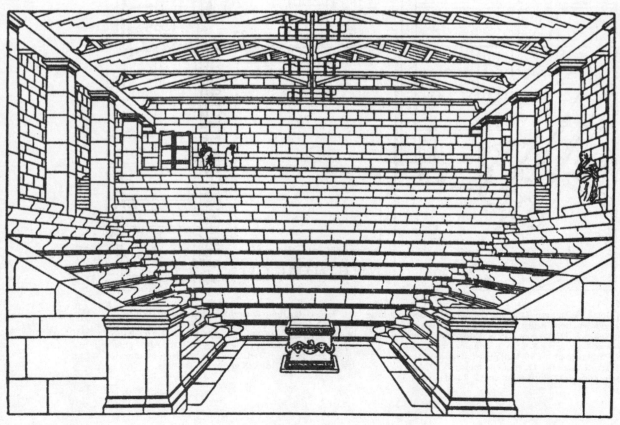

261

A CIDADE LIVRE NA GRÉCIA

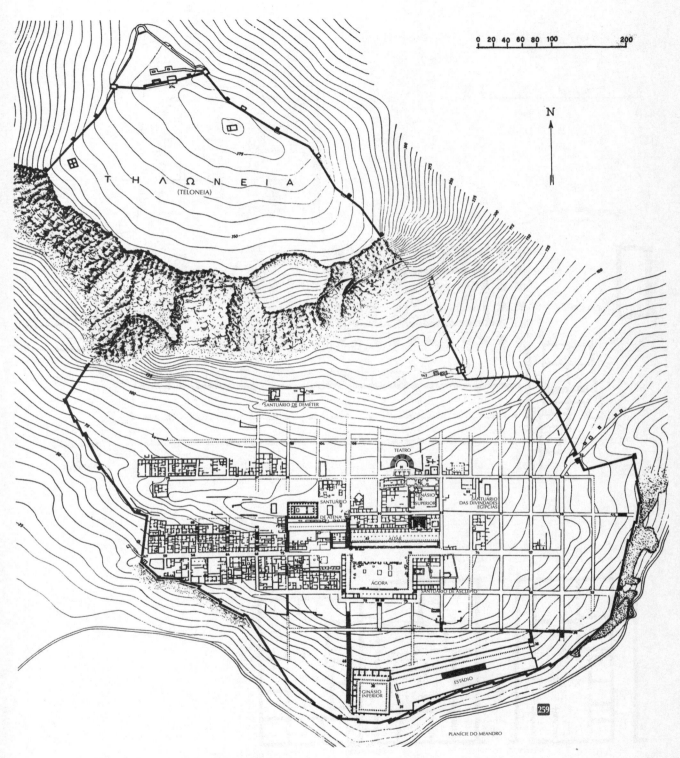

Priene (fundada por volta de 350 a.C.). 258 Planta esquemática – os quarteirões residenciais em preto, os edifícios públicos em sombreado – e 259 planta geral das escavações; os quarteirões medem 120 x 150 pés (cerca de 35 x 45 metros).
À esquerda, 260 planta e 261 reconstrução do eclesiatério: uma grande sala de reunião com cerca de 600-700 lugares para sentar, onde a assembleia talvez se reunisse. (Priene tinha cerca de 4.000 habitantes e o teatro tinha 6.000 lugares).

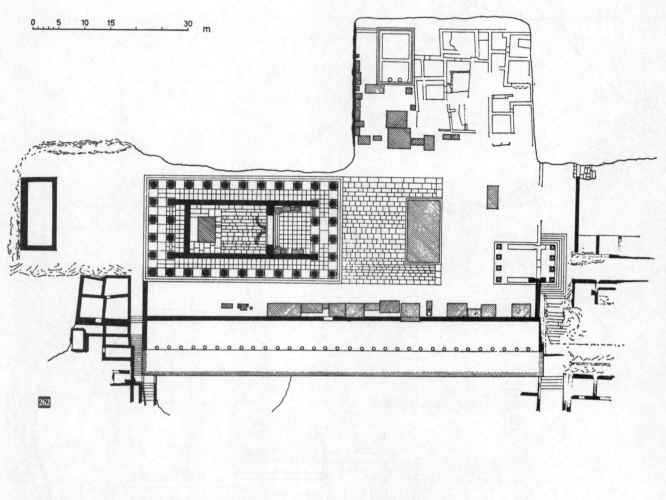

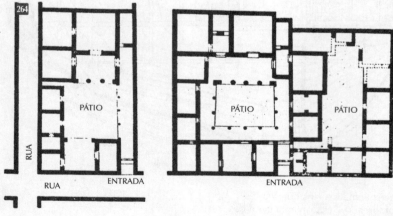

A CIDADE LIVRE NA GRÉCIA

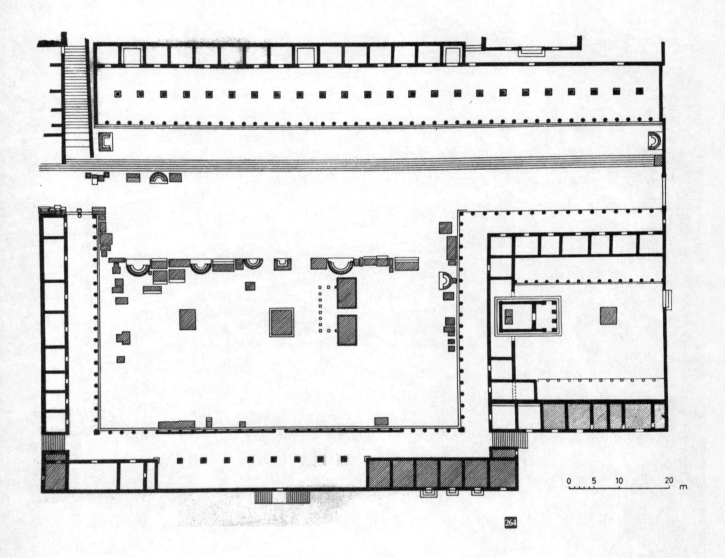

Plantas das duas principais áreas públicas de Priene – 262 o santuário de Atena e 263 a ágora – e 264 de duas casas típicas, na mesma escala. A relação entre medidas de todos os edifícios públicos e privados se encontra na base do desenho geral da cidade.

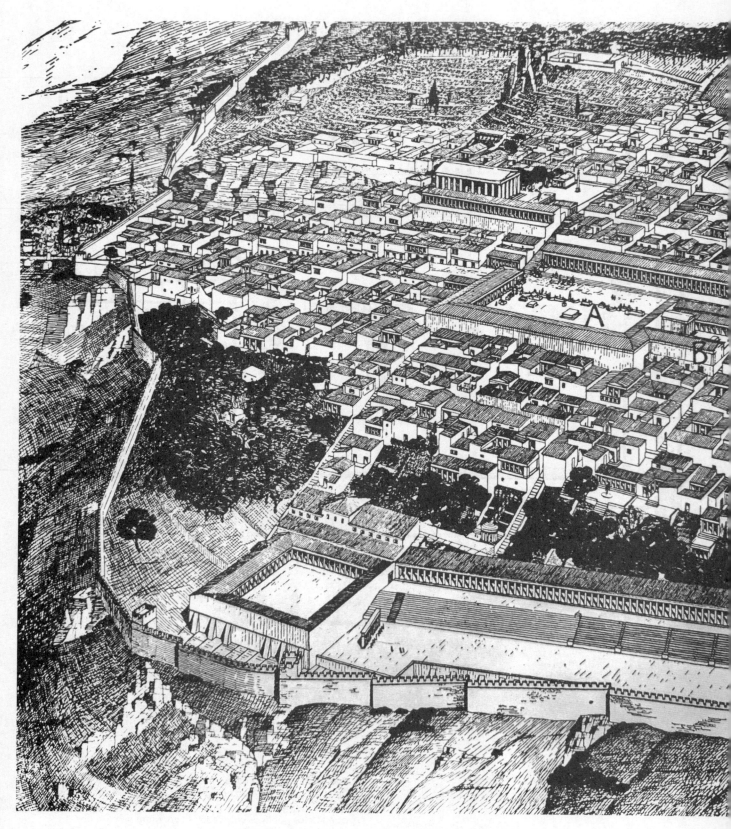

265 Vista de Priene do alto. **A.** Ágora; **B.** Templo de Asclépio; **C.** Pritaneu; **D.** Eclesiastério; **E.** Ginásio; **F.** Teatro

A CIDADE LIVRE NA GRÉCIA

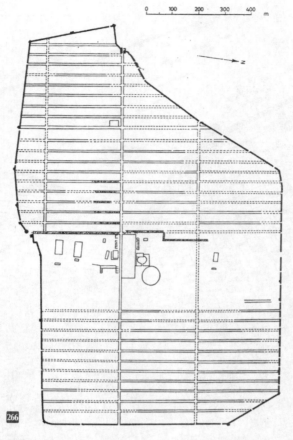

266 Planta geral de Pesto (Paestum) – os quarteirões medem 120 x 1.000 pés (cerca de 35 x 300 metros) – 267 268 269 e templo de Netuno na área sagrada central.

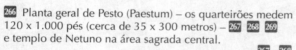

A CIDADE LIVRE NA GRÉCIA

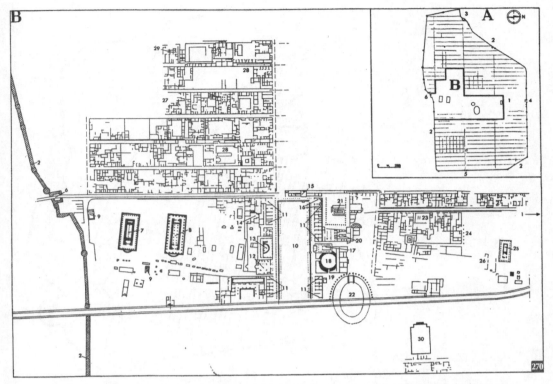

A. Planta geral da cidade antiga com o circuito das muralhas e com indicação, em tracejado, do reticulado das ruas e de vestígios de edifícios, deduzidos da fotografia aérea. **B.** Planta de um setor da cidade com o santuário grego (correspondente ao fragmento na planta geral). Principais monumentos e conjuntos: **1.** Zona da necrópole neolítica; **2.** Muralhas; **3.** Porta Marinha; **4.** Porta Aérea; **5.** Porta Sereia; **6.** Porta Justiça; **7.** "Basílica" com altar fronteiriço; **8.** "Templo de Posseidon" com altares fronteiriços, grego e romano; **9.** Pequeno templo; **10.** Foro; **11.** *Tabernae*; **12.** *Macellum*; **13.** Êxedra; **14.** Termas de Veneiano; **15.** "Larário"; **16.** Sacelo ou santuário romano; **17.** Templo itálico; **18.** "Teatro grego"; **19.** "Aerarium" (Erário); **20.** Gymnasion grego; **21.** Palestra romana com piscina inferior; **22.** Anfiteatro; **23.** Santuário com temeno; **24.** Pórtico romano; **25.** Atenaion ("Templo de Ceres") com altar fronteiro e colunas votivas; **26.** Pequeno templo arcaico; **27.** Bairro de habitação; **28.** Termas; **29.** Olaria; **30.** Museu (moderno).

270 Planta e **271** vista da área central de Pesto, escavada até agora.

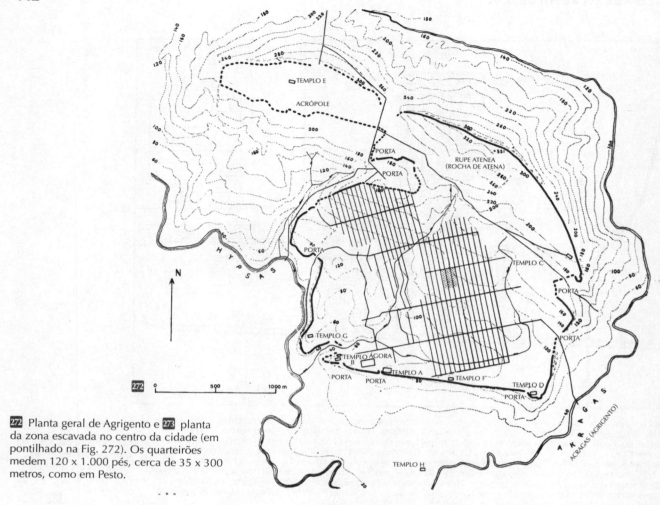

272 Planta geral de Agrigento e **273** planta da zona escavada no centro da cidade (em pontilhado na Fig. 272). Os quarteirões medem 120 x 1.000 pés, cerca de 35 x 300 metros, como em Pesto.

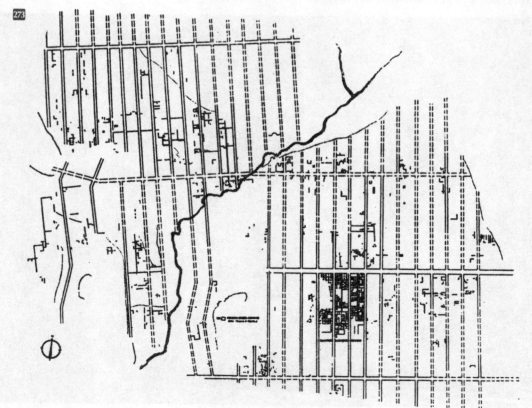

A CIDADE LIVRE NA GRÉCIA

Agrigento. 274 Vista aérea do templo A; 275 vista do templo B em direção da cidade e da Acrópole, onde se encontra a cidade moderna; no solo, em primeiro plano, uma das cariátides do templo.

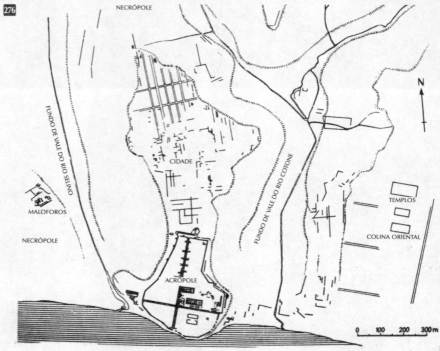

Selinunte. 276 Planta das escavações e 277 vista aérea dos templos na colina oriental (o primeiro remontado pelos arqueólogos). Os quarteirões têm a largura constante de 100 pés (cerca de 30 metros).

A CIDADE LIVRE NA GRÉCIA

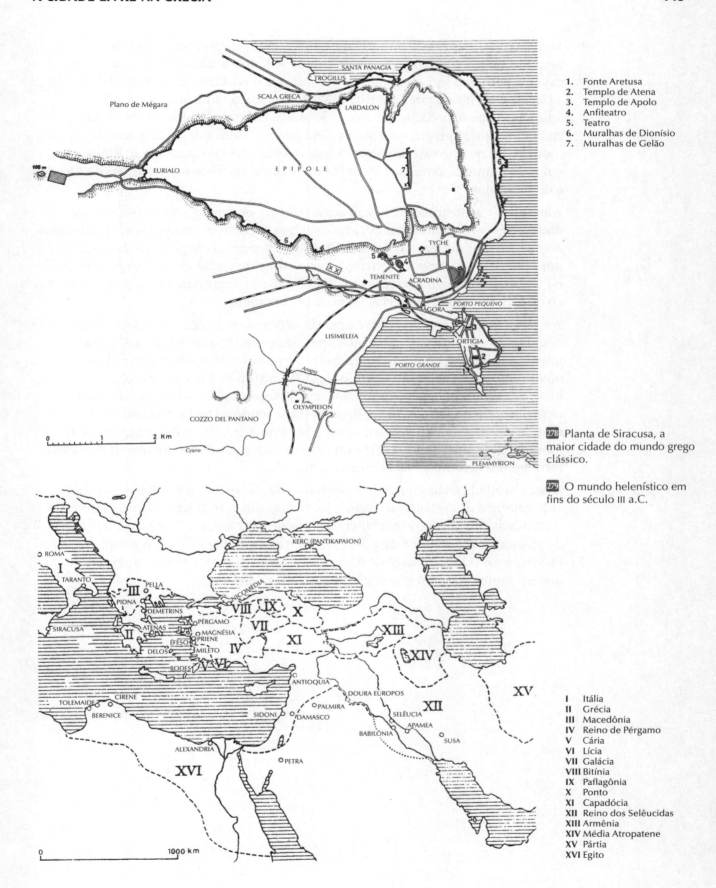

1. Fonte Aretusa
2. Templo de Atena
3. Templo de Apolo
4. Anfiteatro
5. Teatro
6. Muralhas de Dionísio
7. Muralhas de Gelão

278 Planta de Siracusa, a maior cidade do mundo grego clássico.

279 O mundo helenístico em fins do século III a.C.

I Itália
II Grécia
III Macedônia
IV Reino de Pérgamo
V Cária
VI Lícia
VII Galácia
VIII Bitínia
IX Paflagônia
X Ponto
XI Capadócia
XII Reino dos Selêucidas
XIII Armênia
XIV Média Atropatene
XV Pártia
XVI Egito

Se a cidade como organismo físico é a imagem do corpo social, devemos reconhecer que a independência da cidade-Estado e a medida limitada de seu desenvolvimento são condições indispensáveis dos outros valores: quando toda a Grécia é unificada por Felipe da Macedônia, acaba também o equilíbrio autônomo das sociedades urbanas e de seu cenário construído. Os métodos elaborados pelos gregos – a cultura científica e filosófica, o sistema econômico, os modelos de projeto de edifícios e cidades – estão prontos para serem difundidos em todo o mundo civilizado e confrontados com as diferentes tradições do Oriente e do Ocidente.

Alexandre e seus sucessores estão em condições de fundar não só colônias de dimensões correspondentes às cidades gregas originárias, mas grandes metrópoles comparáveis às antigas capitais do Oriente. A regularidade geométrica sugerida por Hipódamo serve para distribuir racionalmente tantos elementos heterogêneos: o quadro que daí deriva é ordenado e tumultuado, semelhante por muitos aspectos ao quadro da cidade moderna, como já observamos.

Alexandria (Figs. 281-282) cobre uma superfície de novecentos hectares, mas é circundada por extensos subúrbios: trata-se, antes, de uma região urbanizada – uma "megalópole", como diríamos hoje –, e pode ter atingido meio milhão ou um milhão de habitantes. Antioquia (Fig. 283) tem 200.000 ou 300.000 habitantes (mesmo na época romana, essas duas cidades são, depois de Roma, as maiores do império e Alexandria continua sendo a capital econômica do mundo mediterrâneo). Pérgamo (Fig. 284) é uma cidade secundária, mas seus monumentos, distribuídos sobre um morro com mais de 250 metros de desnível, formam um incomparável conjunto cenográfico.

A área habitada é tão grande que nenhum edifício se destaca como elemento arquitetônico dominante; ao contrário, as ruas são grandiosas, muitas vezes circundadas de pórticos (as principais ruas de Alexandria e Antioquia têm cerca de 30 metros de largura e de 4 a 5 quilômetros de extensão); algumas obras excepcionais (como o Farol de Alexandria, com talvez 180 metros de altura) oferecem uma imagem que sintetiza a grandeza da cidade.

A CIDADE LIVRE NA GRÉCIA

280 Uma escultura helenística: a cabeça de Laocoonte no Museu do Vaticano.

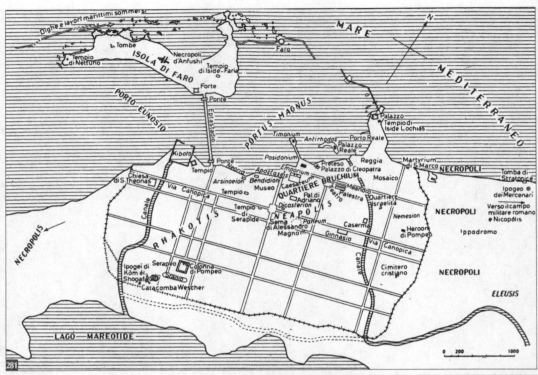

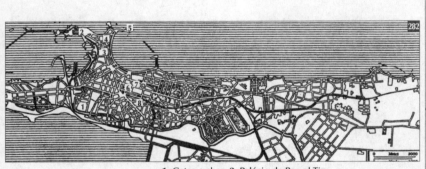

1. Catacumbas; 2. Palácio de Ras-el-Tin;
3,4,6. Mesquitas; 5. Fortaleza; 7. Museu
greco-romano; 8. Museu de Belas-Artes

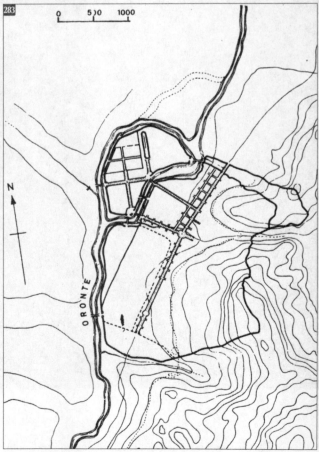

281 Planta de Alexandria antiga
e 282 da cidade atual.

283 Planta de Antioquia (na mesma escala
da de Alexandria).

A CIDADE LIVRE NA GRÉCIA

6. Estádio
7. Gurnellia
8. Acrópole
9. Altar
10. Terraço de Deméter
11. Ginásio
12. Ágora inferior
13. Porta de Eumene
14. Kizil Avlu

Pérgamo, 284 planta e 285 perfil da cidade.

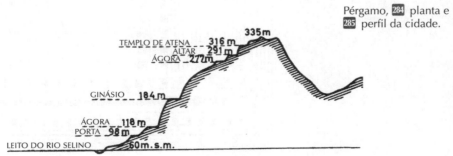

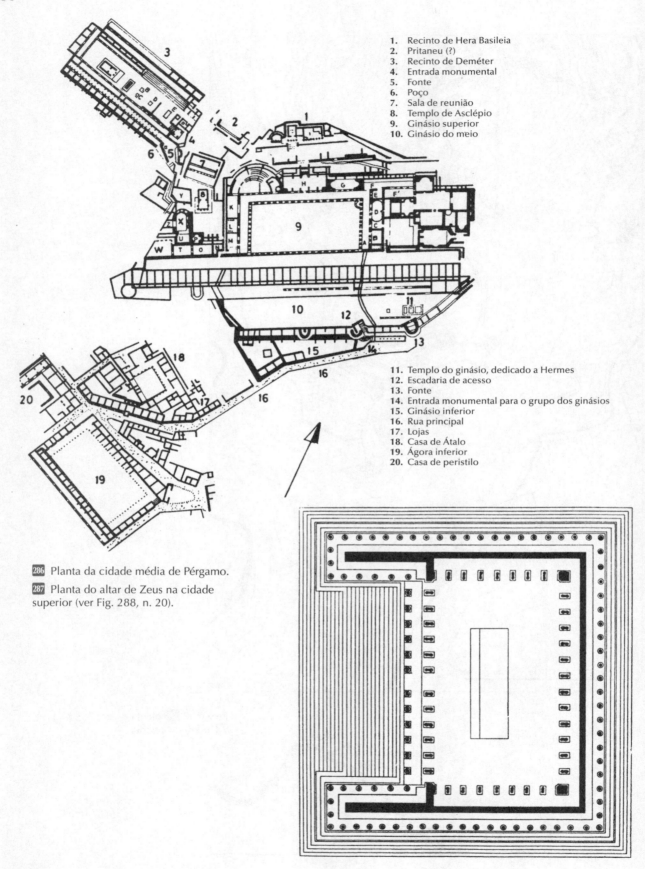

286 Planta da cidade média de Pérgamo.
287 Planta do altar de Zeus na cidade superior (ver Fig. 288, n. 20).

1. Recinto de Hera Basileia
2. Pritaneu (?)
3. Recinto de Deméter
4. Entrada monumental
5. Fonte
6. Poço
7. Sala de reunião
8. Templo de Asclépio
9. Ginásio superior
10. Ginásio do meio
11. Templo do ginásio, dedicado a Hermes
12. Escadaria de acesso
13. Fonte
14. Entrada monumental para o grupo dos ginásios
15. Ginásio inferior
16. Rua principal
17. Lojas
18. Casa de Átalo
19. Ágora inferior
20. Casa de peristilo

A CIDADE LIVRE NA GRÉCIA

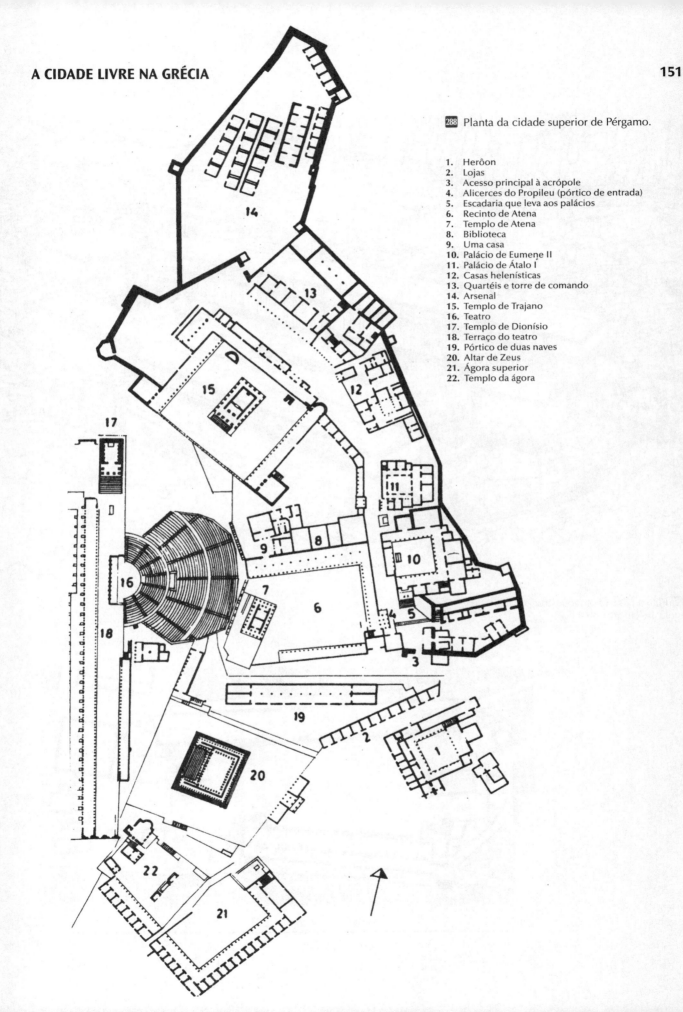

288 Planta da cidade superior de Pérgamo.

1. Herôon
2. Lojas
3. Acesso principal à acrópole
4. Alicerces do Propileu (pórtico de entrada)
5. Escadaria que leva aos palácios
6. Recinto de Atena
7. Templo de Atena
8. Biblioteca
9. Uma casa
10. Palácio de Eumene II
11. Palácio de Átalo I
12. Casas helenísticas
13. Quartéis e torre de comando
14. Arsenal
15. Templo de Trajano
16. Teatro
17. Templo de Dionísio
18. Terraço do teatro
19. Pórtico de duas naves
20. Altar de Zeus
21. Ágora superior
22. Templo da ágora

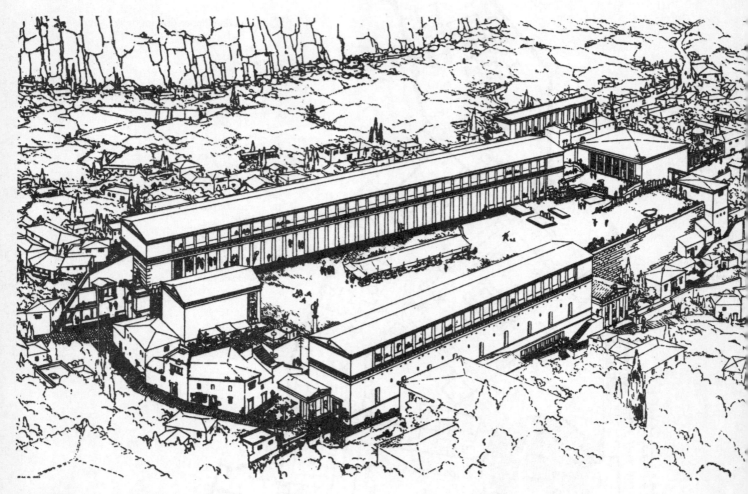

289 Planta (abaixo) e reconstrução (acima) da ágora helenística de Assos.

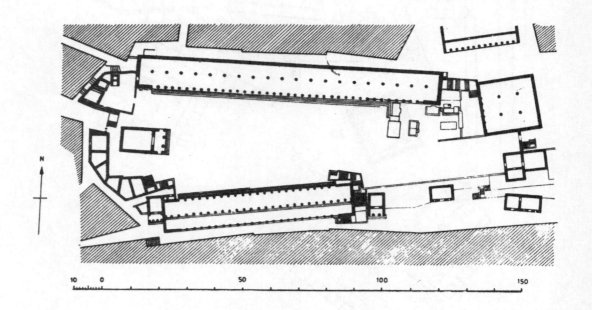

ROMA: A CIDADE
E O IMPÉRIO MUNDIAL

No Estado romano, que realiza a unificação política de todo o mundo mediterrânico, devemos distinguir:

1. O ambiente original no qual nasce o poderio romano, isto é, a civilização etrusca que, entre os séculos VII e VI a.C., se estende na Itália desde a planície do Pó até a Campânia;

2. A excepcional sorte de Roma, que começa como uma pequena cidade sem importância, na fronteira entre o território etrusco e o colonizado pelos gregos; desenvolve-se depois até se transformar na urbe, a cidade por excelência, capital do império;

3. Os métodos de colonização usados pelos romanos em todo o território do império; em nosso campo iremos descrever três grupos de modificações do território:

   a. As "infraestruturas": estradas, pontes, aquedutos, linhas fortificadas;

   b. A divisão dos terrenos agrícolas em quintas cultiváveis;

   c. A fundação de novas cidades;

   d. A descentralização das funções políticas no final do império; daí as novas capitais regionais e a capital do Oriente, Constantinopla, onde o governo imperial continua por mais dez séculos.

Posteriormente, Constantinopla torna-se Istambul, a capital do Império Turco, e continua uma das principais cidades do mundo ocidental até a época moderna.

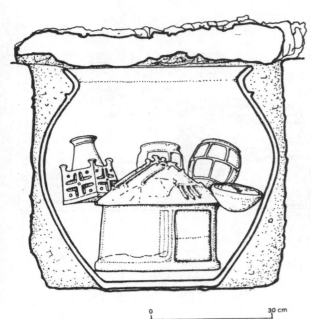

290 Tumba em forma de poço da Idade do Bronze, da via Sacra de Roma.

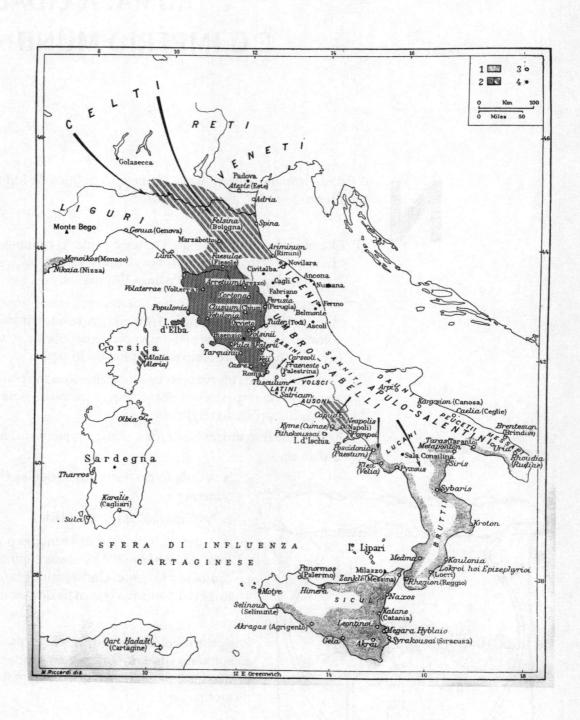

291 A Itália antes da conquista romana.

ROMA: A CIDADE E O IMPÉRIO MUNDIAL

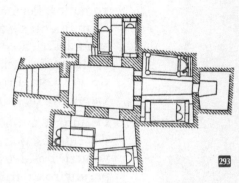

292 Planta da cidade de Veio com a muralha etrusca; oito traçados regulares internos são da época romana.

293 294 Plantas da necrópole de Cerveteri e da tumba da casinha (9).

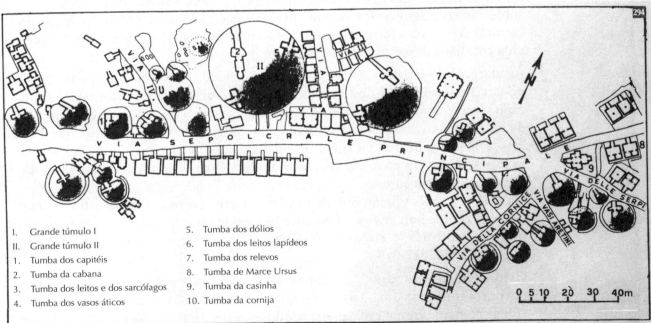

I. Grande túmulo I
II. Grande túmulo II
1. Tumba dos capitéis
2. Tumba da cabana
3. Tumba dos leitos e dos sarcófagos
4. Tumba dos vasos áticos
5. Tumba dos dólios
6. Tumba dos leitos lapídeos
7. Tumba dos relevos
8. Tumba de Marce Ursus
9. Tumba da casinha
10. Tumba da cornija

A civilização etrusca surge na Itália durante a Idade do Ferro – do século IX a.C. em diante – na costa tirrênica entre os rios Arno e Tibre; depois se expande – nos séculos VII e VI – desde a planície do Pó até a Campânia e entra em contato com as colônias gregas da Itália Meridional; mas, através do comércio marítimo, comunica-se com as outras civilizações do Mediterrâneo e absorve sua influência.

Na Etrúria, como na Grécia, existe grande número de cidades-Estado, governadas usualmente por regimes aristocráticos e unidas numa liga religiosa com o centro em Bolsena. As cidades principais – Volterra, Arezzo, Cortona, Chiusi, Perugia, Vetulonia, Tarquinia, Vulci, Cerveteri, Veio – ocupam uma elevação facilmente defensável e foram profundamente transformadas pelos romanos. Permanecem as muralhas de contorno irregular (Fig. 292) e poucos monumentos isolados; mas conhecemos as características do templo etrusco por uma descrição de Vitrúvio (que escreve no tempo de Augusto): uma estrutura bastante simples de madeira e de pedra, à qual se sobrepõe uma rica decoração de terracota. Provavelmente os primeiros templos sobre o monte Capitolino, ou Capitólio, de Roma eram desse tipo (Figs. 297-298).

Os autores antigos atribuem aos etruscos a origem das regras para a planificação das cidades, que os romanos vão usar posteriormente: a *inauguratio* (a consulta da vontade dos deuses, antes de fundar uma cidade); a *limitatio* (a demarcação do perímetro externo e dos limites internos na cidade); a *consacratio* (o sacrifício celebrado na cidade recém-fundada). Todavia, as formas traçadas no terreno não seguem uma regra geométrica comparável à romana.

Ao redor das cidades as escavações revelaram grande número de tumbas subterrâneas. Algumas foram encontradas intactas com seu conjunto de pinturas, esculturas e objetos fúnebres e nos dão a conhecer, com surpreendente precisão, a vida cotidiana desse povo (Figs. 293-296).

Às margens do território etrusco, forma-se a cidade de Roma: uma pequena potência que cresce até dominar todo o mundo mediterrânico. Roma não é uma capital escolhida, mas uma capital obrigada, porque o império nasce da ampliação de uma cidade-Estado; a enorme expansão do território, pois, faz com que a cidade cresça, mas não lhe tira o caráter original, casual e particular: é uma aldeia que se torna, pouco a pouco, uma cidade mundial. Quando a unificação política do império é fato consumado, a cidadania romana é concedida por Caracala (em 212 d.C.) a todos os habitantes do império. A urbe corresponde ao orbe: de fato, a cidade acolhe homens e coisas provenientes do mundo inteiro, e o mundo é unificado, fortificado, circundado por muralhas e percorrido por estradas como uma única cidade.

Ovídio (em *Os Fastos* [*Fasti*], II, 683-684) exprime esse pensamento: "Aos outros povos foi conferida uma parte especial da terra. Para os romanos, o espaço da cidade coincide com o espaço do mundo."

O prestígio de Roma como cidade mundial – estabelecido na era de Augusto e celebrado pelos poetas Virgílio, Horácio e Ovídio – durará por toda a história futura e irá somar-se ao prestígio religioso da sede do papado. Roma permanecerá o centro do mundo ("Todos os caminhos levam a Roma"), mesmo depois de

ROMA: A CIDADE E O IMPÉRIO MUNDIAL

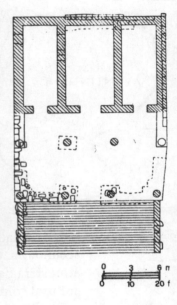

295 Uma escultura etrusca de uma tumba da necrópole dos volsínios.

296 Urna etrusca em forma de casa no Museu Arqueológico de Florença.

297 Planta do templo etrusco de Orvieto e
298 maquete do primeiro templo de Júpiter sobre o Capitólio de Roma.

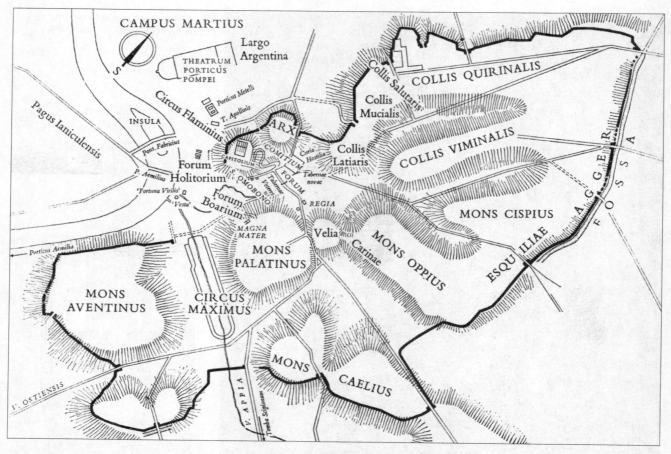

299 Roma republicana.

ter-se tornado, na Idade Média, uma pobre aldeia e, na Era Moderna, uma cidade secundária. Os restos da capital antiga continuarão a dominar a paisagem e a atmosfera da cidade; somente no tempo do império, de fato, a realidade e o mito cultural coincidem entre si.

Examinando a evolução da cidade, desde suas origens até o final do império, nos demoraremos na descrição de sua forma no momento de seu desenvolvimento máximo, nos séculos II e III d.C. Faremos então um rápido confronto entre a Roma antiga e a Roma moderna e contemporânea; mas deveremos falar ainda das outras fases de sua história, nos capítulos subsequentes.

A origem da cidade está ligada, como sempre, à natureza dos lugares; mas o local escolhido, no curso inferior do Tibre, mal se distingue de muitos outros locais vizinhos, e suas características originais não parecem proporcionais à importância dos desenvolvimentos sucessivos.

Depois de uma curva bastante pronunciada, o curso do rio diminui e se divide em dois ramos, deixando ao meio uma ilha (a Tiberina); aqui o rio pode ser vadeado ou atravessado com mais facilidade e, na margem esquerda, uma série de colinas chega perto das bordas com suas paredes íngremes. Os etruscos que ocupam a margem direita têm interesse em manter livre a passagem para alcançar suas possessões na Campânia. Assim, nesse ponto, se formam uma feira e um mercado (que permanecerão na cidade com o nome de Foro Boário e Foro Holitório – dos

ROMA: A CIDADE E O IMPÉRIO MUNDIAL

bovinos e do azeite), enquanto nas colinas mais próximas nascem as primeiras aldeias fortificadas, dominando a passagem do rio.

Talvez o mais antigo núcleo habitado surge no Palatino, o único que tem encostas íngremes e facilmente defensáveis (ao contrário do Célio, do Quirinal etc.) e que, ao mesmo tempo e diferentemente do Capitólio, oferece uma plataforma bastante espaçosa para construir uma aldeia. Mais tarde – por obra de Sérvio Túlio, segundo a lenda – se forma uma cidade que inclui as sete colinas tradicionais e é dividida em quatro regiões:

- suburbana, que compreende o Célio;
- esquilina, incluindo o Esquilino, o Ópio e o Císpio;
- colina, compreendendo o Viminal e o Quirinal;
- palatina, que inclui o Palatino.

O vale central entre as quatro regiões é secado escavando-se a Cloaca Máxima, e aqui se forma a nova área comercial, o Foro Romano. Ficam fora da cidade o Capitólio, que funciona como acrópole, e o Aventino, que mais tarde, em 456 a.C., é destinado aos plebeus durante as lutas com os patrícios. A partir de um texto de Varrão, conhecemos o perímetro aproximado dessa Roma das quatro regiões, provavelmente circundada por uma muralha; a superfície interna mede cerca de 285 hectares e já é a maior cidade da Itália continental.

Durante a incursão dos gauleses em 378 a.C., toda a cidade foi ocupada e incendiada, com exceção do Capitólio. Logo depois, Roma é reconstruída – sem corrigir seu traçado irregular – e é defendida por novo anel de muralhas de pedras esquadradas, que leva, por tradição, o nome de Sérvio Túlio. Compreende o Aventino, o Capitólio e uma parte do planalto ao norte do Quirinal, e ocupa uma área de 426 hectares, bem maior que a de Atenas. Desse modo, do século IV a.C. em diante, Roma conquista a organização de uma grande cidade: a partir de 329, o vale entre o Palatino e o Aventino se transforma no Circo Máximo; em 312 constrói-se o primeiro aqueduto (Cláudio) para reabastecer as zonas mais elevadas; na grande planície entre as colinas e a enseada do Tibre, que é o Campo de Marte reservado ao exército, constroem-se os primeiros edifícios: o Circo Flamínio (221 a.C.), o Pórtico de Metelo (149 a.C.), o Teatro de Pompeu (cerca de 50 a.C.). O foro é embelezado e circundado por basílicas para a vida em área coberta – a primeira é a Pórcia de 184 a.C.; todas foram destruídas, com exceção da Emília, de 179 a.C.; no Capitólio e em quase todas as zonas da cidade são construídos numerosos templos; a margem do Tibre, ao pé do Aventino, transforma-se em empório comercial (Fig. 299).

Passando da república ao império, as obras se tornam cada vez mais grandiosas e entram em conflito com a disposição urbana anterior: ora, para dar espaço aos novos planos, é preciso destruir aquilo que existia antes.

Júlio César amplia o Foro Romano com a basílica Júlia e com a construção do novo Foro de César mais ao norte, demolindo um velho bairro aos pés do Capitólio (a área foi adquirida ao preço de cem milhões de sestércios). Um programa não

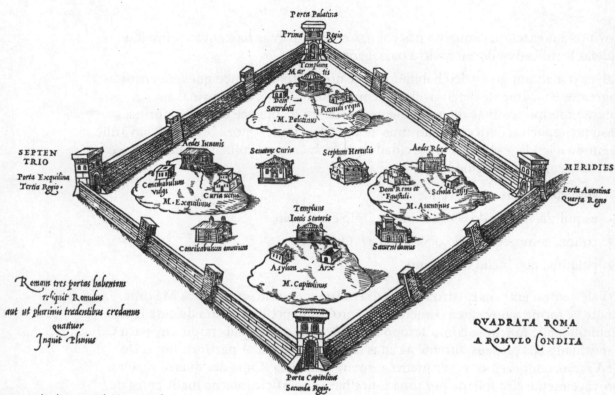

300 Roma quadrada, como foi imaginada numa gravura de 1527.

301 Roma no tempo de Sérvio Túlio, numa gravura de 1527.

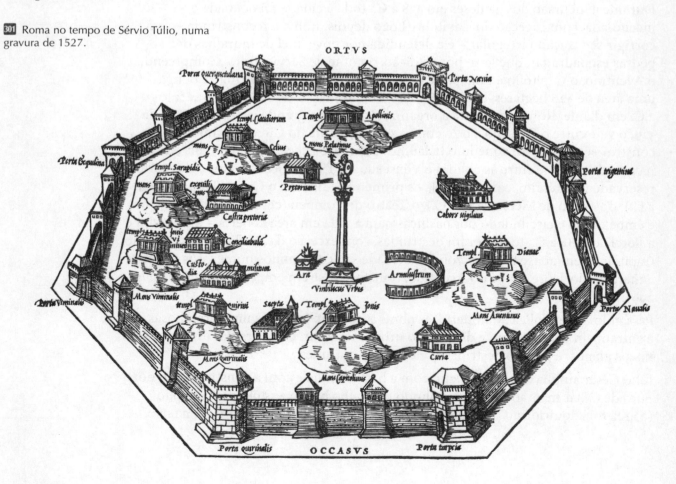

ROMA: A CIDADE E O IMPÉRIO MUNDIAL

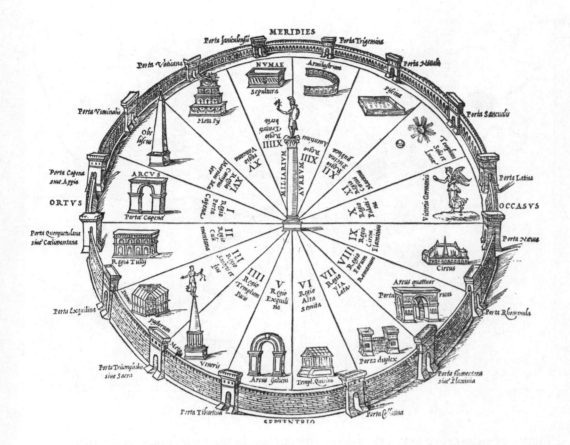

302 Roma no tempo de Augusto, em uma gravura de 1527.

realizado deveria desviar o Tibre na base das colinas da margem direita, deslocar o Campo de Marte sobre o Vaticano e estender a cidade por toda a planície do fundo do vale.

Augusto ocupa, de fato, o Campo de Marte com uma série de edifícios, o Teatro de Marcelo, as Termas de Agripa, o Panteão, o Mausoléu do Imperador, a *Ara Pacis Augustea* (Altar da Paz de Augusto ou *Pax Romana*); constrói o Foro de Augusto, ao lado do Foro de César; começa a organizar o Paço Imperial sobre o Palatino; edifica um grande número de templos, organiza os aquedutos, as margens do rio e estabelece uma nova divisão da cidade em quatorze regiões. Paralelamente às intervenções públicas, a construção privada também se desenvolve, aproveitando o pouco espaço concedido com casas de muitos andares, as *insulae*, destinadas à população mais pobre. Por volta de 5 a.C., Roma chega a contar meio milhão de habitantes.

Os sucessores de Augusto ampliam o palácio sobre o Palatino, constituem o novo acampamento estável dos pretorianos, o Castro Pretório, e continuam, de maneira desordenada, seu programa de reordenação urbana geral. Após o incêndio de 64 d.C., Nero tem ocasião de transformar mais radicalmente a cidade: constrói para si uma nova residência extraordinária, a Domus Aurea (a Casa Dourada), que ocupa um vasto terreno entre o Palatino, o Célio e o Esquilino, com um parque repleto de edifícios (Fig. 303); organiza a reconstrução dos bairros destruídos com métodos racionais, mesmo sem poder mudar as grandes linhas do organismo já formado.

303 Reconstrução da Domus Aurea de Nero e de seu parque.

Tácito, que descreve (xv, 43) essa reconstrução, dá uma ideia das condições da cidade nesse período:

> A cidade não foi construída de modo descontínuo e sem alguma ordem, mas a estrutura dos bairros foi avaliada, deu-se maior largura às ruas, limitou-se a altura dos edifícios, abriram-se as praças, adicionaram-se pórticos para proteção das fachadas das *insulae*. Nero prometeu construir esses pórticos, às suas custas, e entregar as áreas limpas aos donos. Acrescentou prêmios, segundo as categorias dos cidadãos e dos patrimônios familiares, e fixou os critérios para ter direito ao prêmio após a construção das *domus* e das *insulae*. Para descarregar os entulhos destinava os pântanos ostienses; os navios que traziam o trigo pelo Tibre deviam tornar a partir carregados de entulhos; em determinadas partes, os edifícios deviam ser construídos sem madeiramento, com pedra galbina ou albana, que é refratária; estabeleceu uma norma para que a água, interceptada abusivamente pelos particulares, corresse com maior abundância e em mais locais públicos; os edifícios não deviam ter paredes comuns, mas cada um devia ter suas próprias paredes. Tomadas por motivos de praticidade, as providências trouxeram também beleza para a nova cidade. Havia, entretanto, quem acreditasse que a antiga estrutura fosse mais saudável, porque a estreiteza das ruas e a altura das casas abrigavam os raios do sol: agora, ao contrário, a amplidão aberta e não protegida pela sombra fervilhava com insuportável calor.

ROMA: A CIDADE E O IMPÉRIO MUNDIAL

304 Retrato de Cipião, o Africano.

305 O centro monumental de Roma, como é hoje e **306** como foi reconstruído numa maquete de 1939. Em primeiro plano, o Circo Máximo, o Palatino (onde chega o aqueduto de Cláudio) e o Coliseu; atrás, os foros, o Capitólio e a zona do Campo de Marte.

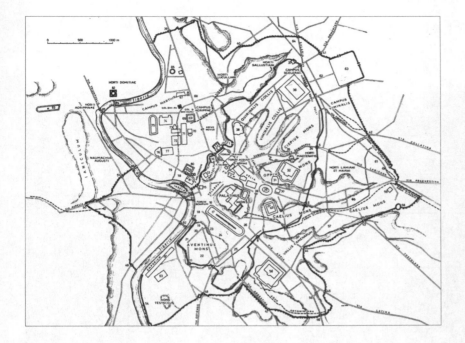

307 Planta da Roma imperial.

ROMA. Planta da cidade antiga: PORTAS: **1.** Porta Sanqual; **2.** Porta Quirinal; **3.** Porta Colina; **4.** Porta Viminal; **5.** Porta Esquilina; **6.** Porta Celimontana; **7.** Porta Querquetulana; **8.** Porta Capena; **9.** Porta Névia; **10.** Porta Raudusculana; **11.** Porta Lavernal; **12.** Porta Trigemina. MONUMENTOS DA MURALHA INTERNA: **13.** Templum Iovis (Templo de Júpiter); **14.** Arx (Cidadela); **15.** Fortunae et Matris Matutae; **16.** Ara Maxima (Grande altar de Hércules); **17.** Circo Máximo; **18.** Templum Cereris (Templo de Ceres); **19.** Templum Lunae (Templo de Luna); **20.** Templum Minervae (Templo de Minerva); **21.** Templum Iunonis Reginae (Templo de Juno Regina); **22.** Termas de Décio; **23.** Templum Dinae (Templo de Dânae); **24.** Domus et thermae Surae (Casa e termas de Sura); **25.** Templum Bonae Deae (Templo de Bona Dea [A Boa Deusa]); **26.** Septizonium Severi (Setizódio de Severo); **27.** Templum Divi Claudii (Templo do Divino Cláudio); **28.** Arcus Constantini (Arco de Constantino); **29.** Amphiteatrum (Anfiteatro); **30.** Ludus Magnus (A grande escola de gladiadores); **31.** Termas de Tito; **32.** Termas de Trajano; **33.** Jardins de Mecenas – auditório; **34.** Arco de Galieno (Galiano); **35.** Templo de Juno Lucina; **36.** Termas de Diocleciano; **37.** Templum Fortunae (Templo de Fortuna); **38.** Termas de Constantino. PORTAS DAS MURALHAS EXTERNAS: **39.** Porta Flamínia; **40.** Porta Pinciana; **41.** Porta Nomentana; **42.** Porta Tiburtina; **43.** Porta Asinaria; **44.** Porta Metrônia; **45.** Porta Latina; **46.** Porta Ápia; **47.** Porta Ardeatina; **48.** Porta Ostiense; **49.** Porta Portuense; **50.** Porta Aurélia; **51.** Porta Setimiana. MONUMENTOS ENTRE AS DUAS MURALHAS: **52.** Pórtico Emília; **53.** *Horrea* Galbana (Depósito público de Galba); **54.** *Horrea Lolliana* (de Lólio); **55.** Sepulcro dos Cipiões; **56.** Termas de Caracala; **57.** Domus Lateranorum (Casa de Latrão); **58.** Anfiteatro Castrense; **59.** Termas de Helena; **60.** Horti Lamiani (Jardins de Lamia); **61.** Ninfeu; **62.** Campus Cohortium Praetoriarum (Campo da coorte pretoriana); **63.** Castra Praetoria (Castro Pretório); **64.** Templum Veneris Ericinae (Templo de Vênus Ericina); **65.** Mausoléu de Augusto; **66.** Ara Pacis (Altar da deusa da Paz); **67.** Solarium; **68.** Templum Solis Aureliani (Templo do Sol de Aureliano) (?); **69.** Templum Divi Hadriani (Templo do Divino Adriano); **70.** Iseum (Iseu, templo de Ísis e Serápis); **71.** Saepta; **72.** Thermae Agrippae (Termas de Agripa); **73.** Panteón; **74.** Thermae Neronianae (Termas de Nero); **75.** Estádio; **76.** Teatro de Pompeu; **77.** Porticus Pompeiana (Pórtico de Pompeu); **78.** Circo Flamínio; **79.** Teatro de Balbo; **80.** Pórtico de Otávia; **81.** Teatro de Marcelo; **82.** Mausoléu de Adriano; **83.** Circo de Gaio e Nero. PONTES: **84.** Pons Aelius (Ponte Élio); **85.** Pons Neronianus (Ponte Neroniana); **86.** Pons Agrippae (Ponte de Agripa); **87.** Ponte não identificada; **88.** Pons Fabricius (Ponte Fabrícia); **89.** Pons Caestius (Ponte Céstia) (nomeada posteriormente Gratiani [de Graciano]); **90.** Pons Aemilius (Ponte Emília); **91.** Pons Sublicius (Ponte Sublício); **92.** Pons Probi (Ponte de Probo) (posteriormente, Theodosii [de Teodósio]).

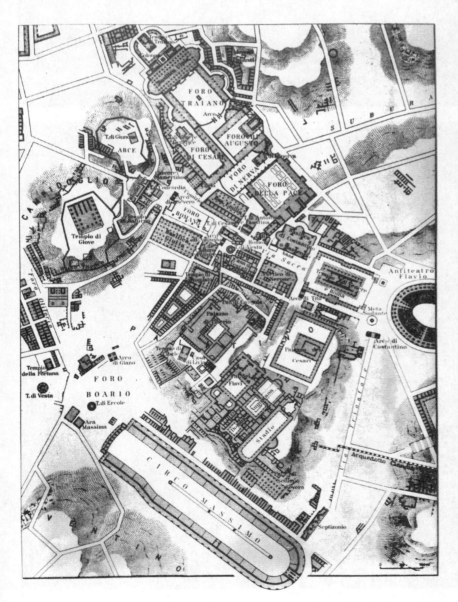

308 O centro monumental da cidade; cf. Figs. 305-306.

Duas vistas das ruínas do Foro Romano, 309 em direção sudeste e 310 em direção noroeste.

ROMA: A CIDADE E O IMPÉRIO MUNDIAL

311 A zona arqueológica do centro de Roma como é hoje, e
312 seccionada pelas grandes ruas abertas no tempo do fascismo.

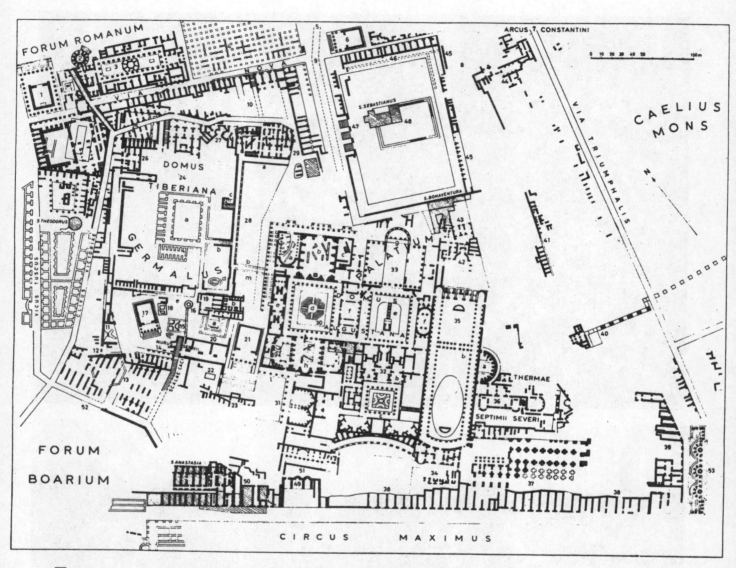

313 Planta dos edifícios escavados no monte Palatino.

ROMA. Planta dos edifícios imperiais do Palatino; **1.** Aedes Castoris (Templo de Castor); **2.** Aedes Vestae (Templo de Vesta); **3.** Atrium Vestae (Casa das Vestais); **4.** Vestibulum Domus Aureae (Vestíbulo da Casa Dourada); **5.** Arco de Tito; **6.** Aedes Iovis Statoris (Templo de Júpiter Estator); **7.** Arco de Constantino; **8.** Capita Bubula; **9.** Porta Mugonia; **10.** Aedes Victoriae (Templo da Vitória); **11.** Murus "Romuli" (Muralha de Rômulo); **12.** Insulae da época imperial; **13.** Altar do Deus desconhecido; **14.** Sepulcro e sacelos da época arcaica; **15.** Cisterna e muros da época arcaica; **16.** Tolo; **17.** Templo da Mater Magna (Templo da Grande Mãe); **18.** Auguratorium (Auguratório); **19.** Casa de Augusto (dita de Lívia): a. Peristilo; b. Cisterna e pórtico; **20.** "Locus editus atque singularis"; **21.** Aedes Apollinis (Templo de Apolo); **22.** Base de opus incertum; **23.** Casas da época republicana; **24.** Palácio de Tibério: a. Átrio central aterrado; b-c. Escadas dirigidas para o criptopórtico; d. Viveiro; e. Aposentos da guarda; f. Escada dirigida para o clivus Victoriae (clivo da vitória); **25.** Alicerces ao longo do clivus Victoriae; **26.** Ruínas do Palácio de Calígula; **27.** Ruínas da Domus Commodiana (de Cômodo); **28.** Criptopórtico de Nero: a. Braço transversal; b. Braço adicionado pelos Flávios; **29.** Edifícios da época de Domiciano; **30.** Palácio dos Flávios: a. Basílica; b. Pátio de honra; c. Larário; d. Peristilo; e. Ninfeus e banhos; f. Tablino; g-i. Fontes; l. Pórtico posterior; **31.** Biblioteca; **32.** Domus Augustana (de Augusto). Andar inferior: a-b. Tablino; c. Peristilo; **33.** Domus Augustana. Andar superior: e. Peristilo e edículas; f. Ninfeu; g. Éxedra; **34.** Palco imperial no Circo Máximo; **35.** Estádio ou Hipódromo: a. Éxedra; b. Acesso carroçável; **36.** Termas de Sétimo Severo; **37.** Alicerces de Sétimo Severo; **38.** Tabernas em frente ao Circo Máximo; **39.** Insulae e alicerces; **40.** Arcos do aqueduto de Cláudio; **41.** Casas da época imperial; **42.** Ninfeu tipo canopo; **43.** Cisternas de água aterradas; **44.** Casas da época imperial; **45-46.** Paredões de alicerces; **47.** Pentapylum Elagabali; **48.** Aedes Caesarum (Templo de César); **49.** Schola dos arautos públicos; **50.** Fábricas embaixo de Santa Anastasia; **51.** Paedagogium; **52.** Lupercal; **53.** Septizonium Severi (Septizódio de Severo).

ROMA: A CIDADE E O IMPÉRIO MUNDIAL

314 A zona do Campo de Marte, reconstruída em maquete em 1939: vê-se ao centro o Panteão, à esquerda uma parte do Estádio de Domiciano (que corresponde à praça Navona) e, ao fundo, o centro monumental.

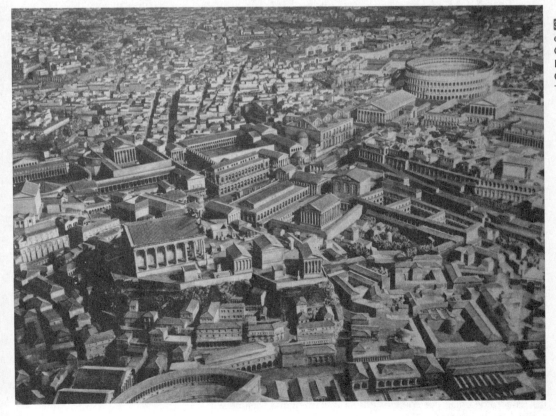

315 A zona dos foros; em primeiro plano, o Capitólio; à direita, o Palatino; ao fundo, o Coliseu e as Termas de Trajano.

170

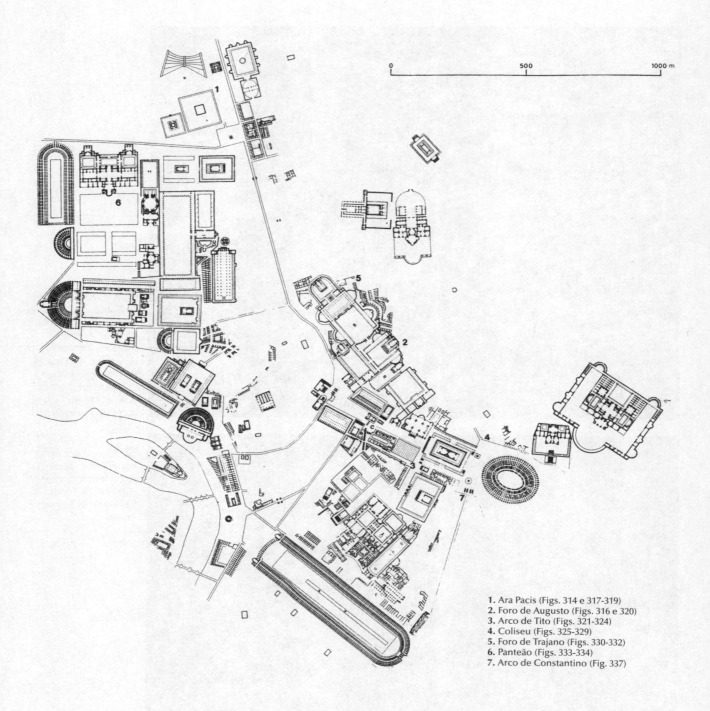

1. Ara Pacis (Figs. 314 e 317-319)
2. Foro de Augusto (Figs. 316 e 320)
3. Arco de Tito (Figs. 321-324)
4. Coliseu (Figs. 325-329)
5. Foro de Trajano (Figs. 330-332)
6. Panteão (Figs. 333-334)
7. Arco de Constantino (Fig. 337)

316 Quadro de união dos edifícios ilustrados nas páginas seguintes, em ordem cronológica.

ROMA: A CIDADE E O IMPÉRIO MUNDIAL

O Arco de Tito: 317 vista, 318 elevação frontal e 319 desenho da ordem arquitetônica.

Os imperadores Flávios continuaram a renovação iniciada por Nero. Vespasiano manda demolir a Domus Aurea e, na zona quase plana do parque, onde existia o lago artificial, começa a construir o grande anfiteatro da cidade, o Coliseu (Figs. 326-329); entre essa zona e os foros constrói o novo Foro da Paz. Domiciano amplia ainda mais o palácio sobre o Palatino, que agora ocupa quase toda a colina, e reestrutura o Campo de Marte, danificado por um incêndio em 80, construindo um novo grupo de edifícios monumentais ao redor de um novo estádio (que, mais tarde, se tornará a praça Navona).

Trajano manda aplainar a depressão entre o Quirinal e o Capitólio que separava as duas zonas monumentais dos foros e do Campo de Marte e, nessa posição--chave, constrói um novo centro cívico, o grande conjunto do Foro de Trajano com o mercado nas encostas do Quirinal. Sobre o Ópio manda erigir as Termas de Trajano e, nos arredores do foro, manda reconstruir a Casa das Vestais. Adriano reconstrói o Panteão de Augusto (Figs. 333-334), constrói o Templo de Vênus e Roma, em frente ao Coliseu, e seu mausoléu, na outra margem do Tibre, com a nova ponte Élio.

Nesse momento, enquanto o império atinge o apogeu de sua prosperidade, Roma alcança o desenvolvimento máximo e uma organização física que parece coerente e definitiva (Fig. 307). Nos grandes edifícios públicos, feitos com a contribuição dos melhores artistas do império, respeita-se o equilíbrio entre as estruturas arquitetônicas e os acabamentos esculpidos ou pintados, como nos modelos gregos. Em alguns monumentos comemorativos – a Ara Pacis de Augusto; os arcos de triunfo; as colunas em homenagem a Trajano e a Antonino Pio (Figs. 318-324 e 331) – os frisos esculpidos em relevo têm uma importância determinante e contam uma história rica de significados. Mas cada um deles é uma cena fechada e independente, com um equilíbrio finito em si próprio; a cidade é o conjunto desses ambientes destacados e, para seu próprio benefício, não é nem fechada nem equilibrada: cobre um trecho de território, desfigurando a forma natural do terreno, e rechaça o campo para longe.

Os imperadores seguintes enriquecem esse quadro com outras intervenções. Os Severos dão forma definitiva ao Palácio Imperial no Palatino, completando a perspectiva em direção ao Circo Máximo e ao Célio; constroem as Termas de Caracala na embocadura da via Ápia, e a ponte Aurélia sobre o Tibre (hoje ponte Sisto). No século III, a atividade construtiva diminui, mas outras importantes obras públicas são construídas: a Muralha Aureliana (270-305 d.C.), as Termas de Diocleciano (283-305 d.C.), as Termas e a Basílica de Constantino.

Nessas últimas obras, rompe-se o equilíbrio clássico entre a forma geral da construção e os detalhes; os grandes ambientes em arco são construídos com uma técnica cada vez mais segura e avançada, mas as ordens arquitetônicas e as esculturas são executadas de maneira sumária ou então abeberadas de outros monumentos mais antigos (por exemplo, no Arco de Constantino, Fig. 337); esculturas e pinturas se contrapõem à arquitetura, como peças de decoração independentes: a continuidade das formas plásticas, fixada pelos gregos, é definitivamente perdida.

ROMA: A CIDADE E O IMPÉRIO MUNDIAL

Os dois relevos internos do Arco de Tito, que representam o triunfo do imperador depois da conquista de Jerusalém em 70 d.C.: 320 os troféus tomados no templo e 321 o carro do imperador.

322 323 Duas lousas de mármore da Ara Pacis de Augusto, com um cortejo de personagens oficiais, e 324 uma moeda de Nero com uma imagem do monumento.

Depois de Constantino – que transfere a capital para Bizâncio – outras grandes obras públicas não são realizadas em Roma; os últimos imperadores publicam uma série de editos para conseguir a conservação dos monumentos existentes. Honório manda dobrar a altura da Muralha Aureliana, que tem condições de defender Roma dos assédios até nos tempos modernos. Enquanto isso, na periferia da capital, surgem as grandes igrejas da religião cristã, reconhecida em 313 d.C.

Até o século II d.C., Roma é uma "cidade aberta", que cresce e ocupa uma superfície cada vez maior, sem ter necessidade de se defender com um cinturão de muralhas. As quatorze regiões augustas permanecem como base de sua organização administrativa, mas seus limites externos variam continuamente: o limite alfandegário é fixado mil passos além dos últimos edifícios e compreende, no momento de desenvolvimento máximo, uma área de cerca de 2.000 hectares. A Muralha Aureliana – como as muralhas construídas, no mesmo período, em torno das cidades da Gália ameaçadas pelos germânicos – encerra somente o núcleo principal

ROMA: A CIDADE E O IMPÉRIO MUNDIAL

da cidade: 1.386 hectares. Os campos vizinhos são ocupados pelas grandes vilas suburbanas (a imperial, construída por Adriano nas proximidades de Tívoli, e muitas outras; Figs. 338-341); as faixas das vias consulares são circundadas por sepulcros, templos, instalações militares e desportivas, como se pode ver ainda hoje ao percorrer a via Ápia.

Nessa cidade viveram, até o século III d.C., de 700.000 a 1.000.000 de habitantes, a maior concentração humana até então no mundo ocidental. Devemos imaginar, em volta dos monumentos públicos, a multidão de casas e analisar o funcionamento total desse grande organismo.

Os Catálogos Regionais fornecem, no fim do século III, os seguintes dados estatísticos: 1.790 *domus* e 44.300 *insulae*. As *domus* (Fig. 342) são as casas individuais típicas das cidades mediterrânicas, com um ou dois andares, fechadas para o exterior e abertas para os espaços internos; compreendem uma série de locais de destinação fixa, agrupados ao redor do *atrium* e do *peristilium*, e cobrem uma superfície de 800-1.000 m², como aquelas casas bem conhecidas de Pompeia e Herculano (Figs. 347-368); são reservadas para as famílias mais ricas, que ocupam, por si só, um terreno precioso. As *insulae* (Fig. 345) são construções coletivas de muitos andares, cobrem uma superfície de 300-400 m² e compreendem um grande número de cômodos iguais, que olham para o exterior com janelas e balcões; os andares térreos são destinados às lojas (*tabernae*) ou a habitações mais nobres (igualmente chamadas de *domus*); os andares superiores são divididos em apartamentos (*cenacula*) de vários tamanhos para as classes médias e inferiores. Os exemplos escavados em Óstia (Figs.374-376) dão uma ideia bastante precisa dessas casas.

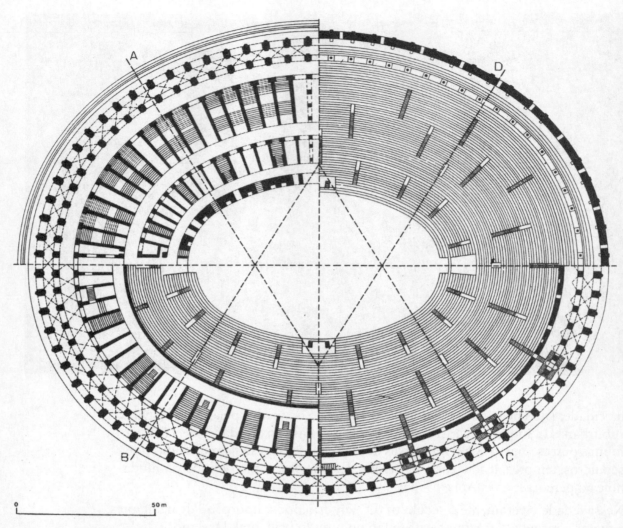

A. Nível da primeira ordem, isto é, no chão
B. Nível da segunda ordem
C. Nível da terceira ordem
D. Nível da quarta ordem

325 Planta do Coliseu (72-80 d.C.).

326

ROMA: A CIDADE E O IMPÉRIO MUNDIAL

O Coliseu. 326 Uma moeda de Gordiano III que representa os jogos no anfiteatro; 327 o exterior do Coliseu como é hoje e 328 como era na Antiguidade, segundo maquete de 1939.

329 As ruínas do Coliseu no início do século XX, vistas do campanário de Santa Francesa Romana.

ROMA: A CIDADE E O IMPÉRIO MUNDIAL

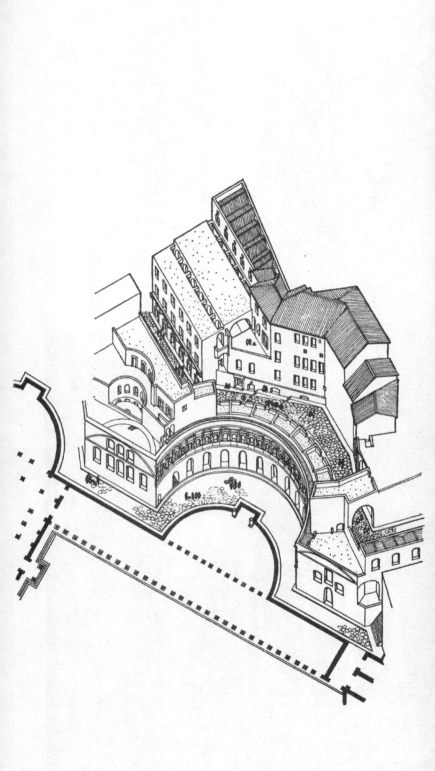

Dois detalhes do Foro de Trajano: 330 a solução do desnível em relação ao Esquilino, com os mercados de Trajano; 331 e a coluna em sua homenagem (cerca de 100-112 d.C.).

332 Axonometria da sala em abóbada situada no nível superior dos mercados de Trajano (a parte externa se vê na Fig. 330); funcionava – e funciona ainda – como mercado coberto, com dois andares de lojas.

333 Axonometria e corte do Panteão (o pórtico é da época de Augusto, a sala redonda é do tempo de Adriano, cerca de 118-128 d.C.); a cúpula tem 43,50 metros de diâmetro.

334 O Panteão, conservado entre as casas da Roma moderna, como se podia ver no fim do século XIX; os dois campanários, realizados por Bernini em 1600, foram posteriormente demolidos para completar o isolamento do edifício antigo.

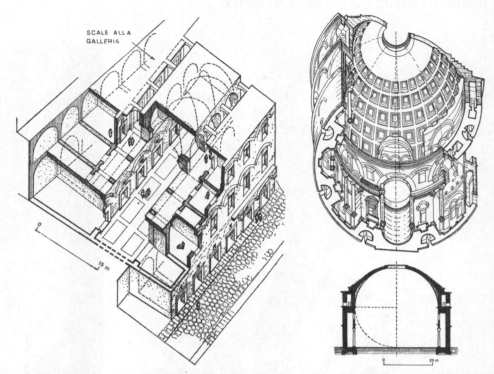

ROMA: A CIDADE E O IMPÉRIO MUNDIAL

335 Um fragmento da *forma urbis*: uma grande planta de Roma em mármore, gravada entre 203 e 211 d.C., na época dos Severos.

336 Uma inscrição de Sétimo Severo no Museu de Latrão.

337 O arco triunfal de Constantino (315 d.C.).

338 339 Uma das grandes vilas (palacetes) nos arredores de Roma: a Vila dos Sete Baixos, nas vizinhanças da via Latina (cerca de 140-160 d.C.), com o grande jardim em patamares.

ROMA: A CIDADE E O IMPÉRIO MUNDIAL

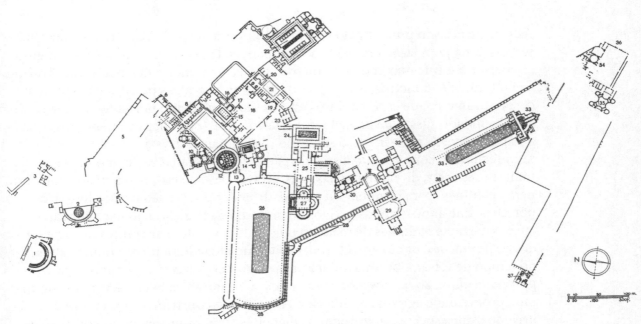

1. Teatro grego; 2. Ninfeu, suposto templo de Vênus; 3. Palestra; 4. Vale de Tempe; 5. Terraço "de Tempe"; 6. Pavilhão "de Tempe"; 7. Triclínio imperial; 8. *Hospitalia*; 9. "Biblioteca latina"; 10. "Biblioteca grega"; 11. Pátio dito das bibliotecas; 12. Ninfeu da ilha ("teatro marítimo"); 13. Sala dita dos filósofos; 14. Termas com *heliocaminus* (caminho ensolarado garantido por lei); 15. Criptopórtico; 16. Sala de três naves; 17. Biblioteca privada; 18. Peristilo "de palácio"; 19. Triclínio estival; 20. Ninfeu "de palácio"; 21. Sala dos pilares dóricos; 22. Praça de ouro; 23. "Quartel dos guardas"; 24. Quadripórtico com viveiro; 25. Ninfeu, já como estádio; 26. "Poecile" (quadripórtico que delimitava um jardim com uma piscina central); 27. Edifício com três êxedras; 28. "Cem quartinhos"; 29. Vestíbulo; 30. Grandes termas; 31. Pequenas termas; 32. "Pretório"; 33. Canopo; 34. Vestíbulo da "Academia"; 35. Pavilhão da "Academia"; 36. Odeão; 37. Torre de Roccabruna; 38. Museu.

340 Vila Adriana perto de Tívoli, a maior das vilas suburbanas (cerca de 125-135 d.C.).

341 Vista aérea da Vila Adriana nas proximidades de Tívoli.

As *insulae* nascem por volta do século IV a.C. para hospedar, dentro das muralhas sérvias, uma população crescente e se tornam cada vez mais altas, até que Augusto estabelece o limite máximo de 21 metros, isto é, 6 a 7 andares e, mais tarde, Trajano fixa o limite de 18 metros, isto é, 5 a 6 andares. Em geral, as paredes não têm mais de 45 centímetros de espessura e os esteios são de madeira: portanto, desabam com facilidade. Os *cenacula* não têm água corrente (que chega somente aos locais do andar térreo); não têm vaso sanitário (os habitantes esvaziam seus urinóis num recipiente comum – *dolium* – no patamar das escadas ou, como narram muitos escritores, diretamente nas ruas, através das janelas); não têm aquecimento nem chaminés (para cozinhar ou para se defender do frio são usados braseiros portáteis, que aumentam os perigos de incêndio); as janelas não têm vidraças, apenas cortinas ou folhas de madeira que excluem tanto o ar como a luz. Apesar dessas limitações, os alojamentos na capital são alugados a preços muitos altos: no tempo de César, por uma *domus* paga-se 30.000 sestércios por ano e, para o pior *cenaculum*, ao menos 2.000 sestércios: a importância necessária para adquirir uma propriedade agrícola no interior. As casas são construídas por empresários privados, que especulam, de todas as maneiras, com os terrenos e as construções: todos se lamentam por isso, desde os tempos republicanos. O Estado impõe proibições e regulamentos, mas não consegue corrigir as dificuldades da grande maioria dos cidadãos.

Ao contrário, o Estado intervém mais decididamente, com autoridade e meios adequados, para construir e manter eficientes os serviços públicos.

A rede viária é o serviço mais deficiente; compreende 85 quilômetros e é composta por ruas tortuosas, quase sempre estreitas ou estreitíssimas: os *itinera*, acessíveis somente aos pedestres; os *actus*, onde só pode passar um carro de cada vez; as *viae*, onde duas carroças podem cruzar-se ou ultrapassar-se. As *viae* são apenas duas na parte central da cidade – a via Sacra e a via Nova, que flanqueiam o foro – e umas vinte na periferia (as vias Ápia, Flamínia, Ostiense, Labicana, Latina etc); segundo a Lei das Doze Tábuas, elas devem ter uma largura máxima de 4,80 metros e em alguns casos chegam a 6,50 metros. Para o restante da cidade, a lei prescreve que as ruas tenham pelo menos 2,90 metros de largura, para que as casas possam ter balcões nos andares superiores. Essa rede, dimensionada quando Roma era menor, é insuficiente para a metrópole de um milhão de habitantes, também porque não existe um serviço público de limpeza e de iluminação noturna. Um edito de César, porém, disciplina severamente o uso das ruas: estabelece que sejam limpas pelos proprietários das casas circunstantes e proíbe a circulação das carroças desde a alvorada até o pôr do sol, salvo aquelas dos empresários da construção. Assim, elas se movimentam à noite, enchendo a cidade de ruídos.

Os esgotos, iniciados no século VI a.C., foram continuamente ampliados e aumentados; em algumas galerias podia-se passar com até duas carroças de feno lado a lado e, de barco, Agripa conseguiu inspecionar toda a rede. Destinam-se a recolher as águas da chuva, a água em excesso dos aquedutos, as águas servidas dos edifícios públicos e de algumas das *domus* nos andares térreos; inúmeros outros edifícios, muito afastados dos esgotos, descarregam seus refugos nas fossas negras ou nas lixeiras abertas, que nunca foram completamente eliminadas.

ROMA: A CIDADE E O IMPÉRIO MUNDIAL

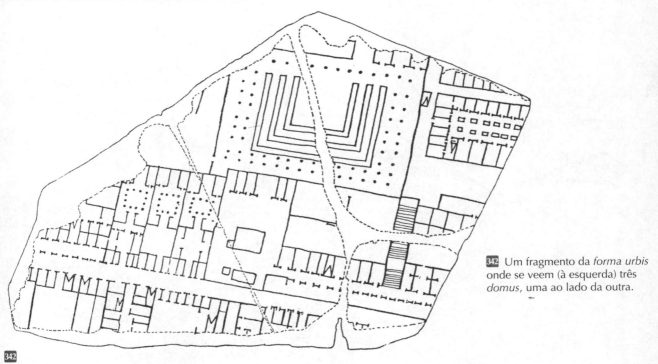

342 Um fragmento da *forma urbis* onde se veem (à esquerda) três *domus*, uma ao lado da outra.

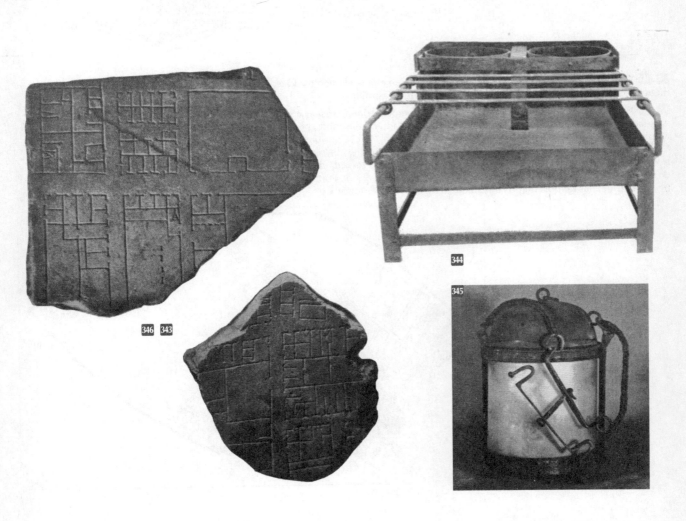

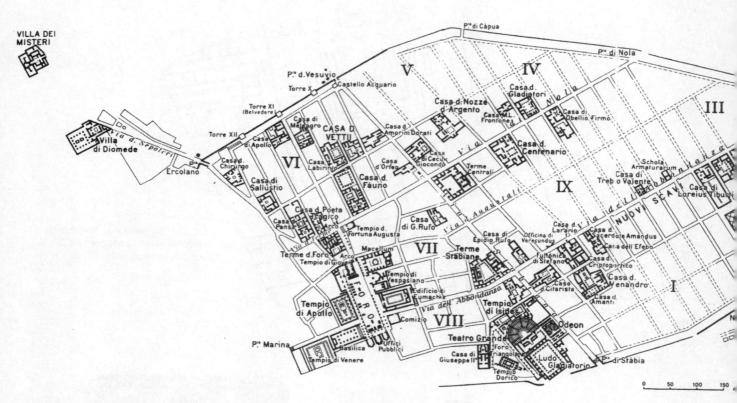

343 344 Fragmentos da *forma urbis* com plantas de *insulae* e dois elementos do equipamento móvel dos *cenacula*: **345** uma lanterna e **346** um fogareiro portátil.

347 348 Plantas de Pompeia, com a indicação dos principais edifícios escavados até 1958. A cidade – composta por um núcleo mais antigo (tracejado no desenho inferior) e por uma ampliação hipodâmica do século V a.C. – foi destruída em 79 d.C. por uma erupção do Vesúvio que a sepultou sob uma camada de cinzas; as escavações, iniciadas em 1748, trouxeram à luz edifícios e mobílias, que dão uma ideia exata da vida da cidade no momento da destruição. Na página seguinte, **349** uma vista das escavações da Porta Vesúvio e **350** as figuras petrificadas de dois corpos encontrados na casa do criptopórtico.

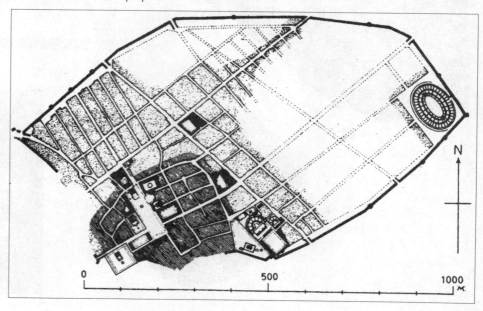

ROMA: A CIDADE E O IMPÉRIO MUNDIAL

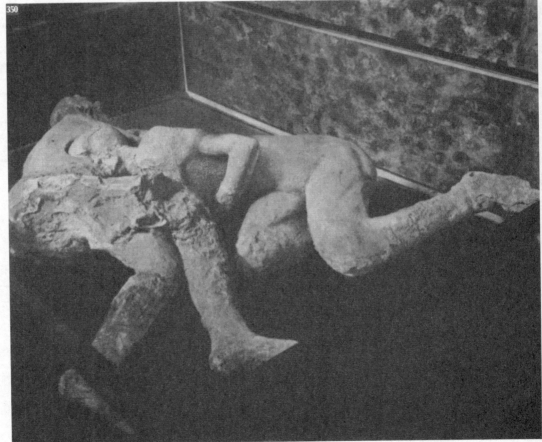

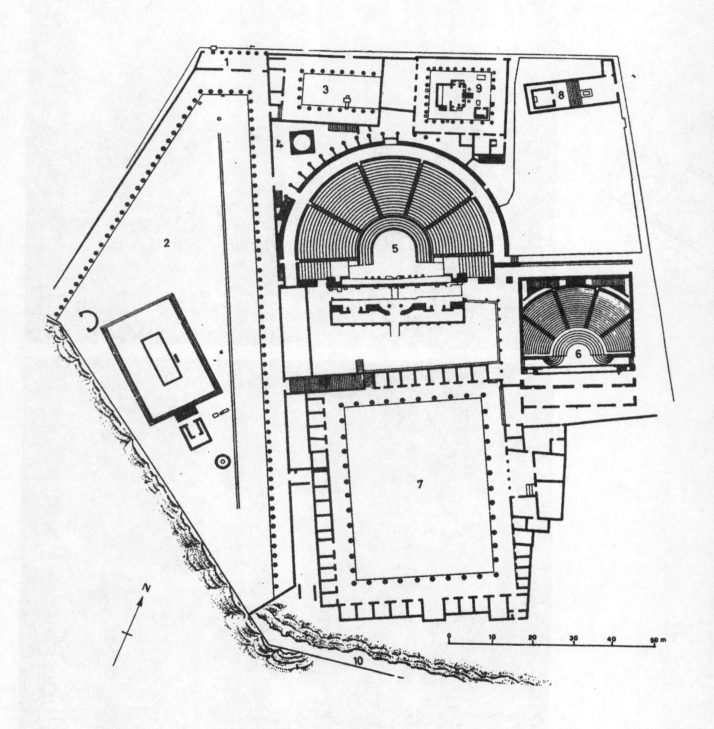

1. Entrada; **2.** Foro Triangular; **3.** Palestra; **4.** Construção para água; **5.** Teatro; **6.** Odeão; **7.** Quartel dos gladiadores; **8.** Templo de Zeus Milíquio; **9.** Templo de Ísis; **10.** Muralhas da cidade.

ROMA: A CIDADE E O IMPÉRIO MUNDIAL

Pompeia: 352 planta do Foro Triangular com o teatro e o odeão, e 353 vista aérea do conjunto com o Foro Triangular e os modernos edifícios de serviço na zona arqueológica.

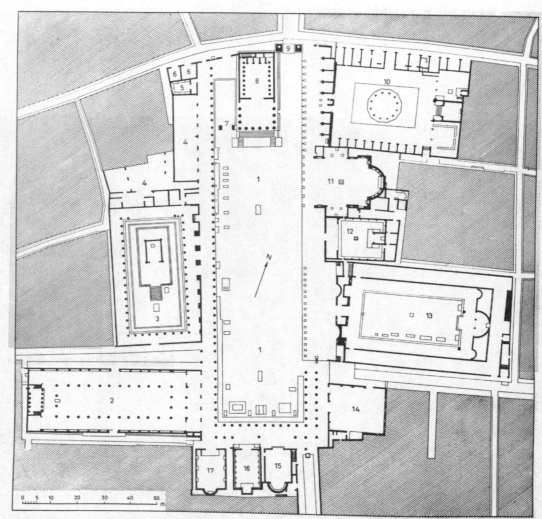

1. Foro; 2. Basílica; 3. Templo de Apolo; 4. Mercado; 5. Forica (latrina pública); 6. Erário; 7. Arco; 8. Capitólio; 9. Arco de Tibério; 10. *Macellum*; 11. Erário público; 12. Templo de Vespasiano; 13. Edifício de Eumáquia; 14. Comitium; 15. Edifício dos duúnviros; 16. Cúria; 17. Edifício dos edis.

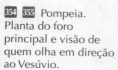 Pompeia. Planta do foro principal e visão de quem olha em direção ao Vesúvio.

ROMA: A CIDADE E O IMPÉRIO MUNDIAL

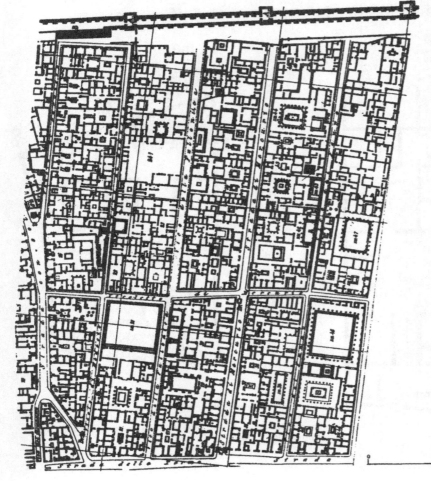

356 Pompeia, um trecho da via da Abundância.

357 Um bairro de Pompeia, logo ao norte do foro principal (com a planta da Fig. 349).

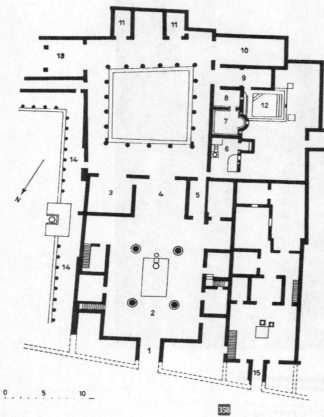

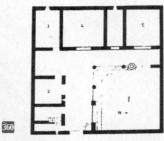

1. Jardim; 2. Cubículo; 3. Triclínio;
4. Oficina; 5. *Oecus*

1. *Fauces* (saguão de entrada); 2. Átrio; 3. Sala de almoço; 4. *Tablinum* (sala de estar); 5. *Andron* (passagem); 6. Cozinha; 7. Caldário; 8. Tepidário; 9. *Apoditerium* (os três ambientes das termas domésticas); 10. Triclínio de verão; 11. Quartos de dormir; 12. Bacia de água; 13. *Oecus*; 14. Jardim; 15. Entrada da casa adjacente.

Plantas de quatro casas de Pompeia; 358 à esquerda, a Casa das Bodas de Prata e 359 a Casa dos Vetii; à direita, 360 a Casa de Pinário Cerial e 361 a Casa do Cirurgião.

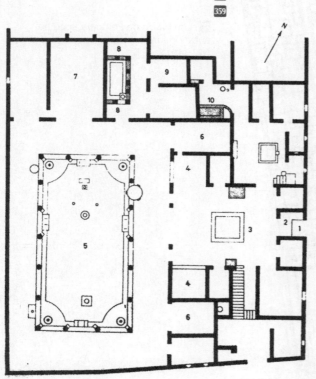

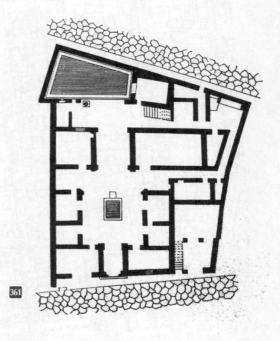

1. *Vestibulum* (alargamento de entrada); 2. Fauces; 3. Átrio; 4. *Alae* (ambientes secundários abertos para o átrio); 5. Jardim; 6. Sala de almoço; 7. Sala de pinturas; 8. Pequeno pátio com pórticos; 9. Quarto de dormir; 10. Cozinha.

ROMA: A CIDADE E O IMPÉRIO MUNDIAL

362 Um afresco proveniente de Pompeia, conservado no Museu Nacional de Nápoles.

363 O átrio do bairro simples na casa de Menandro.

364 O triclínio de verão da casa de Caio.

ROMA: A CIDADE E O IMPÉRIO MUNDIAL

THERMAE
M. CRASSI FRUGII
AQUA . MARINA . ET . BALN .
AQUA . DULCI . JANUARIUS . L .

IN . PRAEDIS .
C . LEGIANNI . VERI
BALNEUM . MORE . URBICO . LAVAT .
OMNIA . COMMODA . PRAESTANTUR .

IN PRAEDIS . JULIAE . S . P . F . FELICIS
LOCANTUR
BALNEUM . VENEREUM . ET .
NONGENTUM . PERGULAE
CENACULA . EX . IDIBUS . AUG .
PRIORIS . IN . IDUS . AUG .
SEXTAS . ANNOS . CONTINUOS .
QUINQUE .
S . Q . D . L . E . N . C .

365 O *prelum* (prensa) na cela vinária da Vila dos Mistérios.

366 Três inscrições com a publicidade dos banhos públicos de Pompeia.

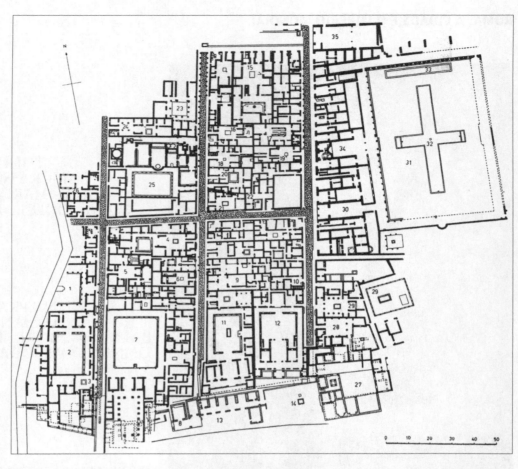

367 Planta de Herculano, sepultada juntamente com Pompeia pela erupção de 79 d.C.

368 Os jardins de Roma; **369** os aquedutos de Roma.

HERCULANO. Planta geral das escavações. *Insula* II: **1.** Casa do Gênio; **2.** Casa de Argos; **3.** Casa de Aristides; *Insula* III: **4.** Casa do Tabique de Madeira; **5.** Casa do Esqueleto; **6.** Casa da Herma de bronze; **7.** Casa do Albergue; **8.** Sacelos; *Insula* IV: **9.** Casa da Alcova; **10.** Casa do Tecido; **11.** Casa do Átrio de mosaico; **12.** Casa dos Cervos; **13.** Área sacra; **14.** Altar de M. Nonio Balbo; *Insula* V: **15.** Casa do Bicentenário; **16.** Casa de Netuno e de Anfítrite; **17.** Casa do Átrio coríntio; **18.** Casa da Mobília; **19.** Casa do Sacelo; **20.** Casa do Tear; **21.** Casa Sanítica samnita; **22.** Casa do Grão Portal; *Insula* VI: **23.** Casa do Salão negro; **24.** Casa dos Dois Átrios; **25.** Termas; *Insula* VII: **26.** Casa de Galba; *Insula* oriental: **27.** Termas suburbanas; **28.** Casa da Gema; **29.** Casa do Relevo de Telefo; Segunda *insula* oriental: **30.** Vestíbulo da Palestra; **31.** Palestra; **32.** Piscina; **33.** Natatio; **34.** Aula Absidata; **35.** Aula Superior.

1. Aqua Appia; **2.** Anio Vetus; **3.** Aqua Marcia; **4.** Aqua Tepula; **5.** Aqua Julia; **6.** Aqua Virgo; **7.** Aqua Alsietina; **8.** Aqua Claudia; **9.** Anio Novus; **10.** Arcus Neroniani; **11.** Aqua Traiana; **12.** Aquae Marciae; **13.** Aqua Antoninana.

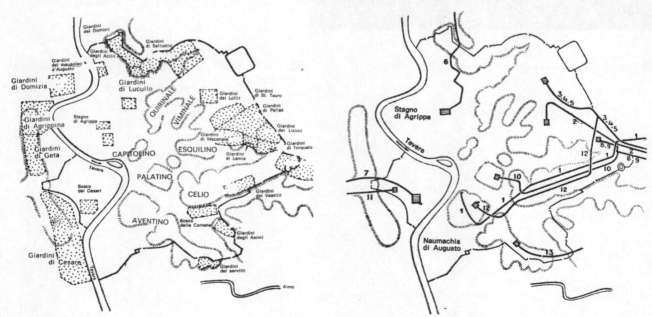

ROMA: A CIDADE E O IMPÉRIO MUNDIAL

As termas de Diocleciano (Fig. 307, n. 63): **370** planta e **371** vista das ruínas atuais.

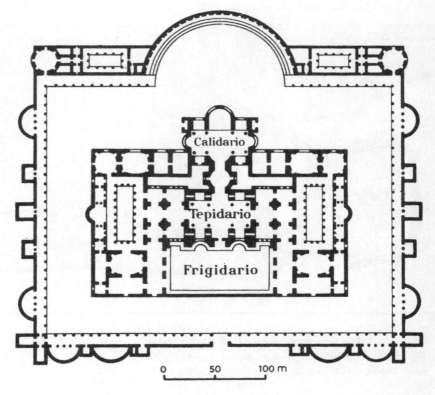

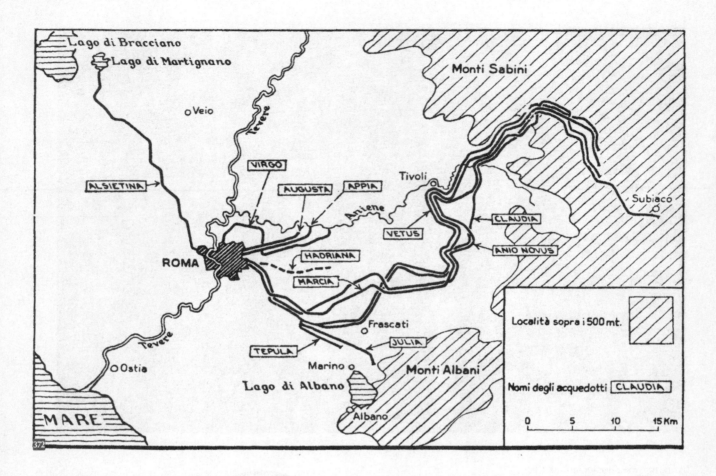

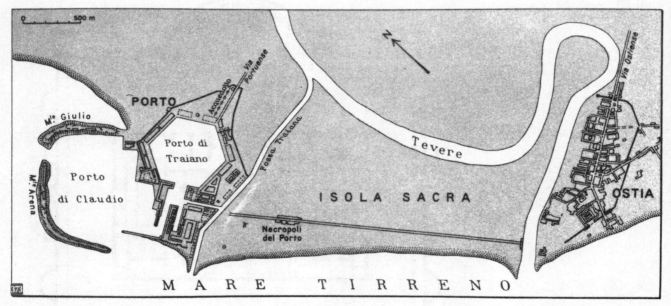

372 Mapa do percurso dos aquedutos da Roma imperial.

373 O sistema portuário da Roma antiga na foz do Tibre; o atual Fiumicino é o canal que ligava os dois portos artificiais ao Tibre.

ROMA: A CIDADE E O IMPÉRIO MUNDIAL

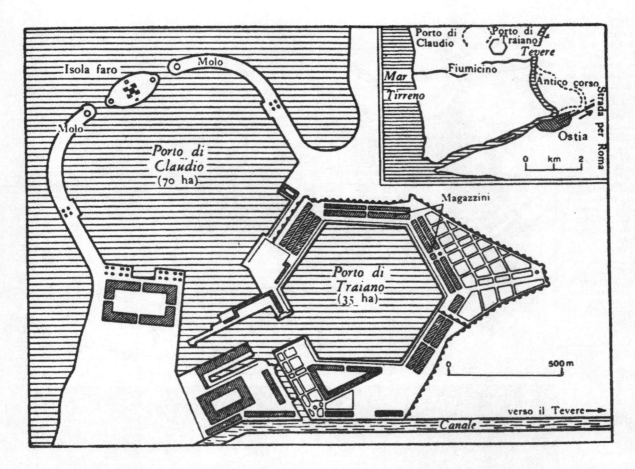

374 Os portos de Cláudio e de Trajano, com o sistema dos armazéns no entorno.

Os treze aquedutos trazem a Roma, dos montes vizinhos, mais de um bilhão de metros cúbicos de água por dia. Sob a república, a água é reservada para os usos públicos, e somente o excedente das fontes – *aqua caduca* – pode ser cedido aos particulares. Mais tarde, sob o império, alguns proprietários podem obter como concessão – gratuitamente ou a pagamento – um determinado fluxo de água para as *domus* térreas; todo o restante serve para alimentar os equipamentos públicos: as fontes e latrinas espalhadas em todos os bairros e as grandes termas que atendem a vastas zonas das cidades. A abundância e a grandiosidade dos serviços higiênicos públicos compensam a falta de serviços privados na maior parte das casas (Figs. 368-372).

O Estado fornece então, em ampla parte, víveres e distrações que, desse modo, se tornam outros serviços públicos para os cidadãos romanos. Cerca de 150.000 pessoas são alimentadas às expensas públicas e nos numerosos dias festivos – chegou-se a contar até 182 dias de festa ao ano – toda a população é admitida, gratuitamente, a todo tipo de espetáculos.

Os abastecimentos chegam por mar até a foz do Tibre, onde foi preciso construir uma cidade portuária, Óstia (Figs. 373-381); daí são transportados em navios menores até Roma, onde, antes da ilha Tiberina, existe um grandioso sistema de desembarcadouros e de *horrea* (depósitos públicos); somente o acúmulo das ânforas jogadas fora após o uso produziu um morro, o Testaccio (Figs. 382-383).

1. Muralha; 2. Porta Romana; 3. Porta Laurentina; 4. Porta Marina; 5. *Decumanus maximus*; 6. *Cardo maximus*; 7. Foro tendo ao norte o Capitólio, ao sul o templo de Roma e Augusto; 8. Basílica; 9. Cúria; 10. Termas do foro; 11. Teatro e anterior esplanada das Corporações com o "templo de Ceres" ao centro; 12. Termas de Netuno; 13. Quartel dos guardas; 14. *Horrea* (depósitos públicos); 15. *Horrea* Hortensium (de Hortênsio); 16. Sede dos Augustais; 17. Campo da Magna Mater; 18. Templo redondo, talvez um *augusteum*; 19. *Macellum*; 20. Basílica cristã; 21. *Schola* de Trajano; 22. Bairro das casas em jardim; 23. *Horrea* de Epágato e Epafrôdito; 24. "Palácio Imperial"; 25. Termas; 26. Sepulcrário; 27. Via dos sepulcros; 28. Aqueduto; 29. Museu.

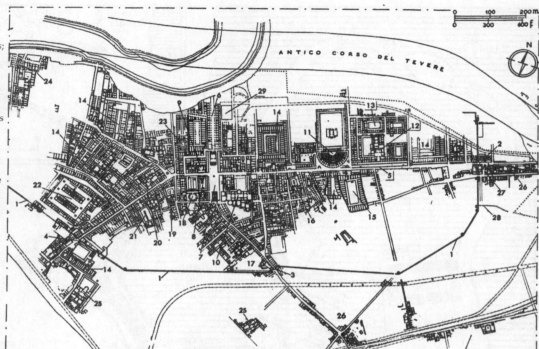

375 Planta de Óstia antiga.

376 Vista aérea geral de Óstia.

ROMA: A CIDADE E O IMPÉRIO MUNDIAL

377 Óstia. Vista aérea da parte central da cidade, atravessada pelo *decumanus maximus*; em primeiro plano, o teatro.

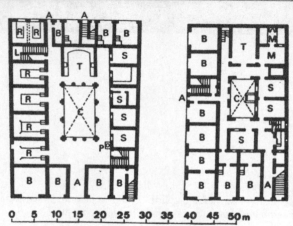

378 **379** Plantas e **380** **381** reconstruções de algumas das *insulae* de Óstia.

A. Entrada; **B.** Lojas; **C.** Pátio; **F.** Esgotos; **L.** Latrina; **M.** Mitreu (santuário do deus Mitra); **P.** Poço; **R.** Triclínio; **S.** Quartos; **T.** Sala de estar.

ROMA: A CIDADE E O IMPÉRIO MUNDIAL

382 O cais fluvial de Roma, 383 abaixo da ilha Tiberina, com o conjunto dos armazéns públicos. O acúmulo das ânforas descartadas produziu o monte Testaccio, que pode ser visto na maquete abaixo, de meados do século XIX.

Para os espetáculos constroem-se os circos (o mais importante, o Circo Máximo, ocupa todo o vale entre o Palatino e o Aventino e recebe cerca de 250.000 pessoas); os teatros (de Balbo, de Marcelo e de Pompeu, com um número de assentos que varia entre 10.000 e 25.000); os anfiteatros para os jogos dos gladiadores (o Coliseu, com 50.000 lugares para sentar, e o anfiteatro Castrense); as naumaquias para os combates navais (as de Augusto e de Trajano, ora desaparecidas, na margem direita do Tibre).

Esses grandes edifícios demonstram a enormidade dos meios à disposição da autoridade pública: dinheiro, materiais e mão de obra servil trazida de todos os pontos do império. A hegemonia política da cidade traz a Roma uma concentração cada vez maior de homens e fornece os instrumentos para fazê-la funcionar. Essa concentração produz uma série de problemas (alojar as pessoas, fazer circular homens e veículos pelas ruas, desfazer-se dos refugos, fornecer água, víveres e também divertimentos coletivos) e todos os recursos técnicos são solicitados, ao máximo, para resolvê-los. Mas a tecnologia antiga não progride continuamente como a moderna. Desse modo, chega-se a um limite: a cidade se detém a um determinado tamanho e grau de organização.

O esforço tecnológico para fazer funcionar essa grande cidade depende, naturalmente, da estabilidade política do império e falta quando ele entra em crise. A interrupção dos abastecimentos navais em Óstia obriga grande parte da população a sair de Roma e voltar aos campos; o desmoronamento dos aquedutos – por falta de manutenção ou por sabotagem dos exércitos sitiantes – torna inabitável toda a zona montanhosa da cidade, isto é, o núcleo primitivo de Roma, e os habitantes devem concentrar-se nas planícies situadas nos lados do Tibre – no Campo de Marte e no Trastevere –, onde podem retirar água do rio ou dos poços.

Começa assim a transformação da cidade antiga em cidade moderna. A Roma moderna começa a viver como uma cidade improvisada nas zonas livres da capital antiga, entre as ruínas dos grandes edifícios públicos – o Teatro de Marcelo, o Panteão, o Teatro de Pompeu, o Estádio de Domiciano, o Mausoléu de Augusto – que ainda emergem por entre as casas. O centro monumental antigo – zona dos foros, do Capitólio, do Palatino e do Coliseu – fica à margem da nova cidade, por se encontrar no coração da zona de colinas habitada no início. As grandes termas que serviam aos bairros mais populosos – as de Caracala e Diocleciano – e também as grandes basílicas cristãs, construídas na periferia no século IV d.C. – São Paulo, São Lourenço, São João, Santa Maria Maior –, ficam distantes da cidade, numa paisagem desabitada. A Muralha Aureliana dá a volta nas colinas, por entre hortas e pomares.

Desde a Alta Idade Média até 1870, Roma se transforma, se enriquece de novos e esplêndidos edifícios, mas permanece uma cidade menor, recolhida num canto do território onde antes surgira a capital do mundo antigo. O diálogo entre essa cidade viva e a lembrança esmagadora da cidade morta anterior determina seu caráter e seu fascínio. A Roma moderna, de fato, não pode tornar-se a continuação da Roma clássica – como acreditaram por um instante os papas e os artistas da Renascença, de Sisto IV a Clemente VII. A realidade não confirma o mito da

ROMA: A CIDADE E O IMPÉRIO MUNDIAL

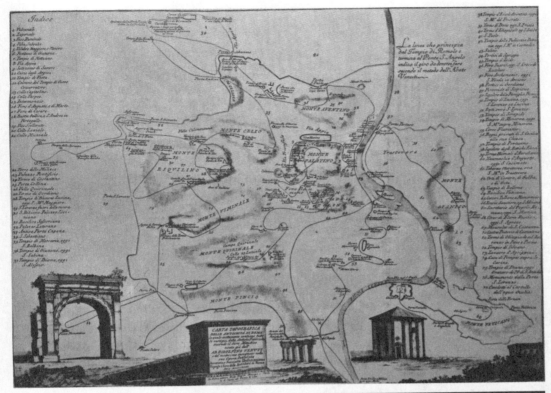

384 Um itinerário de 1723 para a visita dos monumentos da Roma antiga.

385 Monumentos e vida cotidiana: as lojas do carvoeiro e do seleiro nos fórnices do teatro de Marcelo antes das demolições do período fascista.

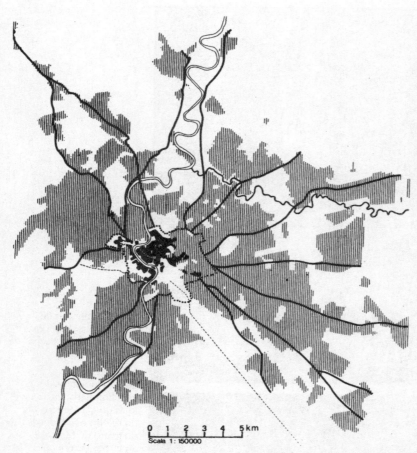

386 Roma moderna. No centro, a cidade histórica na Muralha Aureliana; ao redor, os bairros modernos, ao longo das antigas vias consulares (escala 1:200.000).

Cidade Eterna criado pelos antigos literatos e, de tempos em tempos, ressuscitado por retórica ou por cálculo, daquela época em diante. A imagem de Roma fica, ao contrário, como a demonstração da morte inevitável de todas as glórias desse mundo, da Inveja do Tempo, da Diversidade da Fortuna, assim como a julgaram Goethe, Leopardi, Stendhal e tantos outros visitantes dos séculos XVIII e XIX (Figs. 384-385).

Essa imagem, que se evidenciava até cem anos atrás, deve ser reconstruída hoje com uma reflexão, porque todos os elementos do quadro tradicional – a cidade papal, as ruínas da cidade antiga e o território deserto do entorno – foram invadidos e desfigurados pelo enorme desenvolvimento da cidade contemporânea (Fig. 386). Falaremos ainda das causas e das características da Roma contemporânea. Hoje, observamos somente que os bairros construídos nos últimos cem anos – os do século XIX, dentro da Muralha Aureliana sobre o Esquilino, o Aventino, e os do nosso século, por dez quilômetros em redor das muralhas – não têm qualquer relação com a continuidade da história urbana, desde as origens até 1870. As ruínas da cidade antiga e o que resta da cidade papal – o centro histórico e as vilas – ainda estão num deserto, habitado, porém, por três milhões de pessoas, cheio de automóveis e de edifícios de dez andares.

A sucessão do cenário tradicional – do campo às ruínas e depois aos bairros habitados – pode-se ainda experimentar ao entrar em Roma pela via Ápia antiga, milagrosamente poupada. Percorre-se a estreita faixa da via Romana, circundada pelas tumbas, e chega-se à porta São Sebastião, onde se vê a frente compacta da Muralha Aureliana (mas é preciso esquecer o paredão de casas dos bairros vizinhos, a leste e a oeste). Entra-se na cidade deixando à esquerda as Termas de Caracala e chega-se à porta Capena, onde se apresenta o Palatino com o Palácio Imperial; à esquerda, de flanco, se vê o Circo Máximo, à direita a via Triumphalis com o Arco de Constantino, que leva ao Coliseu. O centro da Roma antiga – o Palatino, os foros, o Capitólio, parte do Ópio e do Célio – é hoje uma zona arqueológica escavada e cercada, que abre no centro da cidade uma pausa repousante, embora interrompida e perturbada por algumas inúteis vias de tráfego. Os outros principais monumentos antigos são incorporados à cidade – o Panteão,

ROMA: A CIDADE E O IMPÉRIO MUNDIAL

387 Uma estrada romana em Pesto.

o Castelo de Santo Ângelo – ou formam outros pequenos recintos arqueológicos; os templos do Largo di Torre Argentina, as Termas de Diocleciano, o Augusteum (Mausoléu de Augusto), o Teatro de Marcelo. A Muralha Aureliana é cercada, por dentro e por fora, pelos edifícios modernos e, ao longo de seu perímetro, correm as ruas de tráfego veloz.

O funcionamento do Império Romano requer uma série de intervenções sobre o território, notáveis não pela novidade das técnicas, mas por sua aplicação regular e uniforme em larguíssima escala. Goethe, em sua *Italienischer Reise* (Viagem à Itália), encontra essas construções – as estradas, as pontes, os aquedutos – e as compara a "uma segunda natureza, que opera para fins civis": são de fato semelhantes aos objetos naturais pelo tamanho, pela simplicidade e pela repetição dos mesmos motivos elementares. Os métodos construtivos derivam do mundo helenístico, com os quais os romanos entram em contato na Itália Meridional: a primeira estrada importante e o primeiro aqueduto – ambos chamados Ápia – são iniciados ao mesmo tempo em 302 a.C. Os romanos escolheram esses métodos e criaram a organização a fim de difundi-los por toda a área do império.

Consideremos as principais construções.

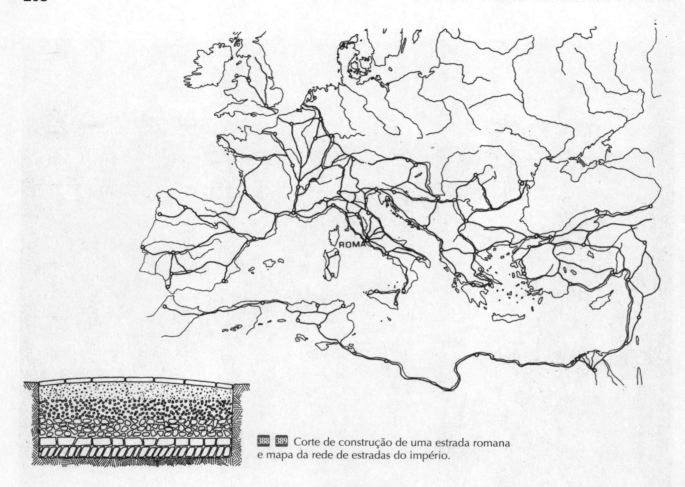

388 389 Corte de construção de uma estrada romana e mapa da rede de estradas do império.

As Estradas e as Pontes

A construção das estradas segue *pari passu* a conquista das províncias; serve para o movimento dos exércitos, depois para o tráfego comercial e para as comunicações administrativas regulares.

A estrada repousa sobre um calçamento artificial de pedras batidas (*rudus*) coberto com saibro cada vez mais fino e revestido por um manto de pedras chatas poligonais (*gremium*, Fig. 388). A largura é limitada a 4-6 metros, o bastante para permitir a passagem dos pedestres (*iter*) e dos carros (*actus*); mas o perfil longitudinal, isto é, a sucessão das curvas e dos declives é tratado de modo a tornar o trânsito mais fácil e mais rápido. Onde não existem obstáculos naturais preferem-se os traçados retilíneos mesmo que bastante longos (como o da via Ápia ao longo dos pântanos Pontinos, com sessenta quilômetros); onde existe um relevo muito acidentado cortam-se as rochas, de modo que a estrada possa ser a mais reta e plana possível (o monte Rachado entre Pozzuoli e Cápua; o passo do Furlo onde a via Flamínia atravessa os Apeninos; o Pisco Montano, em Terracina, sofre um corte de quarenta metros de altura a fim de deixar passar a via Ápia entre a acrópole e o mar); escavam-se galerias (a gruta da Paz entre o lago do Averno e Cumas, com novecentos metros e iluminada por poços de luz).

ROMA: A CIDADE E O IMPÉRIO MUNDIAL

A passagem dos cursos de água exige a construção de inúmeras pontes de pedra ou de madeira; muitas delas ainda estão funcionando, como as cinco em Roma (ponte Mílvio, Fig. 391; ponte Élio; ponte Sisto; e as duas da ilha Tiberina); as duas na via Flamínia, em Narni e Rimini; a de Áscoli sobre o Tronto; a ponte de Pedra em Verona. A largura é sempre limitada – no máximo 7-8 metros – enquanto existem exemplos de comprimento considerável (a ponte de Mérida na Espanha, com sessenta arcos, chega a quase oitocentos metros); o vão dos arcos atinge 35 metros na ponte sobre o Tejo em Alcântara (Fig. 392).

A partir de Augusto, começa a funcionar, na rede de estradas romana, um serviço regular de correio (*cursus publicus*), com estações secundárias (*mutationes*, para a

390 391 A via Ápia nas proximidades de Roma, flanqueada pelos sepulcros, e a ponte Mílvio sobre o Tibre, no início da via Flamínia.

392 Maquete da ponte romana sobre o Tejo em Alcântara, dedicada a Trajano.

troca de cavalos) e estações principais (*mansiones*, para o pernoite, distantes um dia de viagem, com seis ou sete *mutationes* intermediárias). O *cursus* é reservado aos funcionários públicos e utiliza correios a cavalo (*speculatores*), carros leves ou pesados para as mercadorias. Os particulares podem organizar nas estradas um serviço postal próprio, com *tabellari* (carteiros) a pé ou a cavalo.

Os Aquedutos

Como as estradas, os aquedutos também são considerados um serviço público, sendo construídos em todas as cidades pelo Estado ou pelas administrações locais para atender aos usos coletivos e, apenas secundariamente, aos usos individuais.

Os romanos preferiam utilizar água de nascente ou água fluvial filtrada; canalizavam-na num conduto retangular (*specus*) revestido com reboco de tijolos em pó (*opus signinum*) coberto, mas possível de ser inspecionado e arejado, com declive o mais constante possível (de 10 a 0,2 por mil, segundo as características do percurso) de maneira que a água fluísse livremente (Fig. 397). Os romanos, como os gregos, conhecem o uso do sifão e o aplicam em certos casos com virtuosismo técnico (no antigo aqueduto de Alatri, de 134 a.C., mesmo utilizando-se encanamentos de alta resistência, consegue-se a pressão de 10 atmosferas; no aqueduto de Lyon existe um tríplice sifão com tubulações de chumbo). Mas

ROMA: A CIDADE E O IMPÉRIO MUNDIAL

393 Um aqueduto no campo romano.

394 O aqueduto romano de Segóvia, denominado "ponte do diabo".

395 O *castellum* de distribuição do aqueduto de Nîmes; maquete de 1939.

preferem que a água chegue na cidade a uma pressão reduzida para não superar o limite de resistência das tubulações de distribuição; por isso o aqueduto, quando atravessa um vale, é elevado sobre uma ou mais séries de arcadas.

Ao longo do percurso e na chegada dos aquedutos encontram-se os reservatórios de decantação (*piscinae limariae*), onde a água deposita as impurezas; em seguida, passa pelos tanques de distribuição (*castella*, Fig. 395), onde é medida, passando através dos cálices de bronze e dali às tubulações da cidade, feitas de pedaços de tubos de chumbo (*fistulae*) com 10 pés em média, ou seja, cerca de 3 metros. Para alguns usos especiais existem reservatórios maiores (a Piscina Admirável de Miseno, para as necessidades do porto militar, pode conter 12600 m^3).

As obras de arte construídas na província – como as pontes de várias ordens de arcadas dos aquedutos de Terragona e de Segóvia na Espanha e de Nîmes na França (Figs. 394 e 398-399) – parecem ser devidas, em certos casos, não a necessidades técnicas, mas à vontade de deixar obras monumentais e impressionantes; de fato, na Idade Média, quando será impossível erguer obras desse gênero, as populações continuarão a chamá-las de "pontes do diabo" e a considerá-las obras de um poder sobrenatural.

ROMA: A CIDADE E O IMPÉRIO MUNDIAL

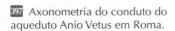 As ruínas do aqueduto de Cláudio; pode-se ver, ao alto, o corte do conduto para a água.

397 Axonometria do conduto do aqueduto Anio Vetus em Roma.

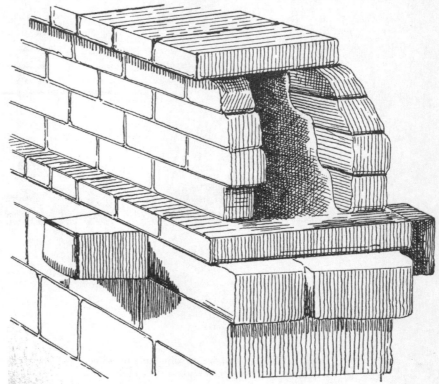

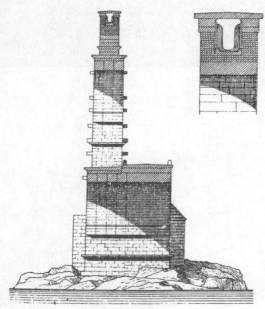

398 A Pont du Gard nas proximidades de Nîmes, na Gália Meridional;
399 vista em perspectiva, elevação e cortes.

ROMA: A CIDADE E O IMPÉRIO MUNDIAL

As Linhas Fortificadas

Nos confins do império, onde renunciam a estender suas conquistas, os romanos consolidam as fronteiras alcançadas, construindo os *limites*, que são um conjunto de benfeitorias espalhadas em uma faixa mais ou menos profunda.

O elemento essencial do *limes* é uma estrada, aberta em zonas de bosques, ou elevada em zonas pantanosas, a fim de permitir a passagem dos exércitos. A fronteira é reforçada com um *fossatum* (escavação artificial, onde não existe a defesa natural de um rio) e com um *vallum* (um muro contínuo de madeira, terra ou pedra). Ao longo de seu percurso, ou mais recuadas, acham-se as instalações militares: acampamentos (*castra*), presídios menores (*castella*), bases fortificadas (*burgi* e *turres*); as cidades fortificadas nas retaguardas (*oppida*) colaboram com o sistema de defesa.

Os limites mais importantes dizem respeito às fronteiras setentrionais do império: o *limes* germânico, construído além do Reno e do Danúbio por Tibério, Germânico e Domiciano, que é, antes, um caminho de defesa ao longo de uma fronteira aberta (Fig. 402); o *limes* de Adriano, entre a Inglaterra e a Escócia que, ao contrário, é uma fortificação guarnecida (Fig. 400). O primeiro se estende por mais de 500 quilômetros, o segundo cerca de 110. Vistos dentro de um

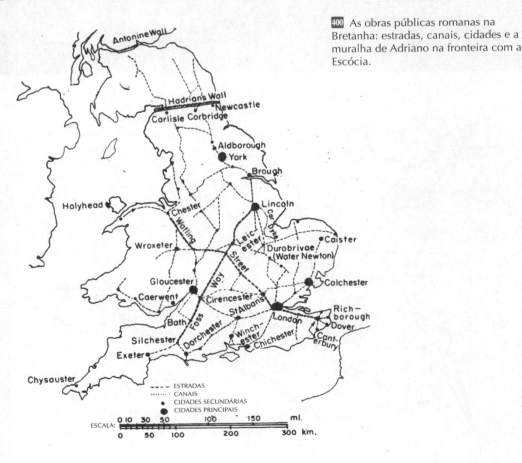

400 As obras públicas romanas na Bretanha: estradas, canais, cidades e a muralha de Adriano na fronteira com a Escócia.

quadro geral, devem ser considerados complementos artificiais para realizar a continuidade da fronteira marcada pelos mares, pelo Reno e pelo Danúbio; fica assim confirmada a analogia do império com a cidade, do orbe com a urbe. O império também tem suas estradas, suas muralhas, seus serviços em escala geográfica, como os da cidade em escala topográfica.

401 O palácio dos tribunos, no acampamento de Xanten (Castra Vetera), na Alemanha.

402 O *limes* romano na Alemanha, entre o Reno e o Danúbio.

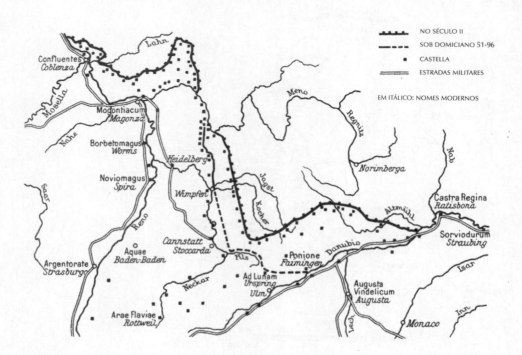

ROMA: A CIDADE E O IMPÉRIO MUNDIAL

Os sinais da colonização romana na paisagem de hoje: [403] o *limes* romano nas proximidades de Welzheim, no Württemberg e [404] a *centuriatio* romana na área rural emiliana.

A Colonização dos Territórios Agrícolas

Os traçados retilíneos das estradas principais servem de linhas de referência para a divisão racional do território cultivável (a *centuriatio*), onde esse é atribuído aos colonos romanos ou latinos enviados aos territórios de conquista.

A *centuriatio* está baseada numa grade de estradas secundárias (também chamadas *limites*): os *decumani*, paralelos à dimensão maior do território ou à estrada principal; os *cardines*, perpendiculares a esses e mais curtos. Uns e outros têm entre si 20 *actus* de distância (o *actus* é a unidade de medida agrária, correspondente a cerca de 35 metros), isto é, uns 700 metros, e determinam outros tantos lotes quadrados chamados *centuriae*, que têm a superfície de 200 *jugeri*, cerca de 50 hectares. Cada uma pode ser atribuída a um único proprietário, a dois, a quatro ou a um número maior; num caso (na colônia de Terracina de 329 a.C.), a cem proprietários.

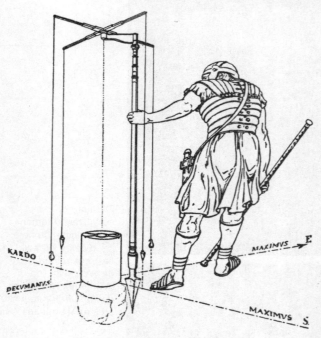

Essa operação é executada por técnicos especiais, os *agrimensori* ou *gromatici*, com um instrumento chamado *groma* (Fig. 405). Os textos a relacionam com a ciência augural etrusca e com a divisão do céu segundo as direções dos pontos cardeais. Mas a orientação dos *decumani* e dos *cardines* normalmente não segue os pontos cardeais e é inclinada para aproveitar da melhor maneira a forma do território. Da zona assim dividida, preparava-se uma planta em bronze, uma cópia da qual permanecia na capital do distrito da colônia e outra era enviada a Roma.

Os *limites*, como dissemos, são ao mesmo tempo fronteiras cadastrais e estradas públicas: realizam assim um imponente sistema de vias secundárias, sem precedentes no mundo antigo e que garantem a penetração capilar do sistema agrário, econômico e administrativo romano.

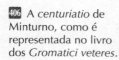

405 A *groma*, que servia para traçar os alinhamentos perpendiculares da *centuriatio* e dos planos das cidades. Era formada por quatro listéis de madeira, com cerca de 45 cm de comprimento, os quais sustinham quatro fios de prumo; a haste que os sustentava era fincada no terreno de maneira que o centro estivesse na vertical do aro gravado na pedra.

406 A *centuriatio* de Minturno, como é representada no livro dos *Gromatici veteres*.

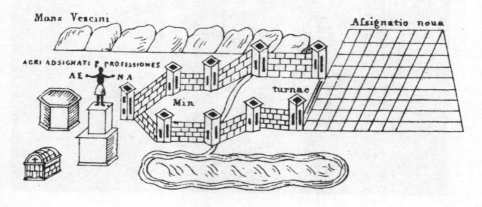

ROMA: A CIDADE E O IMPÉRIO MUNDIAL

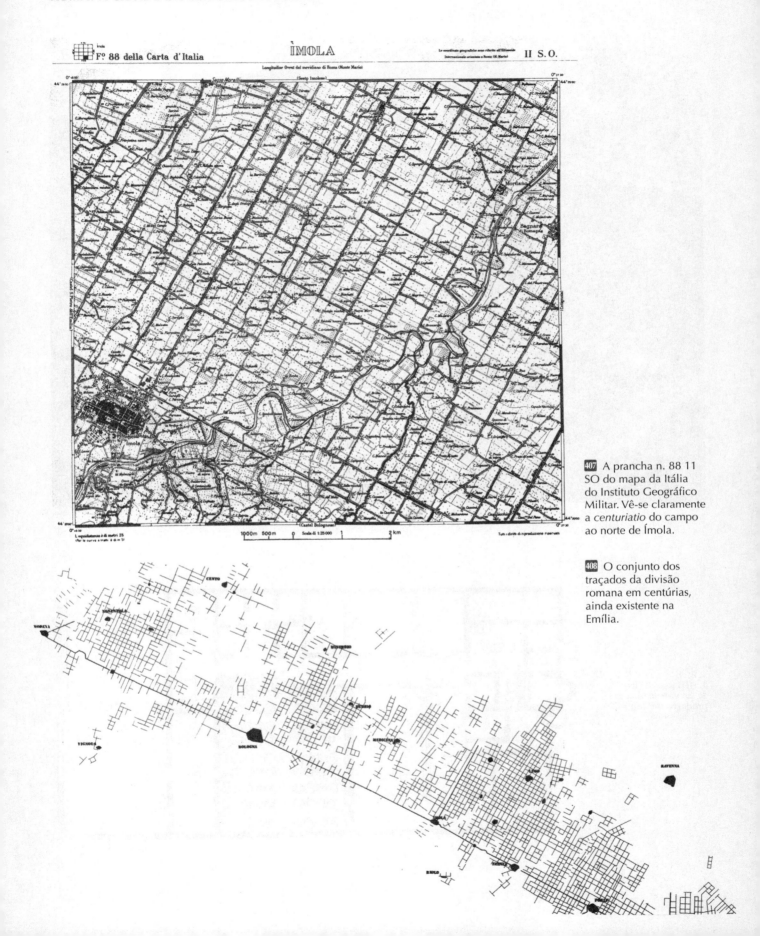

407 A prancha n. 88 II SO do mapa da Itália do Instituto Geográfico Militar. Vê-se claramente a *centuriatio* do campo ao norte de Ímola.

408 O conjunto dos traçados da divisão romana em centúrias, ainda existente na Emília.

1. Pátio
2. Depósito das jarras
3. *Torcularium* (sala da produção do vinho)
4, 5, 6. Termas

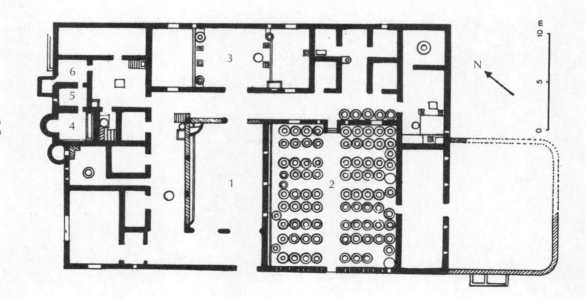

ROMA: A CIDADE E O IMPÉRIO MUNDIAL

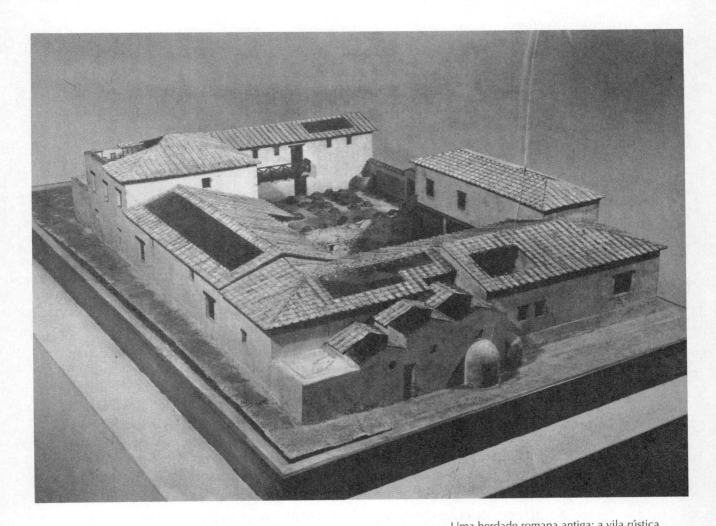

Uma herdade romana antiga: a vila rústica de Boscoreale na Campânia. 409 A planta, 410 411 duas vistas da maquete e 412 um carro agrícola (*plaustrum*) conservado num museu de Roma.

O quadriculado romano da *centuriatio* ainda é perfeitamente legível em muitas zonas planas do império e, sobretudo, na Itália Setentrional (Emília e Vêneto), nos arredores de Florença, na planície de Cápua, na Tunísia, na França Meridional (Figs. 404 e 407-408). De fato, os limites de propriedades, as estradas e os canais continuaram imitando essa trama mesmo depois do desaparecimento do antigo sistema agrícola.

As Novas Cidades

No projeto da *centuriatio* há referência a dois eixos principais, o *decumanus maximus* e o *cardo maximus*, que têm comprimento maior e se cruzam num ponto, considerado o centro ideal da colônia. Os textos antigos consideram o caso mais feliz quando os dois eixos da organização territorial coincidem com os dois eixos da cidade: desse modo, de fato, as estradas rurais que partem das portas da cidade são a continuação das urbanas.

O campo militar romano (Fig. 416) também é desenhado da mesma maneira; sabe-se que muitos campos se tornaram cidades permanentes e, por outro lado, os colonos enviados nas *centurationes* são, muitas vezes, veteranos militares. Outras colônias e cidades, ao contrário, são de origem civil e algumas foram fundadas antes que os romanos estabelecessem as regras para a disposição dos acampamentos. Portanto, as cidades romanas traçadas com um desenho regular, de origem militar ou civil, devem ser consideradas uma aplicação em escala urbana do método geral da *centuriatio*, isto é, um prosseguimento, simplificado e padronizado, da prática hipodâmica difundida no mundo helenístico.

A diferença de escala torna a grade da cidade conceitualmente distinta da grade territorial (na cultura clássica, as diversidades quantitativas importantes se tornam sempre diversidades qualitativas). De fato, em certos casos, a cidade e a subdivisão dos campos são feitos ao mesmo tempo e os eixos das estradas coincidem entre si; em outros casos, são feitos em tempos diferentes, e as duas grades podem também ser orientadas de maneira diferente. Num terreno inclinado os *decumani* estão dispostos horizontalmente e os *cardi*, segundo as linhas de inclinação máxima; ao longo de um rio ou de um mar, os *decumani* são paralelos à costa; os *cardi* são perpendiculares.

413 Exemplos de cidades traçadas com os dois eixos ortogonais, nas ilustrações do livro dos *Gromatici veteres*.

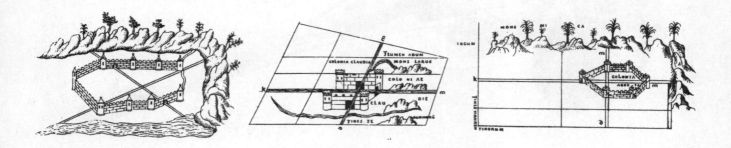

ROMA: A CIDADE E O IMPÉRIO MUNDIAL

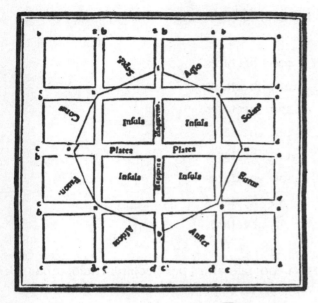
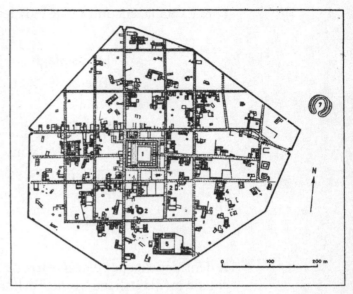

A cidade romana em tabuleiro de xadrez, 414 no tratado de Vitrúvio (de uma ilustração de 1536) e num exemplo real: 415 Silchester na Bretanha.

1. Foro; 2. Templos; 3. Recinto sagrado;
4. Termas; 5. Quartel; 6. Lojas; 7. Anfiteatro;
8. Templo?

Naturalmente, a grade da cidade é mais elástica e mais variável do que a territorial; os edifícios – quadrados ou retangulares quase quadrados – têm dimensões de 70 x 70 a 150 x 150 metros; a regularidade da grade é, muitas vezes, interrompida por ruas curvas, sobretudo para ligar-se às pontes construídas em pontos obrigatórios; um ou mais quarteirões centrais podem ser modificados ou suprimidos a fim de dar lugar ao foro e a outros edifícios públicos. Em geral, o perímetro defendido pelas muralhas é um retângulo que envolve um bloco compacto de quarteirões. Em posição periférica, imediatamente dentro ou fora dos muros, encontra-se o anfiteatro.

As cidades fundadas pelos romanos têm medidas variáveis, de 15 a 200 hectares e mais. Na Itália, a maior cidade depois de Roma é Cápua, com 180 hectares; entre as cidades novas, seguem-se, na ordem:

Milão	133	hectares
Bolonha	83	hectares
Turim	47	hectares
Verona	45	hectares
Aosta	41	hectares
Rimini	34	hectares
Florença	22	hectares
Pula	16	hectares

Fora da Itália, encontram-se cidades novas ainda maiores:

Leptis Magna	400	hectares
Trier	285	hectares
Nîmes	220	hectares
Viena	200	hectares
Londres e Lyon	140	hectares
Colônia	100	hectares
Cádiz	80	hectares
Paris	55	hectares

A densidade da população varia de 250 a 500 habitantes por hectare; então, uma cidade média italiana, como Turim, Verona, Aosta, podia abrigar cerca de 20.000 habitantes; Milão, Londres e Lyon, 50.000 habitantes; Leptis Magna, 100.000 habitantes. De qualquer forma, são números sempre distantes dos números das grandes cidades do império oriental anteriores à conquista romana: Alexandria, a capital econômica, com 900 hectares e uma população de 500.000 a 1.000.000 de habitantes, não longe do milhão da Roma imperial; Cartago com 305 hectares e 200.000-300.000 habitantes; Antioquia, mais ou menos com o mesmo tamanho.

As cidades *ex-novo* fundadas pelos romanos na Itália e na parte ocidental do império são numerosíssimas e continuaram a funcionar como bases fortificadas ou centros de reunião da população, mesmo depois da queda do império. Assim, quase todas as cidades importantes italianas e algumas das mais importantes da Europa – Paris, Londres, Viena, Colônia etc. – surgem no lugar de uma cidade romana e conservam, no núcleo mais interno, a marca da grade dos *decumani* e dos *cardi* (Figs. 418-419).

ROMA: A CIDADE E O IMPÉRIO MUNDIAL

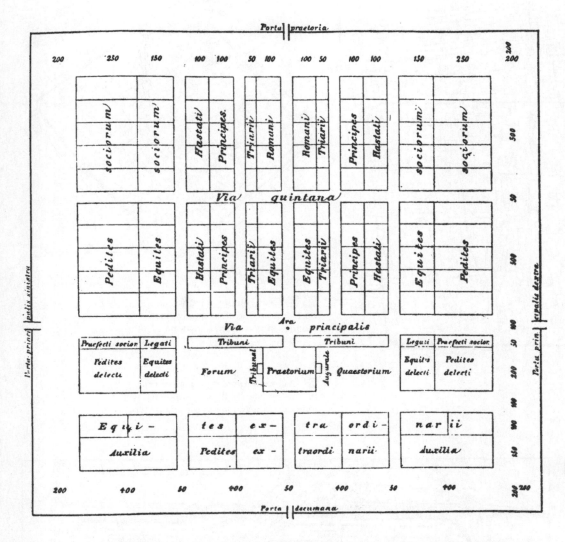

416 O campo militar romano segundo a descrição de Políbio.

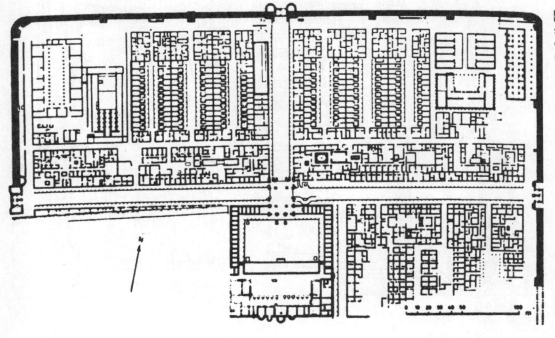

417 A parte setentrional do campo de Lambésis na África.

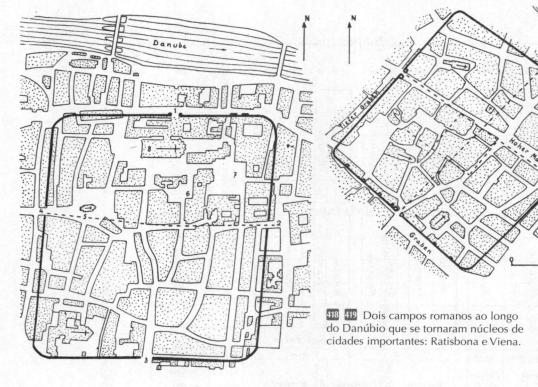

418 419 Dois campos romanos ao longo do Danúbio que se tornaram núcleos de cidades importantes: Ratisbona e Viena.

420 O campo romano de Lauriacum na Áustria (século III d.C.), hoje no interior, no percurso da estrada de ferro Viena-Linz.

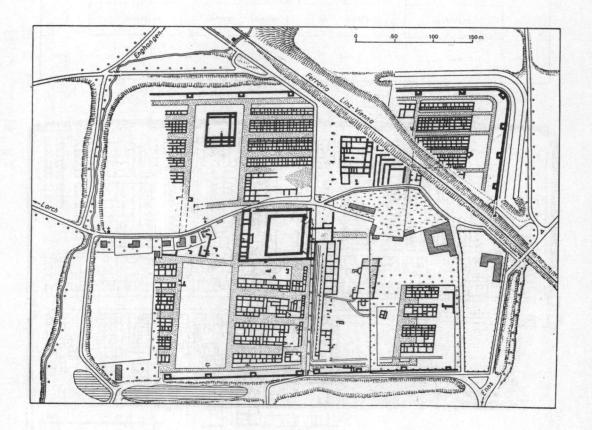

ROMA: A CIDADE E O IMPÉRIO MUNDIAL

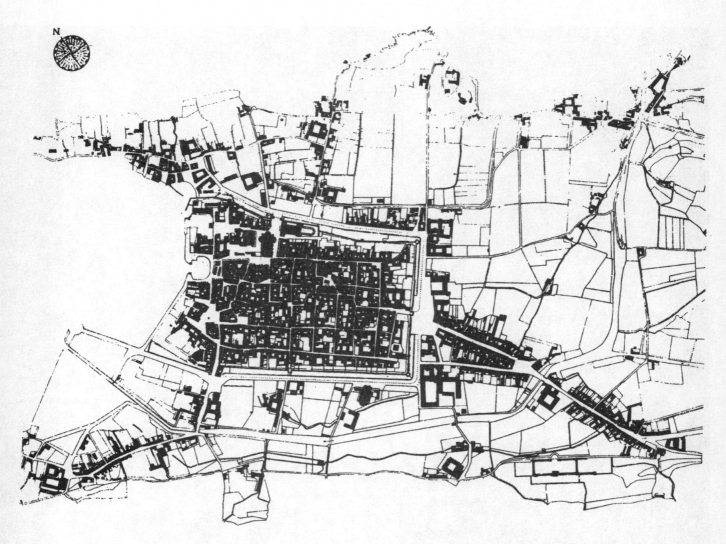

421 Planta cadastral de 1858 e **422** vista aérea da cidade de Como; distingue-se claramente o campo romano, sobre o qual surgiu o centro da cidade.

ROMA: A CIDADE E O IMPÉRIO MUNDIAL

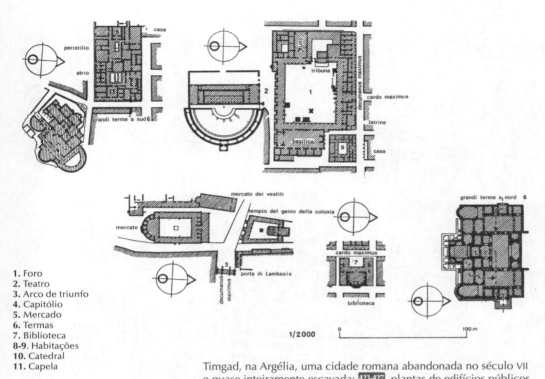

1. Foro
2. Teatro
3. Arco de triunfo
4. Capitólio
5. Mercado
6. Termas
7. Biblioteca
8-9. Habitações
10. Catedral
11. Capela

Timgad, na Argélia, uma cidade romana abandonada no século VII e quase inteiramente escavada; 423-427 plantas de edifícios públicos e 428 vista aérea.

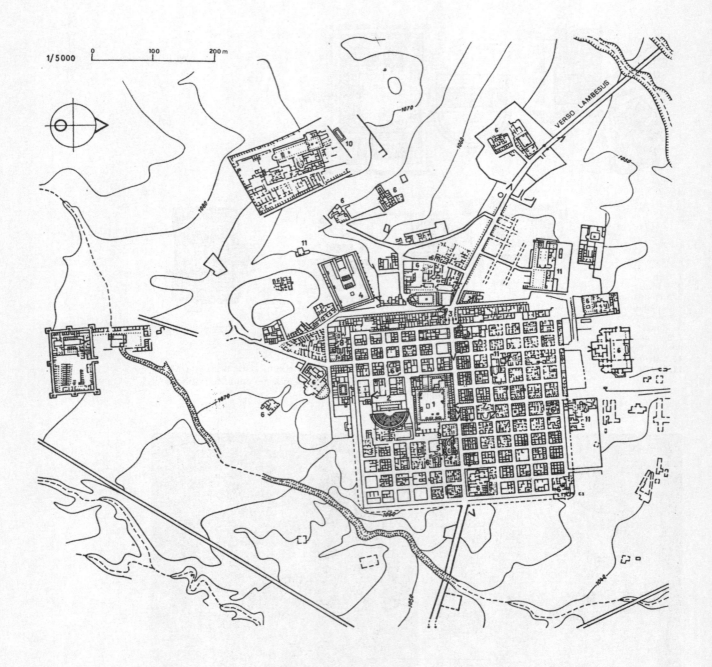

428 Timgad, Argélia, planta geral da cidade.

ROMA: A CIDADE E O IMPÉRIO MUNDIAL

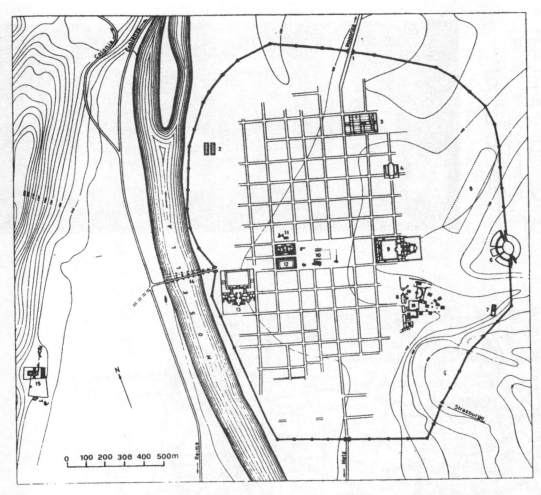

1. Porta Nigra; **2.** Horrea; **3.** Catedral de Constantinopla; **4.** Basílica; **5.** Circo Máximo; **6.** Anfiteatro; **7.** Templo de Herrenbrunchen; **8.** Recinto do templo do Altbach; **9.** Termas imperiais; **10.** Foro; **11.** Palácio de Vitorino; **12.** Palácio; **13.** Termas de Santa Bárbara; **14.** Ponte romana; **15.** Santuário de Lenus-Marte.

430-432 Trier, uma das capitais regionais do fim do império. A cidade e as termas imperiais do século IV (n. 9 na legenda).

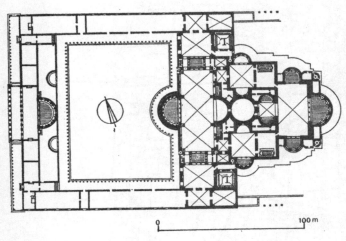

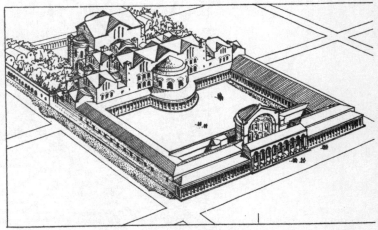

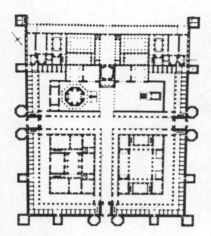

433 434 O palácio do imperador Diocleciano em Split, na Croácia (cerca de 300 d.C.).

435 A situação atual de Ravena (folha 86 do mapa da Itália do Instituto Geográfico Militar). Antigamente, a cidade se encontrava sobre o mar – que agora dista oito quilômetros – e toda a zona sudoeste era ocupada por uma laguna.

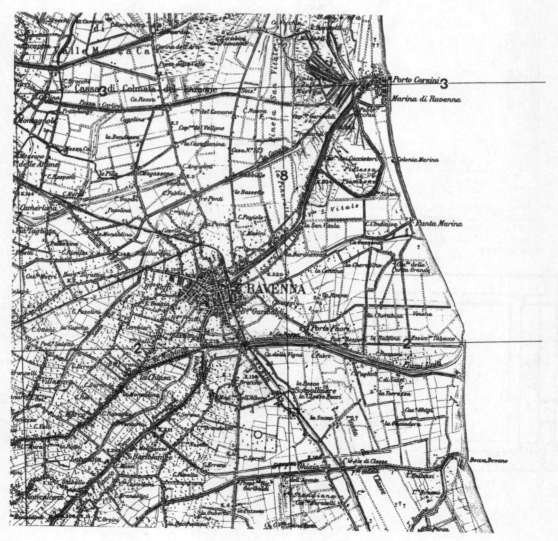

ROMA: A CIDADE E O IMPÉRIO MUNDIAL

Desde o fim do século III d.C., Roma perde o caráter de capital única. Os tetrarcas que repartem com Diocleciano a administração do império residem em Nicomédia, na Bitínia; em Milão; em Sírmio, no Danúbio; e em Trier, no Reno.

No século IV, Constantino transfere a capital do império de Roma para Bizâncio, que toma o nome de Constantinopla. No fim do século, Teodósio divide definitivamente o império nas duas metades, ocidental e oriental, tendo como capitais Ravena e Constantinopla.

Vamos considerar essas duas últimas cidades que, de maneira duradoura, sucedem à capital, Roma, e são as últimas grandes criações urbanas da Antiguidade.

Ravena é uma cidade romana secundária, entre os pântanos costeiros da Emília--Romanha. Augusto manda construir, a cerca de três quilômetros da cidade, no ponto mais profundo da laguna, o porto militar de Classe; assim, defendida por terra, a cidade fica ligada por mar a todo o mundo mediterrânico e, por isso, Honório a escolhe, em 402 d.C., como nova capital do Império do Ocidente; depois, torna-se a capital do Reino Ostrogodo e das províncias bizantinas na

1. Basílica de Santa Ágata; 2. Catedral, capela arquiepiscopal; 3. Igreja de São Salvador; 4. Basílica de Santo Apolinário Novo; 5. Basílica de São João Evangelista; 6. Basílica de São Vital; 7. Mausoléu de Gala Placídia; 8. Batistério dos Arianos; 9. Mausoléu de Teodorico; 10. São João Batista; 11. Santa Maria Maior; 12. São Francisco; 13. O palácio dito de Teodorico; 14. Santa Cruz.

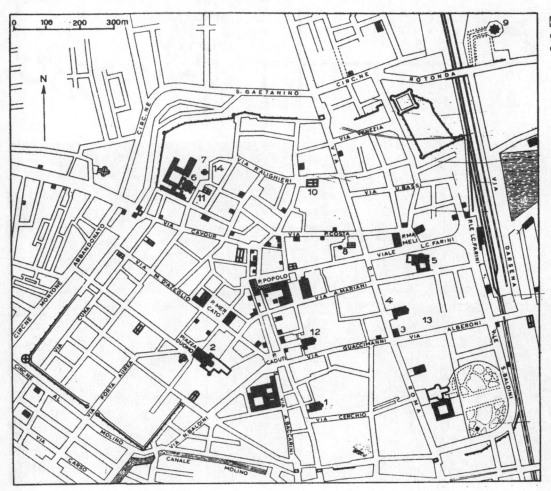

436 Planta de Ravena, com os monumentos da Antiguidade.

Itália e, nesse período – dos séculos IV ao VI d.C. –, alcança seu desenvolvimento máximo (o anel de muralhas se conserva até o século passado; Figs. 435-436). Os palácios imperiais e reais desapareceram, mas permanecem as igrejas – Santo Apolinário em Classe, Santo Apolinário Novo, São Vital, os dois batistérios – que formam o grupo mais importante de monumentos do fim da Antiguidade na Itália; os exteriores são simples, mas os interiores são revestidos com esplêndidas decorações de mármore e com mosaicos: os acabamentos planos e coloridos se desenvolvem até cobrir e transformar as estruturas edificadas (Fig. 440). Ravena permanece ligada à sorte do domínio bizantino na Itália, fica então apartada do desenvolvimento histórico subsequente e, sob o governo papal, torna-se uma tranquila cidade de província, notável somente pelas memórias de sua história gloriosa (hoje, é um centro industrial em pleno desenvolvimento: os estabelecimentos modernos invadem os antigos pântanos e circundam os frágeis monumentos do passado).

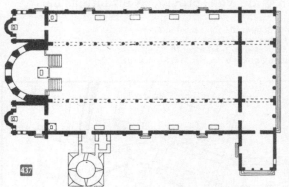 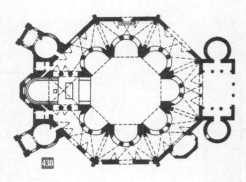

437 Planta da igreja de Santo Apolinário em Classe, em Ravena, consagrada em 549 d.C. (em branco, o campanário redondo, adicionado no século X).

A igreja de São Vital, em Ravena, consagrada em 547 d.C.; **438** planta, **439** exterior e **440** interior.

ROMA: A CIDADE E O IMPÉRIO MUNDIAL

441 Um capitel da igreja de Santo Apolinário em Classe.

442 443 O palácio imperial e o porto de Classe, representados nos mosaicos de Santo Apolinário Novo, em Ravena.

ROMA: A CIDADE E O IMPÉRIO MUNDIAL

Bizâncio já é uma das cidades coloniais gregas mais importantes e mais ricas, favorecida pela sua excepcional posição geográfica, sobre o promontório que domina o estreito de Bósforo, entre o Mar Negro e o Mediterrâneo. Constantino a transforma entre 326 e 330 d.C.: divide-a em quatorze regiões, como Roma, e constrói novas muralhas circundantes, quadruplicando a superfície anterior. Em 414 d.C., Teodósio aumenta-a ainda mais, construindo novas muralhas mais a montante; assim, Constantinopla alcança uma extensão de cerca de 1400 hectares (mais ou menos igual à de Roma dentro da Muralha Aureliana) e uma população de cerca de meio milhão de habitantes (Fig. 445).

Os muros de Teodósio assinalam o limite definitivo da cidade até os tempos modernos. Em seu interior, ao contrário, continuam as transformações: Constantino reorganiza, no núcleo da antiga acrópole, o Palácio Imperial e o hipódromo (como o Capitólio, o Palatino e o Circo Máximo em Roma) e abre um foro entre a cidade velha e a nova. Teodósio constrói um novo foro ainda maior no centro da área habitada e aumenta o porto. Depois do incêndio de 532 d.C., Justiniano reconstrói o palácio e, nas proximidades, ergue a grande igreja imperial de Santa Sofia, sintetizando novamente as experiências artísticas de todo o mundo mediterrânico (Figs. 446-452 e 454-455). O sistema da cobertura em abóboda e do acabamento em materiais preciosos – mármores, mosaicos de vidro, alfaias de metal – alcança um novo equilíbrio, diferente do antigo e que, daí por diante, vai durar em todo o Oriente: começa então o novo ciclo das arquiteturas bizantina, árabe e persa. Na parte mais externa da cidade, Justiniano constrói outra igreja famosa, a dos Santos Apóstolos, sobre o local da tumba de Constantino: foi destruída, mas serviu de modelo para a basílica de São Marcos em Veneza.

Ao que se sabe, a cidade cresceu ao redor desses monumentos com a mesma densidade e a mesma desordem de Roma. Uma lei de 476 d.C. estabelece que todas as novas ruas tenham pelo menos 3,5 metros de largura; poucas estradas – duas ao longo das margens e uma sobre a parte posterior do promontório, ramificada em Y – são mais importantes e mais largas. A água chega através de vários aquedutos – na maioria subterrâneos, antecipando-se a um assalto inimigo – e é armazenada em vastas cisternas, descobertas ou subterrâneas.

Constantinopla permanece a capital do Império do Oriente até o século XV. Os cruzados, que saqueiam a cidade em 1204, ficam maravilhados diante de uma metrópole maior e mais rica do que qualquer outra da Europa. Os turcos conquistaram-na em 1435; Constantinopla se torna sua capital, Istambul, ainda hoje uma das cidades mais importantes do mundo oriental.

Constantinopla: 444 personificação da cidade em uma moeda de Constâncio II. 445 Planta com a divisão em 14 regiões.

ROMA: A CIDADE E O IMPÉRIO MUNDIAL

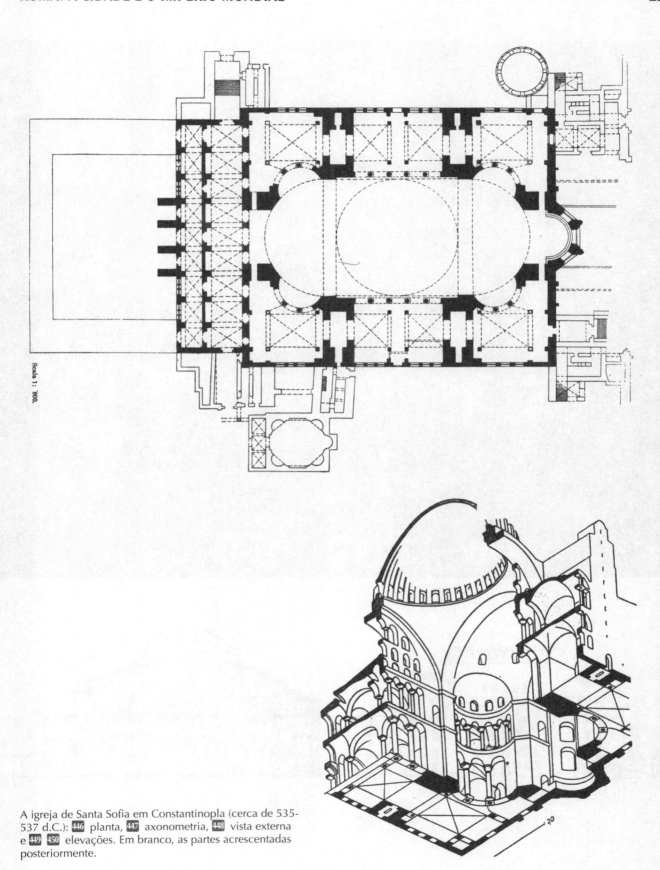

A igreja de Santa Sofia em Constantinopla (cerca de 535-537 d.C.): 446 planta, 447 axonometria, 448 vista externa e 449 450 elevações. Em branco, as partes acrescentadas posteriormente.

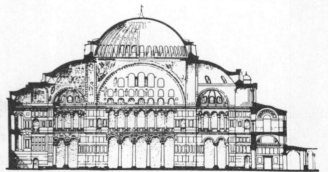

451 **452** A cúpula de Santa Sofia, que desabou em 558 e foi reconstruída em 562 d.C.

453 O imperador de Bizâncio, da *Cosmographia* de Sebastião Münster (1543).

454 455 Um detalhe do interior de Santa Sofia em Constantinopla e uma vista do grande vão, transformado em mesquita (litografia de 1852).

ROMA: A CIDADE E O IMPÉRIO MUNDIAL

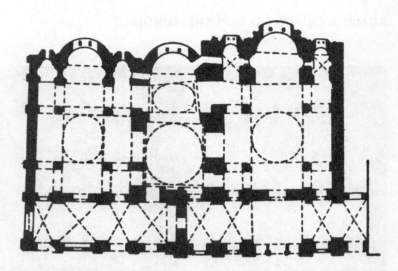

O complexo religioso do Pantocrátor, construído no século XII: 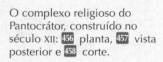 456 planta, 457 vista posterior e 458 corte.

ROMA: A CIDADE E O IMPÉRIO MUNDIAL

459 O conjunto do Pantocrátor como é hoje, no centro de um bairro degradado de Istambul.

ROMA: A CIDADE E O IMPÉRIO MUNDIAL

460 **461** Duas vistas de Constantinopla no fim do Império, da *Crônica Mundial*, de Schedel (1493).

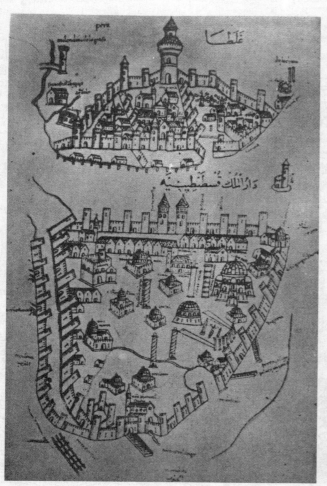

462 Vistas de Constantinopla no século XV, de *O Livro das Ilhas*, de C. Buondelmonti.

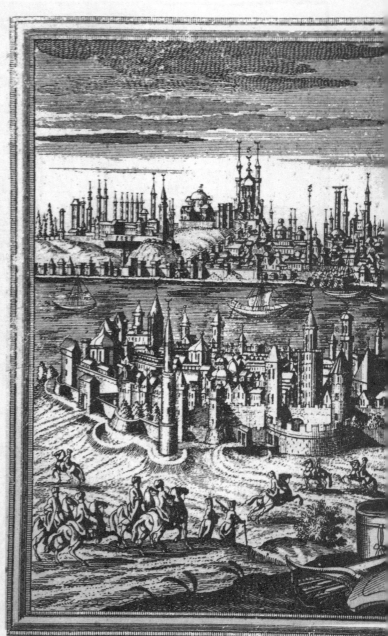

463 Vista de Constantinopla no século XVIII; Santa Sofia – desenhada fantasiosamente – se acha no número 3.

ROMA: A CIDADE E O IMPÉRIO MUNDIAL

ROMA: A CIDADE E O IMPÉRIO MUNDIAL

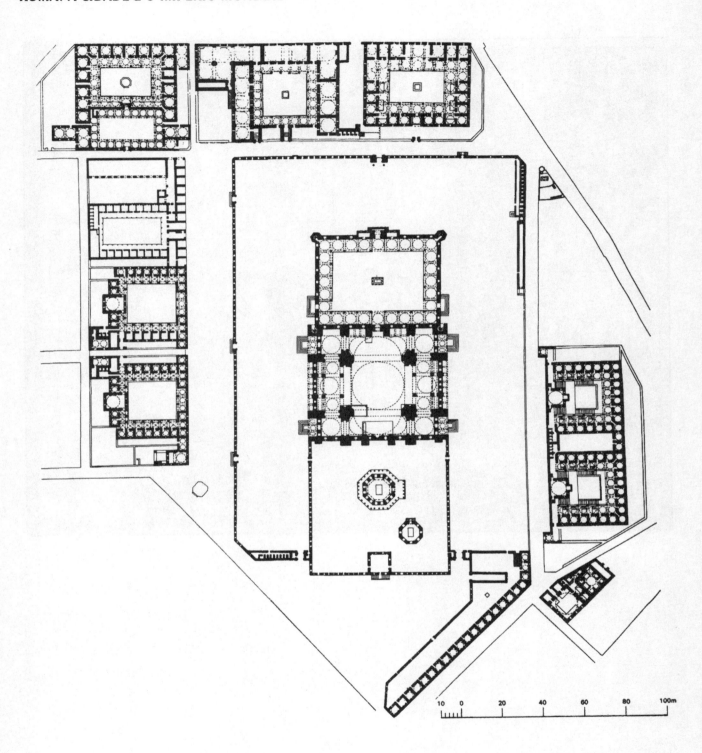

464 465 A mesquita de Suleiman, o mais importante monumento construído pelos turcos em sua capital, na metade do século XVI.

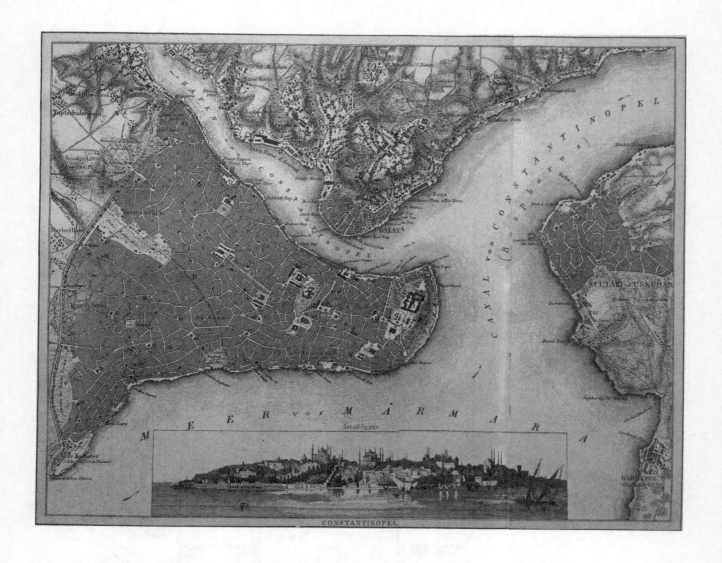

466 Mapa de Constantinopla (rebatizada com o nome de Istambul pelos turcos) no século XIX.

467 Vista do estreito de Bósforo do século XIX com o promontório sobre o qual se encontram as mesquitas e o palácio do sultão.

468 Constantinopla na paisagem dos Dardanelos e do Mar de Mármara; gravura de 1705.

AS CIDADES MUÇULMANAS

A pós a queda do Império Romano, a unidade do mundo mediterrânico é interrompida por causa da expansão da civilização islâmica.

Os árabes invadem as costas do Mediterrâneo na metade do século VII; encontram, primeiramente, as zonas fortemente urbanizadas do Oriente helenístico, apoderam-se das cidades existentes – Alexandria, Antioquia, Damasco, Jerusalém – e adaptam-nas às suas exigências: Damasco se torna a primeira capital dos califas omíadas (de 660-750 d.C.) e, no recinto sagrado da cidade, surge a primeira mesquita (Figs. 469-471).

Mais tarde, nos novos territórios conquistados a leste e a oeste, os árabes preferem fundar uma série de cidades novas: Kairouan, na Tunísia, em 670; Shiraz, na Pérsia, em 674; Bagdá – a nova capital dos califas abássidas –, na Mesopotâmia, em 762; Fez, no Marrocos, em 808; e Cairo, no Egito, em 969; quando passam para a Espanha (em 711) e para a Sicília (em 827), escolhem como capitais as cidades – até então secundárias – de Córdoba e de Palermo, transformando-as em grandes metrópoles, com centenas de milhares de habitantes.

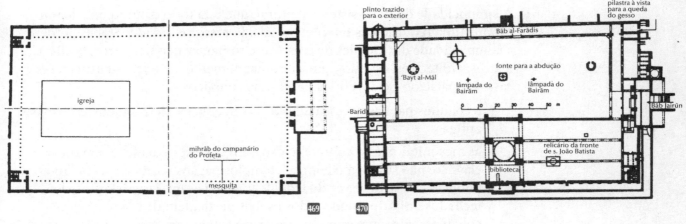

A grande mesquita de Damasco: 469 o recinto originário, onde estavam, juntas, a igreja e a mesquita, 470 e o santuário construído depois de 705 d.C.

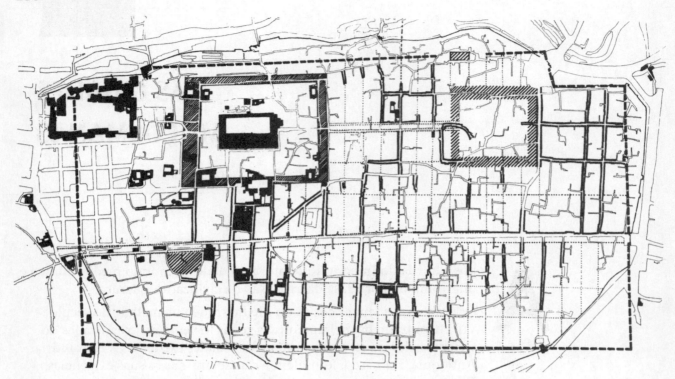

471 O centro da cidade de Damasco com a grande mesquita; o tecido da cidade árabe se implanta sobre o traçado hipodâmico da cidade helenística, destruindo sua realidade. Em preto, os monumentos da cidade árabe; em tracejado, aqueles desaparecidos da cidade helenística.

As cidades fundadas ou transformadas pelos árabes, entre o Atlântico e a Índia, são muito semelhantes entre si e conservaram sua estrutura original até a época moderna. Mantêm uma das características fundamentais das cidades do mundo antigo, já mencionadas: todas as edificações – casas, palácios, edifícios públicos – formam uma série de recintos sobre os quais os ambientes internos se debruçam, e não sobre o espaço externo. As praças são recintos maiores – ágoras, foros, mercados – e não se confundem com as ruas, que são corredores suficientes apenas para a passagem dos pedestres e carros (as grandes ruas ladeadas de pórticos das cidades helenísticas são excepcionais, comparáveis a praças alongadas). Mas além dessa continuidade é preciso considerar algumas diferenças importantes.

1. A simplicidade do novo sistema cultural, que está todo contido no Alcorão, produz uma redução das relações sociais. Por isso, as cidades árabes perdem a complexidade das cidades helenísticas e romanas: não têm foros, basílicas, teatros, anfiteatros, estádios, ginásios, mas somente habitações particulares – casas ou palácios – e dois tipos de edifícios públicos:

    a. os banhos para as necessidades do corpo, que correspondem às termas antigas;

    b. as mesquitas para o culto religioso, sem correspondentes no mundo clássico: não se assemelham aos templos pagãos (edifícios fechados ao público, que se deve ver do lado de fora) ou às igrejas cristãs (espaços fechados unitários, onde todos os fiéis participam de uma cerimônia coletiva), mas são pátios com pórticos, sendo um mais profundo, dividido por muitas fileiras de colunas, onde os fiéis, individualmente ou em grupos, encontram um local isolado para rezar.

AS CIDADES MUÇULMANAS

2. Abandona-se a regularidade em grande escala das cidades helenísticas e romanas, e sequer existe uma administração municipal para impô-la. O Islã acentua o caráter reservado e secreto da vida familiar. As casas são quase sempre de um andar só (como prescreve a religião), e a cidade se torna um amontoado de casas que não revelam, do exterior, sua forma e sua importância. As ruas são estreitas (sete pés, diz uma regra de Maomé) e formam um labirinto de passagens tortuosas – muitas vezes também cobertas – que levam às portas das casas, mas não permitem uma orientação e uma visão de conjunto do bairro. Também as lojas dos comerciantes não são agrupadas em uma praça, mas são alinhadas em uma ou mais ruas, cobertas ou descobertas, formando o bazar. Nesse tecido urbano irregular se abrem – e adquirem grande valor – os grandes pátios regulares das mesquitas.

3. A cidade se torna um organismo compacto, fechado por um ou mais anéis de muralhas que a diferenciam em vários recintos (o mais interno se chama *medina*). Cada grupo étnico ou religioso tem seu bairro distinto, e o príncipe reside numa zona periférica (*maghzen*), protegida dos tumultos. A porta de entrada (*bab*) é muitas vezes um edifício monumental e complicado (com uma porta externa, um ou mais pátios intermediários e uma porta interna) e funciona como vestíbulo para a cidade inteira. De fato, depois da porta interna começa a rede das ruas, onde não mais são possíveis o encontro e a parada.

4. A religião proíbe representar a forma humana, portanto impede o desenvolvimento das artes figurativas – escultura e pintura – tal como eram entendidas na Antiguidade; usa-se, ao contrário, uma decoração abstrata, composta de figuras geométricas e de sinais da escrita, fortemente integrada com a arquitetura. Seus motivos são difundidos em todo o mundo islâmico, com notável uniformidade (Figs. 513-514).

472 **473** O Império Romano – que circunda o Mediterrâneo – e o território conquistado pelos árabes, que corta em duas partes o Mediterrâneo.

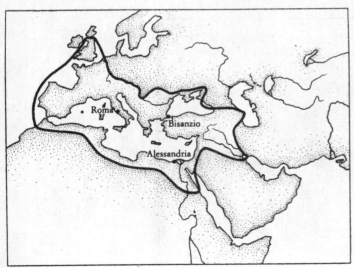

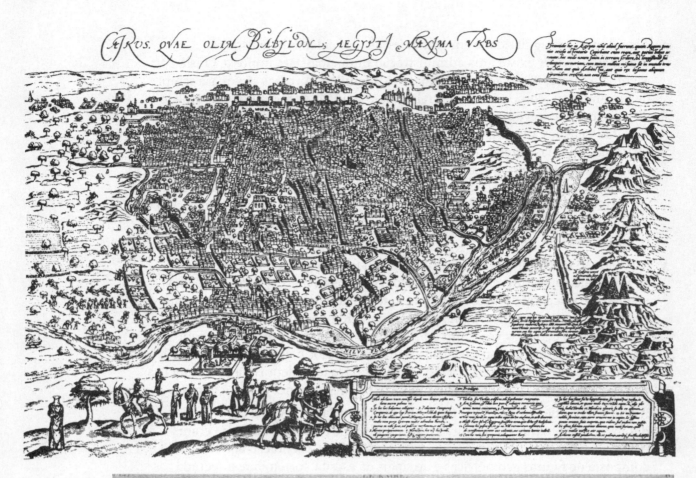

Cairo: 474 vista do século XVII e 475 planta levantada pelos franceses durante a expedição napoleônica em fins do século XVIII.

AS CIDADES MUÇULMANAS

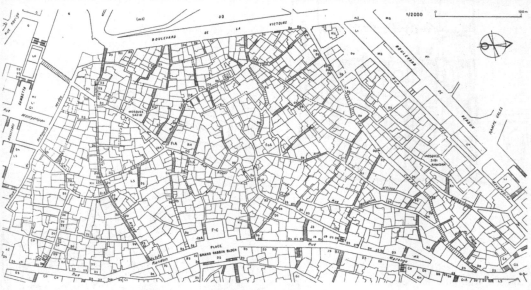

476 A casbá de Argel. Maquete executada pelos franceses no momento da conquista (1830).

477 A casbá de Argel como é hoje, englobada na rede de estradas da cidade europeia.

478 **479** **480** Planta de uma casa de casbá (rua Kherredin, n. 5)

1. Entrada; **2.** Pátio; **3.** Cozinha; **4.** Latrina; **5.** Quartos de dormir; **6.** Terraço.

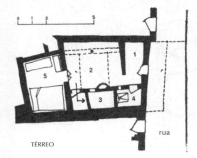

TÉRREO

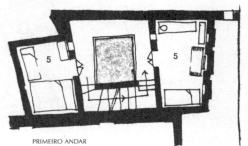

PRIMEIRO ANDAR

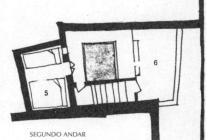

SEGUNDO ANDAR

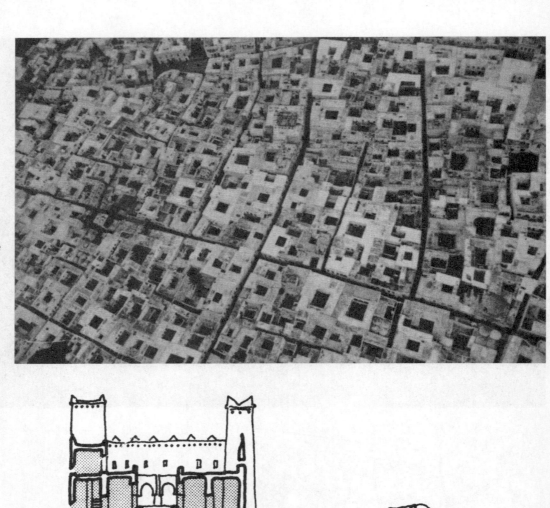

481 Vista aérea do tecido urbano de Trípoli; toda casa tem um pátio particular, grande ou pequeno, e se debruça sobre ele.

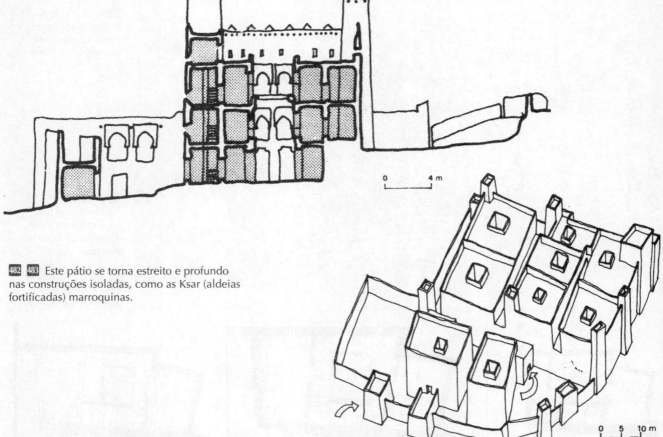

482 **483** Este pátio se torna estreito e profundo nas construções isoladas, como as Ksar (aldeias fortificadas) marroquinas.

AS CIDADES MUÇULMANAS

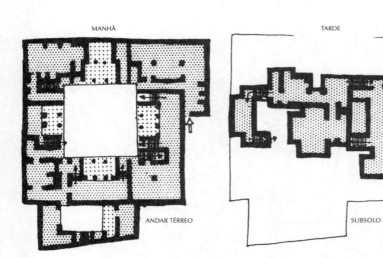

MANHÃ — ANDAR TÉRREO
TARDE — SUBSOLO
NOITE — PRIMEIRO ANDAR

484 485 486 487 488 Os quartos estão distribuídos em torno do pátio de modo a permitir um uso muito elástico, variável segundo os períodos do dia e conforme as estações (os desenhos representam uma casa de Bagdá).

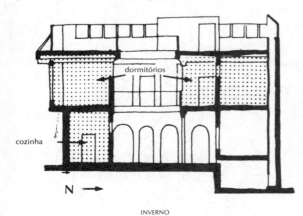

INVERNO

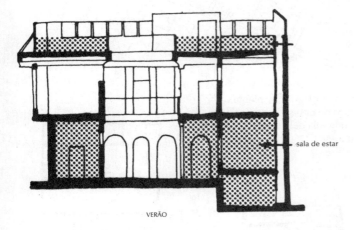

VERÃO

489 490 491 492 A distribuição dos pátios, dos quartos e dos pórticos, com coberturas em diferentes níveis, permite uma ventilação para mitigar o clima muito quente (os exemplos são tomados em toda a faixa próxima aos desertos, desde o Marrocos até o Afeganistão).

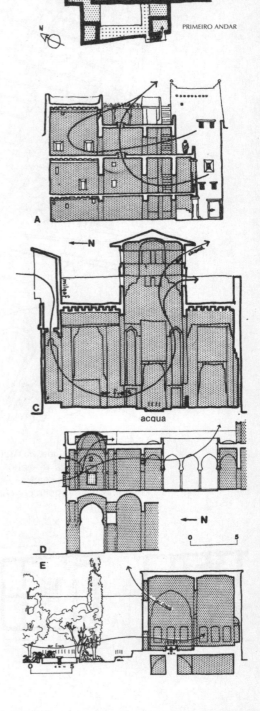

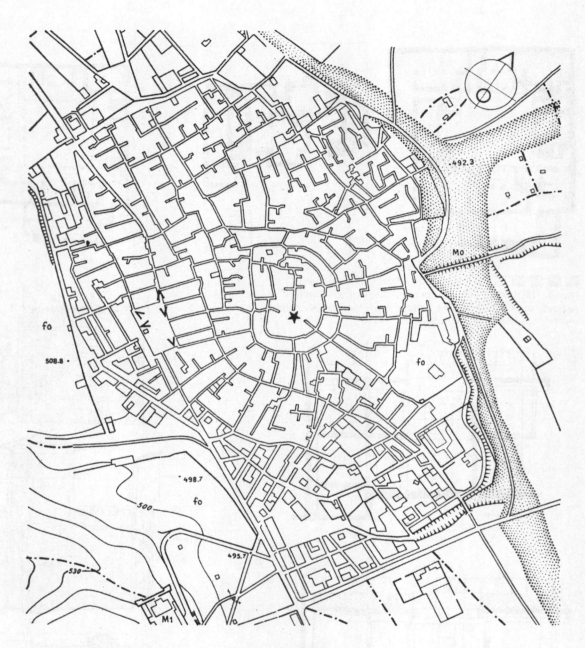

A cidade de Ghardaia, na Argélia, fundada em 1035: 493 planta, 494 vista aérea e 495 desenhos de dois tipos de casas, de dois andares e de um andar. No centro – na posição indicada pela estrela – encontra-se a mesquita com um alto minarete.

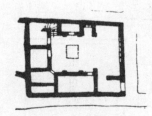 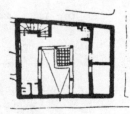 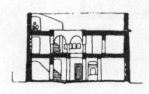 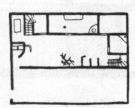

escala 1:500

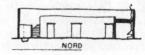

AS CIDADES MUÇULMANAS

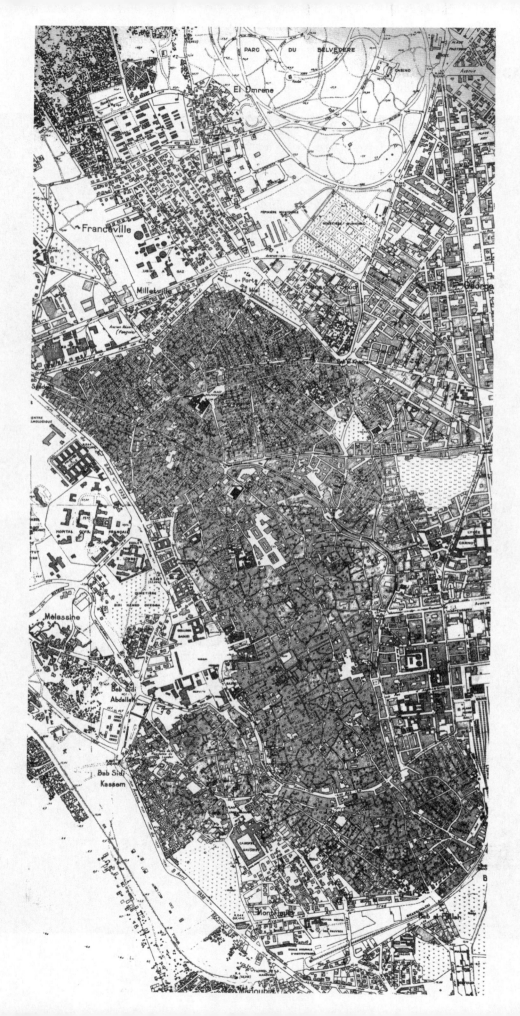

496 Cidade árabe de Túnis, cercada pelos bairros dos colonizadores franceses: escala 1:13.000.

AS CIDADES MUÇULMANAS

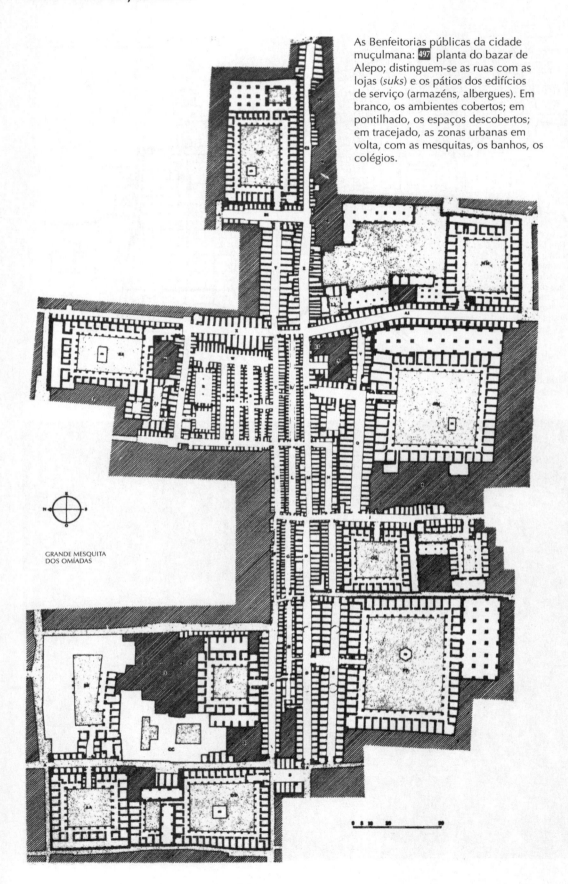

As Benfeitorias públicas da cidade muçulmana: 497 planta do bazar de Alepo; distinguem-se as ruas com as lojas (*suks*) e os pátios dos edifícios de serviço (armazéns, albergues). Em branco, os ambientes cobertos; em pontilhado, os espaços descobertos; em tracejado, as zonas urbanas em volta, com as mesquitas, os banhos, os colégios.

GRANDE MESQUITA DOS OMÍADAS

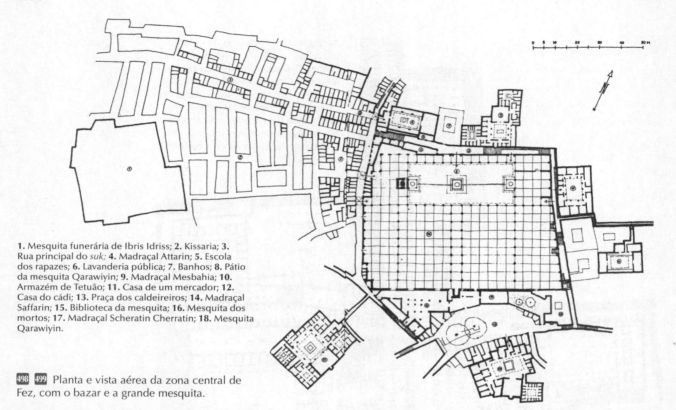

1. Mesquita funerária de Ibris Idriss; 2. Kissaria; 3. Rua principal do *suk;* 4. Madraçal Attarin; 5. Escola dos rapazes; 6. Lavanderia pública; 7. Banhos; 8. Pátio da mesquita Qarawiyin; 9. Madraçal Mesbahia; 10. Armazém de Tetuão; 11. Casa de um mercador; 12. Casa do cádi; 13. Praça dos caldeireiros; 14. Madraçal Saffarin; 15. Biblioteca da mesquita; 16. Mesquita dos mortos; 17. Madraçal Scheratin Cherratin; 18. Mesquita Qarawiyin.

498 499 Planta e vista aérea da zona central de Fez, com o bazar e a grande mesquita.

AS CIDADES MUÇULMANAS

Com essas características, a cidade árabe se parece mais com as cidades orientais antes do helenismo (poderemos fazer uma comparação com Ur, a primeira cidade ilustrada nesse livro); o Islã interrompe a colonização, pelos gregos e romanos, do Oriente Médio e do Mediterrâneo e faz aflorar a tradição mais antiga das regiões onde, há quatro mil anos, se iniciara a aventura da civilização. Do século VIII ao século XII, essa área se torna novamente o coração civilizado do antigo continente, o ponto de distribuição entre Europa, Ásia e África.

Nesse período, as cidades árabes são as maiores e mais ricas do mundo. Bagdá – fundada em 762, segundo um ambicioso plano urbanístico circular, com mais de 2,5 quilômetros de diâmetro, destruída pelos mongóis em 1258 e reconstruída no mesmo lugar sem reproduzir a regularidade original – teve mais de um milhão de habitantes e, por longo tempo, foi o primeiro centro do comércio e da cultura mundial. As capitais dos Estados periféricos, fundados no Ocidente e no Oriente, são um pouco menos grandiosas e equipadas. Córdoba, na Espanha (Figs. 502-506), e Palermo, na Sicília (Figs. 515-516), contam com várias centenas de milhares de habitantes, espalhados em vastíssimas áreas entre jardins e pomares.

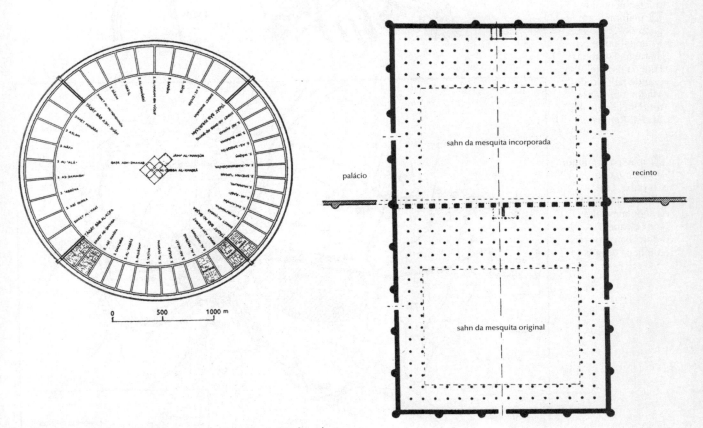

500 Planta da cidade circular de Bagdá, projetada e iniciada pelo califa Al Mansur, em 762 d.C.; 501 planta da grande mesquita de Bagdá.

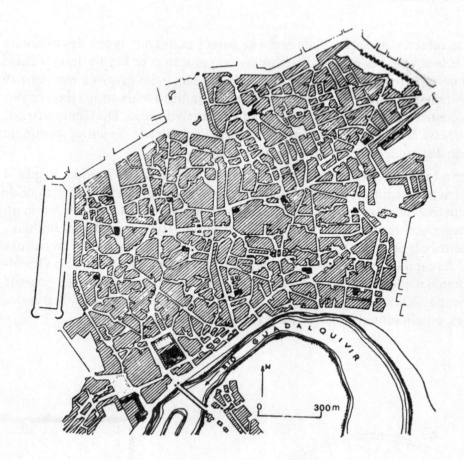

502 Planta do núcleo central e **503** planimetria geral de Córdoba, a capital do reino árabe na Espanha. Fora da cidade, o grande palácio de Madinat-al-Zahra, residência do califa Abd-al-Rahman.

504 (página seguinte) Vista aérea de Córdoba. Em primeiro plano, a grande mesquita com a capela edificada pelos reis católicos no século XVI.

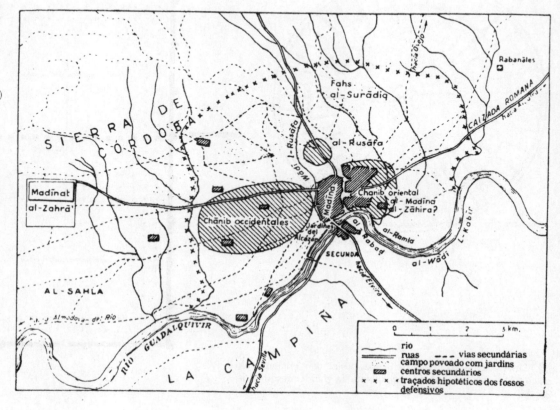

AS CIDADES MUÇULMANAS

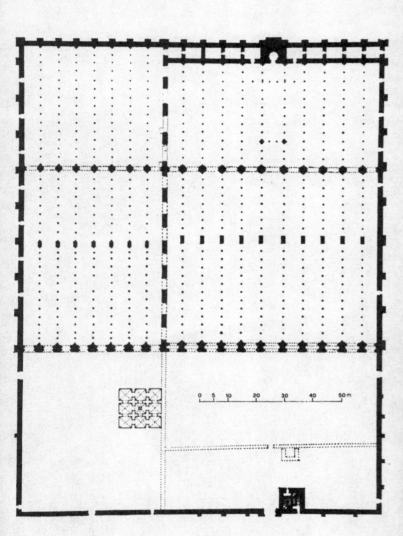

505 Planta e 506 vista interna da grande mesquita de Córdoba, na Espanha.

AS CIDADES MUÇULMANAS

507 Planta e 508 vista da cidade de Toledo, fundada pelos árabes na Espanha; no lugar da mesquita, encontra-se agora a catedral.

509 (página seguinte) As casas do bairro árabe em Sevilha, vistas do alto da torre da catedral.

AS CIDADES MUÇULMANAS

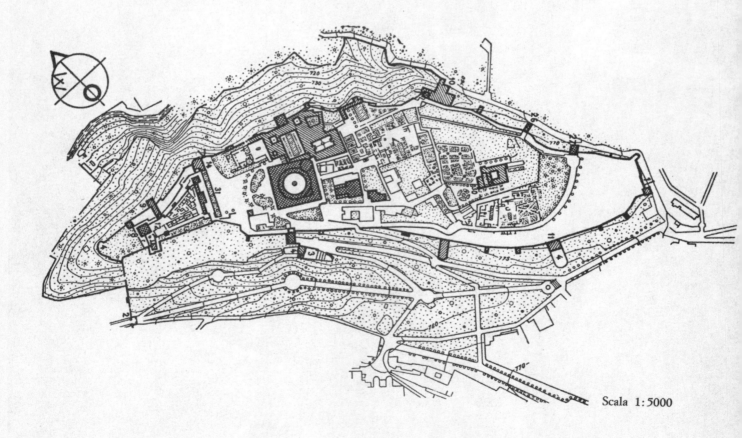

510 Vista da cidade de Granada, na Espanha, e 511 planta da cidadela com o palácio dos reis árabes (a Alhambra).

AS CIDADES MUÇULMANAS

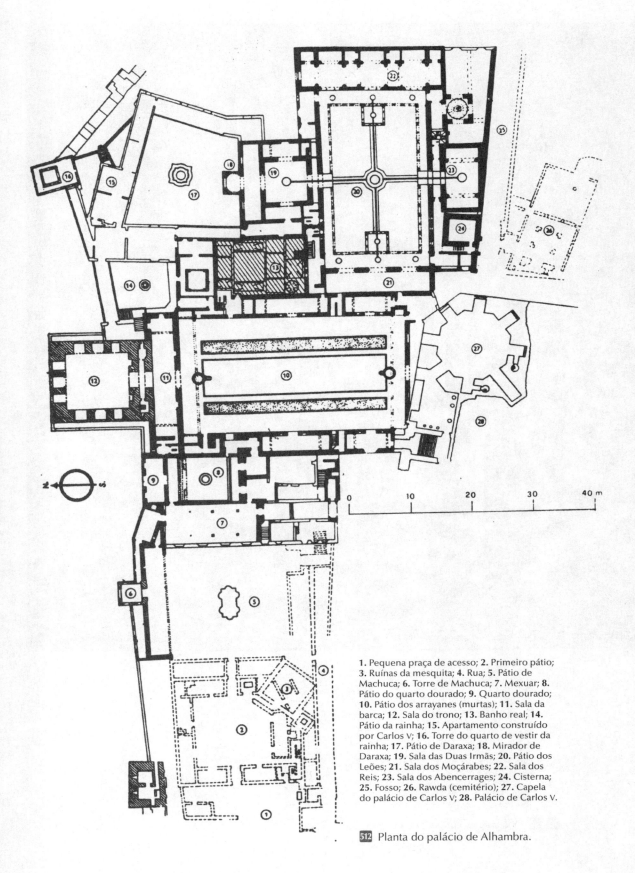

1. Pequena praça de acesso; 2. Primeiro pátio; 3. Ruínas da mesquita; 4. Rua; 5. Pátio de Machuca; 6. Torre de Machuca; 7. Mexuar; 8. Pátio do quarto dourado; 9. Quarto dourado; 10. Pátio dos arrayanes (murtas); 11. Sala da barca; 12. Sala do trono; 13. Banho real; 14. Pátio da rainha; 15. Apartamento construído por Carlos V; 16. Torre do quarto de vestir da rainha; 17. Pátio de Daraxa; 18. Mirador de Daraxa; 19. Sala das Duas Irmãs; 20. Pátio dos Leões; 21. Sala dos Moçárabes; 22. Sala dos Reis; 23. Sala dos Abencerrages; 24. Cisterna; 25. Fosso; 26. Rawda (cemitério); 27. Capela do palácio de Carlos V; 28. Palácio de Carlos V.

512 Planta do palácio de Alhambra.

513 514 Decorações em pedra esculpida e em mosaico no palácio de Alhambra.

AS CIDADES MUÇULMANAS

AS CIDADES MUÇULMANAS

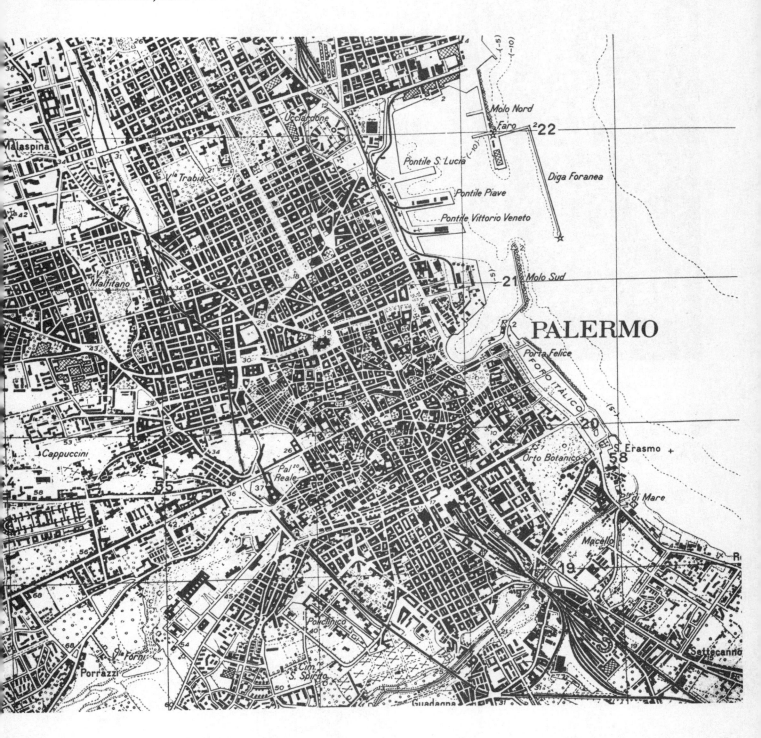

515 Palermo. Perspectiva aérea de fins do século XVI e **516** planta da cidade atual (mapa do Instituto Geográfico Militar). Pode-se reconhecer o traçado sinuoso da cidade árabe, cortado pelas duas ruas retilíneas espanholas e circundado pelos bairros modernos em forma de tabuleiro.

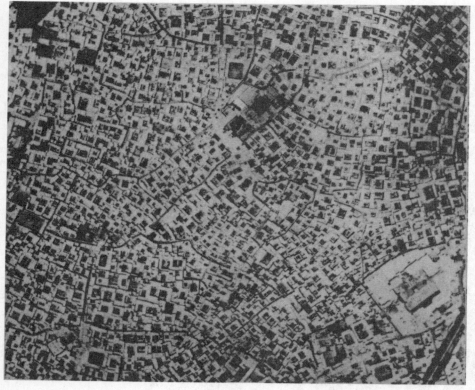
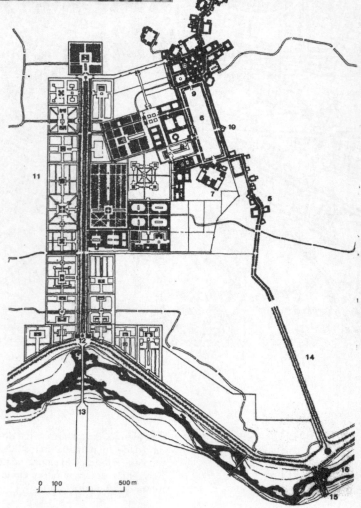

517 Vista aérea parcial e **518** planta de Isfahan, com a configuração monumental realizada pelo xá Abas no início do século XVII.

1. Mesquita de Quadim; **2.** Mesquita da Sexta-feira; **3.** Palácio; **4.** Mesquita de Ali; **5.** Bazar; **6.** Praça real (Meidan-i-Xá); **7.** Mesquita real; **8.** Palácio real; **9.** Porta do bazar; **10.** Mesquita do xeque Lotfollah; **11.** Jardins do vizir; **12.** Avenida principal, **13.** Ponte coberta; **14.** Avenida secundária; **15.** Ponte coberta; **16.** Rio Zayandeh.

AS CIDADES MUÇULMANAS

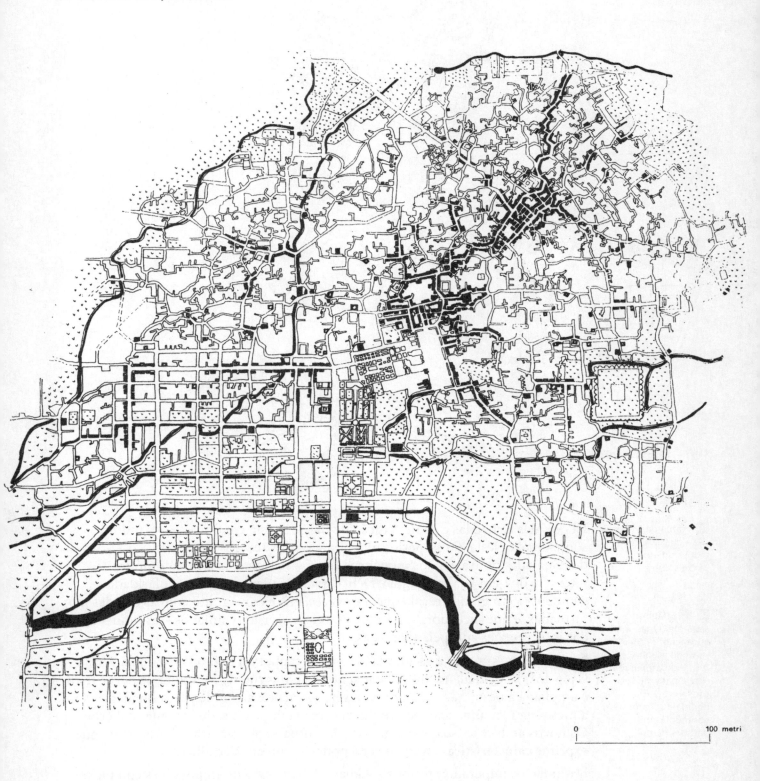

519 Mapa geral de Isfahan. Em preto, as zonas comerciais agrupadas no itinerário do bazar.

520 Planta da Meidan-i-Xá de Isfahan e dos edifícios circunstantes.

521 522 (página seguinte) Duas vistas europeias da Meidan-i-Xá de Isfahan. A grande esplanada servia para muitos usos: recepções, parada das caravanas, cerimônias militares, partidas de polo.

Depois das Cruzadas e da destruição de Bagdá, o Islã continua se expandindo somente para leste. Os impérios muçulmanos dos séculos XVI e XVII – o dos safávidas no Irã e o dos mogóis na Índia – realizam as últimas grandes intervenções, em Isfahan, Agra e Déli, caracterizadas por uma regularidade geométrica em grande escala que, por vezes, entra em conflito com as cidades já formadas, e que incorpora – além dos modelos persas e indianos – as influências das intervenções europeias barrocas.

Isfahan (Figs. 517-524) é escolhida para nova capital do Reino Persa do xá Abas I (1599-1627). A cidade medieval, concentrada em torno da Mesquita da Sexta-feira, é ampliada a oeste e ao sul, com uma série de ações: a grande praça Meidan-i-Xá, a mesquita real, uma alameda retilínea cercada de jardins, duas pontes cobertas. Os novos ambientes se destacam no tecido urbano por seu traçado rigoroso, que exprime características eminentes do poder, como em Versalhes.

Na Índia, os imperadores mogóis Akbar e Jahan realizam imponentes complexos: em Agra, a cidadela com o palácio, e os jardins ao longo do rio com o célebre Taj Mahal; em Déli, o Forte Vermelho e a grande mesquita (Figs. 525-531).

Os viajantes europeus admiraram essas esplêndidas cidades, que permaneceram como fabulosos e estimulantes termos de comparação no debate europeu.

AS CIDADES MUÇULMANAS

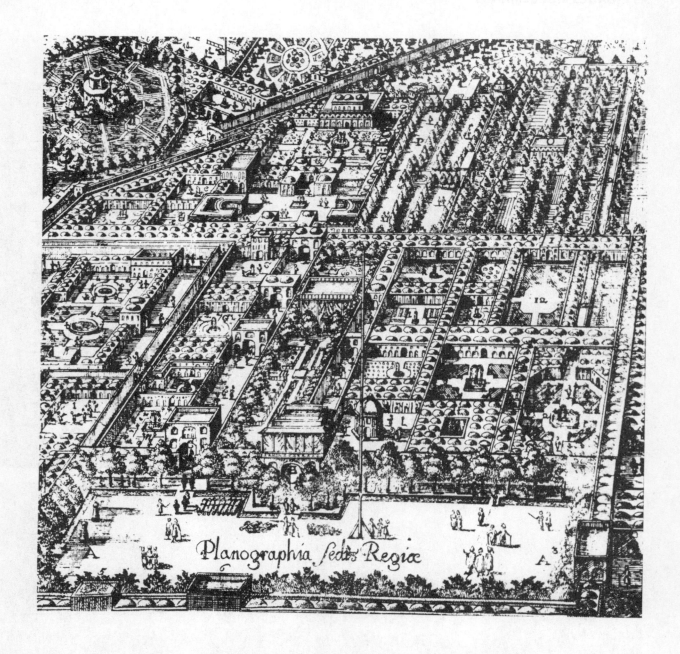

523 Detalhe de uma planta europeia em perspectiva (1712) com a parte central de Isfahan.

AS CIDADES MUÇULMANAS

524 Vista geral de Isfahan; gravura europeia do século XVIII. A paisagem circunstante com as árvores e as personagens é fantasiosa.

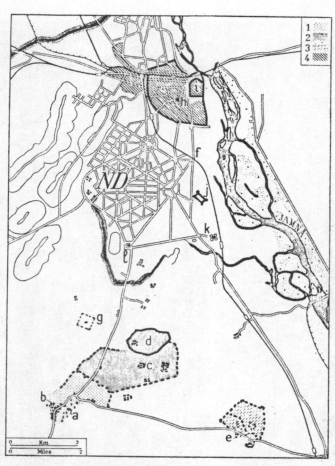

1. Zona da cidade velha (século XII); 2. Cidade de Siri (século XIII); 3. Cidade dos tughluqs (século XIV); 4. Cidade dos mogóis (século XVII).

Principais monumentos:
a. Minarete da cidade velha; b, c, e, g, k, l. Tumbas monumentais; d. Forte de Siri; h. Grande mesquita; i. Forte Vermelho; j. Cidadela Purana Qila.

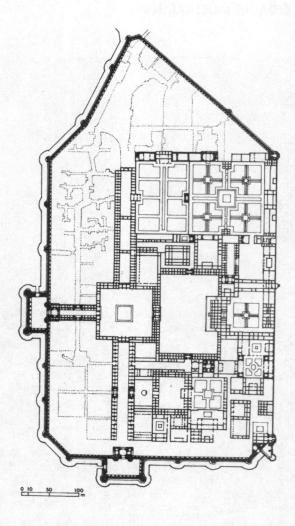

525 Planta da cidade de Déli, na Índia, e do 526 Forte Vermelho construído pelos dominadores mogóis em 1638.

527 Uma vista do Forte Vermelho de Déli.

AS CIDADES MUÇULMANAS

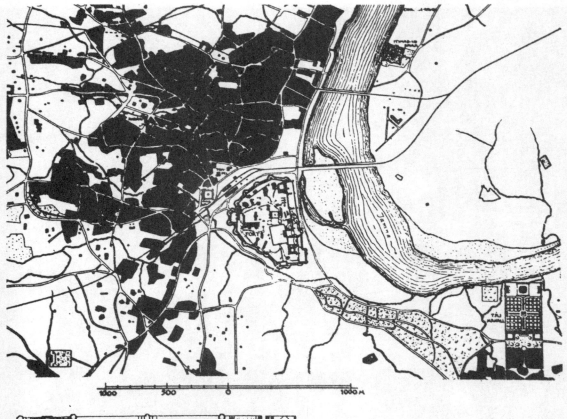

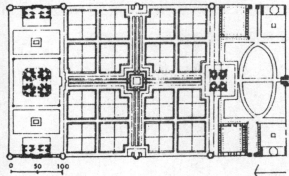

528 Mapa de Agra, 529 planta (com o Taj Mahal à esquerda) e 530 vista do Taj Mahal, a tumba da esposa do xá Jahan.

531 (página seguinte) Uma vista axial do Taj Mahal.

AS CIDADES EUROPEIAS DA IDADE MÉDIA

A vida das cidades diminui e, em muitos casos, se interrompe nos territórios do noroeste do Império Romano – Itália, Gália, Germânia e Bretanha – depois do século v, ocupados pelos reinos bárbaros e que, após o século vii, resistem às conquistas dos árabes, mas se acham isolados, à margem do antigo mundo civilizado. Mais tarde, depois do ano 1000, nessa área – que se torna a Europa moderna – forma-se uma nova vida econômica e civil, e as cidades voltam a se desenvolver; mas aqui, diferentemente do que ocorre nas outras zonas do Mediterrâneo, a crise intermediária criou uma ruptura entre os dois períodos de desenvolvimento.

Em muitos casos, a nova cidade cresce sobre o traçado da antiga, mas com um caráter social e uma organização construtiva diferente que, pelo contrário, se ligam, sem interrupção, ao caráter e ao cenário da cidade contemporânea. O que fica da cidade antiga é uma série de ruínas, estudadas e visitadas, mas que não mais funcionam como parte da cidade atual. Ao contrário, as cidades medievais – mesmo as que permaneceram basicamente intactas, como Viterbo, Siena, Gubbio, ou Chartres e Bruges – ainda são habitadas e conservam muitas das tradições originais. Algumas cresceram e se tornaram grandes metrópoles modernas – Paris e Londres –, e o conjunto medieval é apenas um pequeno núcleo central; mas algumas características estabelecidas na Idade Média, surpreendentemente, ainda influenciam o organismo muito maior da cidade contemporânea. Basta considerar a divisão de Paris em três partes: a Cité na ilha, a Ville na margem direita do Sena e a Université na margem esquerda; e a divisão de Londres em duas partes: a City, sede do poder econômico, e Westminster, sede do poder político.

Da relação com o presente nasce o interesse e também a dificuldade do estudo da cidade medieval. O que se deve estudar não é uma cidade morta, mas uma cidade ainda viva em parte, no interior da cidade atual. Por outro lado, uma cidade morta – como Priene, Óstia antiga, Pompeia e Timgad – pode ser escavada e reconstruída com grande exatidão: uma ciência especial, a arqueologia, trabalha há dois séculos para

532 Um trecho dos campos medievais, com uma fazenda e uma base fortificada; pintura da escola de Ambrogio Lorenzetti, na Academia de Belas-Artes de Siena.

533 534 Uma moeda de Carlos Magno, reproduzida em dobro do tamanho real. **535** Um capitel proveniente da abadia de Fulda, na Alemanha (século IX). **536** A planta da Capela Palatina de Carlos Magno em Aquisgrana (as alvenarias originais são as marcadas em preto; as acrescentadas posteriormente estão em branco); cf. a planta da igreja de São Vital em Ravena, reproduzida – na mesma escala – na Fig. 440.

AS CIDADES EUROPEIAS DA IDADE MÉDIA

isso; ao contrário, uma cidade viva como Siena ou San Gimignano não pode ser desobstruída para deixar o campo livre aos estudiosos: as casas foram modificadas umas cem vezes para adaptá-las às necessidades dos habitantes, nas várias épocas, e nunca se pensou – ou somente agora se começa a fazê-lo – em estudar e a traçar com precisão seus edifícios e vias. Em muitos casos, somente os "monumentos", as catedrais e os palácios são conhecidos e estudados. Bairros medievais inteiros foram demolidos nos últimos cem anos, sem ao menos conservar seus desenhos ou fotografias.

Devemos utilizar, pois, uma documentação mais incerta e mais limitada, mas essas ausências podem ser corrigidas com a experiência direta: pode-se passear pela praça do Campo em Siena, ao redor da catedral de Chartres, pelas ruas de Perúgia, Assis e Orvieto, e encontrar os descendentes dos cidadãos de então que, por vezes, moram nas mesmas casas e trabalham nas mesmas oficinas.

O efeito mais evidente da crise econômica e política, nos primeiros cinco séculos, depois da queda do Império Romano, é a ruína das cidades e a dispersão dos habitantes pelos campos, de cuja terra podem extrair seu sustento.

O campo é dividido em grandes propriedades (de 5.000 hectares, em média, ou maiores), que compreendem várias centenas de quintas. Ao centro localiza-se a residência habitual do proprietário – a catedral, a abadia, o castelo –, mas as possessões estão, com frequência, espalhadas a grandes distâncias, e cada porção é governada por uma "corte" (*cour* na França, *Hof* na Alemanha, *manor* na Inglaterra); aqui são agrupados os celeiros, os estábulos, as habitações do pessoal e do administrador (*major*), responsável perante o proprietário. O território que depende de cada corte é dividido em três partes: as terras reservadas ao senhor, as divididas em fazendas entre as famílias dos camponeses dependentes do senhor e as zonas comuns não cultivadas (*communia*, isto é, bosques, pântanos, pradarias), onde todos podem catar lenha, apascentar o gado, colher as frutas selvagens.

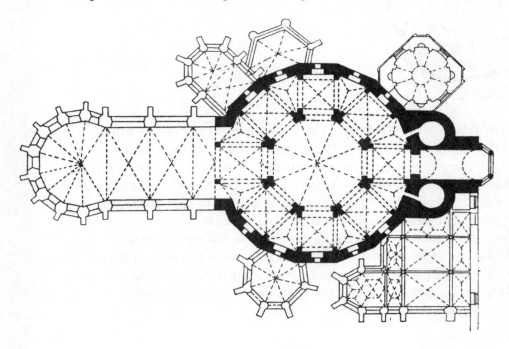

536

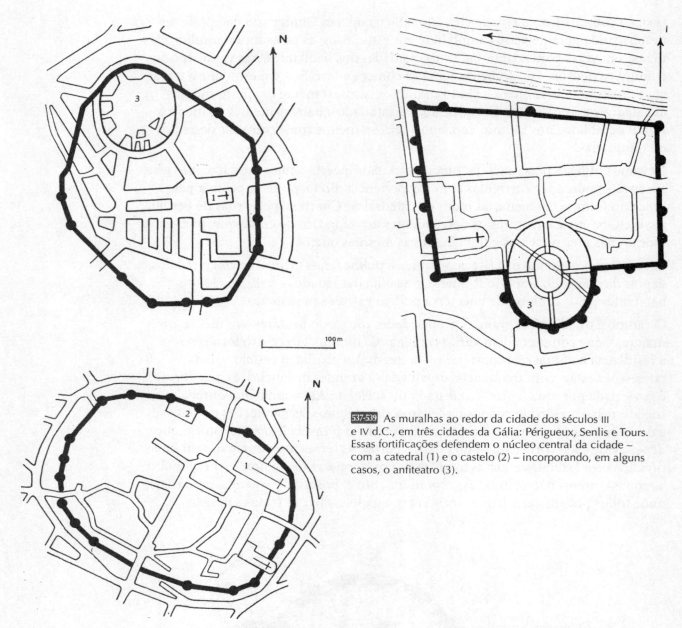

537-539 As muralhas ao redor da cidade dos séculos III e IV d.C., em três cidades da Gália: Périgueux, Senlis e Tours. Essas fortificações defendem o núcleo central da cidade – com a catedral (1) e o castelo (2) – incorporando, em alguns casos, o anfiteatro (3).

Nessa sociedade rural, que forma a base da organização política feudal, as cidades têm um lugar marginal: não funcionam mais como centros administrativos e apenas minimamente como centros de produção e de troca. Mas as estruturas físicas das cidades romanas ainda estão de pé e se tornam locais de refúgio; os grandes edifícios públicos da Antiguidade – termas, teatros, anfiteatros – se transformam em fortalezas; as muralhas são mantidas com eficiência ou são restritas a defender uma parte limitada da cidade, ligando entre si as bases fortificadas mais importantes. As igrejas cristãs surgem muitas vezes no exterior – perto das tumbas dos santos que, pelas leis romanas, não podiam ser sepultados na cidade – e também as sedes dos bispos, nos primeiros tempos, ficam fora do recinto da cidade (Figs. 537-541).

AS CIDADES EUROPEIAS DA IDADE MÉDIA

540 A cidade medieval construída no interior do anfiteatro de Arles.

541 A formação da cidade de Limoges: a cidade, fundada no século IV ao redor da catedral (1); o arrabalde nascido em torno da igreja de São Marcial (2), com as muralhas do século X (em pontilhado) e as do século XIII (em tracejado); a leste da cidade, o arrabalde com a ponte sobre o rio Vienne (3).

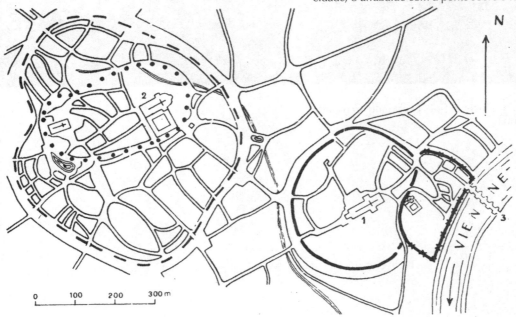

542 Vista aérea do centro histórico de Split, construído no recinto do palácio de Diocleciano.

AS CIDADES EUROPEIAS DA IDADE MÉDIA

Enquanto desaparece a diferença jurídica entre cidade e campo, a diferença física entre os dois ambientes se torna cada vez menor. A organização das comunidades urbanas, menores e mais pobres, nas estruturas muito amplas das cidades romanas, e a formação das aldeias rurais nos lugares propícios do ambiente natural – no topo de uma colina, na confluência de dois rios – desenvolvem-se de modo muito semelhante.

Em ambos os casos, é preciso notar o caráter espontâneo, despreocupado e infinitamente variável do resultado construtivo e urbanístico; esse caráter depende da escassez dos meios, da raridade dos técnicos especialistas, da falta de uma cultura artística organizada, da urgência das necessidades de defesa e sobrevivência, mas também de um novo espírito de liberdade e de confiança. Os novos assentamentos se adaptam com segurança ao ambiente natural e, entre as ruínas do ambiente construído antigo, não respeitam nenhuma regra preconcebida, seguem com indiferença as formas irregulares do terreno e as formas regulares das construções romanas; enfim, apagam toda diferença entre natureza e geometria, isto é, deformam com pequenas irregularidades as linhas precisas dos monumentos e das vias antigas e simplificam as formas imprecisas da paisagem, marcando as linhas gerais dos dorsos montanhosos, das enseadas, dos cursos de água.

O renascimento econômico da Europa tem início a partir do final do século x. A população aumenta (de cerca de 22 milhões em 950 para cerca de 55 milhões em 1350), a produção agrícola aumenta, a indústria e o comércio adquirem nova importância.

Os historiadores evidenciam várias causas, dependentes entre si:

- a estabilização dos últimos povos invasores, os árabes, os vikings e os húngaros;
- as inovações técnicas na agricultura: a rotação trienal das culturas, os novos sistemas de encangar o cavalo e o boi, a difusão dos moinhos de água;
- a influência das cidades costeiras (Veneza, Gênova, Pisa, Amalfi) que mantêm os contatos com o comércio internacional do Mediterrâneo e incentivam o renascimento das outras cidades como centros comerciais.

Essa transformação muda radicalmente o sistema dos núcleos populacionais, seja na cidade seja no campo. Iremos descrevê-los separadamente nos dois próximos parágrafos.

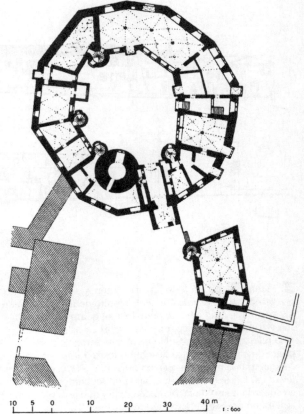

543 Planta do castelo de Budingen, na Alemanha. A forma em anel, em função da necessidade da defesa, se torna o modelo original das cidades medievais.

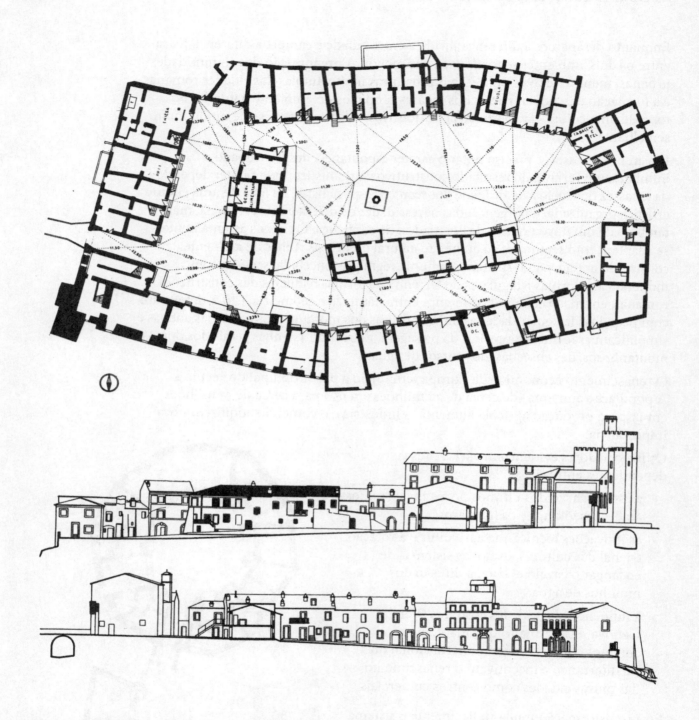

544 Planta, **545 546** cortes e **547** vista interna de San Vittorino nos arredores de Roma: um centro muito pequeno, fundado na Alta Idade Média e que permaneceu quase intacto em sua estrutura urbanística, mesmo que as casas já tenham sido refeitas várias vezes. Hoje entra-se somente pela ponte de alvenaria, lançada sobre o fosso a leste (embaixo à esquerda no mapa), e que, na origem, era uma ponte levadiça. Existe também uma saída de segurança (no alto à esquerda, perto da fachada da igreja), que leva para uma ladeira no despenhadeiro meridional.

AS CIDADES EUROPEIAS DA IDADE MÉDIA

547

548 Mapa da Europa na Baixa Idade Média; em pontilhado, as zonas montanhosas.

- • Cidades e bases comerciais da Liga Hanseática
- ◯ Principais mercados
- ⑪ Centros bancários

Rotas marítimas
- ---- de Veneza
- ⎯⎯ de Gênova
- .... das cidades hanseáticas

⎯⎯ vias de comunicação terrestre

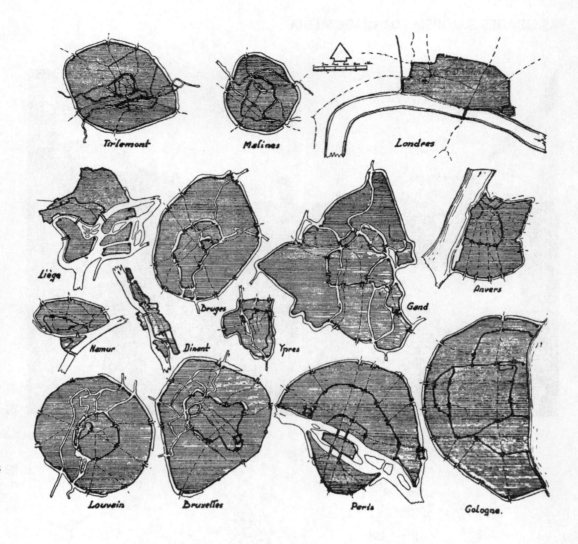

549 Plantas de 14 cidades da Europa Setentrional com os sucessivos anéis de muralhas até o século XIV.

O Desenvolvimento das Cidades-Estado

550 Selo dos mercadores da Liga Hanseática em Novgorod.

Uma parte da nova população, que não encontra trabalho nos campos, refugia-se nas cidades: cresce assim a massa de artesãos e mercadores que vivem à margem da organização feudal.

A cidade fortificada da Alta Idade Média – à qual se adapta bem o nome de burgo – é muito pequena para acolhê-los; assim, diante das portas da cidade, formam-se outros assentamentos, chamados subúrbios, que, em breve, se tornam maiores que o núcleo original. É necessário construir um novo anel de muralhas, incluindo os subúrbios e as outras edificações (igrejas, abadias, castelos) fora do velho recinto. A nova cidade assim formada continua a crescer da mesma forma e constrói outros cinturões de muralhas cada vez mais amplos.

Nessa cidade, a população artesã e mercantil – a burguesia, como será chamada – está em maioria desde o início; pretende subtrair-se ao sistema político feudal e garantir as condições para sua atividade econômica:

AS CIDADES EUROPEIAS DA IDADE MÉDIA

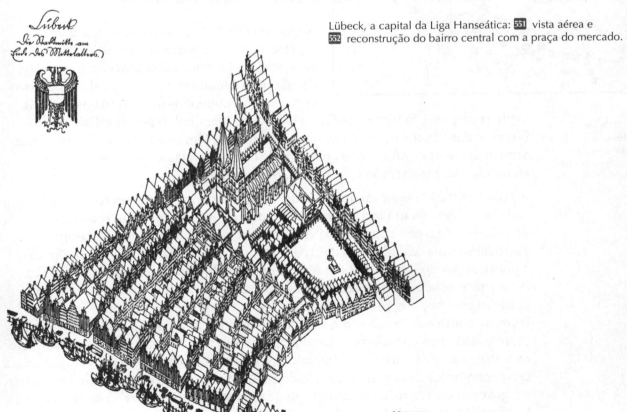

Lübeck, a capital da Liga Hanseática: 551 vista aérea e 552 reconstrução do bairro central com a praça do mercado.

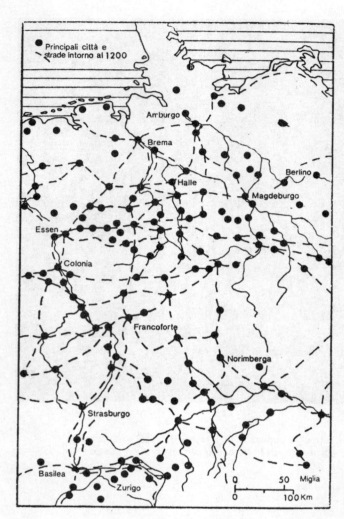

553 A rede das cidades e das estradas principais na Alemanha, no início do século XIII.

liberdade pessoal; autonomia judiciária; autonomia administrativa; um sistema de impostos proporcionais às rendas e destinados às obras de utilidade pública (entre as quais, em primeiro lugar, as de defesa: fortificações e armamentos).

A nova organização surge, num primeiro tempo, como associação privada; depois entra em um embate com os bispos e os príncipes feudais e se torna um poder público: nasce o município medieval, ou comuna, isto é, um Estado com uma lei própria, superior às prerrogativas das pessoas e dos grupos, embora respeitando os privilégios econômicos.

Os órgãos do governo comunal são:

1. um conselho maior, formado pelos representantes das famílias mais importantes;

2. um conselho menor, que funciona como junta executiva;

3. um certo número de magistrados eleitos ou sorteados: os *consoli* na Itália, os *jurés* na França, os *échevins* em Flandres.

A eles se contrapõem as associações que representam uma parte dos cidadãos: as corporações (*arti* na Itália; *gilds* na Inglaterra; *Zunfte* na Alemanha) e as companhias do povo armado, que nomeiam um seu magistrado, o capitão do povo. Subsiste ainda, ao lado do poder civil, o poder religioso dos bispos e das ordens monásticas que, igualmente, têm sua sede na cidade. Como árbitro entre os conflitos dos corpos políticos e das classes, em certos casos, é chamado um magistrado estrangeiro, o podestade.

A cidade-Estado medieval depende do campo para o abastecimento de víveres e, de fato, controla um território mais ou menos grande; mas, diferentemente da cidade grega, não concede paridade de direitos aos habitantes do campo. Permanece uma "cidade fechada" (como foi definida): suas relações econômicas e políticas podem ser estendidas à escala nacional ou mundial, mas sua política permanece guiada pelos interesses restritos da população urbana. Por sua vez, também essa população não é um corpo unitário que possa pronunciar-se em comum, como a assembleia nas cidades democráticas gregas; a classe dominante representada nos conselhos se amplia progressivamente, mas não chega a abranger os trabalhadores assalariados; quando esses entram em luta pelo poder – durante a crise econômica da segunda metade do século XIV – são derrotados em toda parte, e o governo cai em mãos de um grupo de famílias aristocráticas ou de uma única família: da comuna se forma o regime senhorial.

AS CIDADES EUROPEIAS DA IDADE MÉDIA

A Colonização do Território Agrícola

O desenvolvimento das cidades promove e acelera as mudanças no campo. A cidade mercantil importa víveres e matérias-primas e exporta os produtos da indústria e do comércio. Pelas exigências dessas trocas e pelo crescimento geral da população, o campo deve aumentar a produção agrícola: colonizar novas terras e aproveitar, de modo mais racional, as já cultivadas.

A antiga organização das cortes não se adapta a essas tarefas, ao contrário, entra em crise porque se baseia em uma economia autossuficiente: cada fazenda cultiva todos os produtos agrícolas e produz os instrumentos necessários a seu consumo. As cortes abrigam agora um número crescente de trabalhadores livres, vindos de fora, e os proprietários fundam para eles as cidades novas, nos terrenos vagos ainda a serem saneados e cultivados.

Embora constituídas pelos proprietários das cortes, as novas cidades não reproduzem a mesma organização: garantem a liberdade pessoal dos trabalhadores, têm um governo autônomo e são administradas por um magistrado eleito, quase sempre, pelos próprios habitantes. Imitam a organização municipal das cidades-Estado, mesmo que fiquem sujeitas à lei feudal no campo político e judiciário.

Outras cidades novas são fundadas na periferia do mundo europeu, por motivos econômicos ou militares:

A colonização europeia a leste do Elba: 554 quadro de união dos novos centros; e 555 planta de uma aldeia planificada com seu território agrícola.

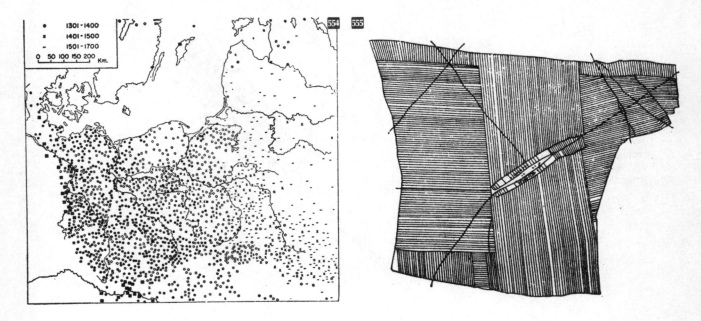

1. as *bastides* na França Meridional, por iniciativa dos reis e dos feudatários franceses e ingleses que combatem entre si na Guerra dos Cem Anos;
2. as *poblaciones* na Espanha, nos territórios que os príncipes cristãos tomam pouco a pouco dos muçulmanos;
3. as cidades de colonização na Alemanha Oriental, conquistadas dos eslavos pelos cavaleiros da Ordem Teutônica (Fig. 554).

Por volta da metade do século XIV, interrompe-se o desenvolvimento das cidades-Estado e a fundação das cidades novas nos campos, devido a uma brusca diminuição da população – por causa de uma série de epidemias e, sobretudo, devido à grande peste de 1348-1349 – e ao declínio da atividade econômica. Veremos os sinais dessa interrupção no organismo físico das cidades.

A linha da cultura medieval que, de modo geral, não estabelece modelos formais como a cultura antiga, torna impossível uma descrição geral da forma da cidade.

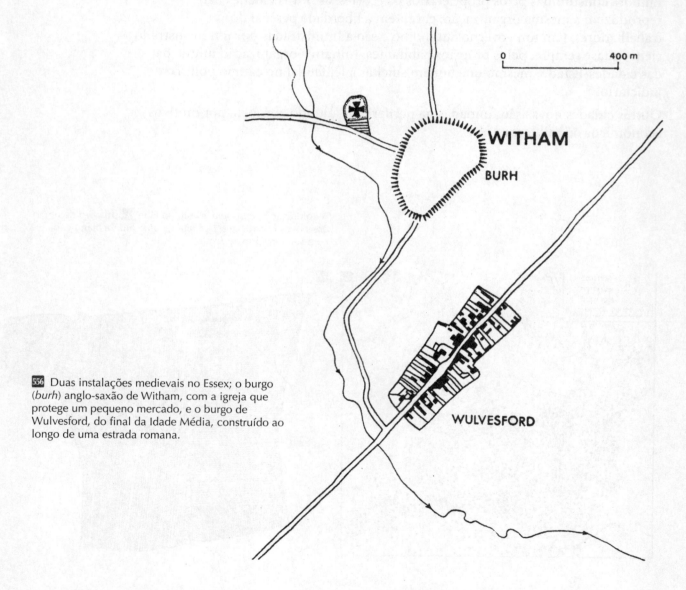

556 Duas instalações medievais no Essex; o burgo (*burh*) anglo-saxão de Witham, com a igreja que protege um pequeno mercado, e o burgo de Wulvesford, do final da Idade Média, construído ao longo de uma estrada romana.

AS CIDADES EUROPEIAS DA IDADE MÉDIA

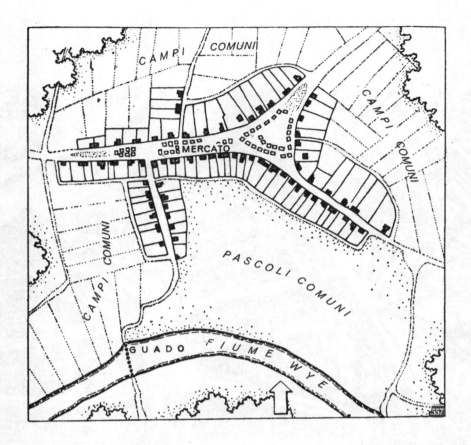

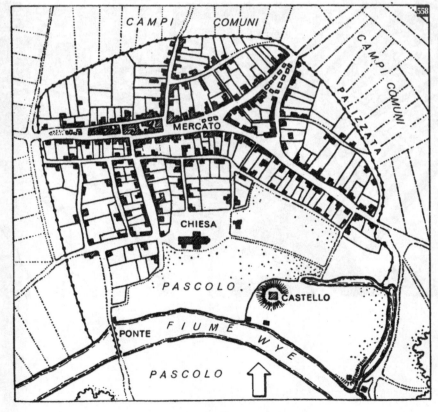

A formação da aldeia inglesa de Hereford. 557 No século X, as casas circundam a estrada com as construções provisórias; em volta, os terrenos comuns cultivados ou reservados ao pasto. 558 No século XII, as casas são aumentadas e, ao redor do povoado, foi construída uma paliçada; a área para o pasto foi ocupada em parte pela igreja e pelo castelo e agora continua para além do rio; uma ponte foi construída no lugar da travessia a vau.

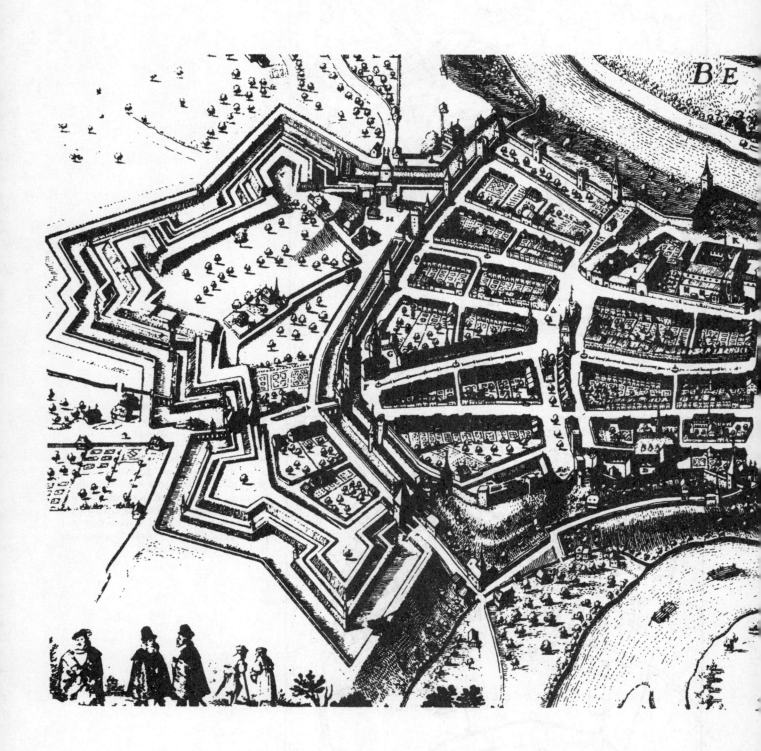

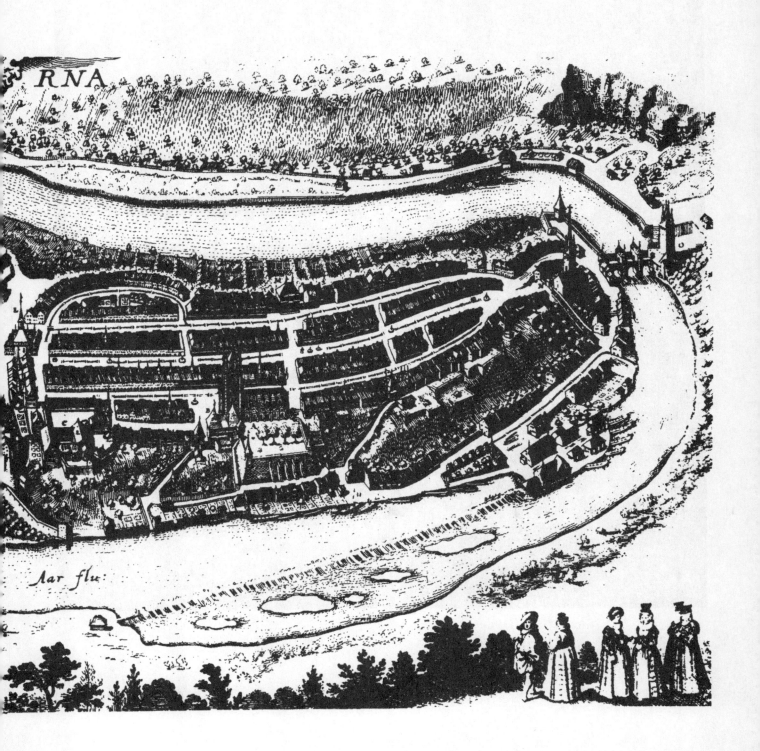

559 Vista geral de Berna, na Suíça. Gravura de M. Merian, 1654.

560 Maquete da parte central da cidade de Ypres, em Flandres: os nomes das duas praças derivam da designação da catedral e do palácio da corporação dos fabricantes de tecidos.

AS CIDADES EUROPEIAS DA IDADE MÉDIA

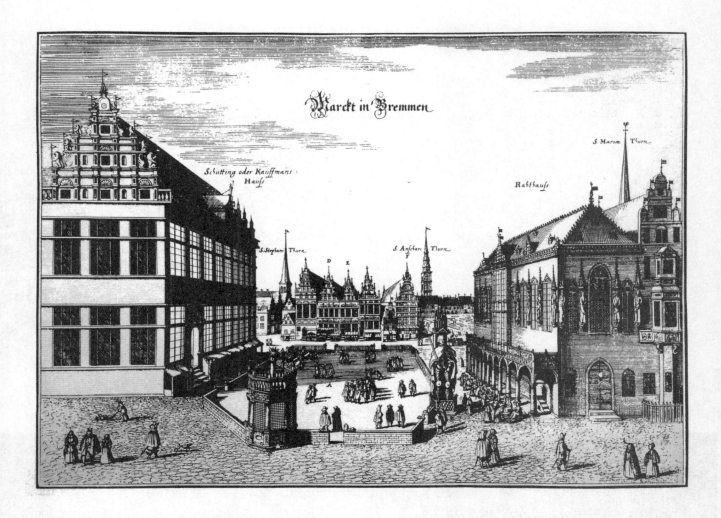

561 Vista da praça central de Bremen (o Markt); à esquerda, o palácio dos mercadores; à direita, a prefeitura; ao fundo, as casas das corporações; gravura de M. Merian, 1653.

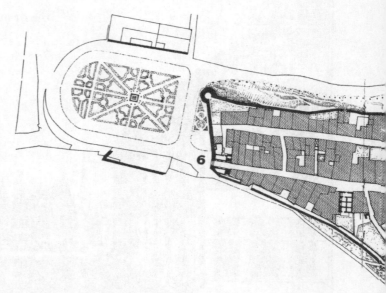

562 Planta e 563 vista aérea da cidade de San Gimignano, na Toscana.

AS CIDADES EUROPEIAS DA IDADE MÉDIA

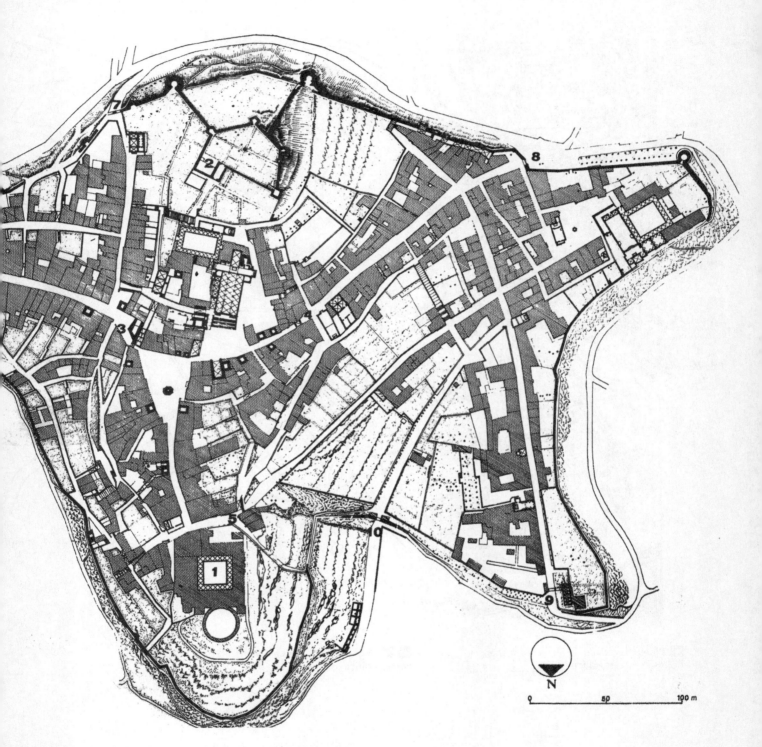

1. Outeiro da torre, com o castelo episcopal; **2.** Cidadela; **3.** Arco dos Becci; **4.** Arco de São Mateus; **5.** Arco de Goro (esses três arcos pertencem ao primeiro anel de muralhas, do século X); **6.** Porta San Giovanni; **7.** Porta de Quercecchio; **8.** Porta San Matteo; **9.** Porta São Tiago (ou San Jacopo [arcaico]); **10.** Porta das Fontes.

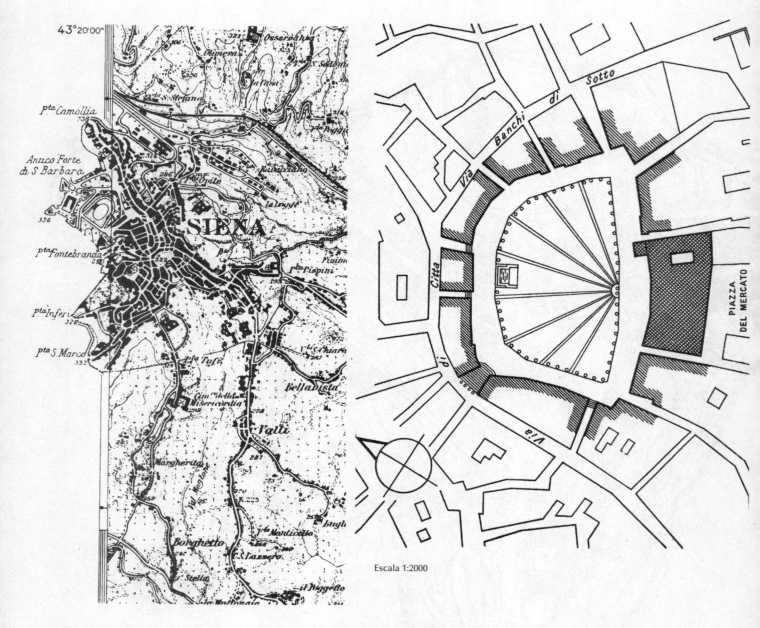

564 Planta da cidade de Siena (do mapa do Instituto Geográfico Militar).

565 566 A praça do Campo em Siena com o edifício da prefeitura.

AS CIDADES EUROPEIAS DA IDADE MÉDIA

AS CIDADES EUROPEIAS DA IDADE MÉDIA

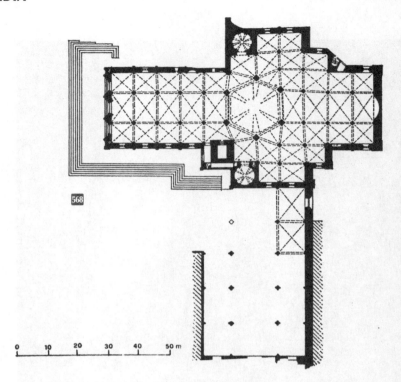

Siena: 567 vista aérea da parte central da cidade com as duas praças, a da Catedral e a do Campo; 568 planta e 569 vista aérea da catedral com a parte inacabada da ampliação projetada na primeira metade do século XIV.

As cidades medievais têm todas as formas possíveis e se adaptam livremente a todas as circunstâncias históricas e geográficas, como já havíamos observado.

Pode-se, porém, catalogar algumas características gerais a serem relacionadas com as políticas econômicas descritas anteriormente.

1. As cidades medievais têm uma rede de ruas não menos irregular que a das cidades mulçumanas. Porém, as ruas são organizadas de modo a formar um espaço unitário, no qual sempre é possível orientar-se e ter uma ideia geral do bairro ou da cidade. As ruas não são todas iguais, mas existe uma gradação contínua de vias principais e secundárias; as praças não são recintos independentes das ruas, mas largos fortemente ligados às ruas que para elas convergem. Somente as ruas secundárias são simples passagens: todas as outras se prestam a vários usos – ao tráfego, à pausa, ao comércio, às reuniões. As casas, quase sempre de muitos andares, se abrem para o espaço público e têm uma fachada que contribui para formar o ambiente da rua ou da praça (Fig. 572).

Os espaços públicos e privados não formam, pois, zonas contíguas e separadas, como a cidade antiga: existe um espaço público comum, complexo e unitário, que se espalha por toda a cidade e no qual se colocam todos os edifícios públicos e privados, com seus eventuais espaços internos, pátios ou jardins.

570 Uma rua medieval em Siena, com as casas de cinco ou seis andares.

AS CIDADES EUROPEIAS DA IDADE MÉDIA

Esse novo equilíbrio entre os dois espaços depende do compromisso entre a lei pública e os interesses privados. De fato, os estatutos comunais regulam minuciosamente os pontos de contato entre espaço público e edifícios privados, e as zonas em que os dois interesses se sobrepõem: as projeções das casas que cobrem uma parte da rua, os pórticos, as escadas externas etc.

2. O espaço público da cidade tem uma estrutura complexa, porque deve dar lugar a diversos poderes: o episcopado, o governo municipal, as ordens religiosas, as corporações. Assim, uma cidade bastante grande nunca tem um único centro: tem um centro religioso (com a catedral e o palácio episcopal), um centro cívico (com o palácio municipal), um ou mais centros comerciais com as arcadas e os edifícios das associações mercantis. Essas zonas podem ser sobrepostas em parte, mas a contraposição entre poder civil e religioso – que não existe na Antiguidade – é sempre mais ou menos acentuada.

Cada cidade é dividida em bairros, com sua fisionomia individual, seus símbolos e, muitas vezes, também sua organização política. No século XIII, quando as cidades se tornam maiores, alguns centros secundários se formam nos bairros periféricos: são os conventos das novas ordens religiosas – os franciscanos, os dominicanos, os servitas – com suas igrejas e suas praças.

571 O centro de uma cidade medieval (Lübeck), composto por quatro elementos característicos: o largo da igreja principal (**1**); a praça do mercado com a prefeitura (**2**); a rua principal, que tangencia esses dois espaços (**3**); o largo da igreja secundária (**4**).

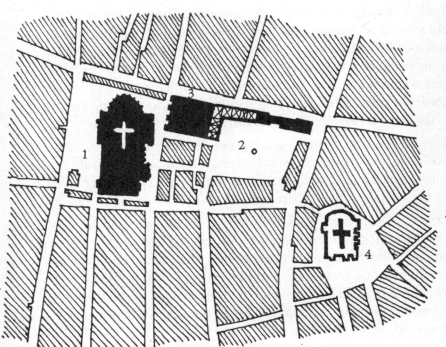

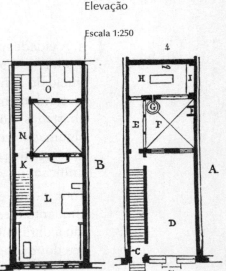

Elevação

Escala 1:250

A. Andar térreo; **B.** Primeiro andar; **C.** Entrada; **D.** Loja; **E.** Pórtico; **F.** Pátio; **G.** Fonte; **H.** Cozinha; **I.** Chaminé; **K.** Patamar; **L.** Sala de estar e quarto de dormir dos pais; **N.** Passagem e escada que vai para o sótão; **O.** Quarto de dormir dos filhos.

572 Uma casa medieval em Cluny, na França.

573 A catedral de Orvieto, que se eleva por sobre os telhados das casas.

3. A cidade medieval, cuja burguesia constitui uma minoria da população total, é um corpo político privilegiado que cresce rápida e continuamente desde o início do século XI até a metade do século XIV. Portanto, a concentração é sua lei fundamental: o centro da cidade é o local mais procurado; as classes mais abastadas moram no centro, as mais pobres na periferia; no centro constroem-se algumas estruturas muito altas – a torre do palácio municipal, o campanário ou as torres da catedral – que assinalam o ponto culminante do perfil da cidade e unificam o seu cenário também na terceira dimensão.

Toda cidade deve ter um anel de muralhas para se defender do mundo exterior e, enquanto cresce, deve construir muitos anéis concêntricos; essas muralhas, que são a obra pública mais dispendiosa, têm quase sempre um traçado irregular e arredondado, o menor possível para circundar uma dada superfície (Fig. 550).

Adia-se a construção de um novo anel de muralhas até que não haja espaço disponível no anterior; portanto, os bairros medievais são compactos e as casas se desenvolvem em altura. Somente as grandes muralhas construídas em fins do século XIII e no início do século XIV – em Florença, Siena, Bolonha, Pádua e Gante – se revelaram grandes demais quando a população, no século XIV, deixou de crescer ou diminuiu. Em seu interior restaram grandes espaços verdes, ocupados somente no século XIX (Fig. 574).

AS CIDADES EUROPEIAS DA IDADE MÉDIA

574 Planta da cidade de Pádua com o último cinturão de muralhas medievais que inclui campos e jardins.

As cidades medievais que conhecemos receberam uma forma definitiva no período seguinte, do século XV ao século XVIII, quando seu tamanho e seus equipamentos já estavam estabilizados.

Nos séculos precedentes, quando estavam em pleno crescimento, seu aspecto devia ser muito mais desordenado. As igrejas e os palácios mais importantes eram canteiros cobertos de tapumes, cada nova obra, uma adição surpreendente. A unidade era garantida pela coerência do estilo, isto é, pela confiança no futuro, não pela memória de uma imagem passada. O gótico é justamente o estilo internacional que unifica os métodos de construção e de acabamento dos edifícios em toda a Europa, da metade do século XII em diante (Figs. 575-595).

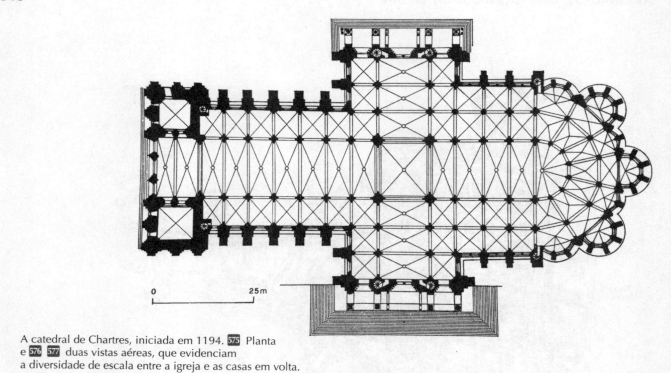

A catedral de Chartres, iniciada em 1194. 575 Planta e 576 577 duas vistas aéreas, que evidenciam a diversidade de escala entre a igreja e as casas em volta.

É o quadro descrito, de maneira feliz, por Le Corbusier em seu livro *Quand les cathédrales étaient blanches: Voyage au pays des timides* (Quando as Catedrais Eram Brancas: A Viagem ao País dos Tímidos), de 1937:

> Quando as catedrais eram brancas, a Europa havia organizado as atividades produtivas segundo as exigências imperativas de uma técnica nova, prodigiosa, loucamente temerária, cujo emprego conduzia a sistemas de formas inesperadas – formas com um espírito que desdenhava as regras de mil anos de tradição e não hesitava em projetar a civilização numa aventura desconhecida. Uma língua internacional favorecia a troca de ideias, um estilo internacional era difundido do Ocidente ao Oriente, do Norte ao Sul.
>
> As catedrais eram brancas porque eram novas. As cidades eram novas: eram construídas de todas as dimensões, ordenadas, regulares, geométricas, segundo um plano [...]. Sobre todas as cidades e todos os burgos cercados de novas muralhas, o arranha-céu de Deus dominava a paisagem. Fora feito o mais alto possível, extraordinariamente alto. Era uma desproporção no conjunto; mas não, era um ato de otimismo, um gesto de altivez, uma prova de mestria.
>
> O novo mundo começava. Branco, límpido, jovial, polido, nítido e sem retornos, o novo mundo se abria como uma flor nas ruínas. Tinham ficado para trás todos os usos reconhecidos, tinha-se dado as costas ao passado. Em cem anos o prodígio fora levado a termo e a Europa, mudada.

AS CIDADES EUROPEIAS DA IDADE MÉDIA

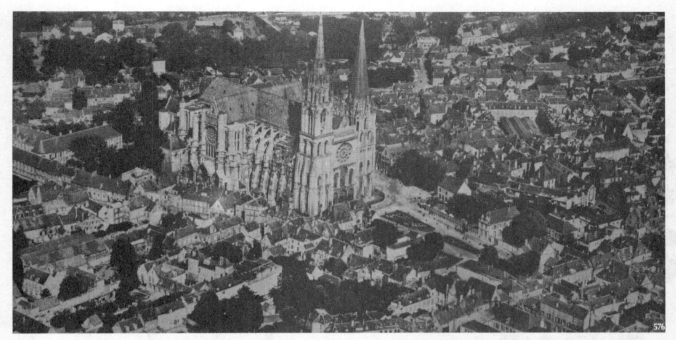

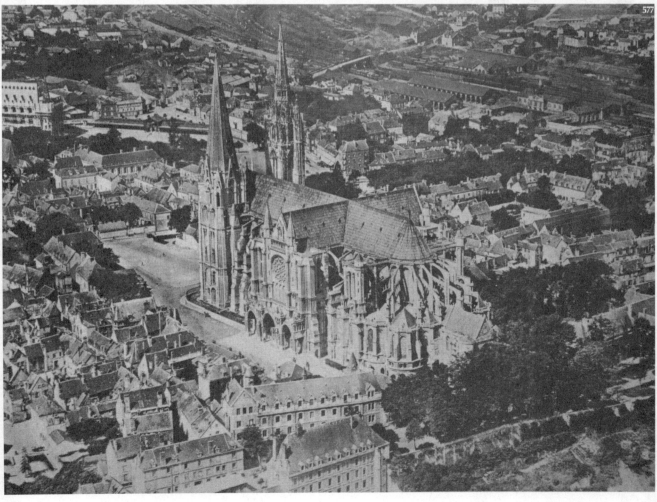

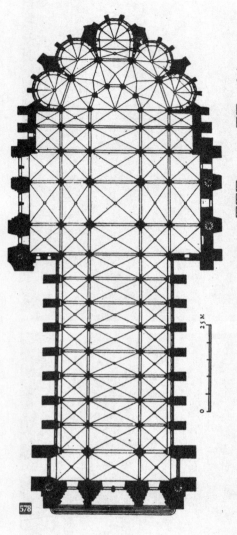

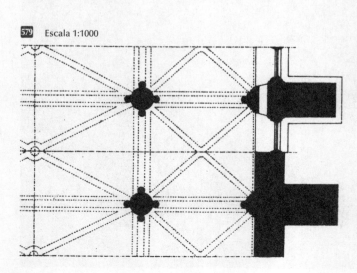

A catedral de Reims, iniciada em 1210.

- 578 Planta geral
- 579 Planta de duas arcadas típicas, no nível do rodapé (A-B no corte) e no nível da primeira ordem de janelas (C-D no corte).
- 580 Vista interna
- 581 Corte
- 582 Elevação externa

579 Escala 1:1000

AS CIDADES EUROPEIAS DA IDADE MÉDIA

321

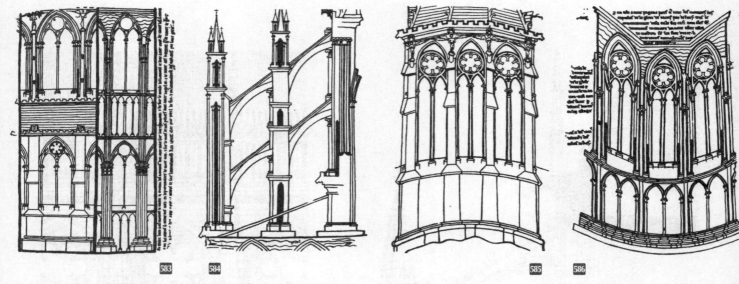

Quatro desenhos da catedral de Reims, tirados de um caderno de apontamentos do arquiteto medieval Villard de Honnecourt (cerca de 1235):

583 Elevação externa e interna do corpo de três naves
584 Corte dos arcos rampantes do coro
585 Elevação externa e 586 interna do coro

A catedral de Amiens, iniciada em 1220. 587 Planta e 588 vista interna.

589 Planta da catedral de Colônia, iniciada em 1248.

590 Planta da igreja e dos edifícios colocados no cimo do monte Saint Michel, na França; nesse caso, o organismo da igreja gótica é incorporado num conjunto homogêneo pela escala e pelo sistema construtivo.

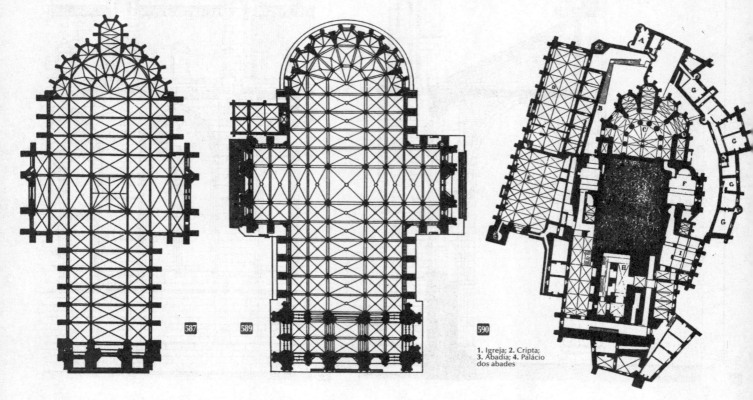

1. Igreja; **2.** Cripta; **3.** Abadia; **4.** Palácio dos abades

AS CIDADES EUROPEIAS DA IDADE MÉDIA

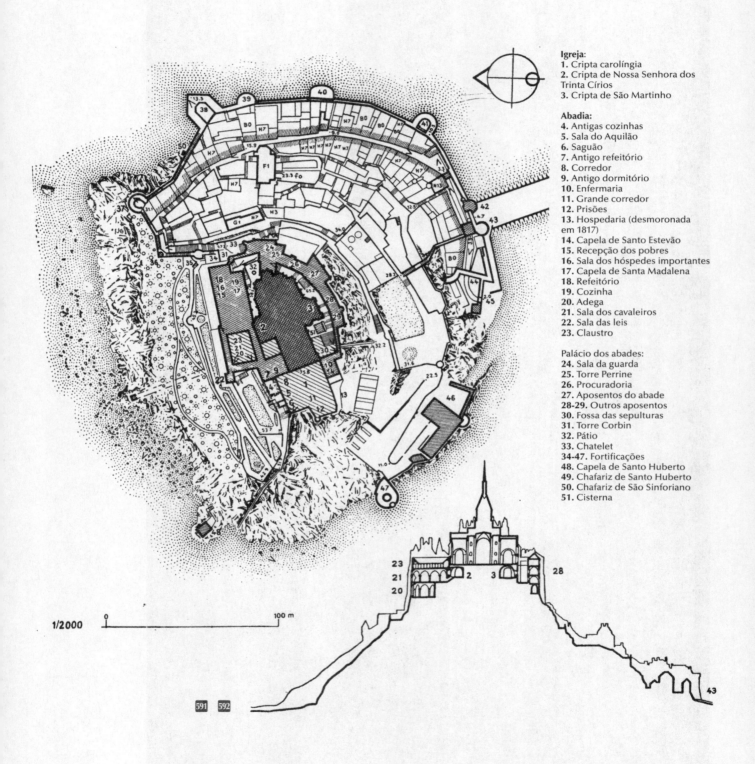

Monte Saint Michel: 591 planta, 592 corte e 593 vista de uma maquete do século XVIII.

AS CIDADES EUROPEIAS DA IDADE MÉDIA

325

593

326

594 A fachada da catedral de Ulm, na Alemanha.

AS CIDADES EUROPEIAS DA IDADE MÉDIA

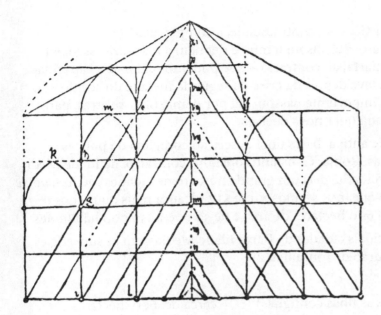

595 Um desenho do mestre Stornaloco, que indica as proporções das cinco naves da catedral de Milão (fins do século XIV).

596 Um desenho do século XII, que representa a catedral e o convento de Canterbury com os condutos de distribuição da água e os esgotos.

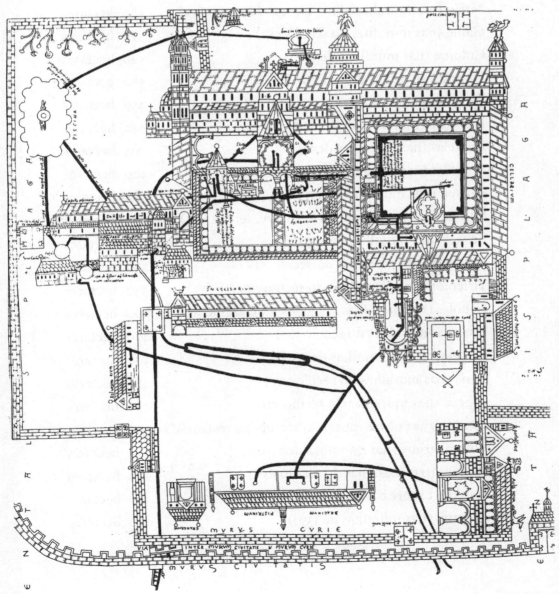

As primeiras três características – a continuidade, a complexidade, a concentração – permanecem estáveis no tempo e definem a natureza essencial das cidades europeias; a quarta, ao contrário – que podemos chamar a capacidade de renovar-se –, não sobrevive depois da crise da segunda metade do século XIV. O momento criativo mais importante passou; daí por diante olha-se atrás, para esse passado, para tomar qualquer nova decisão.

Para compreender a cidade antiga, basta uma descrição completa de poucas cidades dominantes: Atenas, Roma, Constantinopla. Ao contrário, na Idade Média não existe nenhuma supercidade, mas um grande número de cidades médias, entre as quais uma dezena delas que, nos séculos XIII e XIV, alcança mais ou menos o mesmo tamanho: de 300 a 600 hectares de área e de 50.000 a 150.000 habitantes.

Damos a relação das principais cidades da Baixa Idade Média com as superfícies alcançadas no último cinturão de muralhas:

Veneza (a cidade e as ilhas contíguas)	cerca de 600 hectares
Milão (nas muralhas dos Visconti do século XV)	580 hectares
Gante (nas muralhas do século XVI)	570 hectares
Colônia (nas muralhas de 1180)	560 hectares
Florença (nas muralhas de 1284)	480 hectares
Pádua (nas muralhas vênetas do século XV)	450 hectares
Paris (nas muralhas de 1370, de Carlo V)	440 hectares
Bruxelas (nas muralhas de 1357)	415 hectares
Bolonha (nas muralhas do século XIII)	400 hectares
Leuven (nas muralhas de 1357)	395 hectares
Verona (nas muralhas dos Scaligere, século XIV)	380 hectares
Bruges (nas muralhas de 1297)	360 hectares
Piacenza (nas muralhas do século XIV)	290 hectares
Tirlemont (nas muralhas do século XIV)	250 hectares
Nápoles (nas muralhas aragonesas do século XV)	200 hectares
Pisa (nas muralhas do século XII)	200 hectares
Barcelona (nas muralhas de 1350)	200 hectares
Siena (nas muralhas do século XIV)	180 hectares
Lübeck (nas muralhas do século XII)	180 hectares
Londres (nas novas muralhas medievais restauradas)	160 hectares
Nurembergue (nas muralhas de 1320)	160 hectares
Malinas (nas muralhas do século XIV)	160 hectares
Frankfurt sobre o Meno (nas muralhas de 1333)	150 hectares
Avignon (nas muralhas de 1356)	140 hectares

AS CIDADES EUROPEIAS DA IDADE MÉDIA

Paris na Idade Média: 597 a ilha com a catedral de Notre Dame e 598 o conjunto da cidade. Reconhece-se o anel da muralha de Filipe Augusto (1180-1210), concêntrico à ilha, e a ampliação de Carlos V na margem direita (1370). As gravuras são do século XVI.

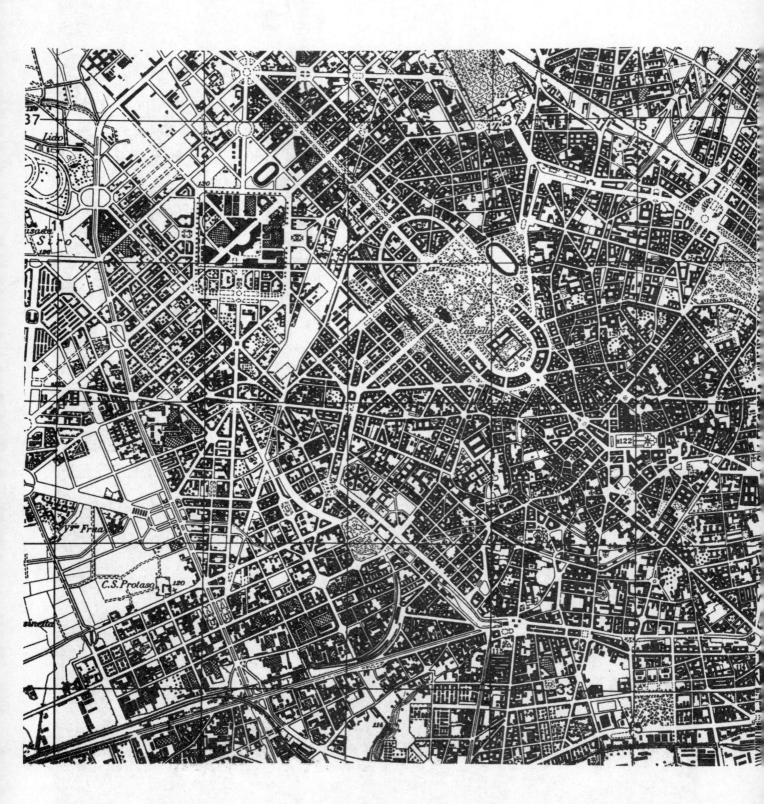

AS CIDADES EUROPEIAS DA IDADE MÉDIA

600 Planta da cidade atual, na mesma escala (extraída do mapa do Instituto Geográfico Militar); ao centro, distingue-se perfeitamente o primeiro anel de muralha dos Visconti, consolidado posteriormente pelos espanhóis na metade do século XVI.

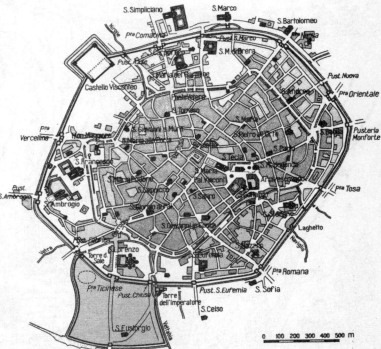

599 Planta de Milão em meados do século XIV, na muralha do século XII, reconstruída após a batalha de Legnano (1176).

Os dados sobre a população são incertos e não é possível deduzi-los pelas superfícies, visto que a densidade das construções nos últimos cinturões de muralhas varia bastante. As cidades mais populosas – Milão e Paris – alcançaram talvez 200.000 habitantes; Veneza, 150.000; Florença, 100.000; Gante e Bruges, 80.000; Siena, 50.000. Nenhuma superou as capitais dos reinos árabes na Europa (Palermo com 300.000 habitantes e Córdoba com mais de meio milhão) e ficam, naturalmente, longe das grandes metrópoles orientais, Constantinopla e Bagdá, com mais de um milhão de habitantes.

Não é possível, num livro geral como este, descrever uma a uma as cidades da lista anterior: iremos nos restringir a cinco cidades – Veneza, Bruges, Bolonha,

601 Mapa da laguna veneziana no século XVI; ao centro do espelho de água pode-se ver a cidade de Veneza, circundada pelas ilhas menores.

AS CIDADES EUROPEIAS DA IDADE MÉDIA

Nurembergue e Florença –, que não são as mais importantes, porém as mais adequadas para mostrar a variedade e a riqueza de casos dos organismos urbanos medievais: um grande empório marítimo colocado entre o Oriente e o Ocidente; uma cidade mercante da costa flamenga; uma cidade do vale do Pó que se desenvolveu ao redor de um núcleo romano; uma cidade mercante e manufatureira da Alemanha Central; uma cidade industrial e com forte sistema bancário da Itália Central.

Veneza

Veneza é uma cidade excepcional, seja na Idade Média seja em nossos dias, pelas características singulares de seu ambiente geográfico e desenvolvimento histórico.

Os habitantes da planície veneziana, para fugir das incursões dos bárbaros que entravam na Itália pelos Alpes Julianos, se refugiaram nas lagunas entre a foz do Pó e a do Tagliamento, que ofereciam um ambiente protegido tanto por terra quanto por mar. Nasceram, assim, nas ilhas intermediárias, alguns núcleos habitados; entre esses, adquiriu importância Veneza, que se acha no meio da laguna maior (entre a foz do rio Brenta e a do rio Piave) e se comunica facilmente com o mar através de um canal natural.

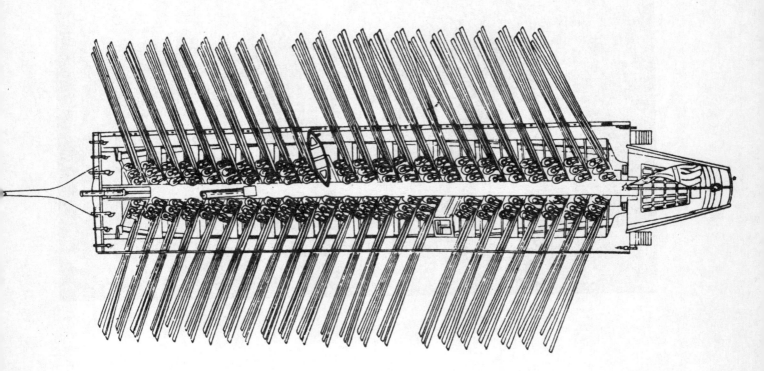

602 Planta de uma galé veneziana de três ordens de remos. Escala 1:200.

AS CIDADES EUROPEIAS DA IDADE MÉDIA

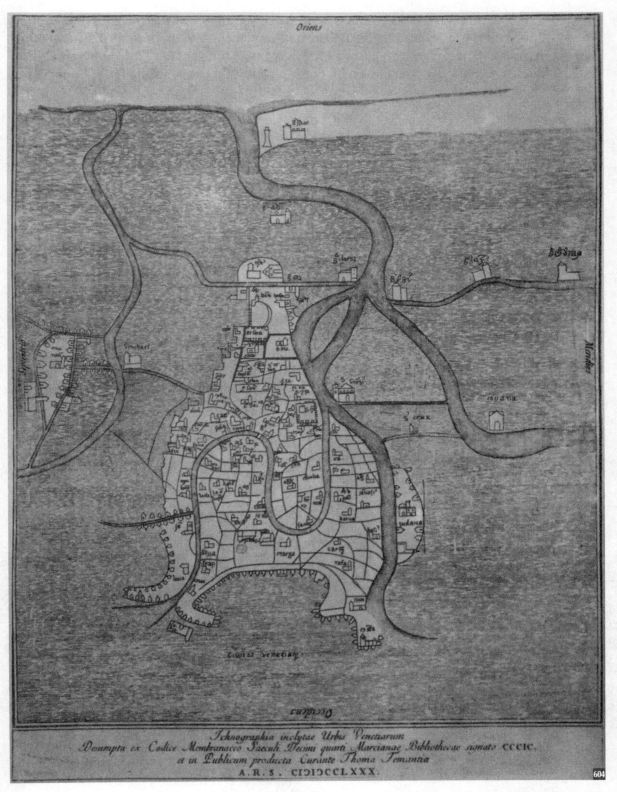

603 O mapa mais antigo da cidade de Veneza, desenhado num código de 1348, e 604 uma cópia gravada em 1780. O mapa individualiza, na laguna, o percurso dos canais navegáveis: o canal da Giudecca e a bacia de São Marcos, onde desemboca o Canal Grande, que atravessa a cidade.

Veneza conseguiu evitar as dominações dos reinos de terra firme e permaneceu, do ponto de vista formal, sujeita a Constantinopla; conseguiu, pois, tornar-se o centro comercial intermediário entre o Oriente e o Ocidente e se organizou livremente desde o princípio, sem enfrentar, como as outras cidades, as lutas com os príncipes e os nobres feudais.

A forma da cidade já está definida no fim do século XI e permanece quase inalterada em todos os mapas sucessivos, desde o mais antigo de 1346 (uma planimetria precisa, não uma das vistas simbólicas usuais na Idade Média; Figs. 603-604) até os mapas modernos (Figs. 651-652).

Veneza é um trecho de laguna urbanizado, localizado onde vários canais convergem entre si e desembocam no mar aberto, através de uma interrupção da nesga de terra dos Lidos. Um desses canais – o Canal Grande – entra na cidade e a percorre por inteiro com seu S bem pronunciado. Na foz do Canal Grande, localiza-se São Marcos (o centro político da cidade) e na metade de sua extensão, Rialto (o centro comercial), com a única ponte sobre o canal: os dois centros estão próximos um do outro em linha reta e aqui se encontra de fato o núcleo mais antigo e mais denso; o *sestiere* (distrito) de São Marcos. A rede dos canais secundários – sobre a qual se desenvolve todo o tráfego de pessoas e mercadorias – penetra em toda a cidade, que é uma única massa compacta, como as cidades orientais; nela se distinguem os centros secundários: as igrejas paroquiais e os espaços abertos – denominados campos – onde estão as cisternas para recolher água, acessíveis pelos poços. Na zona mais próxima do mar, sobressai-se o grande recinto

605 Mapa da cidade de Veneza no século XVIII.

AS CIDADES EUROPEIAS DA IDADE MÉDIA

606 A construção da Torre de Babel; mosaico do século XIII na basílica de São Marcos.

do Arsenal, o estaleiro do Estado onde se constroem os navios. A cidade emerge do espelho de água da laguna com seu contorno inconfundível, em forma de golfinho, mas sua estrutura permanece ligada à conformação invisível do leito do mar, como se vê no mapa do século XIV.

Os edifícios mais importantes da cidade também já estão traçados entre o fim do século XI e o início do século XII.

A basílica de São Marcos (em cruz grega, baseada na igreja dos Santos Apóstolos de Constantinopla) é construída entre 1060 e 1094; os dois mercados de Rialto, às margens do Canal Grande, são estruturados em fins do século XI e unidos por uma ponte de barcos; o Palácio Ducal é reconstruído em pedra depois do incêndio de 1105; a divisão administrativa, em *confini* (fronteiras) e *contrade* (bairros), é fixada em 1083.

No século XII, cresce a prosperidade de Veneza; no início do século XIII, o organismo político e o ambiente físico da cidade estão definitivamente estabelecidos. O doge Sebastiano Ziani (1172-1178) demole o recinto fortificado ao redor do Palácio Ducal e abre a praça em L entre o palácio e a basílica, para onde se abre o pórtico dos novos edifícios (aqui acontece o solene encontro entre o Barba-Roxa e o papa Alexandre III, em 1177); por ordem do doge, o matemático Nicolò Barattieri, no limite entre a praça e a laguna, ergue as duas colunas de São Marcos e de São Teodoro e projeta a segunda ponte de Rialto, de madeira, com a parte central móvel para permitir a passagem das embarcações (Figs. 607-608).

O doge Enrico Dandolo (1192-1025) dirige a IV Cruzada para a conquista de Constantinopla e traz para Veneza um grande número de troféus, entre os quais os quatro cavalos de bronze colocados na fachada de São Marcos. As ordens constitucionais da República são fixadas de 1207 a 1220 e definitivamente

AS CIDADES EUROPEIAS DA IDADE MÉDIA

A segunda ponte de Rialto, em madeira, com a parte central móvel para deixar passar as embarcações. 607 Um detalhe da vista de Veneza, de Jacopo de Barbari, e 608 uma pintura de Carpaccio.

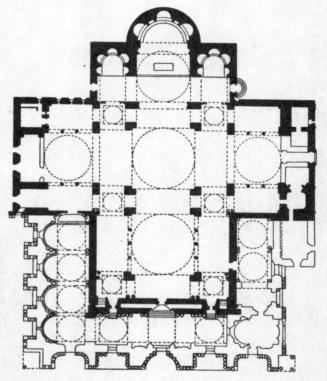

609 O centro monumental de Veneza, entre Rialto (com a terceira ponte de pedra de 1592) e São Marcos. De uma vista do século XVIII.

Basílica de São Marcos: **610** a planta; **611** a fachada numa pintura de Gentile Bellini e **612** numa fotografia contemporânea.

AS CIDADES EUROPEIAS DA IDADE MÉDIA

estabilizadas em 1297, com as leis conhecidas como a *Serrata del Maggior Consiglio* (a Barreira do Conselho Maior). Toda a cidade se enriquece e se consolida; por volta de meados do século, as ordens religiosas mendicantes se instalam nas zonas periféricas (onde mais tarde, por volta de 1330, dominicanos e franciscanos irão construir as grandes igrejas de São João e São Paulo e dos Frades; Figs. 647-650). A partir de 1294 cunha-se o ducado de ouro, que mantém seu curso legal até 1797 (Figs. 617-618).

Nesse ponto está completa a "magnífica máquina funcional", de que fala Le Corbusier, baseada no rigoroso equilíbrio entre a água e a terra. Mais tarde, "chegaram os 'artistas'; mas já estava tudo regulado, inserido no ambiente, feito pela colaboração de todos".

A basílica de São Marcos, inaugurada em 1094, é concluída nos três séculos seguintes com uma espetacular decoração de mosaicos, esculturas e ourivesarias (Figs. 610-621). O Palácio Ducal é refeito em formas góticas de 1340 até o fim do século XV. A praça de São Marcos é reordenada na primeira metade do século XVI por Mauro Codussi, Sansovino e Sanmicheli. A terceira ponte de Rialto, de pedra, é construída por Antonio da Ponte em 1592. Palladio (que, de 1570 a 1580, é nomeado "*proto* ou superintendente da basílica", isto é, diretor das obras públicas venezianas) realiza as duas grandes igrejas periféricas de São Jorge e do Redentor, que olham para a cidade da outra margem da bacia de São Marcos. Longhena constrói a igreja da Saúde na embocadura do Canal Grande para celebrar o fim de uma epidemia de peste em 1631 (Fig. 625).

613 A cobertura da basílica de São Marcos, vista do campanário. As cinco cúpulas são evidenciadas por um revestimento de madeira recoberta de chumbo, que realça seu perfil.

614 O interior de uma das cúpulas de São Marcos com a decoração em mosaico do século XIII.

AS CIDADES EUROPEIAS DA IDADE MÉDIA

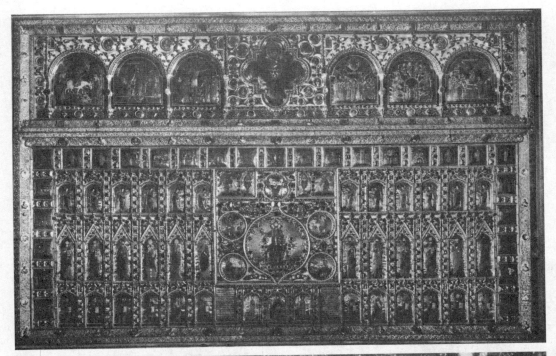

615 616 A "Pala de Ouro" na basílica de São Marcos, executada no século XIV utilizando elementos mais antigos (dos séculos XII e XIII), provenientes, em parte, de Constantinopla.

617 **618** O ducado de ouro veneziano, cunhado de 1294 em diante (reproduzido em dobro do tamanho real).

619 Uma lousa de mármore com decorações do século XII, na basílica de São Marcos.

620 A basílica de São Marcos, inserida entre os edifícios do entorno, numa vista aérea.

621 Vista aérea do conjunto de São Marcos, com a igreja e o Palácio Ducal.

622 Veneza e sua laguna, numa vista do século XVI. A laguna tem uma forma simplificada para evidenciar a cidade e seus edifícios. Mas o gravador representou a diferença entre as águas do mar, mais agitadas, e as do espelho de água interno, mais calmas, povoadas por muitos tipos de navios. Veem-se também os centros menores, Murano (em cima) e Chioggia (embaixo).

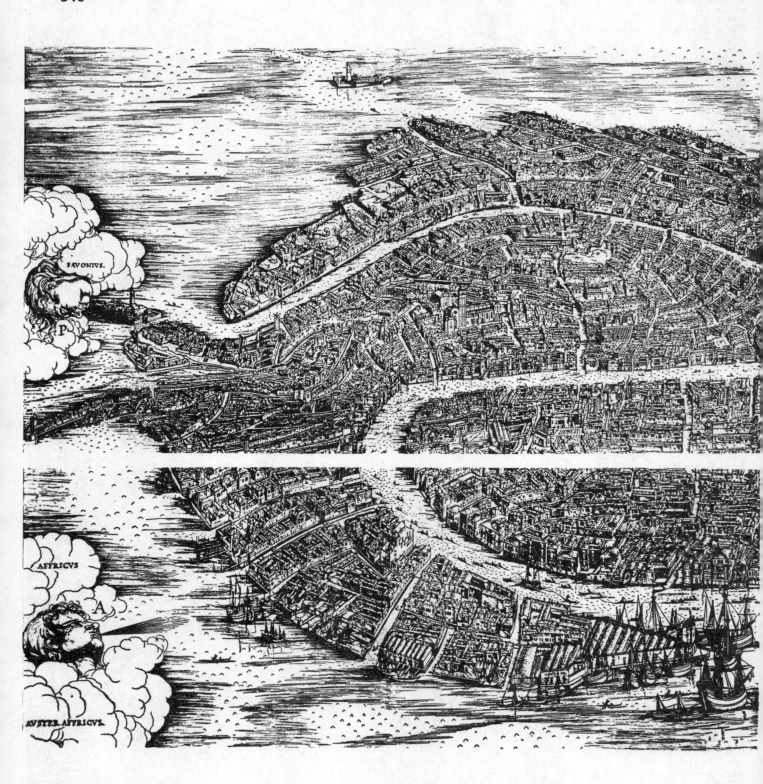

AS CIDADES EUROPEIAS DA IDADE MÉDIA

623 A grande vista de Veneza de Jacopo de Barbari, de 1500.

Nesse meio tempo os engenheiros da república intervêm para manter a integridade do ambiente da laguna, do qual depende a vida da cidade: desviam a foz dos rios que desembocam na laguna para evitar o aterro; abrem novos canais para facilitar a passagem dos navios e para manter as águas em movimento nas zonas insalubres; reforçam as nesgas arenosas dos *lidi* entre a laguna e o mar com os *murazzi* (diques) para resistir às marés e aos vagalhões.

Esse organismo especialíssimo, frágil e duradouro, baseado em um compacto desenho de origem oriental (e semelhante mais às cidades antigas, bizantinas, árabes, que às europeias), mas modificado pelas obras-primas da arquitetura gótica e da Renascença, é representado e enriquecido pelas imagens dos pintores.

624 O arsenal de Veneza, isto é, a oficina pública para a construção dos navios: da vista de Jacopo de Barbari.

AS CIDADES EUROPEIAS DA IDADE MÉDIA

Na segunda metade do século XV, esse é o ponto de encontro das correntes mais vivas da pintura mundial. Em 1475, Antonello da Messina encontra-se com Giovanni Bellini; em 1495, Albrecht Dürer chega da Alemanha. Veneza torna-se o laboratório das experiências e das técnicas mais avançadas: a pintura a óleo, as telas de grandes dimensões, a tipografia, a gravura em cobre. Bellini e Carpaccio pintam os ambientes da cidade (Figs. 608, 611); Jacopo de Barbari grava, em 1500, a grande planta em perspectiva em seis folhas, que representa Veneza pelo sul, na amplidão da laguna (Figs. 623,624); Aldo Manuzio publica os livros mais perfeitos da Renascença. Depois, no século XVI, a pintura de Giorgione, Ticiano e Veronese: uma tradição que influencia a arte europeia por mais três séculos.

625 A foz do Canal Grande pela bacia de São Marcos com a igreja da Saúde.

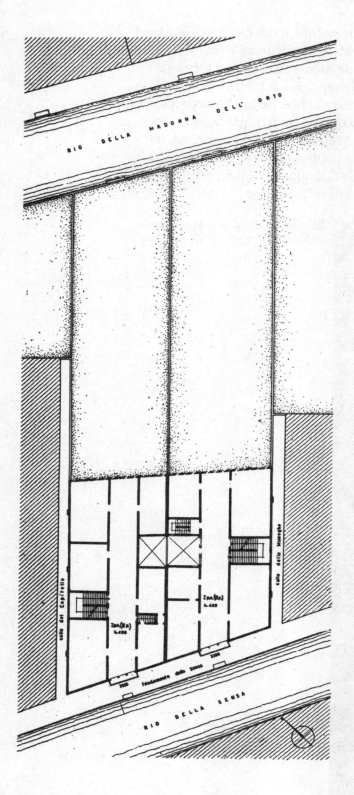
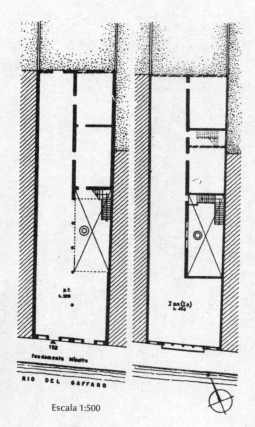

Dois tipos de casas venezianas: 626-628 casas geminadas sobre lotes estreitos e profundos com o jardim posterior que chega até o canal; 629-636 na página seguinte, casas sem jardim em pequenos lotes de esquina, no interior do tecido construído. A estrutura dessas casas depende rigorosamente da relação com as ruas de terra e as vias de água.

Escala 1:500

AS CIDADES EUROPEIAS DA IDADE MÉDIA

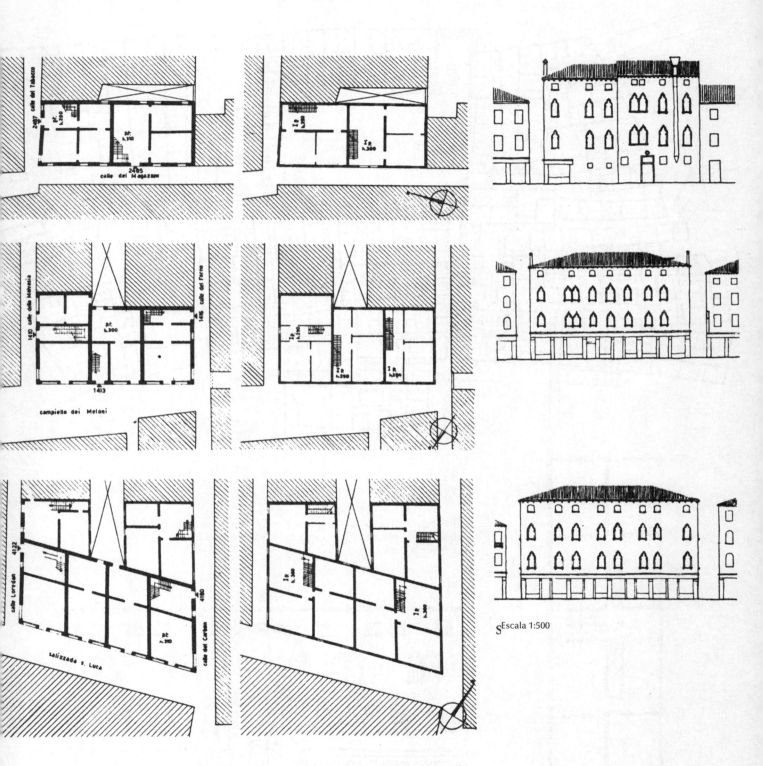

Escala 1:500

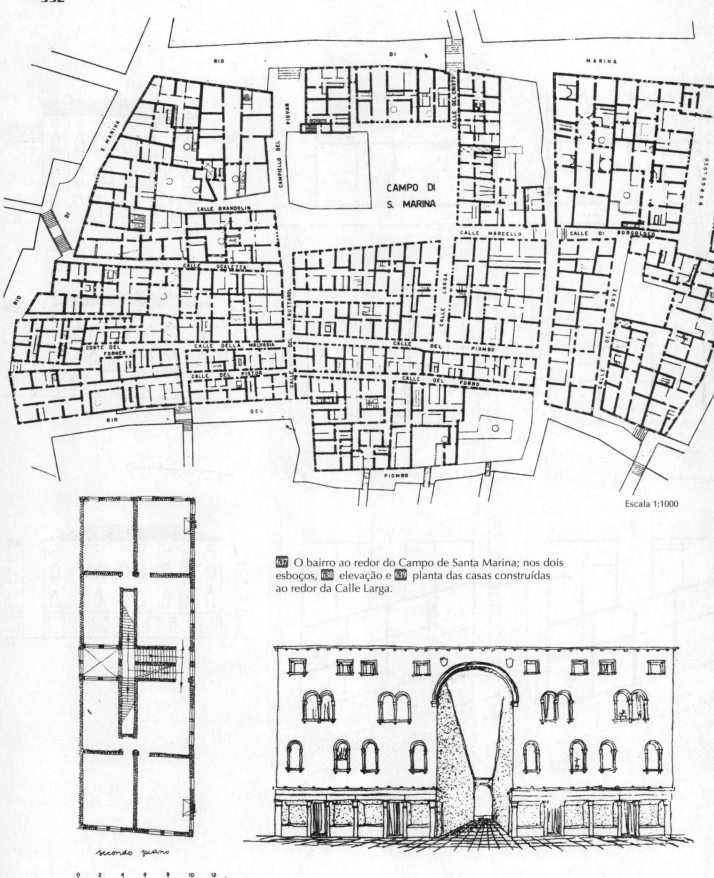

637 O bairro ao redor do Campo de Santa Marina; nos dois esboços, 638 elevação e 639 planta das casas construídas ao redor da Calle Larga.

AS CIDADES EUROPEIAS DA IDADE MÉDIA

640 641 Duas vistas do Canal Grande com a ponte de Rialto.

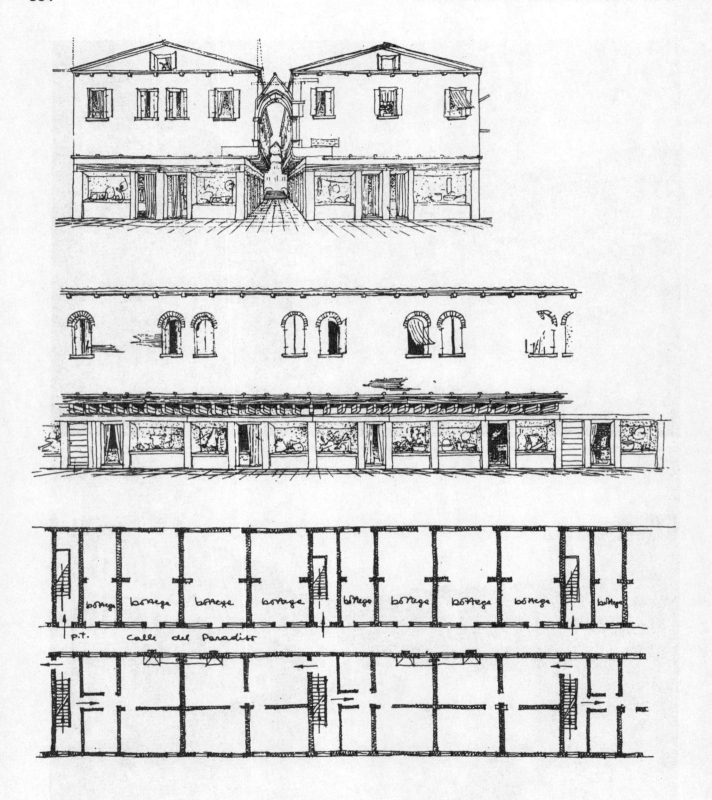

642-644 Casas geminadas do século XIX, entre a rua Paraíso e a *salizzada* San Lio (*salizzada* é o nome dado às ruas calçadas).

AS CIDADES EUROPEIAS DA IDADE MÉDIA

645 Vista aérea de uma parte habitada de Veneza, com a parte vazia do Campo São Paulo; ao fundo, a igreja de Santa Maria Gloriosa dei Frari.

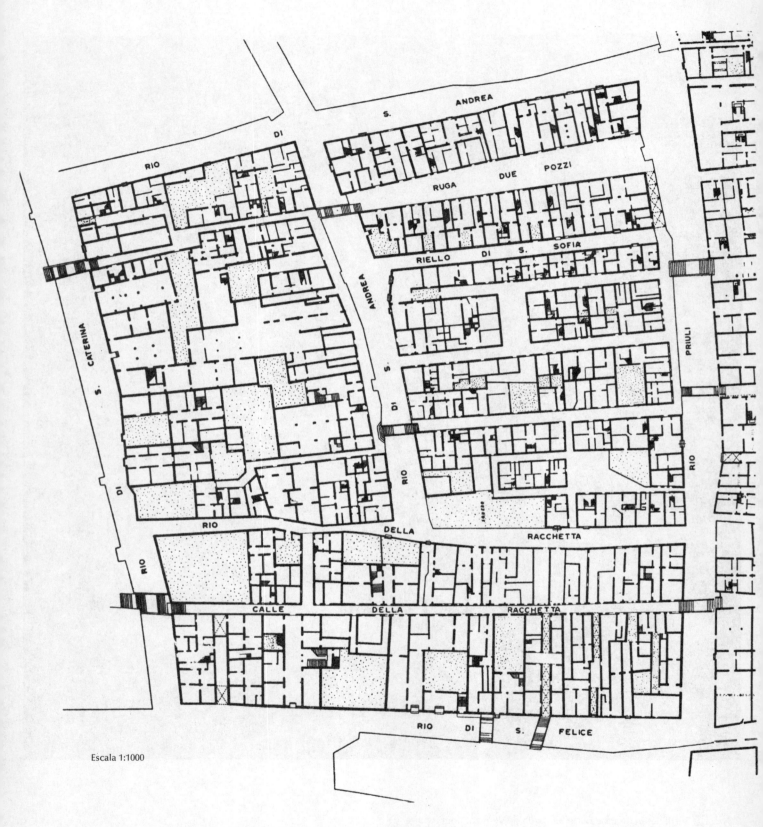

646 Um bairro de Veneza, entre os rios Santa Catarina, Santa Andrea, Priuli e San Felice.

AS CIDADES EUROPEIAS DA IDADE MÉDIA

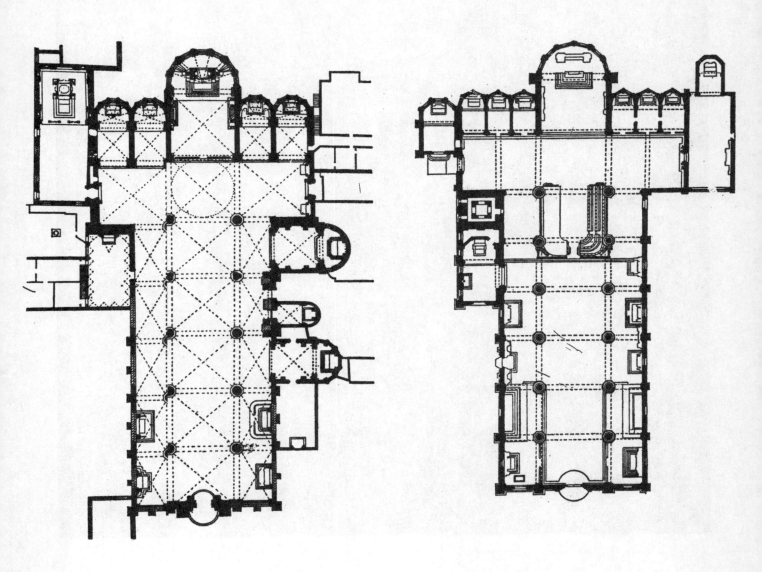

647 Plantas da igreja dominicana de São João e São Paulo, e da igreja franciscana de Santa Maria Gloriosa dei Frari.

Vistas aéreas de 648 São João e São Paulo e de 649 Santa Maria dei Frari, com os bairros do entorno.

AS CIDADES EUROPEIAS DA IDADE MÉDIA

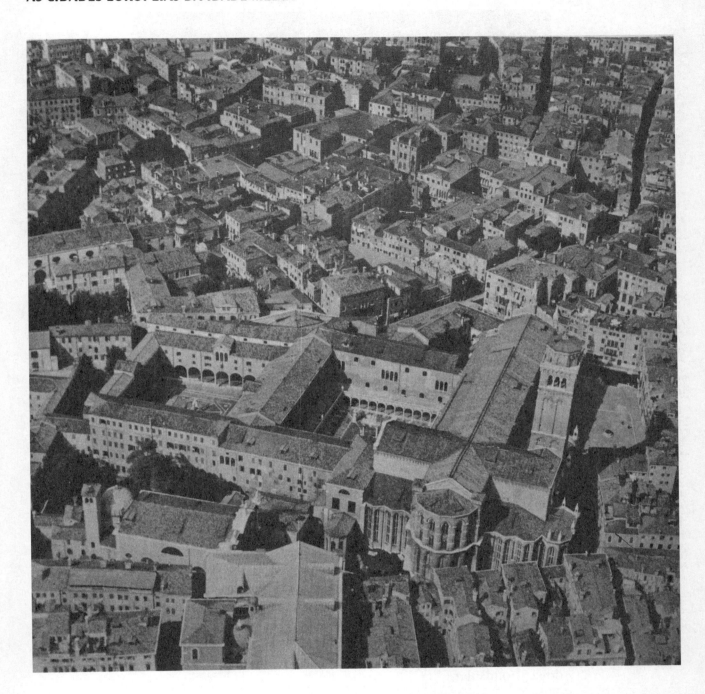

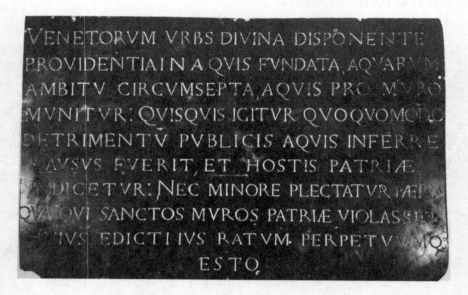

650 Uma placa de pedra do século XVI conservada no Museu Correr de Veneza.

"A cidade dos vênetos, fundada por disposição da Divina Providência no meio das águas, circundada pelas águas, é defendida pelas águas em vez de muro. Portanto, quem quer que traga dano às águas públicas, de qualquer modo, será julgado inimigo da pátria. E não receberá pena menor quem tiver violado os santos muros da pátria. A lei estabelecida por este edito deve prolongar-se eternamente."

A "máquina" entra em crise somente pelas transformações tecnológicas do século XIX e do século XX, quando Veneza deixa de ser uma cidade soberana (em 1797) e cai sob o domínio dos franceses, dos austríacos e dos italianos.

Sob os franceses é completada a praça de São Marcos, construindo-se os novos edifícios nos lados meridional e ocidental; em San Michele, é construído o cemitério; em Santa Elena, o jardim público.

Sob os austríacos introduz-se a iluminação a gás, o aqueduto e o trem chega a Veneza; para tal, constrói-se uma ponte de 3,5 quilômetros entre a terra firme e a cidade, e edifica-se a estação de Santa Lucia, no início do Canal Grande (Fig. 640).

Depois da ocupação italiana (em 1866), constrói-se um porto moderno – com as docas para os navios de grande tonelagem e os trilhos ferroviários sobre os diques – na zona entre Santa Lucia e San Nicolò. Finalmente, chega a Veneza o automóvel, construindo-se uma segunda ponte paralela à primeira e uma esplanada de chegada com duas grandes garagens de vários andares (1932). O Canal Grande – com duas novas pontes, na Academia e na estação ferroviária – é percorrido por pequenos barcos a vapor (*vaporetto*), que atuam como os bondes e ônibus das cidades de terra firme; para encurtar seus percursos, abre-se um novo canal – o Rio Novo – que corta a asa superior do canal. Enquanto isso, surgem o novo bairro balneário no Lido e a zona industrial em Marghera, em cujo entorno se desenvolvem os subúrbios de terra firme, que agora têm o dobro da população do centro insular.

Todas essas iniciativas alteram o equilíbrio do ambiente lagunar: as marés mais frequentes e mais altas alagam a cidade; a fumaça das indústrias desagrega os mármores e enegrece as pinturas; os novos canais para os grandes navios de carga mudam a circulação das águas na laguna. A população da cidade antiga, que alcançara 180.000 habitantes na década de 1950, diminui rapidamente e se reduz quase à metade. Hoje se tenta restaurar a cidade e ajudar sua economia para salvar um patrimônio cultural que interessa ao mundo inteiro: mas trata-se de conservar uma cidade viva, com os monumentos, casas e habitantes, isto é, fazer funcionar a antiga "máquina" de conformidade com as técnicas e as exigências modernas.

AS CIDADES EUROPEIAS DA IDADE MÉDIA

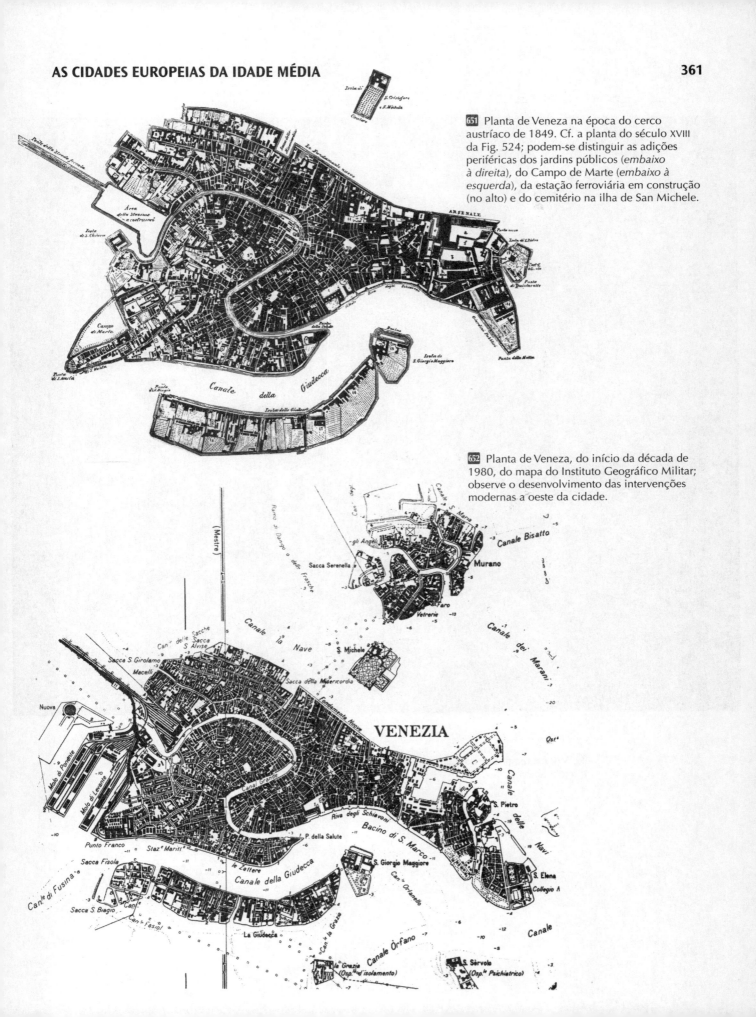

651 Planta de Veneza na época do cerco austríaco de 1849. Cf. a planta do século XVIII da Fig. 524; podem-se distinguir as adições periféricas dos jardins públicos (*embaixo à direita*), do Campo de Marte (*embaixo à esquerda*), da estação ferroviária em construção (no alto) e do cemitério na ilha de San Michele.

652 Planta de Veneza, do início da década de 1980, do mapa do Instituto Geográfico Militar; observe o desenvolvimento das intervenções modernas a oeste da cidade.

653 Vista aérea de Veneza com a laguna e o mar aberto.

AS CIDADES EUROPEIAS DA IDADE MÉDIA

Bruges

Bruges, a maior cidade mercante na Europa transalpina, se desenvolve em volta de um castelo fortificado – chamado posteriormente Oudenburg, o velho burgo – fundado pelos condes de Flandres ao longo do curso do rio Reie, no final do século IX. Sua posição é favorável ao comércio, porque o rio desemboca num braço de mar que penetra profundamente na terra firme; de fato, ao lado do Palácio dos Condes e da igreja de São Donaciano forma-se um pequeno núcleo habitado, que é circundado por um muro em 915 e abriga a primeira feira em 957. Algumas centenas de metros mais a oeste, outros pequenos burgos se formam ao redor das igrejas de São Salvador e de Notre Dame que, em fins do século XI, se tornam paróquias autônomas. Esses primeiros núcleos surgem nos pontos mais elevados de uma planície arenosa e são circundados por uma paisagem pantanosa (Fig. 653).

No século XI, a população cresce rapidamente e Bruges se torna uma cidade livre, conquistando do senhor feudal o direito de se governar com magistraturas próprias; nesse período, constrói-se um segundo anel de muralhas, que compreende uma área de 86 hectares, aproximadamente, e uma população de 10.000 habitantes (Fig. 654).

Em 1134, uma tempestade muda a conformação da costa e cava um golfo amplo e profundo – o Zwin – na extremidade do velho braço de mar. Os mercadores de Bruges exploram prontamente esse porto natural, situado a apenas 1,5 quilômetro da cidade: sobre o Zwin fundam um novo anteporto – Damme – e constroem um canal para ligá-lo ao Reie e à cidade. Desse modo, os grandes navios param em Damme e os menores levam as mercadorias até o coração da cidade.

A cidade – formalmente sujeita aos condes de Flandres, mas agora rica bastante para fazer frente às grandes potências da época – continua crescendo durante o século XIII e se torna o porto principal entre a Europa e o Mar do Norte. As relações comerciais com as cidades da Liga Hanseática – Hamburgo, Bremen e Lübeck – são definidas em 1252. As relações com a Inglaterra – que fornece a lã para as indústrias têxteis flamengas – permanecem por longo tempo conflitantes e são fixadas em 1274, com o Tratado de Montreuil; em 1294, o rei da Inglaterra fixa em Bruges a etapa das lãs, isto é, a passagem obrigatória das exportações de lã em direção ao Continente. Em 1277, aparecem em Bruges as primeiras galés genovesas, seguidas mais tarde pelas venezianas. As trocas comerciais entre a Itália e os países nórdicos agora se desenvolvem, de preferência, por via marítima, mesmo porque as cidades de Champagne – onde se realizam as feiras tradicionais – perdem sua independência e começam a fazer parte, em 1284, dos domínios reais franceses.

O organismo urbano está em plena expansão e o terceiro anel de muralhas – iniciado em 1297 por ordem do rei da França Filipe, o Belo – abrange uma área de quase quatrocentos hectares. Nesse período, Bruges está envolvida nas lutas entre os soberanos franceses e flamengos; um tratado de 1305 obriga a cidade a demolir as fortificações, e de fato a cidade permanece temporariamente indefesa, de 1328 a

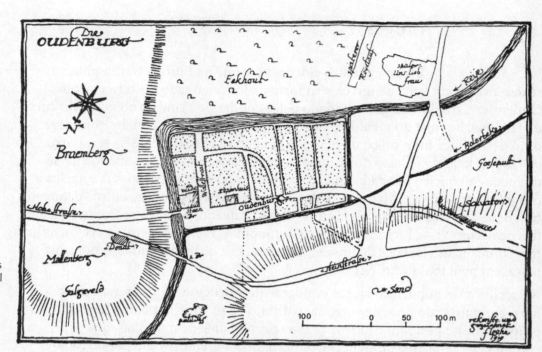
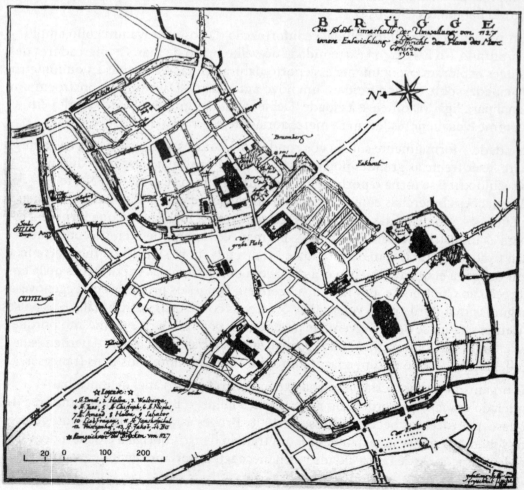

654 Bruges: mapas do núcleo original e do segundo cinturão de muralhas.

AS CIDADES EUROPEIAS DA IDADE MÉDIA

1338; mais tarde, as muralhas são reconstruídas e permanecerão em pé até 1782, quando serão destruídas por ordem do imperador José II.

A administração reside na Velha Halle, no interior de Oudenburg; o centro da vida da cidade é, porém, a Grande Praça que se encontra logo além do recinto de Oudenburg, para além do Reie. Entre esses dois centros, a montante do rio, constrói-se no fim do século XIII a Nova Halle, também chamada Waterhalle, porque os navios podem entrar no edifício e ser carregados ou descarregados ao abrigo (esse extraordinário monumento foi demolido em fins do século XVIII e agora, em seu lugar, existe o palácio do governo provincial, do século XIX). De 1377 a 1420 um novo e grandioso palácio municipal é edificado ao sul da Grande Praça: seu *beffroi*, com uma centena de metros de altura, se torna o centro visível do conjunto urbano (Fig. 657).

Sempre na segunda metade do século XIII são reconstruídas em formas góticas as duas igrejas principais, São Salvador e Notre Dame; como de costume, as ordens religiosas mendicantes se instalam nos bairros de periferia: os dominicanos em 1234, os franciscanos em 1240, os carmelitas em 1266 e os agostinianos em 1276. O hospital cívico de São João, fundado em 1188, é bastante aumentado.

Na margem ocidental da cidade – onde hoje se encontra a estação ferroviária – permanece um amplo espaço descoberto onde acontece o tradicional mercado da sexta-feira: é uma das praças mais amplas da Idade Média, parcialmente arborizada e flanqueada por um canal navegável.

655 A caraca, navio mercante de três mastros, usado no Mar do Norte em fins do século XV.

656 Vista, do alto, do conjunto construído de Bruges; em primeiro plano, à esquerda, o recinto do castelo primitivo.

657 A praça do mercado com a torre, do fim do século XIV.

AS CIDADES EUROPEIAS DA IDADE MÉDIA

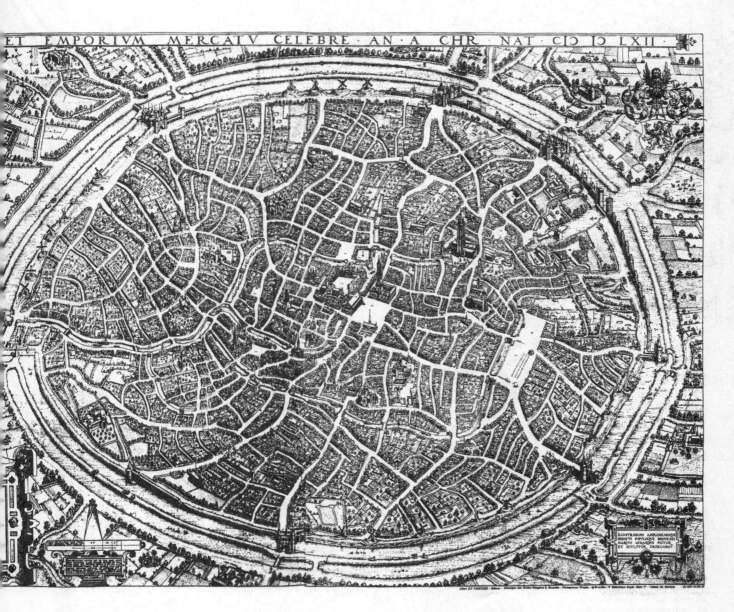

658 Grande mapa em perspectiva de Bruges, publicado em 1562.

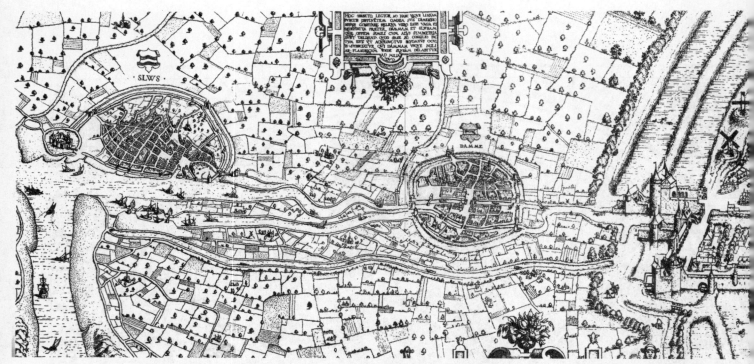

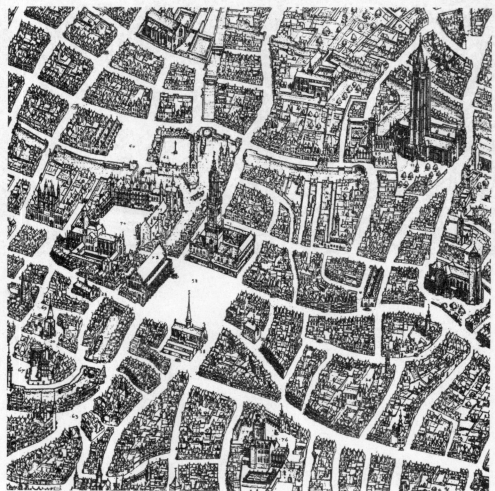

659 Detalhe do mapa anterior com o sistema dos dois anteportos de Bruges, Sluis e Damme.

660 Detalhe do mapa em perspectiva de 1562, com a parte central da cidade: o castelo, a praça do mercado e as duas igrejas principais.

11. Igreja de Notre Dame; **12.** Igreja de São Salvador; **18.** Capela de São Cristóvão; **20.** Capela de São João; **21.** Capela de Santa Amanda; **22.** Capela de São Pedro; **26.** Capela dos pintores; **58.** Mercado do peixe; **60.** Mercado do trigo; **62.** Mercado das peles; **63.** Bolsa; **70.** Castelo, com a municipalidade e a chancelaria; **71.** Halle; **72.** Waterhalle; **75.** Prisão; **76.** Aula do Príncipe; **77.** Casa da Moeda; **88.** Castelo chamado "Sete Torres".

AS CIDADES EUROPEIAS DA IDADE MÉDIA

661 O interior da igreja de Notre Dame, em Bruges.

AS CIDADES EUROPEIAS DA IDADE MÉDIA

Nas últimas décadas do século XIII, cerca de um terço da renda municipal é destinado às obras públicas: construção das muralhas, pavimentação das ruas e abastecimento de água. A construção dos edifícios privados é disciplinada por uma série de regulamentos: são admitidas somente coberturas de telhas – para evitar incêndios –, mas o município contribui com um terço das despesas; os proprietários das casas a serem demolidas para alargamento de ruas recebem uma indenização, mas não podem destruir nenhum edifício por iniciativa própria: se o fizerem, são obrigados a reconstruí-lo dentro de quatro meses.

Bruges: 662 as casas no lado meridional da praça do mercado; 663 a porta do Marechal; 664 665 vistas do alto de duas ruas da zona central.

666 Uma antiga fotografia do Quai du Rosaire.

667 Uma antiga fotografia da bacia atrás do castelo, com a torre da Halle.

AS CIDADES EUROPEIAS DA IDADE MÉDIA

668 O canal que liga Bruges a Damme, como se encontra hoje.

669 A "Bolsa" de Bruges com a casa dos mercadores florentinos e a dos mercadores genoveses.

670 O Palácio de Justiça no recinto do castelo de Bruges.

AS CIDADES EUROPEIAS DA IDADE MÉDIA

671 A *Madona do Chanceler Rollin*. Pintura de Jan van Eyck, no Museu do Louvre.

672 O grande guindaste de madeira de Bruges; miniatura do século XV.

A prosperidade de Bruges continua nos séculos XIV e XV. Muitas casas particulares importantes são construídas nesse período; entre elas, a casa dos Portinari (1451), as casas dos mercadores hanseáticos (1478) e a casa da família Van der Beurs, onde os mercadores têm o hábito de se reunir para discutir os negócios comuns (Fig. 669): é a primeira das "bolsas" que, mais tarde, serão fundadas nas outras cidades europeias. No ambiente da rica burguesia de Bruges trabalham, estavelmente, os maiores pintores flamengos do século XV: Jan van Eyck – que morre em 1441 – e Hans Memling, que reside na cidade desde 1465 até sua morte, em 1494; no hospital de São João ainda se conservam as obras pintadas especialmente por Memling e ofertadas pelos mais abastados cidadãos: o tríptico com as bodas de Santa Catarina de Alexandria (1479), o tríptico como lamento sobre Cristo morto (1480) e o relicário de Santa Úrsula (1489; Figs. 673-679).

O porto de Bruges é sempre o ponto de chegada mais importante do comércio oceânico europeu; aos alemães, ingleses e italianos se juntam, na segunda metade do século XIV, os espanhóis e os portugueses, que iniciaram a exploração da rota das especiarias no Atlântico Sul. Mas o Zwin estava sendo lentamente assoreado, e o anteporto teve de ser transferido para mais longe, de Damme para Sluis. Em 1378, tem início a escavação de um novo canal, mais direto, de Damme para o mar; logo em seguida os trabalhos são interrompidos pela guerra civil e os cursos navegáveis de Bruges para o mar se tornam cada vez mais inseguros. Do século XV em diante, as mercadorias têm de ser transportadas de Sluis para Bruges por via terrestre, com amplo aumento de custos. Em 1460, o porto de Sluis também fica inacessível aos grandes navios; mas, nesse momento, a importância do mercado de Bruges – baseada nos privilégios concedidos pelas grandes potências comerciais – é ameaçada pela concorrência das outras cidades que, ao contrário, garantem liberdade de comércio aos mercadores.

Em 1488, o imperador Maximiliano convida os mercadores estrangeiros a se transferirem de Bruges para a Antuérpia; a partir desse momento, a Antuérpia se torna o novo empório marítimo europeu e Bruges gradualmente se transforma numa tranquila cidade de província. O grande mapa em perspectiva de Marc Gerards, gravado em 1562, ilustra minuciosamente a cidade – com os monumentos góticos e os bairros de casas geminadas dos séculos XV e XVI – que não chega a preencher o

AS CIDADES EUROPEIAS DA IDADE MÉDIA

673 O relicário de Santa Úrsula, pintado por Hans Memling, no hospital de São João; 674-679 o conjunto e os seis painéis com as cenas da vida da santa.

680 Planta de Bruges na primeira metade do século XIX. Foi construída a estrada de ferro, que corta o oval do organismo urbano.

681 Vista aérea da Bruges moderna, rodeada de bairros periféricos. No alto, à direita, o antigo canal para Damme; à esquerda, o novo canal para o anteporto moderno de Zeebrugge.

AS CIDADES EUROPEIAS DA IDADE MÉDIA

circuito das muralhas do século XIV (Figs. 658-660). O recenseamento de 1580 conta 8129 lotes construídos; do século XVI ao século XVIII, a população oscila entre 30.000 e 35.000 habitantes.

Até hoje, esse organismo urbano permaneceu intacto em grande parte; de fato, Bruges ainda é um centro tranquilo e isolado das grandes correntes de tráfego; alguns bairros periféricos cresceram além das muralhas, e um novo porto foi construído, em 1914, sobre a atual linha de costa, em Zeebrugge. Mas a grande obra em que a administração está empenhada atualmente é a restauração do antigo patrimônio edificado, para adaptá-lo à vida moderna, sem destruí-lo.

Bolonha

O local da cidade atual é habitado desde a mais remota Antiguidade e foi escolhido pelos romanos para a fundação de uma colônia, em 189 a.C. A primeira expedição compreende 3.000 famílias, das quais cerca de 4/5 se estabelecem no campo e 1/5 no núcleo habitado. Mais tarde a cidade cresce e se torna uma das maiores da Itália setentrional; 50-80 hectares de superfície e algumas dezenas de milhares de habitantes; é alimentada por um aqueduto que vem do vale do Setta, com um percurso subterrâneo de 17 quilômetros.

Após a queda do império, a cidade fica em ruínas: assim a viu Santo Ambrósio no século V. Apenas a parte oriental da cidade – a mais recente, mais bem construída – é defendida por um primeiro cinturão de muralhas restrito, erguido talvez sob Teodorico, no início do século VI (Fig. 684); esse cinturão tem quatro portas (Bolonha é chamada de "cidade das quatro cruzes") e permanecerá o coração da futura cidade medieval; aqui serão, de fato, construídos os principais monumentos: a catedral, o palácio público, a igreja de São Petrônio, o palácio do rei Enzo, ao

682 A mais antiga vista da cidade de Bolonha, do início do século XVI.

AS CIDADES EUROPEIAS DA IDADE MÉDIA

redor do retângulo da praça Maior que corresponde a uma malha do tabuleiro romano. Imediatamente fora da porta oriental (porta Ravegnana, onde hoje se encontram as duas torres) se instalam os longobardos num subúrbio independente, com um cinturão semicircular de muralhas.

A população começa a aumentar, como nas outras cidades, entre o fim do século X e o início do século XI. Em 1019 a catedral, que se achava fora dos muros, é transportada para o interior, na sede atual. Em 1088 é fundada a célebre universidade, a mais antiga da Europa, que recebe em custódia o Código das Pandectas de Justiniano (proveniente de Ravena). Depois de 1115, quando morre a condessa Matilde de Canossa, forma-se a comuna bolonhesa, e as duas cidades – a latina e a longobarda – se fundem numa única cidade. No século XII constrói-se um segundo anel de muralhas, concêntrico aos dois precedentes, que inclui novamente toda a área da cidade romana e os novos subúrbios já formados ao sul e a leste (cerca de 120 hectares; Fig. 685).

683 Uma miniatura do século XV no código dos estatutos da Sociedade dos Mercadores de Pano. Bolonha, Museu Cívico.

O desenvolvimento continua no século XIII. Em 1201, a comuna fixa sua sede definitiva no centro da cidade, no lado ocidental da praça Maior. Em 1246, no lado meridional, tem início a construção de um novo palácio público onde, depois de 1249, é aprisionado o rei Enzo, filho de Frederico II. A cidade se estende por todos os lados além do segundo cinturão de muralhas e, nos novos subúrbios, se estabelecem as ordens religiosas mendicantes: os dominicanos ao sul, no mosteiro onde o próprio São Domingos morre e é sepultado em 1221; os franciscanos a oeste, onde constroem, segundo o modelo gótico internacional, uma moderníssima igreja de 1236 a 1250. Nessas igrejas da periferia há obras de arte de grande prestígio: em São Domingos, a arca com o corpo do santo, para a qual trabalham os melhores escultores italianos: Nicola Pisano, Arnolfo di Cambio, Niccolò dell'Arca e o jovem Michelangelo (Figs. 686-687); em São Francisco, o altar de mármore dos irmãos Delle Masegne (1388-1392; Fig. 688). Para defender a cidade assim aumentada começa-se a construir um terceiro anel de muralhas, que compreende uma área de, mais ou menos, 400 hectares.

A crise econômica da segunda metade do século XIV compromete as instituições comunais; a cidade é conquistada pelos Visconti de Milão e, posteriormente, pela Santa Sé. Em 1377 a comuna e o papado entram em acordo para garantir a Bolonha uma administração autônoma (o governo dos Seiscentos). Nesse momento tem início um vasto programa de obras públicas: a partir de 1370, reconstrói-se o palácio comunal; em 1380, é complementado o terceiro cinturão de muralhas; em 1390, uma nova e imensa igreja de propriedade comunal, São Petrônio, que permanecerá inacabada (Figs. 693-695).

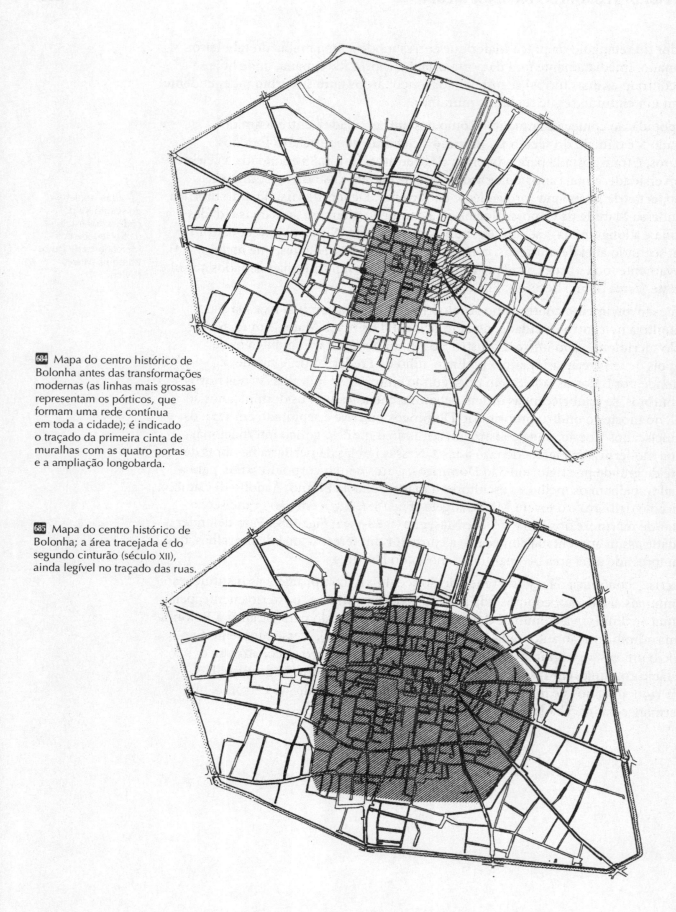

684 Mapa do centro histórico de Bolonha antes das transformações modernas (as linhas mais grossas representam os pórticos, que formam uma rede contínua em toda a cidade); é indicado o traçado da primeira cinta de muralhas com as quatro portas e a ampliação longobarda.

685 Mapa do centro histórico de Bolonha; a área tracejada é do segundo cinturão (século XII), ainda legível no traçado das ruas.

AS CIDADES EUROPEIAS DA IDADE MÉDIA

686

Bolonha, 686 a arca de São Domingos e 687 uma das estatuetas sobre a balaustrada diante da arca (São Petrônio com o modelo da cidade), executada por Michelangelo, em 1495.

AS CIDADES EUROPEIAS DA IDADE MÉDIA

688 O retábulo de mármore sobre o altar-mor da igreja de São Francisco, de Antonello e Pier Paolo delle Masegne (1388-1392).

Bolonha: 689 vista interna e 690 planta da igreja de São Francisco (iniciada em 1236).

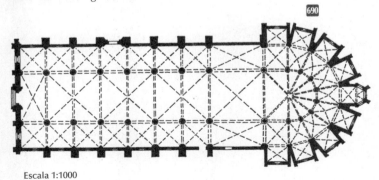

Escala 1:1000

AS CIDADES EUROPEIAS DA IDADE MÉDIA

Vistas aéreas das igrejas de 691 São Domingos e
de 692 São Francisco, em Bolonha, com os bairros do entorno.

693 Bolonha: vista aérea da igreja de São Petrônio, iniciada em 1390.

AS CIDADES EUROPEIAS DA IDADE MÉDIA

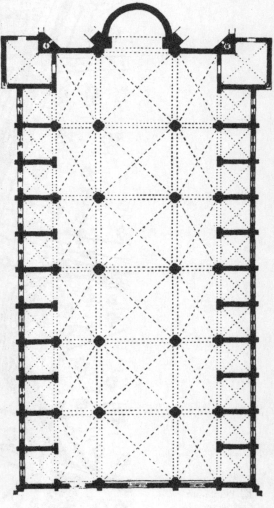

Escala 1:1000

694 Vista interna e 695 planta de São Petrônio, em Bolonha. A igreja atual é o braço anterior de um imenso edifício que permaneceu inacabado; atrás da abside, as ligações do vão octogonal central.

696 Planta em perspectiva de Bolonha, da segunda metade do século XVI. Distinguem-se ao centro as duas torres da porta Ravegnana [de Ravena] (F e G); a praça Maior (M) com São Petrônio (B); e a Universidade (E).

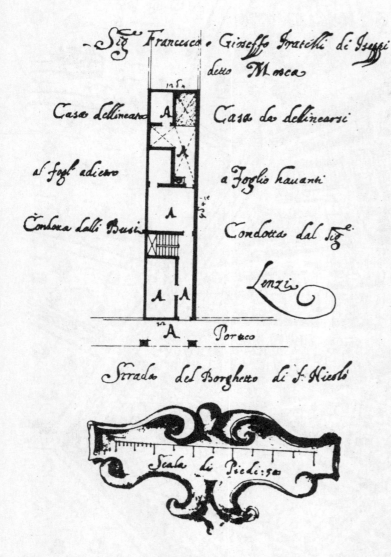

697 Uma das casas geminadas da periferia de Bolonha, representada em um mapa cadastral do século XVIII.

No início do século XV, Jacopo della Quercia é chamado para decorar a porta principal de São Petrônio com os famosos relevos de mármore, uma das obras-primas do início da Renascença.

No século XV, entre os membros do governo coletivo surge a família dos Bentivoglio, que assume o poder e governa a cidade sem modificar seu cenário físico, já agora completo. O grande palácio da família, construído pelos arquitetos florentinos, é totalmente destruído em 1505, quando Júlio II reconquista a cidade e, em seu lugar, resta ainda hoje um monte de ruínas, o "estrago dos Bentivoglio". O governo papal – que dura sem interrupções até o século XIX – dedica cuidados especiais a Bolonha, que é uma espécie de capital secundária do Estado; Michelangelo – que já havia trabalhado quando moço na arca de São Domingos – executa uma estátua de bronze de Júlio II, destruída por uma revolta popular em 1511; mais tarde, Vignola reestrutura a praça Maior, construindo no lado oriental o palácio dos Bacchi e, ao lado desse, São Carlos Borromeu manda erigir o palácio do Arquiginásio, nova sede da universidade.

A cidade, que em fins do século XV tinha 50.000 habitantes, tem agora sua forma definitiva, que não mudará até a unificação da Itália. Vamos analisar sua distribuição, assim como aparece num mapa de 1582 (Fig. 696).

O desenho da cidade medieval copia o da cidade romana e das estradas que para ela convergiam. No centro, reconhece-se o tabuleiro da cidade colonial; o *decumanus maximus* era a via Emília (o trecho interno parece estar levemente virado com relação aos trechos externos, porque a via Emília foi traçada um pouco depois da fundação da colônia). Das duas portas de saída nascem dois leques de ruas, que determinaram a estrutura dos subúrbios medievais. Os raios dos dois leques são cortados pelo terceiro cinturão de muralhas e são mais ou menos longos segundo a importância dos núcleos do entorno; de fato, a cidade pôde crescer sem encontrar obstáculos naturais, e sua forma registra, como um diagrama, as pressões do desenvolvimento interno, baseadas nas trocas entre cidade e território. Olhando um mapa da Itália, desde a época romana até hoje, pode-se ver que Bolonha é o nó principal de distribuição entre a península e a planície do Pó; a forma da cidade corresponde justamente a essa função.

AS CIDADES EUROPEIAS DA IDADE MÉDIA

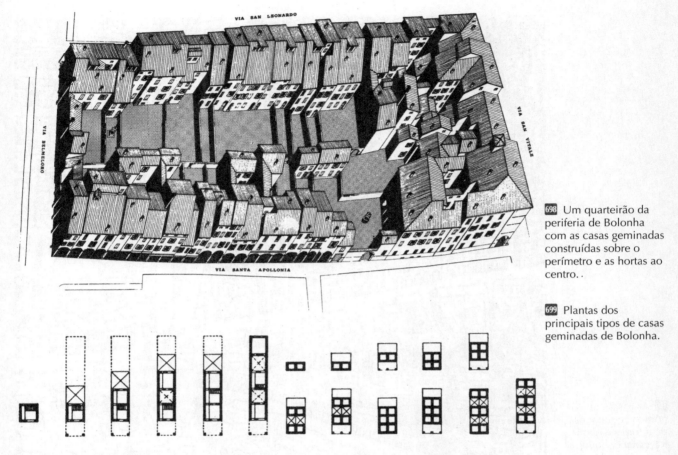

698 Um quarteirão da periferia de Bolonha com as casas geminadas construídas sobre o perímetro e as hortas ao centro.

699 Plantas dos principais tipos de casas geminadas de Bolonha.

Quase todas as ruas de Bolonha eram antigamente circundadas por pórticos; uma determinação comunal estabelecia que sua altura não fosse inferior a sete pés bolonheses (2,66 metros), a fim de que pudessem ser percorridos também a cavalo. Com frequência, os pórticos medievais eram de madeira; foram substituídos, nos séculos sucessivos, por arcadas de pedra. As imagens mais antigas da cidade mostram um grande número de torres, que correspondem às residências das famílias nobres, geralmente dentro do primeiro cinturão medieval (Fig. 683). Quase todas foram danificadas ou destruídas, com exceção das duas da porta Ravegnana, que formam uma das imagens mais conhecidas da cidade atual. Na metade setentrional, veem-se muitos canais que entram na cidade e servem para o transporte das mercadorias ou para fazer mover os moinhos; hoje, eles também foram quase todos cobertos. (Fig. 701).

Nos setores entre os raios das ruas havia amplos espaços verdes, cultivados ou tratados como jardins. A expansão da cidade nos últimos cem anos ocupou alguns desses espaços, mas deixou outros livres. Os quarteirões da cidade, entre o segundo e o terceiro cinturões, são muito grandes; ao redor deles existe uma linha de casas enfileiradas ou geminadas, muitas vezes de largura constante (de 10 pés bolonheses – 3,80 metros – a 16 pés, isto é, 6 metros) e construídas em série por iniciativa dos grandes proprietários – mosteiros, confrarias, famílias nobres –, que as davam em aluguel aos operários e aos artesãos. Cada casa tem uma horta, e o conjunto das hortas forma um espaço verde no centro da quadra (Figs. 697-698).

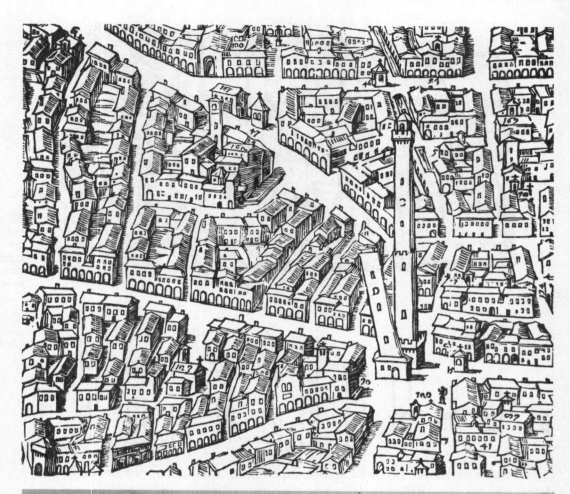

700 As casas em pórtico ao redor das duas torres da porta Ravegnana, numa vista do século XVIII.

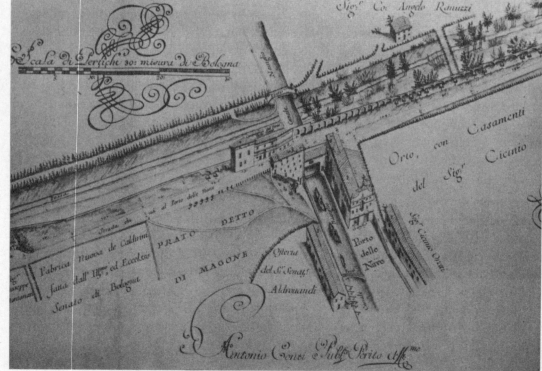

701 Uma porta da muralha externa de Bolonha (relevo do século XVIII); vê-se um canal que entra na cidade, vindo do campo e leva a um porto imediatamente dentro das muralhas.

AS CIDADES EUROPEIAS DA IDADE MÉDIA

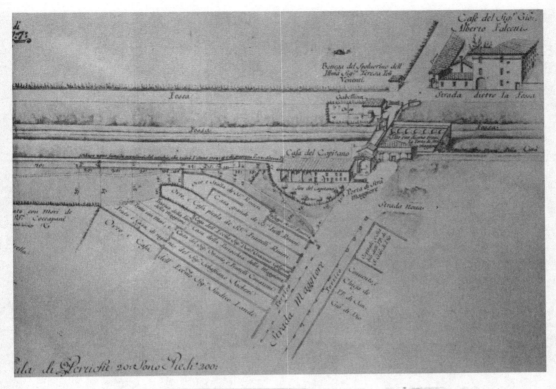

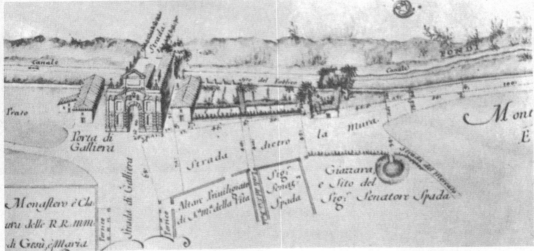

702-704 Outras três portas da muralha externa de Bolonha. Relevos do século XVIII.

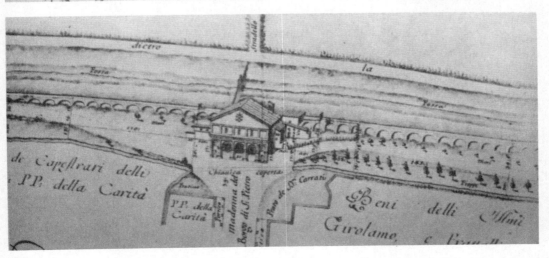

705 Vista aérea do centro histórico de Bolonha. Distingue-se o eixo da via Emília e o duplo leque das ruas medievais. Ao centro, as duas torres da porta Ravegnana e a praça Maior, com o Palácio Comunal (sede atual da prefeitura) e São Petrônio.

AS CIDADES EUROPEIAS DA IDADE MÉDIA

Depois de 1859, Bolonha começou a crescer fora da área cercada pelas muralhas; quando, no século passado, foi construída a rede ferroviária e, em nosso século, a rede de autoestradas, a cidade foi novamente escolhida como principal nó de distribuição. A periferia – que se desenvolveu no arco setentrional, tendo encontrado ao sul o obstáculo das colinas – é seccionada por essas grandes vias, que ainda não formam um desenho unitário, em escala maior do que a antiga.

706 O centro histórico de Bolonha, no perímetro da muralha do século XIV, como se apresentava no início do século passado.

Nurembergue

707 Selo da cidade de Nurembergue, usado de 1368 a 1808.

Nurembergue foi fundada pelo imperador Henrique III em 1040, no ponto de confluência das vias de comunicação entre a Baviera, a Francônia, a Suábia e a Boêmia.

O local escolhido é um vale percorrido pelo rio Pegnitz e dominado por um morro onde foi construído um castelo. O primeiro núcleo habitado surge entre o morro e o rio, concentrado ao redor do mercado que, a partir de então, permanece o centro principal da vida da cidade.

No século XII, Frederico I funda outro núcleo na margem oposta do rio, que toma o nome de Lorenzerstadt, em função da Igreja de São Lourenço. O curso pantanoso do Pegnitz separa os dois núcleos, cada um dos quais é circundado por suas muralhas. Somente em 1320, as muralhas são ligadas a montante do rio e forma-se o conjunto unitário da Altstadt, a cidade velha.

Enquanto isso, outros subúrbios se formam ao sul e a leste, onde o terreno é mais plano e, na segunda metade do século XIV, as muralhas são ampliadas para incluí-los dentro da cidade: esse novo cinturão é uma das obras militares mais elaboradas

709 Vista de Nurembergue em seu ambiente paisagístico; pintura sobre pergaminho de 1516.

AS CIDADES EUROPEIAS DA IDADE MÉDIA

708 Ordem das cátedras, no conselho da cidade de Nurembergue; gravura de 1677.

710 Perfil da cidade de Nurembergue; gravura do século XVI.

711 Vista de Nurembergue; aquarela de Albrecht Dürer.

da Baixa Idade Média: compreende duas muralhas paralelas, reforçadas por uma série de torres e um amplo fosso externo. A cidade alcança, desse modo, sua extensão máxima – 160 hectares – e tem uma população de 20.000 habitantes. O centro cívico é reconstruído a partir de 1348; os casebres do núcleo mais antigo da Altstadt são derrubados e, assim, consegue-se espaço para uma nova praça do mercado. Nesse período são construídos os principais edifícios públicos, situados entre os monumentos mais importantes do gótico alemão tardio: a igreja de Santa Maria na praça do Mercado (1355), um simples vão quadrado coberto por nove abóbadas em cruzeiro de igual altura e por um alto teto de madeira (Figs. 712-714); o novo coro da igreja de São Sebaldo (1361); a célebre fonte na praça do Mercado (1385; Figs. 722-723). Outros notáveis elementos decorativos são acrescentados no século XV: o novo coro da igreja de São Lourenço (1439) e a custódia do Santíssimo Sacramento no interior da mesma igreja. O Palácio Comunal, iniciado no século XIV, foi repetidamente aumentado no século XVI e no século XVII, com singular continuidade estilística (Figs. 716-721).

A igreja de Santa Maria na praça do Mercado de Nurembergue; **712** planta, **713** corte da cobertura de madeira e **714** vista externa.

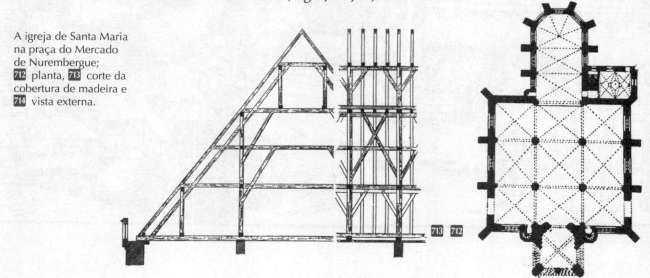

AS CIDADES EUROPEIAS DA IDADE MÉDIA

715 Detalhe da casa paroquial de São Sebaldo, em Nurembergue.

AS CIDADES EUROPEIAS DA IDADE MÉDIA

405

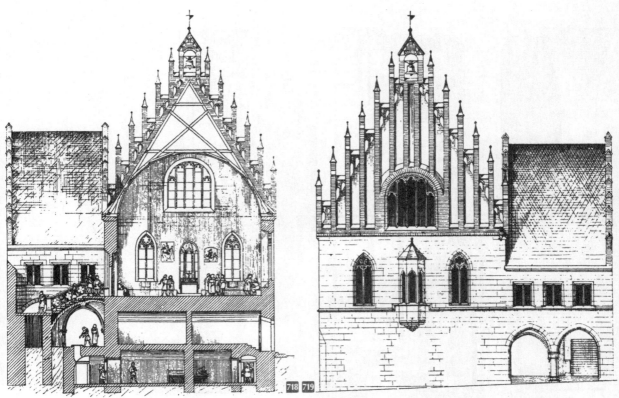

A municipalidade de Nurembergue no século XIV:
716 717 plantas, 718 corte e 719 elevação.

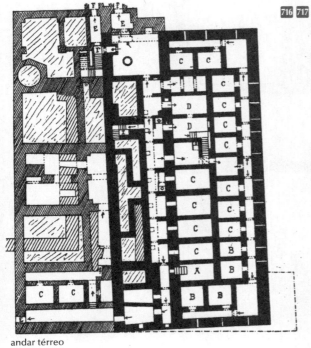

andar térreo

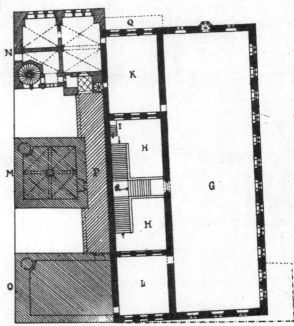

primeiro andar

No andar térreo:
A. Câmara dos suplícios; **B.** Celas de punição;
C. Celas de detenção; **D.** Serviços; **E.** Acessos às passagens subterrâneas.

No primeiro andar:
G. Grande sala para as assembleias; **H.** Pátio;
K. Sala do conselho; **L.** Administração;
Q. Ampliação do século XVI.

720 721 Detalhes da escada em caracol da Municipalidade de Nurembergue.

AS CIDADES EUROPEIAS DA IDADE MÉDIA

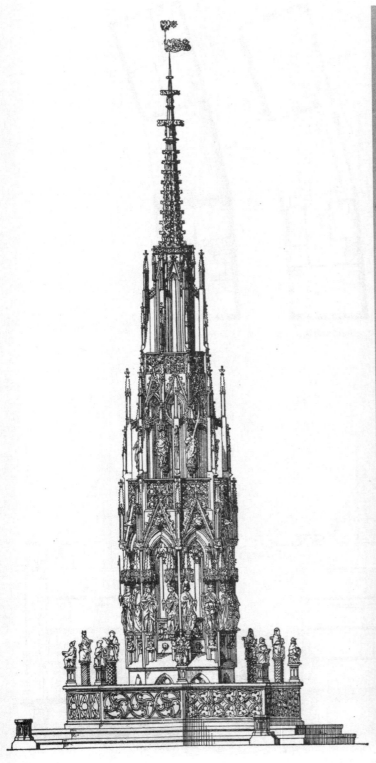 

722 723 A fonte da praça do mercado: relevo e desenho colorido de Georg Pener, discípulo de Dürer (cerca de 1540).

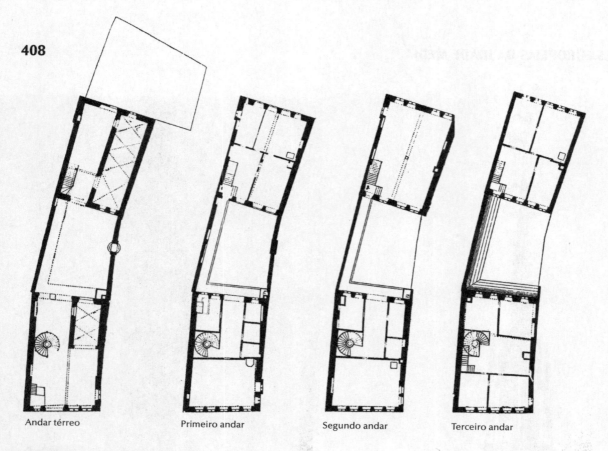

Andar térreo Primeiro andar Segundo andar Terceiro andar

724-727 Planta de uma casa mercante, Bergstrasse n. 7.

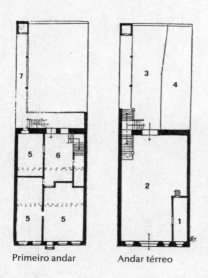

Primeiro andar Andar térreo

728-729 Plantas de uma casa mercante na Dürerplatz.

1. entrada; 2. loja; 3. pátio;
4. oficina de serviços; 5. sala;
6. antessala; 7. banheiro.

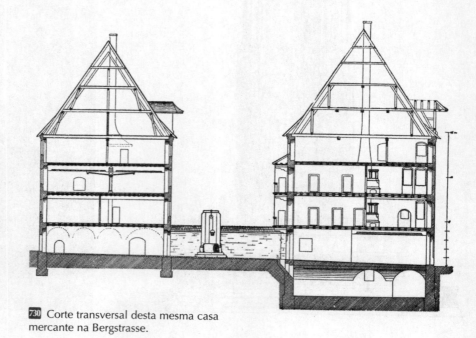

730 Corte transversal desta mesma casa mercante na Bergstrasse.

AS CIDADES EUROPEIAS DA IDADE MÉDIA

731 A casa de Dürer em Nurembergue.

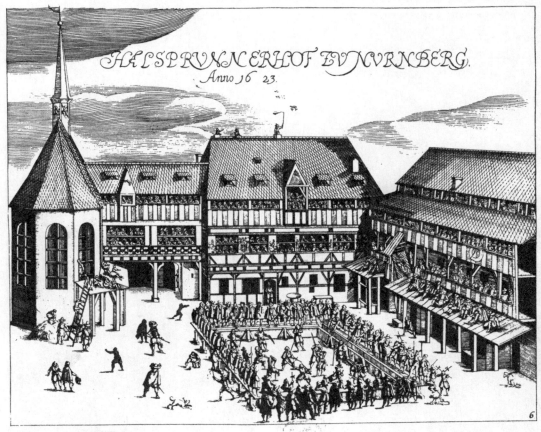

732 O pátio da casa Heilsbronner; gravura do século XVIII.

733 734 Vista do rio Pegnitz, que atravessa Nurembergue.

735 Vista do centro de Nurembergue, a partir da igreja de São Lourenço, olhando em direção ao castelo.

736 Vista da praça do Mercado de Nurembergue.

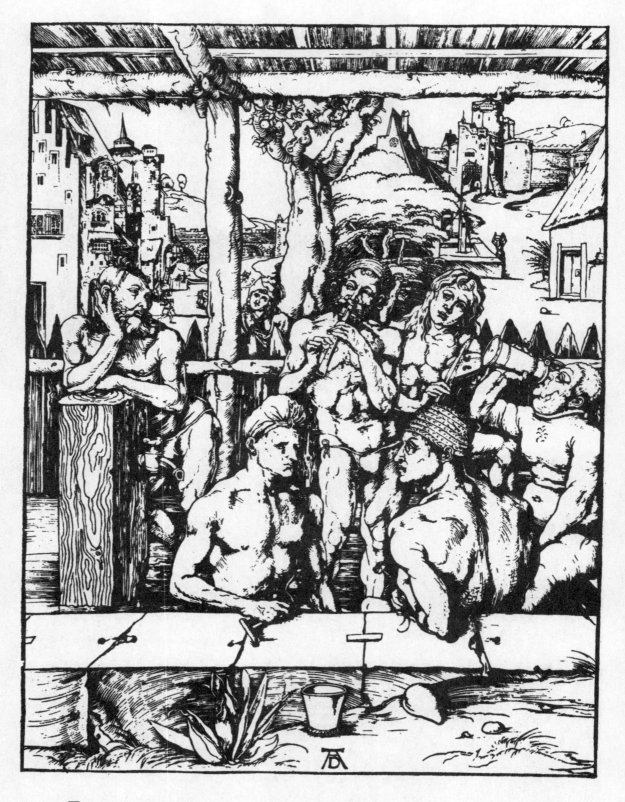

737 Os banhos públicos de Nurembergue; gravura de Albrecht Dürer.

AS CIDADES EUROPEIAS DA IDADE MÉDIA

738 A *Adoração dos Magos*; pintura de Dürer, na Galeria Uffizi, em Florença.

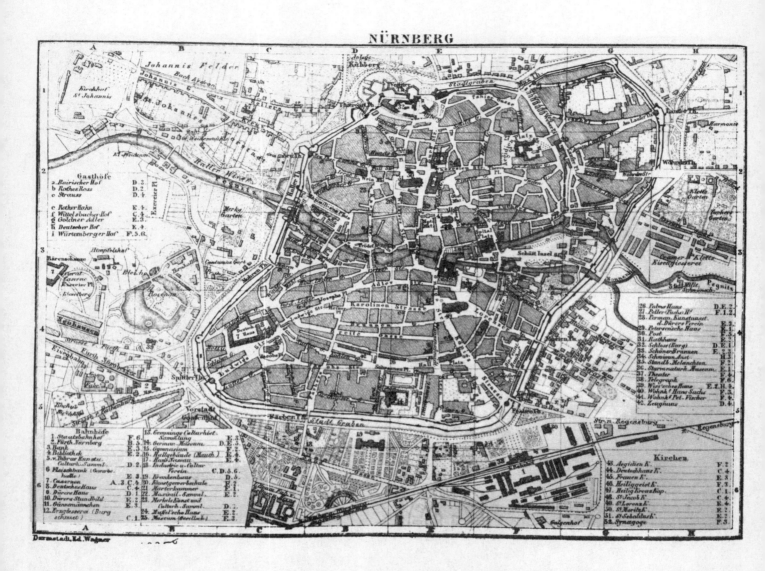

739 Planta de Nurembergue, na segunda metade do século XIX: o centro histórico fechado pelo duplo anel de muralhas e os primeiros bairros periféricos.

AS CIDADES EUROPEIAS DA IDADE MÉDIA

740 Uma reunião nazista no Märzfeld (campo de Março ou de Marte) em Nurembergue.

741 Uma sessão do processo de Nurembergue contra os hierarcas nazistas.

742 Fotografia aérea do centro de Nurembergue depois das destruições da guerra.

743 O plano de reconstrução do centro histórico de Nurembergue.

No final da Idade Média e na Renascença, Nurembergue é passagem obrigatória do comércio terrestre entre a Europa Setentrional, a Baviera e os desfiladeiros alpinos, e se torna, de fato, um dos centros mais ricos da Alemanha. O governo da cidade é controlado pelas grandes famílias mercantes e, mais tarde, pelos banqueiros que têm um movimento de negócios que se estende pelo mundo todo, como os Welser. Nesse ambiente, como sempre, prosperam as artes e a vida cultural. Nurembergue é o laboratório onde trabalham os principais escultores – Veit Stoss, a família dos Vischer – e os principais pintores alemães, entre os quais o grande Albrecht Dürer; mais tarde, Nurembergue torna-se um dos centros principais da ourivesaria, da arte editorial e da cartografia. É também a pátria de Hans Sachs e dos "mestres cantores", que contribuem para formar a tradição literária alemã. As grandes casas patrícias – com um corpo de construção principal para a rua e outros corpos secundários ao redor de um pátio interno (Figs. 724-732) – testemunham a prosperidade da burguesia da cidade nos dois séculos que vão da metade do século XIV à Reforma.

Depois das guerras religiosas, Nurembergue continua como a capital de um pequeno principado independente e, mais tarde, é agregada ao Reino da Baviera. O organismo formado no final da Idade Média não é alterado por novas modificações consistentes: somente as fortificações são protegidas por

AS CIDADES EUROPEIAS DA IDADE MÉDIA

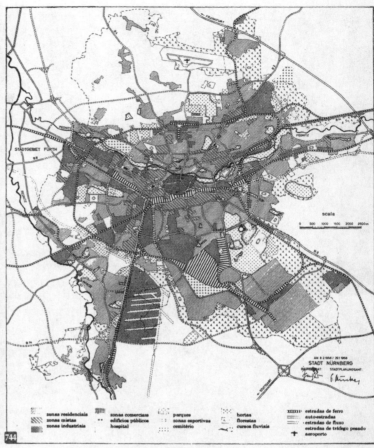

744 O plano regulador da cidade de Nurembergue, em 1958.

novos baluartes externos para levar em conta os progressos da técnica militar. Ao contrário, no século XIX e no século XX, a boa posição da cidade dentro da rede de comunicações favorece um desenvolvimento mais evidente: a pequena cidade medieval se torna o centro de uma aglomeração muita extensa (420.000 habitantes, às vésperas da Segunda Guerra Mundial). O regime nazista organiza em Nurembergue uma grande reunião anual e manda construir um campo adequado, circundado por patamares e escadarias (Fig. 740).

Durante a guerra, a cidade é desfigurada pelos bombardeios: das 125.000 casas, 57.000 são arrasadas, 55.000 danificadas e somente 13.000 permanecem intactas. Também o centro histórico é quase completamente destruído (Fig. 742). Nesse cenário, entre 1945 e 1946, se desenrola o processo dos altos dirigentes nazistas perante um tribunal formado pelos Aliados (Fig. 741).

A reconstrução respeita tanto quanto possível a organização tradicional (Fig. 743), mas grande parte das casas antigas é substituída por edifícios modernos. Os monumentos, ao contrário, são reconstruídos com minuciosa fidelidade, partindo de levantamentos originais.

Então, a lembrança da cidade medieval é confiada às fotografias de antes da guerra (Figs. 731-736); o panorama da cidade atual mostra uma mistura de edifícios antigos e modernos, que coexistem em precário equilíbrio (Fig. 745).

745 Uma vista aérea do centro histórico de Nurembergue hoje, com os edifícios antigos restaurados e os novos; ao centro, a praça do mercado.

AS CIDADES EUROPEIAS DA IDADE MÉDIA

Florença

A colônia romana de Florentia, muito menor e menos importante que Bolonha, foi fundada em 59 a.C., na confluência do rio Arno com o córrego Mugnone.

A *centuriatio* na planície do entorno corre, como de costume, paralela ao rio, com malhas quadradas de 2400 pés (cerca de 700 metros). A cidade, ao contrário, é um pequeno quadrado orientado segundo os pontos cardeais e sua porta ocidental coincide com o *umbilicus*, onde se encontram o *cardo maximus* e o *decumanus maximus*. Mais tarde a cidade cresce e adquire uma forma retangular, com área de cerca de 20 hectares e população de 10.000 habitantes. Adriano, que retifica o traçado da via Cássia, manda construir uma ponte sobre o Arno, pouco abaixo da ponte atual – Ponte Vecchio (Fig. 749).

Depois da queda do império, a cidade é danificada várias vezes pelos exércitos dos invasores; os bizantinos a transformam num campo entrincheirado, fechando, com um primeiro anel de muralhas, o núcleo central da cidade, onde os habitantes são reduzidos a um milhar. Sob os longobardos, Florença permanece uma cidade secundária (a capital do ducado está em Lucca, na via Francígena que liga Roma ao norte, passando pela Cisa); talvez nesse período (no início do século VII) tenha sido construído o batistério de São João que, mais tarde, será considerado um templo romano, prova das origens antigas da cidade.

No período carolíngio, a cidade chega a 5.000 habitantes e tem um segundo cinturão de muralhas, que compreende a parte meridional do retângulo romano e o triângulo para o lado do Arno. Fora desse cinturão estão, ao norte, a igreja de Santa Reparata; o batistério; e o palácio do Margrave, onde fica a sede do governo do condado que compreende Florença e Fiésole. Sobre o Arno é construída uma nova ponte, no lugar daquela romana que havia desmoronado. No século XI, Florença se torna a capital do marquesado de Toscana e, em 1078, a condessa Matilde amplia as muralhas da cidade para incluir neles também a zona do batistério. Mas o rápido desenvolvimento da população e da cidade já havia começado.

Na metade do século, Florença tem cerca de 20.000 habitantes, que residem na cidade murada (o "cinturão antigo" de que fala Dante) e nos subúrbios, de um lado e de outro do rio Arno. As casas altas e cerradas, munidas de torres, deixam poucos espaços livres e nenhuma praça, exceto os adros das igrejas e o *forum vetus* – o mercado velho –, que, desde sempre, ocupa a encruzilhada central do tabuleiro romano. O cenário da cidade já é caracterizado por uma série de esplêndidos edifícios românticos: o batistério (decorado entre o século XI e a metade do século XII); a igreja de San Miniato al Monte (construída entre 1018 e 1063); a igreja dos Santos Apóstolos, da metade do século XI. Esses edifícios obedecem a uma rigorosa disciplina estilística, baseada nos modelos antigos – romanos e cristãos – e na simplificação das formas geométricas: preparam o classicismo moderno que, mais tarde, de Florença irá se difundir pelo mundo inteiro.

746 747 O florim de ouro cunhado em Florença (ao dobro do natural).

AS CIDADES EUROPEIAS DA IDADE MÉDIA

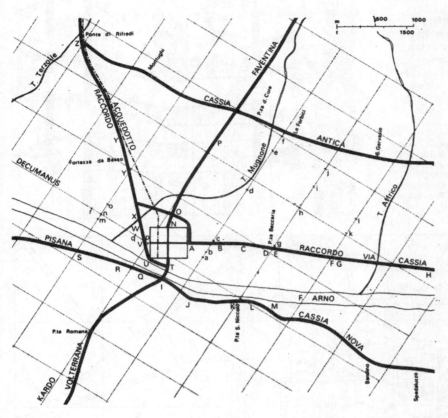

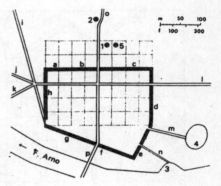

748 (página anterior) O Marzocco, símbolo de Florença, sobre a torre do Palácio do Capitão do Povo. No fundo, a catedral de Santa Maria del Fiore.

749 A colônia romana de Florentia. Em tracejado, a divisão em centúrias do território circunstante.

750 O segundo cinturão de muralhas, da idade carolíngia.

A comuna florentina se forma depois da morte da condessa Matilde (em 1115) e é reconhecida pelo imperador em 1183. Um quarto cinturão, que inclui os subúrbios nos dois lados do rio, é construído à custa do poder público, de 1173 a 1175; a superfície da cidade é agora de 97 hectares (Fig. 753). A ponte sobre o Arno é reconstruída na posição definitiva depois da enchente de 1178 (atual Ponte Vecchio). Os regulamentos comunais estabelecem relações exatas entre os espaços públicos e os privados, regularizam as ruas, limitam a altura e as projeções das casas.

Mas no século XIII o desenvolvimento da cidade é cada vez mais rápido; a cidade passa de 50.000 para 100.000 habitantes e se torna um dos centros econômicos mais importantes da Europa, sobretudo para o crédito e para a produção dos tecidos de lã.

No início do século, formam-se as associações corporativas dos vários ramos do comércio e da indústria; da antiga Arte dos Mercadores nasce, em 1206, a Arte do Câmbio; em 1212, a Arte da Lã; em 1218, a Arte de Por Santa Maria ou da Seda; e depois as demais, que serão chamadas Artes Maiores; os ofícios economicamente mais pobres formam as Artes Menores, sem conseguir os mesmos privilégios. Periodicamente, a comuna entra em crise devido às lutas entre guelfos e gibelinos (vitória dos guelfos e governo do "primeiro povo", em 1250; regresso dos gibelinos depois de Montaperti, em 1260; novo governo guelfo, dominado pelos grandes mercadores, em 1267). Após cada mudança derrubam-se as casas das famílias derrotadas, deixando grandes ruínas no centro da cidade; mas, enquanto isso, as magistraturas locais controlam o desenvolvimento da cidade com uma extensa série de medidas, coordenadas entre si.

As casas-torre de Florença. 751 O desenho ao lado mostra um grupo de torres pertencentes a uma família, reunidas de maneira a formar um conjunto com um pátio interno; as varandas externas – que serviam para rechaçar os assaltos dos inimigos – eram construídas com elementos móveis. 752 A planta indica a posição das torres designadas nos documentos, no interior do quarto cinturão de muralhas.

De 1 a 28: Torres citadas nos documentos entre a metade do século XII e a metade do século XIII.
De 29 a 151: Torres citadas nos documentos da metade do século XIII até o fim do século XIV.
De 152 a 176: Torres compreendidas na zona do mercado velho – entre as ruas Cerretani, Tornabuoni, Porta Rossa e Calzaiuoli – citadas no cadastro de 1427.

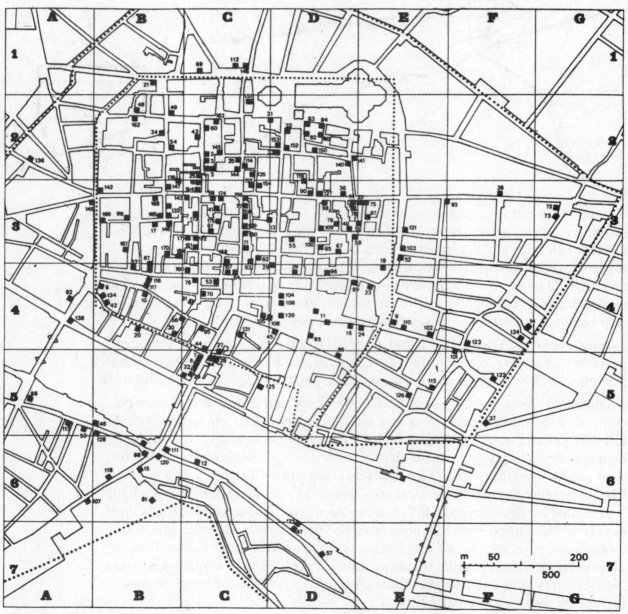

AS CIDADES EUROPEIAS DA IDADE MÉDIA

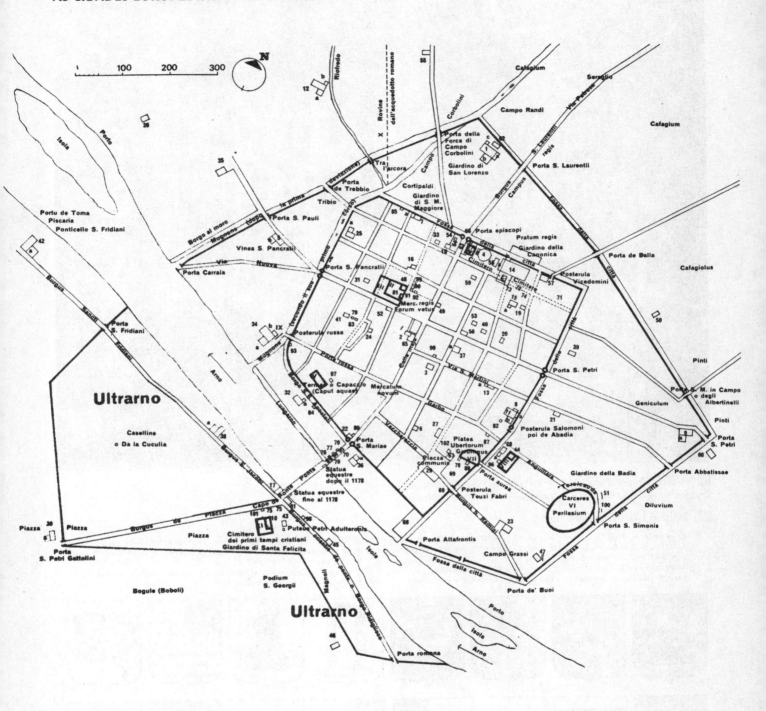

753 Florença no início do século XIII.

As construções romanas e as muralhas do terceiro e do quarto anel são desenhadas com um traço grosso e indicadas com algarismos arábicos; as construções medievais são indicadas com números romanos. O elenco dos edifícios pode ser lido na *História de Florença*, de Davidsohn.

754 Vista de Florença em 1352; afresco na sala do conselho do Bigallo, na esquina da praça da catedral com a rua Calzaiuoli.

755 Os brasões das artes florentinas.

Artes maiores: 1. Mercadores (*mercatanti*) ou de Calimala; **2.** Juízes e notários; **3.** Câmbio; **4.** Lã; **5.** Por Santa Maria ou da Seda; **6.** Médicos e boticários; **7.** Tingidores e peliceiros.
Artes menores: 8. Espadeiros e couraceiros; **9.** Chaveiros; **10.** Sapateiros; **11.** Fabricantes de correias; **12.** Coureiros e curtidores; **13.** Linheiros e regateiros; **14.** Ferreiros; **15.** Mestres da pedra e da madeira; **16.** Lenhadores; **17.** Forneiros; **18.** Carniceiros; **19.** Vinhateiros; **20.** Azeiteiros; **21.** Hoteleiros.
Companhias: 22. Companhia do Bigallo; **23.** Companhia da Misericórdia; **24.** Brasão da Obra da Catedral.

AS CIDADES EUROPEIAS DA IDADE MÉDIA

Outras três pontes são construídas sobre o Arno: a ponte da Carraia, em 1218; a ponte das Graças, em 1237; e a ponte da Santa Trindade, em 1252. As ordens mendicantes se estabelecem na periferia da cidade ou nos novos subúrbios: os dominicanos em Santa Maria Novella, em 1221; os franciscanos em Santa Cruz, em 1226; os servitas na Annunziata, em 1248; os agostinianos na Espírito Santo, em 1250; os carmelitas no Carmo, em 1268. Seus conventos se desenvolvem como centros de bairro, sendo as praças para pregação projetadas e realizadas aos cuidados da autoridade municipal. Essas ordens e outras instituições públicas ou particulares constroem numerosos hospitais, tanto é que Florença, no século XIV, tem uma oferta total de mil leitos. A comuna decide a abertura de novas ruas (por exemplo, a rua Maggiore – rua Maggio – no prolongamento da ponte da Santa Trindade), manda pavimentar os espaços públicos e reordena as margens do Arno. De 1255 em diante constrói-se o Palácio do Capitão do Povo que, com sua torre, domina o perfil do centro da cidade, enquanto as torres dos particulares são limitadas, depois de 1250, à altura de 50 braças (cerca de 29 metros).

756 Vista de Florença, numa ilustração da *Divina Comédia*, do século XV.

757 Vista da rua do Procônsul com a torre do Palácio do Capitão do Povo.

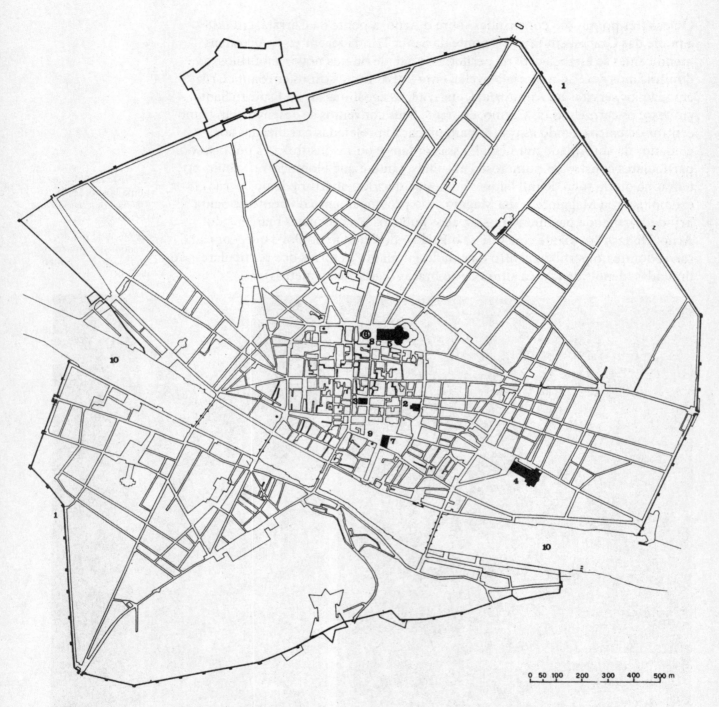

758 As obras executadas em Florença sob a supervisão de Arnolfo di Cambio.

1. O quinto anel de muralhas (de 1284)
2. A reestruturação da Badia (abadia e igreja) Fiorentina (1285-1310)
3. Orsanmichele (1290)
4. Santa Cruz (1295)
5. A fundação da catedral de Santa Maria del Fiore (1296)
6. O acabamento da decoração externa do batistério
7. O Palácio dos Priores (1299-1310)
8. A recomposição da praça da catedral
9. A recomposição da praça da Signoria

Com um pontinho preto são indicadas outras obras atribuídas a Arnolfo: Santa Maria Maior, São Remigio, Santa Trindade, a *loggia* de Bigallo e a dos Lanzi.

AS CIDADES EUROPEIAS DA IDADE MÉDIA

Nas duas últimas décadas do século XIII – enquanto se preparam os Ordenamentos de Justiça de 1293 – o governo da cidade se empenha num grande ciclo de obras públicas, que transformam ainda radicalmente a forma da cidade. O consulente de todos esses trabalhos é Arnolfo di Cambio; podemos considerá-lo o projetista de um verdadeiro plano regulador, mesmo que não conheçamos exatamente o mecanismo das várias decisões, das quais participam as magistraturas da cidade e dos bairros, ordens religiosas, corporações, companhias, representando todos os grupos e as classes sociais da cidade (Figs. 758-765).

Em 1284, decide-se pela construção de um quinto cinturão de muralhas, com um circuito de 8,5 quilômetros e uma superfície de cerca de 480 hectares; compreende uma rua interna de 16 braças, um muro de 3,5 braças, um fosso de 35 e uma rua externa de 13,5 braças, para um total de 70 braças (cerca de 41 metros); as 73 torres têm 40 braças de altura (cerca de 23 metros). A obra será completada, a um custo muito alto, somente em 1333.

Em 1285, é demolida a igreja de Santa Reparata para a construção, defronte ao batistério, de uma nova e grande catedral dedicada a Santa Maria del Fiore. Em 1298, dá-se início à construção do novo Palácio dos Priores (Palazzo Vecchio). Formam-se assim, às margens do primeiro cinturão, dois novos centros monumentais, um religioso e um político, e duas novas praças são abertas: a da Catedral, com a demolição de um antigo palácio em frente ao batistério, e a da Signoria na área das casas dos Uberti, destruídas depois da derrota dos gibelinos. Os dois centros são ligados pela rua dos Calzaiuoli – que será alargada no século XIV – e, a meio caminho, Arnolfo constrói, em 1290, a loja do mercado do trigo que, posteriormente, se tornará a atual igreja de Orsanmichele. Em 1287, é construído o Lungarno, avenida marginal na margem direita do rio. Em 1294, reorganiza-se como passeio público o campo de Ognissanti. Em 1292, é fixada a divisão em bairros e paróquias da cidade assim organizada.

759 O Palácio dos Priores, denominado Palazzo Vecchio.

Enquanto as intervenções do governo da cidade definem a sua nova forma, no centro e na periferia, o conjunto edificado também é renovado com o mesmo espírito corajoso e não convencional. Os centros de bairro aumentam em proporção com o aumento da superfície urbanizada. Em 1278, constrói-se a nova igreja de Santa Maria Novella, em ângulo reto com relação à antiga; em 1288, uma comissão especial é nomeada para projetar a nova praça, da qual são estabelecidos o comprimento e a largura. Em 1295, Arnolfo projeta a nova igreja de Santa Cruz, construída no século seguinte e decorada pelos maiores artistas florentinos, entre os quais Giotto (Fig. 764). Nesse momento, Florença é o centro mais importante da cultura italiana: Giotto pinta em Assis, Pádua e Roma; Dante escreve no exílio a *Divina Comédia*.

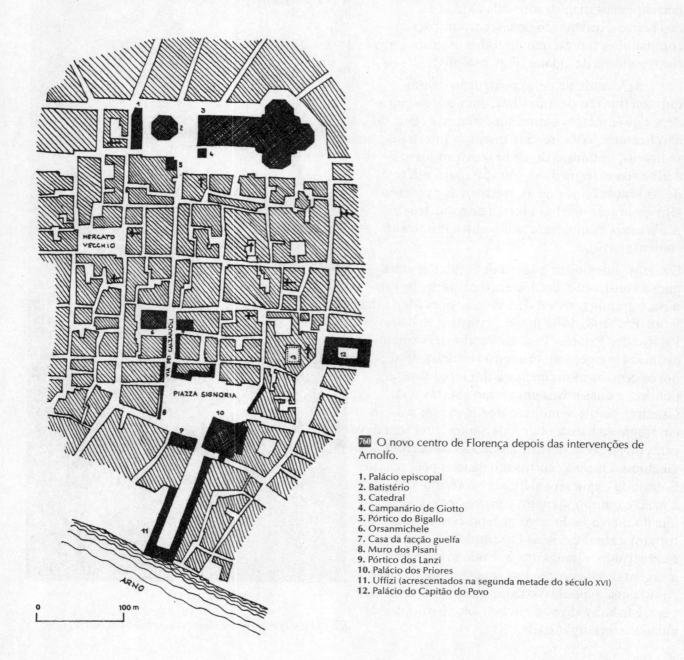

760 O novo centro de Florença depois das intervenções de Arnolfo.

1. Palácio episcopal
2. Batistério
3. Catedral
4. Campanário de Giotto
5. Pórtico do Bigallo
6. Orsanmichele
7. Casa da facção guelfa
8. Muro dos Pisani
9. Pórtico dos Lanzi
10. Palácio dos Priores
11. Uffizi (acrescentados na segunda metade do século XVI)
12. Palácio do Capitão do Povo

AS CIDADES EUROPEIAS DA IDADE MÉDIA

761 Vista aérea do centro de Florença, da praça da Signoria à catedral.

762-764 A catedral de Santa Maria del Fiore, construída de 1296 a 1436; a igreja, fundada por Arnolfo, foi ampliada nos fins do século XIV; o campanário foi idealizado por Giotto e a abóbada foi construída por Brunelleschi no primeiro terço do século XV.

430

Escala 1:500

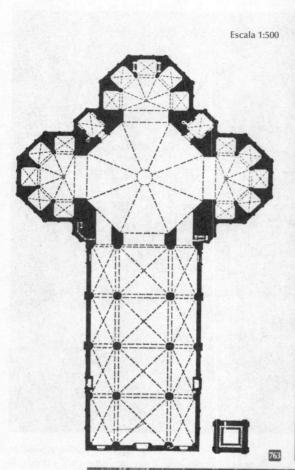

765 A catedral de Santa Maria del Fiore, representada em uma pintura do fim do século XIV em Santa Maria Novella.

AS CIDADES EUROPEIAS DA IDADE MÉDIA

766 Vista aérea da praça Santa Cruz, com a igreja e o convento.

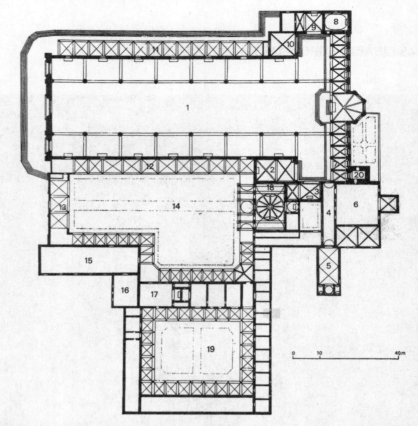

767 Planta da igreja e do convento de Santa Cruz.

1. Igreja; **2.** Capela Castellani; **3.** Capela Baroncelli; **4.** Corredor da capela Medici; **5.** Noviciado (de Michelozzo); **6.** Sacristia; **7.** Capela Riccardi; **8.** Capela Niccolini; **9.** Capela Bardi, com o crucifixo de madeira de Donatello; **10.** Capela Salviati; **11.** Pórtico setentrional; **12.** Pórtico meridional; **13.** Pórtico de ingresso ao primeiro claustro; **14.** Primeiro claustro; **15.** Refeitório, hoje Museu da Ópera (onde se encontrava o crucifixo de Cimabue; Fig. 771); **16.** Anexo ao refeitório; **17.** Capela Cerchi-Canigiani; **18.** Capela Pazzi (de Brunelleschi); **19.** Segundo claustro; **20.** Campanário.

768 O conjunto de Santa Cruz, num afresco de 1718 conservado no convento.

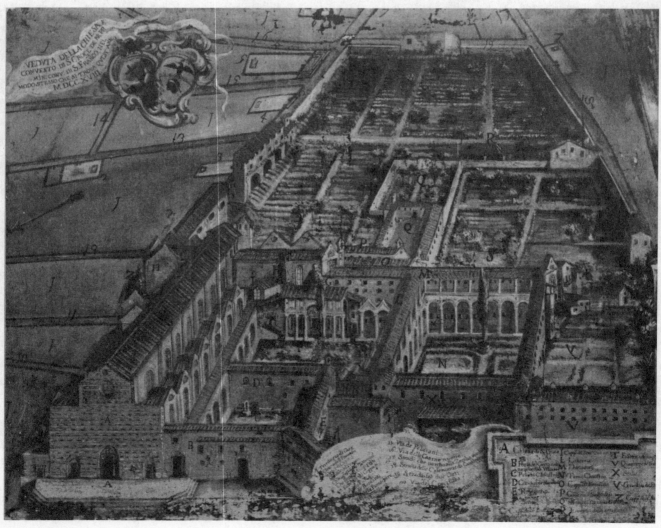

AS CIDADES EUROPEIAS DA IDADE MÉDIA

769 O interior de Santa Cruz, visto da entrada.

770 O interior de Santa Cruz, visto do fundo.

Escala 1:2500

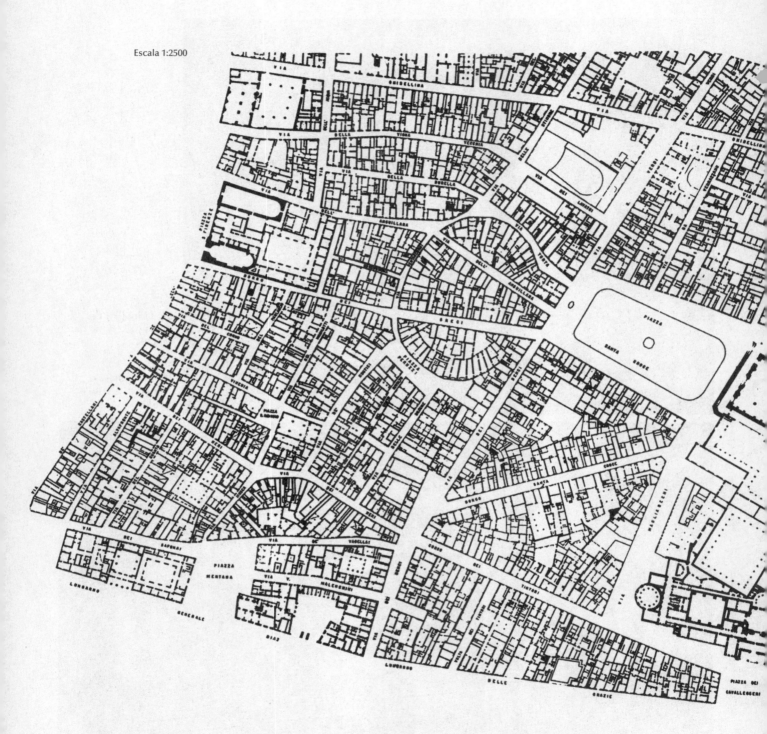

771 Levantamento do bairro de Santa Cruz. Notem-se, à esquerda, as casas sobre o traçado do anfiteatro romano; embaixo, o edifício moderno da Biblioteca Nacional; à direita, a preponderância dos edifícios modernos, em direção às avenidas de circunvalação.

AS CIDADES EUROPEIAS DA IDADE MÉDIA

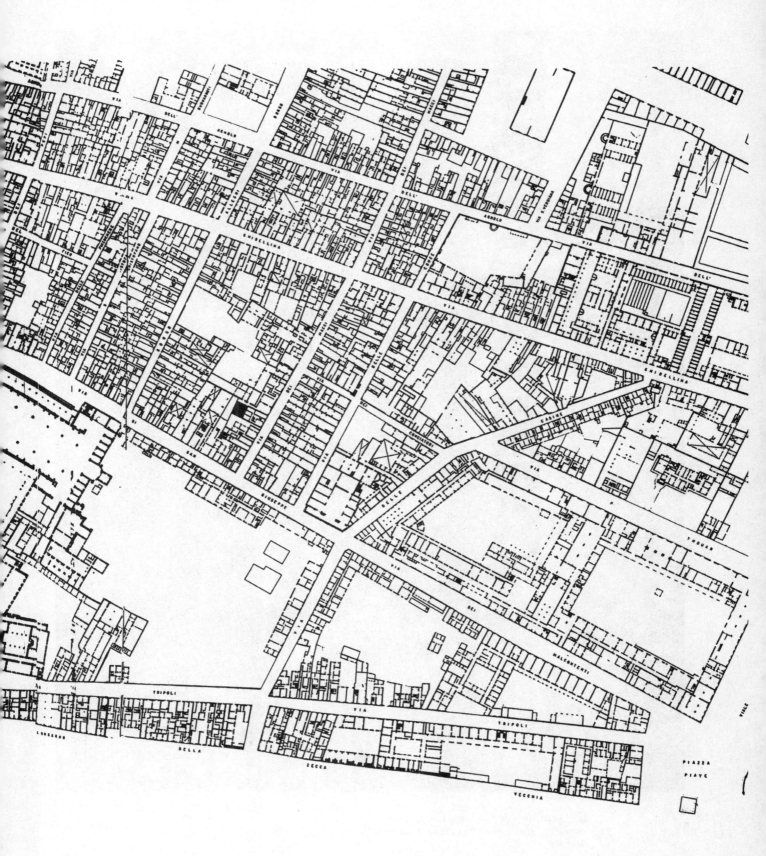

772 O crucifixo de Cimabue, conservado no refeitório e danificado pela inundação de 1966.

AS CIDADES EUROPEIAS DA IDADE MÉDIA

773 774 Duas imagens do bairro de Santa Cruz: vista aérea da praça da Signoria em direção da igreja, e vista da torre do Palazzo Vecchio até o fundo das colinas (no alto à direita, a igreja de São Miniato).

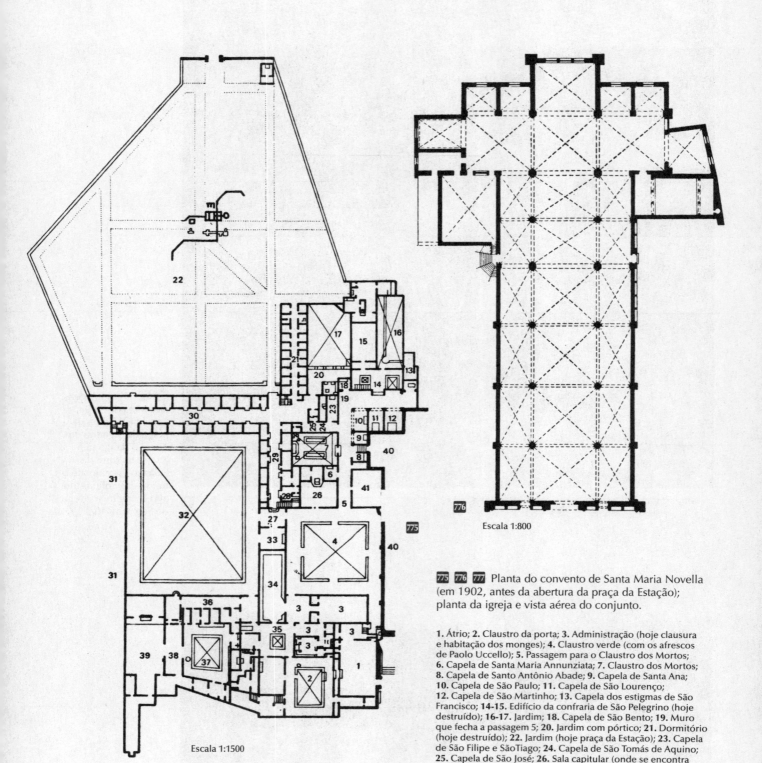

775 **776** **777** Planta do convento de Santa Maria Novella (em 1902, antes da abertura da praça da Estação); planta da igreja e vista aérea do conjunto.

1. Átrio; **2.** Claustro da porta; **3.** Administração (hoje clausura e habitação dos monges); **4.** Claustro verde (com os afrescos de Paolo Uccello); **5.** Passagem para o Claustro dos Mortos; **6.** Capela de Santa Maria Annunziata; **7.** Claustro dos Mortos; **8.** Capela de Santo Antônio Abade; **9.** Capela de Santa Ana; **10.** Capela de São Paulo; **11.** Capela de São Lourenço; **12.** Capela de São Martinho; **13.** Capela dos estigmas de São Francisco; **14-15.** Edifício da confraria de São Pelegrino (hoje destruído); **16-17.** Jardim; **18.** Capela de São Bento; **19.** Muro que fecha a passagem 5; **20.** Jardim com pórtico; **21.** Dormitório (hoje destruído); **22.** Jardim (hoje praça da Estação); **23.** Capela de São Filipe e SãoTiago; **24.** Capela de São Tomás de Aquino; **25.** Capela de São José; **26.** Sala capitular (onde se encontra o afresco da Fig. 687); **27.** Passagem para o claustro grande; **28.** Escada; **29-30.** Dormitório; **31.** Apartamento dos hóspedes; **32.** Claustro grande; **33.** Capítulo dos Inocentes; **34.** Refeitório; **35.** Claustro de Dati; **36.** Enfermaria; **37.** Claustro da enfermaria; **38.** Farmácia; **39.** Capela de São Nicolau; **40.** Igreja; **41.** Sacristia.

AS CIDADES EUROPEIAS DA IDADE MÉDIA

439

777

778 Vista aérea da Ponte Vecchio.

AS CIDADES EUROPEIAS DA IDADE MÉDIA

779 Pintura do século XV com o panorama de Florença.

Depois desse período de excepcional operosidade e inventividade, o organismo urbano é definido em grandes linhas. Resta levar adiante os grandes canteiros de obras abertos por Arnolfo e acabar, em todos os seus detalhes, o novo cenário da cidade. As epidemias – entre as quais, a gravíssima de 1348, descrita por Boccaccio no *Decameron* – diminuem a população, e a crise econômica europeia põe em dificuldade a economia florentina; dessa situação nascem as lutas sociais da segunda metade do século XIV, que culminam com a revolta dos Ciompi (1378). O grupo dirigente aristocrático, que sai vencedor, governa pacificamente a cidade por duas gerações, até o início da *signoria* (senhoria) dos Medici, e assume a tarefa de concluir – isto é, de imobilizar – o organismo idealizado no século XIII. Os artistas empenhados nesse programa – Orcagna, Talenti, Ghiberti, mais tarde Brunelleschi, Donatello, Masaccio, Paolo Uccello – fixam a imagem definitiva da cidade, e a abóbada de Brunelleschi é agora o centro ideal, o botão da flor da qual a cidade toma o nome, assim como é percebido nas primeiras vistas do século XV (Figs. 779 e 782). Mas sua contribuição já tem agora um valor universal: é a proposta de um novo sistema cultural, que irá transformar, no mundo inteiro, a teoria e a prática do trabalho artístico nos quatro séculos seguintes.

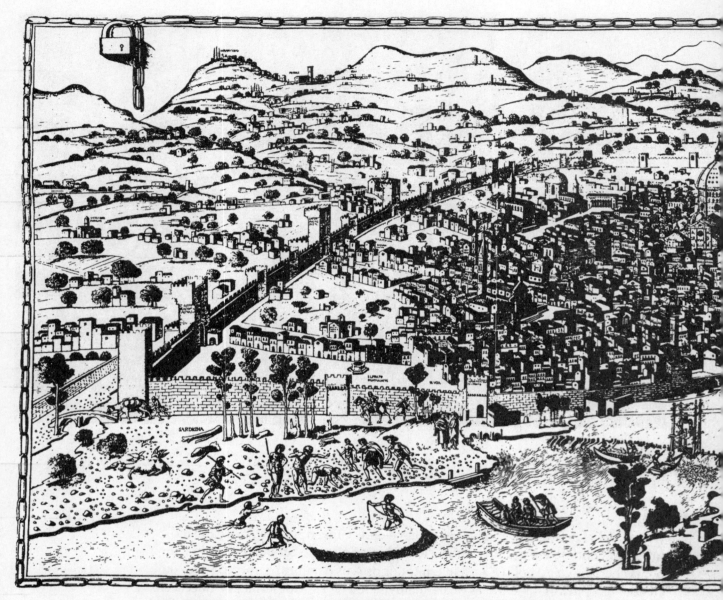

Os brasões de dois distritos de Florença: 780 porta São Pedro (com a figura das chaves) e 781 porta da Catedral (com a figura do batistério).

AS CIDADES EUROPEIAS DA IDADE MÉDIA

782 A vista de Florença, conhecida como "Veduta della Catena" ("da corrente"), gravada entre 1471 e 1482. O perímetro da quinta muralha é regularizado com um círculo, e a catedral – com a abóbada de Brunelleschi – ocupa o centro da figura.

783 Um detalhe da Veduta della Catena com as casas ao redor da porta São Frediano.

AS CIDADES EUROPEIAS DA IDADE MÉDIA

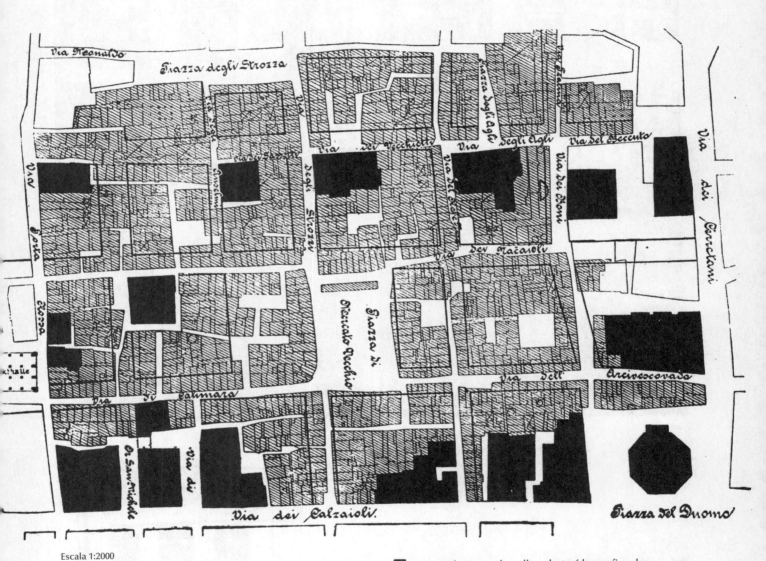

Escala 1:2000

784 A zona do mercado velho, destruída em fins do século XIX para dar lugar à praça da República. Todos os edifícios assinalados em tracejado foram demolidos; os que estão em negro, considerados "monumentos", foram conservados.

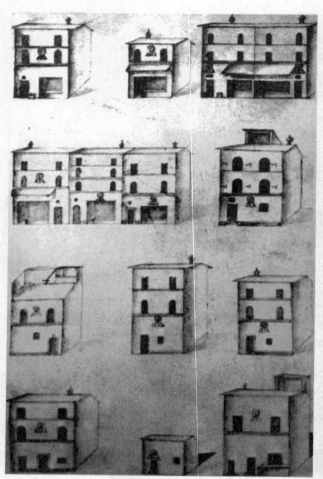

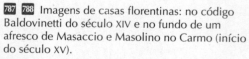
785 786 Casas florentinas, representadas nas fichas cadastrais do século XVIII.

787 788 Imagens de casas florentinas: no código Baldovinetti do século XIV e no fundo de um afresco de Masaccio e Masolino no Carmo (início do século XV).

789 Levantamento de um quarteirão entre o quarto e o quinto anel das muralhas, com as casas geminadas nas bordas e os pomares ao centro; comparar com o conjunto de Bolonha da Fig. 696.

AS CIDADES EUROPEIAS DA IDADE MÉDIA

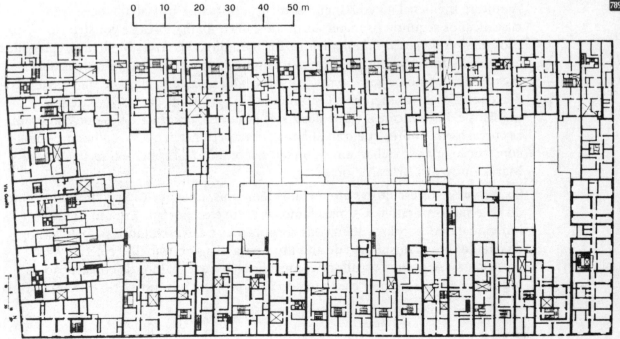

790 O brasão da Arte da Lã; terracota dos Della Robbia.

791 A arte de construir.

Esse novo sistema – a Renascença – será examinado no próximo capítulo. Consideremos agora a organização do trabalho artístico na cidade medieval para compreender o caráter e o alcance da transformação subsequente.

A cultura medieval não distingue entre arte e ofício, e os trabalhadores são classificados segundo os materiais usados. Os trabalhadores de construção – isto é, os *mestres da pedra e da madeira* – formam uma das Artes Medianas, agregadas às Artes Maiores depois dos Ordenamentos de 1293; os fornecedores das obras acessórias – como os *fabricantes de arcas e baús* e os *fabricantes de suas ferragens* – pertencem às Artes Menores. Os pintores são agregados em 1316 à Arte dos médicos e dos boticários (uma das Artes Maiores), porque é deles que compram as cores; os escultores que trabalham a pedra pertencem aos trabalhadores da construção, mas se trabalham os metais ficam junto dos ourives em Por Santa Maria, outra das Artes Maiores.

Os pintores e os escultores em metal já têm, pois, uma posição privilegiada dentro do sistema corporativo. Os mais famosos entre eles, porém, têm um prestígio individual que os coloca acima das corporações e são escolhidos pelo governo da cidade como consultores de alto nível para dirigir o trabalho coletivo das mestranças. Arnolfo é escultor e é consultado para trabalhos de construção de todo tipo; Giotto é pintor e é chamado para projetar o campanário de Santa Maria

AS CIDADES EUROPEIAS DA IDADE MÉDIA

del Fiore. Presume-se que, de fato, um escultor ou pintor hábil em modelar ou desenhar as formas visíveis pode idealizar todo gênero de formas, mesmo em escala arquitetônica ou urbanística. Igualmente, os grandes humanistas, hábeis na escrita – Coluccio Salutati, Leonardo Bruni etc. – são convocados como chanceleres da comuna para formular os atos oficiais e manter as relações com as outras potências.

Os "artistas" da Renascença são os herdeiros desses consultores, não dos especialistas medievais enquadrados nas corporações e ligados ao conhecimento de uma técnica particular.

A contribuição desses cidadãos especializados – desde Arnolfo até Brunelleschi – explica a excelência e o impulso inventivo das intervenções florentinas, do final do século XIII em diante; a forma da cidade, que todos admiramos, depende igualmente do gênio individual e da organização coletiva dentro da qual aceitaram trabalhar. Mas o fruto de seu trabalho acabará por colocar em crise a organização coletiva, e os artistas da Renascença, de Alberti em diante, irão tornar-se especialistas internacionais, à disposição de quem quer que seja; executarão outras obras notáveis, mas nenhum deles terá a capacidade de imaginar e de formar uma cidade, como na Idade Média.

792 A escultura.

793 A pintura (três pequenas formas colocadas na base do campanário de Giotto).

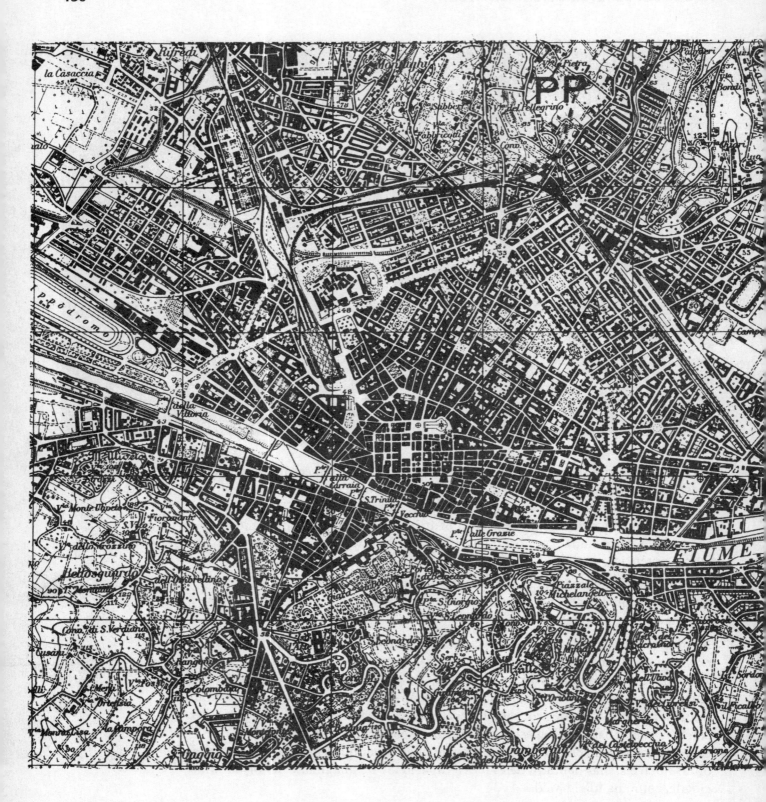

794 Planta de Florença atual, do mapa 1: 25.000 do Instituto Geográfico Militar.

AS CIDADES EUROPEIAS DA IDADE MÉDIA

795 Vista aérea do centro de Florença pelo leste.

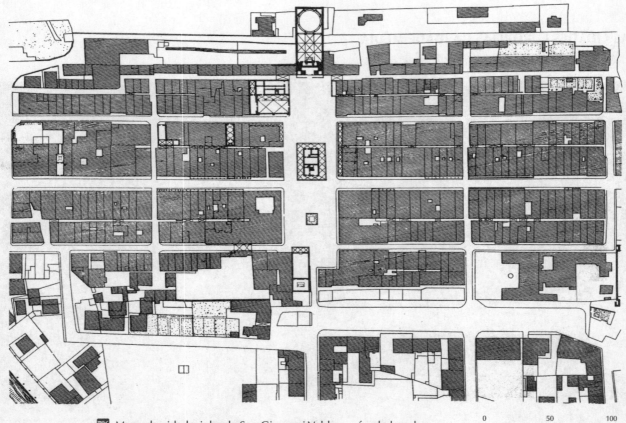

796 Mapa da cidadezinha de San Giovanni Valdarno, fundada pelos florentinos em fins do século XIII (talvez sobre projeto de Arnolfo di Cambio).

797 Vista de uma cidade fortificada; pintura de Ambrogio Lorenzetti.

AS CIDADES EUROPEIAS DA IDADE MÉDIA

As Novas Cidades na Idade Média

Veneza, Bruges, Bolonha e Florença são exemplos de grandes cidades, fundadas na Antiguidade ou na Alta Idade Média e, repetidas vezes, transformadas na Baixa Idade Média. Não é possível descrevê-las sem levar em conta esse dinamismo, e sua forma complicada registra todas as vicissitudes de seu desenvolvimento.

Muitas outras cidades menores, ao contrário, foram fundadas na Baixa Idade Média e, muitas vezes, sua forma definitiva foi fixada, de uma vez por todas, no momento da fundação.

Essas cidades têm todas as formas possíveis. Os estudiosos tentaram classificá-las em vários tipos: lineares, circulares, radiocêntricas, em tabuleiro etc.; mas não se conseguiu encontrar uma causa constante pela qual se escolhe um tipo e não outro. Cada cidade é imaginada como um caso especial, seja quando é desenvolvida com uma série de decisões sucessivas, seja quando é criada com uma única decisão inicial. Não se aceita nenhuma regra geral, mas se leva em conta um sem-número de circunstâncias: a natureza do terreno, a tradição local, as sugestões exóticas, o simbolismo sagrado e profano. Cada um desses motivos pode ser determinante.

Quem funda uma cidade – o rei, o feudatário, o abade ou o governo de uma cidade-Estado – é também o proprietário de todo o terreno; pode, pois, traçar o desenho da cidade em todos os detalhes: não só ruas, praças, fortificações, mas

798 As novas cidades (*bastides*) fundadas pelos ingleses no Périgord. A área pontilhada é a que permaneceu como bosques na época atual.

também a divisão dos lotes destinados aos futuros habitantes. O equilíbrio entre espaços públicos e espaços privados – que, nas cidades já existentes, é obtido com dificuldade e com repetidos ajustes – aqui pode ser planejado e calculado antecipadamente.

Em muitas cidades medievais pequenas – regulares como algumas *bastides* francesas ou irregulares como os burgos agrícolas da Alemanha do Leste – as divisões cadastrais formam um impecável desenho de conjunto, como nas cidades hipodâmicas da Antiguidade (Figs. 806, 809, 817, 820, 827, 836).

Nas figuras seguintes, apresentamos uma série dessas cidades. A maioria foi fundada entre fins do século XII e meados do século XIV e quase nenhuma no período seguinte. A misteriosa arte de desenhar uma cidade – diferentemente da arte de desenhar um edifício – foi esquecida antes de poder ser teorizada nos desenhos e nos livros.

799 Uma das cidades contidas no pequeno mapa precedente: Beaumont du Périgord, fundada em 1272 por Luke de Thenney para o rei da Inglaterra.

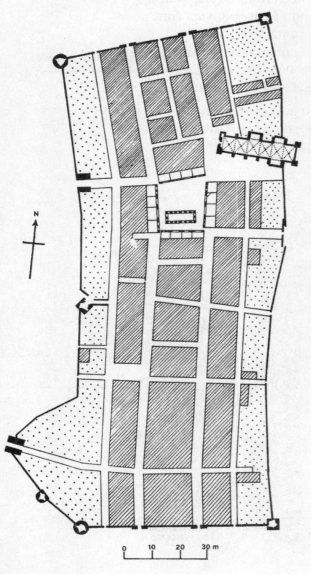

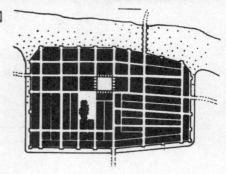

Villeneuve-sur-Lot na Gasconha, fundada em 1264 por Alphonse de Poitiers para o rei da França. 800 Brasão da cidade e 801 mapa.

AS CIDADES EUROPEIAS DA IDADE MÉDIA

802 Saint-Foy-la-Grande sobre o Garona, também fundada por Alphonse de Poitiers em 1255. Vista aérea da cidade atual, que evidencia o reticulado medieval.

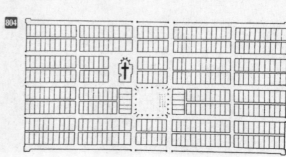

Montpazier no Périgord (ver Fig. 798), fundada em 1284 por Jean de Grailly para o rei da Inglaterra: 803 foto aérea, 804 planta geral, 805 detalhes da igreja e 806 807 da praça do mercado.

AS CIDADES EUROPEIAS DA IDADE MÉDIA

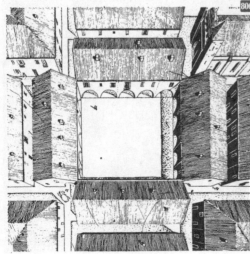

Aigues-Mortes na foz do Ródano, fundada pelo rei da França Luís IX, o Santo, em 1246: 808 vista aérea, 809 planta e 810 um detalhe das fortificações.

AS CIDADES EUROPEIAS DA IDADE MÉDIA

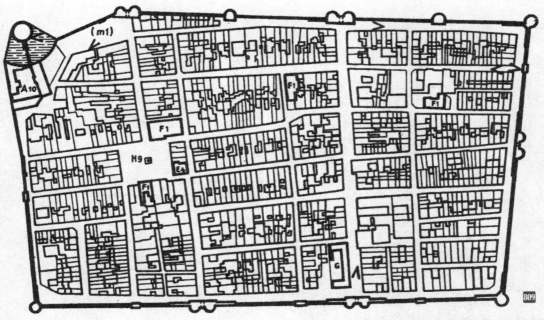

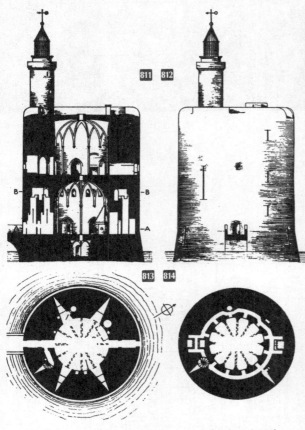

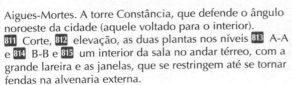

Aigues-Mortes. A torre Constância, que defende o ângulo noroeste da cidade (aquele voltado para o interior). 811 Corte, 812 elevação, as duas plantas nos níveis 813 A-A e 814 B-B e 815 um interior da sala no andar térreo, com a grande lareira e as janelas, que se restringem até se tornar fendas na alvenaria externa.

816 Vista de Aigues-Mortes pela torre Constância. A cidade, que na Idade Média tinha 15.000 habitantes, hoje tem menos de 5.000 e conserva perfeitamente a forma original.

Plantas de quatro *bastides* francesas fundadas por Eustache de Beaumarchais em fins do século XIII.

817 Cologne
818 Mirande
819 Barcelonne du Gers
820 Beaumont de Lamogne

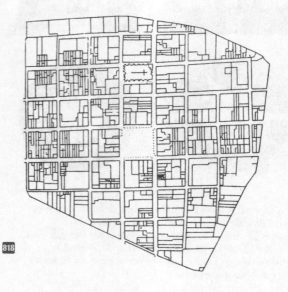

AS CIDADES EUROPEIAS DA IDADE MÉDIA

819

820

821 As novas cidades fundadas na Idade Média, na Inglaterra meridional. Em pontilhado, as zonas que permanecem como bosques.

New Salisbury, em Wiltshire, fundada em 1219. **822** Os vinte quarteirões da nova cidade, as quatro igrejas, entre as quais a célebre catedral fundada em 1220, e a praça do mercado (M). À esquerda, **823** o recinto da catedral (*close*) ainda conservado na cidade atual.

O recinto, circundado pela muralha de 1327, é ainda hoje uma área independente da administração municipal. Eis os nomes dos vinte conjuntos:

1. Cavalo branco; **2.** Manchas de sangue; **3.** Do pároco; **4.** De Vanner; **5.** Javali azul; **6.** Três cisnes; **7.** Três taças; **8.** Grifo; **9.** Praça do mercado; **10.** Chaves cruzadas; **11.** Cavalo negro; **12.** De Swayne; **13.** Nova estrada; **14.** Antílope; **15.** Trindade; **16.** De Rolfe; **17.** Cruz de Bernardo; **18.** Cervo branco; **19.** Pântano; **20.** Charco.

1. Claustro; **2.** Pátio de serviço; **3.** Sala capitular; **4.** Biblioteca; **5.** Parque (*green*); **6.** Casas dos cônegos; **7.** Casa do decano; **11-13.** Escolas; **14.** Casa do bispo; **15.** Portas do recinto.

Escala 1:10 000

AS CIDADES EUROPEIAS DA IDADE MÉDIA

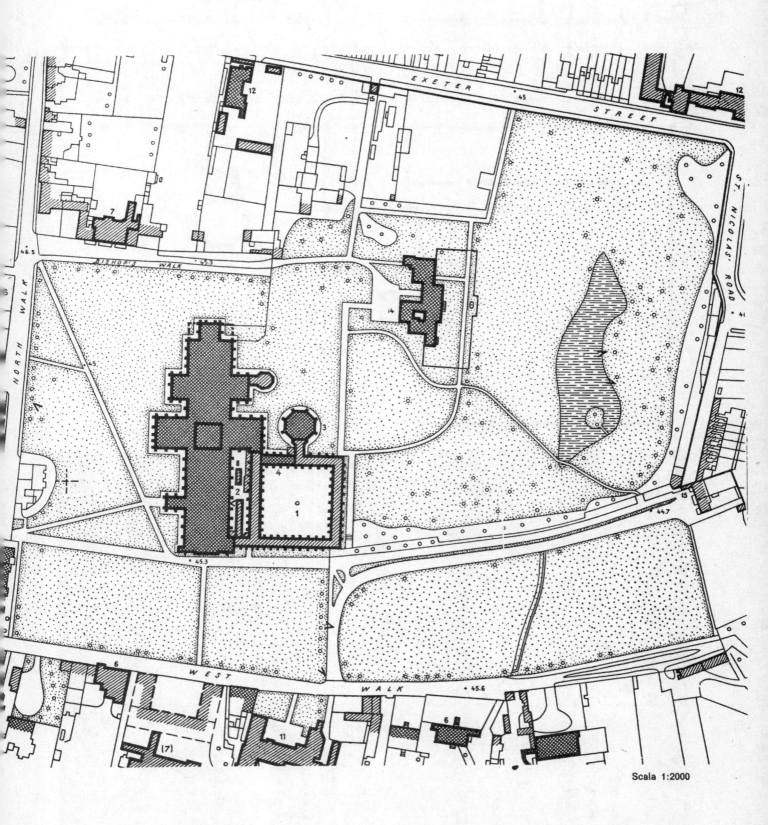

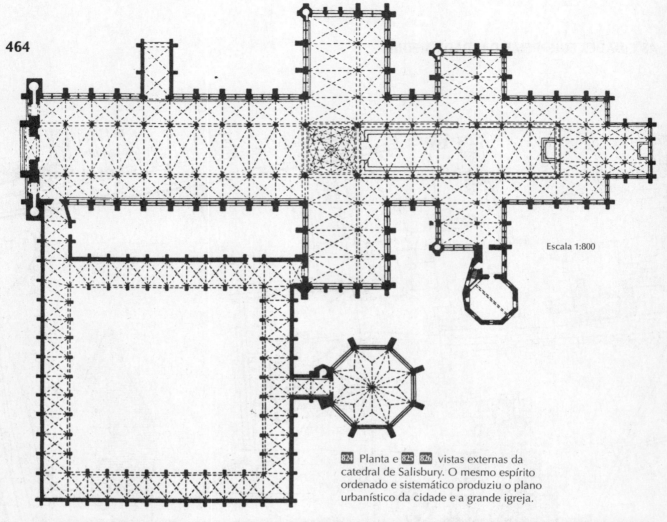

Escala 1:800

824 Planta e **825 826** vistas externas da catedral de Salisbury. O mesmo espírito ordenado e sistemático produziu o plano urbanístico da cidade e a grande igreja.

AS CIDADES EUROPEIAS DA IDADE MÉDIA

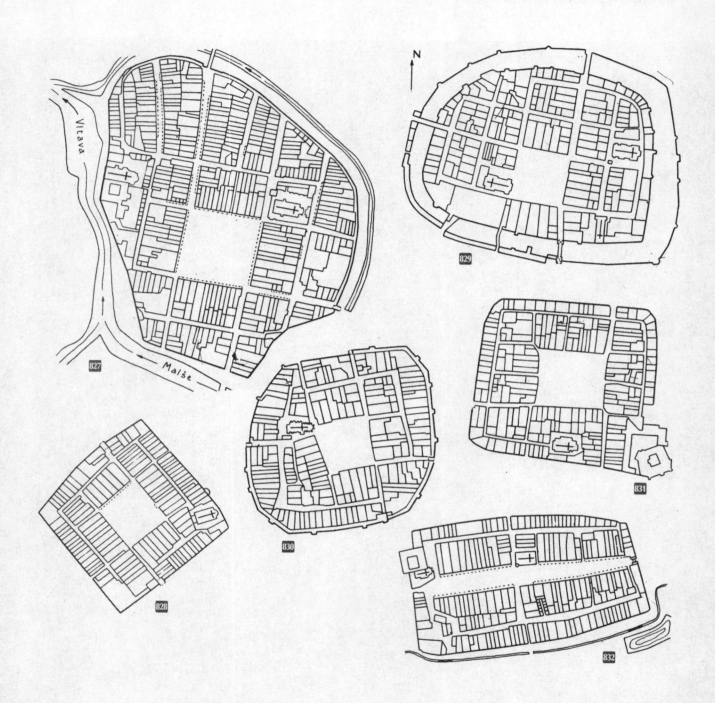

Dez cidades novas da então Tchecoslováquia:
- 827 Budweis
- 828 Novy Jicin
- 829 Klattau
- 830 Wodnian
- 831 Morawska Trebova
- 832 Domazlice
- 833 Iglau
- 834 Unicov
- 835 Kolin
- 836 Pilsen

AS CIDADES EUROPEIAS DA IDADE MÉDIA

467

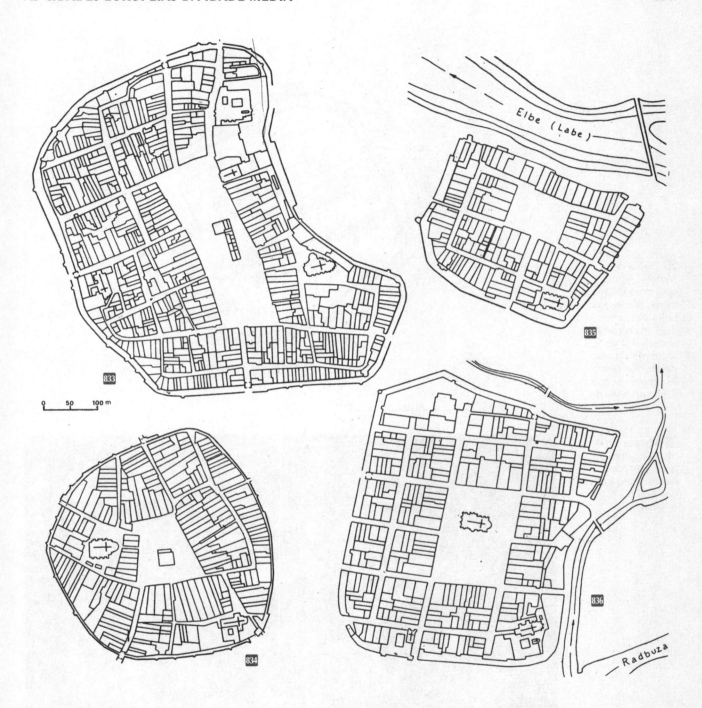

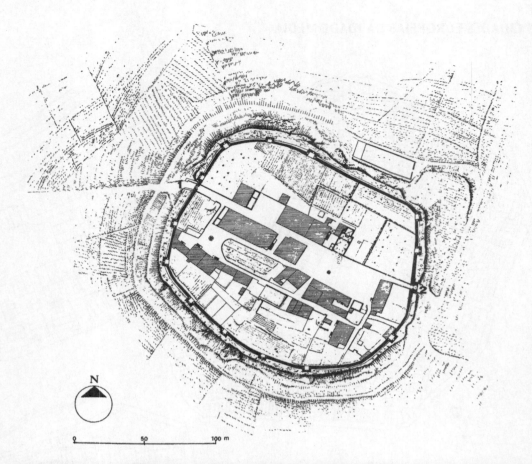

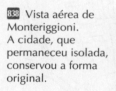 837 Planta de Monteriggioni, uma nova cidade fortificada, erigida pelos habitantes de Siena no limite setentrional de seu território, para defendê-lo contra os florentinos nos primeiros anos do século XIII.

838 Vista aérea de Monteriggioni. A cidade, que permaneceu isolada, conservou a forma original.

AS CIDADES EUROPEIAS DA IDADE MÉDIA

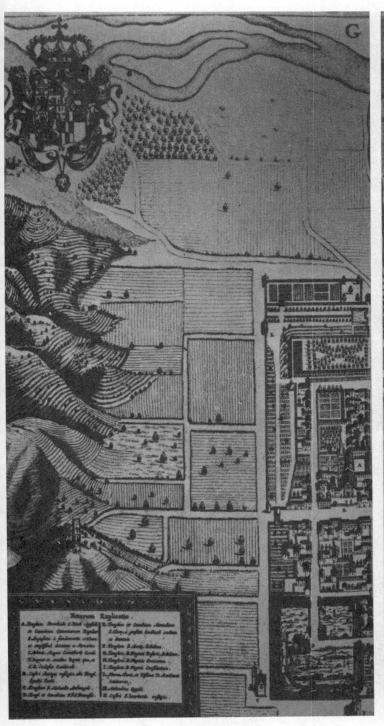

839 Gattinara, uma nova cidade fundada em 1242 na saída da Valsesia. Planta (numa gravura do século XVII).

840 841 Gattinara. Duas vistas da praça central com os pórticos.

842 (página ao lado) O universo medieval, com os sete céus concêntricos, sustentado pelo Pai Eterno. Pintura de Piero di Puccio no Camposanto de Pisa (século XIV).

AS CIDADES EUROPEIAS DA IDADE MÉDIA

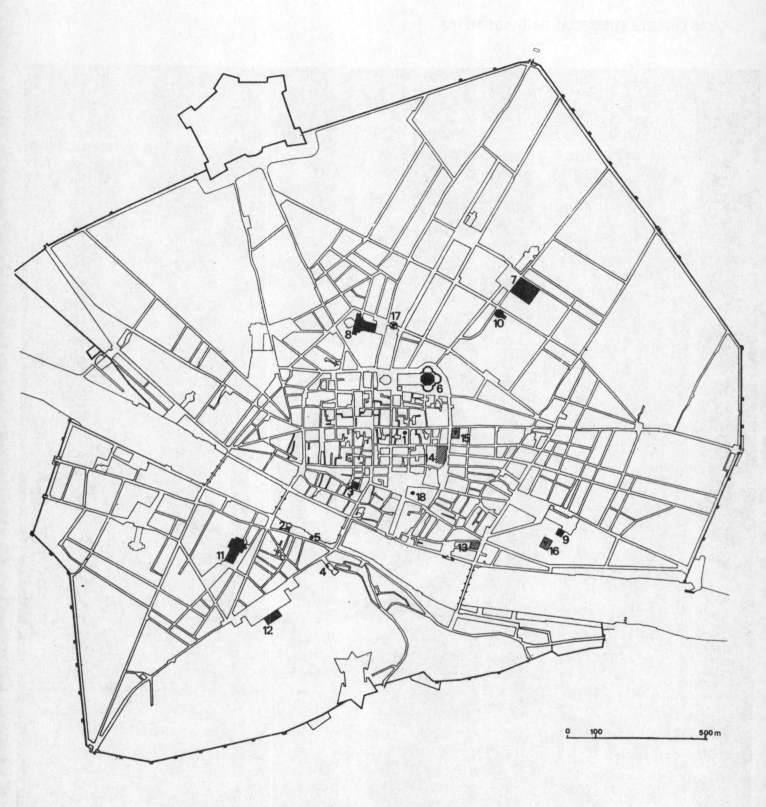

1. Casa de Apollonio Lapi (1418); **2.** Capela Ridolfi em San Jacopo Soprarno (1418); **3.** Palácio dos Guelfos (1418-1425); **4.** Capela Barbadori em Santa Felicità (1418); **5.** Casa Barbadori; **6.** Cúpula da catedral (1418-1446); **7.** Hospital dos Inocentes (1419-1444); **8.** São Lourenço (a partir de 1419); **9.** Capela Pazzi em Santa Cruz (a partir de 1429); **10.** Rotunda de Santa Maria degli Angeli (a partir de 1434); **11.** Espírito Santo (a partir de 1428); **15-18.** Outras obras de atribuição incerta.

A CULTURA ARTÍSTICA DA RENASCENÇA

Nas primeiras décadas do século XV, alguns artistas florentinos – arquitetos e pintores – descobrem uma nova maneira de projetar os edifícios, de pintar e esculpir, que muda a natureza do trabalho artístico e sua relação com as outras atividades humanas.

Explicamos, no capítulo anterior, as condições históricas em que se desenvolve essa mudança. O desenvolvimento econômico de Florença foi interrompido pela crise da metade do século XIV. As classes sociais que haviam participado da formação da comuna se chocaram entre si; um grupo de famílias aristocráticas assumiu o poder por volta de 1380 e dirigiu a vida da cidade nos cinquenta anos seguintes. A conformação urbana definida no final do século XIII, com a consultoria de Arnolfo di Cambio, é mais que suficiente para a nova Florença, despovoada e estabilizada: trata-se agora de completá-la definitivamente. Dos artistas não se exige que inventem novos organismos urbanísticos construtivos, mas o acabamento e o aperfeiçoamento de qualidade dos já existentes.

Os artistas da nova geração que trabalham no início do século XV – Ghiberti, Brunelleschi, Donatello, Paolo Uccello, Masaccio – concluem as obras iniciadas pelas gerações anteriores (a catedral, o batistério, as grandes igrejas conventuais da periferia, o Palácio dos Priores etc.); porém sua contribuição adquire um valor novo, autônomo e universal: é uma proposta válida para todos e que, de fato, será adotada nos próximos cem anos em todo o mundo civil como alternativa para a tradição medieval.

Ao mesmo tempo a posição profissional desses artistas se modifica; eles já são especialistas de alto nível, independentes das corporações medievais, e ligados aos comitentes por uma relação de confiança pessoal. Tornam-se agora especialistas autônomos, desligados da comunidade da cidade e aptos a trabalhar em qualquer lugar onde sejam chamados (Brunelleschi é enviado em 1434 para Ferrara e Mântua; Paolo Uccello trabalha em Veneza de 1425 a 1430). De fato, a nova cultura artística não é mais florentina, porém italiana e universal, como a poesia e a prosa dos grandes escritores do século XIV, Dante, Petrarca e Boccaccio.

843 As obras de Brunelleschi em Florença.

474

Consideremos rapidamente as inovações introduzidas nos vários campos:

Na arquitetura, um novo método de trabalho é estabelecido por Filippo Brunelleschi (1377-1446); podemos resumi-lo da maneira seguinte:

1. A tarefa primeira do arquiteto é definir de antemão – com desenhos, maquetes etc. – a forma exata da obra a ser construída. Todas as decisões necessárias devem ser tomadas em conjunto, antes do início da construção; assim, é possível distinguir duas fases de trabalho: o projeto e a execução.

    O arquiteto faz o projeto e não mais se confunde com os operários e suas organizações, que se ocupam da execução.

2. Ao fazer o projeto, é preciso considerar as características que contribuem para a forma da obra, nessa ordem lógica:

    a. As características proporcionais, isto é, as relações e as conformações dos detalhes e do conjunto, independentemente das medidas;

    b. As características métricas, ou seja, as medidas efetivas;

    c. As características físicas, isto é, os materiais com suas qualidades de granulosidade, cor, dureza, resistência etc.

    O primeiro lugar atribuído às características proporcionais justifica a correspondência entre projeto e obra; os desenhos de projeto representam, em tamanho pequeno, a obra a executar, mas já contêm as indicações mais importantes, isto é, estabelecem a conformação da obra a ser construída. Depois, devem ser fixadas as medidas (isto é, a proporção de aumento para passar do projeto ao edifício real) e os materiais a usar.

3. Os diferentes elementos de um edifício – colunas, entablamentos, arcos, pilares, portas, janelas etc. – devem ter uma forma típica, correspondente à estabelecida na Antiguidade clássica e extraída dos modelos antigos (isto é, dos modelos romanos, os únicos conhecidos naquele tempo). Essa forma pode ser levemente modificada, mas é preciso poder reconhecê-la – isto é, apreciar com um juízo rápido que se baseie num conhecimento anterior; portanto, a atenção pode ser concentrada sobre as relações de conjunto e fica mais fácil julgar a forma geral do edifício ou do ambiente.

Desse modo, a arquitetura muda de significado; adquire um rigor intelectual e uma dignidade cultural que a distinguem do trabalho mecânico e a tornam semelhante às artes liberais: a ciência e a literatura.

Brunelleschi sustenta essa nova concepção da arquitetura como uma proposta pessoal, em pleno contraste com a tradição à qual permanecem ligados os comitentes, os executores e também os artistas que colaboram com ele no acabamento de seus edifícios.

A cúpula de Brunelleschi em Santa Maria del Fiore; 844 vista a partir dos telhados das casas ao sul da catedral e 845 a axonometria, que explica a relação com o corpo da igreja, ilustrado no capítulo 7.

Deve enfrentar as dificuldades quase insuperáveis e raramente consegue realizar integralmente seus projetos. Além do mais, somente duas obras – a cúpula da catedral e a sacristia de São Lourenço – foram financiadas regularmente (pela Arte da Lã e pela família Médici) e concluídas sob sua direção. As outras – São Lourenço, Espírito Santo, a capela Pazzi em Santa Cruz, a rotunda de Santa Maria degli Angeli – prosseguiram, lenta e irregularmente, durante uma longa crise econômica provocada pelas guerras contínuas, e mais rapidamente só no período seguinte, de 1440 em diante; assim, ficaram inacabadas quando de sua morte (em 1446) e foram alteradas, em seguida, pelos continuadores.

Apesar disso tudo, sua proposta firmou-se gradualmente, na Itália e na Europa, porque os acontecimentos seguintes demonstraram sua justeza e necessidade. Fundou uma arquitetura baseada na razão humana e no prestígio dos modelos antigos, capaz de organizar e controlar todos os espaços necessários à vida do homem, mas baseada em formas simples, repetidas e facilmente reconhecíveis. A sociedade europeia – que, nos séculos XV e XVI, alarga seu campo de ação no mundo inteiro – adota essa arquitetura como instrumento de cálculo racional e de decoro civil, e acaba por considerá-la a única arquitetura possível.

Examinemos, à luz dessas considerações, as principais obras realizadas por Brunelleschi em Florença:

A cúpula de Santa Maria del Fiore é a excepcional e célebre obra que conclui o ciclo das grandes obras públicas medievais e inaugura o período da nova arquitetura. Essa grande estrutura completa o edifício fundado por Arnolfo em fins do século XIII e se torna o centro visível de toda a cidade. Nas vistas panorâmicas do século XV (Figs. 779 e 782 do capítulo anterior), Florença parece semelhante à flor da qual toma o nome; o último cinturão de muralhas, simplificado em forma circular, é a corola; a cúpula é o botão central. Brunelleschi inventa o sistema construtivo para realizá-la e determina a forma externa simples e grandiosa, apta à sua função paisagística.

A cúpula, na verdade, é uma abóbada em pavilhão octogonal, que revela a orientação da igreja abaixo (duas faces são paralelas e duas são perpendiculares ao comprimento do edifício; as outras quatro têm uma inclinação de 45°); os oito gomos da abóbada são revestidos de telhas de terracota vermelha e os oito espigões são marcados por oito grandes arestas de mármore branco. A gaiola formada por esses elementos se vê claramente a muitos quilômetros de distância, quando a igreja e o resto da cidade se tornam manchas confusas; assim, essa figura geométrica elementar se destaca no céu e orienta todo o espaço da cidade e do território do entorno (Figs. 844-851).

846 O panorama de Florença, visto de San Miniato, dominado pela cúpula de Brunelleschi.

847 O panorama de Florença, visto da esplanada Michelangelo; atrás da cúpula, as colinas de Fiesole.

A CULTURA ARTÍSTICA DA RENASCENÇA

848 A catedral de Santa Maria del Fiore, com o campanário de Giotto e a cúpula de Brunelleschi, vista de Orsanmichele.

849 A maquete de madeira da lanterna da cúpula, conservada no museu da obra da catedral, e 850 a lanterna realizada.

A CULTURA ARTÍSTICA DA RENASCENÇA

851 O interior da cúpula de Santa Maria del Fiore, decorado com os afrescos do final do século XVI.

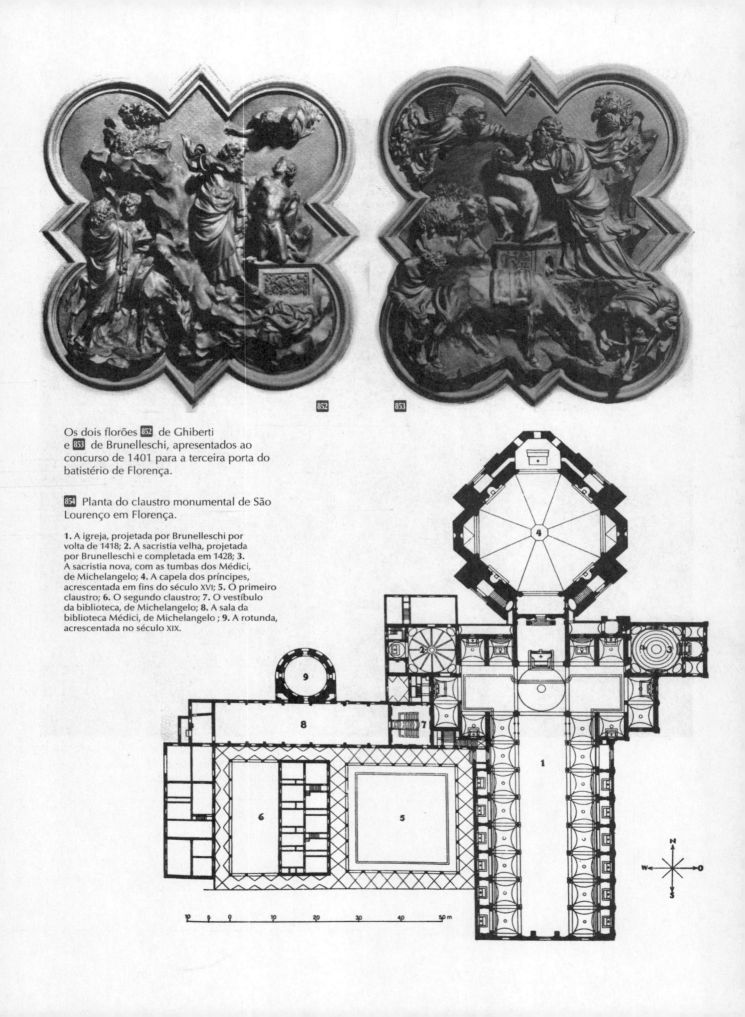

Os dois florões 852 de Ghiberti e 853 de Brunelleschi, apresentados ao concurso de 1401 para a terceira porta do batistério de Florença.

854 Planta do claustro monumental de São Lourenço em Florença.

1. A igreja, projetada por Brunelleschi por volta de 1418; 2. A sacristia velha, projetada por Brunelleschi e completada em 1428; 3. A sacristia nova, com as tumbas dos Médici, de Michelangelo; 4. A capela dos príncipes, acrescentada em fins do século XVI; 5. O primeiro claustro; 6. O segundo claustro; 7. O vestíbulo da biblioteca, de Michelangelo; 8. A sala da biblioteca Médici, de Michelangelo; 9. A rotunda, acrescentada no século XIX.

A CULTURA ARTÍSTICA DA RENASCENÇA

As outras obras, inseridas no tecido da cidade medieval, são edifícios mais modestos, mas importantíssimos como modelos para a arquitetura posterior. São Lourenço e Espírito Santo são duas igrejas de três naves, semelhantes às das ordens religiosas mendicantes, como Santa Maria Novella e Santa Cruz; todas as características dos dois edifícios – as proporções da planta, os níveis das cotas etc. – são ordenadas racionalmente, usando os elementos típicos extraídos da Antiguidade – coluna, cornijas, arcos – em vez dos pilares e das abóbadas góticas. A sacristia de São Lourenço e a capela Pazzi em Santa Cruz são dois pequenos corpos com planta central e ainda que derivados dos exemplos medievais, mas reconstruídos através da montagem dos elementos típicos, colunas e arcos. Na moldura típica formada por esses elementos são colocados os outros acabamentos (pinturas, esculturas etc.), transformados em obras autônomas, desvinculadas da arquitetura (Figs. 854-868).

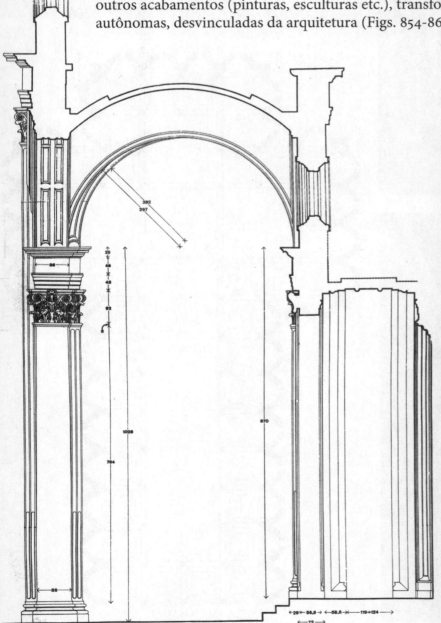

855 Corte da nave lateral de São Lourenço, 1:100, e 856 detalhe de um dos capitéis. As ordens arquitetônicas estabelecem a colocação de todos os outros elementos.

Vistas frontais dos interiores
de 857 São Lourenço
e de 858 Espírito Santo.

859 Planta da Espírito Santo, segundo
o projeto original de Brunelleschi,
escala 1:500.

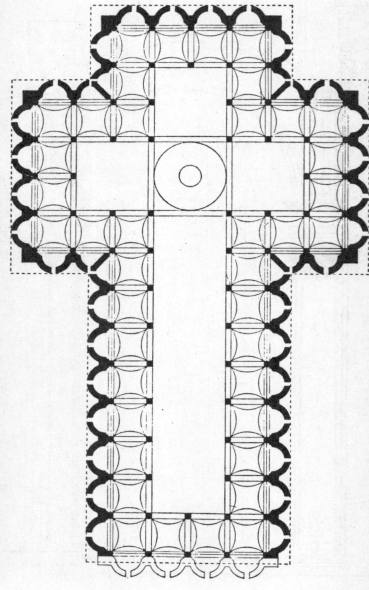

A CULTURA ARTÍSTICA DA RENASCENÇA

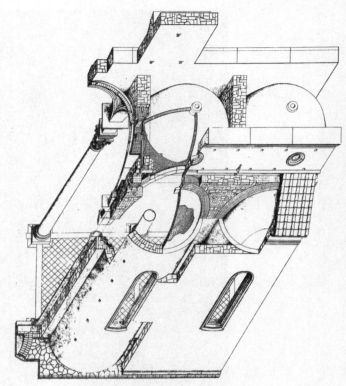

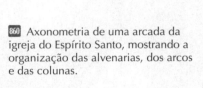
860 Axonometria de uma arcada da igreja do Espírito Santo, mostrando a organização das alvenarias, dos arcos e das colunas.

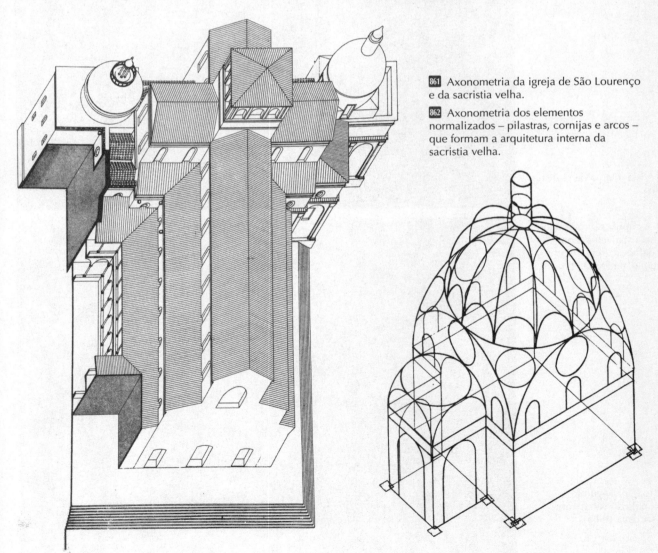

861 Axonometria da igreja de São Lourenço e da sacristia velha.

862 Axonometria dos elementos normalizados – pilastras, cornijas e arcos – que formam a arquitetura interna da sacristia velha.

863 Vista interna da sacristia velha.

864 A cúpula do vão maior da sacristia velha, com os medalhões circulares em estuque, de Donatello.

865 (página seguinte) A cúpula do vão menor da sacristia velha.

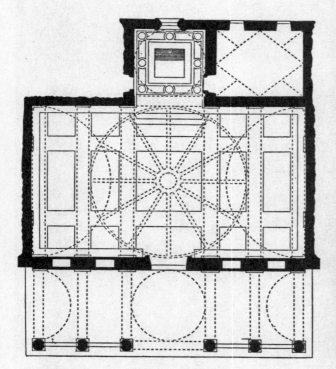

866 Planta da capela Pazzi de Brunelleschi, no primeiro claustro de Santa Cruz em Florença. A planta geral do conjunto edificado está representada no capítulo 7.

867 A cúpula da capela Pazzi, com os medalhões em terracota pintada, executados talvez pelo próprio Brunelleschi.

A CULTURA ARTÍSTICA DA RENASCENÇA

868 Vista interna da capela Pazzi. A base, sobre a qual os pilares se apoiam, resolve o desnível entre os dois ambientes e serve de assento quando a capela é usada como sala do Capítulo.

869 A parte central da fachada de palácio Pitti em Florença corresponde ao projeto de Brunelleschi.

A escultura e a pintura reproduzem os objetos do mundo natural. Essa reprodução pode tornar-se uma operação exata e científica, classificando as características dos objetos como aqueles das obras arquitetônicas:

I. as características proporcionais;
II. as características métricas;
III. as características físicas (nesse caso, sobretudo a cor).

Uma escultura, por exemplo, reproduz os aspectos essenciais de um objeto embora respeite somente as características proporcionais, mas negligencia as métricas (pode ser uma estátua maior que o normal ou uma estatueta) e das físicas (pode ser de mármore ou bronze, que têm uma estrutura granulosa e uma cor completamente diferente do modelo).

Ao contrário, para reproduzir um objeto tridimensional numa superfície em duas dimensões é preciso uma construção geométrica que permita passar de uma à outra.

A CULTURA ARTÍSTICA DA RENASCENÇA

Nas escolas, ainda se estudam os diversos métodos para efetuar essa passagem: as projeções ortogonais, a axonometria, a perspectiva e as projeções cotadas.

Nesse período são definidas as regras da perspectiva, método geométrico mais complicado, porém mais familiar para o observador, porque cria uma imagem semelhante àquela formada no olho humano. Dizem os escritores antigos que as regras da perspectiva foram estabelecidas por Brunelleschi; ele pintou dois painéis pequenos que representam o batistério e a praça Signoria e construiu um aparelho que obriga a olhá-los de um ponto fixo, para confrontar a imagem com a vista real e controlar a correspondência entre eles. (Fig. 870).

O significado histórico e cultural dessa construção geométrica deriva da supracitada classificação das características dos objetos. De fato, a perspectiva representa, diretamente, apenas as características proporcionais dos objetos (forma e posição recíproca); representa indiretamente as medidas efetivas, se na cena reproduzida existir um objeto cujo tamanho se conhece (por exemplo, uma pessoa); pode representar cores e outras características físicas, com uma leve mão de tinta, de várias maneiras, nas superfícies compreendidas nos contornos dos objetos.

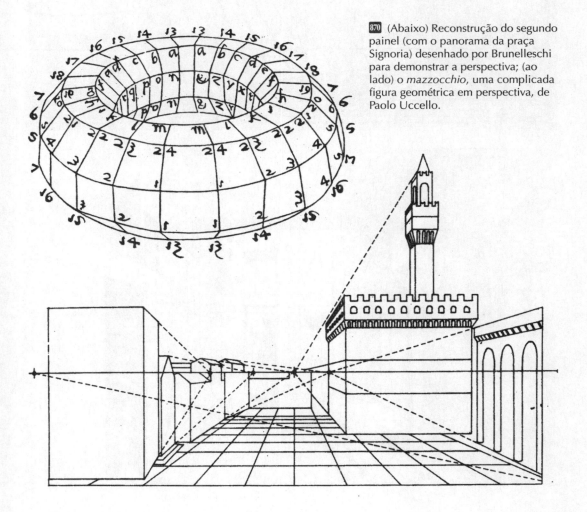

870 (Abaixo) Reconstrução do segundo painel (com o panorama da praça Signoria) desenhado por Brunelleschi para demonstrar a perspectiva; (ao lado) o *mazzocchio*, uma complicada figura geométrica em perspectiva, de Paolo Uccello.

871 O espaço em perspectiva, que parte do olho do homem e se estende a todo o universo. Desenho contido na edição do *Tratado de Vitrúvio* de 1536, de Giambattista Caporali.

872 Uma ilustração do tratado de perspectiva de De Vries, de 1560.

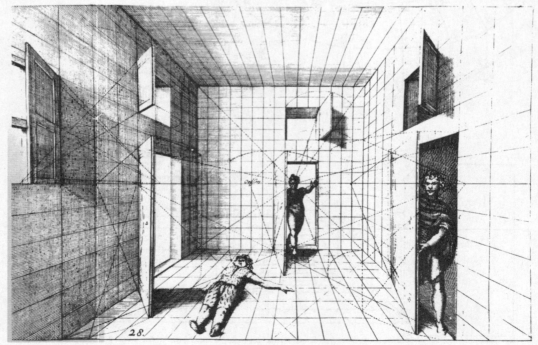

A CULTURA ARTÍSTICA DA RENASCENÇA

873 Dois relevos de bronze em perspectiva, no altar de Donatello na igreja de Santo Antônio de Pádua.

874 A estátua equestre do Gattamelata, de Donatello, em frente à igreja de Santo Antônio de Pádua.

A CULTURA ARTÍSTICA DA RENASCENÇA

Mas a presença das cores complica a representação. As cores próprias de cada objeto não se apresentam de maneira uniforme; são modificadas pelas luzes, pelas sombras, pelos reflexos e pela espessura do ar, diferente para objetos próximos e distantes. Os artistas do século xv e do século xvi descobrem, gradativamente, as leis para reproduzir esses efeitos e enriquecem o repertório da pintura que, de determinado momento em diante, se apresenta como técnica universal para representar e inventar todos os objetos do mundo visível.

De fato, no decorrer do século xv, aparecem inovações que aumentam as possibilidades e o raio de ação da pintura: as telas (*teleri*) de grande formato, que permitem preparar em laboratório os grandes ciclos pictóricos; as cores a óleo; a gravura sobre chapas metálicas, para reproduzir os desenhos num grande número de cópias.

Consideremos, sucintamente, alguns resultados da pintura e da escultura da Renascença.

O método da perspectiva estabelecido por Brunelleschi é utilizado, na terceira década do século xv, por um grupo de artistas que trabalha ao seu lado:

Donatello (1386-1466) emprega os meios da escultura para explorar o mundo visível, quase em concorrência com a pintura; experimenta para esse fim todo gênero de materiais (metais, pedras, estuque, terracota) e diversas técnicas (estátuas em forma circular, que conservam as mesmas relações do modelo; florões, onde o relevo é diminuído ou reduzido ao mínimo – no chamado *stiacciato* (baixo relevo, quase plano) – mas a perspectiva permite representar igualmente a profundidade (Figs. 872-873).

Masaccio (1401-1428) é um dos primeiros a pintar um fundo arquitetônico construído exatamente com as regras da perspectiva (na *Santíssima Trindade* em Santa Maria Novella, Figs. 875-876), mas usa os novos métodos de representação sobretudo para dar consistência às personagens humanas. O homem é apresentado como o objeto mais importante do universo pictórico e sua imagem revela o universo mental dos pensamentos que, desse modo, encontram lugar na pintura.

Tanto Donatello quanto Masaccio aceitam a perspectiva como um meio para encarar com novos olhos o espetáculo do mundo; a emoção desse primeiro contato predomina sobre o acabamento da imagem: daí o realismo de suas figuras, comparadas ao idealismo dos artistas do século xiv e de Ghiberti.

Depois da morte precoce de Masaccio, os mais famosos pintores italianos trabalham em Florença: Paolo Uccello, Filippo Lippi, Andrea del Castagno, Domenico Veneziano. Em sua escola, formam-se os pintores da geração seguinte, que encontram um novo equilíbrio entre desenho e cor; trabalham num território mais amplo e dominam a vida artística e cultural nas várias cidades italianas. Lembramos Piero della Francesca (cerca de 1415-1492) em Urbino; Andrea Mantegna (1431-1506) em Mântua; e Giovanni Bellini (1430-1506) em Veneza.

A *Trinità* (Santíssima Trindade) pintada por Masaccio na igreja de Santa Maria Novella, em Florença. 875 O desenho preparatório feito sobre a parede e 876 o afresco terminado.

A CULTURA ARTÍSTICA DA RENASCENÇA

496

A CULTURA ARTÍSTICA DA RENASCENÇA

No mesmo período são definidas as relações entre a pesquisa artística e a literatura. Brunelleschi, Masaccio e Donatello não deixaram explicações escritas de seu trabalho. Depois de 1430, ao contrário, um literato importante, Leon Battista Alberti (1404-1472), entra em contato com os artistas florentinos. Ele próprio trabalha como pintor e como arquiteto e escreve uma série de tratados (sobre a pintura e sobre a escultura, por volta de 1435, e sobre a arquitetura por volta de 1450). Esses tratados oferecem a primeira sistematização teórica da nova experiência artística; doravante muitos artistas escrevem livros para explicar os motivos de seu trabalho: Piero della Francesca, Filarete, Francesco di Giorgio, Leonardo da Vinci e muitos outros no século seguinte.

Entre o final do século XV e o início do XVI, em Florença e em Roma, cria-se a exigência de sintetizar essas múltiplas experiências, para chegar a um estilo definitivo e universal. Os protagonistas dessa empreitada – Leonardo da Vinci (1452-1519), Michelangelo (1475-1564) e Rafael (1483-1520) – gozam de um prestígio cultural sem precedente: são considerados indivíduos excepcionais, gênios, isto é, tipos humanos superiores que caracterizam toda a civilização de seu período; sua competência não se limita à arquitetura, à pintura ou à escultura, mas se estende a todo o campo das artes visuais. De fato, a arte ocupa um lugar central na cultura do tempo; é uma disciplina geral, capaz de conhecer e dominar todo o ambiente físico, evidenciando ao mesmo tempo a beleza e a verdade das coisas: define, por antecipação, o mundo ilimitado e mensurável que será percorrido pelos exploradores do século XVI e estudado pelos cientistas do século XVII.

877 O encontro da cruz. Afresco de Piero della Francesca na abside da igreja de São Francisco, em Arezzo.

878 O traçado de um edifício a partir dos dois eixos de simetria; ilustração do tratado de arquitetura de Leon Battista Alberti (cerca 1450).

879 *A Sagrada Família*, de Michelangelo, na Galeria Uffizi; 880 a *Madona da Cadeira*, de Rafael, na Galeria Pitti, em Florença.

A CULTURA ARTÍSTICA DA RENASCENÇA

881 Vista de uma cidade fortificada; detalhe do ambiente de fundo de uma pintura de Fra Angelico.

AS CIDADES ITALIANAS NA RENASCENÇA

O novo método de projetar estabelecido no início do século XV é teoricamente aplicado a todo gênero de objetos, desde os artefatos menores à cidade e ao território.

Mas na prática, o novo método não consegue produzir grandes transformações nos organismos urbanos e territoriais. A expansão demográfica e a colonização do continente europeu estão exauridas depois da metade do século XIV; não há necessidade de fundar novas cidades ou de aumentar em larga escala as já existentes (à exceção de poucos casos excepcionais). Os governos renascentistas – as senhorias, que tomam o lugar dos governos comunais, e as monarquias nacionais – não têm a estabilidade política e os meios financeiros suficientes para realizar programas longos e desafiadores. Os artistas trabalham individualmente e perdem contato com as organizações coletivas que garantiam a continuidade das atividades construtivas e urbanísticas medievais.

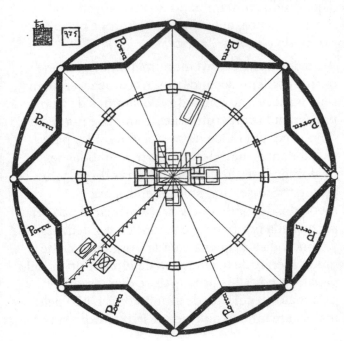

882 Planta da cidade ideal de Sforzinda, do *Tratado de Filarete* (cerca de 1465).

Desse modo, a arquitetura da Renascença realiza seu ideal de proporção e regularidade em alguns edifícios isolados e não está em condições de fundar ou transformar uma cidade inteira. Os literatos e os pintores descrevem ou pintam a nova cidade que não pode ser construída e que permanece, justamente como um objetivo teórico, a cidade ideal (Fig. 882).

Na prática, os príncipes da Renascença e seus arquitetos intervêm no organismo de uma cidade medieval já formada e, parcialmente, a modificam completando os programas inacabados do século XIV, ou introduzindo novos programas mais ou menos ambiciosos que, quase sempre, se mostram desproporcionais e irrealizáveis.

Já descrevemos o caso de Florença, onde as obras do século XV se inserem coerentemente no organismo projetado no final do século

XIII. Vamos considerar agora outras cidades italianas, nas quais as intervenções renascentistas são mais importantes e unitárias.

Pienza

Em 1469, o papa Pio II visita o burgo natal de Corsignano, no território de Siena, e resolve reconstruí-lo como residência temporária para si e sua corte.

No séquito do papa também está presente Alberti e, sem dúvida, Pio II ouve seu conselho ao definir o programa de construção e escolher os projetistas. O pequeno burgo medieval (de mais ou menos seis hectares) encontra-se no alto de uma colina e a rua principal segue o divisor de águas, que forma um pequeno ângulo quase na metade. Aqui Pio II resolve construir um grupo de edifícios monumentais: o palácio Piccolomini (no lugar da casa onde nasceu), a catedral, o palácio público e o palácio do cardeal Bórgia (que, mais tarde, se torna o palácio episcopal). A catedral fica na bissetriz do ângulo, enquanto os outros edifícios estão alinhados com os dois braços da rua: assim, o largo diante da catedral se torna um trapézio, que enquadra a fachada da igreja entre os blocos divergentes dos dois palácios e revela, aos dois lados da igreja, o panorama do vale (Figs. 886-887).

A catedral possui três naves da mesma altura (de fato, segue o modelo das igrejas góticas alemãs visitadas por Pio II em suas viagens) e, em seu interior, não existe qualquer decoração, exceto as pinturas encomendadas aos mais famosos pintores de Siena: Sano di Pietro, o Sassetta, Giovanni di Paolo e Matteo di Giovanni. O palácio Piccolomini é um bloco quadrado com um pátio no centro, mas toda a fachada meridional é ocupada por um pórtico, que dá para o jardim e permite gozar o panorama do vale, tendo ao fundo o monte Amiata.

883 O brasão de Pio II Piccolomini, no palácio de Pienza.

Ao redor desse centro monumental inserem-se outros edifícios secundários: os cardeais erguem seus palacetes ao longo dos dois ramos da rua; o papa manda construir, na extremidade nordeste do núcleo, um bloco de casas enfileiradas para os habitantes mais pobres (doze acomodações de dois andares, todas iguais); atrás do palácio público abre-se uma praça menor para o mercado, de modo que a praça principal não seja perturbada por bancos e tendas de vendedores. Assim, toda a pequena cidade é organizada, de modo hierárquico, em torno da igreja e do palácio papal. Os edifícios principais se distinguem pela maior regularidade arquitetônica, não pelo maior tamanho (a autoridade não se expressa

AS CIDADES ITALIANAS NA RENASCENÇA

com a superioridade dos meios materiais, mas com o prestígio da cultura); essa regularidade diminui nos edifícios secundários e desaparece naqueles para pessoas comuns, que se inserem sem dificuldade no tecido compacto do burgo medieval. Dessa maneira, a combinação entre o antigo e o novo resulta felizmente unitária: a nova cultura respeita o ambiente tradicional e o corrige – mas só qualitativamente – com seus edifícios, disciplinados por uma regra intelectual superior.

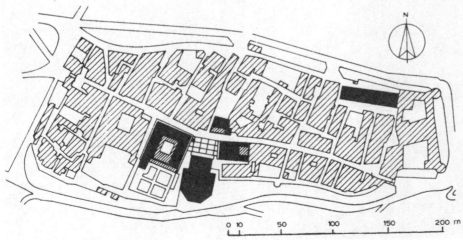

Pienza. 884 Vista da cidade do vale do Orcia, e 885 planta; em preto, os edifícios que formam o centro monumental (o palácio Piccolomini, o palácio público, o palácio Bórgia, a catedral) e o bloco de casas geminadas para os pobres.

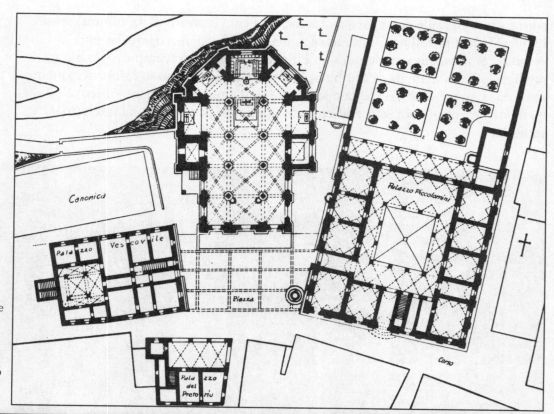

886 Planta dos quatro edifícios ao redor da praça central de Pienza.

887 Vista da praça de Pienza a partir da torre do palácio público; a pavimentação em requadros de tijolos e listras de pedra evidencia a inclinação dos dois edifícios laterais.

AS CIDADES ITALIANAS NA RENASCENÇA

O projetista desses novos edifícios não é citado nos documentos; mas, quase com certeza, trata-se de Bernardo Rossellino, um dos mais célebres arquitetos florentinos da época (em 1461 é nomeado mestre de obras de Santa Maria del Fiore). Pio II segue de perto os trabalhos e toma as decisões mais importantes, como ele mesmo explica nos *Comentários*. De fato, os monumentos principais são construídos num tempo muito curto, de 1459 a 1462; em março de 1462, a cidade toma o nome de Pienza e hospeda, por breves períodos, a corte papal até a morte repentina de Pio II, em 1464.

Não são feitas outras mudanças e a cidade de Pio II volta a ser um burgo afastado do interior. O equilíbrio alcançado, por um instante, nessa primeira composição urbana da Renascença, não é perturbado por adições posteriores e ainda pode ser apreciado nos espaços das ruas e dos edifícios, mesmo que a vida para a qual estava destinado tenha desaparecido há muitos séculos.

Pienza. 888 O motivo arquitetônico da fachada do palácio Piccolomini, e 889 um detalhe do interior da catedral, com a pintura encomendada por Pio II ao pintor Matteo di Giovanni, de Siena.

Urbino

Pio II reina de 1458 a 1464 e só tem cinco anos para construir e habitar Pienza. Ao contrário, Federico de Montefeltro – o bem-sucedido dirigente da Liga Itálica, instituída em 1454 – permanece senhor de Urbino de 1444 a 1482; é o único príncipe da Renascença que dispõe do tempo e dos meios necessários para, verdadeiramente, transformar sua cidade com uma longa série de intervenções sucessivas.

Urbino é uma cidadezinha de quarenta hectares, construída sobre duas colinas. No vale entre elas está o centro, com a igreja de São Francisco; dali, a rua principal desce em direção à porta Lavagine, de onde parte o caminho para Rimini e para a planície da Romagna. No cume da colina meridional, fica o castelo dos Montefeltro; ao lado desse, Federico começa a construir um edifício retilíneo, utilizando um grupo de artistas locais e toscanos de segundo plano.

Por volta de 1465, esse edifício é incorporado numa nova estrutura, que se desenvolve ao redor de um pátio com arcadas, mas se articula livremente na direção da cidade e do campo, transformando assim todo o ambiente do entorno.

890 Frente e 891 verso da pintura de Piero della Francesca, com o retrato do duque Federico de Montefeltro e a cena alegórica de seu triunfo (Florença, Galeria Uffizi).

AS CIDADES ITALIANAS NA RENASCENÇA

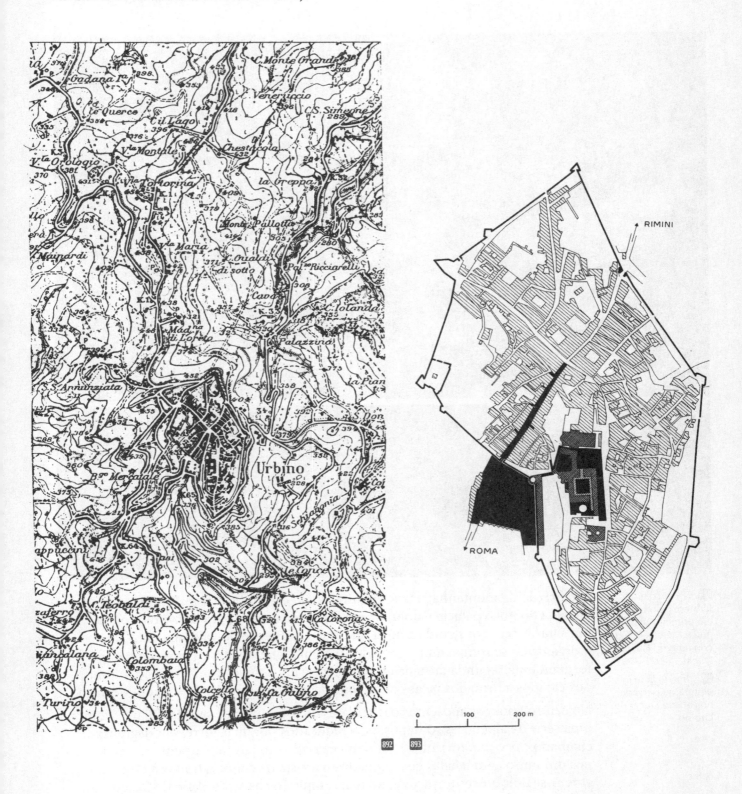

Urbino. 892 Mapa dos arredores da cidade (da lâmina 1:25 000 do Instituto Geográfico Militar); 893 mapa, com a indicação dos espaços externos organizados por Federico (em preto) e dos edifícios que formam o conjunto do Palácio Ducal (tracejado).

894 Vista aérea de Urbino, pelo lado sul; em primeiro plano, a praça Mercatale e o conjunto do Palácio Ducal.

895 Uma cidade ideal; pintura conservada no Palácio Ducal de Urbino.

Na direção da montanha, isto é, em direção do centro tradicional da cidade, a fachada do novo palácio é dobrada em Z e deixa espaço para uma praça onde, mais tarde, será construída a nova catedral. Na direção do vale, ao contrário, o organismo se rompe numa série de ambientes abertos para a paisagem, que formam uma segunda fachada extraordinária em contato com o espaço infinito dos campos adornados pelas colinas que descem em direção do vale do Metauro.

No centro, estão os aposentos particulares do príncipe e de seus familiares, com uma série de alpendres sobrepostos, flanqueados por duas torres em degraus (os chamados *torricini*, torrinhas); à direita é criado um jardim suspenso, fechado por um muro com janelas que enquadram a vista da colina à frente; à esquerda, abrem-se dois outros terraços e, no mais amplo (o chamado Pátio do Pasquino), devia erguer-se um templo redondo com as tumbas dos Montefeltro. Das torrinhas que flanqueiam o corpo central é possível descer até a base do palácio; dali, por uma rampa circular que se pode percorrer a cavalo, pode-se descer até as

AS CIDADES ITALIANAS NA RENASCENÇA

estrebarias – construídas a meia encosta – e até uma grande praça artificial, criada com o aterro do fundo do vale (o Mercatale).

Essa praça – onde se inicia a estrada para Roma – forma a nova entrada principal da cidade; aqui se abre uma porta monumental e tem início uma estrada retilínea que sobe até o vale entre as duas colinas e dali à entrada superior do palácio. Desse modo, a orientação da cidade fica invertida: a vista principal não é mais no sentido da porta Lavagine (isto é, em direção a Rimini e ao vale do Pó), mas no sentido de Valbona, isto é, em direção a Roma, para onde convergem os novos interesses de Federico. O palácio olha do alto esse trajeto (Fig. 905) e está ligado seja ao centro da cidade, seja ao território externo.

Essas intervenções, mais complicadas e desafiadoras que as de Pienza, produzem um resultado bastante coerente. O palácio e a cidade estão ligados com um sábio equilíbrio: o palácio forma, ao mesmo tempo, o centro e a fachada monumental da cidade, mas não tem dimensões muito diferentes dos outros edifícios; de fato, apresenta-se dividido em muitos corpos construtivos e a regularidade geométrica, exigida pela nova cultura visual, se aplica a cada um desses corpos e não ao conjunto: assim, a nova arquitetura enobrece os pontos de destaque do novo organismo urbano sem destruir sua continuidade (Figs. 892-899).

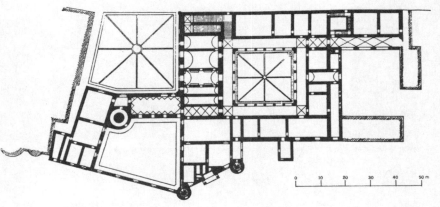

896 Vista aérea e 897 planta do Palácio Ducal de Urbino.

898 O perfil da cidade de Urbino, pelo lado sul.

899 Vista de Urbino, pintada na galeria dos mapas geográficos no Vaticano.

900 *A Flagelação*; lâmina pintada por Piero della Francesca, no Palácio Ducal de Urbino.

A preparação deste pequeno ambiente deriva da colaboração de muitos artistas: o projeto geral da decoração, talvez, tenha sido feito por Bramante moço: os cartões das tauxias de madeira foram desenhados por Francesco di Giorgio ou Sandro Botticelli e os painéis foram executados na oficina de Baccio Pontelli; o teto foi construído por Giuliano da Maiano; na zona superior, existiam os retratos dos homens ilustres, pintados por Justo de Gante e por Pedro Berruguete.

O pequeno estúdio do duque Federico no Palácio Ducal de Urbino. 901 Planta baixa, 902 planta da altura da janela superior, 903 vista do alpendre e 904 vista do fundo, a partir do centro do estúdio.

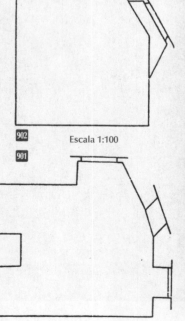

Escala 1:100

AS CIDADES ITALIANAS NA RENASCENÇA

905 O panorama visto do alpendre do segundo andar do Palácio Ducal de Urbino – para o qual se abre o pequeno estúdio; ver Fig. 904 – com a junção da estrada para Roma.

906 O muro que limita o jardim suspenso, com a colina ao fundo. A relação entre arquitetura e paisagem caracteriza por toda parte o paço dos Montefeltro em Urbino.

Não se conhecem ainda com certeza os autores dessa composição; como arquitetos são lembrados Luciano Laurana e Francesco di Giorgio; com eles trabalham os artistas italianos mais importantes da época como escultores, pintores e decoradores: Baccio Pontelli, Giuliano da Maiano, Melozzo da Forlì, Paolo Uccello, Sandro Botticelli, Giovanni Santi – o pai de Rafael – e, talvez, o jovem Bramante, junto com o flamengo Justo de Gante e com o espanhol Pedro Berruguete. Piero della Francesca está presente durante um longo tempo (desde quando pinta, talvez por volta de 1450, a pequena obra *Flagelação* que lembra o assassínio do predecessor de Federico); ele poderia ser o inspirador das inovações arquitetônicas e decorativas mais excepcionais. Federico segue de perto o trabalho dos arquitetos e dos artistas, influindo em suas escolhas.

Em muitos casos, o entrelaçamento das competências é estreito como na Idade Média. Para uma mesma obra, o comitente pede a colaboração de muitos artistas e os assume ou os dispensa com uma liberdade quase caprichosa; por exemplo, manda Berruguete pintar novamente alguns detalhes do retábulo Montefeltro, executado por Piero. A montagem de um pequeno ambiente, como o estúdio de Federico (Figs. 901-905), se torna complicada como a construção de todo o Palácio Ducal.

A corte dos Montefeltro é também importante centro de cultura literária e científica; o livreiro florentino Vespasiano da Bisticci organiza a célebre biblioteca, onde são conservados códigos originais gregos e latinos, e transcrições (feitas especialmente) de obras antigas e modernas. Piero della Francesca e Francesco

AS CIDADES ITALIANAS NA RENASCENÇA

di Giorgio dedicam seus tratados a Federico; os matemáticos Luca Pacioli e Paul van Middelburg são admitidos na qualidade de preceptores de Guidobaldo, o filho de Federico; daí partem, no final do século XV, Bramante e Rafael e, no Palácio Ducal, no início de 1500, Baldassarre Castiglione escreve *Il Cortegiano* (O Cortesão).

Assim, no laboratório de Urbino forma-se um grupo de especialistas, único na Itália inteira; depois da morte de Federico, eles serão chamados às grandes cidades – Veneza, Milão, Roma – e irão contribuir para a formação da nova cultura internacional, no século seguinte.

907 Um instrumento astronômico; detalhe das tauxias no pequeno estúdio do duque no palácio de Urbino.

908 O teto decorado em estuque de uma das salas do Palácio Ducal de Urbino.

Ferrara

Ferrara é a capital da *signoria* d'Este, situada a montante do rio Pó, no ponto de passagem entre a Emília e o território de Veneza. Na apaziguada Itália da Paz de Lodi (1454), Ferrara se transforma numa das cidades mais ricas e avançadas; a corte hospeda literatos e, em especial, os poetas mais importantes da Renascença italiana: Boiardo (que, em fins do século xv, compõe o *Orlando Innamorato* – o *Orlando Apaixonado*); Ariosto (que publica em 1516 o *Orlando Furioso*), mais tarde Tasso (que escreve para os d'Este a *Aminta* e *Jerusalém Libertada*); de 1486 em diante, a corte organiza uma série de famosos espetáculos teatrais e prepara, em 1531, o primeiro teatro permanente da Europa; por volta de meados do século xv, acolhe alguns célebres pintores – Pisanello, Mantegna, Piero della Francesa, Roger van der Weyden – que contribuem para a formação da escola ferrarense (Cosimo Tura, Francesco del Cossa, Ercole Roberti).

Nesse período, torna-se necessário acrescentar, à cidade medieval, dois novos bairros, planificados conforme as regras da nova arquitetura:

- a adição de Borso, realizada pelo duque Borso em 1451;
- a adição de Hércules, projetada pelo duque Hércules I em 1492 e, gradualmente, construída por seus sucessores no decorrer do século xvi (Fig. 909).

A primeira adição cobre uma ilha longa, estreita e saneada na margem de um braço do Pó; compreende uma rua retilínea e inúmeras travessas que se juntam às vias existentes nos bairros vizinhos.

A segunda adição é um verdadeiro plano de ampliação da cidade, que duplica sua superfície (de 200 para 430 hectares). O núcleo da Idade Média era limitado, ao norte, por um muro e um canal retilíneo, interrompido ao centro pelo castelo da família d'Este. Para além desse limite se traça um novo anel de muros "modernos" capazes de resistir à artilharia; a ampla área intermediária é repartida por uma série de ruas retilíneas, que não formam uma grade regular, mas são traçadas de maneira a se ligar às ruas da cidade medieval. As duas ruas principais – a alameda já existente que vai do castelo dos d'Esse ao castelo de Belfiore (avenida Ercole I) e a nova rua que liga a porta Po à porta Mare (avenida Porta Po e avenida Porta Mare) – se encontram mais ou menos em ângulo reto, como o cardo e o decúmano das cidades antigas descritas por Vitrúvio. Ao longo dessa segunda rua abre-se uma nova praça bastante espaçosa (praça Ariostea: um retângulo de 120 x 200 metros), que deveria ter sido

AS CIDADES ITALIANAS NA RENASCENÇA

909 Planta da cidade de Ferrara em fins do século XVI. Em preto, as ruas acrescentadas por Borso (*embaixo à direita*) e as acrescentadas por Hércules (*no alto*); o pontilhado representa os parques das "delícias" ducais; Belfiori (*dentro das muralhas, no alto*) e Belvedere (*na ilha, embaixo à esquerda*).

910 Ferrara. O "arco do cavalo" com a estátua equestre de Nicolau III d'Este.

o centro do novo bairro (Fig. 913). O arquiteto da corte d'Este, Biagio Rossetti, dirige a construção das muralhas e constrói alguns edifícios monumentais ao longo das novas ruas; entre eles, os palácios no cruzamento das duas ruas principais: o palácio dos Diamantes, o palácio Prosperi-Sacrati e o palácio Turchi-di-Bagno.

Essas obras dão a Ferrara um aspecto moderno sem comparação na Europa. Mas a população e a riqueza da cidade não crescem mais como antes; a atividade construtiva diminui e não consegue preencher o enorme espaço acrescentado por Hércules. No final do século XVI, Ferrara é anexada ao Estado da Igreja e se torna uma cidade secundária; dentro dos limites das muralhas de Hércules I ainda restam amplas zonas de campos. Somente em nosso século, o desenvolvimento recomeça e as ruas traçadas na Renascença são utilizadas como frentes edificáveis; desse modo, a cidade nova imaginada no século XV, aos poucos, se transforma numa periferia comum e tranquila (Figs. 914-915).

Em Ferrara, a transformação do núcleo urbano se desenvolve em duas fases: delineiam-se muros e ruas, mas não se constroem em tempo os edifícios. Desse modo, a intervenção de Hércules I não produz uma nova cidade completa, mas um desenho em duas dimensões, que pode ser completado dentro de algum tempo, de muitas maneiras diferentes. Em Pienza e Urbino, a nova cultura artística interfere numa cidade pequena e acredita poder transformá-la numa cidade moderna com uma série de intervenções arquitetônicas de alto nível. Agora, ao contrário, essa cultura – então, mais ambiciosa e exigente – tenta, pela primeira vez, regular o desenvolvimento de uma grande cidade e mede plenamente o contraste entre os dois tipos de ambiente urbano; de fato, propõe construir uma cidade nova ao lado da antiga, mas não consegue conservar a coerência entre o plano urbanístico e a realização arquitetônica. Assim, experimenta, pela primeira vez, um novo método – que distingue o plano urbanístico dos projetos das edificações – sem ainda conhecer suas oportunidades e seus perigos.

AS CIDADES ITALIANAS NA RENASCENÇA

911 *O Triunfo de Vênus*; afresco de Francesco del Cossa no palácio de Schifanoia em Ferrara.

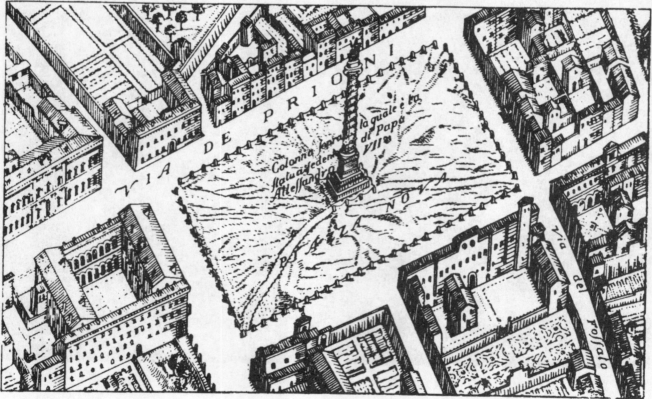

Dois detalhes da adição de Hércules: 912 uma rua – rua Mortara – e 913 a praça Ariostea, que devia ser o centro da nova cidade.

AS CIDADES ITALIANAS NA RENASCENÇA

914 Vista em perspectiva de Ferrara, de fins do século XVI.

915 Ferrara como é hoje: planta do mapa 1:25.000 do Instituto Geográfico Militar.

AS CIDADES ITALIANAS NA RENASCENÇA

Roma

Em meados do século XV, enquanto Florença, Veneza e Nápoles são grandes cidades totalmente formadas, Roma ainda é um pequeno centro, abandonado e empobrecido pela longa ausência do poder papal.

A paisagem urbana é dominada pelas ruínas da antiga metrópole e pelas grandes igrejas do primeiro cristianismo; mas os habitantes – menos de 40.000 – estão amontoados nas duas planícies ao lado do rio Tibre, Campo de Marte e Trastevere, e ocupam apenas uma pequena parte do território compreendido pela Muralha Aureliana (além de 1.300 hectares).

Os papas retornam a Roma em 1420 e adquirem o pleno controle da cidade somente em 1453 (quando fracassa a conspiração de Stefano Porcari). Nicolau V (1447-1455) estabelece o programa do governo papal: reconstruir a cidade imperial e transformá-la numa grande cidade moderna sob a autoridade do pontífice, portanto, recompor as benfeitorias antigas ainda utilizáveis (muralhas, ruas, pontes, aquedutos); recuperar os monumentos antigos destinando-os a novas funções (o Mausoléu de Adriano se torna um castelo, o Panteão se transforma

916 Castiglione d'Olona. Afresco de Masolino da Panicale, com vista de Roma, no início do século XV. No meio, o Panteão, no alto, à esquerda, o Vaticano e São Pedro.

917 Vista de Roma em fins do século XV, ainda dominada pelos monumentos antigos.

AS CIDADES ITALIANAS NA RENASCENÇA

A Capela Sistina no Vaticano, 918 como era no século XV e 919 como é hoje.

numa igreja, o Capitólio é a sede da administração municipal); restaurar as basílicas cristãs; e construir, nas proximidades da de São Pedro, a cidadela da corte papal, na colina do Vaticano. Essa nova Roma, duplamente excepcional pelo prestígio do passado e pela presença da Sé Apostólica, é destinada a tornar-se ainda a principal cidade do mundo moderno.

Mas o poder político e econômico dos papas é amplamente desproporcional a esse objetivo. Durante todo o século XV, Roma permanece como centro secundário, dependente de outras cidades maiores e mais equipadas (Florença e as cortes da Itália Setentrional). Sisto IV (1471-1484) manda reconstruir San Pietro in Montorio, San Pietro in Vincoli, os Santi Apostoli; põe novamente em funcionamento a ponte Sisto; restaura o Capitólio e manda colocar em sua fachada a loba de bronze, acrescida pelos dois gêmeos, feitos por um escultor da época; ergue as novas igrejas de Santa Maria del Popolo, Santo Agostinho, Santa Maria della Pace e o palácio da Chancelaria; começa cautelosamente a intervir no labirinto do núcleo medieval, retificando as três ruas que levam à ponte Santo Ângelo. Para os trabalhos arquitetônicos utiliza artistas de segundo plano como Baccio Pontelli; ao contrário, para os afrescos da Capela Sistina no Vaticano, manda vir de Florença os mais famosos pintores do momento (Botticelli, Perugino, Ghirlandaio, Pinturicchio, Signorelli e outros), mas não consegue fazer com que eles se estabeleçam em Roma.

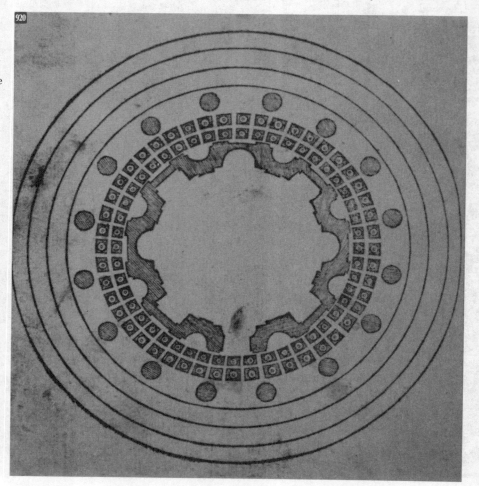

O pequeno templo de Bramante em San Pietro in Montorio.
920 Planta (do Tratado de Serlio) e
921 vista da entrada do pátio.

AS CIDADES ITALIANAS NA RENASCENÇA

No fim do século, a atividade construtiva aumenta em preparação ao Ano Santo de 1500. Nesse período chega a Roma, pela primeira vez, um arquiteto célebre, Donato Bramante (1444-1514), que abandona Milão depois da queda da *signoria* dos Sforza em 1499: ele não recebe encomendas importantes, mas, já em seus primeiros trabalhos limitados – o pátio de Santa Maria della Pace e o pequeno templo votivo de San Pietro in Montorio –, manifesta o programa de um novo classicismo rigoroso que, abertamente, busca um paralelo com os modelos antigos (Figs. 920-922).

AS CIDADES ITALIANAS NA RENASCENÇA

Em 1503 Júlio II, sobrinho de Sisto IV, é eleito papa. O novo pontífice – animado por grandes ambições políticas e ligado aos banqueiros italianos e alemães que financiam as iniciativas da Santa Sé – decididamente está pronto a realizar o programa de Nicolau V e em condições de chamar a Roma os mais importantes artistas daquele momento. De fato, manda vir de Florença Giuliano da Sangallo e, depois, Michelangelo e Rafael, os dois mestres mais famosos da nova geração.

Num primeiro momento, Michelangelo é encarregado de esculpir a tumba de Júlio II, a ser erigida em São Pedro. Mas logo depois, o papa resolve reconstruir a igreja toda e escolhe o projeto de Bramante, concentrando para esse fim todos os meios disponíveis. Michelangelo e Rafael são incumbidos de duas séries de pinturas na abóbada da Capela Sistina e nas Salas Vaticanas, para ilustrar o patrimônio cultural – humanístico e religioso – que se deseja reunir numa síntese definitiva (Figs. 927-929).

922 Vista do pátio de San Pietro in Montorio a partir do campanário; com o pequeno templo de Bramante.

Bramante e seus colaboradores – Peruzzi, Antonio da Sangallo e Rafael – projetam os novos monumentos da Roma cristã segundo a mesma medida gigantesca dos monumentos antigos: a nova basílica de São Pedro, um enorme templo de planta central, coroado por uma cúpula grandiosa como o Panteão (Figs. 924-926); o novo palácio Vaticano, que deveria ter apresentado na direção da cidade uma fachada colossal em alpendres, como o *septizonium* (setizônio) (um fragmento dessa fachada é o pórtico do pátio de San Damaso); o pátio em patamares para ligar o palácio Vaticano com a vila do Belvedere, de mais de trezentos metros de comprimento e organizado como um único ambiente em perspectiva.

O tecido humilde e emaranhado da cidade medieval é cortado sem hesitações para dar lugar a novas ruas retilíneas e a novos edifícios regulares (também aqui, como em Ferrara, avalia-se o contraste entre a cidade medieval e a cidade moderna; mas destrói-se o tecido medieval, sobrepondo os novos traçados regulares aos antigos, irregulares). Nas proximidades das margens do Tibre abrem-se duas ruas retas: rua da Lungara e rua Giulia (onde Bramante começa a construir o imenso Palazzo dei Tribunali); nos limites da área habitada é restabelecida a estrada retilínea romana do Corso e se projeta um novo sistema de três ruas retilíneas (rua do Corso, rua Ripetta e a rua do Babuíno), que convergem para a Porta del Popolo de onde se entra na cidade pelo norte.

Esse ambicioso programa é modificado e interrompido pelos acontecimentos decisivos – políticos, religiosos e culturais – das primeiras décadas do século XVI. Em 1513 morre Julio II e Bramante, em 1514. O novo papa Leão X, da família Medici, divide seus interesses entre Roma e Florença; a vida cultural romana é dominada por Rafael, que coordena uma vasta organização de executores e, ao mesmo tempo, desenvolve muitas outras tarefas: acompanha os trabalhos urbanísticos e de construção, supervisiona o redescobrimento das obras de arte e das inscrições antigas, executa pinturas e decorações, prepara espetáculos teatrais, fornece os modelos de caligrafia para a chancelaria papal. Esse método de trabalho coletivo – contrastante com o individualismo dos mais importantes artistas e escritores da época – parece estar prestes a, finalmente, realizar um estilo moderno coerente e transmissível. Contudo, em 1520, Rafael morre aos 37 e, no mesmo período, o equilíbrio político e cultural muda bruscamente:

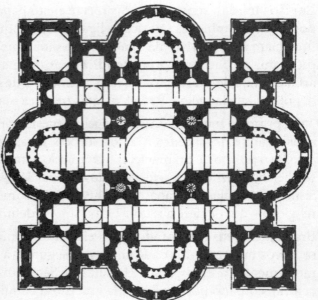

Escala 1:1500

923 Via Giulia em Roma, vista da entrada de San Giovanni dei Florentini.

AS CIDADES ITALIANAS NA RENASCENÇA

531

A nova São Pedro projetada por Bramante; 924 planta (do tratado de Serlio) e 925 926 duas vistas externas da época.

927 A abóbada da Capela Sistina, pintada por Michelangelo.

928 A *Escola de Atenas*; afresco de Rafael, na *Stanza della Segnatura*, no Vaticano.

929 A *Disputa do Santíssimo Sacramento*; afresco de Rafael na *Stanza della Segnatura*, no Vaticano.

930 A *Pietà Rondanini*, última obra de Michelangelo.

AS CIDADES ITALIANAS NA RENASCENÇA

931 932 A reconfiguração da área do Capitólio, realizada por Michelangelo; à esquerda, 933 o entroncamento entre o Capitólio e a cidade, assim como se apresentava antes das demolições e alargamentos do período fascista.

AS CIDADES ITALIANAS NA RENASCENÇA

em 1519, Carlos V é eleito imperador; em 1520, a excomunhão de Lutero torna inevitável o cisma protestante; em 1521, morre Leão X e seus sucessores devem, agora, defender a independência de Roma da crescente potência imperial. Em 1527, Roma e o Vaticano são ocupados por um exército protestante, sob as ordens de Carlos V, que saqueia a cidade como nos tempos dos bárbaros.

Depois do "Saque de Roma", nada resta senão reparar as ruínas e concluir da melhor maneira possível as obras iniciadas nas primeiras décadas do século. O velho Michelangelo é encarregado por Paulo III (1534-1550) de definir a forma definitiva da cidade papal: ele projeta a recomposição arquitetônica do Capitólio (Figs. 931-933), repensa as portas da cidade, simplifica o organismo da basílica de São Pedro e desenha a cúpula como elemento plástico dominante na paisagem urbana (Figs. 934-938); enquanto isso, conclui a decoração em afresco da Capela Sistina, pintando, na última parede, o *Juízo Universal* (Fig. 939). Enquanto nas pinturas e nas esculturas representa a ruptura e a destruição do equilíbrio clássico, na arquitetura obedece à exigência de acomodar os contrastes e encerrar adequadamente as iniciativas interrompidas.

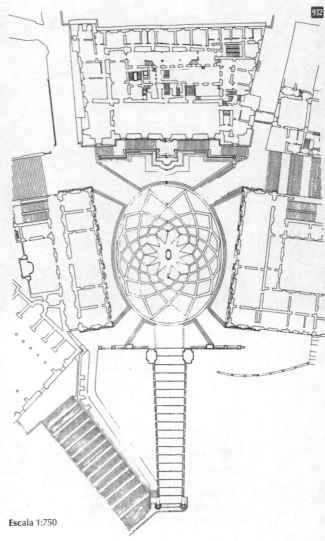

Escala 1:750

A nova área da basílica de São Pedro, no projeto de Michelangelo. 934 Vista aérea da igreja pelo lado oeste; 935 vista geral do Vaticano no fim do século XVI, depois da colocação do obelisco e antes dos trabalhos de Maderno e de Bernini; 936 vista da fachada atual a partir do Castelo de Santo Ângelo, que reproduz mais ou menos a fachada de Michelangelo; 937 planta da igreja conforme o projeto de Michelangelo (cf. com as plantas das Figs. 924 e 944).

AS CIDADES ITALIANAS NA RENASCENÇA

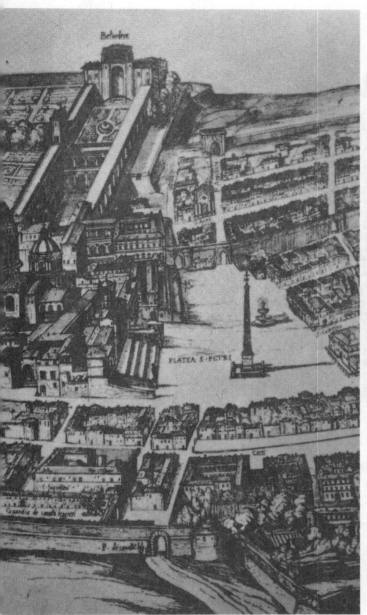

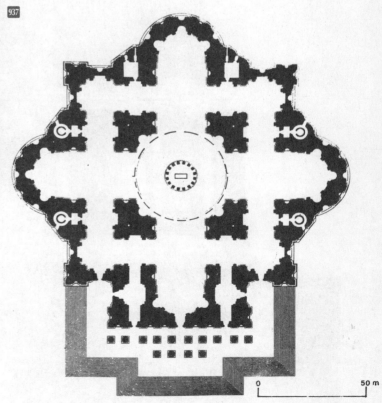

938 A cúpula de São Pedro no Vaticano.

AS CIDADES ITALIANAS NA RENASCENÇA

939 O afresco do *Juízo Universal*, pintado por Michelangelo na Capela Sistina.

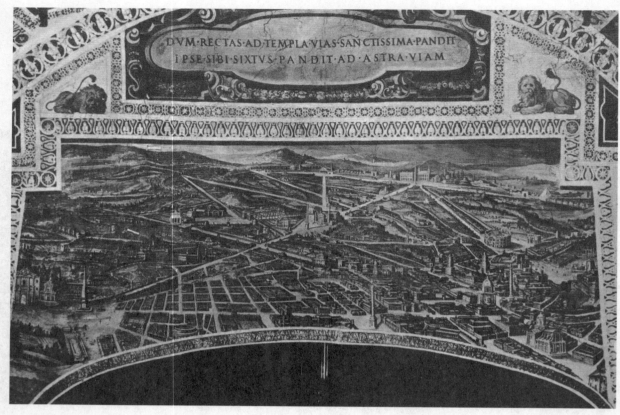

940 Um afresco na Biblioteca do Vaticano, que representa as ruas projetadas por Sisto V sobre as colinas da margem esquerda.

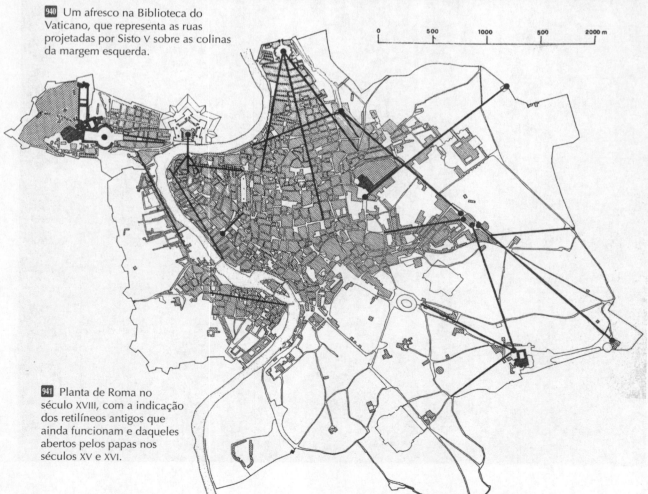

941 Planta de Roma no século XVIII, com a indicação dos retilíneos antigos que ainda funcionam e daqueles abertos pelos papas nos séculos XV e XVI.

AS CIDADES ITALIANAS NA RENASCENÇA

As formas exemplares idealizadas no início do século XVI já formam agora um patrimônio estabilizado. Não serviram para transformar completamente a cidade e não podem resolver, num mundo diferente, os novos conflitos civis e morais; continuam como um repertório de modelos para a arte e o costume, que serão mantidos em evidência no mundo inteiro por um longo período. Roma se torna a cidade-museu da cultura europeia, para onde todos se dirigem a fim de estudar em conjunto as fontes do classicismo antigo e do classicismo moderno.

Nos cem anos seguintes, a forma da cidade também se estabiliza. No final do século XVI, Sisto V (1585-1590) tenta ampliar a cidade moderna até a Muralha Aureliana, traçando outras ruas retilíneas nas colinas da margem esquerda (Figs. 940-943). Mas Roma – que chega a 100.000 habitantes nesse período – não cresce o suficiente para preencher esse espaço.

Roma. 942 Esquema das novas ruas traçadas entre os monumentos da margem esquerda, num desenho de 1588; 943 planta da cidade em 1602, depois das obras de Sisto V.

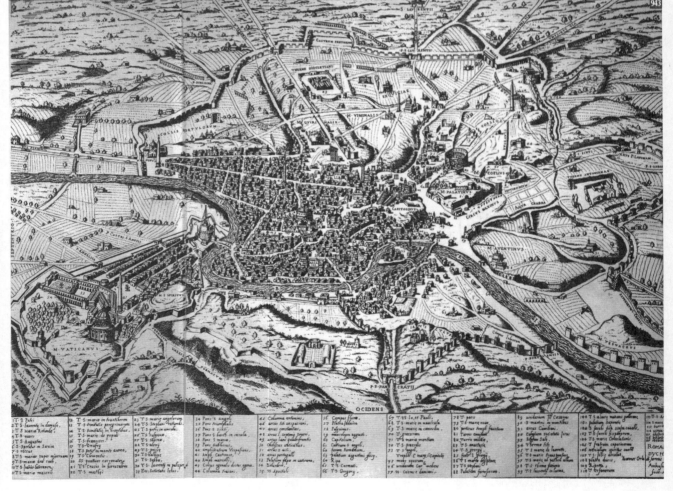

Os artistas barrocos são encarregados de dar acabamento a esse organismo heterogêneo, onde convivem ruínas antigas, bairros medievais e monumentos modernos.

Lorenzo Bernini (1598-1680) tem o mérito de compreender que a escala gigantesca das ruínas e dos monumentos de Bramante deve coexistir com a escala diminuta das casas e dos bairros para a gente comum. De fato, a iniciativa de construir uma nova Roma em proporção com a antiga é, definitivamente, interrompida; o contraste entre o tom áulico e o tom cotidiano não pode ser eliminado, mas forma o caráter específico da cidade moderna. Com esse espírito, Bernini resolve o problema da ligação da basílica de São Pedro com a cidade e projeta a esplêndida reestruturação da praça: um espaço vazio modelado com os desníveis do terreno, parcialmente protegido por uma colunata aberta que deixa entrever o bairro do entorno e o panorama da cidade. Esse cenário leva gradualmente das casas pobres dos burgos à fachada da igreja (por trás da qual aparece o volume da cúpula) e depois ao interior, ao baldaquino suspenso no enorme espaço sob a cúpula e à glória de bronze no fundo da abside (Figs. 944-950).

944 Planta da praça de São Pedro, em Roma.

Desse modo, fixa-se a fisionomia da Roma moderna: uma cidade que não tenta fazer reviver a Roma antiga, mas protege suas ruínas e aprendeu a frequentá-las naturalmente, como testemunhos do passado. O desequilíbrio entre a vida presente e as memórias da vida passada ensina a meditar sobre o tempo que destrói todas as coisas; revela a futilidade do mito da Cidade Eterna e forma a moldura apropriada do poder espiritual da Igreja.

Essa fisionomia permaneceu intata até um século atrás. Depois, o desenvolvimento desordenado de Roma, capital da Itália, e a nostalgia retórica pela grandeza da cidade antiga contribuíram para arruinar o equilíbrio desse excepcional organismo. As ruínas foram isoladas e até o monumental conjunto de São Pedro se tornou pano de fundo de uma avenida qualquer; a fisionomia original – monumental e popular – permanece evidente em muitos bairros poupados pela renovação urbana e resiste tenazmente ao "desenvolvimento" contemporâneo.

AS CIDADES ITALIANAS NA RENASCENÇA

543

945 Vista da praça de São Pedro a partir de um balão, no início do século, antes das demolições de 1935.

946 FVista aérea da praça de São Pedro, durante uma cerimônia papal.

AS CIDADES ITALIANAS NA RENASCENÇA

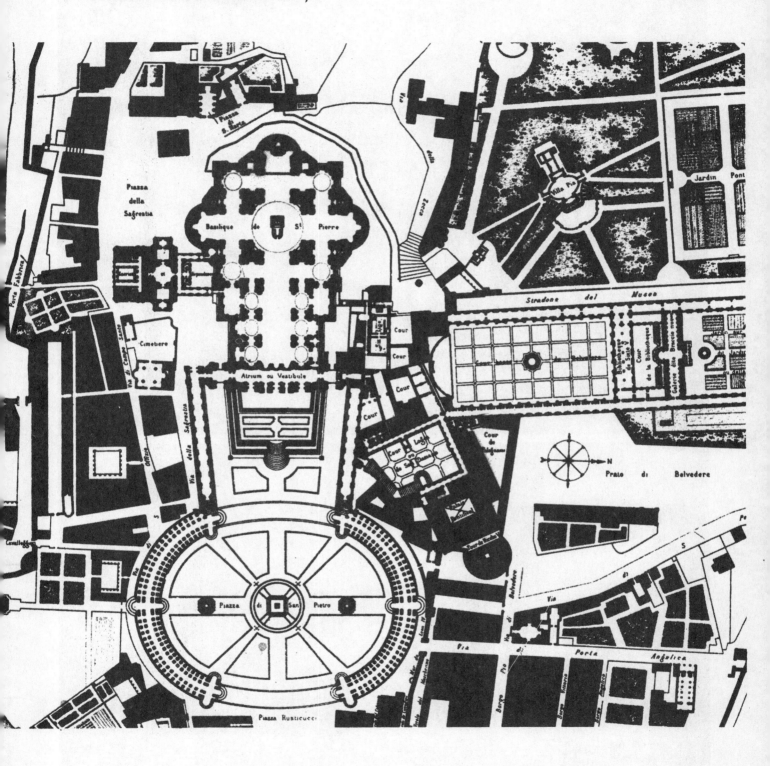

947 Planta do conjunto da basílica e da praça de São Pedro, do livro de Letarouilly, do início do século XIX.

948

949

AS CIDADES ITALIANAS NA RENASCENÇA

948 O interior de São Pedro, com os elementos decorativos de Bernini.

949 A praça de São Pedro no início do século XX, vista dos telhados das casas do entorno.

950 Vista panorâmica da praça de São Pedro e do bairro de Borgo, antes da demolição da rua da Conciliação.

951 As três ruas que convergem para a Piazza del Popolo, em Roma.

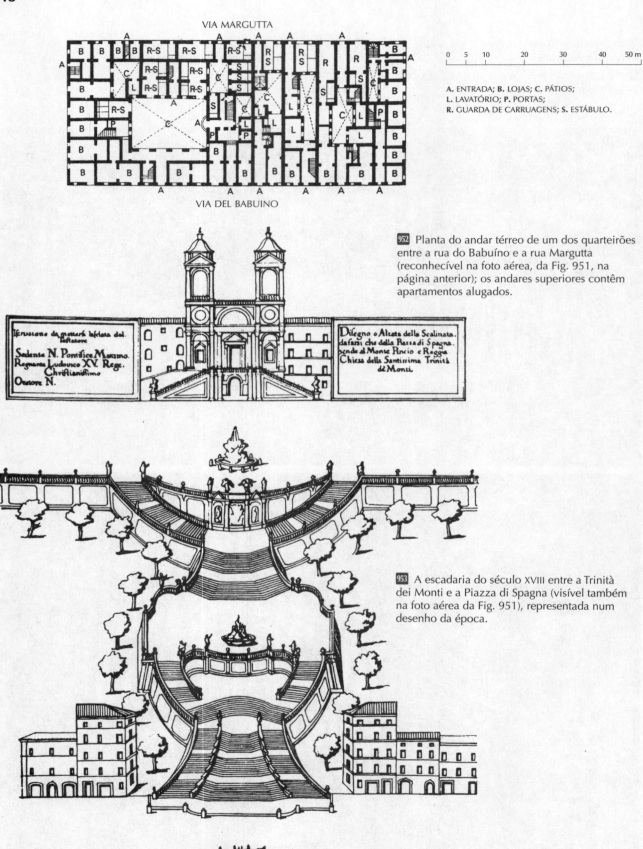

952 Planta do andar térreo de um dos quarteirões entre a rua do Babuíno e a rua Margutta (reconhecível na foto aérea, da Fig. 951, na página anterior); os andares superiores contêm apartamentos alugados.

953 A escadaria do século XVIII entre a Trinità dei Monti e a Piazza di Spagna (visível também na foto aérea da Fig. 951), representada num desenho da época.

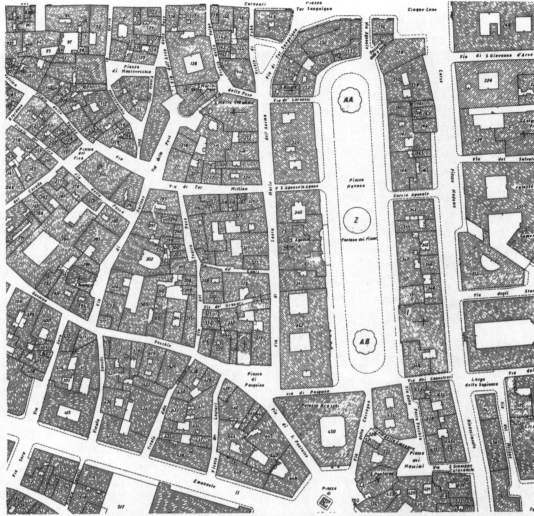

A zona da praça Navona, no centro histórico de Roma: 954 mapa e 955 fotografia aérea. O espaço vazio da praça Navona reproduz a forma do Estádio de Domiciano; ao redor se ramificam as ruas tortuosas da cidade medieval, com as moradias altas e estreitas; distinguem-se os lotes maiores dos palácios, com os pátios de forma regular. As duas ruas retilíneas, à direita (*corso* Rinascimento) e embaixo (*corso* Vittorio Emanuele), foram abertas durante os últimos cem anos.

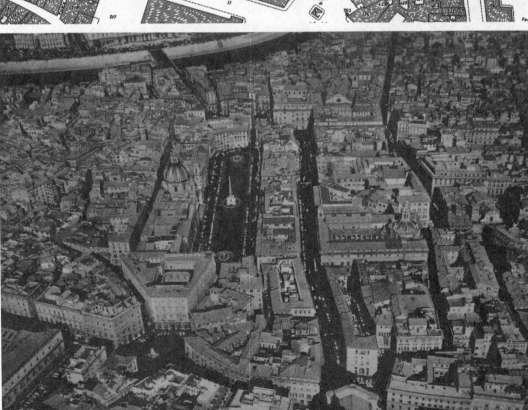

AS CIDADES ITALIANAS NA RENASCENÇA

551

956 Vista aérea do centro da Roma atual.

957 Vista aérea da *villa* Doria-Pamphili, fora dos muros ocidentais de Roma.

958 Panorama da *villa* d'Este em Tívoli, nos arredores de Roma.

959 Panorama de Frascati, com as *villas* dos nobres construídas nos séculos XVI e XVII.

As *villas* construídas entre a segunda metade do século XVI e a primeira metade do século XVII, nos arredores de Roma e das outras capitais italianas, são projetos arquitetônicos limitados e regulares, em confronto com a paisagem natural ilimitada e com os organismos irregulares das pequenas cidades medievais.

Em Bagnaia – o caso ilustrado nas páginas seguintes – compreende três partes: o antigo burgo medieval, circundado pelas muralhas, a ampliação moderna com três ruas retilíneas que ligam o burgo à *villa*, e o recinto da *villa*, dominado por um eixo de simetria que termina na colina coberta pelos bosques. A arquitetura renascentista está apta a produzir somente uma transformação parcial da paisagem já existente.

AS CIDADES ITALIANAS NA RENASCENÇA

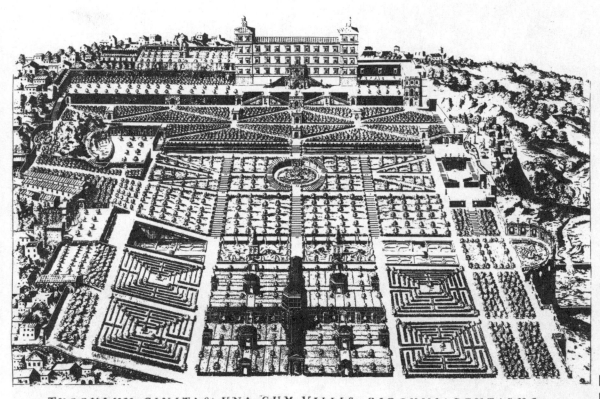

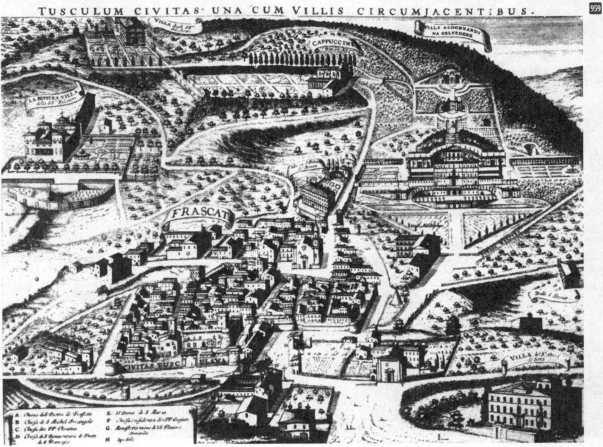

TUSCULUM CIVITAS UNA CUM VILLIS CIRCUMJACENTIBUS.

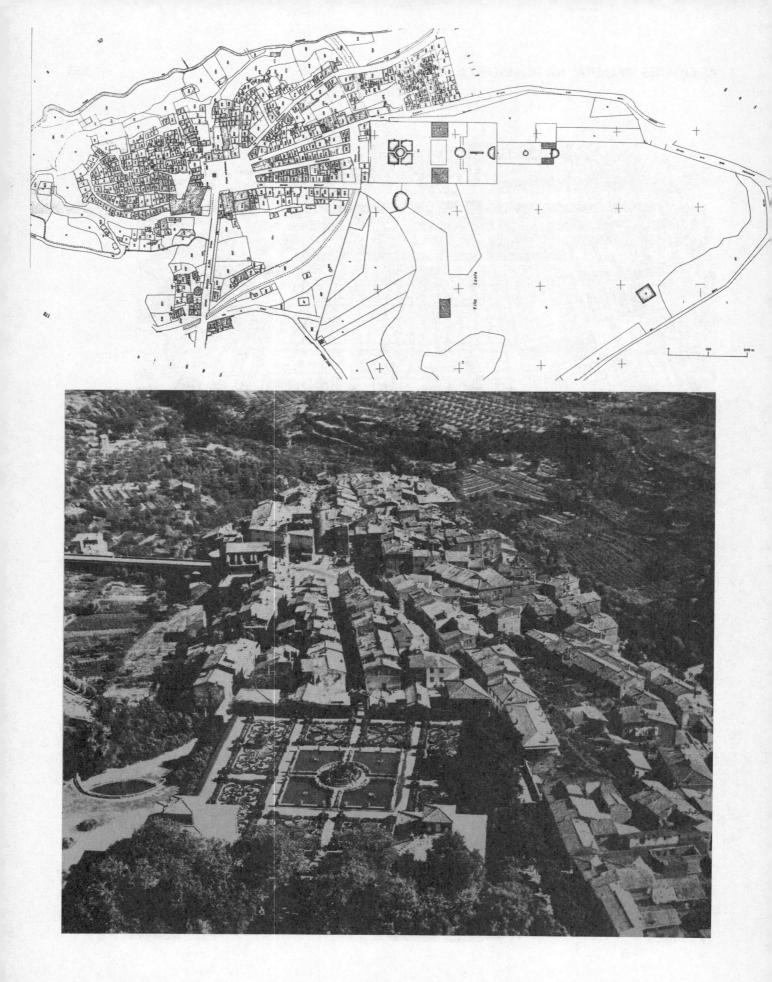

AS CIDADES ITALIANAS NA RENASCENÇA

555

 A cidadezinha de Bagnaia, nos arredores de Viterbo, com a *villa* Lante construída por Vignola no final do século XVI; 961 962 e duas vistas aéreas.

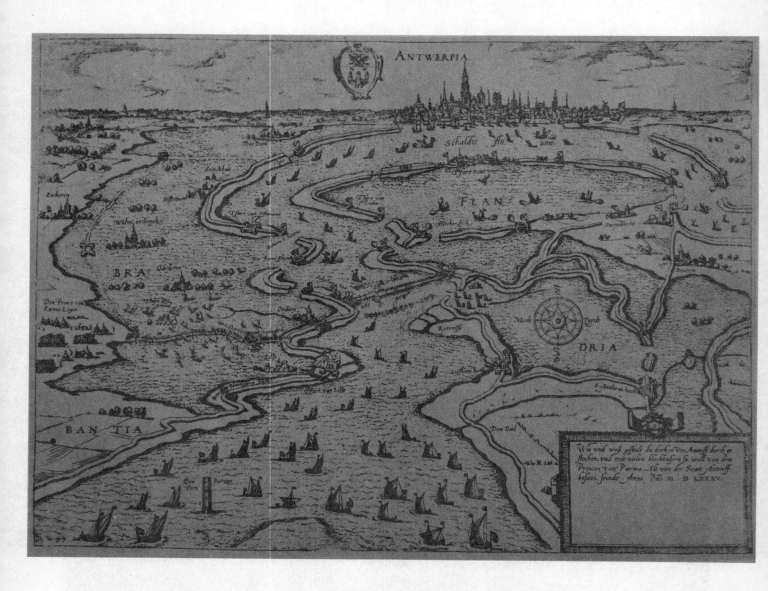

963 Vista do estuário do Schelde com o porto de Antuérpia; gravura do século XVI.

A COLONIZAÇÃO EUROPEIA NO MUNDO

No Renascimento tem início a expansão mundial da civilização europeia. As realizações urbanísticas e as construções nos territórios de além-mar são, em seu conjunto, muito mais importantes do que as existentes na mãe-pátria. De fato, na Europa já existem as cidades e as benfeitorias territoriais criadas na Idade Média, suficientes para as necessidades da sociedade renascentista e, apenas em parte, modificadas; no resto do mundo, ao contrário, os conquistadores e mercadores europeus encontram um enorme espaço vazio, onde podem realizar novos grandes programas de colonização e urbanização.

Nesse espaço muito maior, as energias são distribuídas de maneira contrastante com as ocasiões; na Europa selecionam-se especialistas de alto nível, mas não se fazem trabalhos importantes; nas colônias há tudo por fazer, mas faltam especialistas e somente os subprodutos da pesquisa europeia estão disponíveis. Assim, no quadro de conjunto da civilização da Renascença, qualidades e quantidades não mais coincidem entre si; os valores qualitativos dos novos modelos culturais perdem-se nos conflitos europeus e não podem ser difundidos adequadamente no ambiente mundial.

Todavia, a alta qualidade dos modelos (examinados nos dois capítulos anteriores) e a baixa qualidade das aplicações (das quais irá se falar nesse capítulo) são dois aspectos intimamente ligados de um único sistema cultural. Para começar a explicar a passagem de um para o outro, antes de tudo, consideremos as cidades portuárias europeias que são os pontos de partida da aventura oceânica: Antuérpia, que substitui Bruges como empório marítimo da Europa Central; Lisboa e Sevilha, os portos atlânticos de Portugal e da Espanha; e Gênova que, depois da aliança com Carlos v, se torna a base mediterrânica mais importante do Império Espanhol.

Nessas cidades ricas e movimentadas, as contribuições da cultura chegam em primeira mão, mas acabam empobrecidas por uma tendência ao esquematismo, tecnológico e mercantil, que iremos reencontrar além do oceano: basta considerar os novos loteamentos (Figs. 967, 970 e 974) e os edifícios utilitários (Figs. 966 e 968).

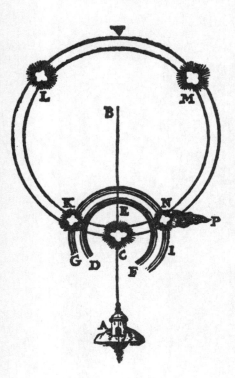

964 Um desenho astronômico do *De meteoris*, de Descartes.

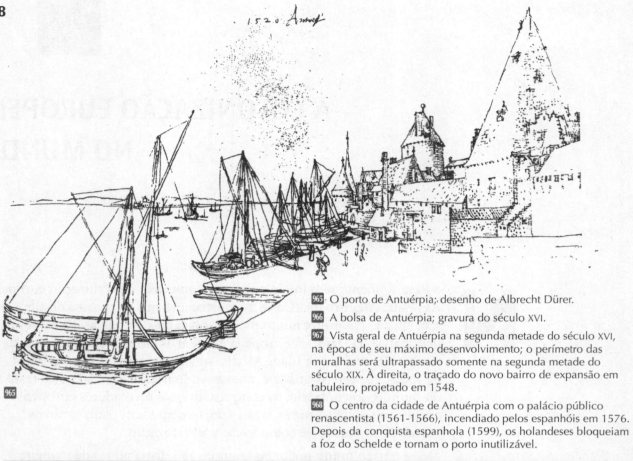

965 O porto de Antuérpia; desenho de Albrecht Dürer.

966 A bolsa de Antuérpia; gravura do século XVI.

967 Vista geral de Antuérpia na segunda metade do século XVI, na época de seu máximo desenvolvimento; o perímetro das muralhas será ultrapassado somente na segunda metade do século XIX. À direita, o traçado do novo bairro de expansão em tabuleiro, projetado em 1548.

968 O centro da cidade de Antuérpia com o palácio público renascentista (1561-1566), incendiado pelos espanhóis em 1576. Depois da conquista espanhola (1599), os holandeses bloqueiam a foz do Schelde e tornam o porto inutilizável.

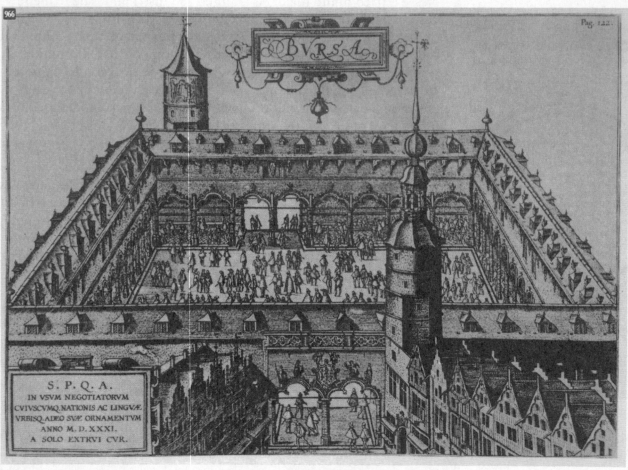

A COLONIZAÇÃO EUROPEIA NO MUNDO

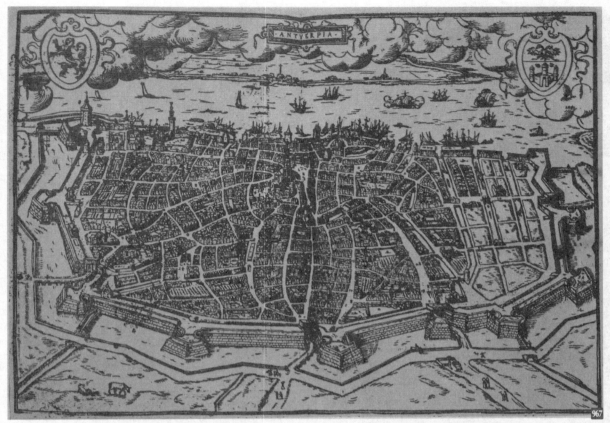

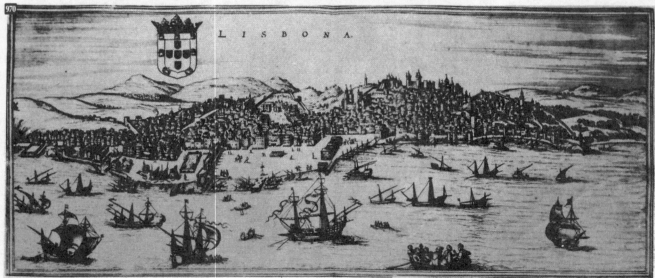

969 Perfis de Sevilha e 970 de Lisboa, os portos principais de Portugal e da Espanha no Atlântico. Na colina mais baixa de Lisboa distingue-se o novo bairro chamado de Bairro Alto, traçado em tabuleiro em 1513.

971 Vista de Gênova em 1573, com o novo perímetro de muralhas de 1537.

972 Mapa de Gênova atual, do Instituto Geográfico Militar.

A COLONIZAÇÃO EUROPEIA NO MUNDO

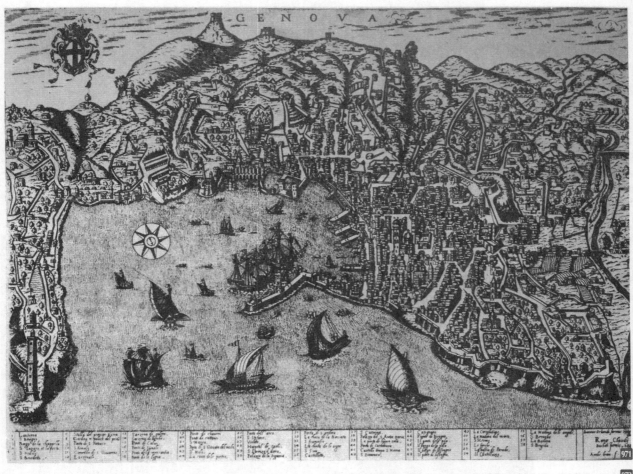

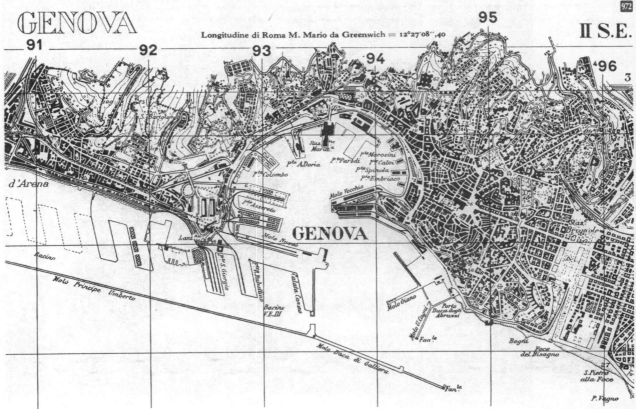

A "rua nova" de Gênova: 973 um loteamento de 1550, traçado para dar lugar a uma série de palacetes; 974 a largura da rua (7,50 metros) é exagerada na vista do século XVIII.

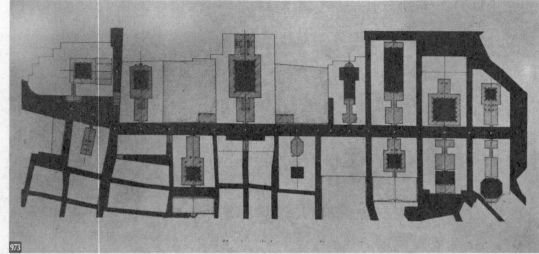

975 O bairro suburbano de Sampierdarena, nos arredores de Gênova. O terreno suspenso entre as muralhas e a foz do Scrivia é em patamares e ocupado por uma série de *villas* nobres, que formam um conjunto homogêneo, análogo aos palácios da "rua nova".

A COLONIZAÇÃO EUROPEIA NO MUNDO

976 Mapa de Goa, a capital das possessões portuguesas nas Índias.

Dois postos avançados da colonização portuguesa: 977 Maláca, no Extremo Oriente e 978 Rio de Janeiro, no Brasil; gravuras do século XVII.

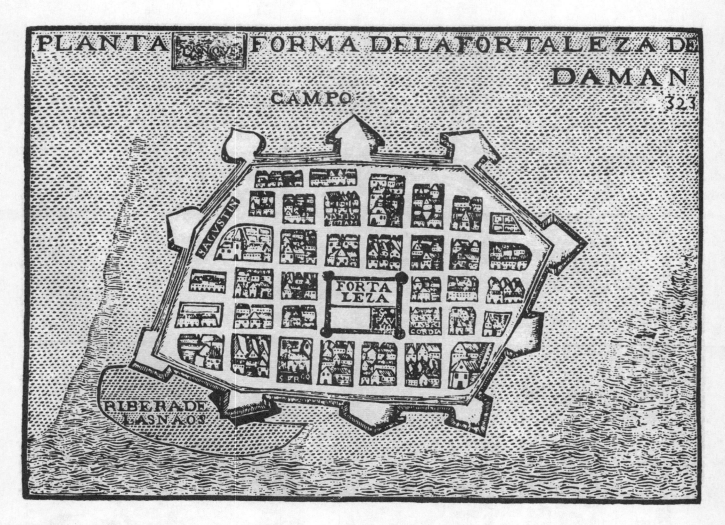

979 A fortaleza portuguesa de Damião, na Índia.

No século XVI, a exploração de além-mar está reservada às duas nações ibéricas, Espanha e Portugal; somente no século seguinte, as outras potências banhadas pelo Atlântico – França, Inglaterra e Holanda – intervêm.

Em 1494, o papa Alexandre VI estabelece a linha demarcatória entre as zonas reservadas à colonização portuguesa e à espanhola: o meridiano que se encontra a 270 léguas para além das Ilhas dos Açores. Os portugueses procuram, há muitos anos, uma via navegável para alcançar o Oriente e, de fato, em 1498, Vasco da Gama chega à Índia, navegando ao redor da África. Os espanhóis financiam a viagem de Colombo que, em 1492, desembarca no continente americano.

Os portugueses, em seu hemisfério, encontram territórios pobres e inóspitos (o Brasil e, sobretudo, a África Meridional) ou então, no Oriente, Estados populosos e aguerridos que não podem ser conquistados; assim, fundam somente uma série de bases navais, para controlar o comércio oceânico e não conseguem realizar uma verdadeira colonização em grande escala. Os espanhóis, ao contrário, encontram em sua zona territórios mais adequados à colonização: os planaltos da América Central e do Sul, com impérios indígenas mais ricos e desenvolvidos, porém incapazes de resistir aos conquistadores europeus.

A COLONIZAÇÃO EUROPEIA NO MUNDO

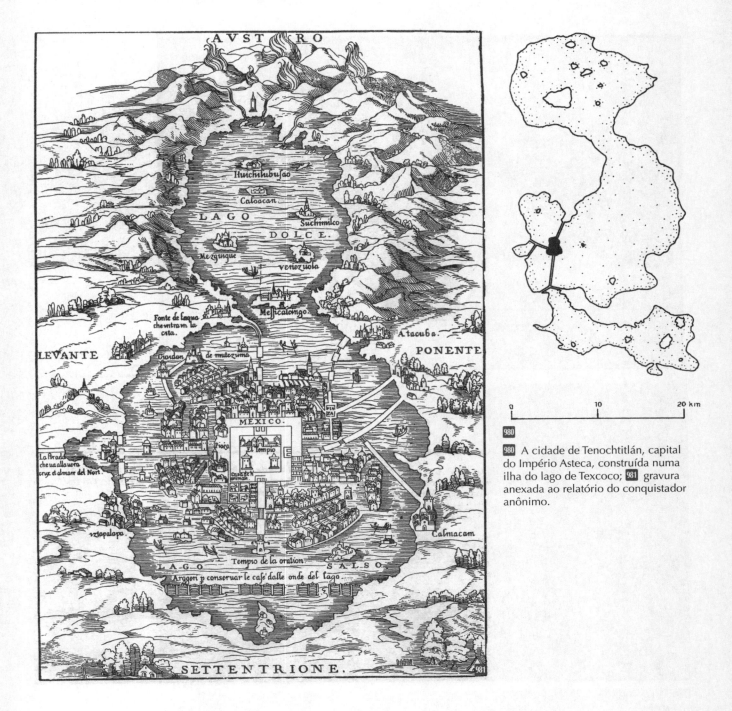

980 A cidade de Tenochtitlán, capital do Império Asteca, construída numa ilha do lago de Texcoco; 981 gravura anexada ao relatório do conquistador anônimo.

Cortez no México e Pizarro no Peru ocupam algumas grandes cidades indígenas – Tenochtitlán (hoje Cidade do México, Figs. 980-985) e Cusco (Figs. 990-991) – e as transformam segundo as necessidades dos colonos espanhóis; mas por todo o continente destroem povoados originais esparsos no território e obrigam a população a se estabelecer em novas cidades mais compactas, como as do planalto espanhol.

982

983

983

A COLONIZAÇÃO EUROPEIA NO MUNDO

567

982 A praça principal (Zócalo) da Cidade do México, a capital espanhola construída no local de Tenochtitlán. É um dos vãos mais espaçosos realizados no século XVI, com cerca de 250 metros de lado e corresponde à esplanada diante do templo principal da cidade asteca.

983 Vistas da Cidade do México e 1628 em 1905. O lago foi em parte aterrado e, agora, a cidade está ligada à terra firme.

Os traçados 984 da cidade indígena e 985 da cidade espanhola, sobre a rede das ruas da Cidade do México atual.

986 A cidade santa de Teotihuacán, nos arredores da Cidade do México, com as ruínas das pirâmides.

987 A cidade de Cholula, no México. À esquerda, as ruínas da pirâmide asteca e, à direita o reticulado da cidade espanhola, ainda em grande parte vazio porque a cidade não se desenvolveu como previsto.

A COLONIZAÇÃO EUROPEIA NO MUNDO

569

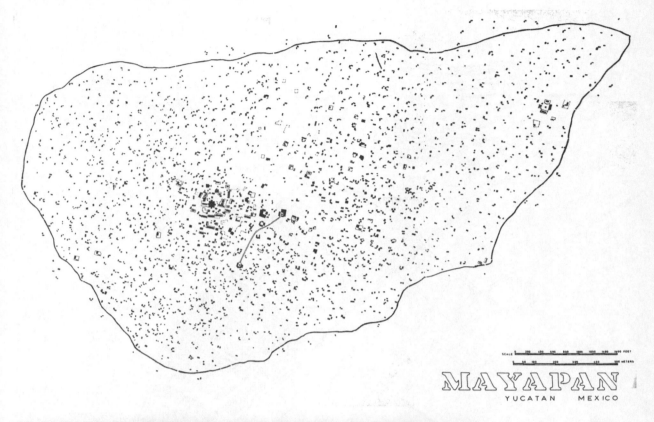

988 Mapa da cidade de Mayapan, no Yucatã: a maior cidade maia conhecida.

989 Vista de um templo maia em Chichén Itzá.

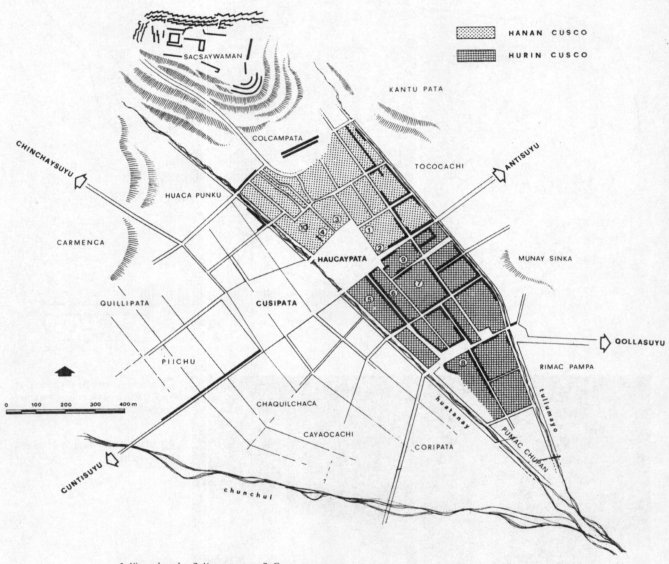

1. Kiswarkancha; 2. Kuyusmanco; 3. Coracora;
4. Cassana; 5. Amarukancha; 6. Aqllawasi;
7. Pucamarka; 8. Qorikancha; 9. Hatunkancha;
10. Yachawasi.

990 Cusco, a capital do Império Inca. Em duas tomadas diferentes, as duas metades da cidade – Hanan Cusco e Huriz Cusco; a figura mostra as estruturas murárias ainda existentes (em traço mais grosso), sobre o traçado da cidade atual. No meio, a grande praça, dividida pelo rio Huatanay. Na colina, ao norte, a fortaleza de Sacsayhuaman.

A COLONIZAÇÃO EUROPEIA NO MUNDO

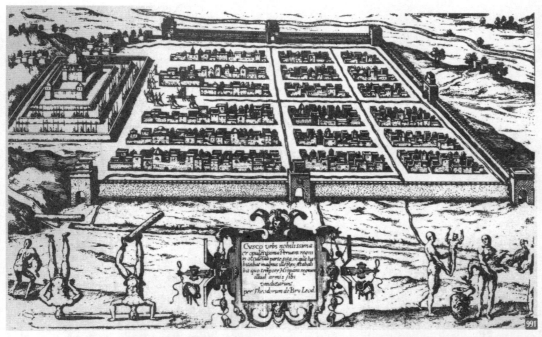

991 Vista europeia de Cusco, livremente inventada; gravura do século XVI.

992 Vista da Cusco moderna, da colina de Sacsayhuaman.

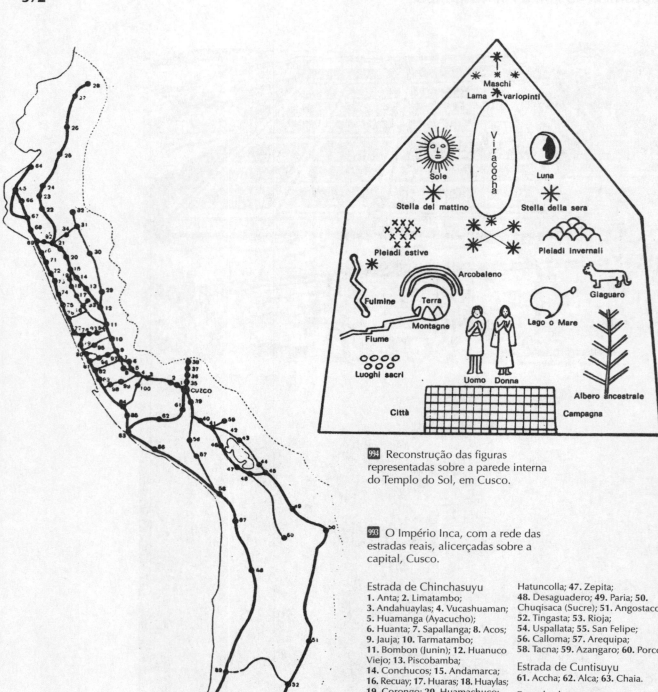

994 Reconstrução das figuras representadas sobre a parede interna do Templo do Sol, em Cusco.

993 O Império Inca, com a rede das estradas reais, alicerçadas sobre a capital, Cusco.

Estrada de Chinchasuyu
1. Anta; **2.** Limatambo; **3.** Andahuaylas; **4.** Vucashuaman; **5.** Huamanga (Ayacucho); **6.** Huanta; **7.** Sapallanga; **8.** Acos; **9.** Jauja; **10.** Tarmatambo; **11.** Bombon (Junin); **12.** Huanuco Viejo; **13.** Piscobamba; **14.** Conchucos; **15.** Andamarca; **16.** Recuay; **17.** Huaras; **18.** Huaylas; **19.** Corongo; **20.** Huamachuco; **21.** Cajamarca; **22.** Putara; **23.** Huancabamba; **24.** Ayabaca; **25.** Tomabamba; **26.** Latacunga; **27.** Quito; **28.** Huaca; **29.** Huacrachuco; **30.** Pataz; **31.** Leimebamba; **32.** Chachapoyas; **33.** Chavin; **34.** Balsas.

Estrada de Antisuyu
35. Calca; **36.** Ollantaytambo; **37.** Machupicchu; **38.** Vitcos.

Estrada de Collasuyu
39. Urcos; **40.** Sicuani; **41.** Ayaviri; **42.** Huancane; **43.** Huaycho; **44.** Pucarani; **45.** Tiahuanaco; **46.** Hatuncolla; **47.** Zepita; **48.** Desaguadero; **49.** Paria; **50.** Chuqisaca (Sucre); **51.** Angostaco; **52.** Tingasta; **53.** Rioja; **54.** Uspallata; **55.** San Felipe; **56.** Calloma; **57.** Arequipa; **58.** Tacna; **59.** Azangaro; **60.** Porco.

Estrada de Cuntisuyu
61. Accha; **62.** Alca; **63.** Chaia.

Estrada da costa
64. Tumbes; **65.** Poechos; **66.** Pabur; **67.** Motupe; **68.** Collque; **69.** Sana; **70.** Guadalupe; **71.** Chicama; **72.** Moche; **73.** Santa; **74.** Casma; **75.** Hambacho; **76.** Pacasmayo; **77.** Lachay; **78.** Huaral Viejo; **79.** Tamboinga; **80.** Lima; **81.** Pachacamac; **82.** Imperial; **83.** Chincha; **84.** Nazca; **85.** Acari; **86.** Chaia; **87.** Tarapacá; **88.** San Pedro de Atacama; **89.** Copispo; **90.** Coquimbo; **91.** San Felipe; **92.** Nancho; **93.** Lumbra; **94.** Acos; **95.** Chocas; **96.** Tamboinga; **97.** Huarochiri; **98.** Tambo Colorado; **99.** Huaitarà; **100.** Soras.

A COLONIZAÇÃO EUROPEIA NO MUNDO

573

995 As áreas de cultivo dos incas em patamares (andenes), nos arredores de Pisac.

996 997 998 Mapa e duas vistas da cidade de Machu Picchu, abandonada pelos indígenas e que ficou desconhecida até ser descoberta pelo arqueólogo americano Hiram Bingham, em 1911. A cidade e seus terraços cultivados estão incorporados à paisagem montanhosa.

A COLONIZAÇÃO EUROPEIA NO MUNDO

RUINAS DE
MACHU PICCHU

999-1001 Ilustrações de uma crônica espanhola do fim do século XVI, que documentam os maus tratos aos indígenas.

As novas cidades seguem um modelo uniforme: um tabuleiro de ruas retilíneas que define uma série de quarteirões iguais, quase sempre quadrados; no centro da cidade, suprimindo ou reduzindo alguns quarteirões, consegue-se uma praça, sobre a qual se debruçam os edifícios mais importantes: a igreja, o paço municipal, as casas dos mercadores e dos colonos mais ricos.

No México, onde é necessário converter ao cristianismo uma numerosa população, a igreja é antecedida por um grande pátio (átrio) e ao lado da fachada existe uma espécie de capela aberta (*capilla de indios*), para celebrar a missa ao ar livre nos dias de festa (Fig. 1003).

Esse modelo, imposto pelas autoridades já nos primeiros anos da conquista, foi codificado por Filipe II na lei de 1573, que é a primeira lei urbanística da idade moderna. Eis as prescrições mais significativas:

> Chegando na localidade onde o novo assentamento deve ser fundado (segundo nossa vontade, deve ser uma localidade desobstruída e ocupável sem causar aborrecimento aos índios, ou com seu consentimento), o plano com praças, ruas e lotes deve ser traçado no terreno por meio de cordas e piquetes, começando da praça principal de onde as ruas devem seguir para as portas e principais ruas distantes e deixando suficiente espaço aberto de modo que a cidade, devendo crescer, possa estender-se sempre do mesmo modo [...] A praça central deve estar no centro da cidade, de forma oblonga, com o comprimento igual ao menos a uma vez e meia sua largura, pois essa proporção é a melhor para as festas onde se usam cavalos e para outras celebrações [...] O tamanho da praça será proporcional ao número dos habitantes, tendo presente que as cidades das Índias, sendo novas, estão sujeitas a crescer; e entende-se justamente que irão crescer. Por isso, a praça deve ser projetada com relação ao possível crescimento da cidade. Não deve ter menos de 200 pés de largura, e 300 de comprimento. Uma praça bem

A COLONIZAÇÃO EUROPEIA NO MUNDO

proporcionada de tamanho médio terá 600 pés de comprimento e 400 de largura.

As quatro ruas principais levam para fora da praça, cada uma a partir do ponto médio de cada lado, e duas de cada um dos cantos. Os quatro cantos devem estar voltados para os quatro pontos cardeais, porque assim as ruas que saem da praça não estarão expostas diretamente aos quatro ventos principais. Toda a praça e as quatro ruas principais que dela partem serão providas de pórticos, muito convenientes para as pessoas que aí se reúnem para o comércio [...]

As oito ruas que convergem para a praça nos quatro cantos devem desembocar sem serem obstruídas pelos pórticos das praças. Esses pórticos devem terminar nos cantos, de modo que as calçadas das ruas possam estar alinhadas com as da praça. As ruas serão largas nas regiões frias, estreitas nas quentes; mas, para fins de defesa, onde se usam cavalos, convém que sejam largas [...]

Nas cidades do interior, a igreja não deve estar no perímetro da praça, mas numa distância tal que se apresente livre, separada dos outros edifícios de modo a ser vista de toda parte; dessa forma, parecerá mais bela e imponente. Deverá estar um pouco elevada do solo, de maneira que as pessoas tenham que subir uma série de degraus para alcançar sua entrada [...] O hospital dos pobres, onde estão os doentes não contagiosos, será construído no lado norte, de modo a ficar exposto ao sul [...] Os lotes edificáveis ao redor da praça principal não devem ser concedidos a particulares, mas reservados para a igreja, os edifícios reais e municipais, as lojas e as moradias dos mercadores que devem ser construídos em primeiro lugar [...]

Os demais lotes edificáveis serão distribuídos ao acaso para aqueles colonos capacitados a construir ao redor da praça principal. Os lotes não atribuídos devem ser conservados para colonos que poderão chegar futuramente, ou então para dispormos deles ao nosso bel-prazer.

1002 Planta da fundação da cidade de Santiago de León, hoje Caracas.

Essas regras derivam seja da tradição medieval (as novas cidades fundadas no século XIII e na primeira metade do século XIV – as *bastides* francesas e as *poblaciones* espanholas, ilustradas nos capítulos anteriores – difundidas em todos os campos europeus), seja da cultura renascentista: dos textos dos tratados (Vitrúvio, Alberti etc.) e do espírito de regularidade geométrica, que agora se tornara um hábito comum e uma exigência prioritária na técnica produtiva.

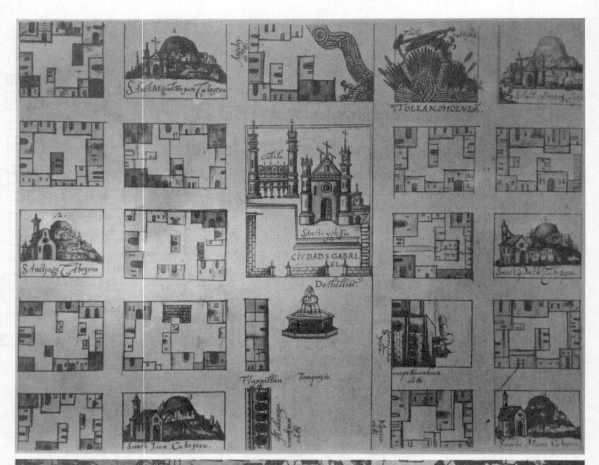

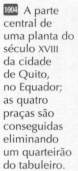 **1003** Planta de 1581, com a parte central da cidade de Cholula no México; o quarteirão maior, ao centro, contém a igreja, o átrio e a *capilla* de índios.

1004 A parte central de uma planta do século XVIII da cidade de Quito, no Equador; as quatro praças são conseguidas eliminando um quarteirão do tabuleiro.

A COLONIZAÇÃO EUROPEIA NO MUNDO

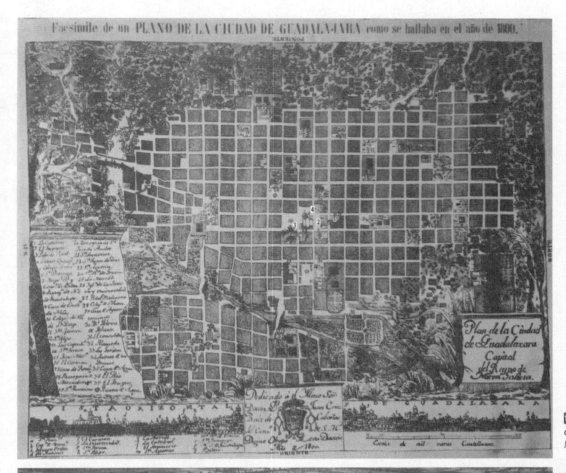

1005 Planta da cidade de Guadalajara, no México.

1006 Vista aérea da cidade de Guadalajara, com a praça principal (n. 2, 3 e 4 na planta anterior).

O ambiente das cidades coloniais na América espanhola; 1007 uma rua típica com casas térreas e a 1008 fachada de uma igreja, onde os elementos da arquitetura clássica são interpretados livremente pelos construtores locais.

A COLONIZAÇÃO EUROPEIA NO MUNDO

1009 Uma rua de Mérida, na Venezuela, ainda circundada pelas casas térreas coloniais.

1010 Outra rua de Mérida. As casas coloniais foram substituídas por casas modernas, com as mesmas proporções.

Duas intervenções decorativas do século XVIII no México:
1011 o revestimento de estuque de uma abóbada em Puebla e
1012 a fachada de uma igreja em Tlaxcala.

A COLONIZAÇÃO EUROPEIA NO MUNDO

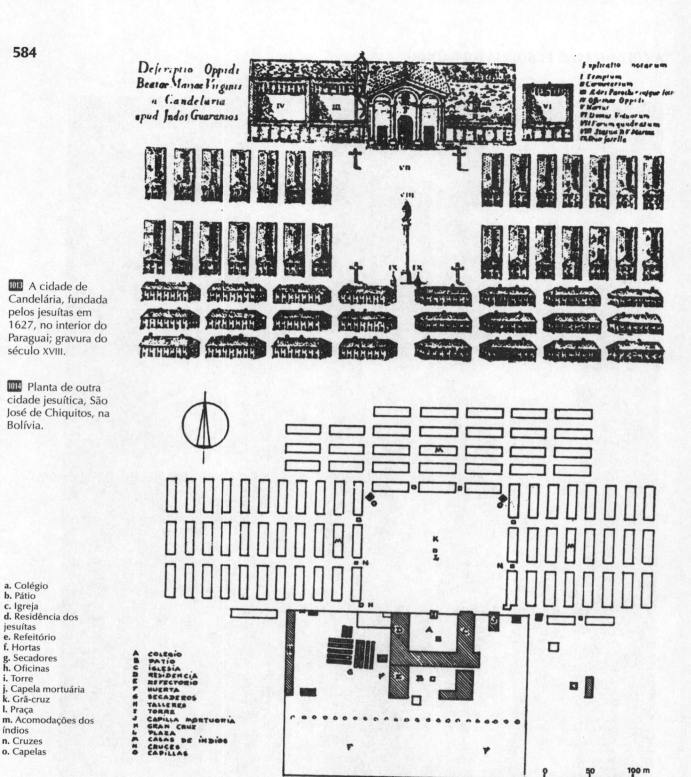

1013. A cidade de Candelária, fundada pelos jesuítas em 1627, no interior do Paraguai; gravura do século XVIII.

1014. Planta de outra cidade jesuítica, São José de Chiquitos, na Bolívia.

a. Colégio
b. Pátio
c. Igreja
d. Residência dos jesuítas
e. Refeitório
f. Hortas
g. Secadores
h. Oficinas
i. Torre
j. Capela mortuária
k. Grã-cruz
l. Praça
m. Acomodações dos índios
n. Cruzes
o. Capelas

Na prática, a combinação desses fatores produz um novo tipo de cidade, com algumas características originais, que podem ser assim relacionadas:

1. Aquilo que se estabelece no momento de fundar uma cidade não é um organismo em três dimensões, mas uma *traza* (um plano regulador de duas dimensões, como em Ferrara). De fato, não se prevê a construção de edifícios em curto prazo e, mais ou menos, ao mesmo tempo, como na Idade Média; atribuem-se os lotes edificáveis,

A COLONIZAÇÃO EUROPEIA NO MUNDO

sobre os quais os proprietários irão construir como e quando o desejarem. Nas cidades americanas, o desenho das ruas e das praças é, por vezes, inutilmente grandioso ao passo que os edifícios são baixos e modestos (as casas são, quase sempre, de um andar; Figs. 1008-1010).

2. A cidade deve poder crescer e não se sabe o quanto crescerá; portanto, o desenho em tabuleiro pode ser estendido em todos os sentidos, tão logo seja necessário acrescentar outros quarteirões. O limite externo da cidade é sempre provisório, mesmo porque não são necessários muralhas e fossos (somente no século XVII as cidades mais próximas da costa serão fortificadas para defender-se dos piratas). O contraste entre cidade e campo, tão evidente na Europa e especialmente na Espanha, fica atenuado, seja pela incerteza das fronteiras, seja pela abundância dos espaços abertos existentes no povoado (as casas coloniais têm, muitas vezes, um pátio privado; ao centro, existe o grande vazio formado pela praça central e pelo átrio).

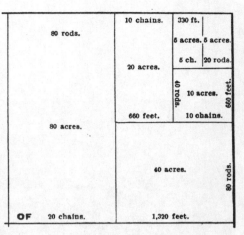

1015 Uma malha de grade territorial estabelecida por Thomas Jefferson para os Estados Unidos, em 1785.

3. A uniformidade do tabuleiro – muitas vezes decidida pela burocracia espanhola – impede de encontrar uma adaptação ao caráter dos lugares. Por isso, as cidades da América espanhola têm um aspecto mais simples do que as medievais europeias (que utilizam traçados muito mais variados e definidos no local). Também a incerteza do desenvolvimento futuro torna precária e genérica a paisagem urbana: algumas cidades, que no início tinham poucas dezenas de quarteirões, crescem com o mesmo desenho até se tornarem grandes metrópoles. O desenho inicial estabelecido no século XVI pode servir ao desenvolvimento da cidade no século XIX e em nossos dias; de fato, por vários aspectos, assemelha-se a um plano regulador contemporâneo.

As cidades coloniais americanas são as realizações urbanísticas mais importantes do século XVI. Sua pobreza, comparada com os requintes e as ambições da cultura artística europeia, mostra que as energias não mais são distribuídas de acordo com as tarefas; na Europa, os grandes mestres não conseguem realizar seus projetos, ao passo que os técnicos de terceira ordem, emigrados para a América, desenham e constroem cidades inteiras. Todavia, o objetivo é o mesmo: reorganizar o ambiente construído com os novos princípios da simetria e da regularidade geométrica. Impondo esses princípios, os europeus afirmam seu domínio em todas as partes do mundo.

O modelo em tabuleiro, idealizado pelos espanhóis no século XVI para traçar as novas cidades da América Central e do Sul, é aplicado pelos franceses e pelos ingleses no século XVII e no século XVIII para a colonização da América do Norte. A nova cultura científica considera essa grade como um instrumento geral, aplicável em qualquer escala: para desenhar uma cidade, para repartir um terreno agrícola, para marcar os limites de um Estado. Um dos fundadores dos Estados Unidos, Jefferson, estabelece em 1785 um retículo orientado segundo os meridianos e os paralelos, que deve servir para colonizar os novos territórios do oeste (cada malha contém 16 milhas quadradas e pode ser dividida em 2, 4, 8, 16, 32 ou 64 partes menores). Fica assim estabelecido o padrão geométrico sobre o qual será construída a paisagem urbana e rural do novo mundo (Figs. 1016-1030).

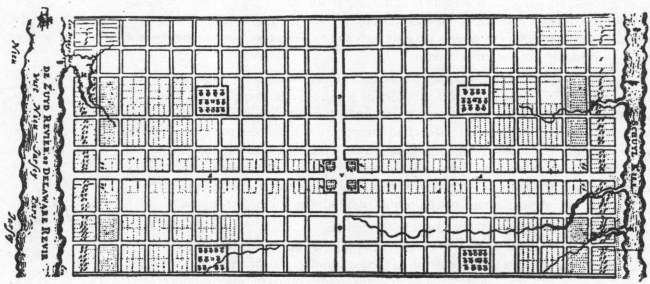

A colonização dos Estados Unidos. 1016 O primeiro assentamento dos pioneiros em São Francisco; 1017 o plano da cidade de Filadélfia, traçado por William Penn em 1682.

A COLONIZAÇÃO EUROPEIA NO MUNDO

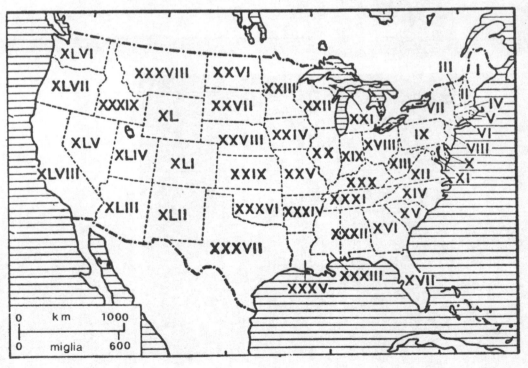

1018 A construção da cidade de Savannah, em 1724; 1019 os 48 Estados da União.

BROADWAY, NEW-YORK.

A COLONIZAÇÃO EUROPEIA NO MUNDO

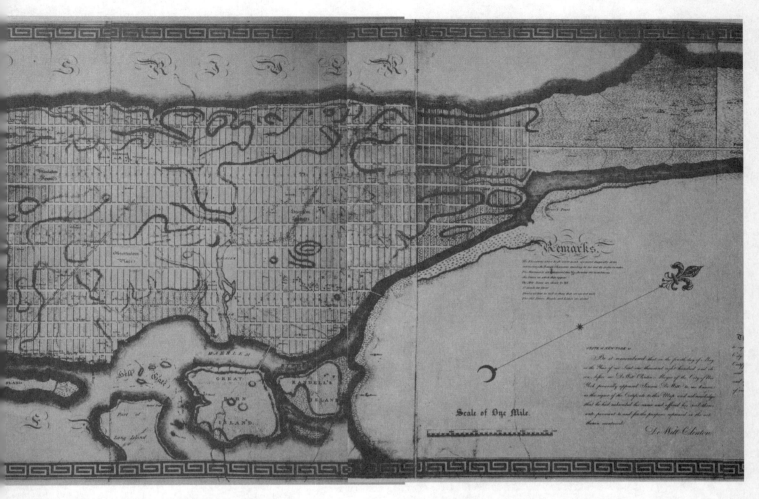

1020-1023 O plano regulador de Nova York, traçado pela comissão municipal em 1811. Trata-se de um tabuleiro de ruas longitudinais mais amplas (*avenues*, numeradas de 1 a 11) e de ruas transversais mais estreitas (*streets*, numeradas de 1 a 155), que cobrem com absoluta regularidade o solo acidentado da ilha de Manhattan.

Duas vistas de Nova York no século XIX: 1024 um trecho da Broadway e 1025 o perfil da cidade vista do porto.

A COLONIZAÇÃO EUROPEIA NO MUNDO

1026 Uma porção do tecido de Nova York no fim do século XIX; da esquerda para a direita, distinguem-se a biblioteca pública, a igreja de São Patrício e a estação central.

Nova York, 1027 vista geral da cidade e 1028 planta da zona central; na área reticulada de 1812, alguns lotes foram reconstruídos e são ocupados pelos arranha-céus de cem andares ou mais.

1029 Nova York. Vista da zona onde surge o Empire State Building.

1030 Vista do alto de Chicago, publicada por ocasião da exposição de 1893; apenas sessenta anos antes, em 1832, a cidade era somente uma pequena base num território a ser colonizado, como mostra a figura no destaque (abaixo à direita).

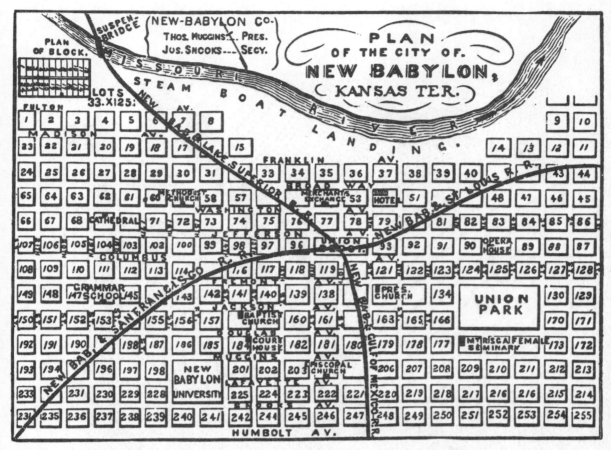

1034 New Babylon. Uma nova cidade projetada ao longo do rio Missouri na segunda metade do século XIX.

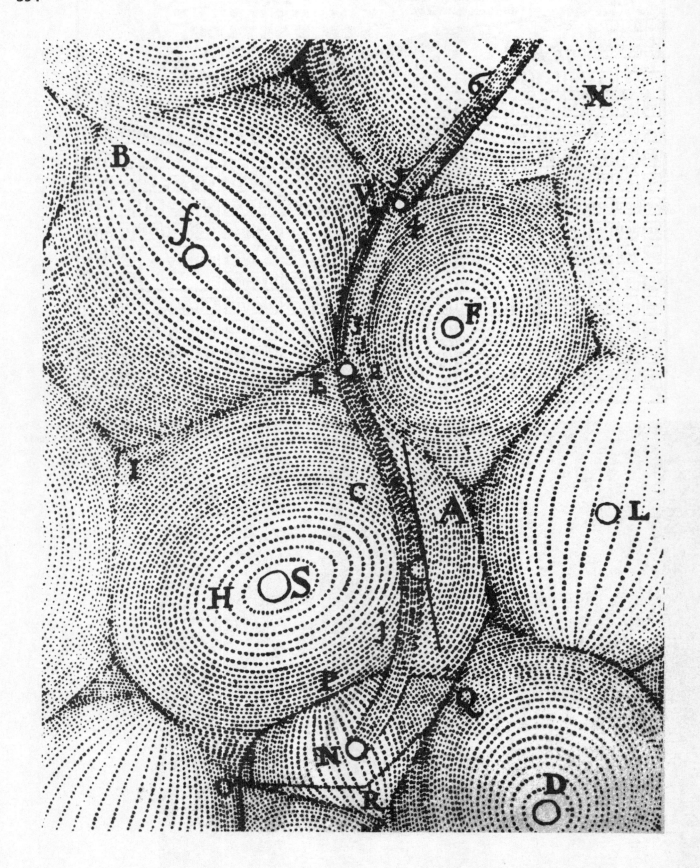

AS CAPITAIS DA EUROPA BARROCA

Nas primeiras décadas do século XVII, a crise econômica, a crise da classe dirigente renascentista e a formação da moderna pesquisa científica fazem mudar os métodos de projetar e gerir a cidade.

A nova classe dirigente – os reis com suas cortes e funcionários, os novos ricos, nobres ou burgueses, o novo clero especializado da Reforma e da Contrarreforma – não tem mais a mesma competência e a mesma ambição no campo artístico. Ao mesmo tempo, a arte perde seu caráter de método unitário para conhecer e controlar o ambiente físico; a verdade das coisas não coincide mais com a beleza das coisas, mas pode ser afirmada com os métodos objetivos da pesquisa científica. A arte torna-se, assim, o estudo das qualidades não objetivas, mas subjetivas e sentimentais; serve para controlar sentimentos coletivos ou para exprimir sentimentos individuais, e oscila entre o conformismo e a evasão ou o protesto.

Iremos estudar a nova organização do trabalho artístico a partir dos grandes centros de produção e de consumo, isto é, das capitais europeias. Em primeiro lugar examinaremos a capital francesa, que se transforma no novo modelo da cultura artística mundial.

Paris

No capítulo 7 fizemos algumas considerações sobre o organismo da Paris medieval, que já é uma das cidades europeias mais importantes. Esse organismo é composto de três partes:

- a Cité, na ilha onde foi fundada a primeira aldeia gaulesa;
- a Université na margem esquerda, onde os romanos haviam construído a colônia de Lutécia e onde, em 1210, Abelardo e seus colegas fundam a célebre universidade;
- a Ville na margem direita, onde estão as corporações comerciais e o governo municipal. As três partes são cercadas pelas muralhas de

1032 (página anterior) Uma ilustração de *Os Princípios da Filosofia*, de Descartes: os vórtices das partículas materiais.

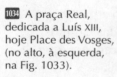 1033 Planta em perspectiva de Paris em 1609; a cidade ainda está fechada pelas muralhas medievais e distinguem-se as suas três partes: a Cité, a Ville, a Université. Cf. Fig. 598.

1034 A praça Real, dedicada a Luís XIII, hoje Place des Vosges, (no alto, à esquerda, na Fig. 1033).

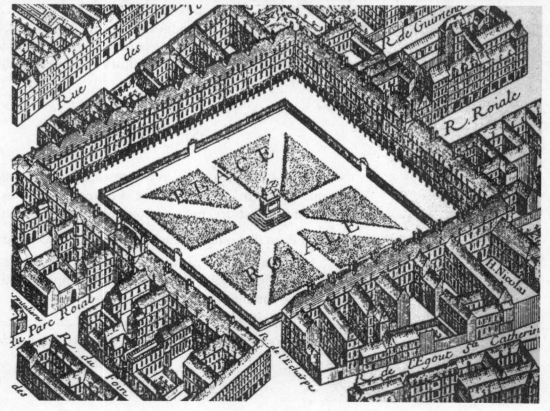

AS CAPITAIS DA EUROPA BARROCA

Carlos v, construídas em 1370. A superfície é de 440 hectares e a população, cerca de 100.000 habitantes (Fig. 1033).

Os reis da França – que na Renascença residem habitualmente nas cidades do vale do Loire – se estabelecem definitivamente em Paris em 1528, quando Francisco I começa a reconstruir o velho castelo do Louvre na margem direita. No século XVI, Paris se desenvolve ainda mais, ultrapassa as muralhas e chega talvez a 200.000 ou 300.000 habitantes; mas as guerras religiosas e o cerco de Henrique IV – 1589-1594 – danificam gravemente a cidade. O novo rei conquista uma cidade arruinada e despovoada.

Nos quinze anos seguintes, até a sua morte em 1610, Henrique IV inicia um programa de obras públicas, não mais composto por iniciativas pessoais e desconjuntadas, mas inserido dentro de um orçamento econômico regular e que depende de uma organização estável de funcionários e organismos especializados (o ministro das Finanças, Sully, também é o superintendente das construções e diretor das obras viárias).

Uma parte notável dessas obras públicas está concentrada em Paris, para acentuar a importância da capital. Eis as principais iniciativas decididas no início do século XVII:

- ampliação das muralhas de Carlos V na margem direita, para incluir os novos subúrbios ocidentais, até aos jardins das Tulherias;
- reorganização das ruas e dos serviços (aqueduto e esgotos);
- abertura de algumas novas praças de forma regular, circundadas por casas de arquitetura uniforme: a Place Royale (Praça Real), quadrada, na margem direita (Fig. 1034); a Place Dauphine, triangular, na ponta da Île de la Cité (Figs. 1035-1037);

Paris, a Place Dauphine; 1035 vista interna e 1036 planta.

a Place de France, semicircular, projetada e não realizada no nível do bulevar do Templo;

- ampliação do paço do Louvre, isto é, da ligação do castelo medieval com o palácio quinhentista das Tulherias num conjunto unitário, demolindo o bairro intermediário. Esse projeto, realizado em parte por Luís XIII e por Luís XIV, será completado somente por Napoleão III no século XIX;

- construção de uma nova residência suburbana em Saint-Germain: um castelo ambientado num jardim em patamares, que imita os modelos italianos do século XVI (Fig. 1039).

Depois de 1610 e até a tomada do poder por parte de Luís XIV (1661), a organização criada por Henrique IV continua funcionando, mas falta uma vontade política igualmente decidida. A cidade de Paris cresce rapidamente e, na primeira metade do século, chega a 400.000 habitantes; Luís XIII, Richelieu e Mazzarino estão empenhados numa série de guerras e não dispõem dos meios para desenvolver um programa contínuo de obras públicas; a iniciativa passa para os especuladores particulares, que constroem bairros inteiros (na ilha de São Luís [Fig. 1038] e na margem esquerda).

Nesse meio tempo, forma-se a nova cultura artística e literária do "grande século": Mansart na arquitetura, Poussin na pintura, Corneille na literatura e Descartes na filosofia estabeleceram as bases do novo classicismo racional, francês e europeu. Essa cultura prepara os instrumentos para um controle mais rigoroso do ambiente natural e artificial e possibilita, de fato, depois da metade do século, grandes projetos unitários numa escala até então desconhecida. O primeiro desses é a residência De Vaux, nos arredores de Paris, construída entre 1656 e 1660 para o riquíssimo superintendente das Finanças de Mazzarino, Fouquet. O jardim é projetado por Le Nôtre (1613-1700), a arquitetura por Le Vau (1612-1670) e os interiores por Le Brun (1619-1690); (Figs. 1041-1045).

O projeto De Vaux não ocupa um lugar panorâmico, como as vilas italianas ou o castelo de Saint-Germain; situa-se numa pequena depressão entre os bosques

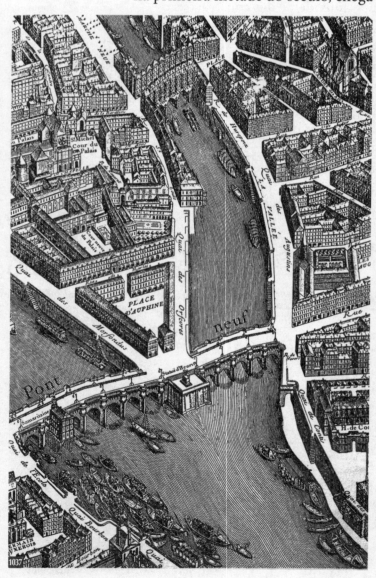

1037 Paris, a remodelação da ponta da Île de la Cité, com a Place Dauphine e a Pont Neuf, e 1038 o loteamento da ilha de São Luís, realizado na primeira metade do século XVII.

AS CAPITAIS DA EUROPA BARROCA

do vale do Sena, mas compreende todo o ambiente visível do edifício principal e transforma-o num espetáculo arquitetônico unitário. Os "jardins à italiana" descritos anteriormente são espaços relacionados às dimensões da casa e as vistas arquitetônicas não são de comprimento maior que 200 ou 300 metros, mesmo quando olham para uma paisagem natural ilimitada. Ao contrário, esse primeiro "jardim à francesa" é uma paisagem completa, simétrica e regular até a linha do horizonte. O primeiro eixo de simetria sai do castelo e corre transversalmente ao vale, através de uma série de terraços, até uma fonte no declive oposto; o segundo é materializado por um canal retilíneo que ocupa o fundo do vale e é a transformação de um riacho. Esses dois visuais medem mais de um quilômetro e o parque todo, da alameda de entrada até o leque das alamedas abertas no bosque, tem 3,5 quilômetros de comprimento. Vistos de longe, os edifícios se tornam cenários em claro-escuro, como as massas das árvores e os espelhos de água; mas quando nos movemos ao longo dos percursos estabelecidos, gradativamente, adquirem seu relevo volumétrico e, vistos de perto, revelam a riqueza dos acabamentos e das decorações. Todos esses elementos – dos fundos paisagísticos aos mínimos detalhes decorativos – formam uma gradação contínua e ordenada; e para executá-la, é preciso ter uma ampla organização coletiva, com numerosos especialistas guiados por um pequeno número de coordenadores.

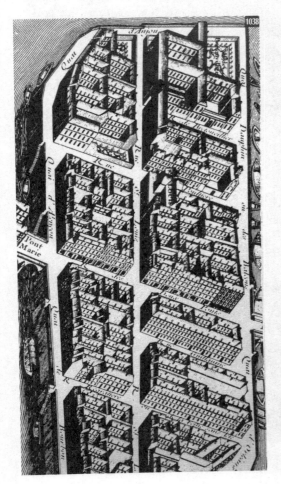

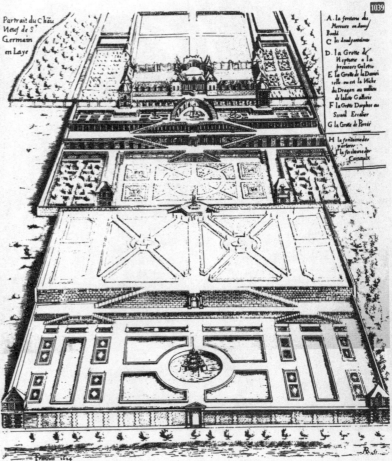

1039 Vista do castelo de Saint-Germain.

AS CAPITAIS DA EUROPA BARROCA

Na metade do século XVII, semelhante organização pode trabalhar em benefício de um particular como Fouquet; mas, depois, somente o governo real pode continuá-la e desenvolvê-la. Em 1661, Fouquet convida o rei e sua corte para a inauguração do castelo De Vaux, que compreende uma ceia cozinhada por Vatel, um balé escrito por Molière e musicado por Lulli, um espetáculo de fogos de artifício; três semanas depois, o imprudente proprietário é preso por ordem do rei e sua equipe de artistas passa para o serviço de Luís XIV, inserindo-se na organização pública coordenada pelo novo superintendente, Colbert. O rei promove e segue com prazer os trabalhos de arquitetura, destinando para esse fim somas sem precedentes. Em seu longo reinado (de 1661 a 1715), leva a cabo uma série de intervenções importantes em Paris e nos arredores, que se tornam modelo obrigatório para todas as outras cortes europeias.

1040 (página ao lado) Nicolas Poussin, *A Exaltação de São Paulo*. Museu do Louvre.

1041 1042 Planta e vista aérea do parque de Vaux.

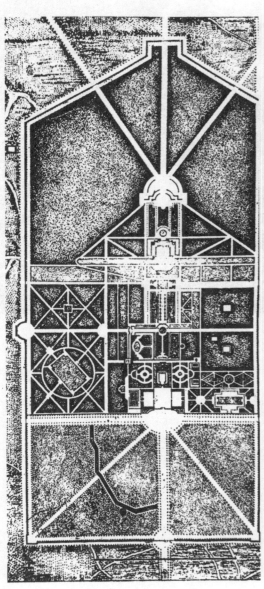

1043 Vista aérea do parque e do castelo de Vaux.

AS CAPITAIS DA EUROPA BARROCA

1044 Um dos quartos de dormir do castelo de Vaux.

1045 Planta do castelo de Vaux.

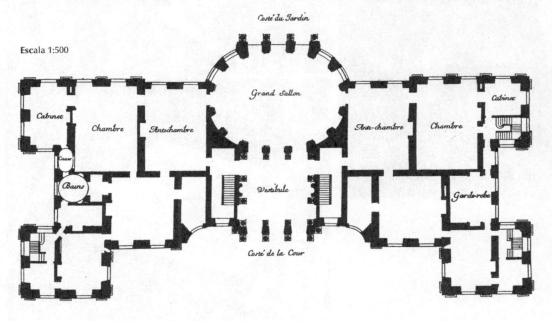

Escala 1:500

Em Paris, todavia, os recursos do Rei Sol não são suficientes para transformar em larga escala o antigo povoado, e apenas conseguem:

- A inserção de alguns episódios arquitetônicos limitados no tecido já construído: a nova disposição espacial do Louvre (para o qual é consultado também o velho Bernini [Fig. 1050]; a Place des Victoires [Fig. 1047]; a Place Vendôme [Fig. 1048]; os Invalides [Figs. 1051-1052]).

- A formação de uma nova periferia, descontínua e misturada com o campo. De fato, as antigas fortificações são derrubadas e, em seu lugar, é traçada uma coroa de avenidas arborizadas (os bulevares). Esse contorno provisório encerra uma área de quase 1.200 hectares; mas o organismo urbano já está crescendo no território do entorno. Paris se torna uma cidade aberta; um sistema de zonas construídas e zonas verdes, livremente articulado no campo. A população atinge cerca de 500.000 habitantes.

1046 Retrato do Rei Sol.

1047 1048 As duas praças construídas por Luís XIV: Place des Victoires e Place Vendôme.

1049 (página seguinte) Planta de Paris em 1697, com o projeto das avenidas arborizadas – os *boulevards* – ao redor de toda a cidade.

AS CAPITAIS DA EUROPA BARROCA

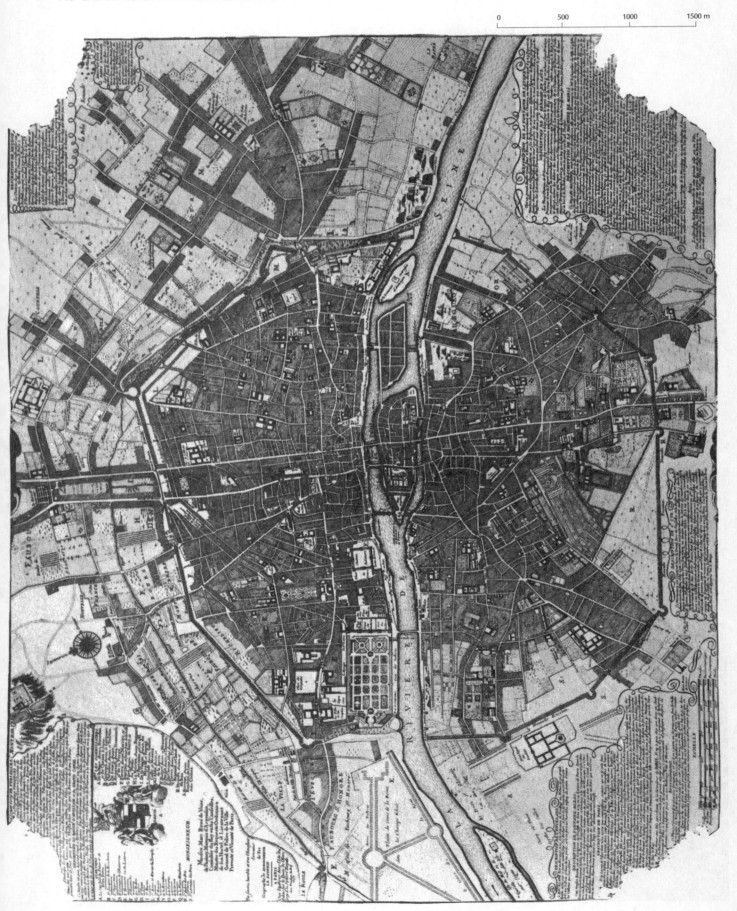

O território ao redor da cidade, vazio e sem obstáculos, pode ser efetivamente transformado segundo os novos princípios de simetria e regularidade. De fato, o rei e outras grandes personagens fixam sua morada no campo; Luís XIV abandona o Louvre e transporta a corte para sua nova residência de Versalhes, que é progressivamente aumentada até tornar-se uma pequena capital artificial.

Na Fig. 1053, pode-se ver que Versalhes é quase tão grande quanto Paris. Mas não é uma cidade: é um parque, no qual estão situados – como elementos acessórios – os edifícios necessários para o funcionamento da corte. Aqui, o Rei Sol tem condições de criar um ambiente perfeitamente regular, mas desabitado: reordenar as colinas, as árvores, os cursos de água, mas não as casas dos homens.

Le Nôtre projeta o jardim numa planície pantanosa, circundada por baixas colinas. Ao fundo, manda escavar um canal em forma de cruz; o braço maior, com 1,5 quilômetro de comprimento, fica no eixo do castelo e pode ser visto de flanco a partir do terraço central. Essa faixa de água, na qual o sol se reflete ao se pôr, guia o olhar até o ponto de fuga nas colinas ao fundo, a cerca de três quilômetros de distância; daí parte um leque de dez ruas que entram como uma coroa de raios no compacto bosque em volta. Diante do castelo, as antigas ruas de acesso são ligadas por um sistema de três avenidas, ao redor das quais a nova cidade se desenvolve com as residências dos funcionários da corte (Fig. 1054).

1050 A fachada leste do Louvre, realizada por Perrault para Luís XIV.

AS CAPITAIS DA EUROPA BARROCA

Le Vau e Hardouin-Mansart reordenam o castelo. O pequeno pavilhão de caça de Luís XIII é aumentado em várias oportunidades para tornar-se um enorme edifício de mais de quinhentos metros de comprimento, que separa o parque do espaço da cidade (Figs. 1055-1056). Le Brun coordena os interiores. O ambiente mais espetacular é a galeria dos espelhos no primeiro andar, exatamente no centro da fachada que dá para o parque; o cenário imaginado por Le Nôtre entra pelos janelões e é refletido pelos espelhos à sua frente; a arquitetura e a paisagem, as decorações em primeiro plano e a cena de fundo refletido ao infinito se fundem num espetáculo unitário e deslumbrante (Fig. 1057).

Versalhes e Paris são dois organismos urbanos complementares, que revelam as possibilidades e os limites do poder absoluto entre o século XVII e o século XVIII. Foram elaborados os instrumentos estilísticos e organizativos para transformar o território, sem as limitações de escala da tradição italiana; essa transformação é conseguida somente em partes, e não nas cidades habitadas, mas nos espaços vazios do campo no entorno. O ambiente resultante é um mosaico de parques e de edifícios monumentais, que ainda não se ligam num único organismo coerente.

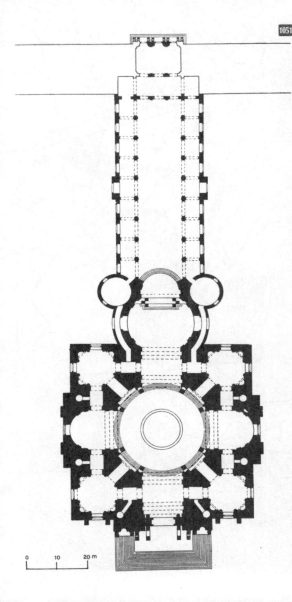

Des Invalides, 1051 planta e 1052 vista frontal da obra de Hardouin-Mansart.

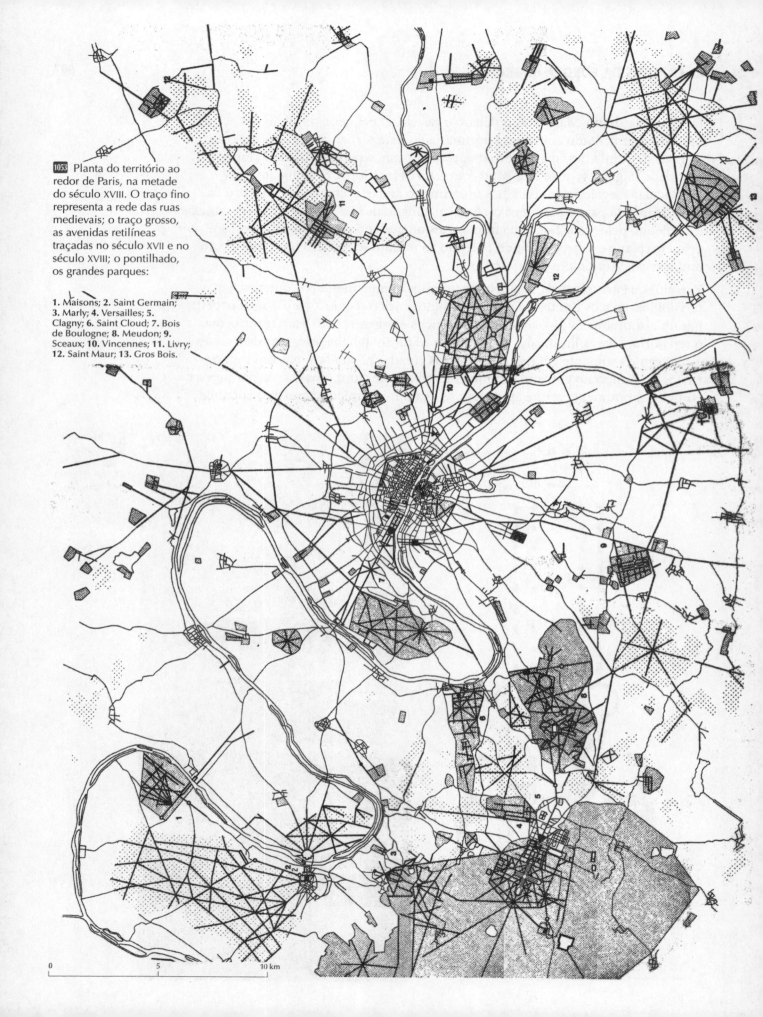

1053 Planta do território ao redor de Paris, na metade do século XVIII. O traço fino representa a rede das ruas medievais; o traço grosso, as avenidas retilíneas traçadas no século XVII e no século XVIII; o pontilhado, os grandes parques:

1. Maisons; 2. Saint Germain; 3. Marly; 4. Versailles; 5. Clagny; 6. Saint Cloud; 7. Bois de Boulogne; 8. Meudon; 9. Sceaux; 10. Vincennes; 11. Livry; 12. Saint Maur; 13. Gros Bois.

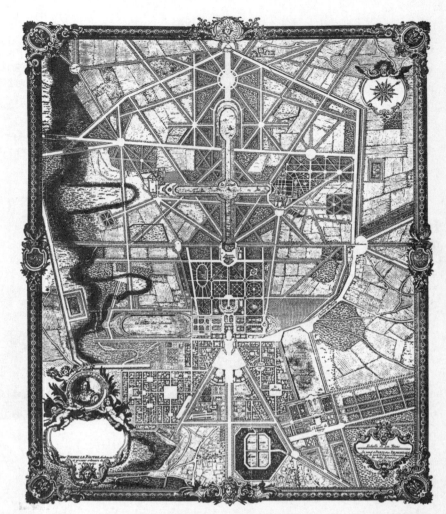

1054 **1055** Planta e vista do alto do parque de Versalhes, no final do reinado de Luís XIV. O parque é a estrutura dominante, ao qual também está subordinada a cidade, construída entre as três vias de acesso. Cf. a cidade de Bagnaia (Figs. 960-962).

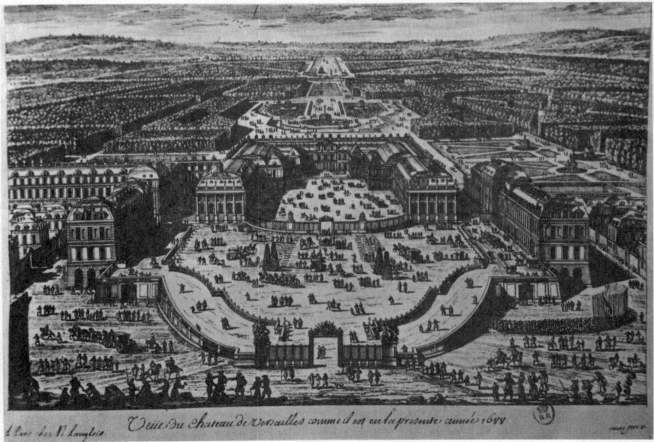

1056 Vista aérea do castelo de Versalhes. Em primeiro plano o parque, ao fundo a cidade.

1057 A galeria dos espelhos, realizada por Hardouin-Mansart, no centro da fachada do castelo de Versalhes.

1058 A fachada do castelo de Versalhes, vista dos terraços da Orangerie.

1059 Versalhes; a fonte de Latona e a via em declive que leva ao grande canal, que assinala o eixo do parque.

Dois detalhes da decoração de Versalhes: 1060 um dos vasos do parque e 1061 a entrada de uma porta com o símbolo do Rei Sol.

(página ao lado)
1062 A "máquina" de Marly, que eleva as águas do Sena para alimentar as fontes de Versalhes.

1063 O território ao redor de Paris, numa gravura do século XVIII.

AS CAPITAIS DA EUROPA BARROCA

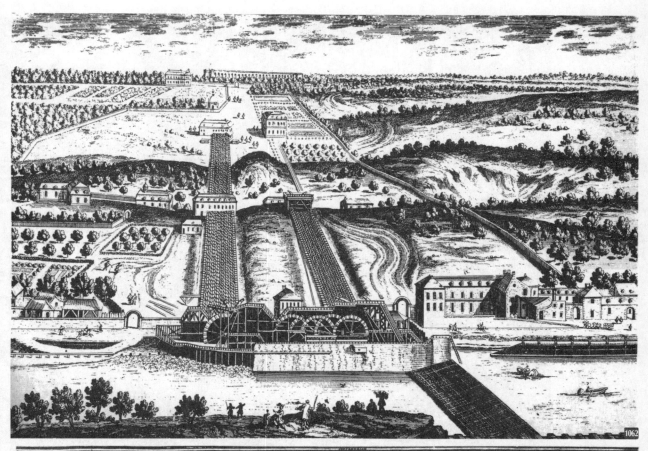

AS CAPITAIS DA EUROPA BARROCA

1064 Mapa da zona entre Paris e Versalhes, na metade do século XVIII.

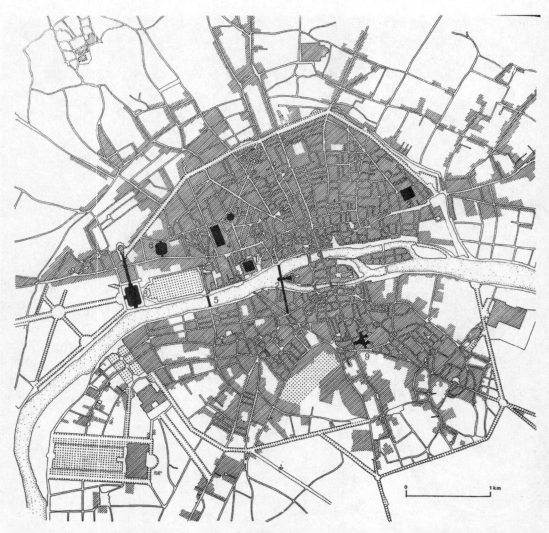

1065 Planta de Paris no final do século XVIII: em preto, estão indicadas as principais intervenções arquitetônicas da monarquia.

1. Pátio quadrado do Louvre; **2.** Pont Neuf e Place Dauphine; **3.** Place des Vosges; **4.** Palácio do cardeal Richelieu; **5.** Pont Royale; **6.** Place Vendôme; **7.** Place des Victoires; **8.** Place de la Concorde; **9.** Place du Panthéon.

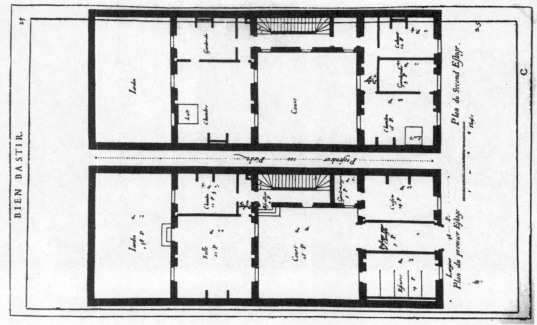

1066 Plantas de uma casa burguesa de dois andares na cidade, de um tratado francês do século XVII.

AS CAPITAIS DA EUROPA BARROCA

Entre as outras capitais europeias, vamos considerar Viena, a capital do Império Austríaco; Turim e Nápoles, as capitais dos dois Estados italianos mais importantes nesse período; Amsterdã, a cidade dominante dos Países Baixos; Londres, a metrópole inglesa que, no século XVIII, se torna a primeira grande cidade burguesa europeia.

Viena

A dinastia imperial dos Habsburgos se estabelece em Viena em 1683, depois da derrota definitiva dos turcos na batalha de Kahlenberg. A cidade velha – ainda encerrada dentro das muralhas medievais – se torna uma cidade interna, circundada por uma faixa livre de cerca de quinhentos metros. Para além dessa faixa forma-se a cidade nova, que compreende os subúrbios e as residências dos grandes dignitários (o Belvedere onde reside Eugenio de Saboia, o vitorioso general [Fig. 1074]; o palácio Schwarzenberg; o palácio Liechtenstein). No início do século XVIII, constrói-se um segundo e externo cinturão de muralhas, vinculando ao seu redor outra faixa de segurança de duzentos metros. A área total da cidade é de cerca de 1.800 hectares – sem o parque Prater, entre os braços do Danúbio – e a população, no final do século XVIII, chega a 200.000 habitantes [Figs. 1068 e 1071].

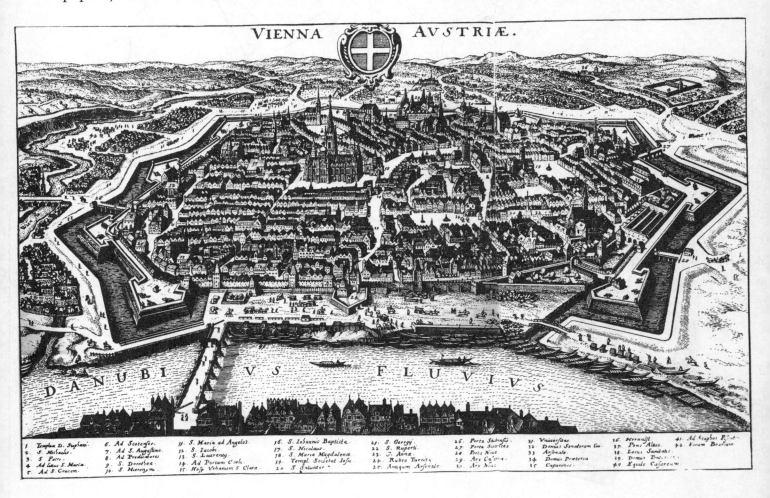

1067 Vista de Viena em meados do século XVII, dentro do perímetro das muralhas medievais.

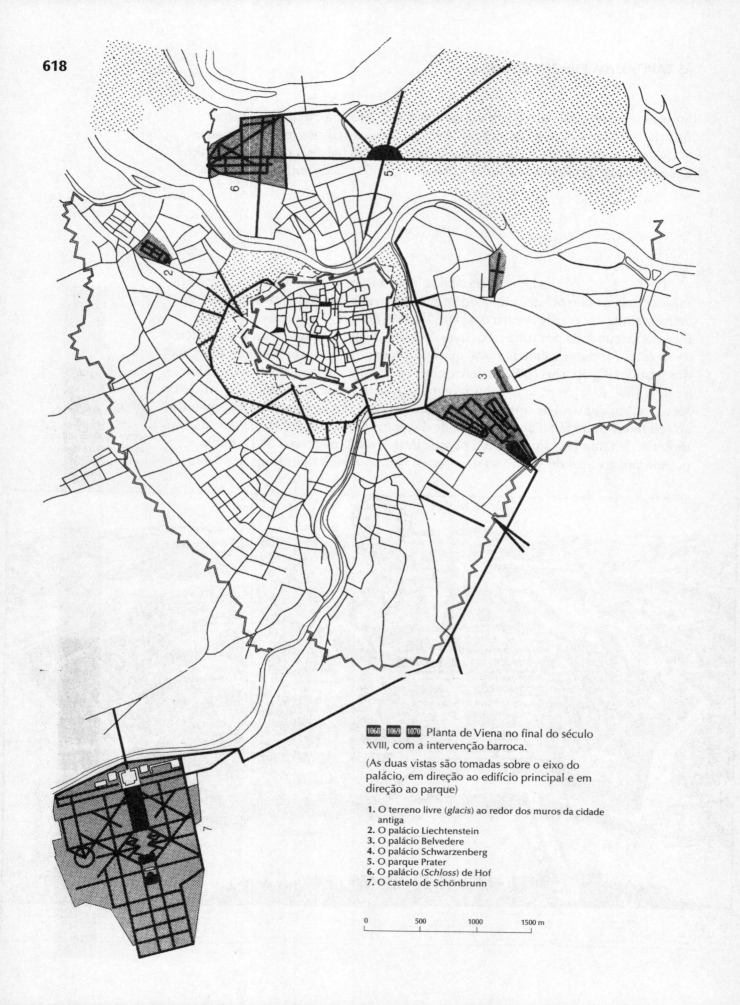

1068 1069 1070 Planta de Viena no final do século XVIII, com a intervenção barroca.

(As duas vistas são tomadas sobre o eixo do palácio, em direção ao edifício principal e em direção ao parque)

1. O terreno livre (*glacis*) ao redor dos muros da cidade antiga
2. O palácio Liechtenstein
3. O palácio Belvedere
4. O palácio Schwarzenberg
5. O parque Prater
6. O palácio (*Schloss*) de Hof
7. O castelo de Schönbrunn

AS CAPITAIS DA EUROPA BARROCA

O soberano reside no paço da cidade velha, o Hofburg (Fig. 1072); mas em 1690 inicia-se a construção de uma grande residência suburbana, semelhante à de Versalhes: é o castelo de Schönbrunn, com o parque que ocupa uma colina panorâmica, imediatamente fora das muralhas (Figs. 1069-1070).

O arquiteto da corte imperial, de 1690 a 1723, é Fischer von Erlach (1656-1723), que projeta os novos edifícios monumentais num estilo intencionalmente complexo e severo: o novo palácio de Hofburg, a biblioteca e a igreja de São Carlos Borromeu (Figs. 1075-1076).

1071 Vista panorâmica de Viena no século XVIII.

AS CAPITAIS DA EUROPA BARROCA

1072 Maquete da cidade velha de Viena; em primeiro plano, o paço imperial (Hofburg).

1073 A cavalariça no paço imperial de Viena.

AS CAPITAIS DA EUROPA BARROCA

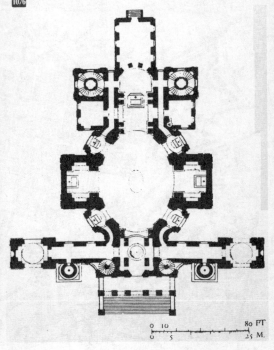

1074 Os jardins do Belvedere e o panorama de Viena no século XVIII.

1075 Vista externa e 1076 planta da igreja de São Carlos Borromeu em Viena, de Fischer von Erlach.

Turim

Turim, a capital dos duques de Saboia, ainda conserva no início do século XVII o aspecto romano em tabuleiro, ao qual foi acrescentada uma cidadela pentagonal (1).

Enquanto o Estado dos Saboia se torna mais importante, a cidade é ampliada três vezes, mas permanece uma fortaleza exposta aos movimentos dos exércitos franceses, espanhóis e austríacos e deve ser sempre defendida por sólidas muralhas.

A primeira ampliação é projetada, em 1620, pelo arquiteto Carlo di Castellamonte, para o duque Carlos Emanuel I; a cidade chega a 100 hectares e conta 25.000 habitantes (2).

A segunda ampliação é projetada, em 1673, por Amedeo di Castellamonte, filho do precedente, no fim do reinado de Carlos Emanuel II; a superfície da cidade é de 160 hectares, a população é de 40.000 habitantes e o castelo medieval é isolado ao centro de uma grande praça, onde se forma a "zona de comando" (3).

A terceira ampliação é traçada em 1714, por Filippo Juvara, para Vitor Amadeu II e aumenta a superfície da cidade até 180 hectares; a população atinge 60.000 habitantes (4).

Turim; 1081 mapa da cidade no século XVIII e 1082 vista axial de uma de suas ruas.

AS CAPITAIS DA EUROPA BARROCA

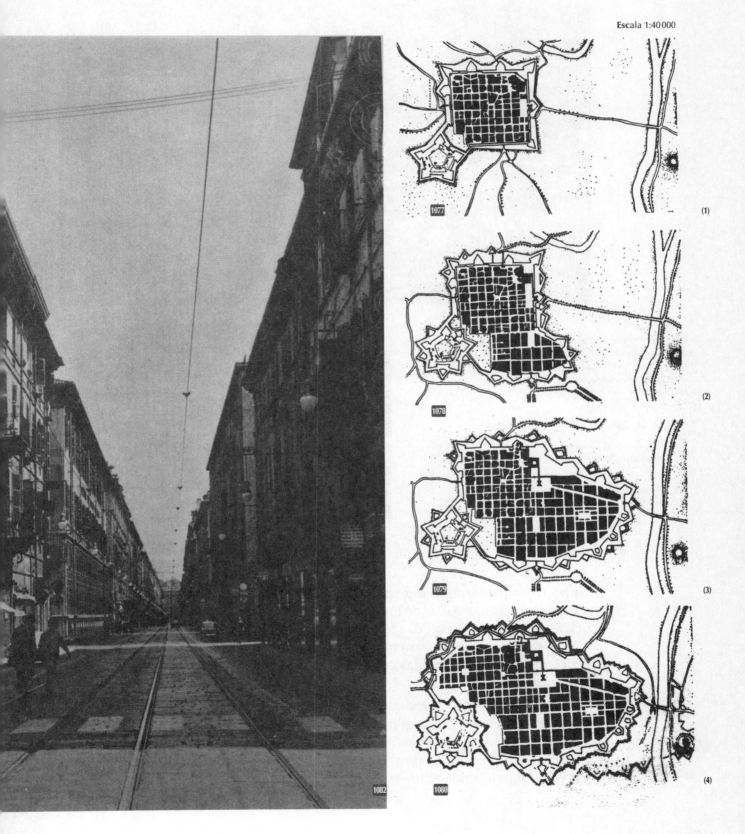

Figs. 1077-1080. Turim; a cidade no final do século XVI e as três ampliações seguintes (1620, 1673 e 1714).

Escala 1:40 000

1083 Turim; vista aérea da Piazza Castello; ao centro, o castelo medieval com a nova fachada de Juvara. **1084** À direita, a planta da igreja de São Lourenço, de Guarini, que se distingue no canto da fotografia.

(página ao lado)

1085 Vista aérea do santuário de Superga nos arredores de Turim, realizado por Juvara em 1718.

1086 Vista aérea do palacete de Stupinigi, construído por Juvara em 1729.

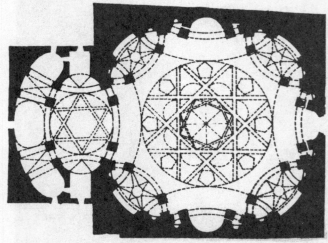

Os novos bairros sempre seguem a orientação da cidade romana, com as ruas em tabuleiro, distanciadas de modo diferente ou movimentadas por uma série de praças. A exceção é a via Pó, que retifica o traçado de uma velha rua entre a cidade e o rio, e corta em diagonal os quarteirões da segunda ampliação. Nas ruas e praças mais importantes, as fachadas das casas são todas iguais, como nas praças reais francesas.

No desenho regular do organismo urbano, Guarino Guarini insere suas movimentadas invenções arquitetônicas: a capela do Sudário, a igreja de São Lourenço (Figs. 1083-1084) e o palácio Carignano. Nos arredores, Juvara constrói a basílica de Superga (Fig. 1085) e a residência de caça de Stupinigi, ligada à cidade por uma longa avenida retilínea (Figs. 1086-1090).

AS CAPITAIS DA EUROPA BARROCA

Stupinigi. 1087 Vista aérea geral; 1088 planta, 1089 corte e 1090 vista interna do salão central.

AS CAPITAIS DA EUROPA BARROCA

1091 Planta do centro de Turim, mapa do Instituto Geográfico Militar.

Nápoles

Nápoles, capital do vice-rei espanhol, no decorrer do século XVII se transforma na cidade italiana mais populosa. O centro medieval conserva o traçado em tabuleiro greco-romano e os novos bairros são dominados pelas ruas retilíneas do século XVI, como a via Toledo.

No século XVIII, o reino meridional se torna um Estado independente e o novo rei Carlos de Bourbon (1734-1759) tenta uma reorganização ordenada dessa grande cidade que, agora, já tem 300.000 habitantes: moderniza o porto, reorganiza as ruas suburbanas, constrói alguns novos edifícios públicos como o Tribunal da Saúde e o Albergue dos Pobres (que devia hospedar 8.000 pessoas num imenso bloco uniforme, de mais de 600 metros de comprimento).

Nos arredores da cidade, em 1743, o rei constrói a *villa* Capodimonte e, em 1752, a grande *villa* de Caserta, segundo desenho do célebre Vanvitelli; a alameda de acesso, a praça oval, o bloco construído do paço e o parque que se insere na colina formam um gigantesco percurso monumental, sem igual na Itália de então (Figs. 1095-1096). Mas essas grandiosas intervenções não bastam para produzir uma transformação duradoura: o organismo urbano e o território permanecem desordenados e ingovernáveis, enquanto a população continua aumentando.

1092 Uma das ruas do centro de Nápoles, numa fotografia do século XIX. As casas do tabuleiro greco-romano, repetidamente acrescidas de andares ulteriores, abrigam uma densa população e suas atividades econômicas.

AS CAPITAIS DA EUROPA BARROCA

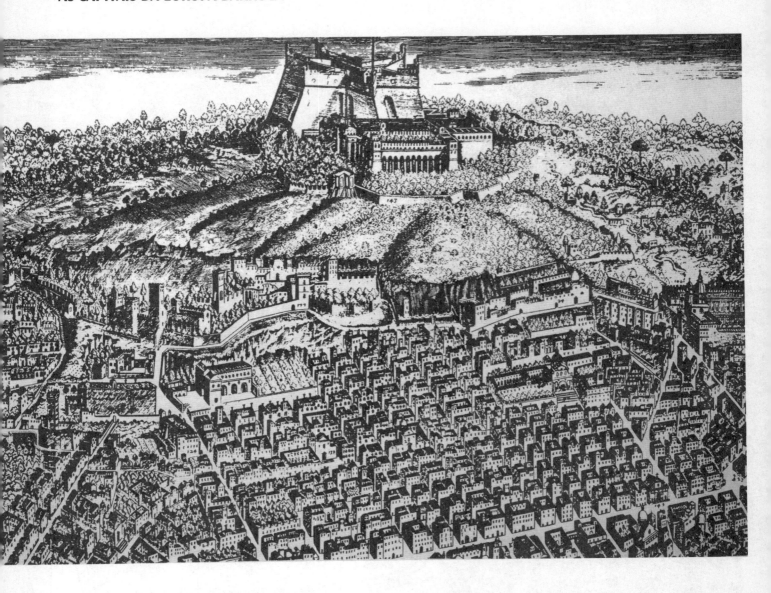

1093 Um detalhe de um mapa do século XVIII de Nápoles, com o bairro espanhol além da rua Toledo, a cartuxa de São Martinho e o castelo Sant'Elmo.

1094 Mapa do centro de Nápoles, mapa do Instituto Geográfico Militar; o grande edifício no alto é o Albergue dos Pobres.

(ao lado) Caserta. **1095** Vista aérea do palácio real e **1096** mapa da cidade, mapa do Instituto Geográfico Militar.

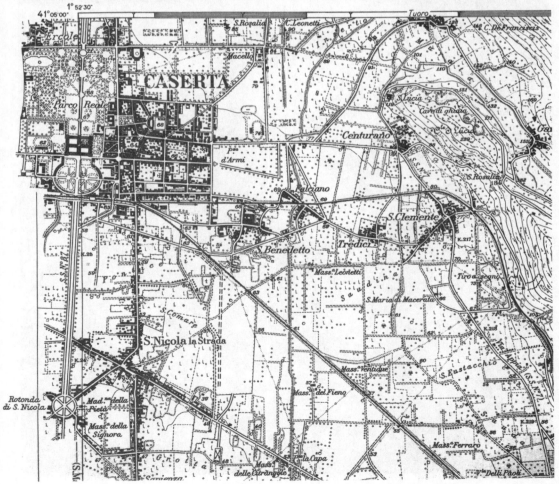

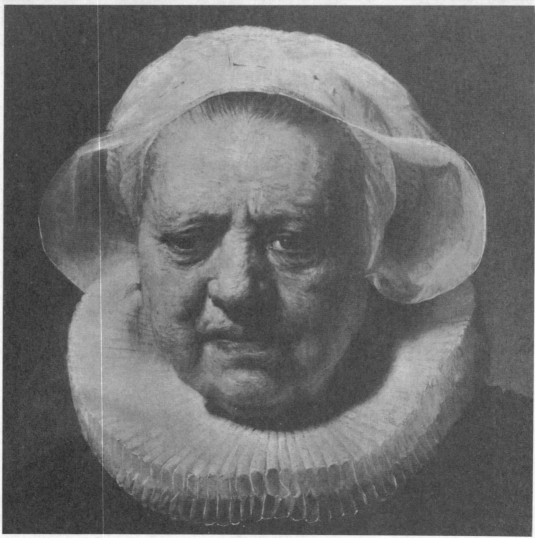

1097 Vista aérea de um trecho de campos holandeses, com os canais de saneamentos e um moinho de vento para o soerguimento da água.

1098 Detalhe de *Retrato de Velha Senhora*, de Rembrandt.

AS CAPITAIS DA EUROPA BARROCA

Amsterdã

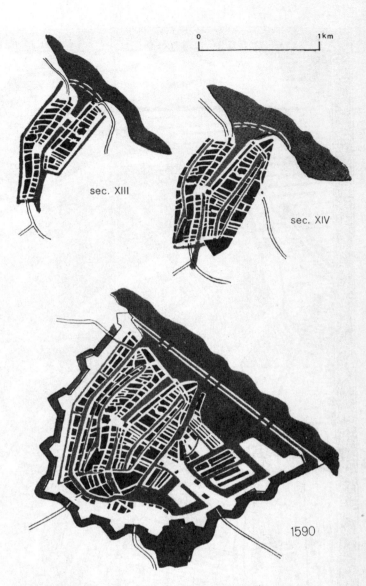

Amsterdã:
1099-1101 mapas da cidade na Idade Média e em fins do século XVI.

As cidades até agora examinadas são o produto do absolutismo que domina os Estados europeus, grandes ou pequenos. Mas as cidades holandesas ainda são governadas como as cidades-Estado medievais: o poder político é administrado coletivamente pela burguesia mercantil; toda grande cidade é uma república independente, com leis e instituições próprias, mesmo aderindo a uma federação para defender os interesses econômicos e militares comuns.

Conservando esse sistema político excepcional, as cidades holandesas se defendem das hostilidades das grandes potências, tornam-se riquíssimas e desenvolvem uma cultura original, burguesa e antimonumental. Bastará lembrar a filosofia de Spinoza, o trabalho científico de Huygens e a pintura de Rembrandt.

Amsterdã, a cidade mais importante, se torna o centro da atividade comercial e bancária europeia e cresce utilizando uma combinação de instrumentos: os métodos administrativos medievais, as contribuições da ciência e da tecnologia modernas e o espírito de regularidade da cultura visual renascentista.

Na primeira metade do século XVI, Amsterdã já é uma cidade portuária de tamanho médio, com cerca de 40.000 habitantes. Em 1578 é conquistada pelas tropas de Guilherme, o Taciturno, e, logo depois, tem a primeira ampliação: as muralhas de 1481 são demolidas e o fosso perimetral se torna um canal interno da cidade; mais para o exterior, constrói-se em 1593 um novo anel de muralhas, segundo as regras da moderna técnica militar (Figs. 1099-1102).

Mas a cidade continua crescendo e, no início do século XVII, projeta-se uma nova e grandiosa ampliação; decide-se escavar outros três canais concêntricos, começando pela extremidade ocidental e continuando, por meio de cortes sucessivos, até a zona oriental, onde é previsto um parque público e a ampliação do estaleiro. Esse plano é aprovado pelo governo da cidade em 1607 e é pontualmente executado no decorrer do século XVII. O governo desapropria o terreno, constrói os canais e vende os lotes aos particulares que desejem construir casas, recuperando assim a quantia gasta; os particulares devem observar minuciosos estatutos de construção, que estabelecem as características dos edifícios e os ônus, a cargo dos proprietários (Figs. 1103-1113).

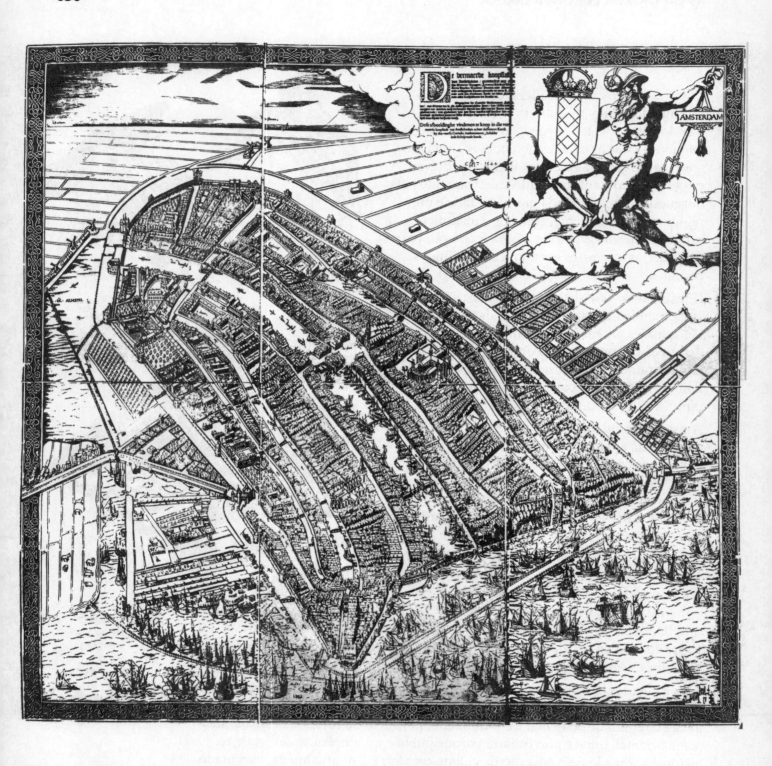

1102 Amsterdã, vista em perspectiva de 1544.

AS CAPITAIS DA EUROPA BARROCA

1103 1104 1105 Amsterdã; mapas da cidade no decorrer do século XVII, enquanto se executa o plano regulador de 1607, com os três grandes canais concêntricos.

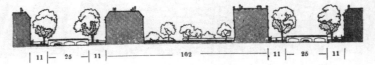

1106 Vista aérea do centro de Amsterdã; 1107 fachadas de uma série de casas ao longo dos canais do século XVII; 1108 corte entre dois canais, com as medidas das vias aquáticas, dos desembarcadouros e dos lotes edificáveis.

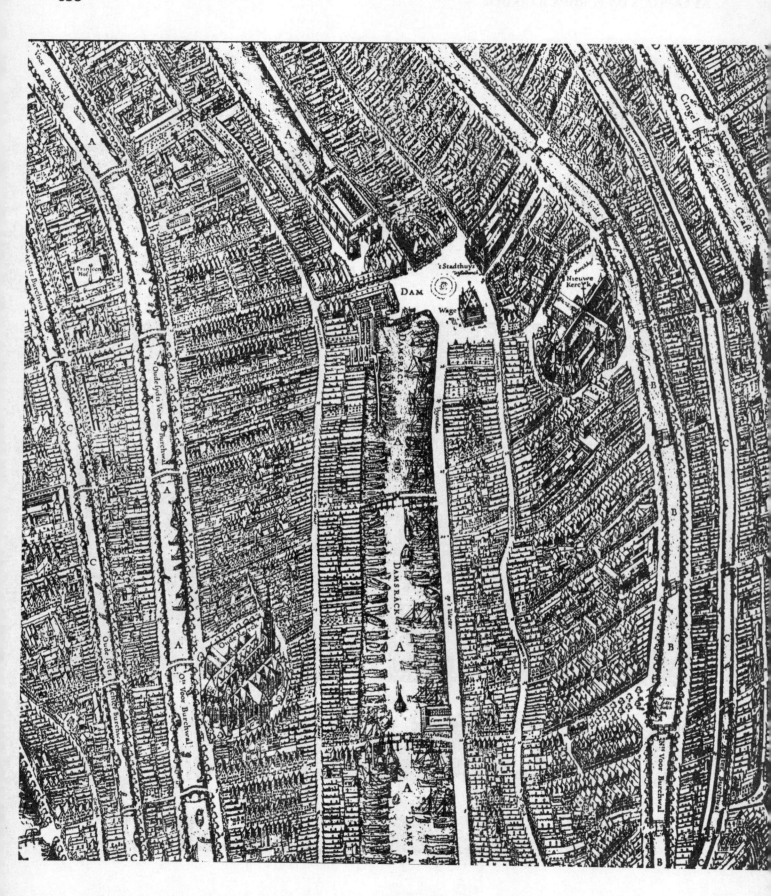

AS CAPITAIS DA EUROPA BARROCA

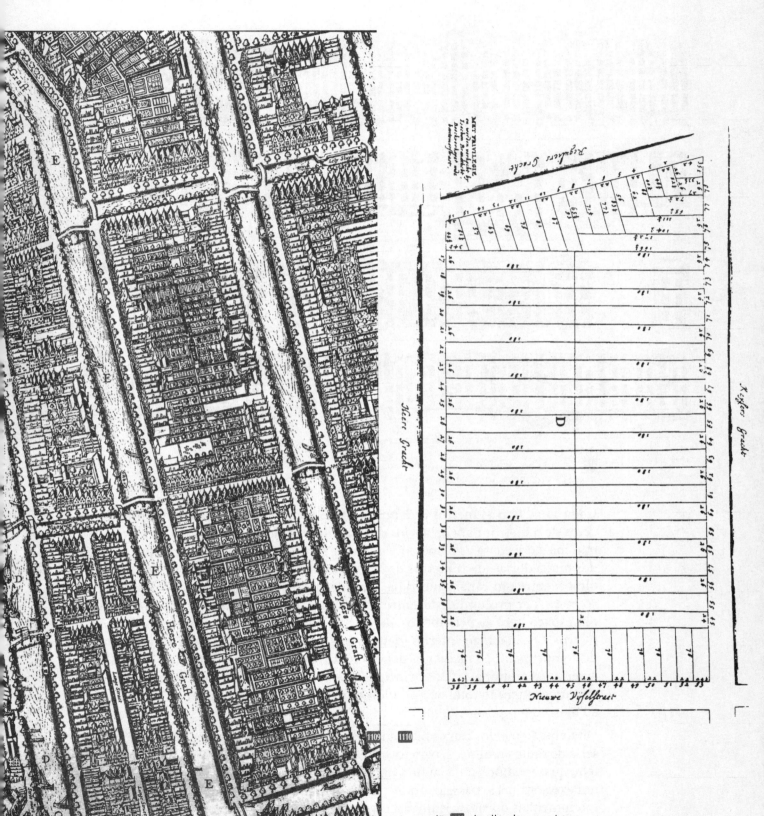

Amsterdã; 1109 detalhe de uma vista axonométrica de 1663 e 1110 planta dos lotes edificáveis entre os dois canais.

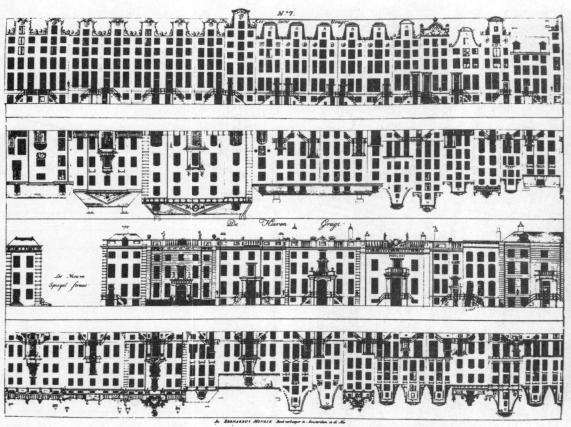

1111 Gravura do século XVIII, com as fachadas das casas ao longo de um trecho do canal dos Senhores.

Cada canal tem 25 metros de largura, isto é, compreende quatro corredores de cerca de 6 metros para os navios de tamanho médio (um para cada sentido de marcha e dois para as paradas); dos lados, ficam as plataformas de carga e descarga das mercadorias, de 11 metros de largura e ornamentadas com duas fileiras de olmos; entre um canal e outro há duas fileiras de lotes edificáveis, com cerca de 50 metros de profundidade; entre as fachadas posteriores das casas, deve ficar um espaço livre de pelo menos 48 metros, isto é, duas fileiras de jardins de 24 metros. O canal mais interno (denominado "dos Senhores") mede 3,5 quilômetros de comprimento, o mediano (denominado "dos Reis"), 4 quilômetros e o mais externo (denominado "dos Príncipes") tem 4,5 quilômetros; os desembarcadouros têm uma extensão total de 25 quilômetros e 4.000 navios podem atracar na cidade ao mesmo tempo.

Diferentemente dos canais mais antigos, os do século XVII são traçados com uma série de ramos retilíneos, para tornar os lotes edificáveis mais regulares; as casas têm, quase sempre, uma largura uniforme, mas as fachadas são desiguais e formam um extraordinário passeio arquitetônico, bastante diferente das intervenções monumentais do classicismo francês e, no entanto, tão grandioso quanto. Não se deve observar cada ramo de canal como um telescópio, em perspectiva unitária; por outro lado, visto de flanco, ele é obstruído pelas copas dos olmos e pelas velas dos

AS CAPITAIS DA EUROPA BARROCA

1112 1113 Duas fotografias das casas ao longo dos canais de Amsterdã, tomadas do desembarcadouro oposto.

navios; pelo contrário, deve ser apreciado como uma sucessão de vistas limitadas, segundo a dimensão transversal que não alcança os cinquenta metros (como nas praças medievais). Somente em movimento, descobre-se a enormidade da organização do conjunto (Figs. 1111-1113).

De fato, Amsterdã é uma cidade, não um cenário desabitado; os canais são ambientes de vida, os volumes no entorno são habitações e locais de trabalho, que pertencem a todos os cidadãos e não a um soberano absoluto. No final do século XVII, o novo organismo, rigorosamente planejado, tem uma superfície de 650 hectares – como as cidades maiores medievais examinadas no capítulo 7 – e uma população de 200.000 habitantes. Ela demonstra a vitalidade das regras urbanísticas medievais, que estabelecem uma relação frutífera entre poder público e as iniciativas dos particulares, também na época do absolutismo e do progresso científico. De fato, Amsterdã permanece por longo tempo a cidade mais moderna da Europa e se torna um modelo sugestivo para a cultura urbanística moderna do século XIX e do século XX.

No capítulo 15 falaremos do desenvolvimento recente da cidade; hoje Amsterdã tem um milhão de habitantes, mas o organismo do século XVII ainda é o coração – antigo e moderno – da vida urbana.

1114 Detalhe de uma vista quinhentista da cidade, com a ponte de Londres circundada pelas casas.

AS CAPITAIS DA EUROPA BARROCA

Londres

Na Idade Média e na Renascença, Londres se compõe de duas partes: a City, que cobre mais ou menos a área da cidade romana e é o centro comercial mais importante da Inglaterra, na foz do Tâmisa; e Westminster, onde o governo e o parlamento têm sede, nas proximidades da famosa abadia. Uma única ponte – a ponte de Londres, coberta por duas fileiras de casas como a Ponte Vecchio em Florença – transpõe o rio e leva aos subúrbios mais ao sul.

Do século XVII em diante, Londres cresce como uma cidade aberta, não estando sujeita a qualquer ameaça militar. Ao redor da City forma-se uma coroa de subúrbios, que segue o traçado das estradas rurais. Em 1666, toda a zona central – grande parte da City e metade da periferia ocidental – é destruída por um incêndio. É a ocasião para reconstruir a capital inglesa seguindo um plano unitário: de fato, os principais arquitetos da época, entre os quais Christopher Wren (1632-1723), apresentam ao rei Carlos II uma série de projetos (Figs. 1115-1118). Mas a monarquia inglesa – apenas restabelecida depois das lutas das décadas anteriores – não tem autoridade nem recursos necessários para semelhante empreitada. Depois da retirada dos entulhos, os proprietários anteriores reclamam seus terrenos; o governo consegue alargar somente as ruas principais e regulamentar as alturas das novas casas (Fig. 1119). A catedral de São Paulo e as

1115 Planta de Londres com a indicação da área destruída pelo incêndio de 1666 e o plano de reconstrução proposto por Robert Hooke.

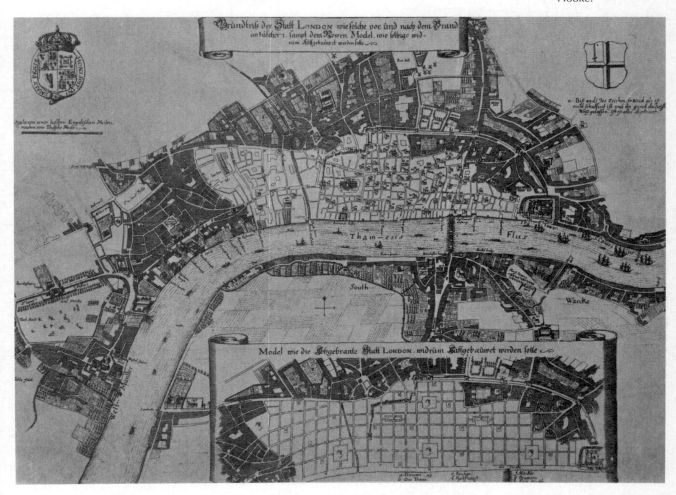

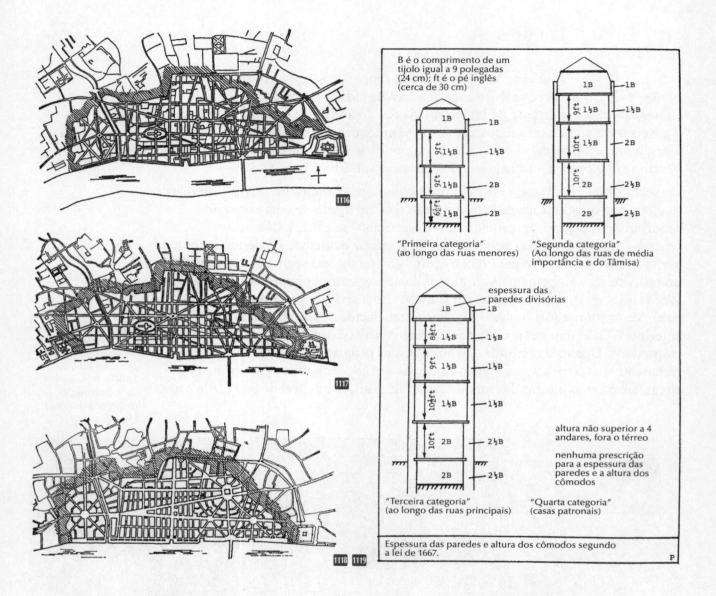

Londres; os planos para a reconstrução da parte central da cidade depois do incêndio, 1116 1117 propostos por Evelyn (os dois primeiros) e 1118 por Wren (o terceiro); 1119 os regulamentos para a reconstrução das casas, estabelecidos pela lei de 1667.

numerosas igrejas paroquiais são reconstruídas de forma moderna por Wren e um grupo de colaboradores (Figs. 1120-1121).

Depois da revolução de 1689, a monarquia constitucional inglesa se torna em breve tempo a primeira potência econômica da Europa; Londres substitui Amsterdã como centro do comércio e das finanças mundiais e cresce até tornar-se a maior cidade da Europa; na metade do século XVIII, é maior do que Paris e, em fins do século XVIII, é a primeira cidade ocidental que chega a um milhão de habitantes.

Esse prodigioso desenvolvimento não é orientado por um plano municipal, como em Amsterdã, nem pelas intervenções monumentais da corte, como em Paris: Londres é um mosaico de pequenas iniciativas – loteamentos promovidos pelos proprietários de terrenos, nobres ou burgueses – alternadas com frequentes espaços verdes, públicos ou particulares.

AS CAPITAIS DA EUROPA BARROCA

1120 Catedral de São Paulo em Londres, em vista panorâmica da cidade

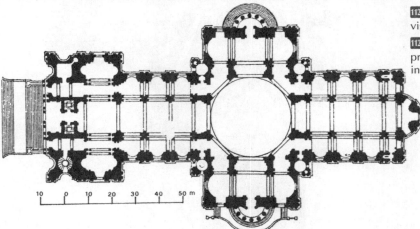

1121 Planta da catedral de São Paulo, projetada por Christopher Wren depois do incêndio de 1666.

Algumas dessas iniciativas são composições arquitetônicas elegantes e equilibradas (ruas ou praças rodeadas por casas todas iguais, com jardins comuns ao centro; Fig. 1129); mas a repetição desses casos forma algo novo e desconcertante: uma periferia gigantesca e inapreensível que continua em toda direção e mistura-se gradativamente ao campo, sem chegar a um limite definido (Fig. 1122).

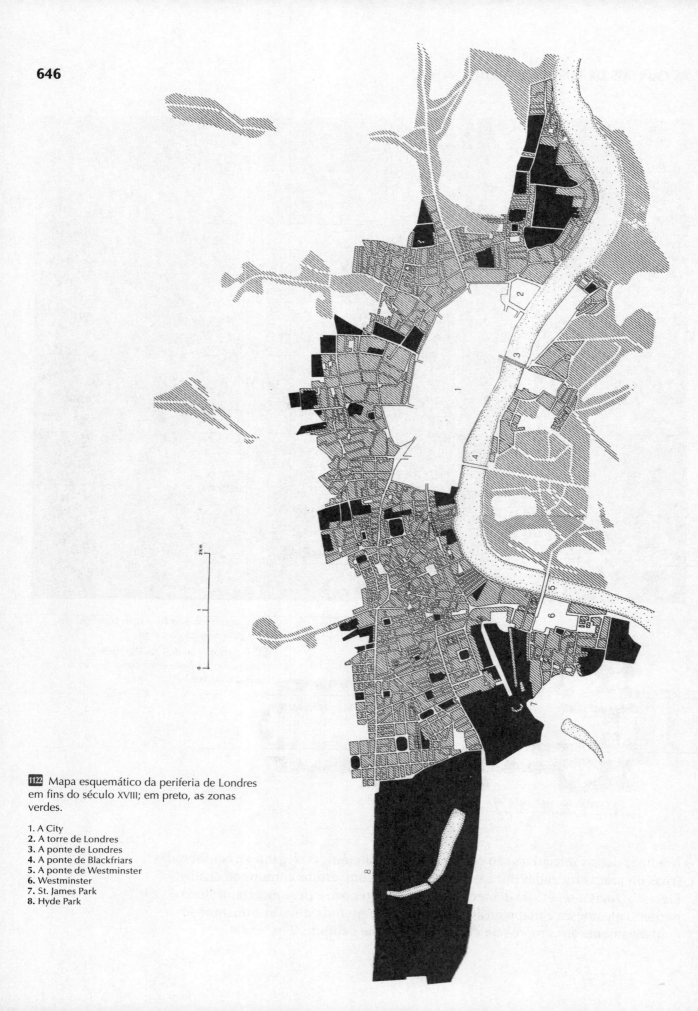

1122 Mapa esquemático da periferia de Londres em fins do século XVIII; em preto, as zonas verdes.

1. A City
2. A torre de Londres
3. A ponte de Londres
4. A ponte de Blackfriars
5. A ponte de Westminster
6. Westminster
7. St. James Park
8. Hyde Park

AS CAPITAIS DA EUROPA BARROCA

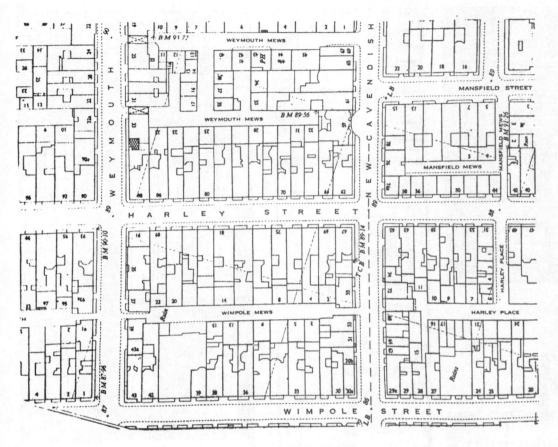

1123 Um trecho do loteamento do século XVIII ao redor de Harley Street, em Londres.

1124 Uma vista de Londres a partir das colinas setentrionais, pintura de Canaletto.

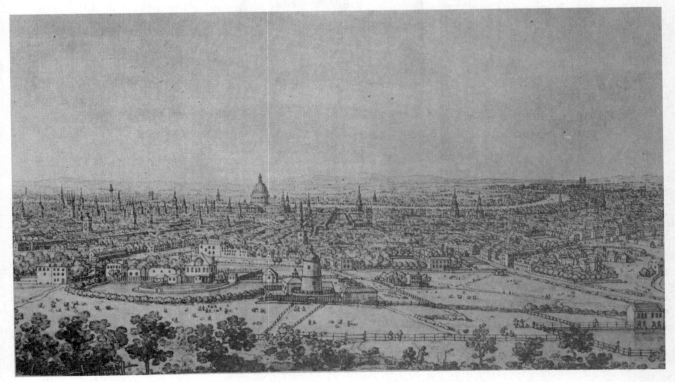

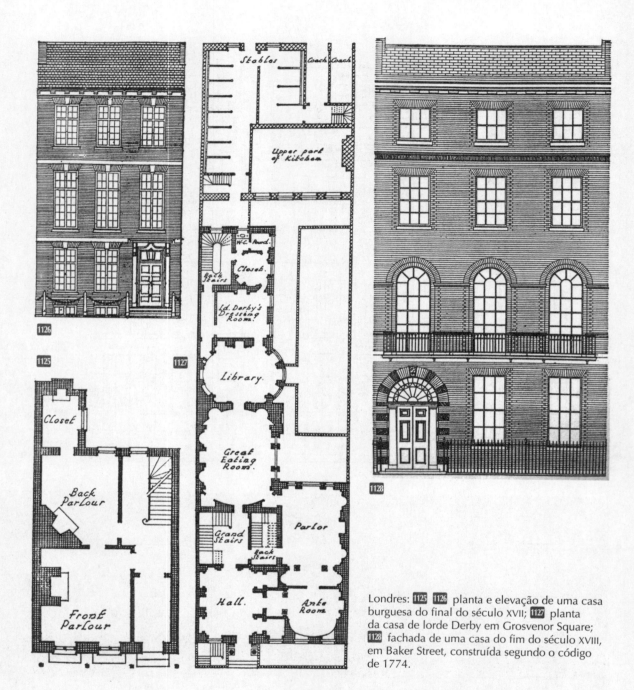

Londres: 1125 1126 planta e elevação de uma casa burguesa do final do século XVII; 1127 planta da casa de lorde Derby em Grosvenor Square; 1128 fachada de uma casa do fim do século XVIII, em Baker Street, construída segundo o código de 1774.

Daniel Defoe, em 1726, considera-a uma "cidade monstruosa" e pergunta "onde se deve colocar uma linha de fronteira ou de circunvalação?" Um século mais tarde Heinrich Heine chega a Londres, vindo da Alemanha, e escreve: "Esperava grandes palácios e não vi senão casebres. Mas é justamente sua uniformidade e seu número incalculável que deixam uma impressão tão grandiosa".

De fato, Londres é a primeira grande cidade burguesa, na qual a forma urbana não mais depende das grandes intervenções do governo ou de uma restrita classe dominante, mas da soma de um grande número de pequenas intervenções

AS CAPITAIS DA EUROPA BARROCA

particulares. A rica nobreza inglesa realiza no campo palácios e vilas grandiosas (Figs. 1130-1134); e na cidade, ao contrário, constrói casas normais, que se entretecem com todas as outras num tecido contínuo (Figs. 1125-1128). As ruas estreitas e irregulares já se apresentam atulhadas por um tráfego enorme de pedestres e de carruagens (e ainda não temos os automóveis!).

Na Londres do século XVIII, já estão presentes os problemas característicos das cidades contemporâneas, que se acentuarão em seguida com a Revolução Industrial.

1129 Vista aérea da zona de Grosvenor Square.

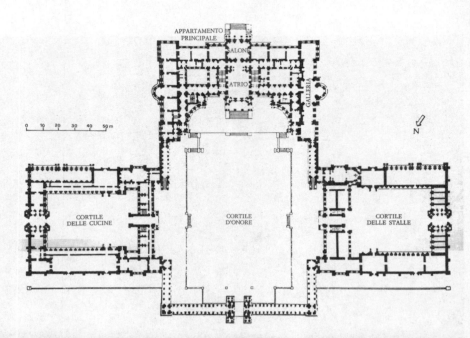

1130 Planta e 1131 vista aérea do palácio de Blenheim nos arredores de Londres, projetado para o duque de Marlborough em 1704. O parque foi configurado no final do século XVIII.

1132 (página ao lado) Vista do parque de Badminton; gravura do início do século XVIII.

AS CAPITAIS DA EUROPA BARROCA

1133 1134 Vistas do parque de Stourhead na área rural inglesa, projetado em meados do século XVIII: um dos modelos principais do "jardim à inglesa", livre da regularidade geométrica e inserido cuidadosamente na paisagem natural.

1135 (ao lado, embaixo) A aparição da indústria na paisagem inglesa: as oficinas metalúrgicas de Coalbrookdale, numa pintura de 1775.

1136 A ponte suspensa sobre o estreito de Conway, construída por Thomas Telford em 1826; gravura da época.

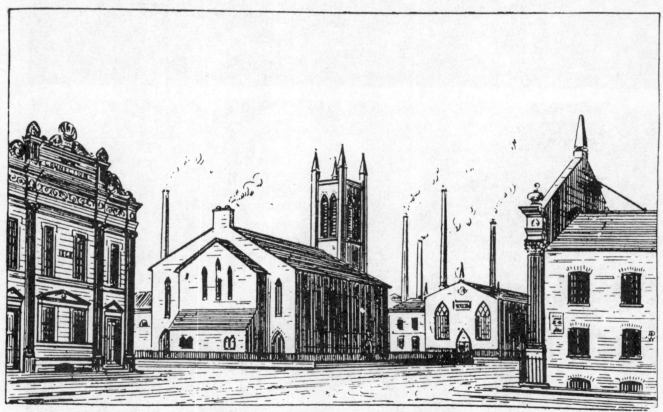

1137 A nova paisagem da cidade industrial; gravura de A.W. Pugin, de 1841.

O AMBIENTE DA REVOLUÇÃO INDUSTRIAL

D epois da metade do século XVIII, a Revolução Industrial muda o curso dos acontecimentos na Inglaterra e, mais tarde, em todo o mundo.

Na Introdução, a Revolução Industrial foi enquadrada entre as passagens fundamentais da história humana: a revolução agrícola neolítica e a revolução urbana da Idade do Bronze. Agora precisamos descrever suas consequências sobre o ambiente construído. Vamos relacionar rapidamente os fatos principais, que influenciam a organização das cidades e do território:

1. O aumento da população devido à diminuição do índice de mortalidade que, pela primeira vez, se distancia decididamente do de natalidade (na Inglaterra o índice de natalidade permanece quase constante, ao redor de 37 por mil; o índice de mortalidade diminui de 35 por mil – por volta de meados do século XVIII – para 20 por mil na metade do século XIX).

Por isso cresce o número de habitantes (na Inglaterra de 7 milhões em 1760 para 14 milhões em 1830); cresce a média de vida (de cerca de 35 anos para 50 e poucos anos); modifica-se a estrutura da população porque aumenta o número de jovens devido à queda da mortalidade infantil. Mas, sobretudo, rompe-se o secular equilíbrio entre gerações porque cada uma ocupava o lugar das anteriores e repetia o mesmo destino. Agora, cada geração se encontra numa situação nova e precisa resolver novos problemas.

2. O aumento dos bens e serviços produzidos pela agricultura, indústria e atividades terciárias, como efeito do progresso tecnológico e do desenvolvimento econômico. O aumento da população e da produção se ligam para formar um círculo ascendente: os habitantes mais numerosos exigem bens e serviços mais abundantes, que permitem um ulterior aumento da população; os bens e os serviços, disponíveis em quantidade e qualidade superiores, fazem aumentar a qualidade de vida das classes sociais e causam a busca de outros bens mais abundantes e diversos.

3. A redistribuição dos habitantes no território, em consequência do aumento demográfico e das transformações da produção. Os camponeses independentes, que cultivavam a terra, se tornam assalariados ou operários da indústria e se transferem para onde existe disponibilidade de força motriz para os estabelecimentos industriais, isto é, nas proximidades dos cursos de água e depois – após a invenção da máquina a vapor – nas vizinhanças das jazidas de carvão. As fábricas tendem a concentrar-se ao redor das cidades; assim, as cidades crescem mais rapidamente do que o restante do país, porque acolhem seja o aumento natural da população, seja o fluxo migratório dos campos.

Manchester, que em 1760 tem 12.000 habitantes, na metade do século XIX alcança 400.000; Londres, que já no final do século XVIII tem um milhão de habitantes, em 1851 chega a dois milhões e meio, isto é, supera qualquer outra cidade do mundo antigo e moderno.

4. O desenvolvimento dos meios de transporte: as estradas com pedágio, construídas com os métodos desenvolvidos por Telford e Macadam; os canais navegáveis, construídos na Inglaterra de 1760 em diante; as estradas de ferro, introduzidas em 1825 e difundidas rapidamente na Inglaterra e em todos os outros países; os navios a vapor que, no mesmo período, têm condições de substituir os navios a vela.

Esses meios permitem uma mobilidade incomparavelmente maior: todas as mercadorias, mesmo as pesadas e pobres, podem ser transportadas para os locais onde são solicitadas; as pessoas de todas as classes sociais podem fazer longas viagens, ou morar num lugar e trabalhar em outro, deslocando-se a cada dia ou a cada semana.

5. A rapidez e o caráter aberto dessas transformações, que se desenvolvem em poucas décadas (dentro do arco de experiência de uma vida humana), não levam a um novo equilíbrio estável, mas deixam prever outras transformações cada vez mais profundas e mais rápidas.

Nenhum problema jamais é resolvido definitivamente e nenhuma disposição pode valer por tempo indeterminado, mas somente por um período, cujo cálculo deve ser aprendido. Um edifício não é mais considerado uma modificação estável, incorporada no terreno, mas um produto provisório que, mais tarde, pode ser substituído por outro. Torna-se possível, assim, considerar um terreno edificável como um bem independente, com seus requisitos econômicos devidos à posição, à procura, às exigências regulamentares etc.

6. As tendências do pensamento político, isto é, a desvalorização das formas tradicionais de controle público do ambiente construído (os planos urbanísticos abrangentes, os regulamentos etc.), que são consideradas resquícios do antigo regime; ao mesmo tempo, a recusa de aceitar as dificuldades do ambiente como fatos inevitáveis e a confiança de corrigir os defeitos atuais com uma ação calculada.

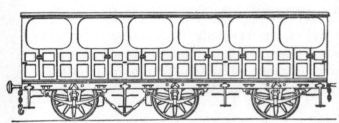 

1138 A estrada de ferro Londres-Birmingham, em construção em 1836; 1139 os vagões de segunda e de primeira classes usados nas estradas de ferro da companhia Great Western, na Inglaterra, em 1839; 1140 *O Vagão de Terceira Classe* (1864), quadro de Honoré Daumier.

Economistas ensinam a limitar a intervenção pública em todos os setores da vida social e também no urbanístico. Adam Smith aconselha os governos a vender os terrenos de propriedade pública, para pagar suas dívidas. Esses conselhos são bem recebidos pelas classes dominantes, que têm interesse em fazer valer também no campo imobiliário a liberdade da iniciativa privada, isto é, têm condições de aproveitar a desordem urbana sem sofrer as consequências. Mas algumas desvantagens de ordem física (o congestionamento do tráfego, a insalubridade, a feiura) tornam intolerável a vida das classes subalternas e, a partir de certo momento, ameaçam o ambiente em que vivem todas as outras classes. Por isso, os representantes esclarecidos das classes dominantes, bem como os representantes das classes subalternas (os radicais e os socialistas) propõem novas formas de intervenção pública, seja para corrigir separada e gradualmente os inconvenientes individuais, seja para recomeçar desde o início, contrapondo à cidade existente, novos tipos de assentamentos ditados pela pura teoria.

Na primeira metade do século XIX, os defeitos da cidade industrial parecem muito numerosos e incomuns para que possam ser completamente eliminados. Entre a realidade e o ideal a diferença parece intransponível. Dividiremos, pois, nossa exposição em duas partes e descreveremos nesse capítulo:

I. a realidade: o ambiente da cidade e as primeiras tentativas para melhorá-lo com reformas setoriais;

II. as alternativas para essa realidade, idealizadas nos livros e postas em prática como experiências excepcionais, longe das cidades existentes.

1141 O exterior e o interior da estação de King's Cross em Londres, construída em 1850.

Página ao lado:

1142 Uma alegoria da cidade industrial: *Londres Saindo da Cidade, ou a Marcha dos Tijolos e da Cal*; gravura de George Cruikshank, de 1829.

1143 Outra alegoria da cidade industrial: *O Céu e a Terra: Ó! É Muito Bom Viver Com a Arrecadação das Taxas, Mas É o Diabo Ter de Pagá-las!*; gravura de Robert Seymour, de 1830.

O AMBIENTE DA REVOLUÇÃO INDUSTRIAL

LONDON going out of Town — or — The March of Bricks & Mortar.

HEAVEN & EARTH.
"Oh! it's very well to Live on the Taxes-but the devil to pay them"

Um bairro elegante de Paris: 1144 a rue de Rivoli, iniciada por Napoleão I e completada na primeira metade do século XIX. 1145 Todas as casas têm uma fachada uniforme, desenhadas pelos arquitetos Percier e Fontaine, e imposta por regulamento às construções seguintes.

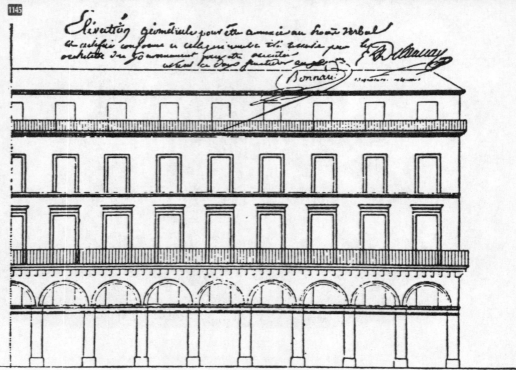

O AMBIENTE DA REVOLUÇÃO INDUSTRIAL

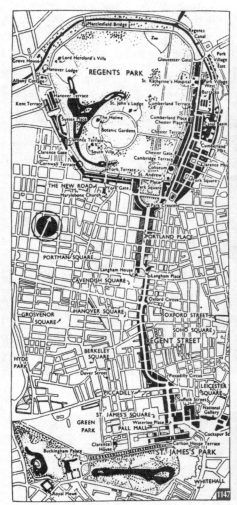

Um bairro elegante de Londres: 1147 a intervenção em Regent Street e no Regent's Park, projetado por John Nash em 1813 e realizado entre 1820 e 1830. As duas gravuras mostram dois trechos da Regent Street, 1148 a curva perto de Piccadilly Circus e 1149 a parte reta de Portland Place. Abaixo, 1150 o trabalho dos garotos nas minas inglesas do mesmo período.

662

1151-1154 Vista do centro de Londres, publicada em 1851 pela firma Banks & Co.; os monumentos, as casas e as oficinas misturadas numa desordem inextricável.

1155 Os bairros pobres de Londres, sob os viadutos ferroviários; gravura de Gustave Doré de 1872.

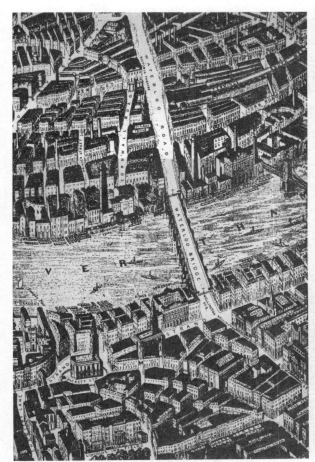

663

1156 Uma rua de um bairro pobre de Londres (Dudley Street); gravura de Gustave Doré de 1872.

O AMBIENTE DA REVOLUÇÃO INDUSTRIAL

Página ao lado:

1157 No alto: Uma cidade industrial inglesa de hoje (Middlesborough).

1158 Embaixo: Uma cidade industrial inglesa de hoje (Colne Valley).

"Uma cidade cristã 1159 em 1440 e 1160 em 1840"; duas gravuras de Pugin.

1161 Um grupo de estabelecimentos industriais ingleses, esboçados pelo arquiteto alemão Schinkel num caderno de viagem, de cerca de 1830.

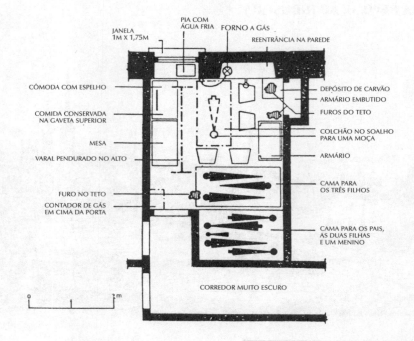

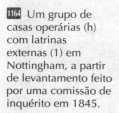 **1162** Um casebre operário para nove pessoas, visto em Glasgow em 1948.

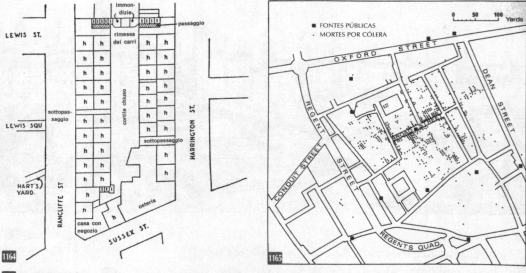

1164 Um grupo de casas operárias (h) com latrinas externas (1) em Nottingham, a partir de levantamento feito por uma comissão de inquérito em 1845.

1165 Mortes por cólera no distrito de Soho em Londres, em setembro de 1854; mapa desenhado pelo Dr. John Snow.

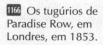 **1166** Os tugúrios de Paradise Row, em Londres, em 1853.

1163 Os pobres de Londres; uma vinheta do *Punch*, de 1859.

1167 A paisagem descrita por Engels em 1845, ainda existente na periferia das grandes cidades contemporâneas.

I

O rapidíssimo crescimento das cidades na época industrial produz a transformação do núcleo anterior (que se torna o centro do novo organismo) e a formação, ao redor desse núcleo, de uma nova faixa construída: a periferia.

O núcleo tem uma estrutura já formada na Idade Média ou na Idade Moderna; contém os principais monumentos – igrejas, palácios – que muitas vezes dominam ainda o panorama da cidade. Mas não pode mais tornar-se o centro de um aglomerado humano muito maior: as ruas são muito estreitas para conter o trânsito em aumento; as casas são muito diminutas e compactas para abrigar, sem inconvenientes, uma população mais densa. Assim, as classes abastadas abandonam gradualmente o centro e se estabelecem na periferia: as velhas casas se tornam casebres onde se amontoam os pobres e os recém-imigrados. Enquanto isso, muitos edifícios monumentais da cidade histórica – palacetes, conventos etc. – são abandonados por causa das revoluções sociais e divididos em pequenas moradias improvisadas. As zonas verdes do organismo antigo – os jardins atrás das casas geminadas, os jardins maiores dos palácios, os hortos – são ocupadas por novas construções, casas e barracões industriais.

Os efeitos dessas transformações se somam e se tornam mais graves por volta de meados do século XIX. Eis a clássica descrição do centro de Manchester, publicada por Engels em 1845:

> [Na cidade velha] as ruas, mesmo as melhores, são estreitas e tortuosas, as casas sujas, velhas, decadentes, e o aspecto das ruas laterais é absolutamente horrível [...] são os restos da velha Manchester pré-industrial, cujos antigos habitantes se transferiram, com seus descendentes, para bairros melhor construídos, deixando as casas que, para eles, haviam se tornado demasiadamente miseráveis, para uma raça de operários fortemente misturada com sangue irlandês. Aqui estamos num bairro quase que exclusivamente operário, porque também as lojas e as tabernas não se dão ao trabalho de parecerem um pouco asseadas. Mas isto ainda não é nada em comparação com as vielas e os pátios que se desdobram por trás delas e aos quais se chega somente por meio de estreitas passagens cobertas, através das quais não passam nem duas pessoas uma ao lado da outra. É difícil imaginar a desordenada mistura das casas, que zomba de todo urbanismo racional, o amontoamento, pois estão literalmente encostadas umas nas outras. E a culpa não é somente dos edifícios que sobreviveram aos velhos tempos de Manchester: em tempos mais recentes, a confusão chegou ao máximo, pois onde quer que houvesse um pedacinho de espaço, entre as construções da época precedente, continuou-se a construir e a remendar, até tirar de entre as casas a última polegada de terra livre ainda suscetível de ser utilizada. Para confirmar isto, anexo uma pequena parte da planta de Manchester;

O AMBIENTE DA REVOLUÇÃO INDUSTRIAL

> ainda não é a parte mais feia e não representa nem um décimo de toda a cidade velha.
>
> Esse esboço é suficiente para caracterizar o urbanismo absurdo de todo o bairro, especialmente perto do rio. A margem meridional é muito mais escarpada e tem uma altura de quinze a trinta pés; sobre esse íngreme declive são construídas, pelo menos, três fileiras de casas, das quais a mais baixa se ergue quase imediatamente sobre o rio (F. Engels, *A Situação da Classe Operária na Inglaterra* –1845, trad. italiana, Roma, 1955).

A periferia não é um trecho de cidade já formado como as ampliações medievais ou barrocas, mas um território livre onde se somam um grande número de iniciativas independentes: bairros de luxo, bairros pobres, indústrias, depósitos, instalações técnicas. Num determinado momento essas iniciativas se fundem num tecido compacto, que não foi, porém, previsto e calculado por ninguém.

Na periferia industrial perde-se a homogeneidade social e arquitetônica da cidade antiga. Os indivíduos e as classes não desejam integrar-se na cidade como num ambiente comum, mas as várias classes sociais tendem a se estabelecer em bairros diversos – ricos, médios, pobres – e as famílias tendem a viver isoladas, o mais possível. A residência individual com jardim – reservada antigamente para reis e nobres – é agora acessível (numa versão reduzida) aos ricos e aos médios burgueses e o grau de independência recíproca se torna a marca mais importante do nível social: os ricos têm casas mais isoladas – vilas maiores ou menores –, os pobres têm habitações menos isoladas: fileiras de casas geminadas, ou moradias sobrepostas em edifícios de muitos andares.

As ilustrações (Figs. 1144-1168) mostram exemplos de bairros ricos e pobres. Porque faltam regulamentos ou estão em desuso, a qualidade das moradias mais pobres pode piorar até ao limite suportável pelos trabalhadores mal pagos.

Grupos de especuladores se encarregam de construir essas casas, poucas por vez ou em grandes conjuntos, tendo em vista somente obter o lucro máximo; o operário, que recebe um salário apenas compatível com a sobrevivência, deve usar parte dele para pagar o aluguel, e o proprietário, que construiu a menor casa possível e com materiais de qualidade inferior, deve conseguir um lucro superior ao custo de construção. O encontro dessas duas exigências determina o caráter da casa e do bairro.

Por sua vez, a casa pode também ser melhor do que a cabana onde a mesma família morava

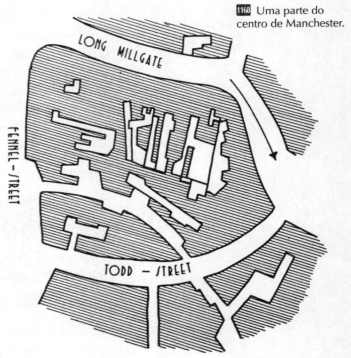

1168 Uma parte do centro de Manchester.

no campo: as paredes são de tijolos em vez de madeira, a cobertura é de ardósia e não de palha, a mobília e os serviços são igualmente rudimentares ou não existem. Mas a cabana tinha muito espaço ao redor, onde o refugo podia ser eliminado, com facilidade, e inúmeras funções – criação de animais, trânsito de pedestres e carruagens, jogos das crianças – podiam desenvolver-se ao ar livre sem grandes incômodos entre si. Agora, a aglomeração de muitas casas num ambiente restrito impede a eliminação dos refugos e o desenvolvimento das atividades ao ar livre: ao longo das ruas os esgotos correm a descoberto, o lixo se acumula e, nos mesmos espaços, circulam pessoas e veículos, vagueiam os animais e brincam as crianças. Além do mais, os piores bairros surgem nos lugares mais desfavoráveis: perto das indústrias e das estradas de ferro, longe das zonas verdes. As fábricas perturbam as casas com a fumaça e o ruído, poluem os cursos de água e atraem um trânsito que deve misturar-se com o das casas.

Engels assim descreve os bairros periféricos de Manchester:

> A cidade nova se estende para além da cidade velha, em cima de uma colina argilosa entre o Irk e St. George's Road. Aqui termina qualquer aparência de cidade; fileiras individuais de casas ou grupos de ruas estão esparsos aqui e acolá como pequenas aldeias sobre o despido terreno argiloso, onde não cresce nem um fio de relva; as casas estão em péssimo estado, nunca consertadas, sujas, dotadas de acomodações em sótãos úmidos e insalubres; as ruas não têm calçamento nem canais de escoamento, mas abrigam um sem-número de colônias de porcos, encerrados em pequenos pátios, ou livres, para passear pelo declive. Essas ruas são tão lamacentas que somente quando o tempo é muito seco, há alguma possibilidade de atravessá-las sem afundar, a cada passo, até os tornozelos.
>
> Vimos como na cidade velha foi o puro acaso que presidiu o agrupamento das casas. Cada casa é construída sem levar absolutamente em conta as outras casas, e os pequenos cantos livres entre cada habitação, por falta de outro nome, são chamados pátios. Nos bairros periféricos, encontramos um maior esforço de organização. O espaço entre duas ruas é dividido em pátios mais regulares, na maior parte das vezes quadrados, mais ou menos desse modo:

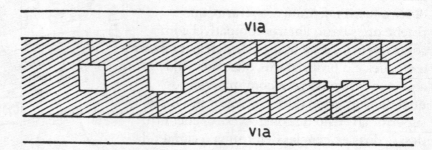

> [...] assim dispostos desde o início e aos quais se chega das ruas, através de passagens cobertas. Mas se a disposição, absolutamente

O AMBIENTE DA REVOLUÇÃO INDUSTRIAL

destituída de um plano, já era tão nociva à saúde dos habitantes porque impedia a ventilação, esse modo de encerrar os operários em pátios cercados por todos os lados de construções é muito mais. O ar, simplesmente, não pode sair dali; as próprias chaminés das casas, enquanto o fogo é mantido aceso, constituem a única via de saída para o ar viciado dos pátios.

Em épocas mais recentes, adotou-se outro modo de construir, que se generalizou. As casas operárias não são mais construídas individualmente, mas quase sempre às dúzias, ou aos montões: um só empresário constrói uma ou mais ruas por vez. Essas são dispostas da seguinte maneira: um lado é constituído pelas casas da primeira fileira, que têm sorte por ter uma porta posterior e um pequeno pátio, e pelas quais é pedido um aluguel dos mais altos. Por trás do muro dos pátios dessas casas há uma viela apertada, a rua secundária, obstruída por construções nas duas extremidades e na qual desemboca lateralmente um estreito beco ou uma passagem coberta. As casas que dão para esse beco pagam um aluguel menor que os outros e, geralmente, são as mais negligenciadas. Elas têm a parede posterior comum com a terceira fileira de casas, que olham para a rua do lado oposto, e pagam um aluguel inferior ao da primeira fileira, mas superior ao da segunda. Eis, mais ou menos, a disposição das ruas:

Com esse sistema de construção, a ventilação das casas da primeira fileira é bastante boa e a das casas da terceira fileira, pelo menos, não

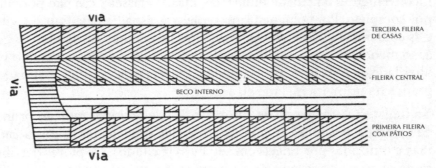

1169 1170 Detalhes dos novos bairros de Manchester: esboços anexos ao livro de Engels.

é pior em comparação com as construções correspondentes do velho esquema; mas a fileira central é mal ventilada ao menos tanto quanto as casas dos pátios, e a rua secundária é suja e esquálida, não menos que os próprios pátios. Os empresários preferem esse sistema de construção porque poupa espaço e permite explorar ainda mais os operários mais bem pagos, mediante os aluguéis mais altos das casas da primeira e da terceira fileiras.

Em parte para não diminuir os lucros vindos dos aluguéis, em parte porque se aproxima o momento da restituição do terreno onde surgem as construções, esses empreendedores gastam pouco ou nada em reparos; por causa das crises comerciais e consequente desemprego, muitas vezes ruas inteiras permanecem desertas e, em consequência disso, as casas logo ficam arruinadas e se tornam inabitáveis.

A descrição de um bairro de casas degradadas:

> Numa depressão bastante profunda, circundada por altas fábricas, por altas margens cobertas de construções e aterros, em dois grupos, se juntam cerca de duzentas casas, em geral com a parede posterior comum duas a duas, onde moram, no total, cerca de quatro mil pessoas, quase todas irlandesas. As casas são velhas, sujas e do menor tipo possível; as ruas são desiguais, cheias de buracos e, em parte, não calçadas e destituídas de canalização. Lixo, refugos e lodo nauseante são espalhados por toda parte em enormes quantidades, no meio de poças permanentes; a atmosfera está empestada por suas exalações e turvada e poluída por uma dúzia de chaminés; pelos arredores vagueia uma massa de mulheres e crianças esfarrapadas, sujas como os porcos que se deleitam sobre os montes de cinzas e nas poças.

Esse ambiente desordenado e inabitável – que chamaremos de cidade liberal – é o resultado da superposição de muitas iniciativas públicas e particulares, não regulamentadas e não coordenadas. A liberdade individual, exigida como condição para o desenvolvimento da economia industrial, revela-se insuficiente para regular as transformações urbanas e construtivas, produzidas justamente pelo desenvolvimento econômico. As classes pobres sofrem mais diretamente os inconvenientes da cidade industrial, mas as classes ricas não podem fugir deles por completo. Por volta de 1830, o cólera se espalha pela Europa, vindo da Ásia, e as epidemias se desenvolvem nas grandes cidades, obrigando os governantes a, ao menos, corrigir as falhas higiênicas, isto é, a se chocar com o princípio da liberdade de iniciativa, proclamado na teoria e defendido, obstinadamente, na prática na primeira metade do século.

Na Inglaterra, um grupo de autoridades e de políticos radicais promove uma série de investigações sobre as condições de vida das cidades (publicadas em 1842, 1844, 1845 e utilizadas por Engels em seu livro já citado). Os piores detalhes sobre as casas e bairros operários são apresentados à opinião pública, que reage e exige uma intervenção: mas são necessários anos de discussões acirradas para se votar a primeira lei sanitária, no verão de 1848.

Na França, durante a Monarquia de Julho, as sondagens sobre a vida dos operários são feitas pelos grupos de oposição, socialistas e católicos; somente depois da Revolução de 1848, a Segunda República aprova a lei sanitária de 1850.

Essas duas leis – e as aprovadas em seguida na Itália (1865) e nos outros Estados europeus – serão utilizadas, na segunda metade do século XIX, para administrar a cidade pós-liberal, da qual iremos falar no próximo capítulo.

O AMBIENTE DA REVOLUÇÃO INDUSTRIAL

II

No duro período do pós-guerra, de 1815 em diante, surgem algumas propostas revolucionárias, políticas e urbanísticas para mudar, ao mesmo tempo, a organização social e a disposição dos núcleos urbanos. A sociedade tradicional produz o dualismo entre cidade e campo; a nova sociedade deve produzir um novo organismo urbano, de medida calculada, intermediária entre uma cidade e uma herdade: pequeno o suficiente para ser organizado de modo unitário, mas grande o suficiente para ter uma vida econômica e cultural completa, suficiente em si mesma.

Robert Owen (1771-1858), um rico industrial inglês, propõe acomodar um grupo de cerca de 1.200 pessoas num terreno agrícola de mais ou menos quinhentos hectares. As habitações formarão um quadrado; três lados são destinados para casas individuais, para os casais e filhos com menos de três anos; o quarto lado, para os dormitórios dos jovens, a enfermaria e o hotel para os visitantes. No espaço central são previstos os edifícios públicos: a cozinha com o restaurante comum, as escolas, a biblioteca, o centro de encontro para os adultos, as zonas verdes para a recreação e os campos esportivos. Ao longo do perímetro externo, os jardins das casas e um anel de ruas: mais além, os estabelecimentos industriais, os armazéns, a lavanderia, a cervejaria, o moinho, o matadouro, os estábulos e os edifícios rurais. Faltam os tribunais e as prisões, porque a nova sociedade não terá necessidade deles (Fig. 1171).

Entre 1817 e 1820, esse plano é apresentado ao governo central inglês e às autoridades locais, mas sem sucesso. Owen tenta pô-lo em prática por conta própria nos Estados Unidos: em 1825, compra um terreno em Indiana, onde deveria ter surgido a primeira aldeia-modelo (Fig. 1172), mas teve de adaptar-se a uma aldeia já existente e a experiência fracassa alguns anos depois.

Charles Fourier (1772-1837) é um escritor que, durante a Restauração, publica na França a descrição de um novo sistema filosófico e político. Classifica as "paixões" que produzem as relações entre os homens e projeta um grupo formado por 1.620 pessoas de diferentes posições sociais, suficiente para ativar todas essas relações; esse grupo, chamado Falange, deverá possuir um terreno de uma légua quadrada (250 hectares) e morar num grande edifício unitário, o falanstério. Fourier descreve-o minuciosamente: é um edifício monumental em forma de Ω, como Versalhes, com um pátio central e vários pátios menores. O andar térreo é interrompido pelas passagens para deixar entrar as carruagens, enquanto no primeiro andar correm as galerias cobertas que põem em comunicação todos os outros locais, substituindo as ruas. Os adultos são alojados nos apartamentos do segundo e do terceiro andares, os jovens são concentrados no mezanino e os hóspedes, no sótão (Figs. 1173-1175).

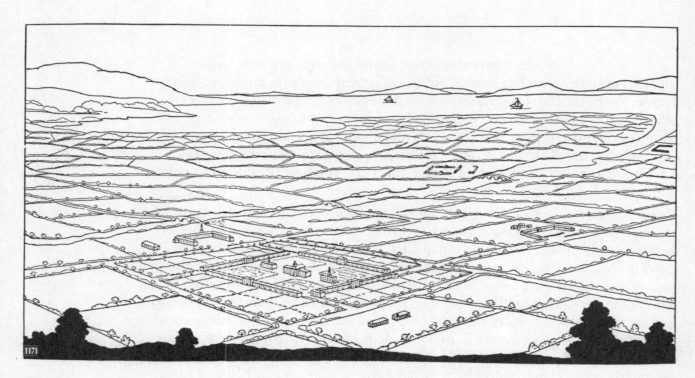

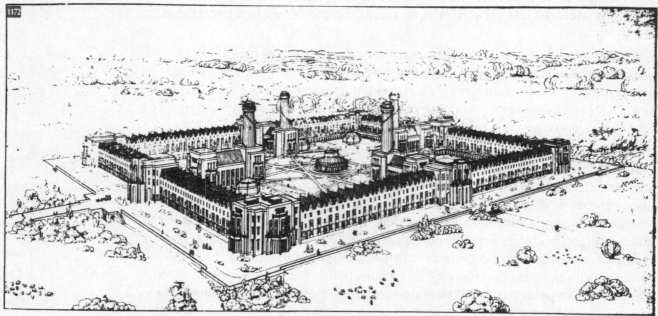

1171 Uma "aldeia de harmonia e de cooperação"; esboço anexado ao relatório de Owen, de 1817.

1172 A aldeia a ser construída em Harmony, Indiana, por iniciativa de Owen; gravura publicada em 1825.

O AMBIENTE DA REVOLUÇÃO INDUSTRIAL

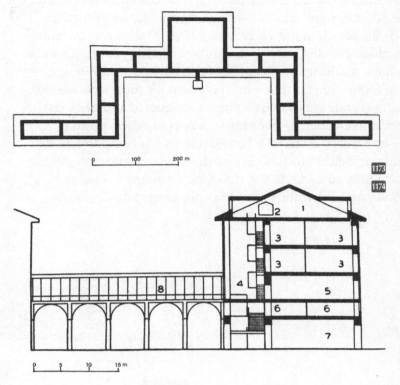

1173 Planta esquemática do falanstério de Fourier, extraída da descrição de 1841; em preto, as ruas internas sobrelevadas.

1174 Corte esquemático do falanstério de Fourier.

1. Águas-furtadas, com os quartos para os hóspedes; 2. Reservatórios de água; 3. Apartamentos privados; 4. Rua sobrelevada; 5. Salas de reunião; 6. Sobrelojas com os aposentos dos moços; 7. Andar térreo com as passagens para as carroças; 8. Passarela coberta.

1175 O falanstério, na interpretação do jornalista americano Albert Brisbane.

A e O. Jardins internos
E. Entrada principal
P. Pátio
S, X, Y, Z. Edifícios acessórios

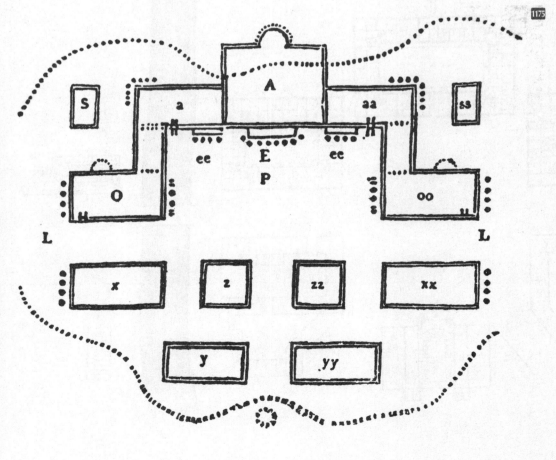

Mesmo desafiador, esse modelo exerceu uma fascinação extraordinária em muitos países; as tentativas de pô-lo em prática são cerca de cinquenta, na França, na Rússia, na Argélia e nos Estados Unidos, entre 1830 e 1850. Mais tarde, durante o Segundo Império, um industrial de Guise, Jean-Baptista Godin, realiza para seus operários um edifício mais modesto, inspirado no falanstério de Fourier, que ele chamou familistério (aqui cada família tem suas acomodações particulares). O edifício principal compreende três blocos fechados de quatro andares e os pátios, de tamanho modesto e cobertos por vidros, fazem as vezes das ruas internas. Os serviços – as escolas, o teatro, a lavanderia, os banhos públicos e as oficinas – se encontram em alguns edifícios acessórios e o conjunto está isolado num parque, circundado pela enseada de um rio (Figs. 1176-1182). Após 1880, a fábrica e o familistério são administrados por uma cooperativa dos operários.

1176 Planta geral do familistério de Guise.

A. Edificações do familistério; **B.** Creche; **C.** Conjunto escolar com teatro; **D.** Edifícios acessórios (matadouro, restaurante, bar, salas de jogo, estrebarias, chiqueiro, galinheiro, estúdios e oficinas); **E.** Banhos públicos e piscina coberta; **F.** Oficina do gás.

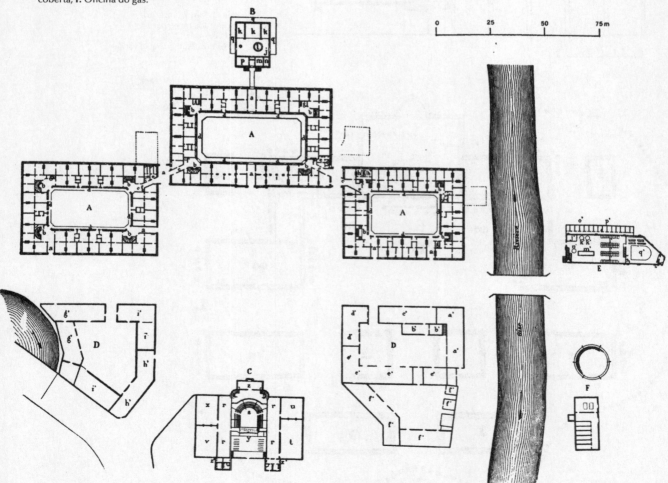

O AMBIENTE DA REVOLUÇÃO INDUSTRIAL

Esses modelos – irrealizáveis na primeira metade do século XIX e superados pelo debate político da segunda metade do século – são o contrário teórico da cidade liberal; de fato, deslocam a tônica da liberdade individual para a organização coletiva, e têm em vista resolver, de forma pública, todos ou quase todos os aspectos da vida familiar e social. Nascem do protesto pelas condições inaceitáveis da cidade existente e, pela primeira vez, procuram romper seus vínculos recorrendo à análise e à programação racional: são máquinas calculadas para aliviar o homem do peso da organização física tradicional, que retarda as transformações políticas e defende o sistema dos interesses existentes. Antecipam, portanto, – como tentativas isoladas – a pesquisa coletiva da arquitetura moderna que terá início no século seguinte.

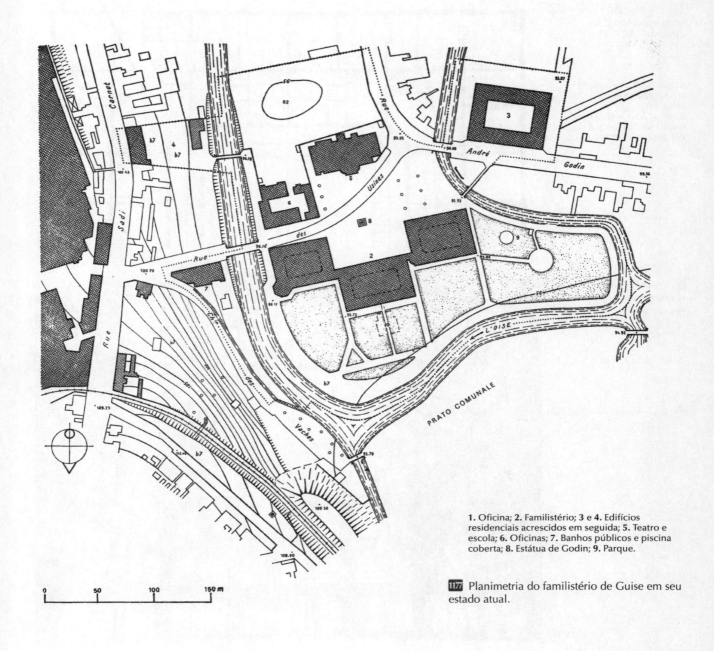

1. Oficina; 2. Familistério; 3 e 4. Edifícios residenciais acrescidos em seguida; 5. Teatro e escola; 6. Oficinas; 7. Banhos públicos e piscina coberta; 8. Estátua de Godin; 9. Parque.

1177 Planimetria do familistério de Guise em seu estado atual.

678

A. Subterrâneo; B. Pátio; C. Claraboia; D. Moradias; E. Águas-furtadas.
a. Alicerce; b-g. Locais subterrâneos; h-i. Canais de ventilação; k. Passadiços; l. Portas das moradias; m. Calhas; n. Torrinha de ventilação; o-s. Decoração interna das moradias; t. Corredores de águas-furtadas.

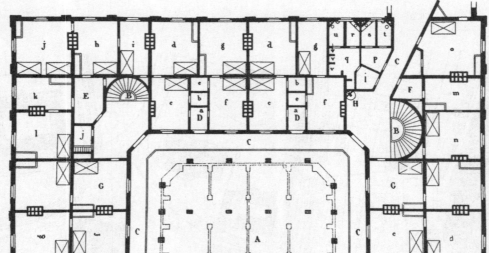

1178 Planta e **1179** corte do corpo central do familistério.

B. Escadas; C. Passadiços; D. Moradias; E-H. Locais de serviço.
a. Entrada; b e e. Depósitos; c-o. Locais de habitação; p-u. Locais de serviço.

1180 Vista do pátio coberto com vidros, em seu estado atual.

O AMBIENTE DA REVOLUÇÃO INDUSTRIAL

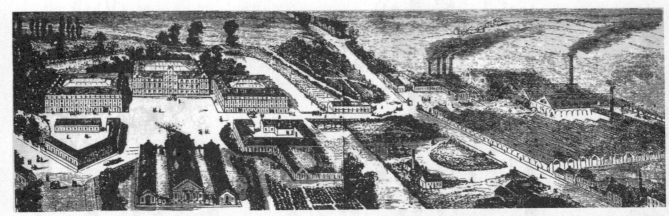

1181 Vista do alto do familistério e 1182 vista interna da creche; gravuras publicadas por Godin em 1870.

Dois desenhos de Le Corbusier: 1183 a rua-corredor, 1184 e três tipos de cidades organizadas segundo o princípio da rua-corredor: Paris, Nova York e Buenos Aires.

A CIDADE PÓS-LIBERAL

A revolução de 1848 põe em crise tanto os movimentos da esquerda – que tentaram assumir o poder, mas foram derrotados – quanto os regimes liberais da primeira metade do século, que se mostraram indefesos contra a ameaça.

As esquerdas perdem a confiança nas reformas setoriais – entre as quais aquelas que dizem respeito ao ambiente construído – e os socialistas científicos (Marx e Engels, que publicam o *Manifesto do Partido Comunista*, em 1848) criticam os socialistas da primeira metade do século – entre os quais Owen e Fourier – considerando-os utopistas. Os operários devem conquistar o poder e realizar, antes de tudo, a mudança das relações de produção que, posteriormente, tornará possíveis todas as mudanças nos vários setores (é a tese posta em prática por Lênin em 1917).

Ao contrário, as direitas que saíram vitoriosas das lutas de 1848 – o regime de Napoleão III na França; o regime de Bismarck na Alemanha; os novos conservadores ingleses dirigidos por Disraeli – abandonam a tese liberal da não intervenção do Estado nos mecanismos setoriais e usam os métodos elaborados na primeira metade do século (pelos reformadores e pelos socialistas utopistas), como instrumentos para controlar as transformações em curso.

A burguesia vitoriosa estabelece, assim, um novo modelo de cidade, no qual os interesses dos vários grupos dominantes – empresários e proprietários – estão parcialmente coordenados entre si e as contradições produzidas pela presença das classes subalternas são parcialmente corrigidas. A liberdade completa, concedida às iniciativas privadas, é limitada pela intervenção da administração – que estabelece os regulamentos e executa as obras públicas –, mas é claramente garantida dentro desses limites mais restritos. Da cidade liberal passa-se assim para a cidade pós-liberal.

Esse modelo tem um sucesso imediato e caro: permite reorganizar as grandes cidades europeias (antes de qualquer outra, Paris), fundar as cidades coloniais em todas as partes do mundo e ainda influencia, de maneira determinante, a organização das cidades em que vivemos hoje.

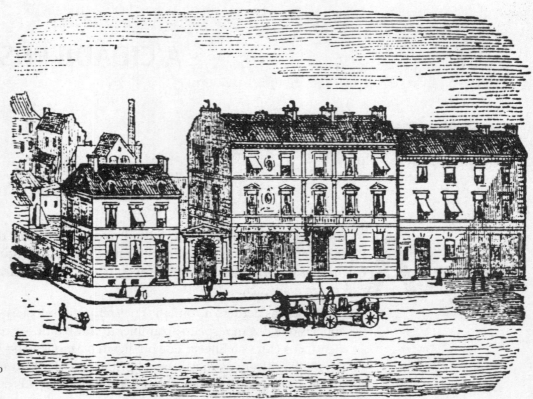

1185 O primeiro tipo de construção na cidade do século XIX: as casas no alinhamento da rua.

1186 O segundo gênero de construção na cidade do século XIX: a pequena *residência* isolada. Dois desenhos didáticos de Godin, 1870:

A CIDADE PÓS-LIBERAL

Vamos relacionar, rapidamente, as características desse modelo, que já podem ser comparadas com o ambiente da cidade contemporânea.

1. A administração pública e a propriedade imobiliária entram em acordo: é reconhecido o espaço de pertinência de uma e de outra e o limite entre esses dois espaços é fixado com exatidão.

A administração gerencia um espaço que é o mínimo necessário para fazer funcionar o conjunto da cidade: o necessário para a rede de percursos (ruas, praças, estradas de ferro etc.) e para a rede de serviços (aqueduto, esgotos, depois gás, eletricidade, telefone etc.). A propriedade administra o restante, isto é, os terrenos servidos por essa rede de percursos e instalações (tornados edificáveis, isto é, urbanizados). Se tiver de utilizar edifícios ou espaços livres de interesse público, mas colocados em alternativa com os usos particulares (escolas, hospitais, jardins), a administração deve ela mesma comportar-se como um proprietário em concorrência com os outros. Daí deriva a distinção entre serviços primários e secundários.

2. A utilização dos terrenos urbanizados depende dos proprietários individuais (privados ou públicos) e sobre esses a administração influi apenas indiretamente, com as regulamentações que limitam as dimensões dos edifícios em relação às dimensões dos espaços públicos e fixam as relações entre edifícios contíguos. Os proprietários retêm toda valorização produzida pelo desenvolvimento da cidade (a renda imobiliária urbana), portanto, a administração não pode recuperar o dinheiro gasto para construir os serviços públicos, mas deve considerá-lo como pagamento a fundo perdido e está sempre em déficit.

1187 1188 1189 Um "chalé residencial para o povo", projetado por John Wood Junior e publicado em 1781.

3. As linhas limítrofes entre espaço público e espaço privado – as frentes das ruas – bastam para formar o desenho da cidade.

Os edifícios podem ser construídos:

- No alinhamento da rua. De fato, no núcleo central, onde predominam as funções comerciais, a disposição mais conveniente é a rua-corredor, canal de tráfego e de não restrição ao funcionamento de lojas nos andares inferiores. Todas as outras funções (residências, escritórios etc., situados nos andares superiores) ficam restritas nesse esquema, realizado justamente para o comércio e para o tráfego, e sofrem seus inconvenientes: promiscuidade, falta de ar e de luz, ruídos;

- Recuados do alinhamento da rua. Essa disposição permite fugir dos inconvenientes citados, mas diminui a densidade e é conveniente somente na faixa periférica, onde predomina o uso residencial. Para fins residenciais, de fato, os terrenos podem ser explorados de duas maneiras quase equivalentes, do ponto de vista econômico: com baixa densidade para as casas maiores (as pequenas vilas destinadas às classes abastadas) e com alta densidade para as casas mais econômicas (os edifícios de muitos andares no alinhamento da rua, destinados às classes mais modestas).

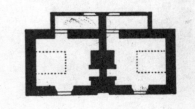
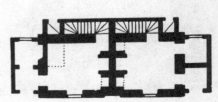

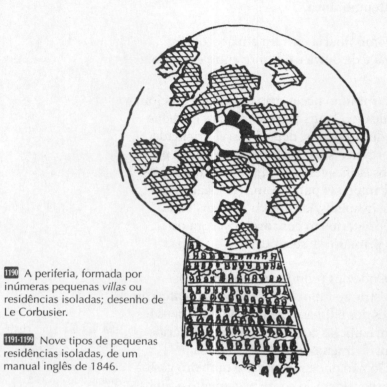

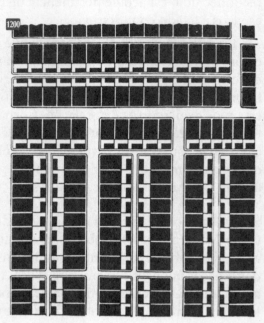

1200 1201 1202 Os bairros periféricos ingleses, construídos conforme os regulamentos de 1875; a vontade de desfrutar ao máximo os limites regulamentares produz a uniformidade obsessiva destes bairros.

1190 A periferia, formada por inúmeras pequenas *villas* ou residências isoladas; desenho de Le Corbusier.

1191-1199 Nove tipos de pequenas residências isoladas, de um manual inglês de 1846.

A CIDADE PÓS-LIBERAL

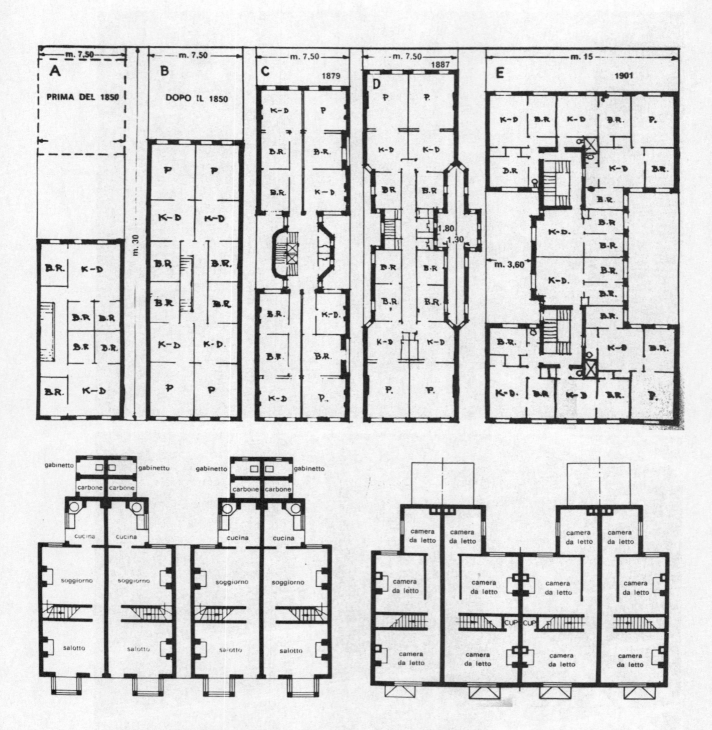

1203-1209 Plantas de casas geminadas de Nova York, modificadas pelos sucessivos códigos da segunda metade do século XIX (BR, quarto de dormir; K-D, copa-cozinha; P, sala de visitas). Plantas de casas inglesas geminadas, conforme os códigos de 1875.

A CIDADE PÓS-LIBERAL

As instalações da cidade na metade do século XIX: 1210 o corte de uma rua de Paris (1853); 1211 a banheira alugada a domicílio, em Paris (gravura de Gavarni, reproduzida em La Grande Ville de Balzac, em 1844); 1212 as obras de construção do esgoto na Fleet Street, em Londres (1845).

1213 A estrada de ferro subterrânea de Londres (reproduzida de *O Universo Ilustrado*, de 1867).

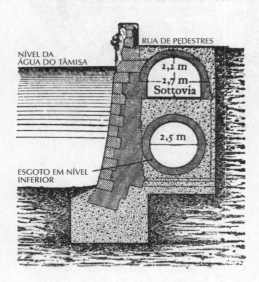

1214 Corte das margens do Tâmisa construídas em Londres de 1848 a 1865.

1215 **1216** **1217** A evolução do vaso sanitário moderno.

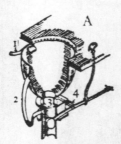 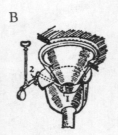 

A – Aparelho de Bramach, de 1778; 1. Torneira da água; 2. sifão para escoamento; 3. Válvula; 4. Comando com maçaneta.

B – Aparelho em uso em 1790; 1. Reservatório; 2. Comando com maçaneta.

C – Aparelho com sifão incorporado, do século XIX.

A CIDADE PÓS-LIBERAL

4. A periferia a ser organizada faz aumentar o custo das moradias e obriga a conservar um certo número de habitações para as classes mais pobres; tende a tornar-se compacta e a não deixar lugar às edificações muito volumosas ou que crescem depressa demais (estabelecimentos industriais, armazéns etc.). Todos esses elementos – necessários ao funcionamento da cidade, mas incompatíveis com o desenho até agora descrito – são rechaçados para uma terceira faixa concêntrica, o subúrbio, que é um misto de cidade e campo, e que é impelida sempre para mais longe à medida que a cidade cresce.

5. Alguns problemas mais evidentes da cidade pós-liberal – a densidade excessiva no centro e a falta de moradias econômicas – são atenuados por corretivos: os parques públicos (que oferecem uma amostra artificial do campo, agora inalcançável) e as "casas populares" construídas com o dinheiro público (compostas de blocos no alinhamento da rua ou de pequenas vilas recuadas; Figs. 1219-1223). Mas esses remédios são insuficientes; o congestionamento e a crise das moradias continuam ou pioram.

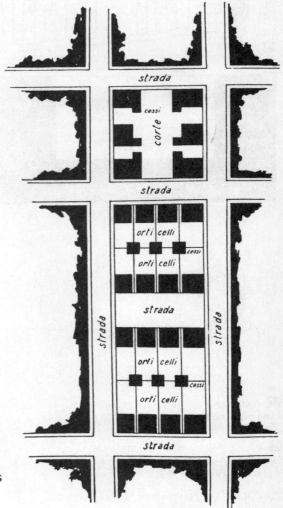

1218 "Um bairro operário, assim como o desejaria o higienista", de um manual da Hoepli de 1905.

6. A cidade pós-liberal se sobrepõe à cidade mais antiga e tende a destruí-la: interpreta as ruas antigas como ruas-corredor, elimina os casos intermediários entre os usos público e privado do solo e, sobretudo, considera os edifícios como produtos, substituíveis, isto é, permite demoli-los e reconstruí-los (conservando as frentes dos edifícios ou então retificando-as e deslocando-as, para alargar as ruas). Mas essa destruição é sempre incompleta: respeitam-se os monumentos principais, as ruas e as praças mais características porque, em grande parte, a qualidade formal da nova cidade depende dessas coisas. Os edifícios antigos – igrejas, palácios etc. – são os modelos dos estilos para as novas construções e são mantidos na cidade moderna como num museu ao ar livre, do mesmo modo que quadros e estátuas nos verdadeiros museus.

A presença dos monumentos antigos e a estilização dos edifícios modernos não bastam para compensar completamente os desequilíbrios da cidade. A feiura do ambiente normal surge irremediável; por isso, a experiência da beleza se torna uma experiência excepcional e as obras de arte são consideradas uma espécie separada de produtos: são fabricadas e julgadas por pessoas especiais (artistas e críticos de arte), são distribuídas num circuito separado (pelos *marchands* aos colecionadores), são apresentadas em locais adequados (exposições e museus). De fato, nos quadros e nas estátuas concentram-se as qualidades que faltam no ambiente

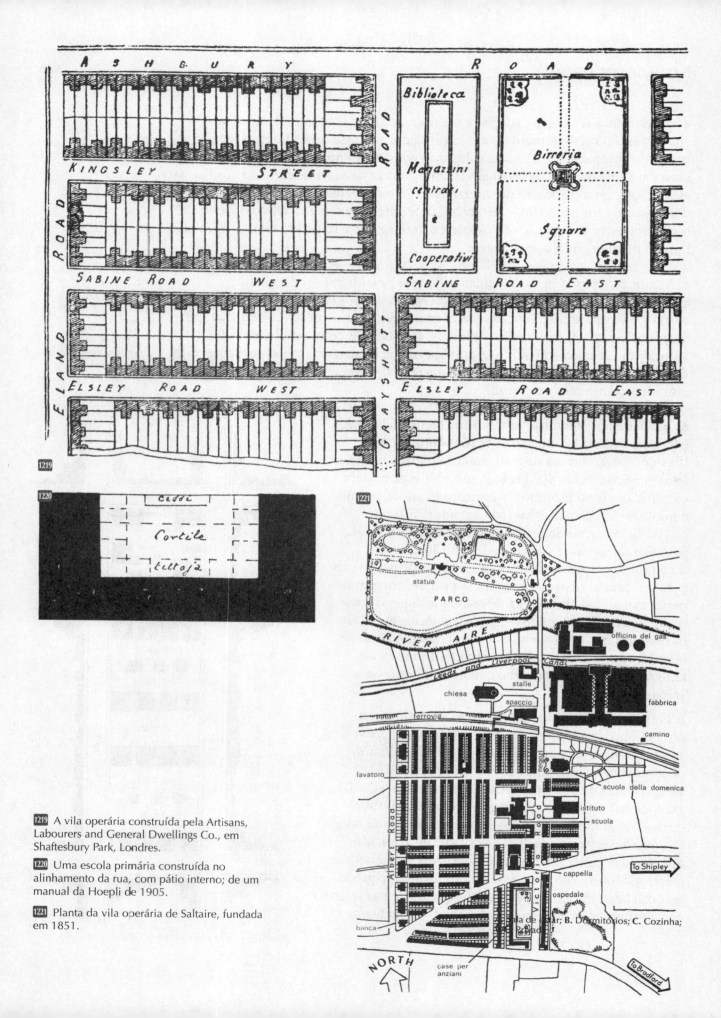

1219 A vila operária construída pela Artisans, Labourers and General Dwellings Co., em Shaftesbury Park, Londres.

1220 Uma escola primária construída no alinhamento da rua, com pátio interno; de um manual da Hoepli de 1905.

1221 Planta da vila operária de Saltaire, fundada em 1851.

A CIDADE PÓS-LIBERAL

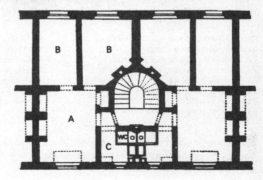

1222 As casas operárias apresentadas na Exposição Universal de Paris de 1878; 1223 as casas operárias-modelo realizadas em Pancras Road, Londres, em 1848.

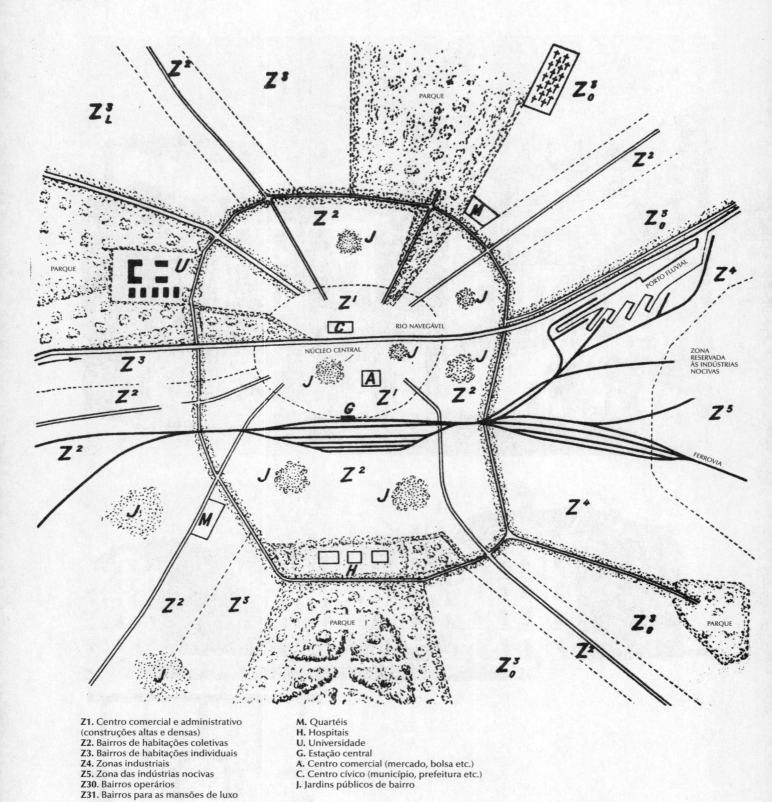

Z1. Centro comercial e administrativo (construções altas e densas)
Z2. Bairros de habitações coletivas
Z3. Bairros de habitações individuais
Z4. Zonas industriais
Z5. Zona das indústrias nocivas
Z30. Bairros operários
Z31. Bairros para as mansões de luxo
M. Quartéis
H. Hospitais
U. Universidade
G. Estação central
A. Centro comercial (mercado, bolsa etc.)
C. Centro cívico (município, prefeitura etc.)
J. Jardins públicos de bairro

1224 Esquema ideal de cidade, extraído de um tratado francês de urbanismo de 1928. O tecido da cidade é diferenciado em sete zonas.

A CIDADE PÓS-LIBERAL

1225 A rede viária de Milão, segundo o plano regulador de 1934. É a árvore dos espaços públicos que desembaraça e tenta unificar a periferia heterogênea que cresceu ao redor da cidade.

1226 *Andrômeda*. Escultura em ferro-gusa executada pela companhia Coalbrookdale e apresentada na Exposição Universal de Londres, de 1851.

comum e, ocasionalmente, pode-se experimentar a harmonia perdida no cenário da vida cotidiana.

7. Os especialistas necessários para fazer funcionar a cidade devem aceitar um papel secundário, subordinado à combinação entre burocracia e propriedade. Não devem discutir as decisões já tomadas, mas devem ter a competência para executá-las e a habilidade para torná-las aceitáveis.

Por isso, conserva-se e acentua-se a distinção entre técnicos e artistas, iniciada no século XVII. Com o método científico, os técnicos devem estudar alguns problemas particulares e bem circunscritos, mas não os problemas de conjunto (por exemplo, o cálculo das estruturas e das instalações, mas não a distribuição das funções na cidade e no território). Os artistas devem adaptar o aspecto exterior da cidade sem discutir-lhe a estrutura, porque o campo de seu trabalho é considerado "independente" e não ligado às necessidades cotidianas. As escolhas dos técnicos se tornam assim vinculadas e previsíveis; as escolhas dos artistas, livres num campo marginal e não determinante; os estilos, derivados dos monumentos e obras antigas, são apresentados como outras tantas alternativas a tomar e abandonar, por motivos mais ou menos convincentes, que nunca são definitivos e que, de fato, são continuamente rediscutidos.

Essa separação entre os aspectos "técnicos" e "artísticos" do trabalho faz decair a integridade e, portanto, também a qualidade formal da grande maioria dos objetos de uso: as "obras de arte" destacam-se como exceções numa massa de objetos insignificantes e vulgares, que as indústrias produzem em quantidade cada vez maior. De fato, a exequibilidade técnica, a conveniência econômica e a forma exterior foram controladas separadamente e ninguém controlou o produto como um todo único.

Nessa combinação, os interesses da propriedade imobiliária – parasitários e contrastantes com os interesses do capital produtivo – são claramente privilegiados. A forma da cidade é aquela que maximiza a renda imobiliária urbana, isto é, aquela com maiores diferenças (um centro mais denso e uma periferia mais rarefeita, dividida em setores de caráter diverso), mesmo que resulte ineficiente e dispendiosa. O mecanismo urbano está sempre congestionado, porque as facilidades públicas – ruas, instalações, serviços – são sempre insuficientes, ao passo que a exploração dos terrenos particulares alcança ou supera os máximos fixados pelas normas. Mas esses inconvenientes técnicos e econômicos são compensados por uma vantagem política decisiva: de fato, as dificuldades da vida urbana

A CIDADE PÓS-LIBERAL

1227 *O Ateliê de Batignolles*. De pé: Scholderer, Renoir, Zola, Maitre, Bazile, Monet; sentados: Manet e Astruc. Pintura de Théodore Fantin-Latour.

Três "objetos de arte" apresentados na Exposição Universal de Londres de 1851: 1228 uma poltrona, 1229 um console e 1230 uma renda.

1231 O Palácio de Cristal, construído por Joseph Paxton no Hyde Park, para a Exposição Universal de Londres de 1851; gravura da época.

1232 O interior do Palácio de Cristal de Londres.

1233 Outra vista interior do Palácio de Cristal, com a grande abóbada construída para conservar uma grande árvore do parque.

oneram, mais acentuadamente, as classes mais fracas e a cidade se torna um grande organismo discriminante, que confirma o domínio das classes mais fortes. Toda a burguesia tem interesse em privilegiar seu setor afastado, para tornar automático esse seu esquema: cuidando de seus interesses, a propriedade imobiliária defende os interesses gerais da classe dominante.

Examinemos agora o exemplo mais importante: a transformação de Paris durante o Segundo Império, de 1851 a 1870.

Uma série de circunstâncias favoráveis – os poderes muito extensos do imperador Napoleão III, a capacidade do prefeito Haussmann, o alto nível dos técnicos, a existência de duas leis muito avançadas – a lei sobre desapropriações de 1840 e a lei sanitária de 1850 – permite realizar um programa urbanístico coerente num tempo bastante curto: assim, a nova Paris demonstra o sucesso da gestão pós-liberal e se torna o modelo reconhecido por todas as cidades do mundo, da metade do século XIX em diante.

A CIDADE PÓS-LIBERAL

1234 Planta de Paris em 1853, antes dos trabalhos de Haussmann.

A transformação de Paris compreende:

a. As novas ruas traçadas no conjunto existente e na faixa periférica. A velha Paris – no cinturão alfandegário de muralhas de 1785 – compreendia 384 quilômetros de ruas; Haussmann abre 95 quilômetros de novas ruas que cortam o organismo medieval, em todos os sentidos, e fazem desaparecer cinquenta quilômetros de ruas antigas. Essa rede viária – que compreende as avenidas barrocas e as insere num conjunto coerente – prolonga-se na periferia, onde Haussmann abre outros setenta quilômetros de ruas.

b. Os novos serviços primários: o aqueduto, o esgoto, a instalação da iluminação a gás, a rede de transportes públicos com os ônibus puxados a cavalo.

c. Os novos serviços secundários: as escolas, os hospitais, os colégios, os quartéis, as prisões e, sobretudo, os parques públicos: o Bois de Boulogne, a oeste da cidade; o Bois de Vincennes, a leste.

d. A nova estrutura administrativa da cidade: o cinturão alfandegário do século XVIII é abolido e uma série de núcleos periféricos é anexada à comuna de Paris. Assim, a cidade se estende até as fortificações externas (um total de 8.750 hectares) e é dividida em vinte distritos – *arrondissements* – parcialmente autônomos.

A CIDADE PÓS-LIBERAL

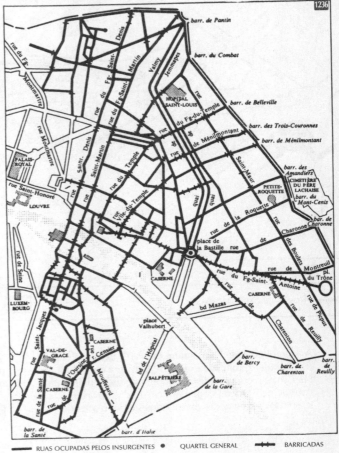

1235 Um conflito na Rue Saint-Antoine, durante a revolução de 1848; 1236 as ruas controladas pelos operários insurgidos, em junho de 1848.

Esse programa vem a custar uma soma exorbitante: 2,5 bilhões de francos, tomados emprestados aos bancos. Mas nesse período a população de Paris quase duplica – de 1.200.000 para dois milhões de habitantes – e a renda fica dez vezes maior; assim, a cidade pode ter um déficit orçamentário e adiar o pagamento de suas dívidas.

O dono da casa: "Ótimo! Estão derrubando outra casa. Aumentarei o aluguel de todos os meus inquilinos em duzentos francos."

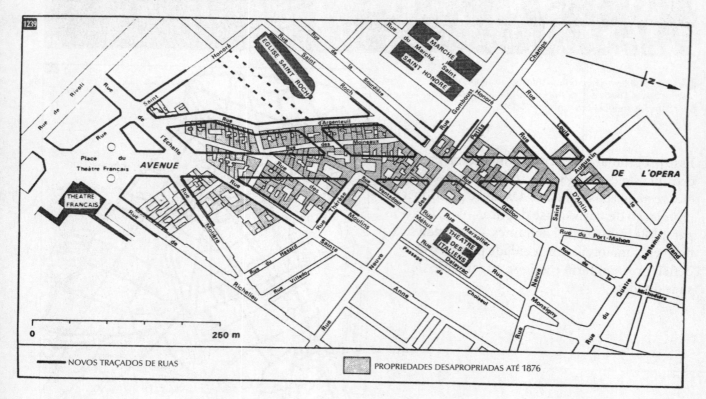

NOVOS TRAÇADOS DE RUAS — PROPRIEDADES DESAPROPRIADAS ATÉ 1876

As demolições de Haussmann em Paris: 1237 uma charge de Daumier publicada em 1854; 1238 uma caricatura de Haussmann como "artista demolidor"; 1239 a planta da Avenue de l'Opéra, com a indicação das novas frentes de rua, e dos terrenos desapropriados segundo a lei de 1850.

1240 As demolições para a abertura da Rue de Rennes (à direita pode-se ver a igreja de Saint-Germain-des-Prés). Gravura publicada em *L'Illustration*, em 1868.

1241 Vista do alto do boulevard Richard Lenoir.

A CIDADE PÓS-LIBERAL

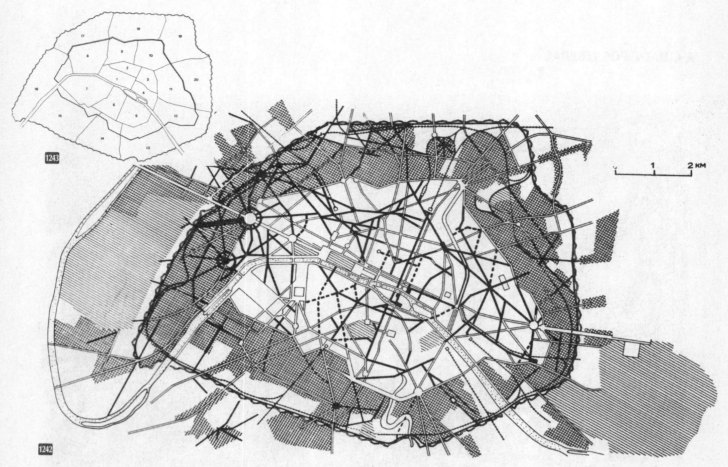

1243

1242

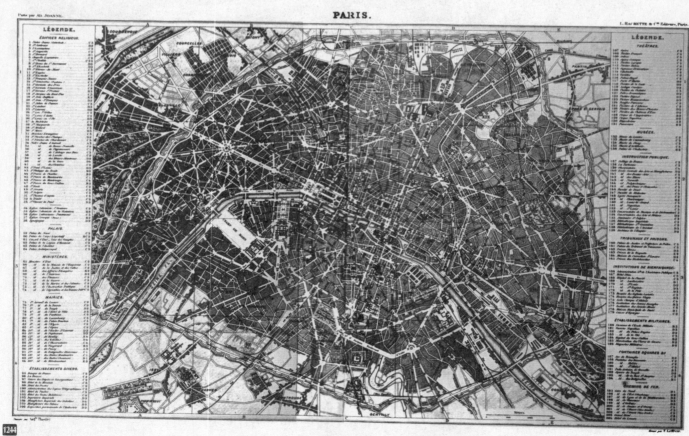

PARIS.

1244

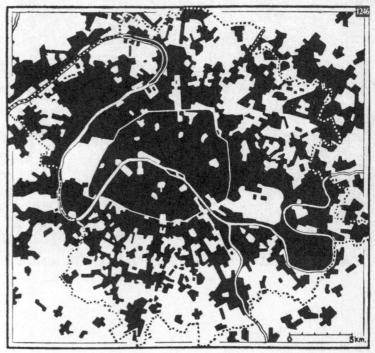

1242 Esquema dos grandes trabalhos de Haussmann em Paris: em preto as novas ruas, em tracejado quadriculado os novos bairros, em tracejado horizontal os dois grandes parques periféricos: o Bois de Boulogne (à esquerda) e o Bois de Vincennes (à esquerda).

1243 A nova divisão de Paris em vinte distritos (*arrondissements*); em preto, o antigo cinturão alfandegário do século XVIII.

1244 Planta de Paris em 1873 (do *Guia Hachette*).

1245 Fotografia aérea do centro de Paris como é hoje;
1246 planta da área urbanizada ao redor de Paris (a linha tracejada indica os limites do departamento do Sena).

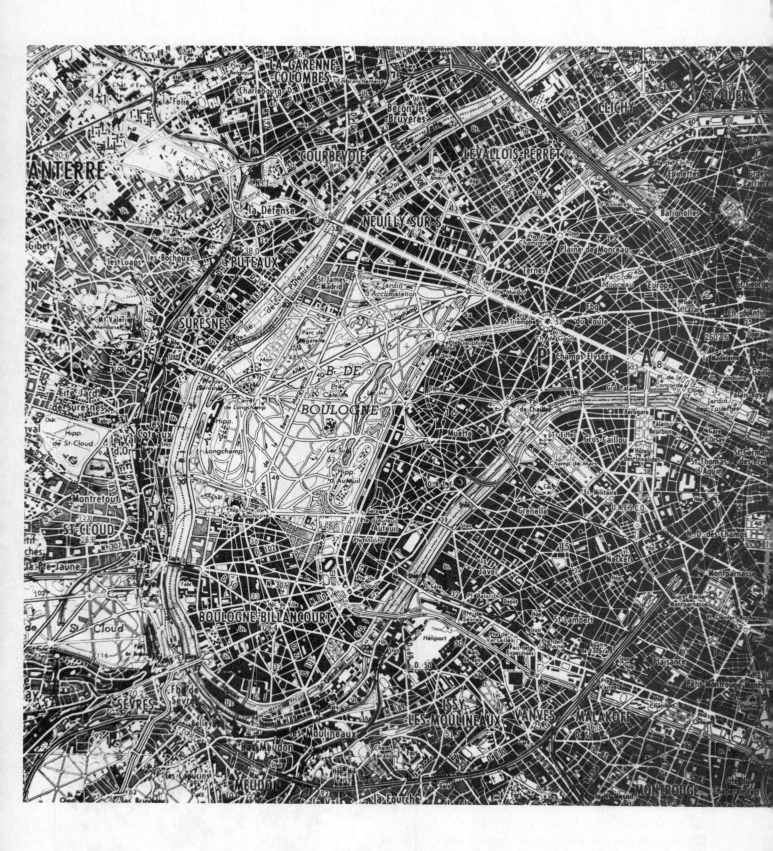

1247 Planta de Paris, em escala 1:50.0000, reproduzida do mapa do Instituto Geográfico Militar.

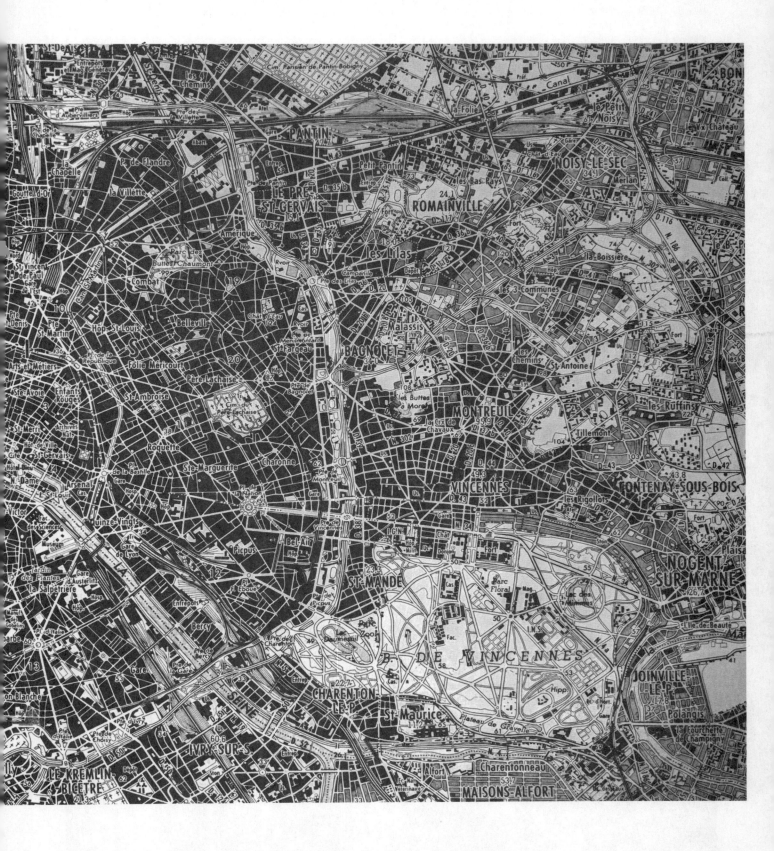

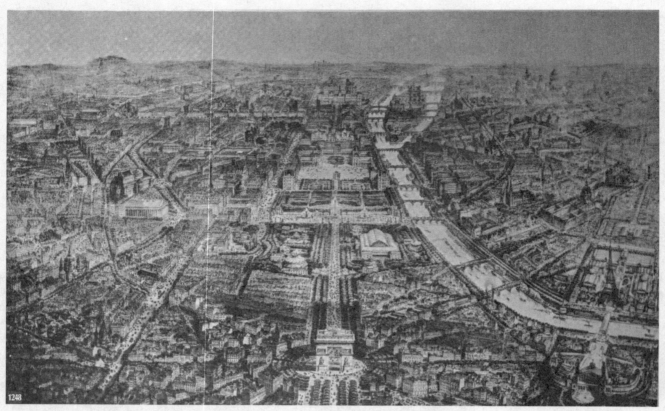

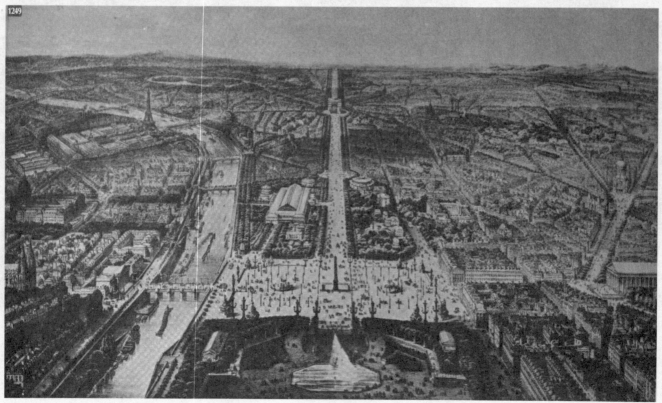

A CIDADE PÓS-LIBERAL

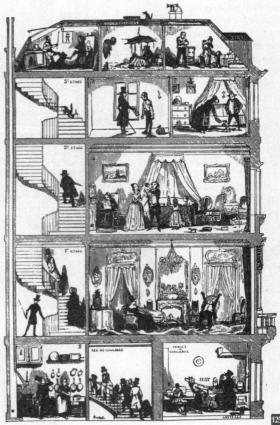

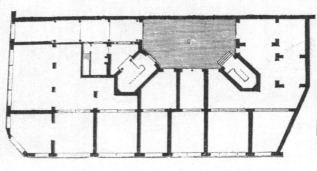

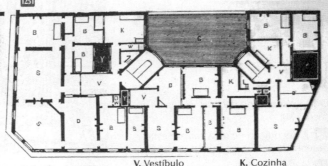

V. Vestíbulo
S. Salão
B. Quarto de dormir
K. Cozinha
W. Banheiro
D. Sala de estar

1248 Vista aérea de Paris, gravada por ocasião da Exposição Universal de 1889; ao centro, de lado, os Champs-Elysées e o Louvre.

1249 Outra vista aérea de Paris em 1889; ao centro, de lado, ainda a Avenue des Champs-Elysées, desde a Place de la Concorde até o Arco do Triunfo.

1250 Um típico palacete parisiense, construído na época de Haussmann (de uma revista inglesa de 1858); **1251** as duas plantas mostram o andar térreo, destinado às lojas, e um dos andares superiores, com três apartamentos burgueses.

1252 Corte de um palacete parisiense em 1853, mostrando as condições dos inquilinos, nos diversos andares: a família do porteiro, no andar térreo; o casal de ricos burgueses que se aborrecem, no primeiro andar; a família burguesa média que vive um pouco mais apertada, no segundo andar; os pequeno-burgueses, no terceiro andar (um deles recebe a visita do senhorio); os pobres, os artistas e os velhos, nos sótãos; e o gato, no telhado.

708

Nos "interiores" da cidade burguesa se desenrolaram todos os acontecimentos e dramas particulares, que os romancistas apresentam como as únicas realidades dignas de serem relatadas. Nestas três figuras, algumas figuras de Fourier para *Madame Bovary*, de Gustave Flaubert:
1253 Madame Bovary segura a filha no colo, na casa da ama-de-leite; **1254** Charles Bovary encontra a carta da esposa, que anuncia o suicídio; **1255** Madame Bovary no leito de morte, com o marido, que chora, o padre e Monsier Canivet, que dormem.

Dois exemplos de decoração de fins do século XIX:

1256 A decoração de uma sala de estar, desenhada por Bruce Talbert em 1869.

1257 A decoração de uma sala de visitas, desenhada por Edward Godwin e publicada no catálogo do moveleiro William Watt, de 1877.

A CIDADE PÓS-LIBERAL

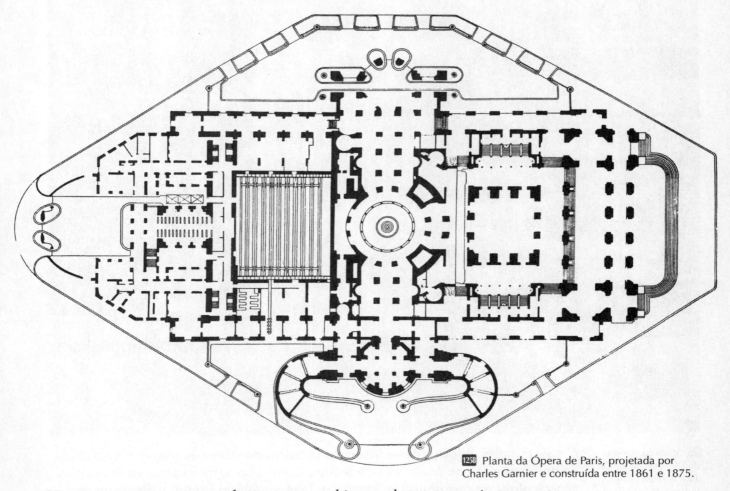

1258 Planta da Ópera de Paris, projetada por Charles Garnier e construída entre 1861 e 1875.

Haussmann procura engrandecer o novo ambiente urbano com os instrumentos urbanísticos tradicionais: a busca da regularidade; a escolha de um edifício monumental antigo ou moderno como plano de fundo de cada nova rua; a obrigação da uniformidade da arquitetura das fachadas nas praças e nas ruas mais importantes (por exemplo, a Place de l'Etoile). Mas a enorme extensão dos novos espaços e o trânsito impedem a percepção desses como ambientes em perspectiva: os vários espaços perdem sua individualidade e fluem uns nos outros; as fachadas das casas tornam-se um fundo genérico, ao passo que o mobiliário urbano das ruas, que é visto em primeiro plano – a iluminação, os bancos de jardim, os quiosques, as árvores – torna-se mais importante; o fluxo dos pedestres e dos veículos, que muda continuamente, transforma a cidade num espetáculo sempre mutável. É o ambiente descrito pelos escritores realistas – Flaubert, Zola – e reproduzido pelos pintores impressionistas, Monet e Pissaro (Figs. 1259, 1273, 1274); a face da metrópole moderna onde, entre milhões de outros homens, Baudelaire se sente sozinho; de fato, é um mecanismo indiferente, que disponibiliza centenas de milhares de ambientes particulares, onde um sem-número de experiências individuais pode desenrolar-se. Até agora sempre ligados e entrelaçados, os ambientes públicos e privados na cidade burguesa entram em contraposição: de um lado, casas, oficinas, estúdios, escritórios, isolados entre si

1259 Vista da Avenue de l'Opéra; ao fundo, a fachada do teatro. Pintura de Camille Pissarro, 1898.

1260 Corte da Opéra de Paris; gravura publicada em 1878.

o mais possível, onde pode-se imaginar penetrar por meio de magia, com a ajuda de um demônio que descubra os telhados (como conta um escritor da época); os espetáculos e as cerimônias coletivas também adquirem caráter e distinção em pequenos ambientes fechados – os teatros, os "salões" – que não têm nenhuma relação com o tamanho da cidade (o novo edifício da Opéra de Paris tem pouco mais de 2.000 lugares, ao passo que a cidade tem dois milhões de habitantes; compare com a antiga Atenas, onde quase toda a população podia entrar no Teatro de Dionísio). Por outro lado, há a "calçada", a "via pública", onde cada um se mistura necessariamente com todos os outros e não é mais reconhecido. Todas as adversidades e excentricidades dos indivíduos e grupos podem ser cultivadas no labirinto dos ambientes interiores, ao passo que se perdem ao sair para a rua, onde uma multidão se encontra e se ignora entre si.

A sociedade europeia está fascinada e perturbada por esse ambiente novo, contraditório. A técnica moderna, finalmente, produziu uma nova cidade, mas em vez de resolver os antigos problemas, abriu outros, inesperados.

A nova cidade, por feia e incômoda que seja, é aceita como modelo universal porque não tem alternativas: os intelectuais recordam saudosamente a cidade do passado longínquo, e os políticos revolucionários não têm interesse em descrever a cidade de um futuro distante. Nesse cenário, os elementos da civilização industrial finalmente adquirem um rosto e podem ser confrontados entre si. Os novos problemas abertos transformam-se nas tarefas a enfrentar no futuro próximo.

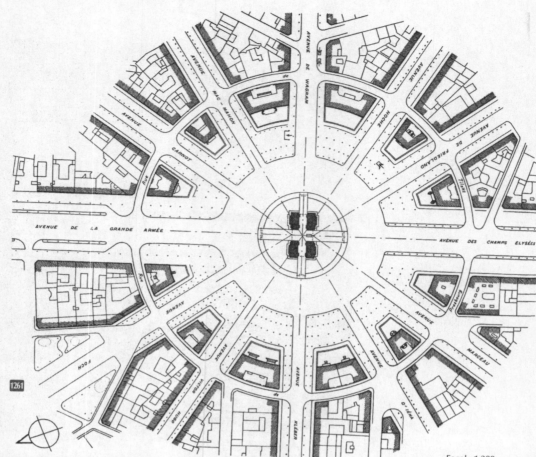

1261 Planta da Place de l'Étoile, em Paris.

1262 Vista aérea da Étoile e do bairro circundante.

Escala 1:300

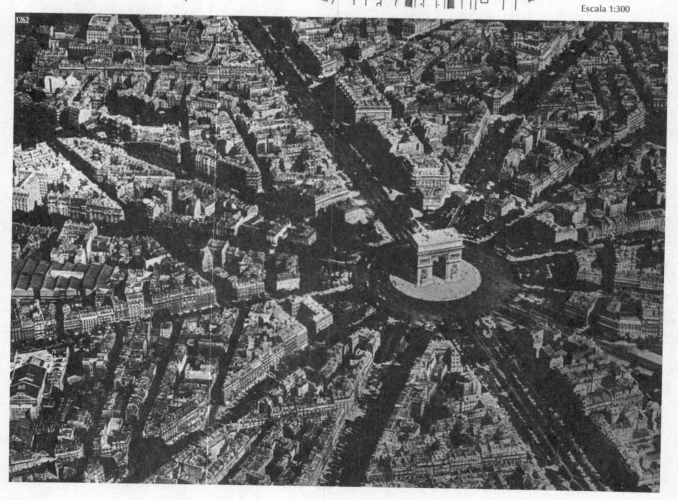

1263 A Avenue des Champs-Elysées; 1264 a Avenue de Wagram; 1265 a Avenue Foch; e 1266 a Avenue d'Iéna
(As quatro fotografias foram tiradas de cima do Arco do Triunfo).

Dois edifícios públicos de Paris, construídos no alinhamento da rua:
1267 O colégio Rollin (1877).
1268 A prisão de la Santé (1864).
1269 Um edifício público de Paris construído longe do alinhamento da rua, como um conjunto de pavilhões separados: a casa de repouso para idosos de Sainte-Perine (1861). Os dois modelos principais de fabricação da cidade pós-liberal determinam também a tipologia dos edifícios públicos.

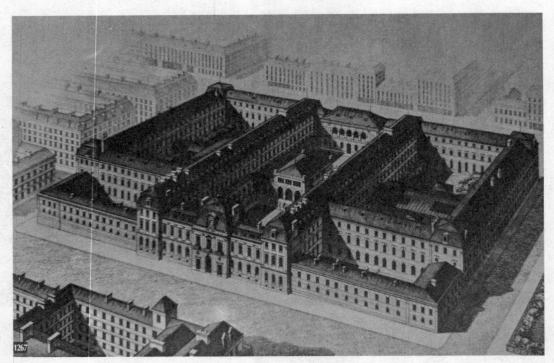

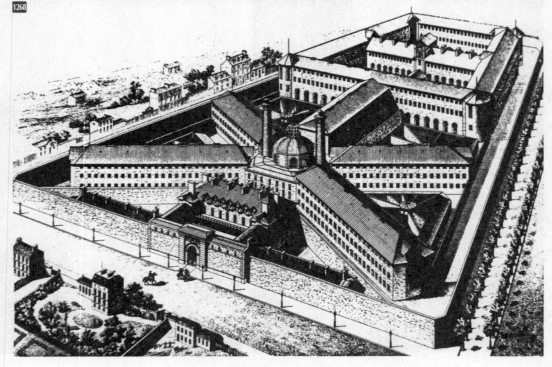

A CIDADE PÓS-LIBERAL

1270 O ambiente promíscuo da "via pública" em Paris (largo Saint-Lazare). As vitrines das lojas, as placas, os quiosques e os postes de iluminação formam o cenário onde pedestres e veículos se movem.

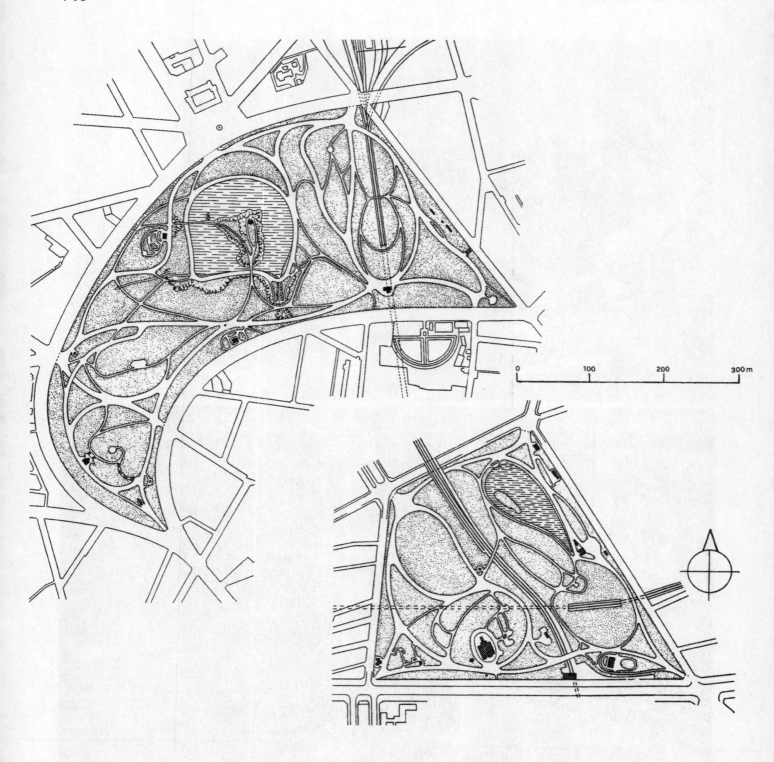

1271 1272 Dois parques públicos parisienses realizados pelo Segundo Império: o Buttes Chaumont e o Parc Montsouris.

A CIDADE PÓS-LIBERAL

1273 O *Boulevard des Capucines*; pintura de Claude Monet (1873).

1274 A *Estação Saint-Lazare*; pintura de Claude Monet (1877).

1275

1276

A CIDADE PÓS-LIBERAL

Três ambientes públicos cobertos, de Paris:

1275 O interior do mercado Les Halles Centrales, projetado por Victor Baltard em 1853.

1276 O interior da Exposição Universal de Paris de 1853.

1277 O interior do jardim de inverno nos Champs Élysées.

Três aspectos das ruas de Paris:

1278 A circulação na Rue Richelieu, numa fotografia de 1904; 1279 o Boulevard du Temple; 1280 o Parc Monceau.

As grandes intervenções de Paris em escala urbana:

1281 O mercado Les Halles Centrales;
1282 O recinto da Exposição Universal de 1889, dominado pela Torre Eiffel.

A CIDADE PÓS-LIBERAL

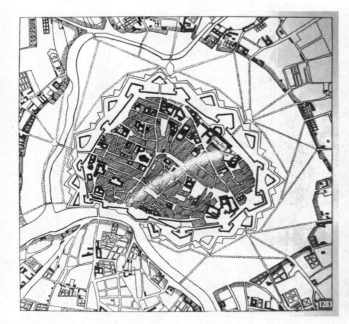
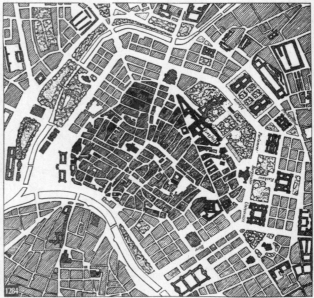

1283 O centro de Viena, na primeira metade do século XIX.

1284 O centro de Viena na segunda metade do século XIX, depois da intervenção do anel viário (*Ring*).

Vamos considerar agora as outras cidades da segunda metade do século XIX.

Nenhuma cidade europeia se transforma de maneira tão completa e coerente como Paris e o organismo antigo determina, em ampla medida, a fisionomia da cidade moderna: vejamos Viena (Figs. 1283-1286), onde o terreno livre entre a cidade medieval e a periferia barroca é urbanizado a partir de 1857; Florença (Fig. 1287), que se torna a nova capital da Itália em 1864; Barcelona (Fig. 1288), ampliada com base num projeto de 1859.

Ao contrário, as cidades coloniais (Figs. 1289-1302) podem ser realizadas seguindo rigidamente a nova práxis urbanística (os centros autóctones nativos são deixados à margem, ou destruídos, porque são absolutamente heterogêneos); resultam, portanto, mais pobres e monótonos, contudo revelam mais claramente o caráter dos mecanismos importados da Europa.

O modelo europeu pode ser imposto, por volta do fim do século, também para as cidades americanas (Figs. 1303-1310), onde o modelo tradicional em tabuleiro (descrito no capítulo 10) funciona durante todo o século XIX, mas as periferias de casas unifamiliares aumentam e os centros comerciais são reconstruídos com velocidade crescente. Projeta-se cortar o tabuleiro por meio de uma rede de grandes ruas, inserir os parques públicos e reorganizar os ambientes centrais como grandes composições arquitetônicas unitárias. Mas somente modificações parciais são conseguidas: a rígida estrutura tradicional se revela muito difícil de mudar.

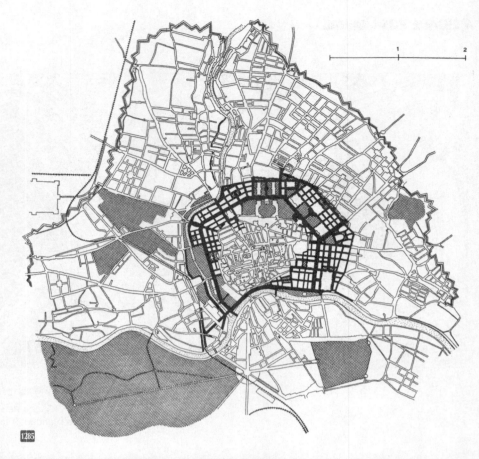

1285 A intervenção do anel viário em Viena; em preto as novas ruas, em tracejado as zonas verdes.

1286 Vista aérea do centro de Viena, hoje. Cf. com as Figs. 1067-1071.

A CIDADE PÓS-LIBERAL

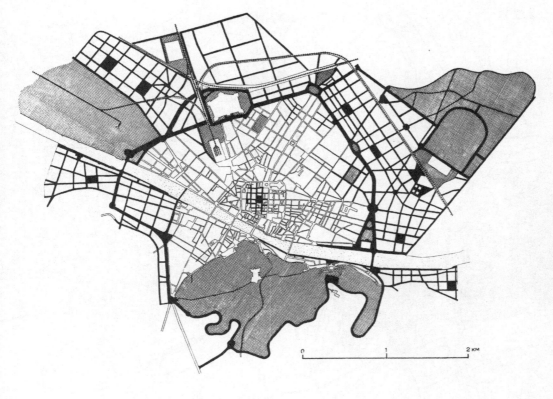

1287 A intervenção de Florença, capital da Itália (de 1864 a 1871); em preto as novas ruas, em hachurado cruzado as zonas verdes. Cf. com as plantas de Florença, reproduzidas no Cap. 7.

1288 A intervenção de Barcelona, projetada por Ildefonso Cerda, em 1859.

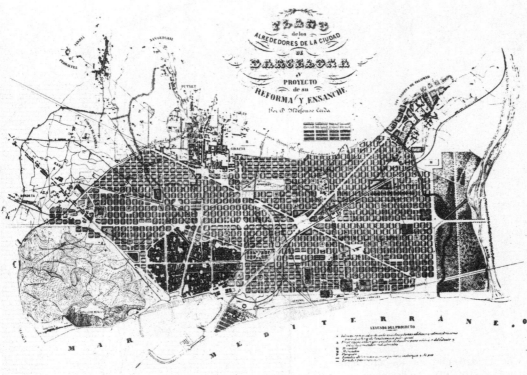

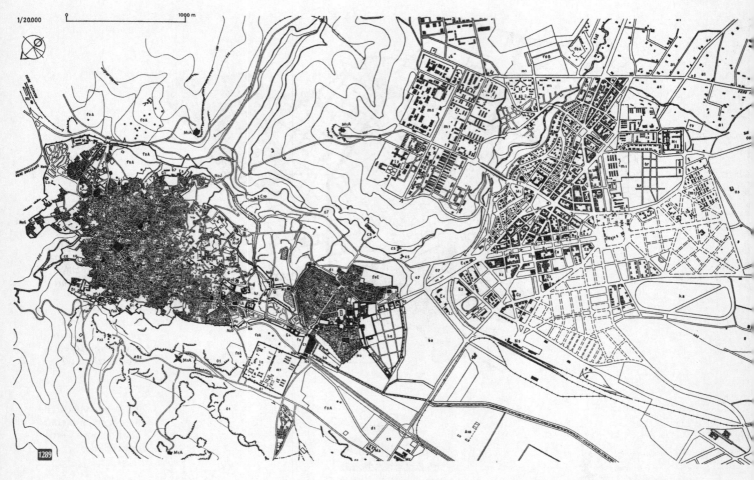

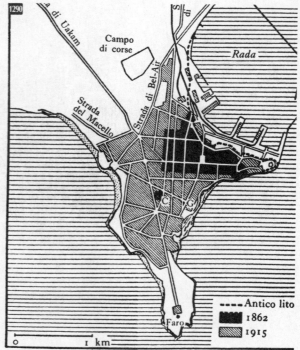

1289 Planta de Fez, no Marrocos; a cidade europeia foi construída ao lado da cidade árabe (cf. as Figs. 498-499) e se distingue claramente desta.

1290 Planta de Dakar, a capital do Senegal, planejada pelos franceses no Segundo Império.

A CIDADE PÓS-LIBERAL

725

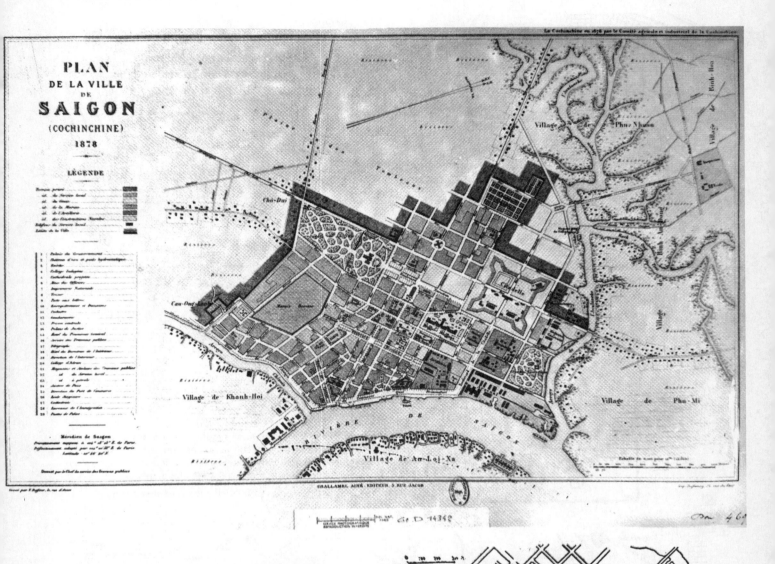

Saigon, a capital do império francês na Indochina; essa cidade também foi realizada durante o Segundo Império, no lugar de uma aldeia autóctone, da qual não ficou nenhum vestígio. 1291 No alto, a planta da cidade em 1878; 1292 embaixo um detalhe do centro urbano em 1891. Desde então até o fim da dominação colonial (1975), Saigon cresceu até se tornar uma metrópole de vários milhões de habitantes.

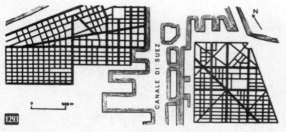

1293 As duas cidades de Port Said (1859) e Port Fuad (1914) construídas na embocadura do Canal de Suez.

1294 A cidade de Dalny, construída na Manchúria por volta de 1890.

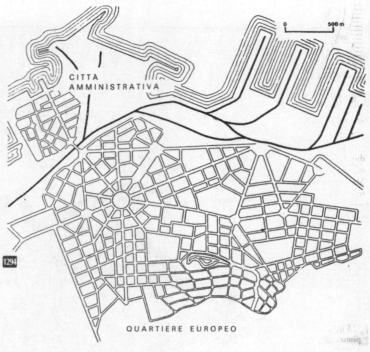

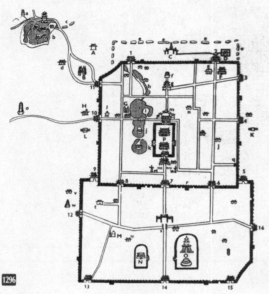

1295 Cantão, o principal porto da China Meridional para onde aflui o comércio dos europeus (que ocupam há séculos, a curta distância, a base naval de Macau). Podem-se reconhecer a cidade chinesa, com as ruas em tabuleiro e o cinturão de muralhas, e os dois bairros de expansão, ao sul e a oeste, construídos às pressas segundo traçados irregulares.

1296 Pequim, a capital do Império Chinês; planta do núcleo histórico com os principais monumentos.

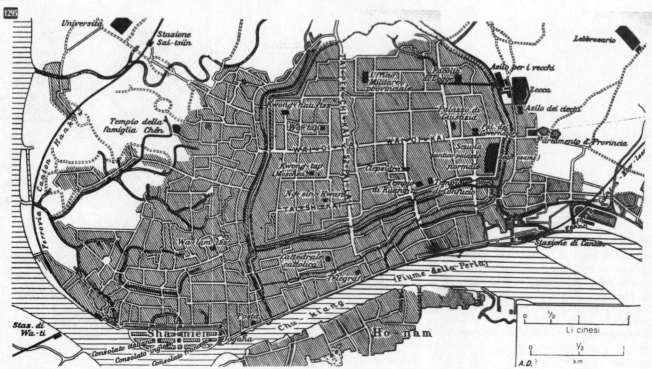

A CIDADE PÓS-LIBERAL

1297 Pequim; um subúrbio construído às costas do cinturão fortificado, numa gravura de fins do século XIX.

1298 Pequim: uma avenida da cidade contemporânea, traçada segundo os modelos europeus (mas percorrida por pedestres, em vez de automóveis).

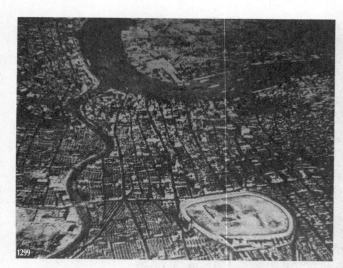

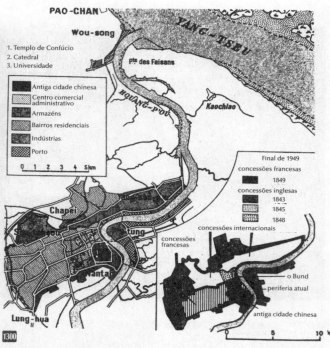

Xangai, 1299 vista aérea e 1300 planta com a indicação das "concessões" europeias. Na foto aérea, ao centro a concessão inglesa e à direita uma parte da cidade chinesa.

1301 Xangai, vista de parte do bairro europeu, ao longo do Rio Iang Tsé.

1302 Fotografia de uma rua de Xangai no tempo da ocupação europeia; os automóveis se misturam ao trânsito tradicional no espaço indiferente da rua-corredor.

A CIDADE PÓS-LIBERAL

As transformações de uma cidade americana no século XX (Chicago, já ilustrada na Fig. 1030): 1303 a reconstrução do centro comercial – com os arranha-céus que substituem as casas normais – 1304 e a expansão da periferia de pequenas casas unifamiliares, possibilitada pelo desenvolvimento das estradas de ferro e, em seguida, pela disseminação do automóvel individual.

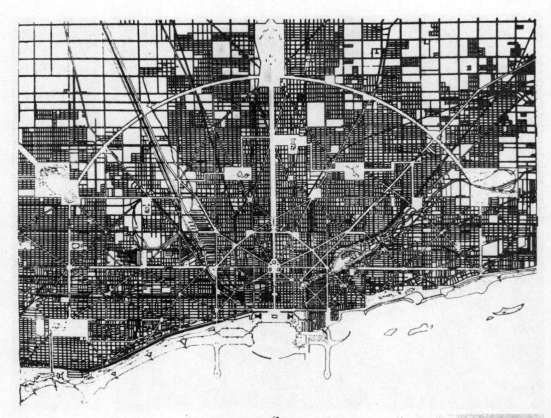

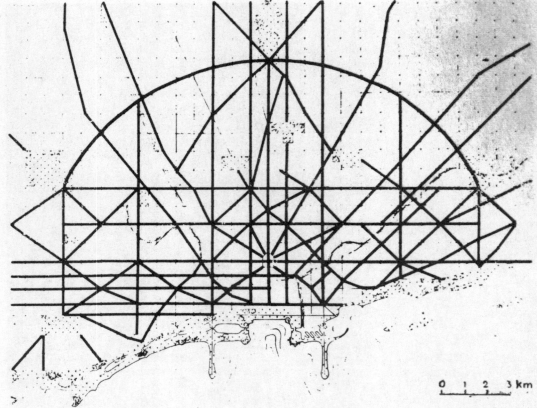

1305 1306 A primeira tentativa de reordenar Chicago em vias de transformação: o plano regulador de Burnham e Bennett em 1912 com a rede de novas ruas principais, sobreposta ao tabuleiro tradicional.

A CIDADE PÓS-LIBERAL

1307 1308 Os arranha-céus realizados na extremidade sul de Manhattan, do fim do século XIX em diante; o estilo da construção – tradicional ou moderno – não modifica seu caráter arquitetônico e urbanístico.

1309 Uma porção de periferia, onde cada família mora numa casa individual (Houston, Texas).

1310 Uma nova via elevada em construção, no núcleo de uma cidade americana (Boston).

A CIDADE MODERNA

arquitetura moderna é a busca de um novo modelo de cidade, alternativo ao tradicional, e começa quando os "artistas" e os "técnicos" – chamados a colaborar com a gestão da cidade pós-liberal – mostram-se capazes de propor um novo método de trabalho, livre das divisões institucionais anteriores.

Os artistas, encarregados de apresentar e de corrigir a imagem da cidade pós-liberal, são os primeiros a reagir contra a feiura: criticam o cenário que veem à sua volta e começam a atacar os mecanismos que o produzem.

Os arquitetos inovadores – Horta, Van de Velde, Wagner – estão insatisfeitos por terem que escolher entre os estilos passados e usam a liberdade que lhes é concedida para procurar um estilo novo, original e independente dos modelos tradicionais.

Os pintores independentes também retiram sua aceitação da realidade externa e, pacientemente, começam a desmontar o espetáculo do mundo cotidiano: os impressionistas – Manet, Monet, Pissarro – extraem da realidade as combinações das formas e das cores, separando-as dos significados tradicionais; os pós-impressionistas – Cézanne, Van Gogh, Gauguin – exploram a estrutura oculta (os contornos lineares, os volumes, as cores) das aparências visíveis; os *fauves* e os cubistas – Matisse, Picasso, Braque – decompõem, definitivamente, a imagem de uma realidade dada e dão um fim à secular tarefa da pintura, de estabelecer uma regra constante para conhecer e interpretar o mundo exterior. Assim, em meio século, os artistas de vanguarda põem em dúvida todas as regras estabelecidas de organização do cenário físico (os estilos extraídos dos períodos históricos passados e o princípio da correspondência entre imagem e realidade) com suas consequências culturais e de organização.

Os técnicos, que trabalham fechados em suas especializações, não estão em condição de controlar as consequências de seu labor, mas modificam o ambiente da vida cotidiana de maneira cada vez mais rápida e profunda, portanto tornam mais difíceis as formas de controle tradicionais, descritas no capítulo anterior.

A invenção do processo de Bessemer (1856) facilita a difusão do aço, o que permite construir máquinas novas mais eficientes e estruturas nunca vistas no passado: grandes coberturas sem suportes intermediários (a rotunda da Exposição Universal de Viena, de 1873, com diâmetro de 102 metros, a sala das máquinas da Exposição Universal de Paris de 1889, de 115 por 420 metros; Fig. 1311), pontes suspensas cada vez mais longas (desde a ponte do Brooklin de 1873, de 488 metros à ponte Washington sobre o rio Hudson, de 1928, de 1.050 metros), arranha-céus cada vez mais altos (dos primeiros de Chicago, no fim do século XIX, de 20-30 andares aos de Nova York nas primeiras décadas do século XX, de mais de 100 andares; Figs. 1313-1314). A invenção do dínamo (1869) permite usar a eletricidade como força motriz e possibilita infinitas aplicações: o telefone (1876), a lâmpada elétrica (1879), o elevador (1887). A invenção do motor a explosão (1885) permite usar o petróleo para mover os navios, os automóveis e, mais tarde, os aviões.

1311 A "galeria das máquinas", na Exposição Universal de Paris de 1889: um repertório da produção mecânica mundial em fins do século XIX. 1312 A torre de 300 metros construída por Eiffel para a exposição de 1889, numa caricatura da época (ver também Fig. 1282).

A CIDADE MODERNA

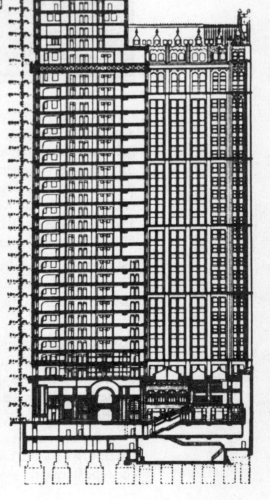

Dois edifícios de aço nos Estados Unidos: 1313 o (Primeiro) Leiter Building, em Chicago (de 1879) e 1314 o Woolworth Building de Nova York (de 1910).

1315 Uma paisagem de Piet Mondrian (1912).

Os novos sistemas de construção dificultam cada vez mais ajustar separadamente a aparência dos novos edifícios (com os estilos históricos ou com os novos, criados pelos arquitetos de vanguarda). O trânsito mais intenso e os novos serviços urbanos – gás, eletricidade, telefone, transporte público sobre trilhos, na superfície ou subterrâneo – devem ser comprimidos nos espaços públicos insuficientes da cidade pós-liberal. As cidades crescem cada vez mais velozmente (Londres chega a quatro milhões de habitantes antes do fim do século XIX e as cidades do mundo inteiro se desenvolvem agora com o ritmo das europeias).

Essas mudanças enfraquecem as formas tradicionais de gestão urbana e causam o surgimento, também nas camadas inferiores, da procura de uma renovação do ambiente construído.

No segundo decênio do século XX, a partir da Primeira Guerra Mundial, essas experiências separadas se encontram num movimento unitário. O fim da pintura como representação de um mundo estabelecido deixa aberta a possibilidade de um novo trabalho: a concepção de um mundo diferente, independente dos modelos tradicionais, mas de acordo com as pesquisas objetivas dos técnicos e dos cientistas.

Os artistas, que nos anos 1920 participaram do movimento neoplástico – Van Doesburg e Mondrian –, explicaram exatamente as características dessa nova concepção que deve superar a tradicional divisão entre arte e técnica.

A CIDADE MODERNA

> O ambiente e a vida cotidiana são falhos, em seu estado imperfeito e em sua árida necessidade. Assim, a arte se torna um refúgio. Na arte, procura-se a beleza e a harmonia faltantes, ou perseguidas em vão na vida e no ambiente. Assim, beleza e harmonia se tornaram um ideal irrealizável: colocadas na arte, foram excluídas da vida e do ambiente.
>
> Amanhã, ao contrário, a realização do equilíbrio plástico na realidade concreta de nosso ambiente substituirá a obra de arte. Então, não mais teremos necessidade de pinturas e esculturas, porque iremos viver na arte realizada. A arte é somente um sucedâneo, enquanto a beleza da vida é insuficiente; irá desaparecer à medida que a vida ganhar em equilíbrio (Mondrian).

Essa definição do objetivo a alcançar – o equilíbrio do ambiente construído – faz desaparecer a diversidade entre o método objetivo do trabalho científico e o método subjetivo do trabalho artístico. "A arte e a técnica são indivisíveis e a invenção plástica pura anda sempre de acordo com as exigências práticas, porque ambas são questões de equilíbrio. Nosso tempo (o Porvir!) exige esse equilíbrio e não pode encontrá-lo senão por um só caminho" (Mondrian). É preciso, ao contrário, abandonar a divisão setorial da técnica e a dispersão arbitrária das escolhas artísticas; a nova arquitetura aceita o método objetivo, experimental e coletivo da pesquisa científica moderna, mas deseja permanecer independente das instituições dominantes, e já está alerta contra o uso instrumental da ciência e da técnica para as finalidades do poder, que será imposto tragicamente no período seguinte.

Algumas obras do grupo neoplástico:
1316 Uma carriola para praia, construída por Gerrit Rietveld em 1919;
1317 Uma pintura abstrata de Piet Mondrian (1928)

1318 A casa Schroeder construída por Rietveld em 1924 e 1319 a maquete da casa Rosenberg, projetada por Van Doesburg e Van Eesteren em 1923.

1320 Gino Severini. Composição com objetos mecânicos.

Os mestres da arquitetura moderna – Walter Gropius (1883-1969), Mies van der Rohe (1886-1969), Le Corbusier (1887-1965) – foram os primeiros a tentar introduzir esse método na prática construtiva e do urbanismo. De 1919 a 1928, Gropius dirige uma escola especial, a Bauhaus; os professores são alguns dos melhores artistas modernos (Klee, Kandinski, Schlemmer) e os estudantes aprendem a projetar toda a gama de objetos que forma o ambiente moderno, desde os móveis até o bairro (Figs. 1321-1323; 1358-1377). Mies van der Rohe projeta poucos edifícios simplíssimos e exemplares, e coordena algumas importantes iniciativas públicas, entre as quais um bairro experimental em Stuttgart, onde os arquitetos modernos do mundo inteiro são chamados a projetar os edifícios (Figs. 1324-1337). Le Corbusier trabalha em Paris como profissional liberal, mas realiza somente uma pequena parte de seus projetos: algumas casas individuais (Figs. 1338-1346) e alguns edifícios públicos de modesta importância; os projetos mais importantes (o palácio da Liga das Nações em Genebra, o palácio dos Sovietes em Moscou e, mais tarde, o palácio da ONU em Nova York) são recusados ou são realizados por outros, fora de seu controle (Figs. 1338 e 1347-1348).

A CIDADE MODERNA

1321 Planta e 1322 vista aérea do edifício da Bauhaus em Dessau, construído por Walter Gropius em 1926.

1323 O selo da Bauhaus, no período de 1919-1921.

1324 1325 Duas fotomontagens e a 1326 planta do arranha-céu de aço e vidro, projetado por Ludwig Mies van der Rohe, em 1921.

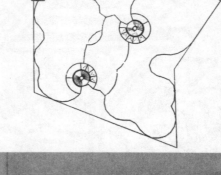

1327 1328 Duas vistas internas e a 1329 planta da casa experimental de Mies van der Rohe, realizada na Exposição de Arquitetura de Berlim, de 1931.

A CIDADE MODERNA

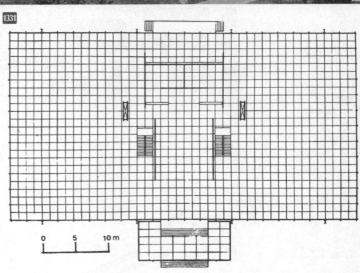

1330 1331 O Crown Hall no *campus* do Illinois Institute of Technology de Chicago, realizada por Mies van der Rohe em 1955.

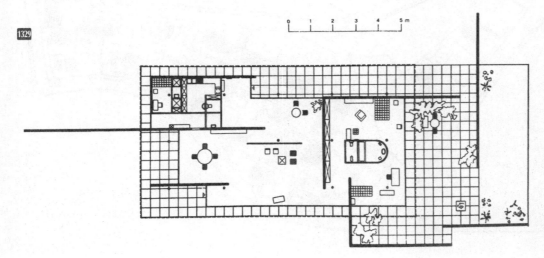

742

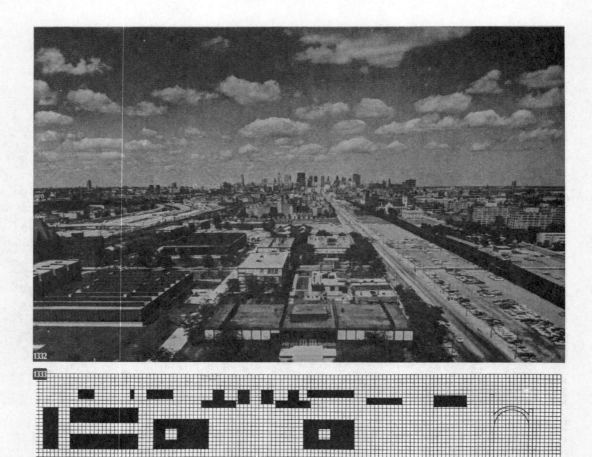

O conjunto do *campus* de Chicago; 1332 vista aérea, com o centro da cidade ao fundo, e 1333 planta geral.

1. Mies van der Rohe; **2.** J.J.P. Oud; **3.** V. Bourgeois; **4.** e **5.** A. Schneck; **6.** e **7.** Le Corbusier; **8.** e **9.** W. Gropius; **10.** L. Hilbersheimer; **11.** B. Taut; **12.** H. Poelzig; **13.** e **14.** R. Docker; **15.** e **16.** M. Taut; **17.** A. Rading; **18.** J. Frank; **19.** M. Stam; **20.** P. Behrens; **21.** H. Scharoun.

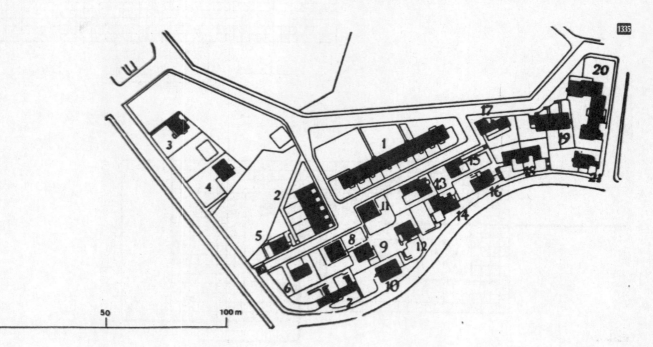

O bairro Weissenhof, realizado em Stuttgart em 1927, para a exposição do Deutscher Werkbund (Associação Alemã dos Artesãos), dirigido por Mies van der Rohe. 1334 Foto aérea da época, 1335 planimetria geral, 1336 vista e 1337 planta da casa de Mies van der Rohe (n. 1).

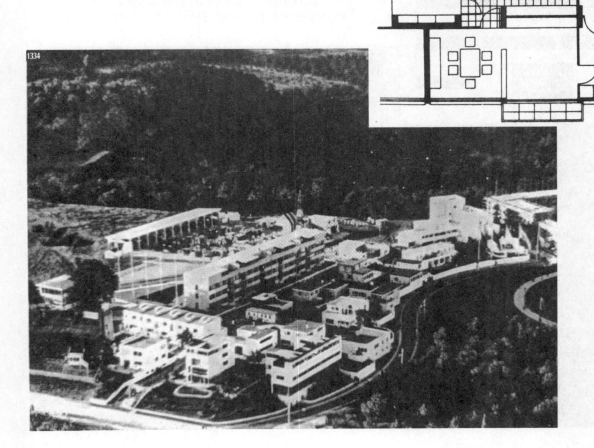

1338 Axonometria do projeto de Le Corbusier, apresentado no concurso para o palácio da Liga das Nações em Genebra, em 1927.

A *villa* Stein, construída por Le Corbusier em Garches nos arredores de Paris, em 1926. 1339 Fotografia e 1340 desenho da fachada, com os traçados geométricos que estabelecem as proporções dos cheios (em branco) e dos vazios (em preto).

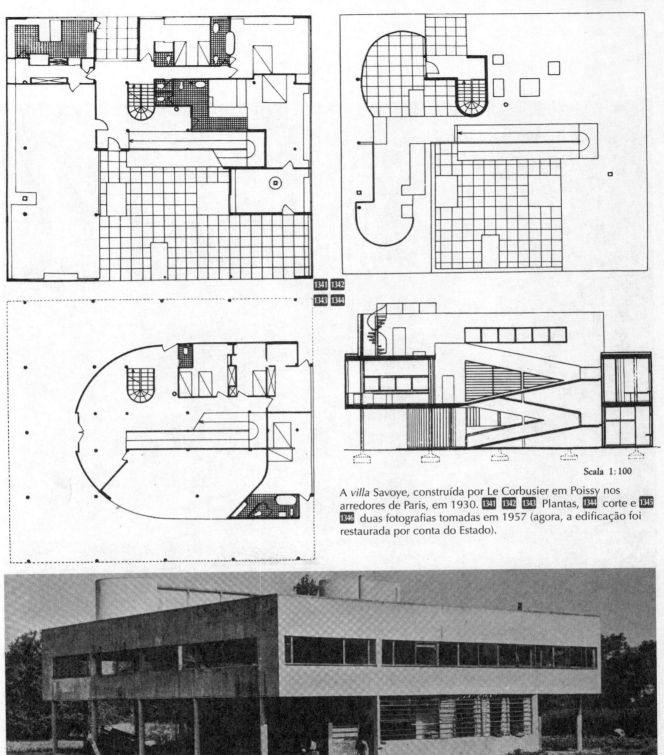

A *villa* Savoye, construída por Le Corbusier em Poissy nos arredores de Paris, em 1930. 1341 1342 1343 Plantas, 1344 corte e 1345 1346 duas fotografias tomadas em 1957 (agora, a edificação foi restaurada por conta do Estado).

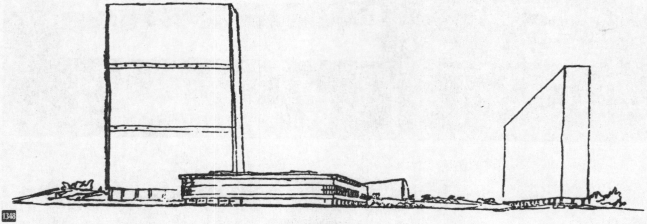

1347 O "palácio de vidro" das Nações Unidas em Nova York, construído por Harrison e Abramowitz entre 1948 e 1950, com base **1348** num esboço de Le Corbusier, de 1946.

A CIDADE MODERNA

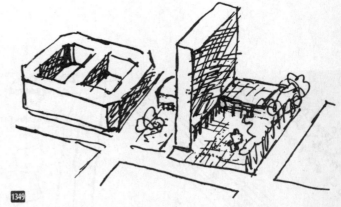

1349 Um desenho de Le Corbusier para o Ministério da Educação do Rio de Janeiro, realizado entre 1937 e 1943.

Movimentando-se entre essas dificuldades, os arquitetos modernos aceitam apresentar-se como artistas de vanguarda, porque assim a sociedade lhes reconhece o espaço para agir, mas iniciam uma nova pesquisa coletiva e unitária, isto é, trabalham nos mesmos problemas e oferecem soluções comparáveis, que se somam e se aperfeiçoam no tempo. A seguir, descreveremos justamente as principais passagens dessa pesquisa comum, que prossegue nos cinquenta anos seguintes, e ainda está em curso.

1. A análise das funções que se desenvolvem na cidade moderna:

A ideia da cidade como um todo único não impede uma análise rigorosa, que distingue suas partes componentes, isto é, as várias funções sobrepostas na vida da cidade; Le Corbusier classifica quatro delas:

- Habitar
- Trabalhar
- Cultivar o corpo e o espírito
- Circular

Na cidade pós-liberal, as funções privilegiadas são as produtivas e entre elas as terciárias (o comércio, a circulação); todas as outras acabam sendo mais ou menos sacrificadas. Critica-se essa hierarquia, e estabelece-se outra em que:

- A residência, onde as pessoas passam a maior parte do dia, se torna o elemento mais importante da cidade; mas a residência é considerada inseparável dos serviços que formam seus complementos imediatos (o "prolongamento das moradias", diz Le Corbusier);
- As atividades produtivas (agricultura, indústria, comércio) são colocadas no mesmo nível e determinam os três tipos fundamentais de estabelecimento humano:
    - A atividade agrícola espalhada pelo território
    - A cidade linear industrial
    - A cidade radiocêntrica das trocas (Fig. 1350)

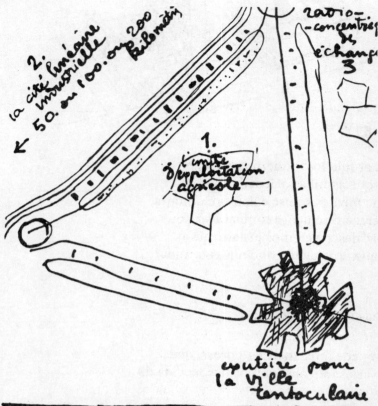

1. A unidade de cultivo agrícola
2. A cidade linear industrial
3. A cidade radiocêntrica das trocas

Estes três estabelecimentos devem substituir a cidade tentacular de hoje, que mistura as três funções e impede seu desenvolvimento.

1350 Os três estabelecimentos humanos: desenhos de Le Corbusier, 1947.

1351 O tecido da cidade moderna, que deve substituir o da cidade tradicional: projeto de Le Corbusier para uma zona insalubre a ser saneada em Paris.

- As atividades recreativas são reavaliadas e requerem espaços livres apropriados, esparsos por toda a cidade (as zonas verdes para jogos e esportes perto das casas, os parques dos bairros, os parques da cidade, as grandes zonas verdes protegidas no território, isto é, parques regionais e nacionais); esses espaços verdes – que na cidade burguesa são ilhas separadas num tecido construído compacto – devem formar um espaço único, onde todos os outros elementos sejam livremente distribuídos: a cidade se torna um parque equipado para as várias funções da vida urbana (Figs. 1351-1356).

- A circulação tradicional é selecionada segundo as características dos vários meios de transporte e as necessidades das outras funções, em sua ordem de importância. A rua-corredor, com as calçadas para pedestres e o leito carroçável onde se misturam todos os tipos de veículos, deve ser substituída por um sistema de percursos separados para os pedestres, as bicicletas, os veículos lentos e os veículos velozes, traçados livremente no espaço contínuo da cidade-parque.

Essa nova estrutura pretende superar o antigo dualismo entre cidade e campo e seu corolário mais recente, isto é, a apropriação privada do território urbano, para daí tirar uma fonte de renda. Desde o início, os arquitetos modernos criticam a combinação entre interesse público e propriedade particular, que já se encontra na base da cidade burguesa, e indicam a alternativa a ser alcançada: a reconquista do controle público sobre todo o espaço da cidade.

1352 A nova paisagem da cidade moderna, com o verde e as árvores em primeiro plano; desenho de Le Corbusier.

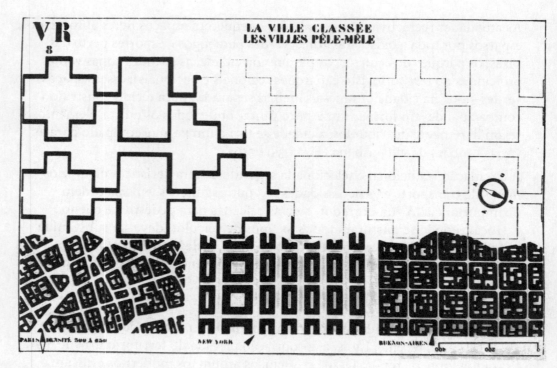

1353 O tecido da "cidade radiosa" de Le Corbusier, confrontado com o de Paris, Nova York e Buenos Aires (cf. Fig. 1184).

1354 Corte de um dos edifícios da "cidade radiosa". Toda moradia está exposta diretamente ao verde e ao céu; as ruas para os carros são sobrelevadas, sem perturbar o caminho dos pedestres.

A. Os edifícios residenciais contínuos formando o desenho de uma grega em ângulo reto.
B. Os edifícios residenciais ou para escritórios em forma de pata de galinha.
C. e D. Os edifícios lineares, orientados de leste a oeste ou de norte a sul.
E. Os edifícios em patamares.
F. Os arranha-céus para escritórios, mais compactos na parte central para dar lugar ao núcleo dos elevadores.

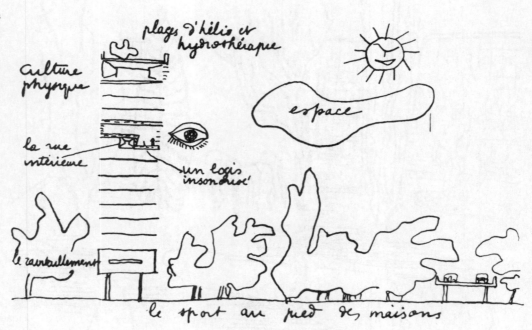

A CIDADE MODERNA

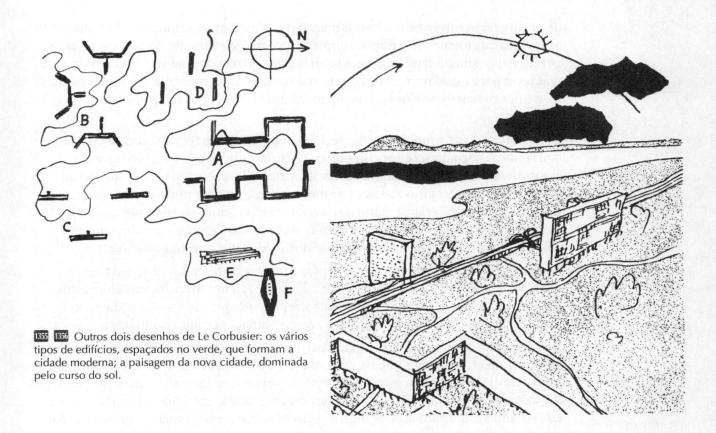

1355 1356 Outros dois desenhos de Le Corbusier: os vários tipos de edifícios, espaçados no verde, que formam a cidade moderna; a paisagem da nova cidade, dominada pelo curso do sol.

2. A definição dos mínimos elementos para cada uma das funções urbanas:

O procedimento que vai do detalhe ao geral faz parte da tradição científica e é aceito desde o início na pesquisa arquitetônica, como garantia de correção e de controle gradual dos resultados. Cada objeto construído deve ser decomposto em seus elementos simples e, depois, recomposto associando esses elementos de maneira nova, racionalmente motivada.

A pesquisa dos pintores demonstrou a possibilidade de liquidar, desse modo, toda a bagagem das formas tradicionais: partir do zero e imaginar um mundo novo. Os arquitetos, de fato, aprendem a projetar partindo dos elementos construtivos fundamentais (os materiais, os métodos de trabalho), combinando-os livremente segundo as necessidades (técnicas, econômicas e psicológicas etc.) a serem satisfeitas no momento. Mas esse trabalho não pode ser refeito toda vez desde o princípio: é preciso individualizar algumas combinações que resolvam um dado problema recorrente e que se prestem, em seguida, a serem associadas em outras combinações mais complexas.

Na vida cotidiana, essas combinações são encontradas continuamente: a união de um tubo cheio de tinta, de uma ponta que escreve, de um invólucro e de uma tampa forma uma caneta esferográfica, que resolve um problema circunscrito: escrever à mão numa folha de papel. A união de um mecanismo interno, de uma chapa externa e uma empunhadura, forma uma maçaneta, que resolve o problema de abrir e fechar uma porta; mas a maçaneta, junto com a armação, o batente e as dobradiças forma uma porta completa; a porta, juntamente com a janela, as paredes, o soalho, o teto e os móveis forma um quarto que serve para dormir, para jantar ou para estudar etc.; vários quartos formam uma moradia; várias moradias formam um bairro; vários bairros formam uma cidade; e assim por diante.

Se o problema for simples (abrir e fechar), o objeto pode ter uma forma constante, com poucas variantes; se for complexo (dormir, estudar etc.), o objeto pode assumir várias formas, com inúmeras variantes. Mas, ao projetar um quarto de dormir, não é necessário redesenhar também a porta, que pode permanecer invariável para um grande número de quartos e ser mudada somente quando surgir um problema novo (fechar com maior segurança uma moradia, ou um edifício, com relação ao exterior; isolar dos ruídos um quarto especial etc.).

O método científico permite justamente enfrentar de maneira ordenada essa série de problemas e leva a individualizar, para cada um, os mínimos elementos funcionais, isto é, as combinações mais simples, adequadas à solução daquele problema, e a permanecer constantes nas combinações mais complexas.

Essa pesquisa tem sucesso imediato para objetos de uso mais simples, que resolvem alguns problemas perfeitamente circunscritos; de fato, desde o início, os arquitetos modernos redesenham a gama dos objetos móveis que formam o entorno imediato das atividades da vida diária – cadeiras, mesas, camas, armários, luminárias, louças etc. – e individualizam alguns modelos típicos, que serão amplamente aceitos daí por diante (Figs. 1357-1367).

1357 Um grupo de objetos de uso diário. Desenho de Amédée Ozenfant, 1925.

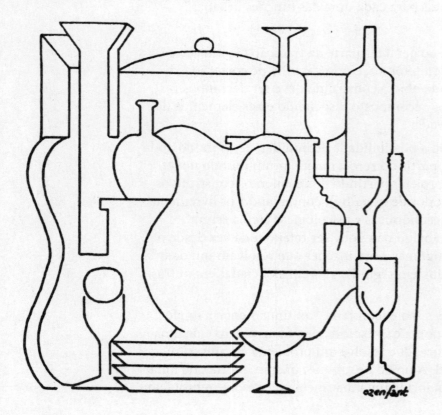

A CIDADE MODERNA

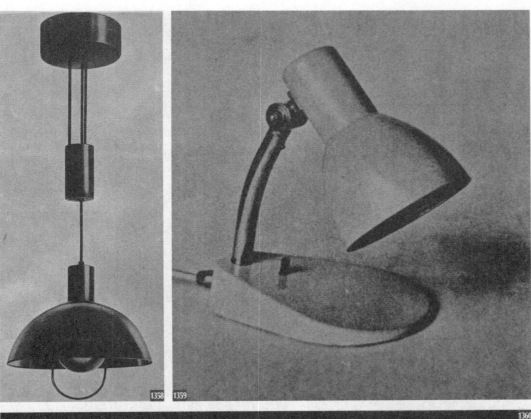

Três objetos de metal projetados na Bauhaus de Dessau: 1358 1359 duas luminárias de Marianne Brandt e 1360 uma cadeira dobrável de Marcel Breuer (1924-1925).

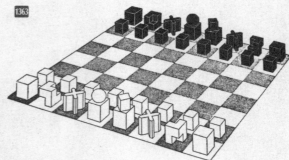

1361 Uma poltrona de madeira compensada curvada, desenhada por Marcel Breuer em 1936 para a firma inglesa Isokon.

1362 A carroceria do automóvel Adler, desenhada por Gropius em 1930.

1363 O jogo de xadrez desenhado por Joseph Hartwig na Bauhaus em 1924.

A CIDADE MODERNA

1. Entrada
2. Sala de estar
3. Sala de jantar
4. Cozinha-copa
5. Despensa
6. Depósito
7. Depósito de carvão
8. Dormitórios
9. Banheiro

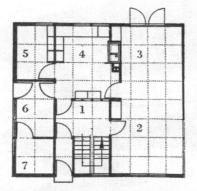
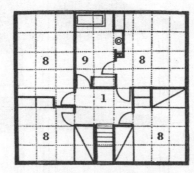

1364 1365 1366 1367 Plantas e duas vistas internas da casa pré-fabricada de Gropius no bairro Weissenhof em Stuttgart (ver. Fig. 1334, n. 8); a decoração compreende os móveis metálicos, as luminárias e as louças desenhadas nos anos que precederam a Bauhaus.

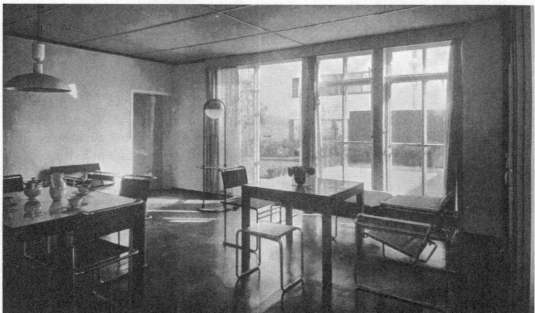

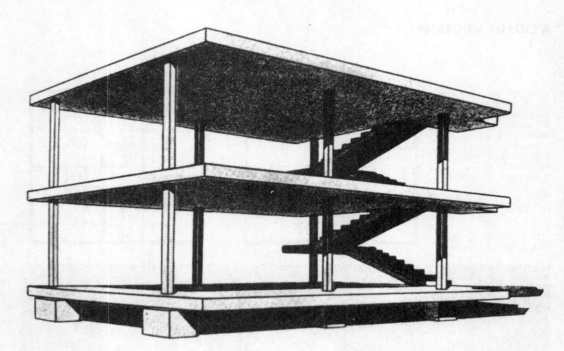

1368 O esqueleto portante de concreto armado das casas Dom-ino, projetadas por Le Corbusier em 1918.

Mas essa investigação não aceita as limitações tradicionais, isto é, não se detém apenas nos simples objetos de uso; estende-se às suas combinações e converge, sobretudo, para os mínimos elementos funcionais que correspondem às quatro funções urbanas relacionadas anteriormente: habitar, trabalhar, cultivar o corpo e o espírito, circular. Já que habitar é considerada a função principal, o mínimo elemento habitável – a moradia – se torna o elemento fundamental da nova cidade.

Assumindo a moradia – e não o edifício – como ponto de partida para reorganizar a cidade, é possível criticar e rejeitar os modelos de edifícios próprios da cidade burguesa: aquele construído no alinhamento da rua e a pequena vila recuada do alinhamento. De fato, esses modelos de construção dependem da relação entre propriedade particular e espaço público e adquirem importância porque a cidade pós-liberal é fundada justamente sobre essa relação, como pudemos ver. A moradia, ao contrário, é o elemento que interessa aos habitantes e, aceitando a moradia como ponto de partida, a arquitetura moderna se propõe a reconstruir a cidade segundo as exigências dos habitantes, em vez de seguir as dos proprietários e dos gestores públicos.

Então, a busca da arquitetura moderna:

- Analisa, rigorosamente e pela primeira vez, a estrutura interna da moradia, as relações entre as partes componentes – os cômodos – e individualiza as principais variantes distributivas.
- Estabelece as regras para agrupá-las livremente, sempre com relação às necessidades dos habitantes, considerando, portanto, as relações das moradias entre si e com os serviços coletivos. As moradias e os serviços de todos os tipos – escolas, hospitais, lojas, quadras de esporte, salas de espetáculos, ruas para pedestres e para carros – formam o bairro, isto é, a estrutura principal da cidade moderna.

A CIDADE MODERNA

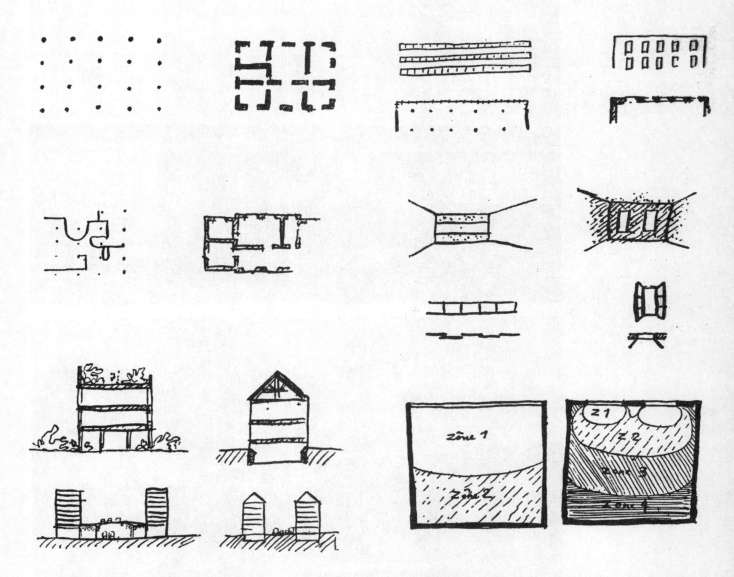

A estrutura moderna de pilares, de madeira diversa da estrutura antiga de paredes portantes, permite variar livremente a planta, soerguer a casa do terreno e substituir o telhado por um terraço ajardinado. Desse modo, recupera-se duas vezes a área ocupada pela construção, como espaço verde ou para o tráfego.

A fachada moderna é um diafragma independente dos pilares; portanto, as janelas podem tomar-se uma fita contínua que ocupa toda uma parede e ilumina muito melhor o ambiente. Ao contrário, numa fachada antiga, as janelas são recortadas na parede portante e devem ser pequenas e espaçadas.

1369-1372 Uma série de esboços de Le Corbusier, que ilustram os cinco pontos da nova arquitetura: a planta livre, a fachada livre, a casa destacada do terreno mediante o uso de pilares (pilotis), o telhado-jardim, a janela em fita.

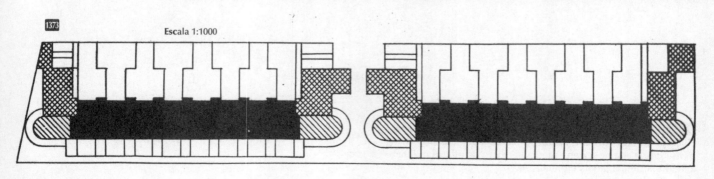

Escala 1:1000

A CIDADE MODERNA

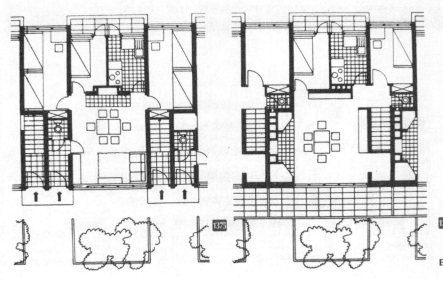

Um bairro de casas geminadas realizado por J.J.P. Oud nos arredores de Roterdã, em 1924. 1373 Planimetria geral, 1374 1375 plantas dos dois tipos de moradia e 1376-1378 fotografias.

Escala 1:200

760

Outro bairro de casas geminadas, realizado por J.J.P. Oud em Roterdã, em 1925. 1379 Planimetria geral, 1380 1381 planta do tipo de moradia mais comum e 1382 1383 fotografias.

Escala 1:200

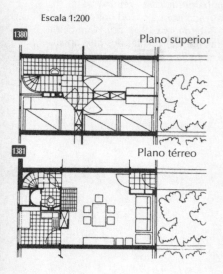

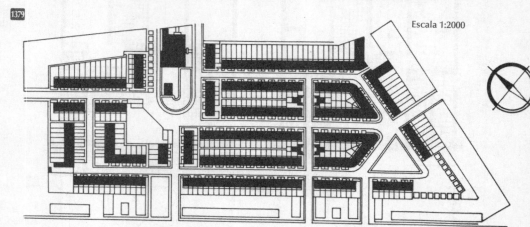

Escala 1:2000

As primeiras casas altas com varanda, realizadas em Roterdã por Brinkmann, Van der Vlugt e Maaskant: o Bergpolder (1934) e o Plaslaan (1938). 1384 1385 Vistas e 1386 1387 plantas

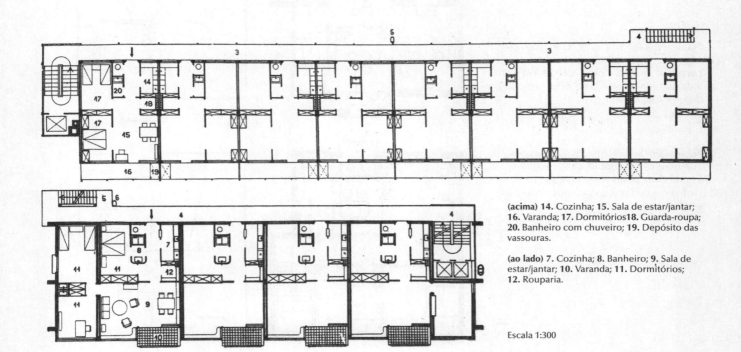

(acima) 14. Cozinha; 15. Sala de estar/jantar; 16. Varanda; 17. Dormitórios 18. Guarda-roupa; 20. Banheiro com chuveiro; 19. Depósito das vassouras.

(ao lado) 7. Cozinha; 8. Banheiro; 9. Sala de estar/jantar; 10. Varanda; 11. Dormitórios; 12. Rouparia.

Escala 1:300

Os apartamentos típicos do 1388 Bergpolder e do 1389 Plaslaan.

Escala 1:150

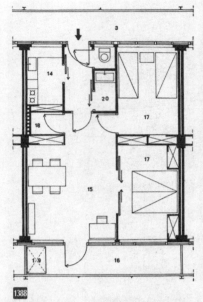 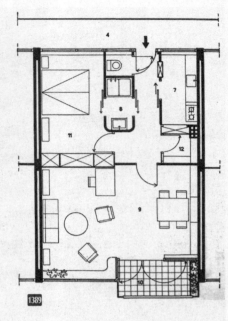

7 e 14. Cozinha; **8.** Banheiro; **9 e 15.** Sala de estar/jantar; **10 e 16.** Varanda; **11 e 17.** Dormitórios; **12 e 18.** Rouparia; **19.** Depósito das vassouras; **20.** Banheiro com chuveiro.

1390 1391 1392 1393 Uma moradia tradicional e uma moradia moderna, analisadas numa publicação de Alexander Klein, para um instituto de pesquisas alemão, em 1928.

Na residência tradicional, as funções dos cômodos são distribuídas ao acaso; os percursos da vida diurna (tracejados) e da vida noturna (em traço contínuo) se cruzam desordenadamente.

Na residência moderna, as funções dos cômodos são distribuídas de maneira a formar duas zonas separadas, para a vida diurna e a noturna; os percursos não mais se cruzam.

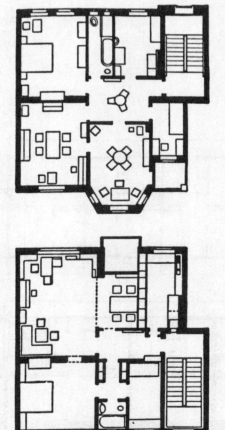 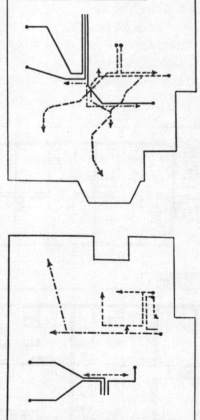

3. A busca dos modelos de agrupamento entre os elementos funcionais, isto é, em perspectiva, a definição da estrutura de conjunto da cidade moderna:

A busca das variantes de distribuição das moradias não pode ser feita sem considerar a maneira de agrupá-las entre si. Por isso, a pesquisa sobre a residência não termina na escala da moradia, mas prolonga-se na escala do bairro e leva a individualizar outros elementos funcionais, que compreendem certo número de moradias e certo número de serviços: as unidades de habitação.

A unidade menor – de cerca de 300-400 moradias, com jardim de infância, lojas de gêneros de primeira necessidade e áreas de recreação para jovens e adultos – pode-se tornar o elemento mínimo de projeto da cidade (isto é, análogo ao edifício na cidade tradicional); certo número dessas unidades, combinadas entre si, pode constituir uma unidade maior, compreendendo um maior número de moradias e uma dotação mais ampla de serviços: por exemplo, três unidades primárias da medida anterior podem formar uma unidade secundária, com cerca de 1.000-1.200 moradias, três jardins de infância, uma escola primária, um grupo de lojas mais completo e uma área mais extensa para esporte e recreação.

Desse modo, todos os elementos da cidade (os serviços de diversos graus, as áreas de recreação, as ruas, os estacionamentos, e também os equipamentos de produção) podem ser colocados numa relação exata com as casas e a estrutura urbana torna-se – segundo a hipótese de partida – verdadeiramente subordinada à moradia.

A hipótese das unidades de habitação – que formam uma gradação continua da unidade mínima às maiores e em perspectiva até a cidade – permite estender o controle arquitetônico a uma escala muito maior. De fato, a forma da cidade resulta extremamente diferente, mas deriva de um número limitado de combinações e de ligações, cujas consequências técnicas e visuais já são conhecidas. A cidade tradicional é formada por muitos lotes pequenos, ocupados por edifícios independentes entre si; suas combinações são numerosas demais para serem previstas e controladas e sua sucessão deveras aproximada produz, ao fim, uma impressão de monotonia. Ao contrário, a cidade moderna pode ser formada por elementos bem maiores, cada um projetado com uma composição construtiva unitária; as combinações entre esses elementos podem ser coordenadas por antecipação, portanto o quadro de conjunto pode tornar-se, ao mesmo tempo, variado e ordenado.

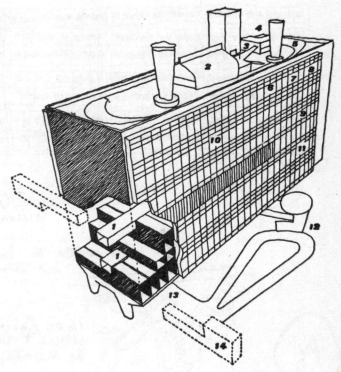

1. Ruas internas
2. Ginásio esportivo
3. Bar e solário
4. Restaurante
5. Parque infantil
6. Centro sanitário
7. Creche
8. Jardim de infância
9. Clube
10. Oficina e salas de reuniões para os jovens
11. Lavanderia
12. Entrada e guarita do porteiro
13. Garagens
14. Apartamento típico de dois andares (cf. Figs. 1310-1312)

1394 A unidade de habitação de Le Corbusier, realizada em Marselha em 1951.

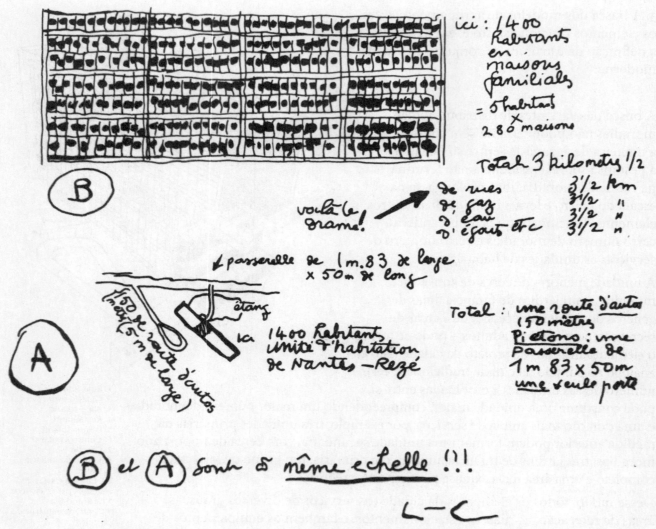

1395 O raciocínio de Le Corbusier, para justificar a conveniência da unidade de habitação.

Num bairro tradicional (B), 1400 habitantes necessitam de 280 casas (5 habitantes para cada uma). Para chegar a estas casas, são necessários 3 quilômetros e meio de ruas, de tubulações de gás, canalizações de água e de esgotos: eis o drama!

Numa unidade de habitação são necessários: uma rua para os automóveis, com 5 metros de largura e 150 metros de comprimento; uma passarela para pedestres de l,83 metros de largura e 50 metros de comprimento, sobre um espelho d'água.

1396 Vista geral e **1397 1398 1399** plantas dos tipos de construção da unidade de habitação de Marselha, para 1400 habitantes.

A CIDADE MODERNA

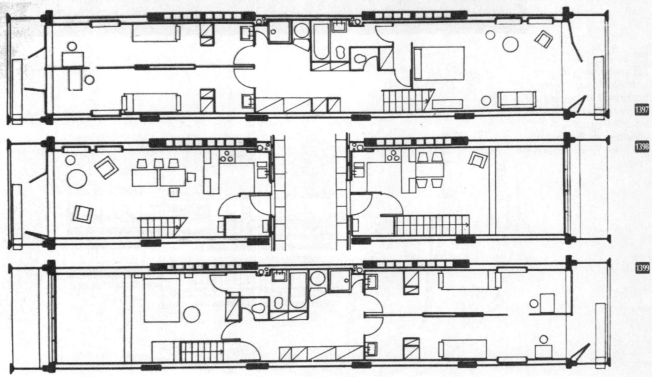

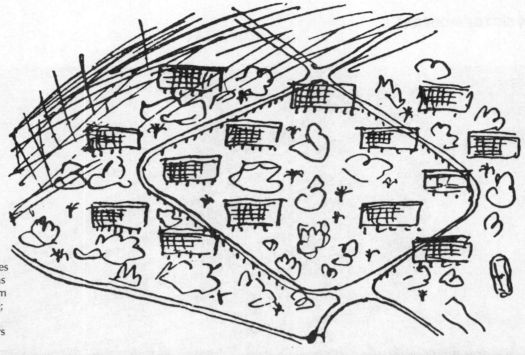

1400 Um grupo de unidades de habitação, distanciadas no meio do verde, formam um bairro ou uma cidade; desenho de Le Corbusier para a cidade de Nemours (1934).

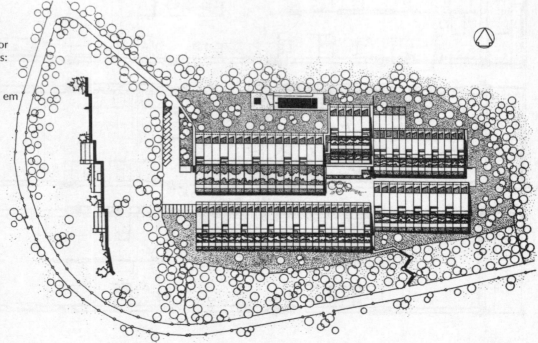

1401 Vista aérea e **1402** planimetria de uma unidade de habitação horizontal, composta por 74 moradias enfileiradas: a Siedlung Halen, nos arredores de Berna, projetada pelo Atelier 5 em 1963.

A CIDADE MODERNA

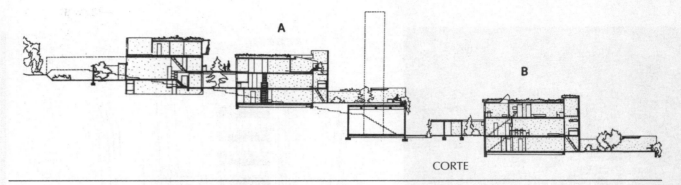

CORTE

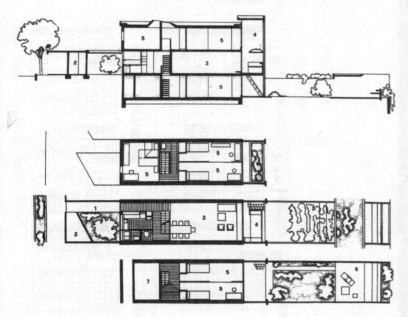

CORTE E PLANTA DA MORADIA TIPO A

1403-1411 Plantas e cortes dos principais tipos de construção da Siedlung Halen; o terreno em declive para o rio foi disposto em patamares e permite construir casas de três andares, onde a entrada e os locais de estar se encontram no primeiro andar; há assim dois grupos separados de dormitórios: um no andar térreo (comunicando-se com o jardim) e um no segundo andar.

Legenda (para os dois tipos de moradia):
1. Entrada
2. Depósito
3. Sala de estar
4. Alpendre
5. Dormitórios
6. Jardim
7. Adega

CORTE E PLANTA DA MORADIA TIPO B

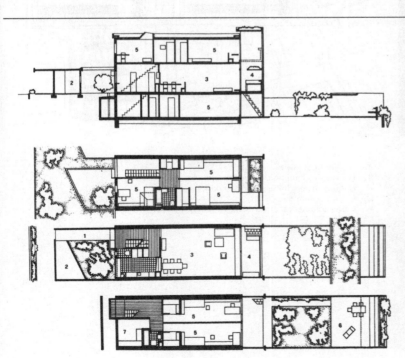

1412 Na fotografia, o alpendre da sala de estar com parapeito quadriculado, retomado por Le Corbusier.

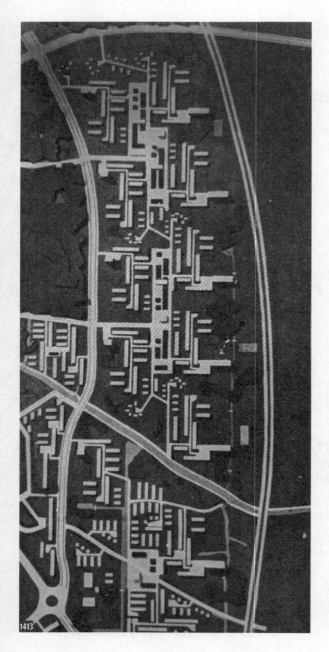
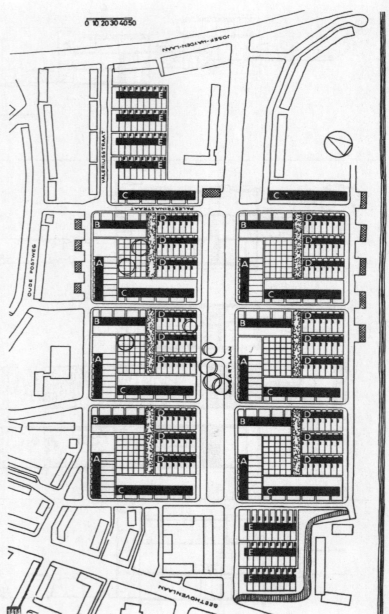

1413 O projeto de ampliação de Leeuwarden, estudado por Bakema e Van den Broek em 1958. Os edifícios de tipo diverso formam uma série de combinações repetidas: a unidade de habitação mista.

A. Grandes conjuntos geminados
B. Habitações em linha, de quatro andares
C. Habitações em linha, de três andares
D. Casinhas geminadas
E. Casas geminadas, em andares desencontrados

A CIDADE MODERNA

 O bairro Klein Driene em Hengelo, realizado por Bakema e Van den Broek entre 1956 e 1958.

1. Entrada
2.-7. Ambientes diurnos
8. Lavatório
9. Dormitórios
10. Banheiro

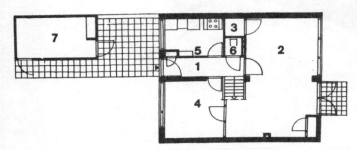

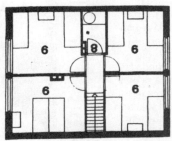

 Tipo E

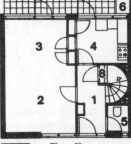

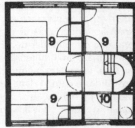 Tipo D

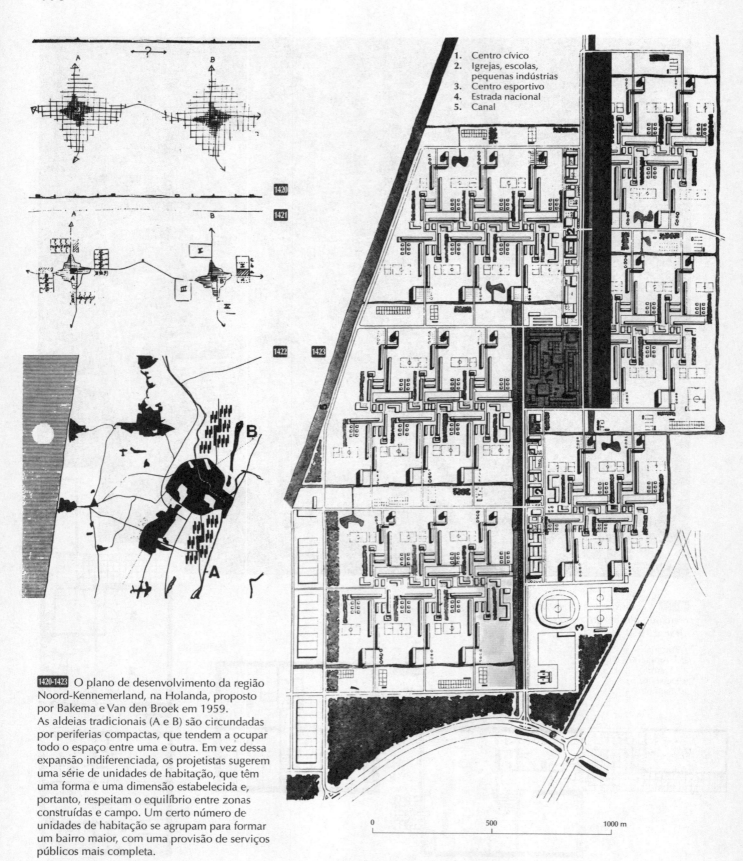

1. Centro cívico
2. Igrejas, escolas, pequenas indústrias
3. Centro esportivo
4. Estrada nacional
5. Canal

1420-1423 O plano de desenvolvimento da região Noord-Kennemerland, na Holanda, proposto por Bakema e Van den Broek em 1959. As aldeias tradicionais (A e B) são circundadas por periferias compactas, que tendem a ocupar todo o espaço entre uma e outra. Em vez dessa expansão indiferenciada, os projetistas sugerem uma série de unidades de habitação, que têm uma forma e uma dimensão estabelecida e, portanto, respeitam o equilíbrio entre zonas construídas e campo. Um certo número de unidades de habitação se agrupam para formar um bairro maior, com uma provisão de serviços públicos mais completa.

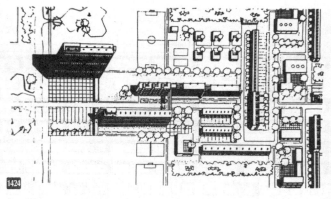
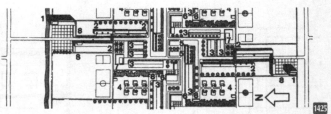

1. Edifícios de 15 andares; **2.** Edifícios de 3 a 6 andares, com apartamentos de 1 e de 2 andares (dúplex); **3.** Edifícios unifamiliares geminadas; **4.** Edifícios unifamiliares isoladas; **5.** Lojas; **6.** Escola; **7.** Parque infantil; **8.** Garagens.

Plano de desenvolvimento do Noord-Kennemerland. 1424 Planta de uma unidade de habitação para 1900 habitantes e 1425 axonometria de uma parte da unidade.

1426 Vista panorâmica da unidade de habitação mista.

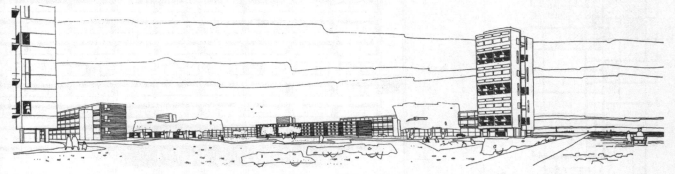

1427 Vista da zona central; em primeiro plano, as casas individuais. 1428 Vista da zona central; em primeiro plano, as casas geminadas de dois andares.

1429 O espaço interno para pedestres do centro cívico.

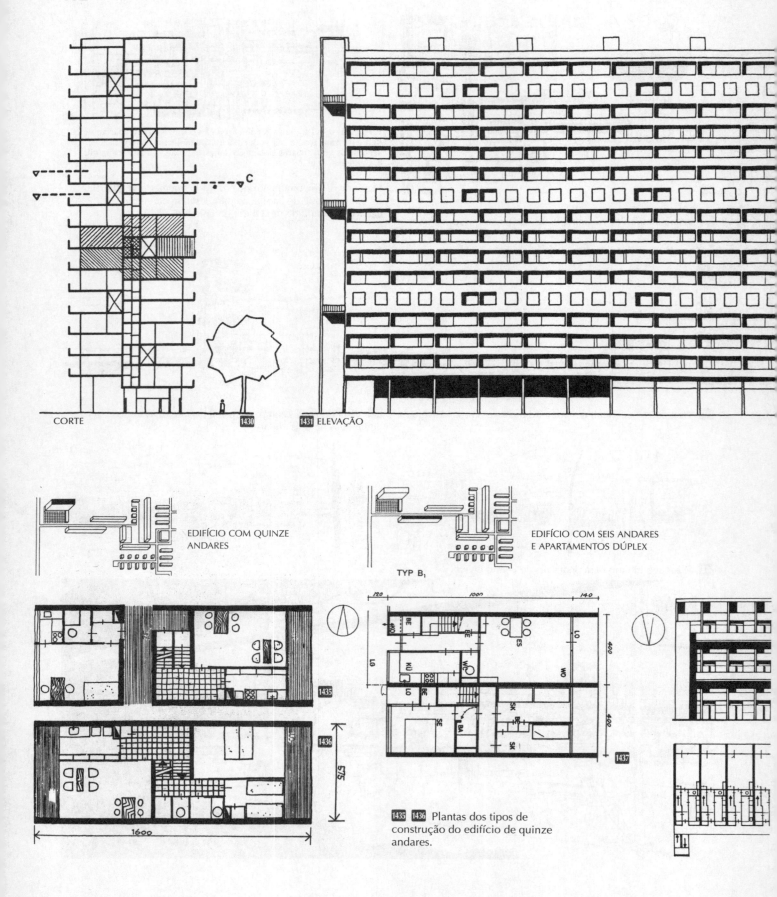

A CIDADE MODERNA

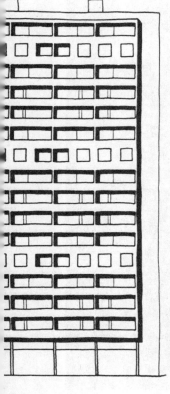

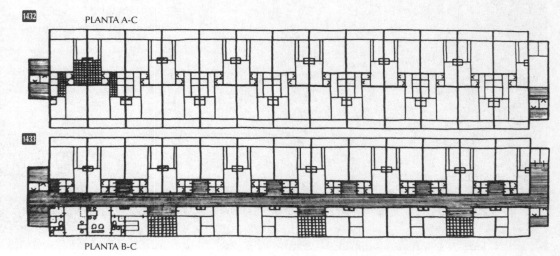

Escala 1:500

1430-1434 Plano de desenvolvimento do Noord-Kennemerland. Plantas, elevação e corte do edifício de quinze andares.

1437 1438 Plantas, **1439 1440** elevação e **1441** corte do edifício de seis andares com apartamentos dúplex.

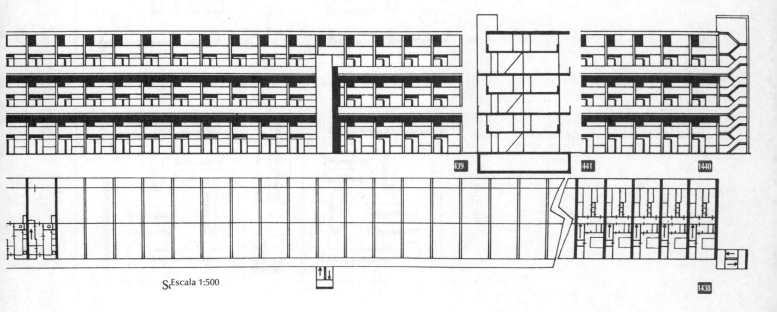

Escala 1:500

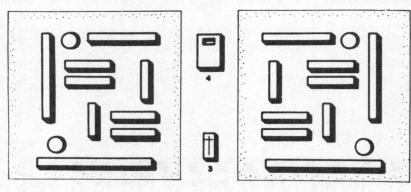

1442 As unidades de habitação (superquadras) em Brasília. Cada superquadra compreende 2.500-3.000 habitantes e 1443 quatro superquadras formam uma unidade mais completa de 10.000-12.000 habitantes.

Os serviços comuns:

1. Cinema; 2. Lojas; 3. Igreja; 4. Escola ao ar livre; 5. Parque; 6. Escola; 7. Parque infantil.

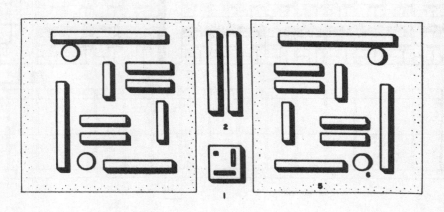

A SITUAÇÃO DE HOJE

Os resultados da pesquisa arquitetônica moderna foram em parte aceitos e em parte rejeitados pela sociedade contemporânea.

A abordagem científica dos problemas do ambiente construído se enquadra na cultura científica, indispensável ao desenvolvimento da sociedade moderna. Mas os problemas foram, deliberadamente, subtraídos à análise científica, porque somente assim é possível conservar o equilíbrio dos interesses imobiliários, estabelecido no último século, que não é apenas uma fonte de privilégios para algumas categorias econômicas, mas um instrumento de poder para o conjunto das classes dominantes. De fato, nenhum regime político soube até agora renunciar por completo a esse instrumento.

Por isso, a sociedade contemporânea é levada a distinguir entre os resultados da pesquisa. Vejamos o que acontece para os três pontos até agora examinados.

Pela análise das funções urbanas, aceita-se o princípio de manter separadas as funções, destinando a cada uma delas uma zona separada na cidade. De fato, da década de 1930 em diante, os planos reguladores distinguem as zonas residenciais, as zonas industriais, as zonas para os serviços etc.; assim, de fato, são reduzidos os inconvenientes que derivam da mistura das funções na cidade tradicional. Mas não se aceita da mesma maneira a nova hierarquia das funções: a primazia da moradia, o desenvolvimento das zonas de recreação até formar um espaço verde unitário, a separação da rede de ruas para pedestres da rede para tráfego de veículos. De fato, tenta-se dar à cidade uma organização mais racional, sem mudar a primazia das funções terciárias (comércio e escritórios), que produz as consequências já examinadas: aumento da densidade da periferia para o centro, sacrifício da residência, congestionamento de tráfego etc.

Os mínimos elementos funcionais que dizem respeito aos bens manufaturados menores – dos objetos de uso às moradias individuais – são aceitos porque funcionam melhor e custam menos que os modelos tradicionais e, ao mesmo tempo, podem ser adaptados à organização vigente dos espaços públicos e particulares. Ao contrário, os elementos funcionais maiores – e, sobretudo, a unidade de habitação, que define de maneira nova as relações entre moradias e serviços – são praticamente recusados, porque entram em conflito com o equilíbrio dos interesses dominantes. As unidades repetíveis, propostas por Le Corbusier, Bakema e Jo Van den Broek, Candilis etc., são admitidas até então somente como episódios excepcionais: são reconhecidas como obras apreciáveis de arquitetura, não como exemplos para mudar a estrutura geral da cidade.

Na cidade burguesa, como já observamos, as administrações públicas constroem as "casas populares" para corrigir o mercado privado, que não oferece casas de menor custo para as classes mais pobres. Depois da Primeira Guerra Mundial, os programas de edificação das administrações públicas se tornam cada vez mais importantes e são o campo mais adequado para aplicar os resultados da pesquisa arquitetônica moderna, porque, no início da intervenção, a administração tem a disponibilidade de todo o terreno que, depois, será dividido entre casas, serviços, ruas etc. De fato, os bairros públicos das administrações alemãs, holandesas, escandinavas são também as primeiras demonstrações do novo ambiente urbano projetado pelos arquitetos modernos. Esses bairros podem permanecer como exceções isoladas, ou desenvolver-se até transformar todo o ambiente construído. Dessa alternativa depende o sucesso ou o insucesso da arquitetura moderna; em alguns países – Inglaterra, Holanda, Dinamarca, Suécia e França – a intervenção pública aceitou os critérios da nova pesquisa arquitetônica e se ampliou até se transformar em outro sistema de construir e administrar a cidade, em alternativa ao sistema tradicional: não eliminou os mecanismos da cidade burguesa, que continuam e ainda são quantitativamente predominantes, mas realizou de forma concreta outro tipo de cidade, experimentando as propostas da pesquisa teórica e melhorando-as gradativamente.

É inútil, portanto, descrever as propostas mais novas e audaciosas dos arquitetos contemporâneos, como se fossem imagens de uma cidade moderna já iminente. Pelo contrário, grande parte dessas propostas, intencionalmente futuristas, serve apenas para esquecer ou esconder as dificuldades de desmontar os mecanismos da cidade pós-liberal, ainda predominantes no mundo contemporâneo.

Antes, devemos colocar esta questão: em que medida a pesquisa da arquitetura moderna transformou nosso ambiente de vida?

Descrevemos em primeiro lugar os melhores exemplos, isto é, duas cidades – Amsterdã e Londres – onde esta transformação teve êxito parcial. Em seguida, tentaremos confrontar esses exemplos com a situação geral e veremos os dramáticos problemas produzidos em vários lugares do mundo pelo aumento da população urbana e pelo desenvolvimento econômico.

Amsterdã

A cidade holandesa, da qual se falou longamente no capítulo 11, alcança sua máxima prosperidade em fins do século XVII, enquanto se completa o plano de ampliação de 1607. A partir de então, o magnífico organismo seiscentista

A SITUAÇÃO DE HOJE

1444 O centro histórico de Amsterdã, como é hoje, circundado pela periferia. Cf. Figs. 1099-1105.

não cresce mais e, aos poucos, o porto perde sua importância pelo aterro do mar interno – o Zuiderzee – sobre o qual se debruça.

Em 1875 é escavado um canal que liga a cidade diretamente ao Mar do Norte. Desse modo, o desenvolvimento de Amsterdã retoma seu vigor, as muralhas são transformadas num cinturão de jardins e, no seu entorno, forma-se uma periferia de bairros pobres em forma de tabuleiro; a estrada de ferro é construída bem em frente ao porto, e a estação é colocada no centro do leque seiscentista, separando definitivamente a cidade do mar aberto.

Em 1901 é aprovada a primeira lei urbanística holandesa, que obriga as cidades com mais de 10.000 habitantes a preparar um plano regulador geral, atualizado a cada dez anos. O Estado financia as administrações municipais para aquisição de terrenos e realização das obras públicas e as cooperativas de edificação, para a construção das casas populares. Em 1896, a administração municipal de Amsterdã resolve não mais revender os terrenos adquiridos, mas somente alugá-los; assim, dali em diante, o desenvolvimento urbano pode ser regulado de maneira unitária pelos programas públicos.

Em 1902, Berlage – o mais importante arquiteto holandês do início do século XX – é encarregado de projetar o plano de ampliação de Amsterdã para o sul, que é pontualmente executado nos trinta anos seguintes (Figs. 1445-1446).

Em 1928, junto ao departamento das obras públicas de Amsterdã, é instituído um órgão urbanístico independente, capaz de fazer com que a pesquisa dos modernos arquitetos holandeses dê frutos.

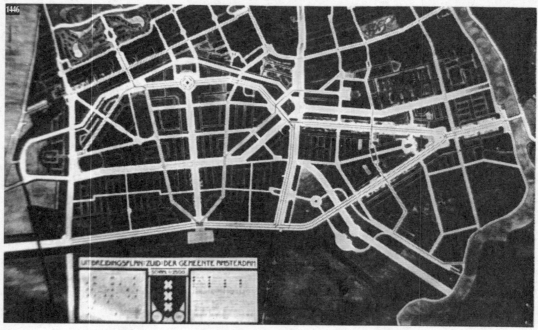

1445 **1446** O plano de ampliação de Amsterdã Sul, projetado por H.P. Berlage em 1917. As casas são agrupadas em grandes e longos blocos de cerca de 50×200 metros.

A SITUAÇÃO DE HOJE

Cornelius van Eesteren, um dos integrantes do grupo neoplástico, entra nesse novo órgão, coordena a preparação do plano regulador geral e, pela primeira vez, aplica a uma grande cidade os resultados dos primeiros dez anos das pesquisas arquitetônicas modernas.

De fato, o plano de Amsterdã tem três características novas:

1. Em primeiro lugar, com a ajuda de especialistas, são feitas inúmeras investigações científicas que permitem estabelecer uma hipótese de desenvolvimento da população e de suas exigências até o ano 2000.

Calcula-se que, na data da aprovação do plano, a cidade chegue a 650.000 habitantes e depois cresça até 960.000. Nesse período, há previsão de se construir:

84.300 novas moradias para os 310.000 habitantes a mais, levando-se em conta que o número médio de pessoas por família diminuirá de 3,74 para 3,37;

13.460 novas moradias para substituir as inadequadas, a serem demolidas;

12.000 novas moradias para substituir as eliminadas na zona central para dar lugar a escritórios e lojas; isto é, ao todo cerca de 110.000 moradias a serem somadas às 200.000 já existentes.

2. Divide-se a periferia da cidade em bairros de cerca de 10.000 moradias (isto é, 35.000 habitantes) providos de todos os equipamentos necessários e separados por áreas verdes. A administração resolve a cada vez iniciar a construção de um bairro e, somente então, prepara o plano detalhado, de maneira que as suas características sejam atualizadas o mais possível.

3. Estabelece-se um controle contínuo sobre a execução do plano, de modo que a liberdade concedida aos projetistas dos edifícios não faça perder o caráter unitário da intervenção geral. Cada bairro é dividido em unidades menores, cada uma delas confiada a um arquiteto supervisor que tem a tarefa de aprovar os projetos de construção individuais. Os supervisores trabalham junto com a comissão permanente do plano, presidida por Van Eesteren.

O plano regulador geral de Amsterdã foi aprovado em 1935 e executado nos trinta anos seguintes; hoje, então, podemos considerá-lo como uma realização concreta.

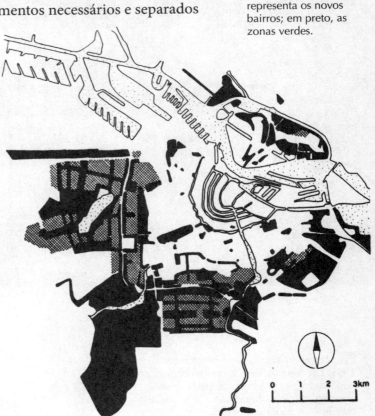

1447 Esquema do plano regulador de Amsterdã em 1935. O tracejado cruzado representa os novos bairros; em preto, as zonas verdes.

1448 O plano regulador de Amsterdã em 1935. Em quadriculado, os novos bairros; em pontilhado, as zonas verdes; em hachurado cruzado, as zonas industriais; em hachurado diagonal, as zonas das hortas.

A SITUAÇÃO DE HOJE

1449 O conjunto dos bairros a oeste, previstos pelo plano regulador de Amsterdã, de 1935.

1450 Os bairros a oeste em vias de realização; cada zona de terreno é consolidada e equipada pela administração pública, antes de ser construída.

ZONAS RESIDENCIAIS
ZONAS VERDES
ZONAS DESPORTIVAS
JARDINS OPERÁRIOS
HORTAS
RUAS
CANAIS
ESTRADAS DE FERRO

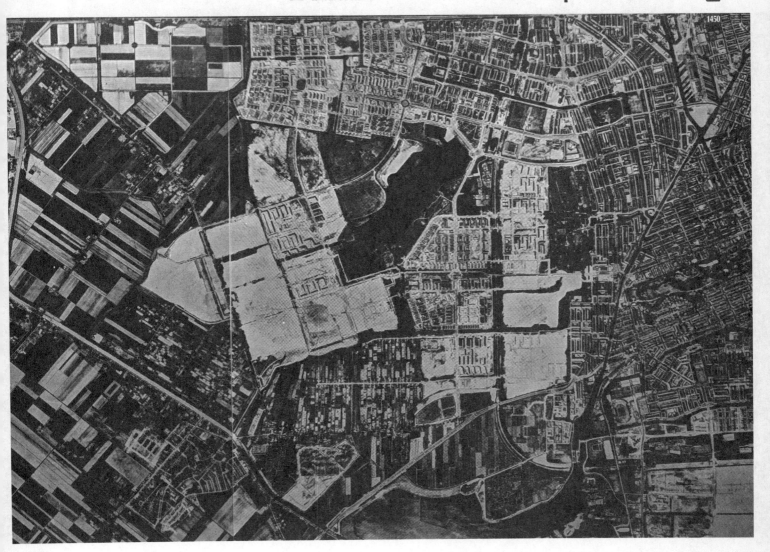

1451

1452

783

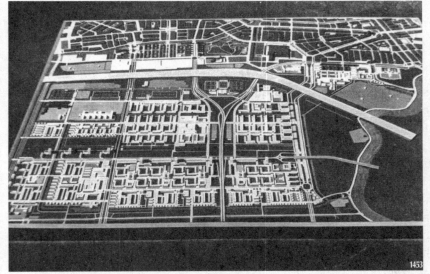

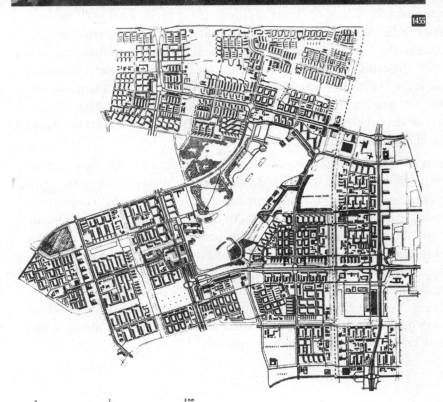

Na página ao lado:

1451 Vista aérea do bairro de Slotervaart, em Amsterdã.

1452 Vista aérea do bairro de Bos en Lommer, Amsterdã.

1453 Maquete do bairro de Buitenveld, em Amsterdã.

1454 Maquete do bairro de Osdorp, em Amsterdã.

1455 O conjunto dos bairros a Oeste, depois de finalizada a construção.

A maior parte dos novos bairros está situada a oeste da cidade, de maneira a se ligarem, seja ao centro antigo e ao porto, seja às indústrias colocadas ao norte, ao longo do canal que chega ao mar aberto. Esses novos bairros estão agrupados ao redor de um lago artificial, o Sloterplas, isto é, têm ao centro uma grande zona de recreação, com vistas livres de um ou dois quilômetros. Os bairros mais antigos (Bos en Lommer, iniciado em 1936) são compostos de casas de quatro andares de tipo tradicional, que formam blocos fechados, semiabertos ou abertos; os bairros mais recentes, iniciados no pós-guerra, têm um aspecto mais variado, com moradias individuais de um ou dois andares, construções médias de quatro ou cinco andares e altas de doze andares.

Cada bairro tem grande abundância de espaços verdes para a recreação de crianças, jovens e adultos. Mas o plano prevê também um parque da cidade de cerca de novecentos hectares (como o Bois de Boulogne de Paris), criado artificialmente de uma zona arenosa a sudoeste da cidade (Figs. 1456-1457).

Esse parque contém todo tipo de equipamentos para esporte e lazer – entre os quais um canal de dois quilômetros para competições a remo, um teatro ao ar livre, duas zonas de reserva para as aves migratórias e para os cervos – e foi realizado com a colaboração de muitos especialistas: botânicos, zoólogos, higienistas, educadores etc.

A cidade histórica – isto é, o núcleo medieval com a coroa dos três canais seiscentistas – permaneceu o único centro do novo organismo urbano, agora com uma população quatro vezes superior à antiga; as ruas são percorridas por um trânsito bastante intenso e muitos edifícios foram alterados; todavia, a administração procurou conservar o caráter tradicional: subvencionou a restauração das casas antigas e reservou aos pedestres as ruas comerciais mais importantes, que formam um longo passeio de cerca de um 1,5 quilômetro.

Mas o desenvolvimento da cidade foi mais rápido que o previsto pelo plano de 1935. Em 1958, Amsterdã chegou aos 870.000 habitantes e decidiu-se proibir um ulterior desenvolvimento dentro dos limites municipais: o aumento futuro deveria ocorrer nos municípios circunvizinhos, não mais a oeste – para deixar uma zona verde entre Amsterdã e Haarlem – mas ao sul e ao norte; por isso, foi traçado um novo plano regulador, que abrange um território mais amplo ao redor da cidade. Em 1968, resolveu-se construir uma rede ferroviária metropolitana, subterrânea na cidade histórica e elevada nos bairros periféricos.

Mas o crescimento da cidade evidenciou os defeitos de planejamento nos bairros já realizados. Apesar de planejados com cuidado, ricos de zonas verdes e de serviços, formam uma zona construída compacta, que perde o contato com o campo e, sobretudo, com a água (o porto também é separado da cidade pela linha ferroviária). Assim, não obstante as intenções dos projetistas, nos novos bairros nascem muitas diferenças de posição: casas na primeira fila com vista para os parques e outras que permanecem na segunda fila; a rede de ruas é inutilmente complicada e, em muitos pontos, corta os percursos dos pedestres entre as casas, os serviços e as zonas verdes; a distribuição das casas, por simples que seja, não é justificada por uma necessidade exata e, por vezes, se transforma em um desenho abstrato, que acaba criando outras diferenças inúteis.

(página seguinte)
1456 1457 Planta do Bosque de Amsterdã.
1458 Vista aérea do centro histórico de Amsterdã como é hoje.
Cf. Figs. 1106-1111.

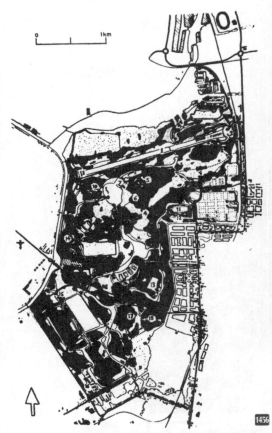

1. Lago para remar; 2. Ancoradouro; 3. Centro de esportes aquáticos; 4. Colina; 5. Jardim decorativo; 6. Labirinto; 7. Quadra de esportes para crianças; 8. Quadra de esportes para adultos; 9. Lago de recreação; 10. Teatro ao ar livre; 11. Pista de obstáculo; 12. Pista de equitação; 13. Solário; 14. Reserva para as aves migratórias; 15. Fazenda; 16. Albergue para a juventude com *camping*; 17. Viveiro; 18. Parque infantil.

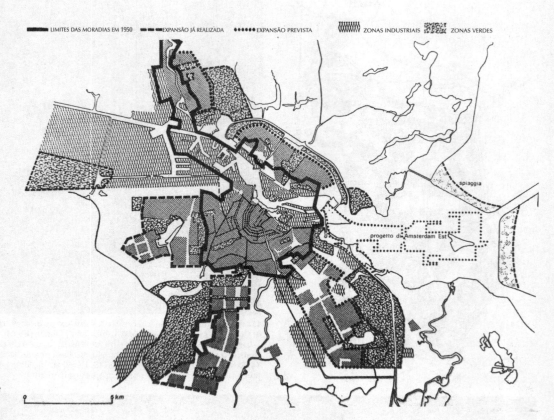

1459 O novo plano regulador de Amsterdã, projetado na década de 1960.

1460 As cidades dispostas em semicírculo, formando o Randstad, na Holanda central.

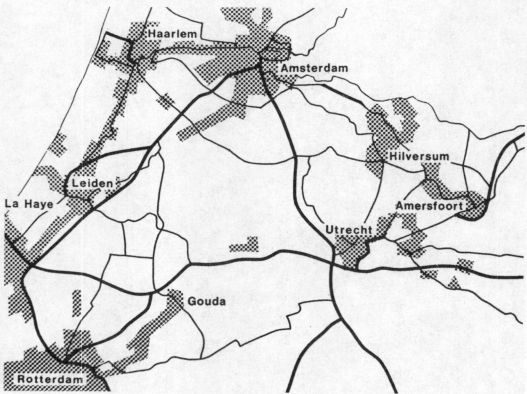

A SITUAÇÃO DE HOJE

Para demonstrar a possibilidade de uma nova mudança decisiva, os arquitetos Bakema e Van den Broek apresentaram, em 1965, um projeto para a ampliação de Amsterdã a leste, sobre o espelho de água remanescente entre a cidade e os terrenos recuperados do Zuiderzee (Figs. 1461-1473).

Esse projeto prevê a construção, numa série de ilhas artificiais, de uma cidade linear de 350.000 habitantes, percorrida por um ramal da ferrovia e por uma veloz autoestrada. A cidade linear é formada por 35 unidades de habitação para 10.000 pessoas cada, distantes meio quilômetro uma da outra e dispostas perpendicularmente às vias de velocidade. Cada unidade é dividida em três zonas: a central, onde passam a estrada de ferro e a autoestrada e onde se encontram os edifícios mais densos para habitações e escritórios; as duas laterais, com edifícios de média altura que circundam uma grande lâmina de vários níveis (embaixo ficam os estacionamentos e em cima, as escolas, igrejas, salas de reunião e outros serviços). Mas as três zonas estão voltadas para o espaço de recreação que separa uma unidade da outra: um braço de mar com jardins, quadras de esportes etc., que mede pelo menos trezentos metros de uma frente construída à outra.

Uma unidade de 10.000 habitantes deveria ser projetada e realizada como uma grande composição unitária: portanto, o equilíbrio entre os planos da autoridade pública e as iniciativas dos particulares – experimentado nos trinta anos precedentes – deveria ser modificado e transportado para uma escala maior.

1461 Planta de Amsterdã e de sua periferia, na qual está inserido o projeto de Amsterdã Leste, de autoria de Bakema e de Van den Broek.

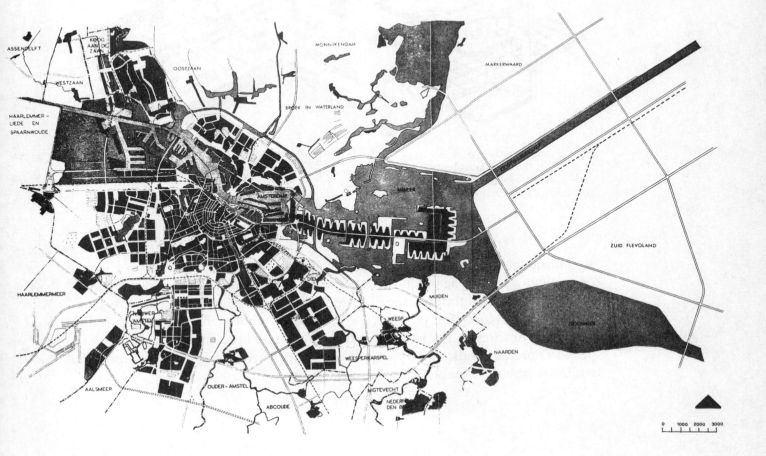

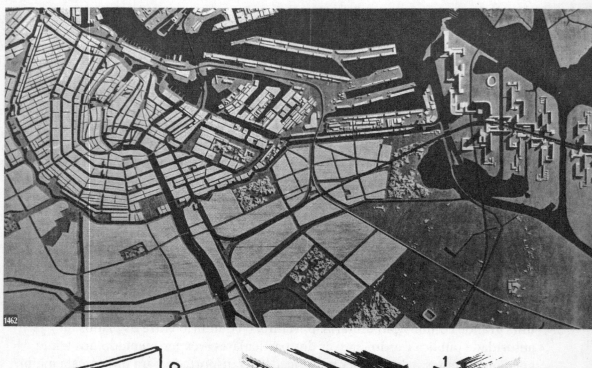

1462 Maquete do projeto de Amsterdã Leste; 1463 detalhes da articulação entre as unidades e 1464 as linhas de comunicação, baseada na separação dos níveis.

1. Edifício em forma de torre; 2. Casas de altura média 3. Estação do monotrilho; 4. Rua de trânsito local; 5. Monotrilho; 6. Autoestrada.

As autoridades de Amsterdã – que, na década de 1930, foram as primeiras a aceitar os resultados iniciais da pesquisa moderna, ou seja, a análise das funções urbanas e a definição dos mínimos elementos funcionais – hoje não estão preparadas para aceitar os resultados mais recentes, isto é, os novos modelos de agrupamentos dos elementos funcionais. Por isso, esse estudo teve de ser apresentado como uma proposta privada: indica uma possibilidade tecnicamente realística, mas ainda não realizável na atual situação administrativa holandesa.

A SITUAÇÃO DE HOJE

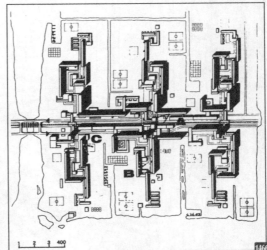

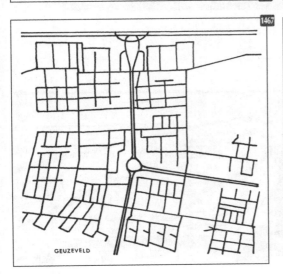

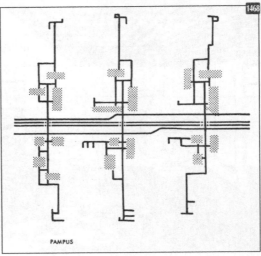

Comparação entre um bairro de Amsterdã Oeste (Geuzenveld), com cerca de 30.000 habitantes, e um grupo de três unidades de habitação de Amsterdã Leste, com 10.000 habitantes cada uma. 1465 1466 No alto, a distribuição dos edifícios; 1467 1468 embaixo, a rede de ruas.

Os três ambientes que formam a paisagem de Amsterdã Leste (ver Fig. 1466):

1469 O ambiente das relações da cidade (A), ao longo do espigão central. Os pedestres circulam no nível 1, os veículos lentos no nível 2 e os veículos velozes no nível 3.

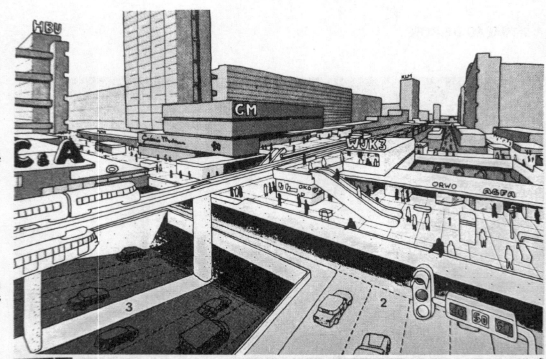

1470 O ambiente das relações de bairro (B), no espaço encerrado entre as casas da unidade, acima e abaixo do espigão central. Os pedestres se movem sobre uma lâmina sobrelevada, que leva aos locais de reunião (1), às lojas (2) e às escolas (3).

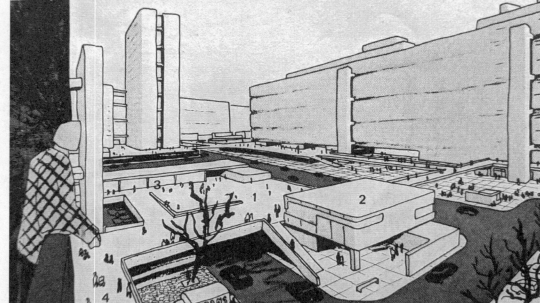

1471 O ambiente do lazer (C), no espaço livre entre duas unidades sucessivas. O mesmo personagem, de sua moradia, se debruça sobre o ambiente B ou sobre o ambiente C.

A SITUAÇÃO DE HOJE

1472 Vista da maquete, olhando da laguna para o centro da cidade.

1473 Maquete de uma das unidades de habitação.

Londres e as Cidades Novas Inglesas

No século XIX, Londres é a maior cidade do mundo. No início do século, já conta um milhão de habitantes; em 1851 – quando é aberta a primeira Exposição Universal no Palácio de Cristal – conta 2,5 milhões de habitantes; em 1901 chega a 4,5 milhões e cobre, quase totalmente, a área do Condado de Londres instituído em 1888 (30.000 hectares). Mas outros dois milhões de habitantes vivem fora dos limites do condado e contribuem para formar uma enorme aglomeração que, em 1901, tem 6,5 milhões de habitantes; em 1921, 7,5 e quase nove milhões em 1939, às vésperas da Segunda Guerra Mundial.

Tal concentração de casas, ruas e serviços parece, de um lado, desastrosa e ingovernável e, de outro, capaz de gerar as mais extraordinárias maravilhas. Pall Mall é a primeira rua do mundo inteiro iluminada a gás, em 1805; o Palácio de Cristal, onde se desenrola a Exposição Universal de 1851, é o maior edifício até então construído: mede 1.851 pés de comprimento (550 metros) e cobre 7,5 hectares; em 1863, dá-se início à construção da rede ferroviária metropolitana; de 1848 a 1865 são construídas as duas margens do Tâmisa entre a City e Westminster; em 1894 inaugura-se a nova ponte suspensa perto da Torre de Londres, cuja parte central móvel deixa passar os navios. A City, com 110.000 habitantes em 1861, tem apenas 20.000 em 1911 e se torna um núcleo especializado, formado quase que unicamente de escritórios, lojas, oficinas e serviços coletivos: é o centro econômico e financeiro mais importante do mundo.

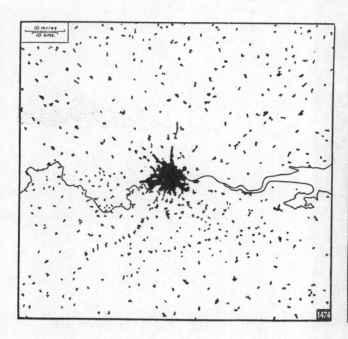 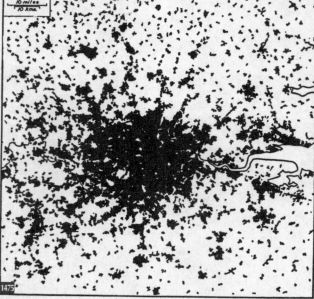

A zona urbanizada de Londres, 1474 em 1830 e 1475 em 1960.

1476 O tráfego de Londres; gravura de Gustave Doré, de 1872.

A SITUAÇÃO DE HOJE

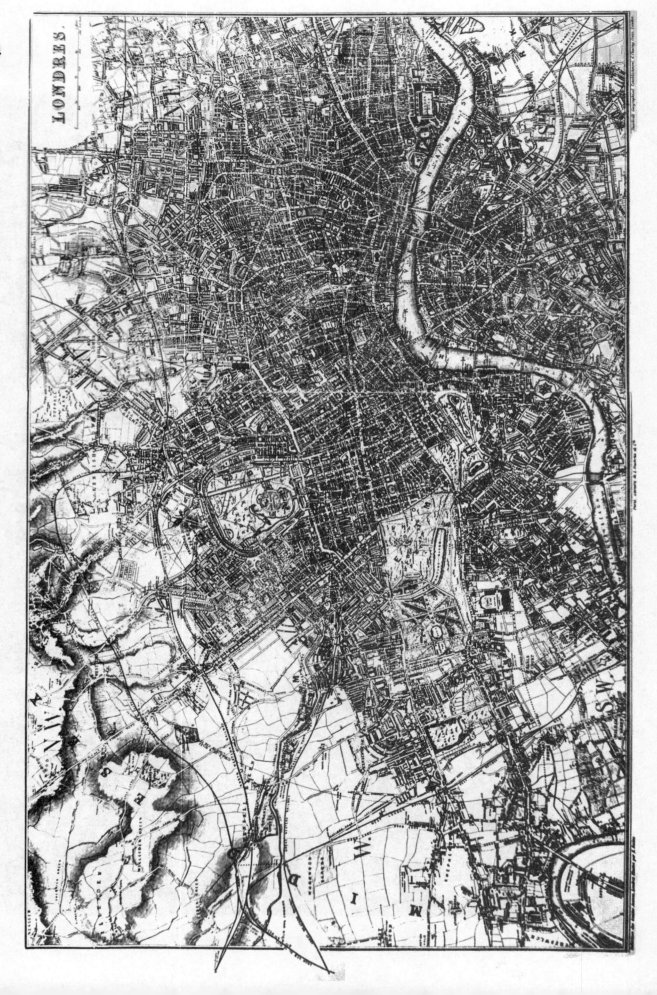

A SITUAÇÃO DE HOJE

Em 1814, antes da chegada das estradas de ferro.

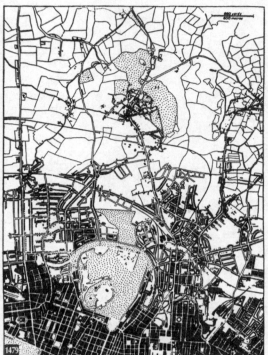

Em 1864, depois de completado o Regent's Park.

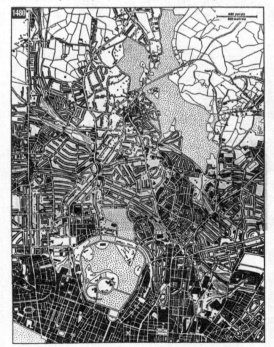

Em 1914, depois da junção com a aldeia de Hampstead.

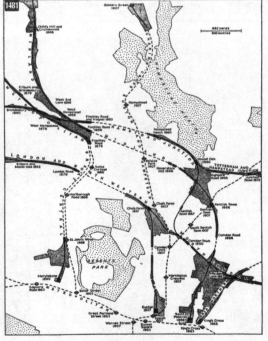

As estradas de ferro existentes na zona, em 1914.

1477 (página ao lado) Planta de Londres, em meados do século XIX.

1478-1481 O desenvolvimento de um setor da periferia de Londres (a noroeste, na direção de Hampstead).

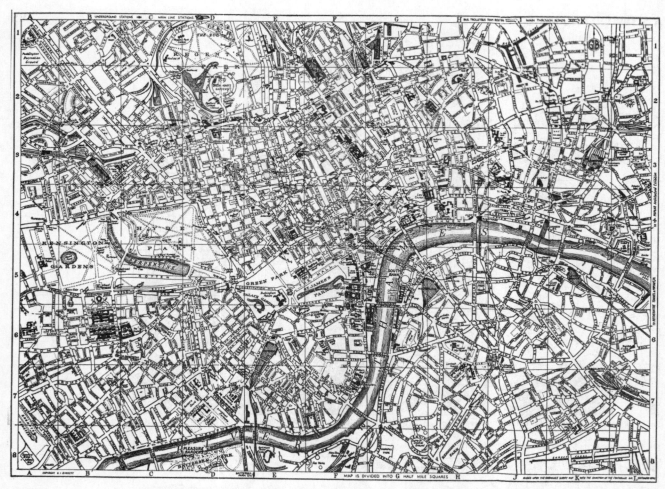

1480 Planta e
1480 vista aérea do centro de Londres como é hoje. Cf. Figs. 1115-1122.

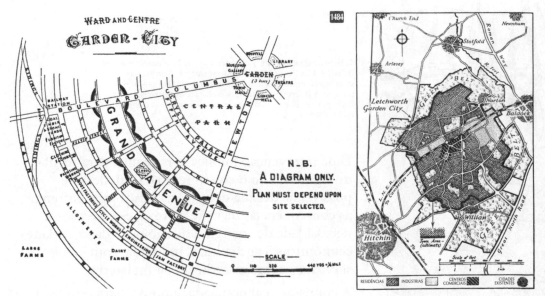

O controle dessa enorme cidade é confiado a mais de trezentos órgãos locais, reunidos, em 1855, num único organismo. Mas suas decisões são limitadas e parciais: procura-se interromper a massa uniforme da nova periferia com outros parques públicos – Regent's Park em 1830, Victoria Park em 1845, Finsbury Park em 1869 – e providencia-se a melhoria dos bairros mais degradados, com poderes concedidos pelas leis de 1868, 1875 e 1890.

Ao lado dos organismos públicos intervêm os particulares: a Sociedade Para Melhoria das Habitações dos Trabalhadores, fundada em 1864; a atividade de construção iniciada por Octavia Hill, com a ajuda de Ruskin em 1865; a Associação Para as Cidades-Jardim, promovida por Howard em 1898, que realiza nos arredores de Londres duas cidades novas: Lechtworth em 1902 e Welwyn em 1919 (Figs. 1484-1486). Essas iniciativas têm um importante significado cultural, mas seus efeitos são muito escassos para modificar a imensa periferia em formação.

1484 O esquema teórico da cidade-jardim, publicado no livro de Howard, de 1899. Ao centro, um parque circundado por uma estufa, com os edifícios públicos da cidade: a municipalidade, o teatro, a biblioteca, o museu. Ao redor, os bairros de habitação com as escolas. No lado externo, as fábricas, os terrenos agrícolas, a estação ferroviária e as ligações com as ruas principais.

1485 Planta da primeira cidade-jardim, Letchworth, fundada em 1902.

1486 Vista aérea de Letchworth.

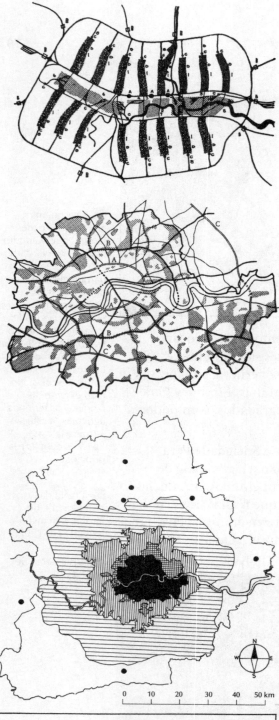

1. Bairros residenciais; **2.** Centro comercial e administrativo (City); **3.** Centro político (Westminster); **4.** Centro comercial, com ligação ferroviária subterrânea; **5.** Centro cultural e parque; **6-8.** Zonas industriais; **A.** Estações ferroviárias para os passageiros; **B.** e **C.** Estações ferroviárias para as mercadorias; **D.** Mercados.

Uma intervenção pública abrangente, para regular de algum modo o crescimento da cidade, só é possível na década de 1930, na busca para enfrentar as consequências da crise de 1929, e se percebe a necessidade de corrigir a distribuição das atividades econômicas – agricultura, indústria, comércio e serviços – sobre o território da Inglaterra.

A comissão real nomeada, em 1937, para estudar a distribuição da população e das indústrias publica seu relatório em 1940 e, energicamente, critica a concentração das atividades econômicas e das residências em torno das grandes cidades. Londres é, de longe, o caso mais importante; de fato, uma lei votada em 1938 bloqueia a expansão da cidade, isto é, fixa o perímetro alcançado pela área construída e vincula no seu entorno uma zona agrícola em forma de coroa circular: o cinturão verde.

Nesse meio tempo, no verão de 1940 os bombardeios aéreos alemães destroem boa parte da cidade e tem início a discussão sobre a maneira de reconstruí-la.

Os arquitetos modernos ingleses, reunidos no grupo MARS (Modern Architectural Research Group), propõem em 1942 um plano que rompe a forma compacta de Londres em duas séries de bairros separados com zonas verdes (Fig. 1487); mas o Conselho do Condado, em 1944, adota um plano mais tradicional, projetado por dois nomes de fama reconhecida, Abercrombie e Forshaw (Figs. 1488-1491).

1487 O plano proposto pelo grupo MARS para Londres.

1488 Esquema do plano regulador de Londres, de 1944. A, B e C são os três anéis rodoviários concêntricos; as zonas pontilhadas são os parques.

1489 As zonas concêntricas do plano regulador de Londres, de 1944. Do interior para o exterior: o condado de Londres (em preto), a zona interna, a zona suburbana, o cinturão verde e a zona externa, onde são previstas as novas cidades.

1490 A distribuição do cinturão verde, em 1964.

A SITUAÇÃO DE HOJE

1491 O plano regulador de Londres, de 1944, exposto ao público no pós-guerra.

1492 1493 Duas vinhetas publicadas num livro do pós-guerra: o soldado, depois de ter tirado o uniforme militar, empenha-se na reconstrução de Londres, utilizando os relatórios e os planos elaborados no tempo da guerra.

Esse plano distingue:

1. A zona interna, isto é, o Condado de Londres, e os bairros periféricos mais compactos, onde moram cerca de 5 milhões de habitantes numa superfície de 55.000 hectares; a densidade é considerada excessiva e prevê-se uma diminuição de 400.000 habitantes.
2. A zona suburbana, onde moram outros 3 milhões de habitantes numa área de 58.000 hectares; a densidade é considerada satisfatória e a população deveria permanecer estacionária;
3. A zona externa, que compreende o cinturão verde e o território no entorno, até cerca de 60-80 quilômetros do centro da cidade. Aqui deveria acontecer todo o aumento futuro, de duas formas: expansões das cidades menores existentes e cidades novas.

Depois da guerra, o governo trabalhista, que assume o poder em 1945, põe em votação duas leis de caráter geral: a de 1946 para a realização de novas cidades e a de 1947, que estabelece os critérios para a formação dos planos urbanísticos.

Nesse quadro decide-se a construção de 14 novas cidades:

Oito na zona externa de Londres:

Stevenage	iniciada em	1946	para	60.000 habitantes
Hemel Hempstead		1947		65.000
Crawley		1947		62.000
Harlow		1947		60.000
Hartfield		1948		26.000
Welwyn (ampliação da cidade-jardim)		1948		42.000
Basildon		1949		86.000
Bracknell		1949		25.000

E seis, nas outras nas zonas da Inglaterra

Newton Aycliffe	iniciada em	1947	para	15.000 habitantes
East Kilbride		1947		50.000
Glenrothes		1948		32.000
Peterles		1948		25.000
Cwmbran		1949		45.000
Corby		1950		55.000

Essas novas cidades, em muitos aspectos, são semelhantes às cidades-jardim do início do século XX; têm um tamanho não muito superior ao previsto por Howard (35.000 habitantes), uma densidade relativamente baixa e as moradias são, em grande parte, casas unifamiliares com jardim. Não são compactas, mas compreendem uma série de elementos separados por amplas zonas verdes: os bairros habitacionais, de cerca de 10.000 habitantes cada um, com duas escolas primárias e outros serviços comuns (parques infantis, lojas etc.); as áreas

A SITUAÇÃO DE HOJE

1494 Quadro de união das novas cidades inglesas, atualizado para o ano de 1975.

1495 Planta do centro comercial de Harlow.

1. Centro cívico; 2. Escritórios; 3. Lojas; 4. Edifícios para espetáculos; 5. Igreja; 6. Bombeiros; 7. Residências.

1496 Planta da nova cidade de Harlow, projetada por Frederick Gibbert em 1947-1948.

Em Harlow, cada bairro de 10.000 habitantes é formado por três ou quatro unidades menores, cada uma com a escola primária e um pequeno centro. Desse modo, cada zona da cidade está em contato imediato com o verde, que entra por toda parte, formando uma série de corredores contínuos. Nesses espaços se encontram as escolas secundárias. Existem duas pequenas zonas industriais nas proximidades da estrada de ferro.

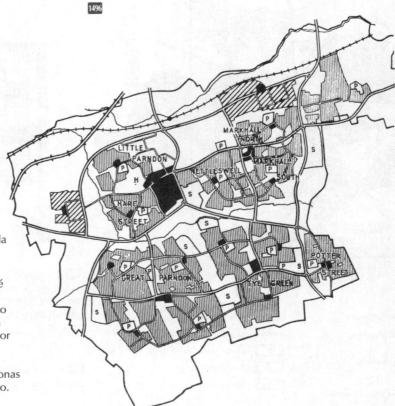

1497 Vista aérea de uma parte de Harlow, com um edifício alto e um conjunto de casas baixas geminadas.

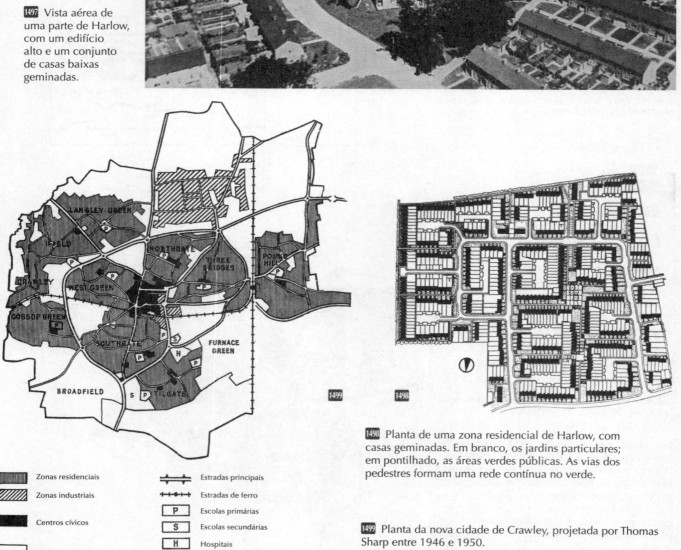

1498 Planta de uma zona residencial de Harlow, com casas geminadas. Em branco, os jardins particulares; em pontilhado, as áreas verdes públicas. As vias dos pedestres formam uma rede contínua no verde.

1499 Planta da nova cidade de Crawley, projetada por Thomas Sharp entre 1946 e 1950.

Zonas residenciais
Zonas industriais
Centros cívicos
Zonas verdes e agrícolas
Estradas principais
Estradas de ferro
P Escolas primárias
S Escolas secundárias
H Hospitais

A SITUAÇÃO DE HOJE

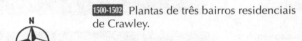

1500-1502 Plantas de três bairros residenciais de Crawley.

Crawley tem uma organização mais compacta. Cada bairro de cerca de 5.000 habitantes e uma zona construída unitária; a escola está usualmente situada no meio, e funciona também como centro cívico. Uma aldeia já existente é transformada em centro comercial primário. As indústrias são agrupadas numa única zona.

1503 O princípio da "unidade de vizinhança", aceito como base do planejamento das primeiras cidades novas inglesas.

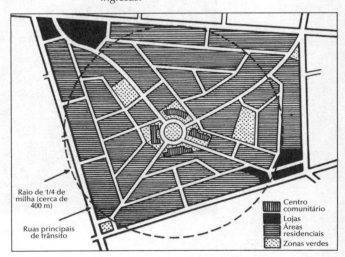

1504 A paisagem de Stevenage, uma das cidades novas fundadas na década de 1940; de cima para baixo, um bairro residencial, o centro comercial e uma zona industrial.

1505 A paisagem de Cumbernauld, fundada na década de 1950: os bairros residenciais são distribuídos em coroa ao redor do centro comercial (que na fotografia está apenas iniciado); as zonas industriais estão mais ao longe, na periferia da cidade.

A SITUAÇÃO DE HOJE

industriais colocadas nas proximidades das estradas de ferro; o centro principal, com os escritórios e a maior parte dos serviços comerciais. As autoestradas e alguns serviços mais importantes – como escolas superiores – estão compreendidos nas zonas verdes. A organização por partes separadas favorece a realização gradual e a ampliação sucessiva: mas produz um ambiente muito disperso, que foi criticado na década de 1950.

Nas cidades novas seguintes procurou-se corrigir essa abordagem: o tamanho dos bairros foi reduzido (de 10.000 para 5.000 habitantes ou menos ainda); a população das cidades foi aumentada até 100.000 habitantes e, recentemente, para até 250.000. O resultado foi uma estrutura urbana mais compacta e lógica, mesmo renunciando, em parte, à integração das zonas construídas nas áreas verdes.

Examinemos na ordem as cidades novas mais significativas, idealizadas nos últimos vinte anos:

Cumbernauld	projetada em 1956	para	70.000	habitantes
Hook (não realizada)	1960		100.000	
Runcorn	1964		100.000	
Milton Keynes	1970		250.000	

Ainda não é possível considerar essas cidades como realizações completas; são tentativas para inventar a forma do ambiente urbano no futuro próximo, ultrapassando os obstáculos encontrados nas cidades tradicionais.

Hugh Wilson, que projetou Cumbernauld, declarou: "As novas cidades devem ser consideradas laboratórios de urbanismo, nos quais poderão ser elaboradas as ideias para a reestruturação das cidades existentes". Por enquanto as cidades novas são ocasiões excepcionais – mesmo na Inglaterra – e, justamente por isso, muito diferentes das cidades existentes, evidenciando as mudanças que seriam necessárias também nessas: veremos no futuro os efeitos dessa demonstração.

1506 A rede rodoviária e a rede de pedestres de Cumbernauld.

Cumbernauld, projetada dez anos depois das novas cidades do pós-guerra, leva em conta o desenvolvimento do trânsito motorizado e tem duas redes viárias completamente separadas, uma para os pedestres e outra para os veículos. A rede de vias para veículos tem todos os cruzamentos equipados e entra diretamente sob o centro da cidade. A cidade se torna mais compacta: existe um único centro, que pode ser alcançado a pé de todos os bairros. As zonas industriais ficam na periferia.

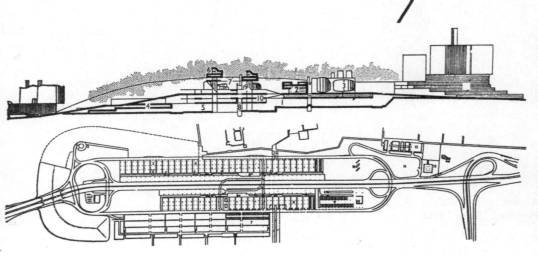

1507 1508 O centro comercial de Cumbernauld, diretamente ligado à rede rodoviária principal.

1. Autoestrada; 2. Hotel; 3. Centro administrativo; 4. Escritórios; 5. Estacionamento; 6. Residências; 7. Parque infantil; 8. Serviços; 9. Centro sanitário; 10. Lojas.

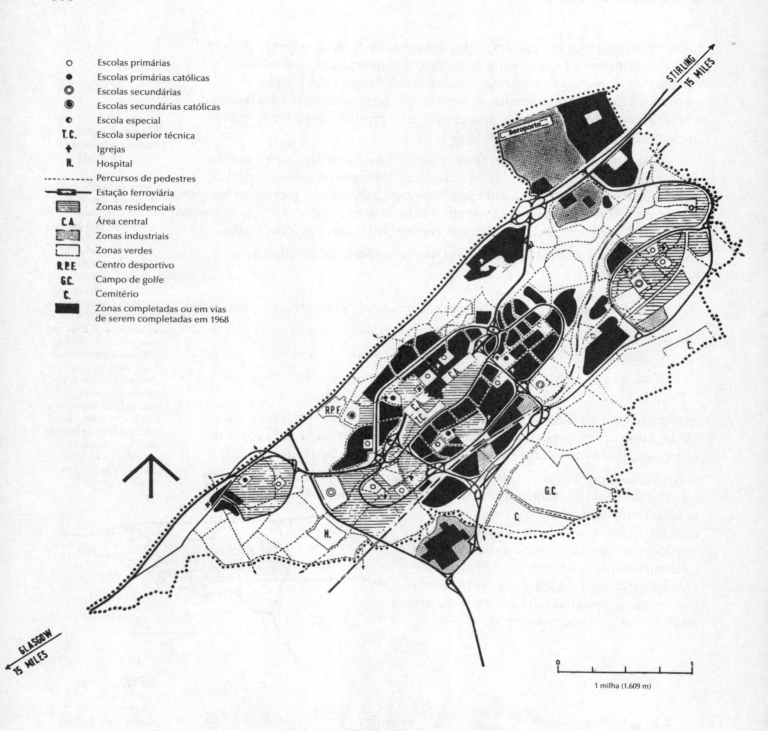

1509 Planta da nova cidade de Cumbernauld, projetada por Hugh Wilson entre 1958 e 1960.

A SITUAÇÃO DE HOJE

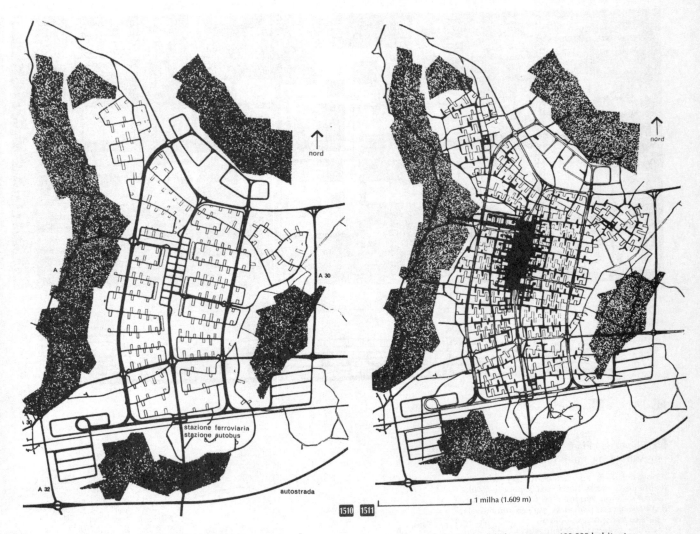

1510 A rede das ruas para veículos e **1511** a rede das ruas para pedestres, na nova cidade de Hook; em cinza, as zonas verdes.

1512 Corte de um bairro de habitações de Hook. A rede viária para pedestres está no nível do terreno na periferia, em seguida se torna sobrelevada ao se aproximar do centro.

Hook é uma cidade nova para 100.000 habitantes, projetada pelo London County Council em 1960 por conta de Hampshire County Council, mas não realizada. Como em Cumbernauld, a rede viária para veículos é separada da dos pedestres e a cidade tem uma forma concentrada ao redor do centro comercial. As indústrias e as zonas verdes são distribuídas ao redor da cidade.

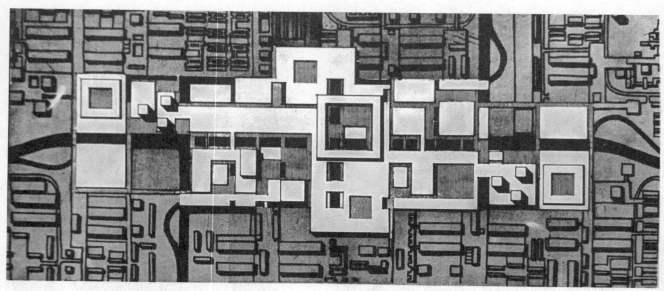

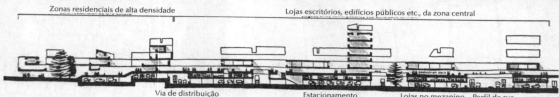

1513 Planta e 1514 corte do centro comercial de Hook.

1515 Planta da cidade nova de Runcorn, projetada por Arthur Ling, entre 1964-1965.

A nova cidade de Runcorn deriva da ampliação de um núcleo existente de 30.000 para 100.000 habitantes. Aqui são previstas três redes viárias distintas: para os pedestres, para os automóveis e para os transportes públicos.
O centro comercial é organizado dentro de uma única estrutura compacta. As zonas industriais são distribuídas ao redor da cidade e servidas por um canal navegável derivado do rio Mersey.

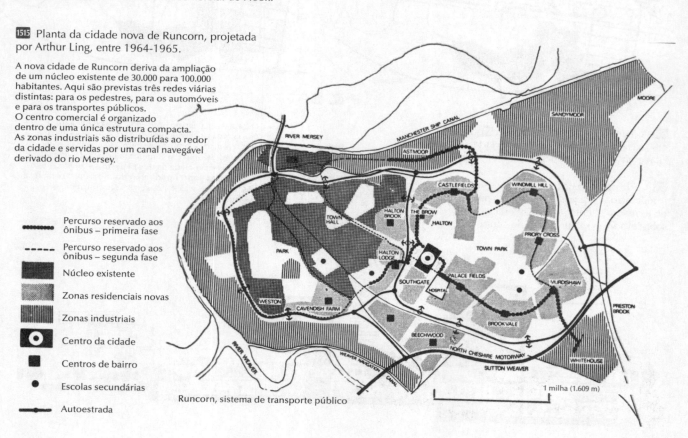

A SITUAÇÃO DE HOJE

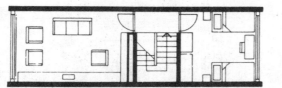
Primeiro andar

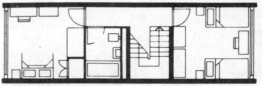
Segundo andar

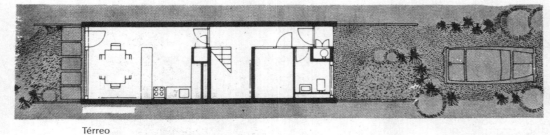
Térreo

1516-1518 Um dos tipos de casas geminadas do bairro Halton Brook, em Runcorn.

1519 Planta do bairro Halton Brook em Runcorn.

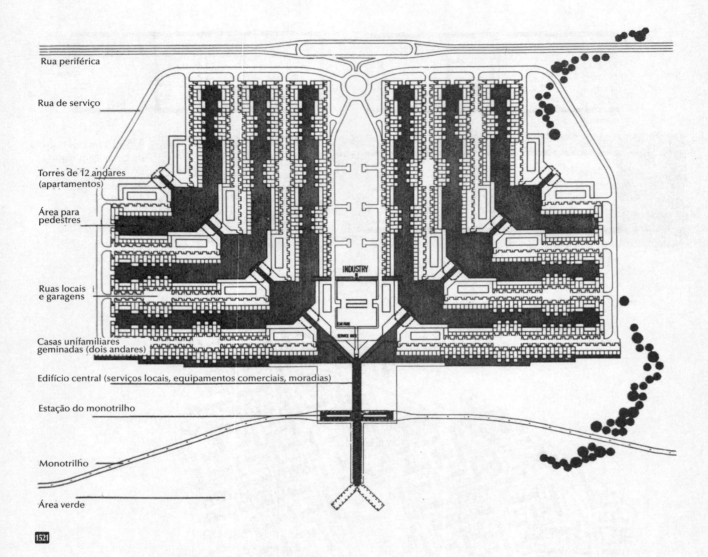

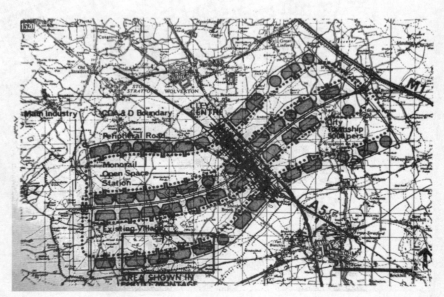

Estudo preliminar para a nova cidade de Milton Keynes. 1520 Planimetria geral e 1521 planta esquemática de uma das 47 unidades residenciais de 5.000 habitantes.

Milton Keynes é uma nova cidade de 250.000 habitantes, a noroeste de Londres, e seu tamanho coloca novos problemas de projeto e execução. O esquema preliminar (idealizado por Fred Pooley em 1967) previa uma rede de transportes públicos sobre monotrilho, independentes da rede para carros e da rede para pedestres. Em vez disso, o esquema definitivo (de 1970) está baseado sobre um tabuleiro de ruas de duas pistas, com cruzamentos de nível a cada quilômetro mais ou menos. Cada quadradinho – de cerca de cem hectares – contém uma "área ambiental", onde as residências e os serviços podem ser distribuídos com muita liberdade.

A SITUAÇÃO DE HOJE

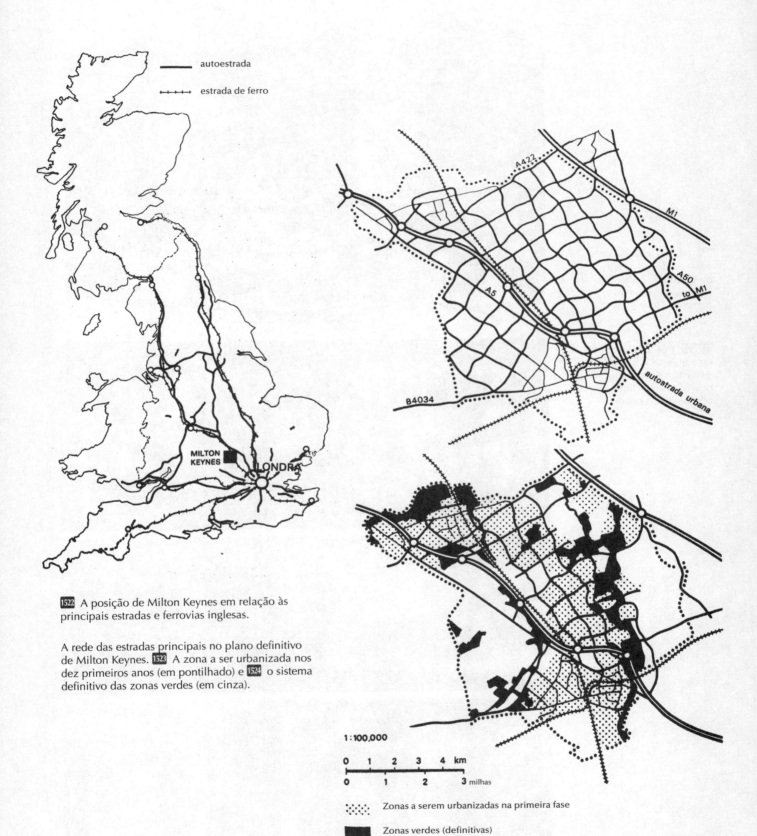

1522 A posição de Milton Keynes em relação às principais estradas e ferrovias inglesas.

A rede das estradas principais no plano definitivo de Milton Keynes. **1523** A zona a ser urbanizada nos dez primeiros anos (em pontilhado) e **1524** o sistema definitivo das zonas verdes (em cinza).

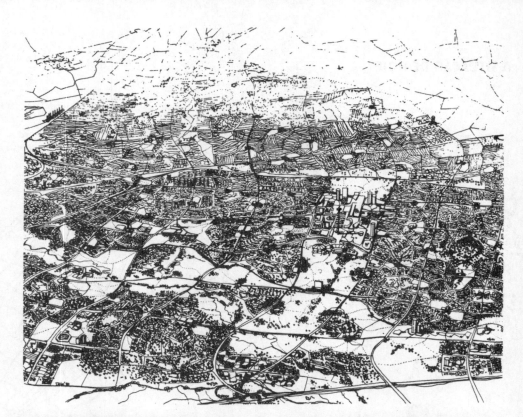

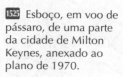
1525 Esboço, em voo de pássaro, de uma parte da cidade de Milton Keynes, anexado ao plano de 1970.

1526-1528 Três perspectivas do ambiente urbano de Milton Keynes, nos bairros residenciais adjacentes ao centro.

A SITUAÇÃO DE HOJE

1529-1539 Milton Keynes; casas do conjunto de Fullers Slade.

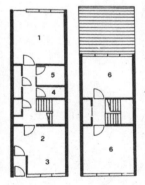

Casa geminada com dois dormitórios

1. Sala de estar; 2. Sala de jantar; 3. Cozinha
4. Armário; 5. Banheiro; 6. Dormitório
7. Despensa/depósito; 8. Garagem.

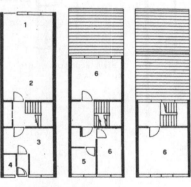

Casa geminada com três dormitórios

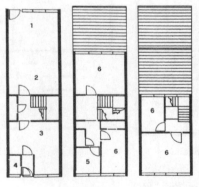

Casa geminada com quatro dormitórios

(À direita) apartamentos com um ou dois dormitórios

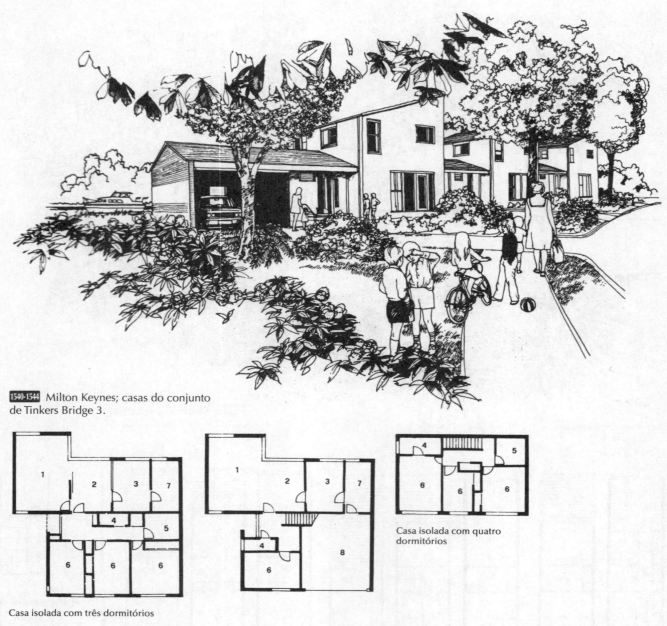

1540-1544 Milton Keynes; casas do conjunto de Tinkers Bridge 3.

Casa isolada com três dormitórios

Casa isolada com quatro dormitórios

1. Sala de estar; **2.** Sala de jantar; **3.** Cozinha
4. Armário; **5.** Banheiro; **6.** Dormitório
7. Despensa/depósito; **8.** Garagem.

A SITUAÇÃO DE HOJE

1545-1549 Milton Keynes; casas do conjunto de Eaglestone.

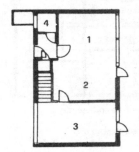

Casas geminadas com três dormitórios

1. Sala de estar; 2. Sala de jantar; 3. Cozinha
4. Armário; 5. Banheiro; 6. Dormitório
7. Despensa/depósito; 8. Garagem.

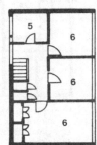

Casa geminada com dois dormitórios

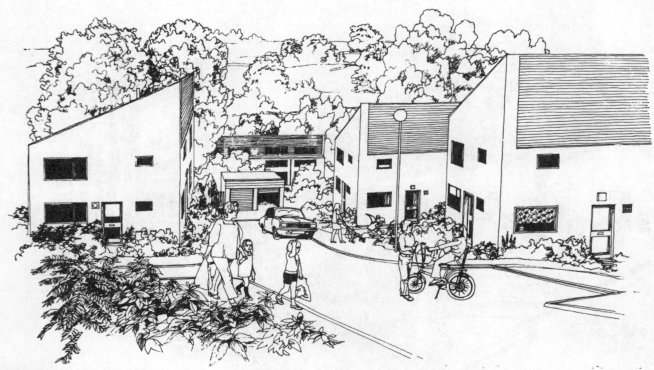

1550-1554 Milton Keynes; casas do conjunto de Stantonbury 3.

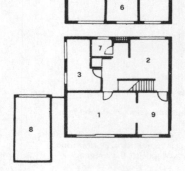

(À esquerda) casa isolada com quatro dormitórios
(Em cima) casa geminada com três dormitórios

1. Sala de estar; 2. Sala de jantar; 3. Cozinha
4. Armário; 5. Banheiro; 6. Dormitório
7. Despensa/depósito; 8. Garagem; 9. Estúdio.

A SITUAÇÃO DE HOJE

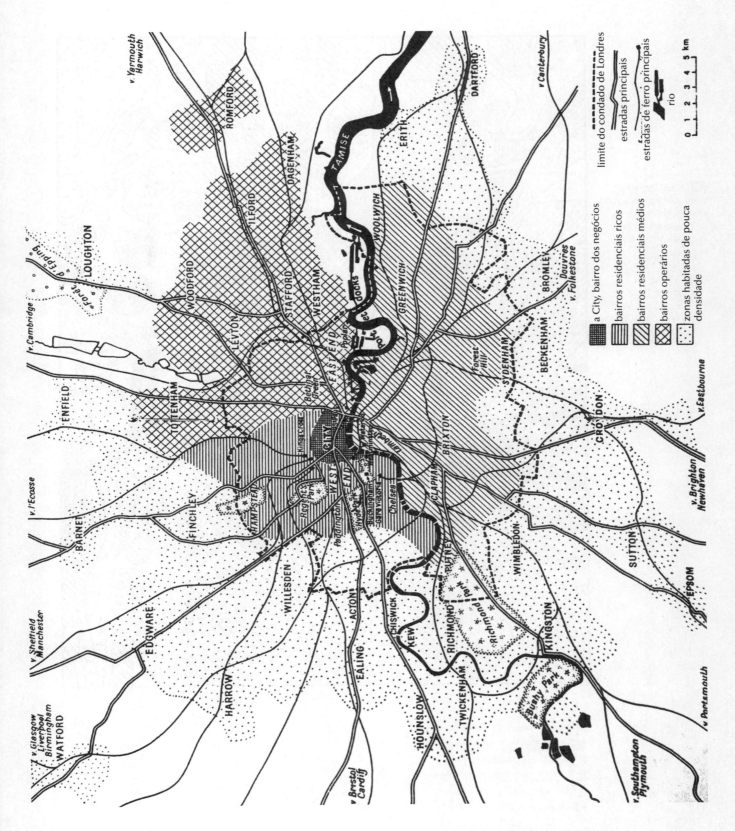

1555 A cidade de Londres, hoje.

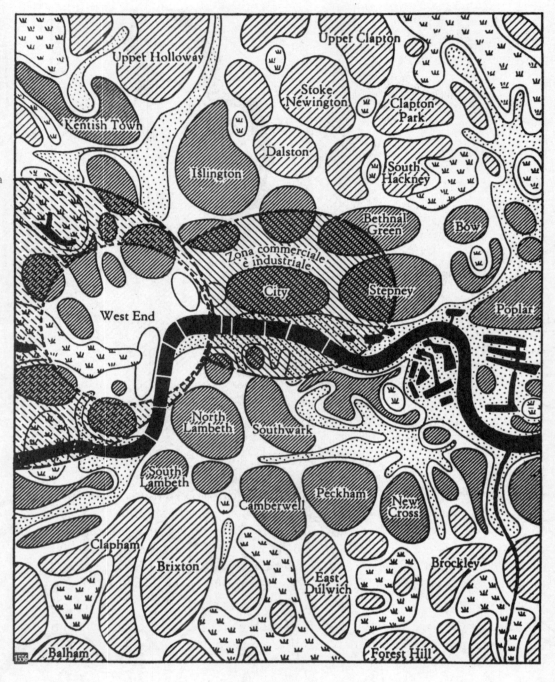

1556 A análise das comunidades na zona central de Londres, anexada ao plano regulador de 1944.

- Comunidades centrais ao redor de West End
- Comunidades com muitas propriedades em obsolescência
- Comunidades periféricas
- Indústrias principais, diques, depósitos e estradas de ferro
- Espaços verdes
- Cursos de água

A SITUAÇÃO DE HOJE

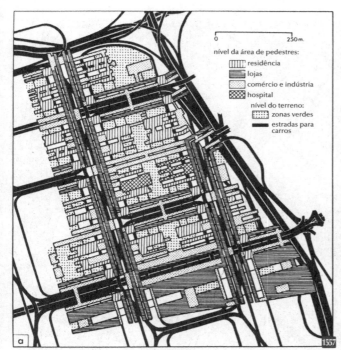 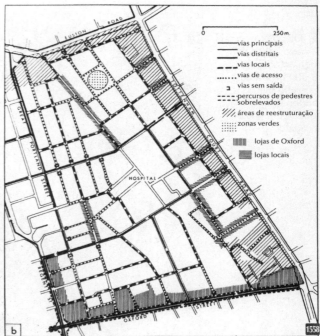

Duas propostas alternativas – 1557 uma máxima (a) e 1558 uma mínima (b) – para a reestruturação de parte do West End de Londres, contidas no relatório *Traffic in Towns*, do grupo Buchanan (1963).

Enquanto se desenvolve a experiência das novas cidades, as administrações inglesas intervêm nas cidades existentes e tentam adaptá-las às novas exigências, aceitando, todavia, limitações muito mais rígidas. O Conselho do Condado de Londres constrói alguns bairros exemplares na zona suburbana (Figs. 1559-1571), no centro da cidade (Figs. 1574-1578) e hoje, um grande bairro na foz do rio Tâmisa de tamanho equivalente a uma nova cidade (Figs. 1572-1573).

O Ministério dos Transportes encomendou a um grupo de urbanistas, dirigido por Colin Buchanan, um relatório sobre o *Traffic in Towns* (Trânsito nas Cidades), publicado em 1963, que, pela primeira vez e de maneira moderna, enfrenta esse grave problema: demonstra, de fato, que o tráfego não pode crescer continuamente sem destruir o ambiente urbano; então a finalidade dos planos urbanísticos não pode ser o máximo aumento possível do tráfego, mas a conservação e a melhoria da qualidade de vida nas várias zonas da cidade, adaptando o trânsito aos investimentos disponíveis (Figs. 1557-1558).

Muitas cidades inglesas começaram a aplicar essa proposta e têm, em curso, planos de transformação das zonas centrais, onde o tráfego de automóveis e o de pedestres são coordenados de forma integrada.

Na Inglaterra, os resultados da pesquisa arquitetônica moderna foram aceitos justamente pelas administrações públicas e aplicados mais amplamente do que em qualquer outra parte do mundo; não só produziram uma melhoria do ambiente tradicional, mas estabeleceram um verdadeiro paralelo entre o ambiente como ele é e como poderia ser e que, agora, faz sentir seus efeitos também no debate político geral (os trabalhistas propõem a nacionalização gradual das áreas edificáveis). Os interesses fundados sobre a cidade pós-liberal foram diretamente ameaçados e as pessoas sabem como a cidade é passível de ser mudada: portanto, pode surgir uma verdadeira discussão popular sobre a cidade, mesmo que não se possa prever seu sucesso.

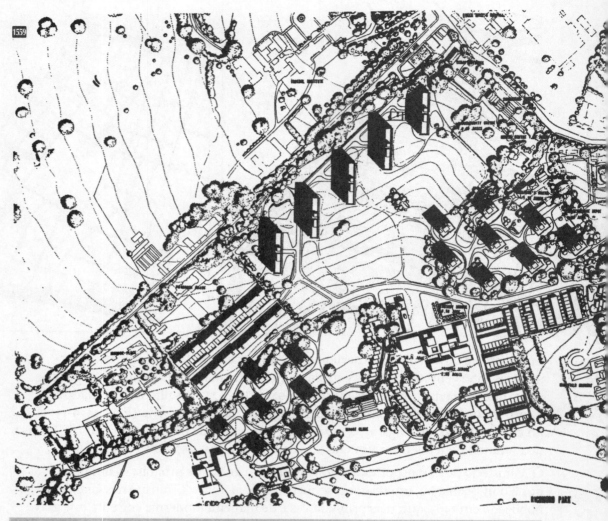

1559 Planimetria geral do novo bairro de Roehamton, para 13.000 habitantes, realizado pelo London County Council em fins da década de 1950.

1560 Uma vista do bairro de Roehampton em Londres.

A SITUAÇÃO DE HOJE

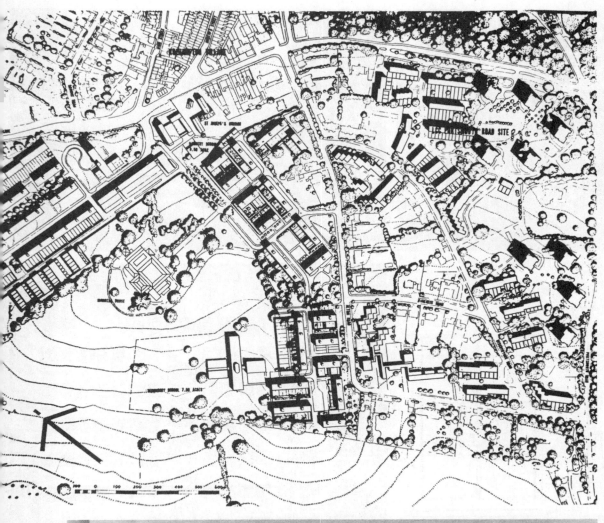

1561 Outra vista do bairro de Roehampton.

1562-1567 Alguns tipos de construção do bairro de Roehampton.

Edifício em linha com apartamentos dúplex

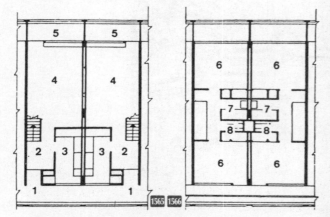

1. Galeria; **2.** Entrada; **3.** Cozinha; **4.** Sala de estar; **5.** Alpendre; **6.** Dormitório; **7.** Banheiro; **8.** Roupeiro.

Torre de apartamentos

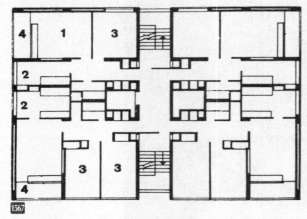

1. Sala de estar; **2.** Cozinha; **3.** Dormitórios; **4.** Alpendre.

A SITUAÇÃO DE HOJE

1568 A janela de um dos apartamentos nos edifícios de Roehampton.

1569 As crianças em uma das escolas de Roehampton.

1570 As casas para idosos e 1571 uma escola primária do bairro de Roehampton.

A SITUAÇÃO DE HOJE

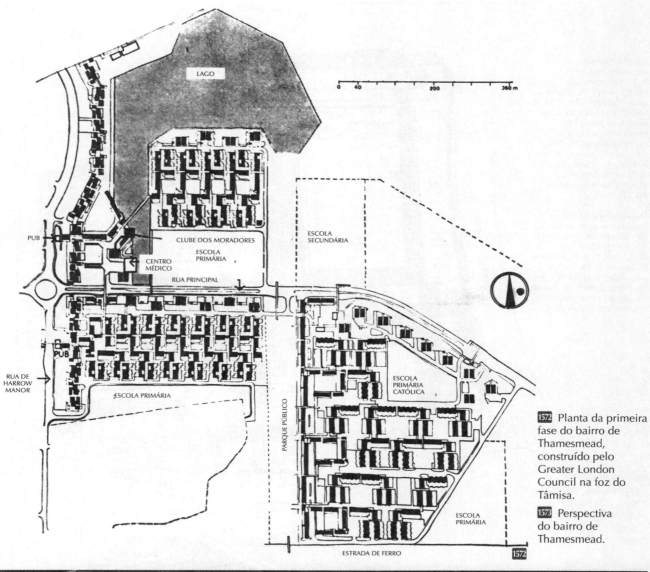

1572 Planta da primeira fase do bairro de Thamesmead, construído pelo Greater London Council na foz do Tâmisa.

1573 Perspectiva do bairro de Thamesmead.

826

I. Bloco habitacional de dezesseis andares; II. Serviços de recreação; III. Bloco habitacional de quatro andares; IV, V, VI e VII. Blocos habitacionais de seis andares; VIII. Bloco habitacional de quatro andares; IX. Bloco habitacional de seis andares; X. Bloco com lojas e quatro andares de moradias; XI. Edifício comunitário; XII. Oficinas.

Os algarismos árabicos indicam os outros serviços do conjunto: 8. Praça para pedestres; 20. Lojas; 26. Clube; 27 e 31. Quadra de esportes; 29. Campo para jogar bola; 33. Piscina; 36. Palestra; 24 e 39. Zonas verdes; 45. Área para futura escola primária.

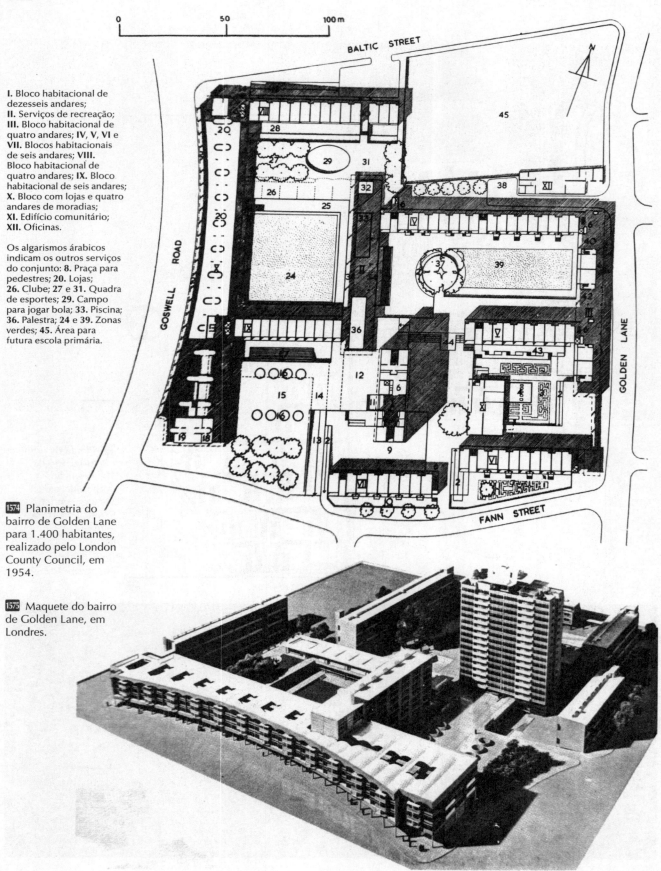

1574 Planimetria do bairro de Golden Lane para 1.400 habitantes, realizado pelo London County Council, em 1954.

1575 Maquete do bairro de Golden Lane, em Londres.

A SITUAÇÃO DE HOJE

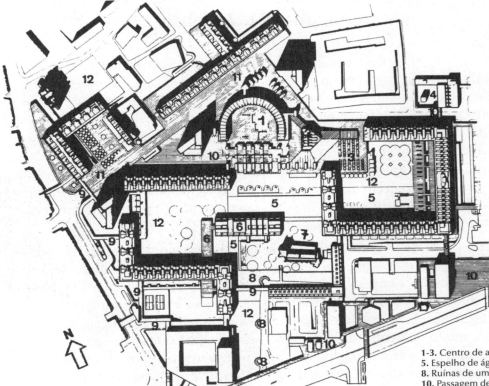

1576. Planta e 1577, 1578 duas vistas da maquete do conjunto Barbican em Londres, na City, realizado em 1974 pelo Greater London Council. O conjunto compreende 2100 moradias para 6500 habitantes e um grande número de atividades comerciais e recreativas.

1-3. Centro de arte; 4. Edifícios para escritórios;
5. Espelho de água; 6. Escola feminina; 7. Igreja;
8. Ruínas de um muro romano; 9. Passarela;
10. Passagem de pedestres na cota 19 metros;
11. Passagem de pedestres na cota 21,5 metros;
12. Zonas verdes.

828

[1579] Cartaz publicitário da nova cidade inglesa de Skelmersdale, dez anos após sua fundação; da revista *Town and Country Planning*, janeiro de 1974.

Tradução: Como demonstram os dados apontados neste fascículo, Skelmersdale New Town fez progressos desde o início de seu planejamento, em 1963. Estamos agora a meio caminho e a agradável vista da cidade, preparada por nosso desenhista, é nossa humilde celebração do acontecimento.

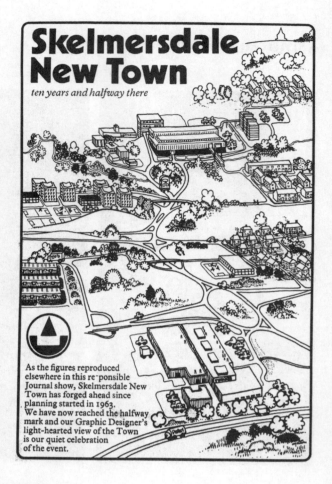

O Terceiro Mundo e os Assentamentos Marginais

Está em curso, nos chamados países desenvolvidos – Europa e Estados Unidos – um confronto entre a administração tradicional da cidade e as propostas da pesquisa moderna. O resultado pode ser uma confirmação da cidade tradicional, uma melhoria mais ou menos acentuada ou a realização das alternativas idealizadas pela arquitetura moderna. Em alguns países, o equilíbrio do território é salvaguardado pelos planos públicos, o desenvolvimento das cidades é controlado de maneira razoável e algumas exigências estabelecidas pela pesquisa teórica – uma casa por preço razoável, circulação de pedestres protegida do tráfego motorizado, um conjunto de serviços facilmente acessíveis – são garantidas praticamente à maioria dos cidadãos.

Nos outros países do mundo, as cidades se desenvolvem com a mesma velocidade, ou ainda mais depressa; a população urbana, que em 1950 era um quinto da população mundial, é hoje praticamente a metade, e logo irá se tornar a maioria. Alguns estudiosos procuraram prever a forma da única cidade mundial do futuro (Fig. 1580). Mas esse desenvolvimento leva, em quase todo lugar, a resultados muito diferentes: as casas projetadas por arquitetos e de acordo com os regulamentos, as cidades disciplinadas pelos planos urbanísticos e providas com os serviços públicos, ruas, parques etc., dizem respeito somente a uma parte da população; outra parte não está em condições de se servir delas e se organiza por sua própria conta em outros assentamentos irregulares, muitas vezes em contato

A SITUAÇÃO DE HOJE

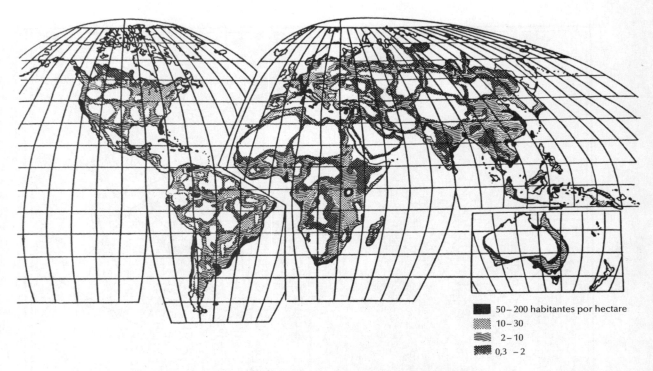

50– 200 habitantes por hectare
10– 30
2– 10
0,3 – 2

direto com os regulares, mas nitidamente distintos: o terreno é ocupado sem um título jurídico, as casas são construídas com recursos próprios, os serviços faltam ou são introduzidos a seguir, com critérios totalmente diferentes daqueles que valem para o resto da cidade.

1580 As zonas urbanizadas da Terra, no fim do século XXI, segundo as previsões de Constantino Doxiadis.

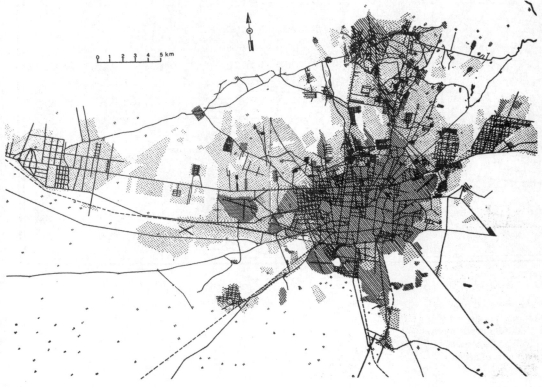

1581 Teerã. As zonas urbanizadas (em tracejado contínuo), as zonas parcialmente urbanizadas (em tracejado interrompido), e as zonas não urbanizadas, mas já loteadas pela especulação (em pontilhado). Dados de 1960-1961.

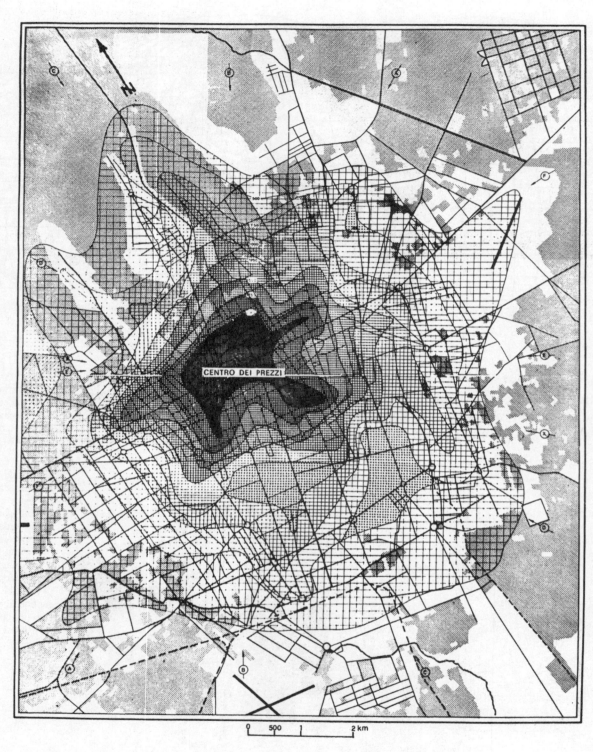

1582 Diagrama dos preços das áreas edificáveis em Teerã. Os preços variam, nas zonas concêntricas, de 5.000 a 40.000 liras por metro quadrado, mas ao longo das ruas principais chegam a 300.000 liras por metro quadrado. Dados de 1960-1961.

A SITUAÇÃO DE HOJE

Chandigarh. [1583] Planimetria geral, com a classificação das ruas: as vias de grande comunicação (V1 e V2); as ruas de bairro (V3); as ruas comerciais (V4); as ruas que levam às entradas das moradias (V5 e V6); as vielas no verde que ligam os serviços escolares e recreativos (V7). [1584] Vista e [1585] planta do Capitólio (na extremidade norte da cidade) onde são reunidos os edifícios de governo:

Chandigarh é a nova capital do estado do Punjab, na Índia, projetada por Le Corbusier e por um grupo de colaboradores europeus e indianos, por encomenda de Pandit Nehru, a partir de 1951. O velho mestre traçou o plano urbanístico, projetou e realizou a grande esplanada dos edifícios governamentais (o Capitólio) que permanece como a obra mais importante de sua carreira. Pelo empenho excepcional dos comitentes e dos projetistas, esta nova cidade é a mais significativa entre aquelas até agora construídas no "terceiro mundo", desde o fim do colonialismo europeu.

1. O palácio do Parlamento; **2.** O palácio dos gabinetes ministeriais (Secretariado); **3.** O palácio do governador; **4.** A corte da justiça; **5** e **6.** Intervenções do terreno no centro da esplanada; **7.** A escultura da "mão aberta".

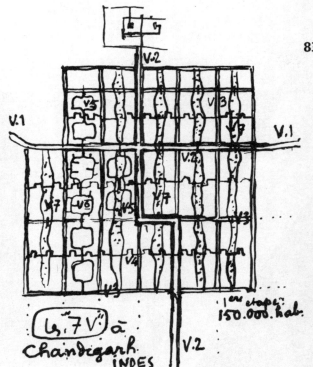

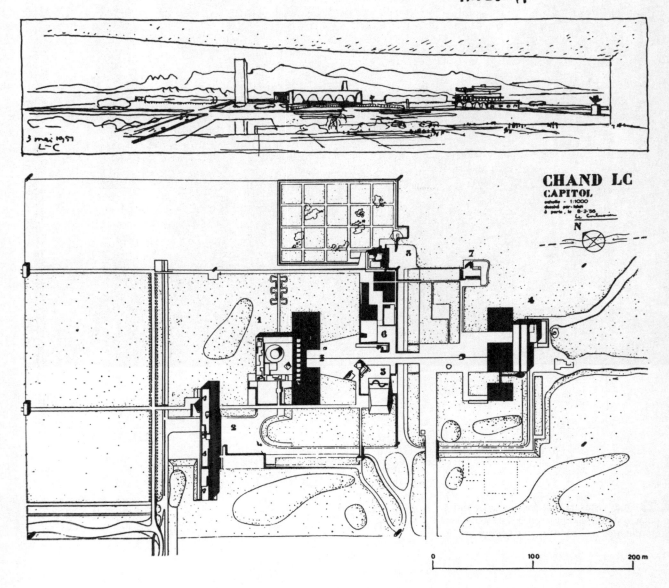

1586 1587 Duas vistas da sala dos passos perdidos, no palácio do Parlamento: um dos espaços mais extraordinários realizados por Le Corbusier.

A SITUAÇÃO DE HOJE

833

1588 Planta da cidade de Chandigarh, da maneira como foi realizada. A numeração indica os setores da cidade (de 1 a 38).

A SITUAÇÃO DE HOJE

1589 O exterior de um grupo de habitações marginais (Caracas).

1590 O interior de uma habitação marginal (Lima).

Esses estabelecimentos irregulares foram chamados de "marginais", porque eram considerados uma franja secundária da cidade pós-liberal: toda cidade do mundo tem um certo número de habitantes pobres, que vive nos barracos da extrema periferia ou dorme debaixo das pontes. Mas, no mundo atual, essa definição não mais é válida, porque os assentamentos irregulares crescem com muito maior velocidade que os regulares e, agora, em muitos países, abrigam a maioria da população.

1591 Vista de uma rua de Calcutá.

Assim, na parte regular da cidade, são aplicados, com maior ou menor sucesso, os métodos da arquitetura e do urbanismo modernos, mas esses métodos criam, de partida, um privilégio: tornam-se técnicas de luxo para melhorar as condições de vida da minoria que já está melhor e que, cada vez mais, se diferencia do resto da população.

Vejamos os dados principais,

Segundo um relatório das Nações Unidas, em 1962, metade da população da Ásia, da África e da América Latina não tinha uma casa, ou tinha uma casa insalubre, abarrotada e indigna.

Uma parte cada vez maior dessa população se transferiu dos campos para as cidades; calcula-se que, enquanto a população da Ásia, da África e da América Latina cresceu 40% nos últimos quinze anos, a população urbana dobrou (de 750 milhões para 1,5 bilhão). Mas apenas uma pequena parte foi aceita nas cidades regulares: a grande maioria foi engrossar os estabelecimentos irregulares que, de fato, crescem com uma velocidade maior. Por exemplo, na Venezuela, 60% da população vivem nas cidades com mais de 10.000 habitantes e desses, 50% moram nos chamados bairros marginais; os programas mais ambiciosos de intervenção pública se propõem a manter inalterada essa proporção, que tende a crescer. Cada nação denomina esses bairros irregulares de modo diferente: *ranchos* na Venezuela, *barriadas* no Peru, *favelas* no Brasil, *bidonvilles* nos países de língua francesa, *ischisch* no Oriente Médio. Onde o clima o permite, nem casas nem bairros são necessários: 600.000 pessoas dormem nas ruas de Calcutá (Figs. 1591-1593).

A SITUAÇÃO DE HOJE

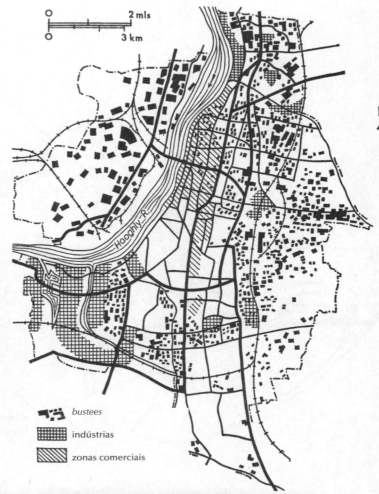

1592 Planta de Calcutá, com a indicação dos estabelecimentos marginais (*bustees*).

- bustees
- indústrias
- zonas comerciais

1593 As pessoas dormindo nas ruas de Calcutá.

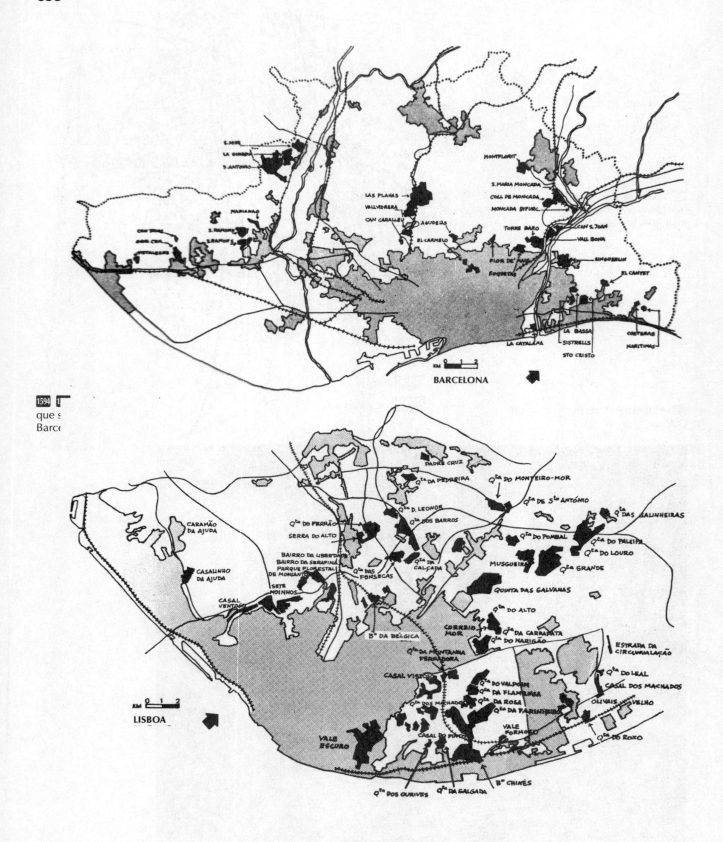

A SITUAÇÃO DE HOJE

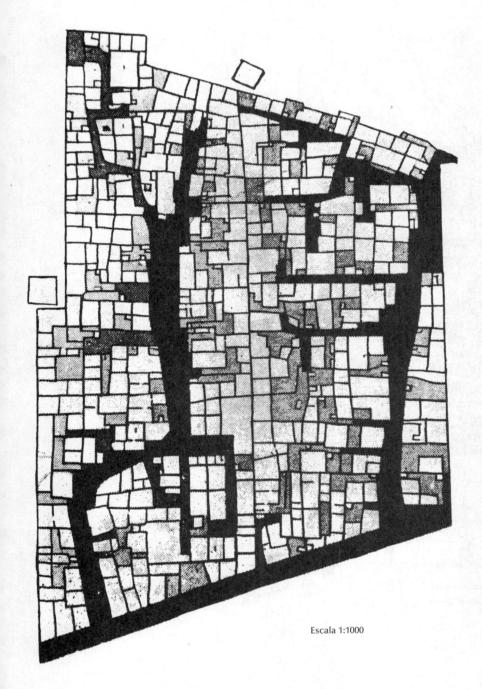

Escala 1:1000

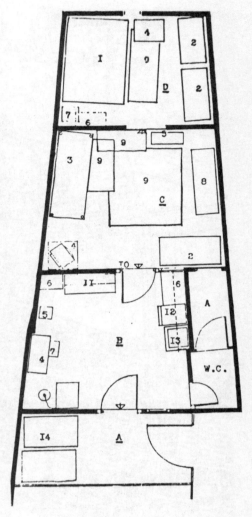

A. Pátio
B. Cozinha
C e D. Quartos
1. Cama dos pais
2. Cama dos rapazes
3. Cama-beliche
4. Mesa
5. Estufa
6. Prateleira
7. Cadeira
8. Armário
9. Tapetes
10. Cortina
11. Aparador
12. Lavadora
13. Pilha de cimento sob as torneiras
14. Depósito de combustível

1596 1597 Um bairro de habitações irregulares em Nanterre, nos arredores de Paris: levantamento de 1966. Em retícula escura, os espaços públicos; em retícula intermediária, os espaços semipúblicos; em retícula clara, os espaços privados.

1598 1599 Planta e fotografia aérea de uma parte da periferia de Roma (Centocelle); em primeiro plano, um bairro "regular"; em segundo plano, além da rua, um bairro de casas irregulares em alvenaria e um pequeno núcleo de barracos.

A SITUAÇÃO DE HOJE

841

1600 1601 As casas individuais irregulares, construídas pelos pequenos empresários sobre o terreno loteado de um grande proprietário, nos arredores de Roma. Todo o dinheiro disponível foi aplicado na construção das casas, um andar por vez, e os espaços públicos continuam terra de ninguém, sem equipamentos e sem serviços. O município deverá depois instalar a energia elétrica, a água e os pontos de ônibus.

1602 Um bairro romano de barracos (Batteria Nomentana), construído ao longo de um talude da estrada de ferro.

1603 Outro bairro romano de barracos (Campo Parioli), construído sobre um terreno público abandonado.

A SITUAÇÃO DE HOJE

1604 Rua de uma cidade da América Latina.

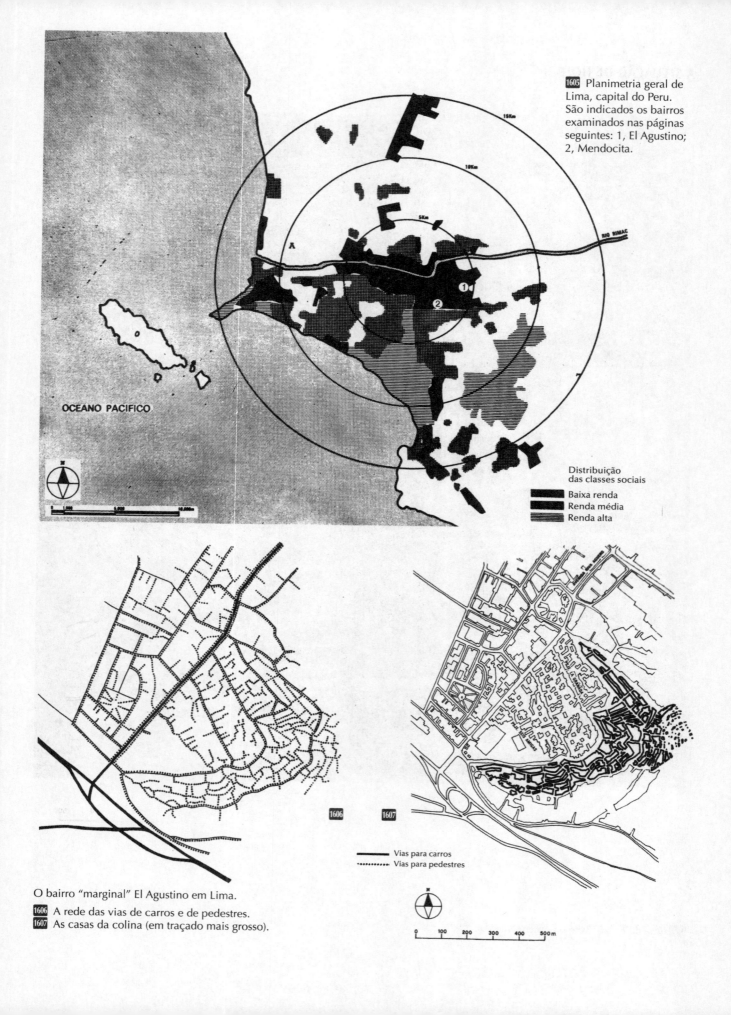

1605 Planimetria geral de Lima, capital do Peru. São indicados os bairros examinados nas páginas seguintes: 1, El Agustino; 2, Mendocita.

Distribuição das classes sociais
- Baixa renda
- Renda média
- Renda alta

O bairro "marginal" El Agustino em Lima.
1606 A rede das vias de carros e de pedestres.
1607 As casas da colina (em traçado mais grosso).

— Vias para carros
····· Vias para pedestres

A SITUAÇÃO DE HOJE

845

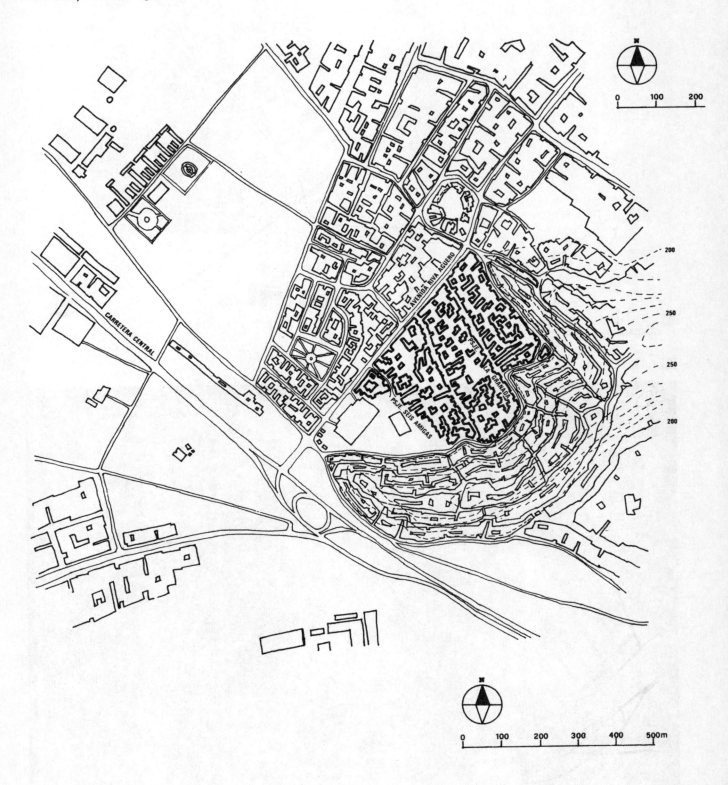

1608 As casas da parte plana (em traçado mais grosso).

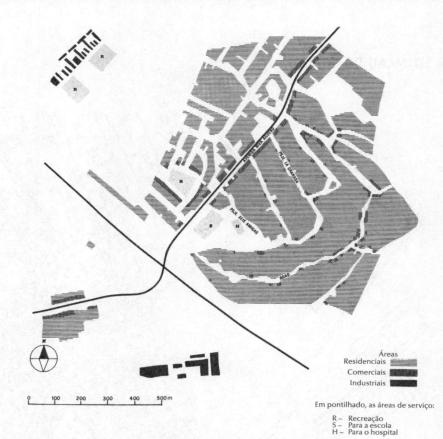

1609 O uso do solo, no bairro de El Agustino, em Lima.

1610 Fotografia aérea do bairro.

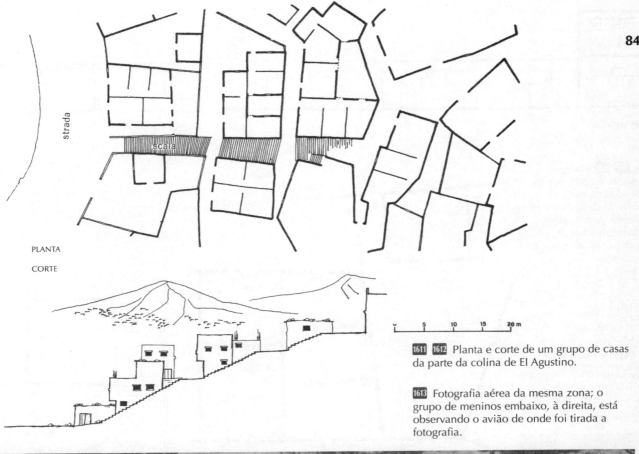

1611 1612 Planta e corte de um grupo de casas da parte da colina de El Agustino.

1613 Fotografia aérea da mesma zona; o grupo de meninos embaixo, à direita, está observando o avião de onde foi tirada a fotografia.

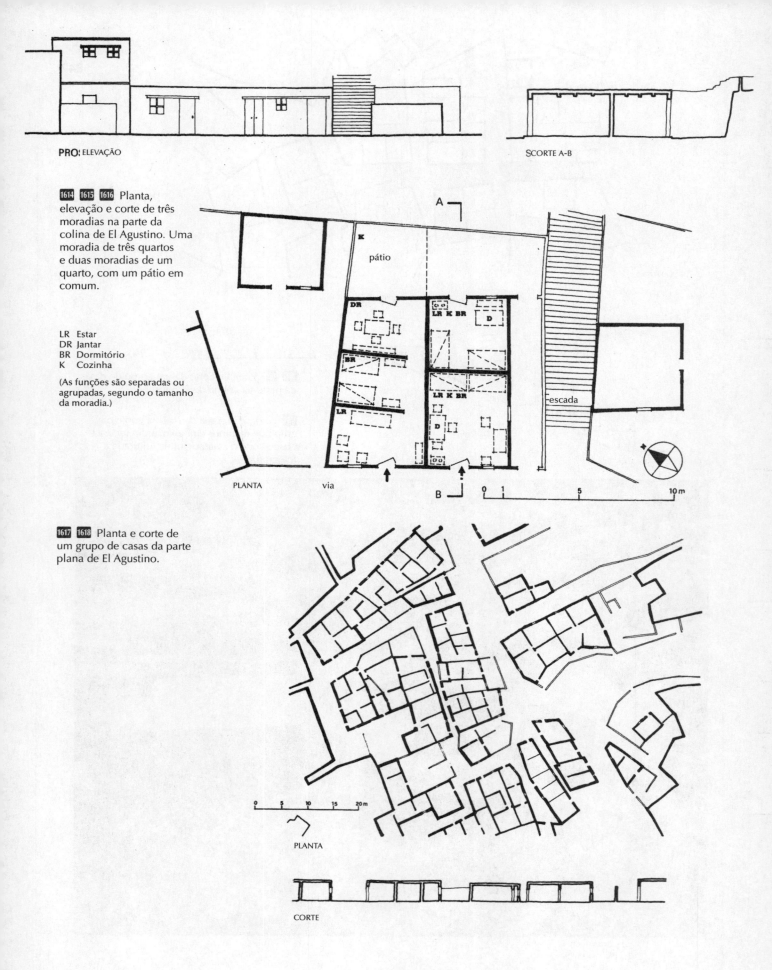

PRO: ELEVAÇÃO   SCORTE A-B

1614 1615 1616 Planta, elevação e corte de três moradias na parte da colina de El Agustino. Uma moradia de três quartos e duas moradias de um quarto, com um pátio em comum.

LR Estar
DR Jantar
BR Dormitório
K   Cozinha

(As funções são separadas ou agrupadas, segundo o tamanho da moradia.)

1617 1618 Planta e corte de um grupo de casas da parte plana de El Agustino.

A SITUAÇÃO DE HOJE

849

1619 Vista de uma rua (ao fundo, a parte do bairro, na colina).

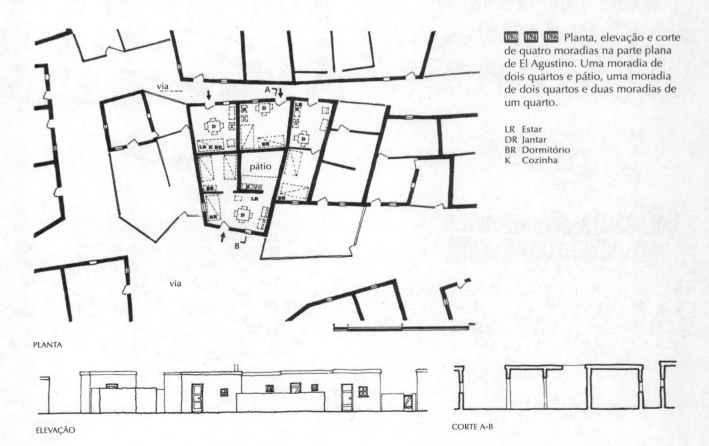

1620 1621 1622 Planta, elevação e corte de quatro moradias na parte plana de El Agustino. Uma moradia de dois quartos e pátio, uma moradia de dois quartos e duas moradias de um quarto.

LR Estar
DR Jantar
BR Dormitório
K   Cozinha

PLANTA

ELEVAÇÃO

CORTE A-B

A SITUAÇÃO DE HOJE

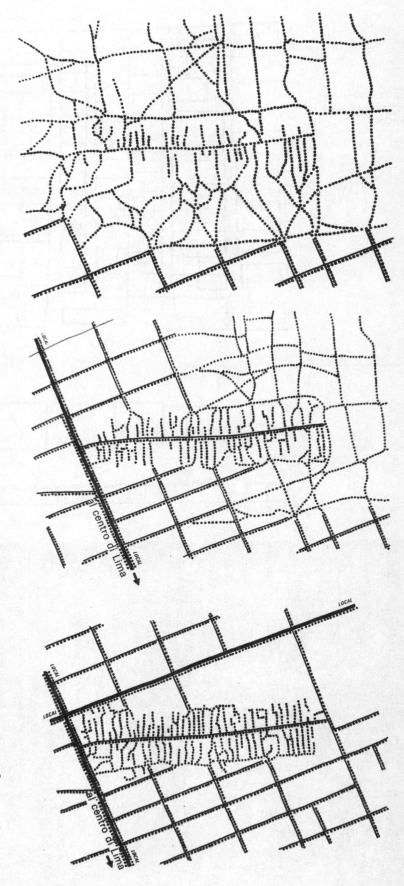

1623-1631 O bairro "marginal" de Mendocita em Lima, construído no campo e depois incorporado à periferia "regular" da cidade. Plantas dos edifícios, das destinações de uso do solo e da rede viária (para carros e para pedestres), em 1942, em 1952 e em 1961.

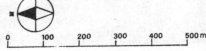

Ruas para carros
Ruas para pedestres

852

1632 1633 Planta e corte de um grupo de casas de Mendocita.

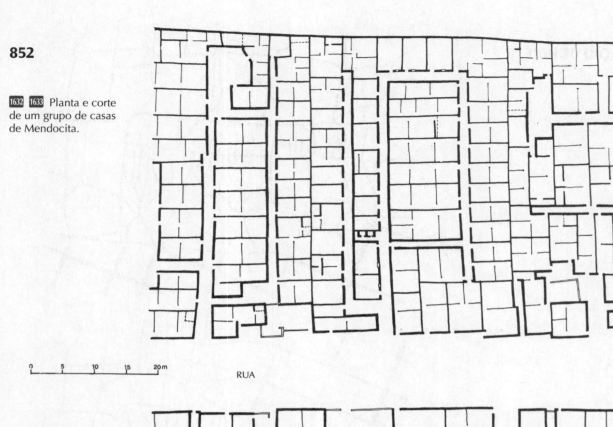

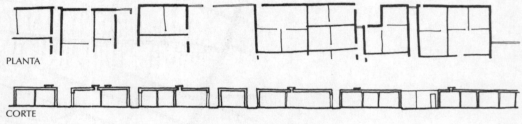

RUA
PLANTA
CORTE

1634 Vista aérea de Mendocita em 1952.

A SITUAÇÃO DE HOJE

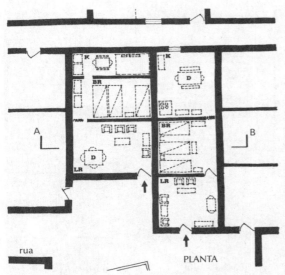

PLANTA

LR Estar
D Jantar
BR Dormitório
K Cozinha

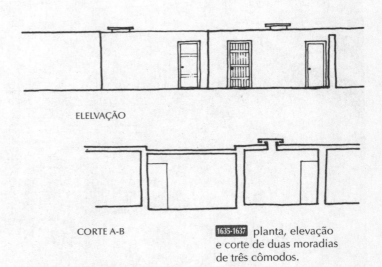

ELELVAÇÃO

CORTE A-B

1635-1637 planta, elevação e corte de duas moradias de três cômodos.

1638 Vista aérea de Mendocita em 1961; o tecido da cidade "regular" e o da cidade "marginal" se encontram diretamente entre si.

1639 Vista panorâmica de Caracas em 1974. Uma cidade de dois milhões de habitantes, dos quais cerca de metade mora nos bairros "marginais".

A SITUAÇÃO DE HOJE

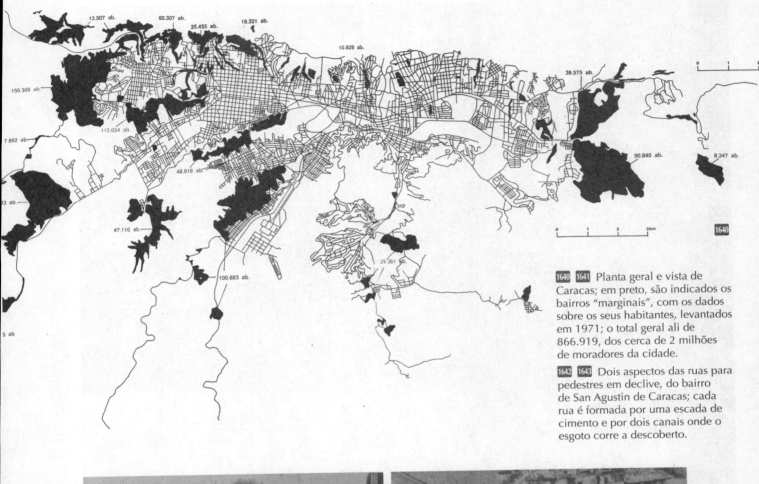

1640 1641 Planta geral e vista de Caracas; em preto, são indicados os bairros "marginais", com os dados sobre os seus habitantes, levantados em 1971; o total geral ali de 866.919, dos cerca de 2 milhões de moradores da cidade.

1642 1643 Dois aspectos das ruas para pedestres em declive, do bairro de San Agustin de Caracas; cada rua é formada por uma escada de cimento e por dois canais onde o esgoto corre a descoberto.

1644 Um espaço para as brincadeiras das crianças no bairro de San Agustin de Caracas.

1645 Vista de uma *gourbiville* irregular na periferia de Túnis, junto às margens do lago interno. A mesquita com seu minarete também foi construção espontânea dos habitantes.

1646 Algumas casas da aglomeração anterior, que reproduzem o modelo da casa autóctone de pátio em um pavimento.

A SITUAÇÃO DE HOJE

O desenvolvimento econômico não resolve essas situações, antes acelera a separação entre núcleos regulares e irregulares: os bairros de casebres são mais numerosos nos países produtores de petróleo e existem também no Kuwait, que tem a renda individual mais alta do mundo. Assim, num futuro próximo, a maioria da população mundial estará alojada em assentamentos irregulares. Hoje em todo o mundo, de fato, a população total dobra a cada trinta anos; a população urbana dobra a cada quinze anos e a população urbana "marginal", a cada 7,5 anos.

Os países "desenvolvidos" – Europa e Estados Unidos – estão somente em parte protegidos dessas mudanças. Na verdade, nos últimos anos, as construções abusivas se multiplicam também em alguns países europeus: em Roma, cerca de 800.000 pessoas vivem em casas construídas sem alvará de construção, que são menos pitorescas que as asiáticas e sul-americanas, mas, da mesma forma, criam uma cidade separada do resto e são numerosas demais para serem consideradas um fato provisório.

A formação de uma cidade irregular ao lado da regular – que é o problema principal no mundo inteiro – obriga a considerar, de outra maneira, o desenvolvimento da arquitetura moderna nos últimos cinquenta anos e suas perspectivas futuras.

A arquitetura moderna nasceu como um programa para superar as discriminações sociais da cidade pós-liberal e para dar, a todos os cidadãos, os benefícios de um ambiente cientificamente estudado. As propostas da arquitetura moderna foram aceitas, em parte e com atraso, devido à resistência dos interesses e das instituições fundadas sobre o mecanismo da cidade pós-liberal.

Enquanto isso, a cidade regularizada – pós liberal ou moderna – não é mais disponível para todos e a maioria da população mundial, ao contrário, se aglomera na cidade irregular, que reproduz – em escala muito maior – os assentamentos "liberais" do primeiro período industrial.

Portanto, a arquitetura moderna se encontra numa encruzilhada: pode aceitar melhorar o ambiente para a minoria dominante – isto é, tornar-se o instrumento de uma nova discriminação em escala mundial – ou analisar exatamente a divisão das duas cidades, ou seja, achar-se projetada no centro de um conflito político mais geral, que diz respeito a cada nação individual e às relações internacionais.

A divisão das duas cidades é produzida por uma política de construção que declara ilegais as moradias e os bairros construídos espontaneamente pelos habitantes e, ao contrário, realiza grandes conjuntos de moradias industrializadas, de tipo "moderno" convencional. Desse modo renuncia-se a utilizar o trabalho espontâneo dos interessados e, ao contrário, oferece-se moradia cara demais para a maioria da população, em quantidades absolutamente insuficientes à necessidade, mas assimiláveis às dos ricos e integradas à cidade feita por eles: essas moradias serão ocupadas pelos empregados, operários sindicalizados e por aqueles que dispõem de uma recomendação. Ao mesmo tempo, aceita-se que as moradias e os bairros espontâneos se tornem incômodos e insalubres além dos limites, porque sua existência não é reconhecida oficialmente; depois, as falhas mais evidentes são corrigidas com a introdução dos serviços públicos mais urgentes: encanamento de

1647 Uma rua da aglomeração sem água e esgotos nem uma infraestrutura adequada de serviços públicos.

1648 Um bairro de habitações irregulares em formação, na periferia de Lima.

água, instalações elétricas, escolas, postos de polícia e alguns trechos de ruas para permitir a passagem de ambulâncias e viaturas policiais. Esses equipamentos são a cópia reduzida daqueles dos bairros modernos e servem para tornar definitiva a coexistência dos dois assentamentos: protegem o resto da cidade dos perigos do contato com os bairros espontâneos e confirmam o caráter dependente desses últimos. Os elementos da cidade regular – as casas modernas, as ruas, os serviços públicos – são, ao mesmo tempo, reservados a uma minoria e impostos como modelo inalcançável a todos os outros. Por isso, a divisão das duas cidades se transforma em um instrumento de discriminação e de domínio, indispensável à estabilidade do sistema social.

Os utopistas contemporâneos como Ivan Illich propõem uma política diferente, que "deveria começar por definir o que é impossível adquirir por conta própria ao se construir uma casa e, portanto, a cada um deveria ser garantido o terreno, a água, alguns elementos pré-fabricados, alguns instrumentos de uso comum, desde a broca até o guindaste, e um mínimo de crédito; as pessoas poderiam construir, para si próprias, moradias mais duradouras, mais cômodas, mais sadias e, ao mesmo tempo, aprender o uso de novos materiais e novos sistemas" (I.Illich, *Tools for Conviviality* [Ferramentas para o Convívio em Sociedade], 1973; tradução italiana: Milão, 1974). Algumas experiências nesse sentido, ainda limitadas e parciais, estão sendo feitas no Peru e em outros países. Desse modo, toda a política descrita anteriormente deveria ser revista mais do ponto de vista dos habitantes "irregulares", que dos "regulares". A cidade deveria ser reorganizada, reservando aos bairros espontâneos as posições melhores em lugar das piores; a rede de vias de comunicações deveria ser modificada, dando prioridade mais aos percursos para pedestres e aos transportes públicos, lentos e difundidos por toda parte, que aos transportes privados velozes e concentrados nas autoestradas.

A arquitetura moderna pode tornar-se o instrumento da primeira política ou da segunda; aceitando a segunda política, seria necessário rever também aquilo que está sendo feito nos países "desenvolvidos" e controlar até que ponto os novos projetos urbanísticos e de construção correspondem às necessidades reais das pessoas, ou definem uma escala de exigências crescentes impostas a elas para alimentar a expansão contínua da máquina industrial. Essa intensificação da arquitetura pode permanecer acessível a muitos ou a poucos, mas faz com que uns e outros estejam mal acomodados e, ao mesmo tempo, torna intransponíveis as diferenças entre os países mais ou menos desenvolvidos. A pesquisa da arquitetura, como toda pesquisa científica atual, pode tornar-se um verdadeiro serviço para todos, ou cultivar a miragem de um ambiente cada vez "melhor", reservado a uma fração cada vez menor da população mundial.

1649 A alternativa indicada pela arquitetura moderna: "O desastre contemporâneo ou a liberdade da organização espacial?"; desenho de Le Corbusier, executado no pós-guerra.

BIBLIOGRAFIA

A história da cidade como organismo político, econômico e social, foi tratada, de Aristóteles em diante, em uma infinidade de livros. A história do cenário físico da cidade – objeto deste volume – foi estudada de maneira exclusiva somente nos últimos cinquenta anos, quando o movimento da arquitetura moderna fez nascer o interesse e propiciou o equipamento mental para semelhante pesquisa, diferente da descrição topográfica ou do modelo para o projeto *ex-novo*.

Os manuais sistemáticos até agora publicados são:

LAVEDAN, P. *Histoire de l'Urbanisme*. Paris: Laurens, 1952. 3 v. (1: Antiquité et Moyen Age; 2: Renaissance et temps modernes; 3: Époque contemporaine.)

LAVEDAN, P.; J. HUGUENEY. *L'Urbanisme au Moyen Age*. Paris: Arts et Metiers Graphiques, 1974.

EGLI, E. *Geschichte des Städtebaues*. Erlenbach-Zurich: Rentsch, 1959.3 v. (1: Die alte Welt; 2: Das Mittelalter; 3: Die neue Zeit.)

Uma grande "Storia dell'urbanistica" (História da Urbanística) está em curso de publicação pela editora Laterza (de Bari). Foram publicados até agora:

GUIDONI, E.; MARINO, A. *Il Seicento*, 1979.

SICA, P. *Il Settecento*, 1976.

____. *L'Ottocento*, 1977. (2 v.)

____.*Il Novecento*, 1978. (2 v.)

____.*Antologia di Urbanistica*, 1980.

Existe também a coletânea de E.A. Gutkind, "International History of City Development" (História Internacional do Desenvolvimento das Cidades), da Collier-Macmillan (de Londres), da qual já saíram oito volumes:

Urban Development in Central Europe, 1964.

Urban Development in the Alpine and Scandinavian Countries, 1965.

Urban Development in Spain and Portugal, 1967.
Urban Development in Italy and Greece, 1969.
Urban Development in France and Belgium, 1970.
Urban Development in the Netherland and Great Britain, 1971.
Urban Development in Poland, Czechoslovakia and Hungary, 1972.
Urban Development in Bulgaria, Romania and the URSS, 1972.

G. Collins organizou, para a Braziller (de Nova York), uma série de pequenos volumes de divulgação:

FRASER, D. *Village Planning in the Primitive World*, 1968.
LAMPL, P. *Cities and Planning in the Ancient Near East*, 1968.
HARDOY, J. *Urban Planning in Pre-Columbian América*, 1968.
SAALMAN, H. *Medieval Cities*, 1968.
ARGAN, G.C. *The Renaissance City*, 1969.
CHOAY, F. *The Modern City: Planning in the 19th Century*, 1969.
COLLINS, G. *The Modern City: Planning in the 20th Century*, 1969,
WIEBENSON, D. *Tony Garnier: The Cité Industrielle*, 1969.
SAALMAN, H. *Haussmann: Paris Transformed*, 1971.
DE LA CROIX, H. *Military Considerations in City Planning: Fortifications*, 1972.
FEIN, A. *Frederick Law Olmsted and the American Environmental Tradition*, 1972.
WARD-PERKINS, J. *The Cities of Ancient Greece and Italy*, 1974.
GALANTAY, E.Y. *New Towns: Antiquity to the Present*, 1975.
FERGUSON, F. *Architecture, Cities and the System Approach*, 1975.
EVENSON, N. *Le Corbusier: The Machine and the Grand Design*, 1979.

A história das cidades é resumida em alguns livros sintéticos, vinculados a várias abordagens historiográficas e operacionais. Entre eles, se destacam:

STEWART, C. *A Prospect of Cities: Studies Towards a History of Town Planning*. London: Longmans, 1952.
TUNNARD, C. *The City of Man*. New York: Scribner, 1953.
HIORNS, F.R. *Town Building in History*. London: Harrap, 1956.
ZUCKER, P. *Town and Square: From the Agora to the Village Green*. New York: Columbia University Press, 1959.
BACON, E.N. *Design of Cities*. London: Thames & Hudson, 1967.
MOHOLY-NAGY, S. *Matrix of Man: An Illustrated History of Urban Development*. New York: Praeger, 1968.
BURKE, G. *Towns in the Making*. London: Hodder Arnold, 1971.
MORRIS, A.E.J. *History of Urban Form: Prehistory to the Renaissance*. London: George Godwin, 1972.
JELLICOE, G.; JELLICOE, S. *The Landscape of Man: Shaping the Environment from Prehistory to the Present Day*. London: Thames and Hudson, 1975.
VANCE, J.E. *This Scene of Man: The Role and Structure of the City in the Geography of Western. Civilization*. New York: Harper & Row, 1977.